# 고구려 광개토왕릉 비문 연구

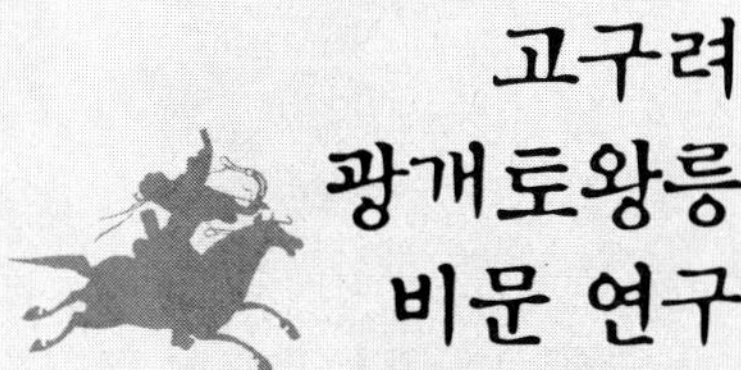

광개토왕릉비문을 통한 고구려사

이도학 지음

서 경 문 화 사

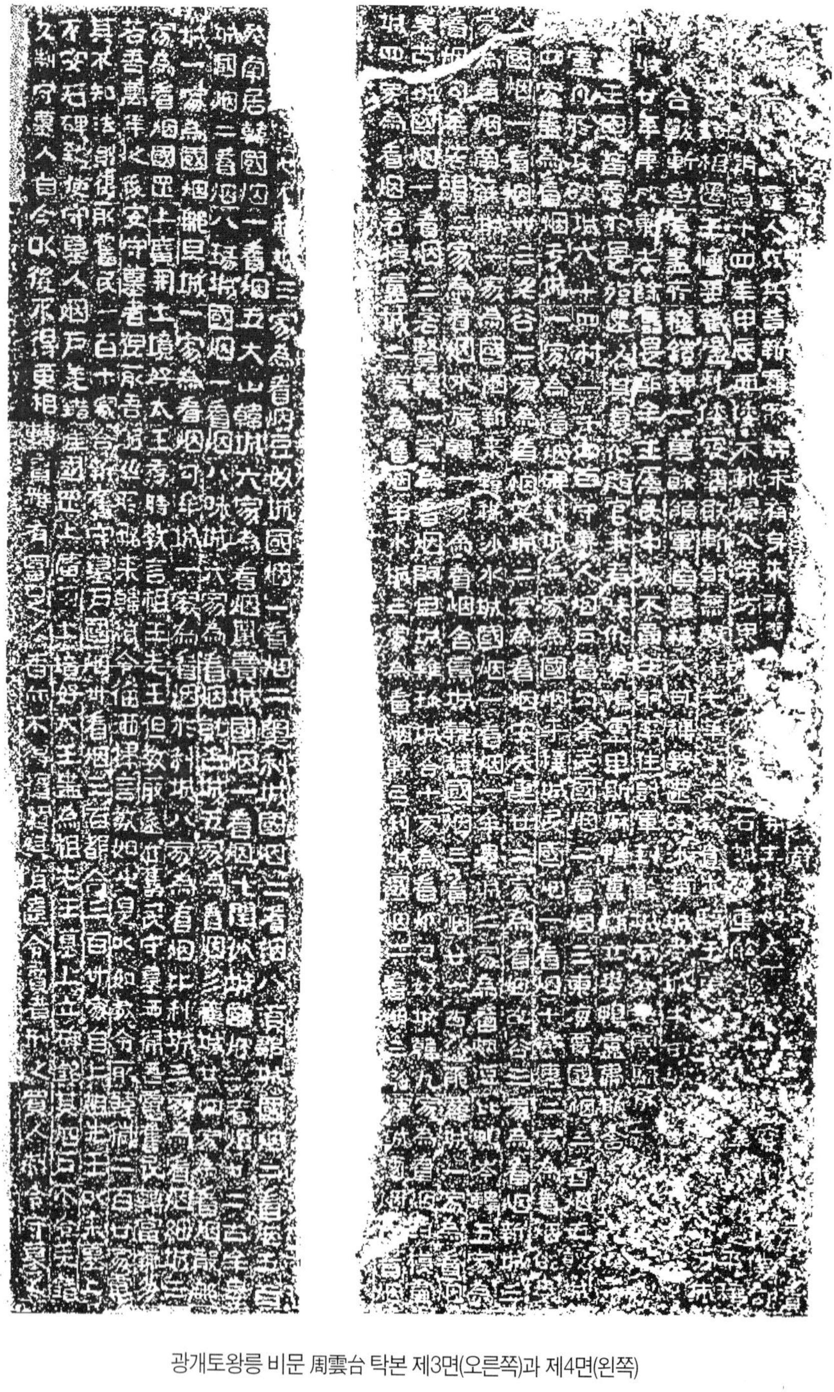

광개토왕릉 비문 周雲台 탁본 제3면(오른쪽)과 제4면(왼쪽)

광개토왕릉 비문 周雲台 탁본 제1면(오른쪽)과 제2면(왼쪽)

근접해서 본 현재의 광개토왕릉비 (2005. 10. 24)

# 머리말

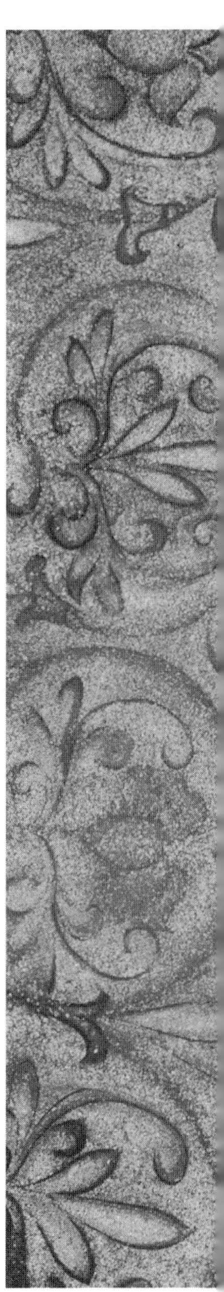

필자가 고구려의 크기를 느끼게 된 것은 초등학교 2학년 때였다. 만주가 우리 나라 땅이었다는 것과 그 곳에 고구려가 있었다는 말을 듣고는 가슴이 뛰던 때가 어제 일처럼 鮮然하다. 또 초등학교 『바른생활』책에서 접했던 '밀우와 유유'라는 고구려 장수의 애국적인 奮戰은 고구려인들의 굳센 풍모를 이해하는 데 조금도 부족함이 없었다. 연구자가 되어서는 온달 장군과 『삼국사기』 온달전에 매료되기도 하였다.

광대한 영역과 강력한 군사력을 지녔던 고구려의 존재는 우리 민족에게 두고두고 자긍심의 표상이었다. 그러한 고구려 역사에 대해 필자는 지난 1988년에 발표한 「永樂 6年 廣開土王의 南征과 國原城」·「高句麗의 洛東江流域 進出과 新羅.伽倻 經營」·「高句麗 初期 王系의 再檢討」라는 3편의 논고를 필두로 지금까지 20여 편의 논문을 발표하였다.

필자의 고구려사 처녀작인 「永樂 6년 廣開土王의 南征과 國原城」논문에서는 永樂 6년인 396년에 고구려 수군이 백제를 공격해서 확보한 지역을 새롭게 지목했다. 즉 종전에 이해했던 임진강유역에서 한강유역에 걸친 곳만이 아니라 남한강 상류 지역을 포함하고 있다는 점을 밝혔다. 그리고 지금의 忠州 지역을 가리키는 國原城이라는 행정 지명은 당시 고구려 王都였던 國內城과 동일한 의미를 지니고 있으며 또 別都였다는 사실을 고증했다. 현재 忠州를 '第2의 國內城'이라고 일컫는 말은 전적으로 필자의 이 논고에 기인한 것이었다. 이 논문은 「광개토왕릉비문」 永樂 6년 조에 대한 새로운 해석에 기초하였다. 虛를 찌르는 것과 같은 필자의 논지는 당시 적잖은 反響을 불러 일으켰다.

이후 필자가 지속적으로 발표한 고구려사 논문들의 根幹은 「광개토왕릉비문」이었다. 「광개토왕릉비문」에 대한 的確한 이해가 선결되지 않고서는 시간적으로 고구려사의 중추인 4~5세기대 정치사는 물론이고, 고구려 전 기간에 걸친 고구려인들의 역사 인식과  정서를 온전하게 포착할 수는 없다고

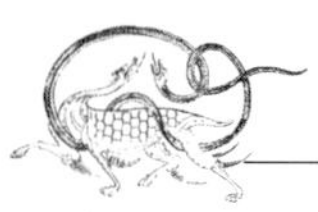

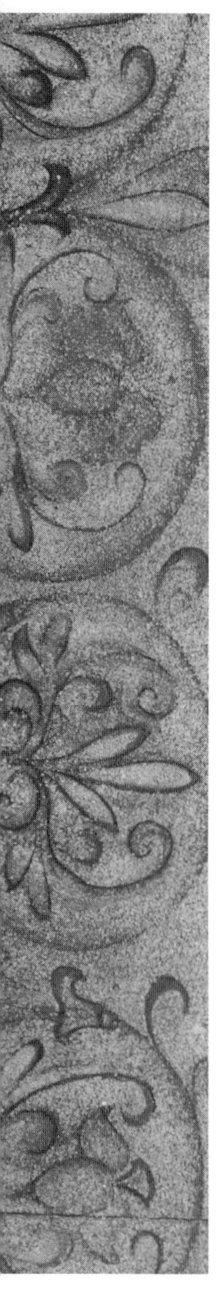

믿었기 때문이다. 이러한 前提下에서 필자가 지금까지 집필한 고구려사 논고들은 크게 볼 때 고구려 왕실의 계통과 그 정체성, 「광개토왕릉비문」 자체에 대한 분석과 광개토왕릉의 비정 문제, 「광개토왕릉비문」을 토대로 한 고구려 南進經營의 양상에 대한 탐구로 그 성격이 나누어진다. 요컨대 본서는 「광개토왕릉비문」을 통해서 본 고구려 정치사인 것이다.

본서는 모두 20편의 논문을 수록하였다. 그런데 당초부터 일관된 주제로 한 권의 책을 간행한다는 취지에서 논문을 집필한 것도 아닐 뿐더러 20년 가까운 時差까지 있다. 그러다 보니까 초기에 발표한 논문들의 거친 문투와 더불어, 先後 논문들 사이에서 논지의 차이가 다소간 표출된다든지, 혹은 내용상 중복되는 부분까지 더러 나왔다. 학술 세미나에서 발표를 요청받은 논고들마다 논문 한 편 자체가 해당 주제의 완결성을 지녀야 했다. 그런 관계로 부분적으로 중복되는 내용이 더러 나타나게 된 것이다. 본서를 만드는 과정에서 이러한 점들을 고려해서 체재의 통일성과 논지의 일관성을 期하려는 생각도 하였다. 그러나 각 논문 자체가 당시 필자의 고구려사 인식과 서술 태도를 보여주는 것인 만큼 그대로 살리기로 했다.

본서를 만드는 과정에서 기왕에 발표한 논문들을 제대로 검토하지는 못하였다. 필자가 2005년 한해 동안 10편의 논문을 발표하는 등 실로 안팎으로 몹시 분주하였다. 일례로 필자가 자랑스럽게 여기는 일이지만 우리 학과 학생들과 1년간 함께 한 답사 日數만해도 자그마치 26일이었다. 그런 관계로 작년 한해 동안 필자는 연구실을 전선사령부 개념으로 운용하면서 전투적으로 몰입했었다. 그렇지만 본서와 관련한 개인적인 작업에 시간을 투자할 엄두를 내기는 어려웠다. 해서 본서 몇 편의 중요한 논문, 가령 '태왕릉과 장군총의 被葬者 문제' 에 있어서는 논지를 두텁게 보강해서 뚫리지 않는 鐵壁 같은 防空網을 설치하려고 했다. 그리고 미흡하지만 약간의 보완을 거쳤으므로, 차후 지금까지 발표한 관련 논문에 대한

평가는 본서를 기준으로 삼았으면 좋겠다고 본다.

필자가 소년시절에 느꼈던 고구려는 1994년 여름에 그 본토를 답사함으로써 생생히 체감할 수 있었다. 桓仁과 集安의 고구려 유적, 특히 集安 山城下 古墳群의 壯觀은 고구려 국력의 크기를 실감시켜 주었다. 동시에 "輯安縣의 一覽이 김부식의 고구려사를 萬讀함 보다 낫다!"라고 한 丹齋 선생의 강강한 목소리가 들리게 하였다. 그 때 필자는 북으로 송화강유역 길림시 동단산 남성자에서, 동으로는 두만강유역 훈춘의 팔련성을 거쳐 서로는 해성의 영성자산성에 이르기까지 부여와 고구려 및 발해의 드넓은 공간을 누비고 다녔었다. 그러고 보니 필자는 1980년대 초반에 후배와 함께 서울대학교 박물관에서 전시하고 있던 「광개토왕릉비문」 탁본을 實見하러 가던 때가 상기된다. 족자 형태의 그 거대한 탁본은 벽에서부터 바닥으로 길게 드리워져 있었다. 순간 필자와 후배는 서로 눈길이 마주치자 약속이나 한 것 처럼 바닥에 넙죽 엎드려 절을 올렸다. 그 직후 광개토왕릉비와 관련한 약속을 하였다.

후배는 그 뒤 외교관이 되어 수교했을 때 중국으로 들어 갔다. 史學徒인 필자가 먼저 實見하는 듯 했지만 후배가 1993년 여름에 광개토왕릉비를 답사하고는 그 곁에서 비석에 손을 대고 촬영한 큼지막한 사진을 보내 왔다. 그 이듬 해 여름 필자는 후배의 도움으로 사진과 탁본으로만 접했던 대망의 광개토왕릉비를 실견하는 감격을 누리게 되었다.

그 후 다시금 광개토왕릉비를 답사하고는 하였다. 작년 10월 하순에 필자는 우리 학과 학생들과 함께 桓仁과 集安 땅을 밟게 되었다. 그 때 광개토왕릉비 앞에서 학생들에게 태왕릉과 장군총의 관계를 힘주어 설명하였다. 또 처음 만든 학과 깃발을 안고 힘찬 기세로 오녀산성에 오르기도 했다. 훗날 필자를 기억하고 증언해 줄 제자들과 함께 고구려 본토를 답사했다는 것은 실로 뜻 깊은 追憶으로 영원히 남을 것 같다.

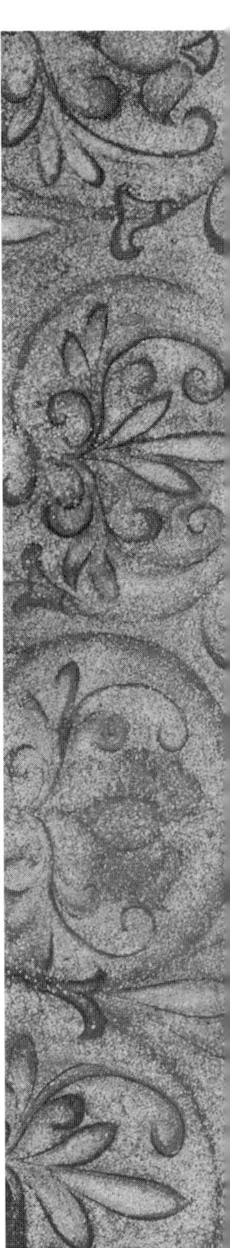

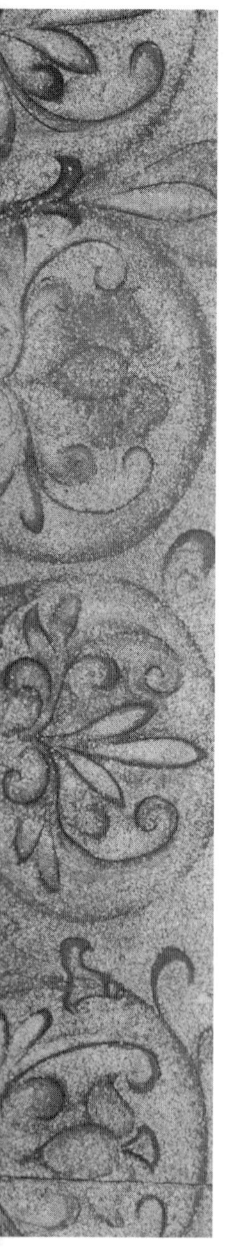

본서의 간행과 관련해 필자를 아껴주고 격려해 주신 많은 이들 가운데 몇몇 분에게라도 감사를 表해야 될 것 같다. 먼저 오늘의 필자를 있게 해 준 은사이신 曺永祿 선생님과 李熙德 선생님 그리고 金秉模 전임 총장님께 감사를 올린다. 그리고 소리 없이 응원해 준 태평양화학의 徐慶培 대표이사님을 비롯해서 후배인 駐中韓國大使館의 鄭載男 서기관에게도 고마움을 표한다. 필자가 재직하고 있는 대학의 李鐘哲 총장님과 더불어 그 바쁜 와중에도 흔쾌히 본서의 英文 要約을 작성해 주신 崔鍾浩 교수님에게도 감사드린다. 금년 1월 2일 오전에 총장님을 뵈었을 때 "이도학 교수는 금년에 무슨 계획이 있냐?"고 물으시기에 "지금 광개토왕릉비문 관련 책을 만들고 있는데, 이 책을 총장님께 올리면 굉장히 기뻐하실 것 같은 상상을 하였습니다. 총장님께 이도학이가 백제사 뿐만 아니라 고구려사도 한다는 것을 보여 드리고 싶었습니다!"라고 답하였다. 그리고 국제학술대회에 발표할 수 있는 기회를 자주 마련해 주신 고구려연구회의 徐吉洙 전임 회장님과 徐榮洙 회장님에게도 감사를 표한다. 또 겉면에 "이도학 나는 그를 보면 자꾸만 고구려 무사가 생각난다. 고개를 뒤로 젖힌." 라고 손수 새긴 도장을 臺灣에서 보내준 한양대학교 국문학과 鄭珉 교수를 잊을 수 없다. 그 밖에 본서를 만들어 준 오랜 知友인 서경문화사의 김선경 사장과 편집부 직원들의 노고에도 감사드린다.

끝으로 필자를 낳아주셨으나 길지 않은 생애를 고등학교 역사 교사로서 마친 先親의 靈前에 삼가 이 책을 올린다.

丙戌年 正月 초엿새
北漢山下 曦陽山房에서

**李道學**

# 차 례

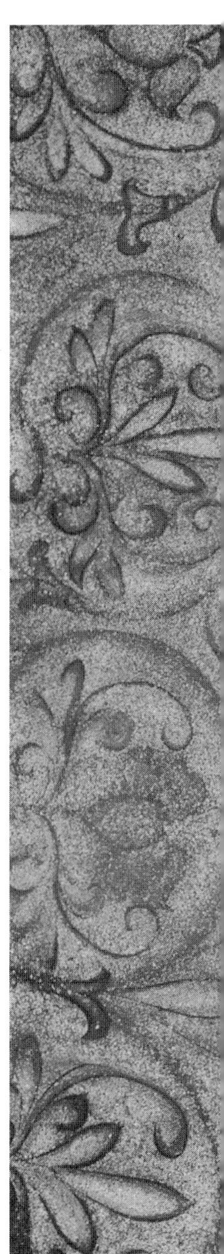

# 본서의 개요

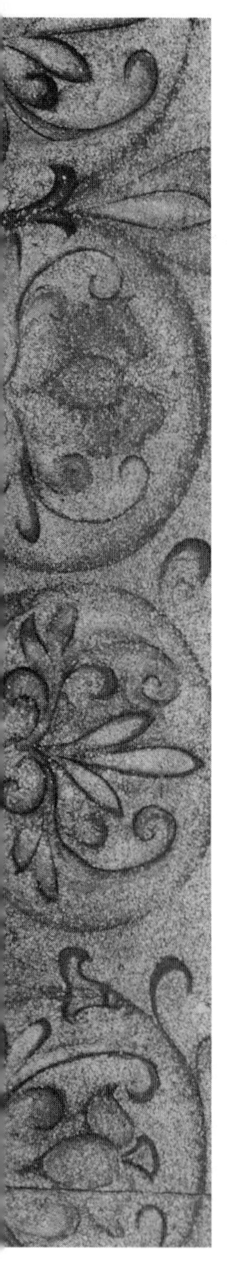

고구려의 두 번째 수도였던 중국 吉林省 集安市에 소재한 廣開土王陵碑에 새겨진 비문에 대해서는 지금까지 많은 연구가 진행되었다. 본서에서는 그 같은 기존의 연구 성과를 기반으로 「광개토왕릉비문」에 대한 새로운 분석과 더불어 고고학적 물증을 통해 고구려의 역사상을 온전하게 究明하고자 하였다. 그러한 작업은 몇 단계로 나누어서 진행되었다.

제1장에서는 고구려 왕실의 계통과 정체성에 대한 분석을 시도하였다. 먼저 고구려와 부여의 관계를 재검토한 결과 北夫餘는 東流 松花江 이북에, 夫餘는 동류 송화강 이남에, 東夫餘는 두만강유역과 연해주 방면에 소재한 것으로 구명하였다. 이들 부여의 실체를 모두 확인한 것이다. 아울러 이러한 3개의 부여는 고구려 건국기에 함께 존재했던 것으로 밝혔다. 그리고 북부여와 부여는 서로 별개의 국가임을 구명하였다. 『三國志』와 『三國史記』에 보이는 부여는 각각 서로 다른 별개의 실체로 파악했던 것이다. 「광개토왕릉비문」에서 그 실체를 보여주었던 3개의 부여 국가들은 부여 → 북부여 → 동부여의 順으로 멸망하였고 또 고구려에 복속되었다.

고구려와 백제는 모두 부여에서 출원했다는 出系 인식을 지니고 있었다. 양국이 대립하면서 오랜 기간에 걸쳐 전쟁을 통해 경쟁하던 배경을 부여로부터 자국이 정통성을 계승했다는 의식과 관련 지었다. 고구려와 백제의 대립과 갈등 그리고 그 연장선상에 있는 전쟁과 외교관계를 통해 중국대륙과 일본열도에 이르는 동아시아 세계의 連動 過程과 정치적 역학 관계의 변천 과정을 살폈다. 고구려의 문물은 백제와 신라에 지대한 영향을 미쳤다. 그런 관계로 삼국은 일종의 문화 공동체였던 사실을 밝혔다. 그리고 고구려 초기 王系의 문제점을 摘示하고 「광개토왕릉비문」의 계보 世代數를 절대적 지표로 삼아 『삼국사기』의 부정확한 왕계를 새롭게 복원하였다.

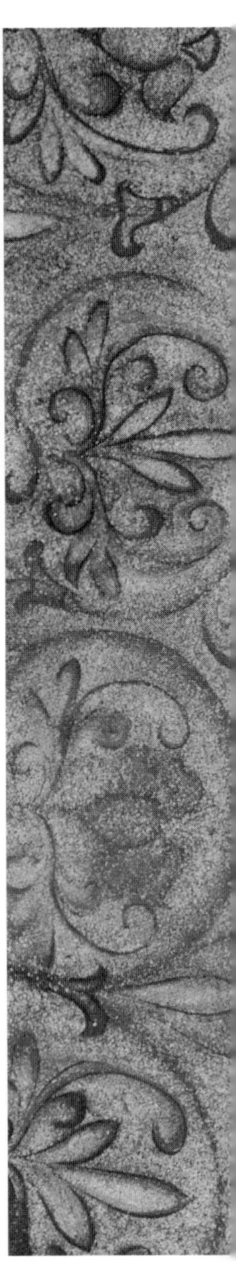

제2장에서는 「광개토왕릉비문」과 광개토왕릉에 대한 집중적인 검토를 시도하였다. 고구려 제19대 광개토왕의 陵 앞에 고구려 역사상 처음으로 陵碑가 건립된 배경을 당시 고구려 조정의 현안인 平壤城 천도와 결부지어 고찰하였다. 그리고 「광개토왕릉비문」에 관류하는 사상적 배경을 『孟子』의 王道政治思想에서 찾았다. 또 「광개토왕릉비문」에 적혀 있는 문구는 정치 선전문적인 성격이 강하다는 사실을 밝혔다. 「광개토왕릉비문」에 보이는 전쟁 기사를 분석함으로써 고구려의 主敵이 백제였다는 사실을 구명했다. 그 밖에 「광개토왕릉비문」에서 고구려가 백제로부터 점령한 지역의 위치를 비정하였다. 이 밖에도 고구려의 服屬民 시책과 결부지어 광개토왕릉을 관리하는 묘지기와 관련하여 등장하는 國烟과 看烟의 성격을 고찰하였다. 피정복민 가운데 國烟은 國都인 國內城으로 徙居시킨 정복한 지역의 지배층 주민을, 看烟은 원 지역에 여전히 거주하는 주민을 가리키는 호칭으로 지목했다. 國烟과 看烟은 고구려의 國都 주민과 지방민에 대한 각각의 호칭이었다는 것이다. 또 太王陵과 將軍塚의 피장자에 대한 구명을 시도하였다. 그 결과 태왕릉은 故國原王의 무덤으로, 장군총은 광개토왕릉으로 각각 비정할 수 있었다.

제3장은 고구려의 南進經營에 대한 분석이었다. 우선 「광개토왕릉비문」 永樂 6년(396년) 조에 보이는 고구려의 백제 공격 기사를 분석하고, 점령지를 남한강 상류 지역을 포함한 구간으로 새롭게 해석하였다. 그리고 지금의 忠州 지역에 國原城이라는 別都를 설치한 사실을 밝혀 냈다. 國原城은 당시 고구려 수도인 國內城과 동일한 의미를 지닌 행정 지명이었다. 고구려의 신라·가야 지역 경영과 관련해 충주 지역이 지닌 정치·경제적 비중을 검토해 보았다. 아울러 고구려가 400년에 낙동강유역으로 출병해서 신라를 거점으로 가야 지역을 경영한 사실을 밝혔다. 「광개토왕릉비문」 永樂 10년(400) 조

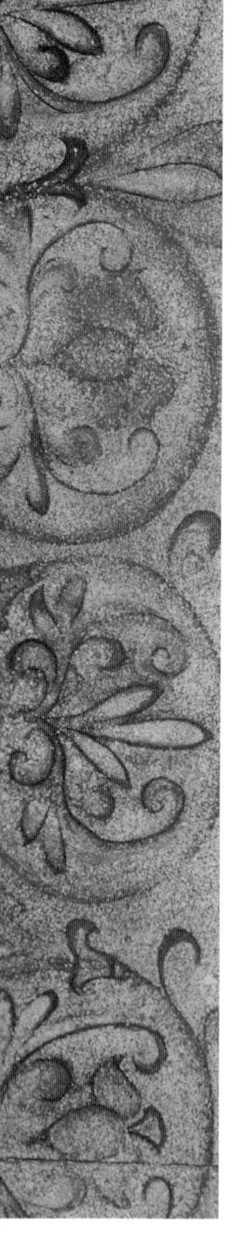

에 보이는 고구려군의 任那加羅 진출과 관련해 加羅聯盟의 범위와 성격을 새롭게 구명했다. 게다가 '安羅人戍兵'은 신라나 고구려가 아니라 任那加羅人 戍兵을 배치한 사실로 밝혔다. 그리고 충주 지역에 소재한 中原高句麗碑의 건립 시기를 5세기 중반으로 규정하면서, 그 건립 목적을 신라에 대한 從屬 관계의 復元을 통해 백제를 고립시키려는 전략에서 기인한 것으로 밝혔다. 475년 고구려가 백제 수도였던 漢城을 함락시킨 이후 牙山灣 이북까지의 백제 영토를 할양받은 동시에 일시적으로 臣屬시켰음을 구명하였다. 나아가 고구려가 지금의 濟州島인 躭羅를 지배한 사실과 그로 인해 그곳에 남은 고구려적인 요소를 밝혀 내려고 했다.

제4장은 補論으로서, 함경남도 新浦市에서 출토된 金銅板의 명문 내용을 검토하였다. 또 경기도 抱川의 半月山城에서 출토된 기와 명문과 그 성격을 재검토했다. 그리고 신라 말기의 知性인 崔致遠의 惡意的인 고구려 인식의 생성 배경을 당시 신라와 발해의 대립과 갈등 구도 속에서 파악하였다.

이 같은 논지로 짜여진 본서는 「광개토왕릉비문」의 분석을 통한 4~5세기대 고구려사의 복원에 중점을 두었다.

# 附 記

본서에 게재된 논문들은 그간 발표했던 논고들을 약간 가필하거나 때로는 보완해서 轉載한 것이다. 당초 발표한 논문의 원래 제목과 出典 그리고 발표 시기를 본서의 목차에 따라 다음과 같이 적어 둔다.

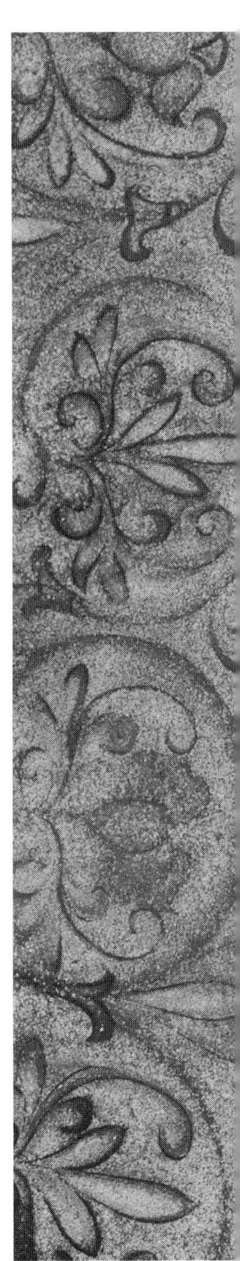

**第 1章 / 高句麗 王室의 系統과 正體性**

「高句麗와 夫餘 關係의 再檢討」『고구려의 역사와 대외관계』 한국학중앙연구원 동북아고대사연구소, 2006 ; 논문 공개 발표, 2005. 1. 21 / 장소, 한국학중앙연구원.

「高句麗와 百濟의 出系 認識 檢討」『高句麗研究』20, 2005.

「高句麗와 百濟의 對立과 東아시아 世界」『高句麗研究』21, 2005.

「三國의 相互 關係를 통해 본 高句麗 正體性」『高句麗研究』18, 2004.

「高句麗 初期 王系의 復元을 위한 檢討」『韓國學論集』20, 1992.

**第 2章 / 廣開土王陵碑文과 廣開土王陵**

「廣開土王陵碑의 建立 背景」『白山學報』65, 2002.

「廣開土王陵碑文의 思想的 背景」『韓國學報』106, 2002.

「廣開土王陵碑文에 보이는 戰爭 記事의 分析」『高句麗研究』2, 1996.

「廣開土王碑文에 보이는 地名 比定의 再檢討」『廣開土王碑文의 新研究』1999.

「廣開土王陵碑文의 國烟과 看烟의 性格에 대한 再檢討--被征服民 施策과 관련하여」『韓國古代史研究』28, 2002.

「太王陵과 將軍塚의 被葬者 問題 再論」『高句麗研究』19, 2005.

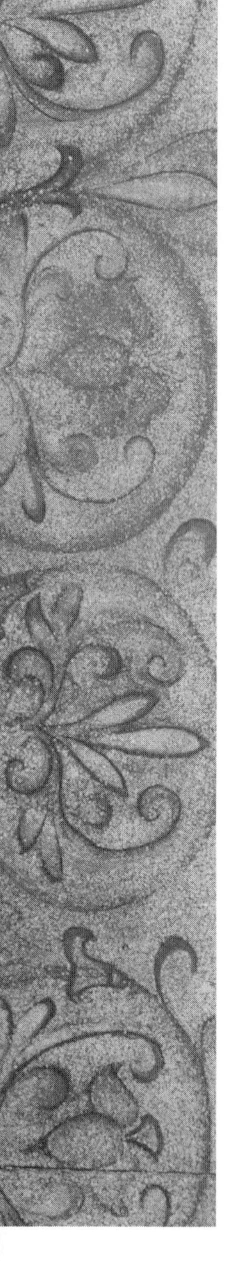

**第 3章 / 高句麗의 南進經營**

「永樂 6年 廣開土王의 南征과 國原城」『孫寶基博士停年紀念韓國史學論叢』1988.

「高句麗史에서의 國原城」『白山學報』67, 2003.

「高句麗의 洛東江流域 進出과 新羅 · 伽倻經營」『國學研究』2, 1988.

「加羅聯盟과 高句麗」『加耶와 廣開土大王』 제9회 가야사 국제학술회의, 2003.

「中原高句麗碑의 建立 目的」『高句麗研究』10, 2000.

「漢城 陷落 以後 高句麗와 百濟의 關係－躭羅와의 관계를 중심으로」『전통문화논총』3, 2005.

**第 4章 / 補論**

「新浦市 寺址 出土 高句麗 金銅板 銘文의 檢討」『民族學研究』1, 1995.

「抱川 半月山城 出土 '고구려' 기와 銘文의 再檢討」『高句麗研究』3, 1997.

「崔致遠의 高句麗 認識」『韓國思想史學』24, 2005.

제 1 장

# 고구려 왕실의 계통과 정체성

高句麗와 夫餘 關係에 對한 再檢討 / 高句麗와 百濟의 出系 認識 檢討 / 高句麗와 百濟의 對立과 東아시아 世界 / 三國間의 交流를 통해 본 高句麗의 正體性 / 高句麗 初期 王系의 復元을 위한 檢討

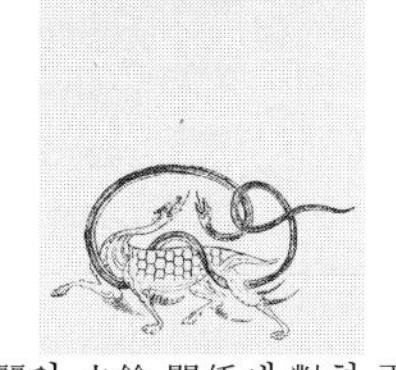



# 高句麗와 夫餘 關係에 對한 再檢討

## Ⅰ. 머리말

「광개토왕릉비문」과 같은 금석문 자료에 의하면 고구려 시조의 出源地를 北夫餘라고 했다. 그러나 한국측 문헌 사료에서는 이에 대하여 東夫餘라고 적혀 있다. 여기서 고구려의 기원이 일단 夫餘라는 사실을 확인할 수는 있게 된다. 그러나 그것이 北夫餘인지 東夫餘인지는 불투명하기 이를 데 없다. 이는 복잡한 사료 검토 작업이 선행되어야만 구명할 수 있는 성질의 것이다. 그러나 사료 자체가 지니고 있는 모순으로 인해 관련 사료의 분량이 적지 않음에도 불구하고 가장 기본적인 문제부터 難關에 봉착하게 된다.

고구려에 있어 부여는 계승과 극복이라는 상호 모순되는 대상이기도 했다. 그러한 부여의 존재를 고구려와의 關係 線上에서 몇 가지 현안을 중심으로 집중적인 검토를 시도해 보고자 한다. 우선 백제의 南扶餘를 제외한 만주 지역에 등장한 부여의 數와 冠稱한 이름을 파악해 본다. 나아가 고구려 건국설화에 등장하는 '卒本扶餘'의 실체를 비롯해서 方位名 부여의 태동 기준을 종전에는 고구려와 관련 지어 왔지만 재검토가 필요해졌다. 그리고 史書에 혼재되어 있는 부여 국가들에 대한 정리가 필요하였다. '북부여'와 '동부여' 그리고 '부여' 관련 기사가 엉켜 있다. 또 그것에 대한 구분없이 사료를 이용하는 경우가 적지 않았기 때문이다.[1)]

「광개토왕릉비문」에서 "동부여는 옛적에 추모왕 屬民이었다"라고 하였다.

1) 夫餘史 硏究에 대한 기초적인 정리는 다음의 논고를 참고하기 바란다.
宋基豪, 「扶餘史 연구의 쟁점과 자료 해석」『韓國古代史硏究』37, 2005.

그러한 동부여가 기실은 285년에 前燕의 침공으로 파국을 맞아 북옥저 방면으로 이동해 온 부여인들에 의해 탄생했다는 견해가 현재 통설을 넘어 정설로 자리잡고 있다. 이 견해는 몹시 중요한 사안임에도 불구하고 검증이 불충분한 것으로 생각된다. 따라서 그러한 논거의 충실성을 검증해 보고자 하였다. 그리고 『자치통감』永和 2년(346) 조에서 부여를 서쪽으로 몰아붙인 백제를 고구려의 誤記로 간주하는 견해의 적절성은 물론이고, 이 때 前燕에게 결정적 타격을 입은 부여의 성격과 그 存亡 문제를 비롯해서 고구려의 북부여와 동부여에 대한 지배 시책 등을 새롭게 살필 필요가 있었다. 이와 더불어 북부여와 동부여의 멸망 시기 등을 집중 검토해 보기로 하였다.

고구려와 관련된 부여 문제는 원체 複雜多岐해서 구명이 용이하지 않을 것 같다. 이럴수록 虛心하게 선입견 없이 살펴 본다는 차원에서 접근했음을 밝혀둔다.

## II. 고구려 건국 설화 속의 부여

### 1. 고구려 건국 설화에 보이는 부여의 존재

사료에서 확인되고 있는 부여는 모두 몇 개이며, 고구려가 건국될 당시에 존재했던 부여는 어떤 부여일까? 물론 사료에서 확인되는 부여는 북부여와 동부여 그리고 남부여를 꼽을 수 있다. 그러한 方位名 夫餘의 존재는 직 간접으로 고구려와 관련을 맺고 있다는 점에서 그 태동 배경과 실체에 대한 면밀한 검토가 필요할 것 같다. 이와 관련해 먼저 「광개토왕릉비문」이나 「모두루묘지」와 같은 금석문을 비롯해서 『魏書』·『삼국사기』·「동명왕편」·『삼국유사』 등의 문헌에 각각 전하는 고구려 건국설화를 중심으로 부여 관련 기사를 다음과 같이 뽑아 보았다.

A-1. 옛적에 始祖 鄒牟王이 나라를 세웠다. <u>北夫餘</u>에서 나오셨는데, 天帝의 아들이

고, 어머니는 河伯의 따님이셨다. 알을 깨고 세상에 내려 오셨는데, 태어나시면서 聖스러운 이 있었다. 수레를 남쪽으로 내려 가게 하여 巡幸하시는데, 夫餘의 奄利大水를 거쳐 가게 되었다. 王이 나루에 이르러 말하기를 "나는 皇天의 아들이고, 어머니는 河伯의 따님이신 鄒牟王이다. 나를 위하여 갈대를 연결하고 거북이들이 떠 오르게 하여라!" 그 소리에 호응하여 갈대가 연결되고 거북이들이 떠 올랐다. 그런 연후에 건너가서 沸流谷 忽本 서쪽 산 위에 성을 쌓고 도읍을 세웠다.(「광개토왕릉비문」)[2)]

A-2. 20년 庚戌에 東夫餘는 옛적에 鄒牟王의 屬民이었는데, 중간에 배반하고 朝貢하지 않자 王이 몸소 군대를 거느리고 가서 토벌했다. 군대가 餘城에 이르자 나라가 놀라…王의 은혜가 널리 퍼졌다. 이에 군대를 돌려 돌아 왔다. 또 그들 가운데 대왕의 德化를 사모하여 官을 따라 온 者가 味仇婁鴨盧・卑斯麻鴨盧・椯社婁鴨盧・肅斯舍[鴨盧] △△△鴨盧였다.(「광개토왕릉비문」)[3)]

B. 河泊의 손자이시며 日月의 아드님이신 鄒牟聖王께서는 근원이 北夫餘에서 나오셨으니(「牟頭婁墓誌」)[4)]

C. 고구려는 부여에서 갈라져 나왔는데, 스스로 말하기를 선조는 주몽이라 한다. 주몽의 어머니인 河伯의 딸을 부여왕이 방 안에 가두었는데 해가 비치는 것을 몸을 당겨 피하였으나 햇빛이 또 따라 왔다. 얼마 후 잉태하여 알 하나를 낳았는데 크

2) 韓國古代社會研究所, 『譯註 韓國古代金石文』I, 1992, pp.7~8.
"惟昔始祖鄒牟王之創基也 出自北夫餘 天帝之子 母河伯女郎 剖卵降世 生[而]有聖△△△△△△命駕 巡幸南下 路由夫餘奄利大水 王臨津言曰 我是皇天之子 母河伯女郎 鄒牟王 爲我連葭浮龜. 應聲卽爲連葭浮龜 然後造渡 於沸流谷 忽本西 城山上而建都焉"

3) 韓國古代社會研究所, 앞책, p.14.
"廿年庚戌 東夫餘舊是鄒牟王屬民 中叛不貢 王躬率往討 軍到餘城 而餘△國駭△△△△△△△△△王恩普覆於是旋還 又其慕化隨官來者 味仇婁鴨盧 卑斯麻鴨盧 椯社婁鴨盧 肅斯舍[鴨盧]△△△鴨盧 凡所攻破城六十四 村一千四百"
A-1의 "出自北夫餘"를 "북부여에서 태어 나셔서"라고 해석하기도 한다. 그러나 이와 유사한 용례로써 「흑치상지묘지명」의 "其先出自扶餘氏"와 『魏書』 백제전의 "百濟國 其先出自夫餘"라는 구절이 있다. 이 경우의 '出自'는 "~로부터 나왔다"는 출원처의 뜻으로서 사용되었다. 게다가 "出自北夫餘"의 뒷 구절에서 "剖卵降世"라고 하여 출생을 언급하고 있다. 따라서 "出自北夫餘"는 "북부여에서 나오셨는데"로 해석하는 게 온당하다고 보겠다.

4) 韓國古代社會研究所, 앞책, p.93.
"河泊之孫 日月之子 鄒牟聖王 元出北夫餘"

기가 닷되들이 만하였다. 부여왕이 그 알을 개에게 주었으나 개가 먹지 않았고, 돼지에게 주었으나 돼지도 먹지 않았다. 길에다 버렸으나 소나 말들이 피해 다녔다. 뒤에 들판에 버려두었더니 뭇새가 깃털로 그 알을 감쌌다. 부여왕은 그 알을 쪼개려고 하였으나 깨뜨릴 수 없게 되자 결국 그 어미에게 돌려 주고 말았다. 그 어미가 다른 물건으로 이 알을 싸서 따뜻한 곳에 두었더니 사내 아이 하나가 껍질을 깨뜨리고 나왔다. 그가 성장하여 이름을 주몽이라고 하니 그 나라 俗言에 주몽이란 활을 잘 쏘는 사람을 뜻한다.

부여 사람들이 주몽은 사람의 소생이 아니기 때문에 장차 딴 뜻을 품을 것이라 고하여 그를 없애 버리자고 청하였으나, 왕은 듣지 않고 그에게 말을 치도록 하였다. 주몽은 말마다 남모르게 시험하여 좋은 말과 나쁜 말이 있음을 알고는, 준마는 먹이를 줄여 마르게 하고 굼뜬 말은 잘 길러 살찌게 하였다. 부여왕이 살찐 말은 자기가 타고, 마른 말은 주몽에게 주었다. 그 뒤 사냥할 때 주몽에게는 활을 잘 쏜다고하여 화살 하나로 한정시켰지만, 주몽은 비록 화살은 적었지만 잡은 짐승은 매우 많았다. 부여의 신하들이 또 그를 죽이려고 모의를 꾸미자, 주몽의 어미가 알아차리고는 주몽에게 말하기를 "나라에서 너를 해치려하니, 너 같은 재주와 경략을 가진 사람은 아무데고 멀리 떠나는 것이 옳을 것이다"라고 하였다. 주몽은 이에 烏引·烏違 등 두 사람과 함께 부여를 버리고 동남쪽으로 도망하였다. 중도에 大水를 만났는데, 건너려 하여도 다리는 없고, 부여 사람들의 추격은 매우 급박하였다. 주몽이 강에게 고하기를 "나는 태양의 아들이요, 河伯의 外孫이다. 오늘 도망길에 추격하는 군사가 바짝 쫓아오니 어떻게 하면 건널 수 있겠는가?" 하자, 이 때에 물고기와 자라가 함께 떠 올라 그를 위해 다리를 만들어 주었다. 주몽이 건넌 뒤 물고기와 자라는 금방 흩어져버려 추격하던 騎兵들은 건너지 못하였다. 주몽은 마침내 普述水에 이르러 우연히 세 사람을 만났는데, 한 사람은 삼베 옷을 입었고, 한 사람은 중 옷을 입었고, 한 사람은 마름 옷을 입고 있었다. 주몽과 함께 紇升骨城에 이르러 마침내 정착하여 살면서 나라 이름을 고구려라하고 인하여 성을 高氏라고 하였다.

처음 주몽이 부여에 있을 때 妻가 잉태하였는데, 주몽이 도망한 후에 한 아들을 낳았으니, 字는 처음에는 閭諧였다. 장성하게 되자 주몽이 國主가 된 것을 알고는 즉각 어머니와 더불어 도망하여 고구려로 돌아왔다. 그를 이름하여 閭達이라고 하는데 國事를 그에게 위임하였다.[5)]

D. 本紀에 다음과 같이 적혀 있었다. 부여왕 해부루는 늙바탕에 아들이 없어 山川

에 제사를 지내고 뒤를 이어 주기를 빌었더니 타고 있던 말이 곤연에 이르러서는 큰 돌을 보고는 눈물을 흘렸다. 왕이 이상하게 생각하고 사람을 시켜 그 돌을 굴리게 하였더니 어린 아이가 있었는데 금빛 개구리 모양이었다. 왕이 말하기를 "이는 하늘이 나에게 훌륭한 아들을 내림이로다"하고는 거두어 길렀다. 이름을 金蛙라 하고 태자로 삼았다. 왕의 정승 아란불이 "요사이 하늘에서 저에게 이르기를 '장차 내 자손으로 하여금 여기에 나라를 세울까하니 너희들은 여기를 피하라. 東海 가에 땅이 있는데, 迦葉原이라고 이르는 곳이다. 토지가 농사 짓기에 알맞아 도읍할 만하니라' 하시더라"고 아뢰고는 왕에게 권하여 도읍을 옮겨 東扶餘라고 이름지었다. 그 옛 도읍 터에는 해모수가 天帝의 아들로써 와 도읍을 정하였다.…

왕이 천제의 왕비임을 알고는 別宮에 있도록 했더니 그녀는 품속에 햇빛이 비치어 잉태했다. 神雀 4년 癸亥 여름 4월에 주몽이 탄생하였는데 울음 소리가 아주 크고 골격이 뛰어 났다. 처음에 날 때 왼쪽 옆구리에서 한 알을 낳으니 크기가 닷 되들이 가량이었다. 왕이 이상하다고 여겨 말하기를 "사람이 새 알을 낳았으니 不吉한 일이다"라고 하였다. 사람을 시켜 그를 외양간에 두었더니 모든 말들이 밟지를 않았고 깊은 산속에 버려도 온작 짐승들이 모두 지켜 주었다. 구름이 끼고 음침한 날이면 알 위에 항상 햇빛이 비치고 있었다. 왕은 알을 가지고 오게 하여 그 어미에게 보내어 기르게 하였다. 알이 마침내 갈라져서 한 男兒을 얻게 되었던 것이다.[6)]

E-1. 시조 東明聖王은 성이 高氏이고 이름이 朱蒙이다 [혹은 鄒牟 또는 象解라고도 한다]. 앞서 扶餘王 解夫婁가 늙도록 아들이 없어 산천에 제사를 드려 대를 이을 자식을 구하였는데 그가 탄 말이 鯤淵에 이르러 큰 돌을 보고 서로 마주하여 눈물을 흘렸다. 왕은 이상히 여겨 사람을 시켜서 그 돌을 옮기니 어린 아이가 있었는데 금색의 개구리[개구리는 다른 책에는 달팽이라고 씌여 있다] 모양이었다. 왕은 기뻐하며 말하기를 "이것은 바로 하늘이 나에게 자식을 준 것이다"하고는 거두어 길렀는데, 이름을 金蛙라 하였다. 그가 장성하자 태자로 삼았다. 후에 재상 阿蘭弗이 말하였다. "일전에 하느님이 내게 내려와 '장차 내 자손으로 하여금 이

5) 『魏書』 권100, 高句麗傳.
6) 『東國李相國集』 권3, 「東明王篇」.

곳에 나라를 세우게 할 것이니 너희는 피하거라. 동쪽 바닷가에 迦葉原이라는 땅이 있는데, 토양이 비옥하여 五穀이 잘 자라니 도읍할 만하다' 고 하였습니다."

아란불이 마침내 왕에게 권하여 그곳으로 도읍을 옮겨 나라 이름을 東扶餘라고 하였다. 옛 도읍지에는 어디로부터 왔는지는 알 수 없으나 天帝의 아들 解慕漱라고 자칭하는 사람이 와서 도읍하였다. 해부루가 죽자 금와는 뒤를 이어 즉위하였다. 이 때에 太白山 남쪽 優渤水에서 한 여자를 발견하고 물으니 (그 여자가) 대답하였다. "나는 河伯의 딸이며 이름이 柳花입니다. 여러 동생과 나가 노는데 그 때에 한 남자가 스스로 천제의 아들 해모수라 하고 나를 熊心山 아래 鴨淥水 가의 집으로 꾀어서 사통하고 곧바로 가서는 돌아오지 않았습니다. 부모는 내가 중매없이 남을 좇았다고 책망하여 마침내 우발수에서 귀양살이 하게 하였습니다."

금와는 이상하게 여겨서 방 안에 가두었는데, 햇빛에 비치자 (류화는) 몸을 당겨 피하였으나 햇빛이 또 좇아와 비쳤다. 그래서 임신을 하여 알 하나를 낳았는데 크기가 다섯 되쯤 되었다. 왕(금와)은 알을 버려 개와 돼지에게 주었으나 모두 먹지 않았다. 또 길 가운데에 버렸으나 소나 말이 피하였다. 후에 들판에 버렸더니 새가 날개로 덮어 주었다. 왕은 (알을) 쪼개려고 하였으나 깨뜨리지 못하고 마침내 그 어머니에게 돌려 주었다. 그 어머니가 물건으로 싸서 따뜻한 곳에 두었더니, 한 사내 아이가 껍질을 깨고 나왔는데 골격과 외모가 빼어나고 기이하였다. 나이가 겨우 일곱 살이었을 때에 남달리 뛰어나 스스로 활과 화살을 만들어 쏘면 백발백중이었다. 부여의 속어에 활 잘 쏘는 것을 朱蒙이라고 하였으므로 이것으로 이름을 삼았다.

금와에게는 일곱 아들이 있어서 항상 주몽과 더불어 놀았는데 그 기예와 능력이 모두 주몽에게 미치지 못하였다. 그 맏아들 帶素가 왕에게 말하였다. "주몽은 사람이 낳은 자가 아니어서 사람됨이 용맹스럽습니다. 만약 일찍 일을 도모하지 않으면 후환이 있을까 두렵습니다. 청컨대 없애버리십시오!" 왕은 듣지 않고 그를 시켜 말을 기르게 하였다. 주몽은 날랜 말을 알아내어 먹이를 적게 주어 마르게 하고, 둔한 말은 잘 먹여 살찌게 하였다. 왕은 살찐 말을 자신이 타고, 마른 말을 주몽에게 주었다. 후에 들판에서 사냥할 때 이 활을 잘 쏘기 때문에 화살을 적게 주었으나, 주몽은 짐승을 매우 많이 잡았다. 왕자와 여러 신하가 또 죽이려고 꾀하자, 주몽의 어머니가 이것을 눈치채고 (주몽에게) 일렀다. "나라 사람들이 장차 너를 죽일 것이다. 너의 재주와 지략으로 어디를 간들 안되겠느냐? 지체하여 머물다가 욕을 당하느니보다는 멀리 가서 뜻을 이루는 것이 나을 것이다." 그

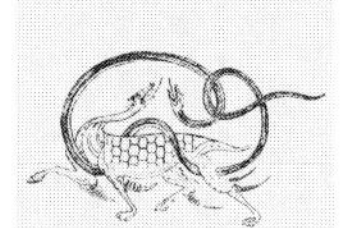



래서 주몽은 烏伊·摩離·陜父 등 세 사람을 벗으로 삼아 함께 갔다. 엄시수 [一名 蓋斯水라고도 한다. 지금의 鴨淥江 동북쪽에 있다]에 이르러 건너려 하였으나 다리가 없어 추격병에게 잡히게 될 것이 두려워 물에게 고하기를 "나는 天帝의 아들이요, 하백의 外孫이다. 오늘 도망가는데 추격자들이 다가오니 어찌하면 좋은가?" 하자 물고기와 자라가 떠올라 다리를 만들었으므로 주몽은 건널 수 있었다. 물고기와 자라가 곧 흩어지니 추격하는 기마병이 건널 수 없었다.

주몽은 毛屯谷 [魏書에는 "普述水에 이르렀다" 고 하였다]에 이르러 세 사람을 만났다. 그 중 한 사람은 삼베 옷을 입었고, 한 사람은 중 옷[衲衣]을 입었으며, 한 사람은 마름 옷을 입고 있었다. 주몽은 "자네들은 어디에서 온 사람들인가? 성은 무엇이고 이름은 무엇인가?" 하고 물었다. 삼베옷 입은 사람은 "이름은 再思입니다" 라고 하였고, 중옷 입은 사람은 "이름은 武骨입니다" 라고 하였고, 마름옷 입은 사람은 "이름은 默居입니다" 라고 대답하였으나, 성들은 말하지 않았다. 주몽은 재사에게 克氏, 무골에게 仲室氏, 묵거에게 少室氏의 성을 주었다. 그리고 무리에게 일러 말하였다. "내가 이제 하늘의 큰 명령을 받아 나라의 기틀을 열려고 하는데 마침 이 세 어진 사람들을 만났으니 어찌 하늘이 주신 것이 아니겠는가?" 마침내 그 능력을 살펴 각각 일을 맡기고 그들과 함께 卒本川 [魏書에서는 "紇升骨城에 이르렀다" 고 하였다]에 이르렀다. 그 토양이 기름지고 아름다우며, 산하가 험하고 견고한 것을 보고 마침내 도읍하려고 하였으나, 궁실을 지을 겨를이 없었으므로 다만 沸流水 가에 초막을 짓고 살았다. 나라 이름을 高句麗라 하고 그로 말미암아 高로써 성을 삼았다.[7)]

E-2. 혹은 이르기를 "주몽은 졸본부여에 이르렀다. (그) 왕에게 아들이 없었는데 주몽을 보자 보통 사람이 아님을 알고(見朱蒙 知非常人) 그 딸을 아내로 삼게 하였다. 왕이 죽자 주몽은 왕위를 이었다." 이때 주몽의 나이가 22세였다. 이 해는 漢나라 孝元帝 建昭 2년, 신라 시조 赫居世 21년 갑신년이었다. 사방에서 듣고 와서 따르는 자가 많았다. 그 땅이 靺鞨 부락에 붙어 있어 침략과 도적질의 해를 당할 것을 염려해서 마침내 그들을 물리치니, 말갈이 두려워 굴복하고 감히 침범하지 못하였다. 왕은 비류수 가운데로 채소잎이 떠 내려 오는 것을 보고 상류에 사람이 있는 것을 알게 되자, 사냥하며 찾아가서 沸流國에 이르렀다. 그 나라 왕 松讓

7) 『三國史記』 권13, 東明聖王 즉위년 조.

이 나와 보고는 말하였다. "寡人이 바다의 구석에 치우쳐 있어서 일찍이 군자를 보지 못하였는데 오늘 서로 만나니 다행이 아닌가? 그러나 그대가 어디서 왔는지 알지 못하겠다." (주몽은) 대답하기를 "나는 천제의 아들로서 모처에 와서 도읍하였다"고 했다. 송양이 말하기를 "우리는 여러 대에 걸쳐서 왕노릇하였다. 땅이 좁아서 두 임금을 용납하기에 부족하다. 그대는 도읍한 지 얼마 되지 않으니 나의 부하가 되는 것이 어떠한가?"라고 하였다. 왕은 그 말을 (듣고) 분하게 여겨, 그와 더불어 말다툼하고 또 서로 활을 쏘아 재능을 겨루었는데, 송양이 당해내지 못하였다.[8)]

F. 『古記』에 이르기를 前漢 宣帝 神爵 3년 임술 4월 8일에 天帝가 訖升骨城 [大遼 醫州 지경에 있다]에 내려왔는데 五龍車를 탔었다. 도읍을 정하여 왕이라 일컫고, 국호를 북부여라 하며, 스스로 이름을 解慕漱라 일렀다. 아들을 낳아 이름을 夫婁라 하고 解로써 氏를 삼았다. 해부루는 후에 上帝의 명령으로 동부여에 도읍을 옮겼다. 東明帝는 북부여를 이어 일어나, 卒本州에 도읍을 정하고 卒本扶餘가 되었으니, 곧 고구려의 시조이다 [아래에 보인다].[9)]

북부여왕 解夫婁의 대신 阿蘭弗의 꿈에 천제가 내려와서 말했다. "장차 내 자손으로 하여금 이곳에 나라를 세우려 하니 너는 다른 곳으로 피해 가거라 [동명왕이 장차 일어날 조짐을 말함이다]. 동해의 바닷가에 迦葉原이란 곳이 있는데 기름진 땅이어서 왕도를 정할 만하다." 아란불은 왕에게 권고하여 그곳으로 도읍을 옮기고 국호를 동부여라 했다. 부루가 늙어 아들이 없으므로 어느 날 산천에 제사지내어 대를 이을 아들을 구했다. 그가 탔던 말이 鯤淵에 이르러 큰 돌을 보고 마주 대하여 눈물을 흘렸다. 왕은 이것을 이상히 여겨 사람을 시켜서 그 돌을 굴리니 금빛 개구리 모양의 어린아이가 있었다. 왕은 기뻐했다. "이것은 하늘이 나에게 아들을 주심이로다." 이에 거두어 기르며 이름을 金蛙라 했다. 그가 자라매 태자로 삼고 부루가 세상을 떠나자 금와는 위를 이어 왕이 되었다. 다음에 왕위를 태자 帶素에게 전했다. 地皇 3년 임오에 와서 고구려 무휼왕이 이를 쳐서 동부여왕 대소를 죽이니 나라가 없어졌다.[10)]

8) 『三國史記』 권13, 東明聖王 즉위년 조.
9) 『三國遺事』 권1, 北扶餘 條.
10) 『三國遺事』 권1, 東扶餘 條.

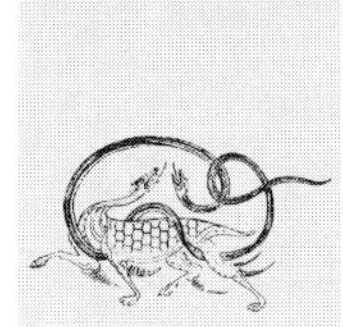



G. 봄 泗沘로 도읍을 옮겼다 [다른 이름은 所夫里였다]. 국호를 南扶餘라고 하였다.[11]

H. 戊午에 도읍을 泗沘로 옮기고는 南扶餘를 칭했다.[12]
뒤에 聖王에 이르러 도읍을 泗沘로 옮겼다. 지금 扶餘郡이다. 26대 聖王에 이르러 도읍을 所夫里로 옮기고는 국호를 南扶餘라고 했다.[13]

고구려 당대의 사료인 동시에 위에서 열거한 사료 가운데 가장 먼저 작성된 A의 「광개토왕릉비문」(앞으로는 줄여서 '능비문'으로 표기한다)을 일단 주목해 본다. 비문이 작성된 414년을 下限으로 하고 있는 (A)(능비문)에는 '북부여'와 '부여' 그리고 '동부여'의 존재가 각각 확인되고 있다.[14] 역시 5세기대의 사료이거나 그것을 토대로 한 (B)(모두루묘지)와 (C)(魏書)를 토대로 내용을 서로 비교 검토해 보면 주몽의 南下 里程은 北夫餘 → 夫餘 → 奄利大水 → 普述水 → 紇升骨城에 이르러 고구려를 건국한 것이다. 주몽은 북부여를 출발하여 부여를 통과한 후에 普述水를 지나 紇升骨城(C) = 忽本(A-1) = 卒本川(E-1)이라고 불렸던 지금의 桓仁 지역에서 고구려를 건국했다. 북부여의 追兵을 따돌리고 주몽이 건넌 엄리대수는 현재의 동류 송화강으로 지목되고 있다.[15] 그러한 동류 송화강은 『삼국지』에 보이는 부여의 北界인 弱水로 비정되는 곳이다.[16] 그렇다면 弱水인 엄리대수 이북에는 북부여가, 그 이남에는 '부여'가 각각 소재한 것으로 간주할 수 있다. 요컨대 弱水(동류 송화강) 북쪽의 북부여에서 남하한 주몽은 길림 일대의 '부여' 지역을[17] 통과한 후 忽本에 이르러 고구려를 건국한 것이다.

11) 『三國史記』 권26, 聖王 16년 조. "春 移都於泗沘[一名所夫里] 國號南扶餘"
12) 『三國遺事』 권1, 王曆, 第二十二 聖王 條. "戊午移都泗沘 稱南扶餘"
13) 『三國遺事』 권2, 紀異 南扶餘 前百濟 北扶餘 條. "後至聖王 移都於泗沘 今扶餘郡 至二十六世 聖王 移都所夫里 國號南扶餘"
14) 「능비문」에서 서로 다른 3개의 부여의 존재가 확인된다는 사실은 李道學, 「方位名 夫餘國의 성립에 관한 檢討」, 『白山學報』 38, 1991, p.11에서 언급한 바 있다.
15) 李丙燾, 『國譯 三國史記』 1977, p.217, 註 3.
16) 盧泰敦, 「扶餘國의 境域과 그 變遷」, 『國史館論叢』 4, 1989, p.41.

한편 「능비문」의 '부여'를 북부여로 간주하는 견해도 있지만 수용하기 어렵다. 왜냐하면 이 '부여'가 주몽왕의 출신지인 북부여를 가리킨다면 國籍을 다시금 언급할 필요가 있었을까 하는 의문이 제기된다. 그리고 건국설화의 구성상 남하하여 이동하는 과정에서 부닥친 존재가 엄리대수라는 강이다. 이곳은 일단 북부여로부터 공간적으로 멀리 떨어져 있다. 더불어 江은 국경의 지표이자 분기점이 된다는 점을 고려할 때 북부여와 '부여'는 필시 다른 정치권으로 간주하는 게 타당하다. 그렇다고 할 때 엄리대수 남쪽이 곧 '부여'라고 할 수 있다. 요컨대 '북부여'와 '부여'가 동일한 실체라면 굳이 엄리대수의 국적을 표시할 필요는 없었을 것이다.

주몽이 고구려를 건국하는 과정에서 북부여를 탈출하여 통과한 '부여'는 그 실체를 어떻게 비정할 수 있을까? 이 '부여'는 북부여는 물론 아니고 더구나 주몽의 移動 방향으로 볼 때 동부여가 될 수도 없다. 그런데 이 '부여'를 중심으로 할 때 그 북쪽에는 북부여, 동쪽에는 "옛적에 추모왕 屬民이었다"는 동부여가 각각 배치되어 있음을 알 수 있다. 따라서 이러한 方位名 부여들은 이 '부여'를 기준으로해서 그 명칭이 생겨난 것으로 본다면 자연스럽다.

## 2. 고구려 건국설화와 졸본부여 문제

고구려 당대에 작성되고 云謂되었던 A와 B 그리고 C의 고구려 건국설화는 다음과 같은 부여의 그것과 대동소이하다.

> I. 옛날 북방에 槖離國이 있었는데 그 왕의 여종이 임신하자 왕이 여종을 죽이려고 하였다. 그러자 여종이 "계란 만한 기운이 내 몸에 들어오더니 임신하게 되었다"고 말하였다. 그 후 여종은 아이를 낳았다. 왕이 여종의 아이를 돼지우리에 버렸지만 돼지들이 아이에게 입김을 불어 주었다. 그러자 왕은 그 아이를 마굿간에 옮겨 두었는데 말들 또한 그 아이에게 입김을 불어 주었으므로 여종이 낳은 아이는 죽지 않았다. 그러므로 왕은 이상히 여겨 天帝의 아들로 생각하였다. 이에 그 어미에게 돌려주어 아이를 거두어 기르게 하였다. 이 아이의 이름은 東明인데 항상 말을 치도록 명령받았다. 동명은 활을 잘 쏘았다. 왕은 동명이 자신의 나라를 빼앗을까 두

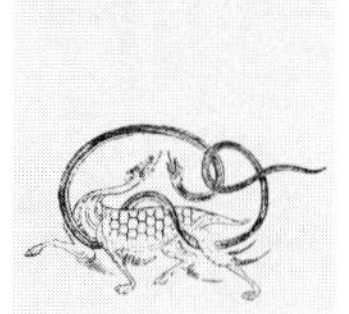



> 려워 하여 그를 죽이고자 하였다. 그럼에 따라 동명은 남쪽으로 달아나 施掩水에 이르러 활로 水面을 치자 물고기와 자라가 떠올라 다리를 만들어 주었다. 동명이 강을 건너자 물고기와 자라가 곧 풀어 흩어져 추격하는 병사들이 건너지 못하였다. 동명이 이로부터 부여땅에 도읍을 정하고 왕이 되었다.[18]

위의 부여 건국설화는 1세기 경에 편찬된 『論衡』에서 처음으로 확인된 내용이다. 그런데 이는 고구려 건국설화와 유사하다는 느낌을 받을 수 있다. 그랬기에 혹자는 동명이 출생한 槀離를 高麗 즉 고구려와 관련지어 고구려 건국설화를 부여에서 借用한 것으로 간주하기도 한다.[19] 그러나 이 설화에 보이는 공간적 이동 과정은 북방의 槀離國에서 남쪽으로 이동해 가는 구성이다. 널리 지적되고 있듯이 부여가 자국 남방의 고구려 건국설화를 차용했다면 '북방에 고리국' 이라는 표현을 冒頭에 적지는 않았을 것이다. 老大國인 부여가 건국 1백년도 채 되지 않은 신흥국의 건국설화를 차용할 때까지 자국의 건국설화가 없었다는 것도 납득되지 않는다. 게다가 槀離國은 판본에 따라 櫜離國으로도 표기되므로[20] 고구려와의 연관성을 고집할 수만은 없다. 따라서 동명 설화의 고구려 기원설은 수긍하기 어렵다.

그러면 주몽 집단이 이주해서 건국한 지역에는 어떤 세력이 존재하였을까? 이와 관련해 東明을 고구려 시조인 朱蒙과 동일 인물로 간주하면서, 東明이 건

---

17) 부여의 王城이 吉林 일대에 소재하였음은 다음의 논고를 참고하는 게 도움이 된다.
武國勛, 「夫餘王城新考」『黑龍江文物叢刊』 1983-4, pp.35~42. ; 李道學 譯, 「부여 王城에 대한 신고찰」『우리문화』 1989, 10·11월호. ; 『고대문화산책』 1999, pp.275~300.

18) 『三國志』 권30, 東夷傳, 夫餘 條.

19) 李丙燾, 『韓國古代史硏究』 1976, p.217에서는 槀離를 高麗 즉, 고구려로 간주하고 있다.

20) 이와 관련해 東明의 출원지인 槀離國을 고구려를 가리킨다는 '高離' 의 誤寫라는 견해도 있다. 그러나 당초의 글자가 '高離' 와 같은 단순한 字形이었다면 槀離나 櫜離와 같은 복잡한 字形의 異寫가 나올 리 없다. 이와 관련해 그 異寫는 高·膏·豪·索으로 나타나고 있다. 그런데 대개가 '高' 字 밑에 '木' 을 비롯한 劃이 나타나고 있으므로 '高' 字로 단정하는 것은 지극히 불리하다.

길림시 일대를 흘러가는 송화강

국한 부여를 주몽이 정착한 졸본부여와 결부짓는 견해가 있다.[21] 이러한 견해의 연원은 東明은 원래 고구려 始祖였는데 『論衡』에서 부여 시조로 잘못 기재하였다는 추측에서 비롯한다.[22] 그러나 이 견해의 타당성 여부를 일일이 검토할 필요를 느끼지 못한다. 丁若鏞과 그 外孫인 尹廷綺(1814~1879)가 일찍이 명쾌하게 갈파했듯이 東明은 북부여 시조 이름이고, 주몽은 고구려 시조 이름이기 때문이다.[23] 실제로 「천남산묘지명」을 보면 "옛날에 東明이 氣를 느끼고 淲川을 넘어 開國하였고, 朱蒙은 日을 품고 浿水에 임해 開都하였다"[24]라고 하였듯이 東明과 朱蒙은 엄연히 서로 다른 인물이었다. 연개소문의 아들인 남산

21) 李丙燾, 『國譯 三國史記』 p.213, 註2.
22) 那珂通世, 「朝鮮古史考」 『史學雜誌』 5-9, 1894 ; 『外交繹史』 1958, p.101.
23) 『我邦疆域考』 권7, 卒本考.
『東寰錄』 권1, 歷代, 高句麗 條.
24) 韓國古代社會硏究所, 앞책, p.529. "昔者東明感氣 踰淲川而開國 朱蒙孕日 臨浿水而開都"

의 묘지명에 적혀 있는 이러한 글귀는 고구려인들의 당대 인식이 된다. 따라서 東明과 朱蒙을 동일 인물로 간주하는 견해는 수용하기 어렵다. 요컨대 고구려 당시에는 兩者를 혼동한 바 없었지만 『舊三國史』 撰者의 잘못으로 인해 同一 인물로 전해지게 된 것이다.[25] 그리고 많은 관련 板本에 대한 비교 분석을 통해 부여 건국설화는 고구려 건국설화를 잘못 기재한 것이라는 견해에 대해 다음과 같은 결론이 내려지기도 했다. 즉 "…론형의 서술이 동명의 출생지 부여국과 건국한 나라 고구려국(고리국)을 전도하였다는 추측도 부자연스러운 것이다. 전문이 그렇게 전도될 수도 없으며 판본이 그렇게 착간될 수도 물론 없는 것이다"[26]라고 갈파한 바 있다.

한편 卒本扶餘에 관해서는 『삼국사기』 고구려본기(E-2)에서 "혹은 이르기를 주몽은 졸본부여에 이르렀다. (그) 왕에게 아들이 없었는데 주몽을 보자 보통 사람인 아님을 알고(見朱蒙 知非常人) 그 딸을 아내로 삼게 하였다. 왕이 죽자 주몽은 왕위를 이었다"라고하여 보인다. 그런데 이 기사는 『삼국사기』 백제본기에 보이는 다음과 같은 백제 건국설화와 관련지어 생각해 보아야 한다.

> N. 백제 시조 온조왕은 그의 아버지가 鄒牟인데 혹은 朱蒙이라고도 한다. 북부여로부터 난을 피하여 졸본 부여에 이르렀더니 부여왕이 아들은 없고 딸만 셋이 있었다. 주몽을 보자 보통 사람이 아님을 알고(見朱蒙 知非常人) 둘째 딸로써 아내를 삼게 하였다. 그 후 얼마되지 않아서 부여왕이 죽자 주몽이 그 자리를 이었다. 주몽이 두 아들을 낳았는데 맏아들은 沸流요 둘째 아들은 溫祚라고 한다 [혹은 주몽이 졸본에 이르러 越郡 여자에게 장가 들어 두 아들을 낳았다고 한다]. 주몽이 북부여에 있을 때 낳은 아들이 와서 태자가 되었다. 비류와 온조는 태자에게 용납되지 못할까 염려하여 드디어 오간·마려 등 열 명의 신하와 함께 남쪽 으로 떠나니 백성들 중에서 따르는 자가 많았다.… 그의 世系는 고구려와 함께 부여에서 나온 까닭에 '扶餘' 로써 氏를 삼았다.

---

25) 李成市, 「『梁書』高句麗傳と東明王傳說」, 『古代東アジアの民族と國家』 1998, p.77.
26) 박시형, 『광개토왕릉비』 1966, pp.100~101.

O. 일설에는 "시조 비류왕은 그 아버지가 優台이니 북부여왕 解扶婁의 庶孫이요 어머니는 召西奴이니 졸본 사람 延陁勃의 딸이다. 처음 우태에게로 시집을 와서 두 아들을 낳았는데 맏이는 비류요 둘째는 온조였다. 우태가 죽자 졸본에 홀로 살았다. 뒤에 주몽이 부여에서 용납되지 못하여 前漢 建昭 2년 봄 2월에 남쪽으로 도망하여 졸본에 이르러 도읍을 정하고 고구려라 하였다. 소서노에게 장가 들어 왕비를 삼았다. 그가 창업하여 기반을 개척하는데 자못 내조가 있었으므로 주몽이 그녀를 특별히 사랑하여 후하게 대하였고 비류 등을 자기 아들처럼 여겼었다. 주몽이 부여에서 낳았던 禮氏의 아들 孺留가 찾아 오자 그를 세워 태자를 삼았고 왕위를 잇게 하였다. 이에 비류가 아우인 온조에게 이르기를 '처음 대왕이 부여에서의 난을 피하여 도망하여 이곳에 왔을 때에 우리 어머니가 가산을 털어서 邦業을 이루는 것을 도왔으니 그 공로가 컸었다. 대왕이 세상을 뜨신 후 나라가 유류에게 귀속되니 우리들이 공연히 이곳에 있으면서 몸에 군더더기 살처럼 울울하게 지내기보다는 차라리 어머니를 모시고 남쪽으로 가서 땅을 선택하여 따로 國都를 세우는 것만 같지 못하다' 하였다. 드디어 아우와 함께 무리를 데리고 浿水와 帶水를 건너 미추홀에 이르러서 거주했다" 고 한다.

위의 백제 건국설화는 온조설화(J)와 비류설화(K)로 나누어진다. 그런데 정작 '졸본부여' 라는 국가의 존재와 관련한 '부여왕' 에 관한 기사는 온조설화(J) 밖에는 없다. 비류설화(O)에는 북부여인 우태에게 시집 갔다가 남편이 사망하자 친정으로 돌아와서 졸본에 거주하던 소서노가 주몽의 건국에 지대한 역할을 하였음을 서술했다. 졸본에 당초 국가가 존재했다는 서술은 없는 것이다. 『구삼국사』를 토대로 한 D의 逸文에도 졸본부여의 존재는 언급되지 않았다. 게다가 E-2(『삼국사기』 고구려본기 건국설화의 할주)에 적혀 있는 "주몽은 졸본부여에 이르렀다. (그) 왕에게 아들이 없었는데 주몽을 보자 보통 사람인 아님을 알고 (見朱蒙 知非常人) 그 딸을 아내로 삼게 하였다. 왕이 죽자 주몽은 왕위를 이었다" 라는 글귀가 백제본기 온조설화(J)와 동일한 내용이다. 그러므로 J의 백제본기 기사를 『삼국사기』 撰者가 "혹은 이르기를(一云)" 의 형식을 붙여 고구려본기(E-2)에다가 縮約해서 轉載했음을 알 수 있다. 따라서 졸본부여를 국가로 서술하고 있는 사료는 당초 고구려 계통의 전승이 아니었음을 알게 된다. 백제

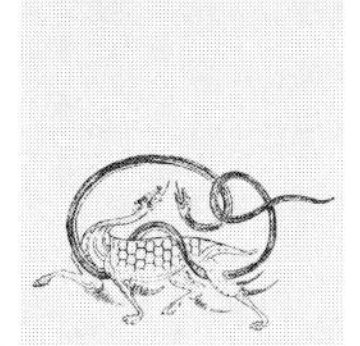

'紇升骨城' 인 오녀산성 원경

계통, 그것도 백제 건국설화의 반쪽에 불과한 온조설화에서만 그것이 나타난데 불과한 것이다.

정작 『삼국사기』 고구려본기의 건국설화에는 졸본부여라는 국가의 존재가 확인되지 않는다. 그뿐 아니라 「능비문」이나 『魏書』에서도 각각 "沸流谷 忽本 서쪽 산 위에 성을 쌓고 도읍을 세웠다(A)" "주몽과 함께 紇升骨城에 이르러 마침내 정착하여 살면서 나라 이름을 고구려라하고…(C)" 라고 했다. 즉 이들 사료에서는 '忽本' 혹은 '紇升骨城' 라고만 하였을 뿐 졸본 지역에 '졸본부여' 라는 이름의 국가는 물론이고 국가 자체가 아예 존재하지도 않았다.[27] 따라서 백제계의 반쪽 전승에만 보이는 졸본부여는 실체가 없다는 게 다시금 드러났다. 이렇듯 고구려계 사료에서는 그 어디에서도 보이지 않을 뿐 아니라 백제계 전승에서도 반쪽에 불과한 불완전한 사료를 가지고서 고구려 건국과 결부지어 '졸본부여' 의 존재를 상정한다는 것은 語不成說이다. 안라가야 · 비사벌가야 · 고령가야 등의 '加耶' 명칭이 통일신라말에 와서 붙여진[28] 것처럼 '졸본

부여' 라는 명칭 역시 후대에 假託된 것으로 보인다.

「능비문」의 '부여 엄리대수' 와 관련해 이 곳의 부여를 졸본부여 = 고구려로 간주하면서 엄리대수를 부여와 고구려의 경계로 지목하기도 한다.[29] 이 견해는 『삼국유사』에서 "고구려 즉 졸본부여"[30]라고 하였고, 『東史綱目』에서도 "국호 고구려 역시 졸본부여라고 이름한다"[31]라고 하여 졸본부여를 고구려와 일치시켜 해석한 데 근거하고 있다. 또 그랬기에 "졸본은 고구려국의 대명사이다"[32]라고까지 했다. "그러나 본(고구려 건국설화 : 필자) 기사에는 주몽이 졸본부여로 도망 와서 졸본부여의 왕녀와 결혼하였다가, 졸본부여왕이 죽자 그 뒤를 이어 왕위에 오른 것으로 나오기 때문에 그대로 받아들이기 어렵다. 그런데 주몽이 난을 피하여 정착한 곳에 대해 본 기사에는 졸본부여로, 본서 권 13 고구려본기 동명성왕 즉위년 조에는 卒本川으로, 『魏書』권100, 열전 고구려전에는 紇升骨城으로, 「광개토왕릉비」에는 忽本西城山으로 나온다"[33]라는 반론이 제기되었다. 그리고 엄리대수가 부여와 고구려의 국경이 되기는 어렵다. 왜냐하면 E-1만 하더라도 주몽 집단이 엄호수에서 모둔곡 그리고 졸본천에 이르고

---

27) 이와 관련해 다음과 같은 언급이 참고된다. "현재의 중국 遼寧省 桓仁 지역을 일컫는 말로 여겨진다. 본문의 기록은 동명왕이 졸본 지역에 다달은 후 왕위에 오르는 과정에 대한 또 다른 전승을 전하는 가운데 나오는 것이다. '졸본부여' 는 본서에서는 이곳에만 유일하게 나타나는 것으로 이 기록에 따르면 졸본에는 이미 졸본부여라는 나라가 있었던 것이 된다. 그러나 『삼국유사』의 일연을 위시한 후대의 학자들은 졸본 부여는 곧 고구려라고 이해하였다(『三國遺事』권1, 紀異, 北扶餘 條 등). 실제 이 기록의 문맥만으로 이곳에 이미 졸본부여가 있었다고 할 수 없다. 다만 이 지역에 先住하고 있었던 집단에 대해서 '다른 기록' 이 이를 '졸본부여' 라고 칭했을 가능성이 있는 것이다. 그래서 『三國遺事』권2, 南扶餘 前百濟 北扶餘 條에서는 이 부분을 인용하면서 다만 '(朱蒙)至卒本扶餘 州之王無子 只有三女' 라고 한 것이다(한국정신문화연구원, 『譯註 三國史記』3, 註釋篇(상), 1997, pp.413~414).

28) 金泰植, 『加耶聯盟史』 1993, p.20.

29) 宋基豪, 앞논문, pp.24~25.

30) 『三國遺事』권1, 紀異, 高句麗 條.

31) 『東史綱目』제1, 下, 甲申 馬韓 條.

32) 박시형, 앞책, p.126.

33) 韓國精神文化硏究院, 앞책, p.587.

있다. C에서도 大水→普述水→紇升骨城에 이르고 있는 등, 강을 2개나 건넌 다음에야 지금의 환인인 卒本 지역에 들어서고 있다. 따라서 엄리대수를 당시 북부여와 고구려 건국지의 경계선으로 잡기는 어렵다. 주몽이 정착한 忽本 북쪽 지역에는 부여가 소재했다. 이 부여는 북부여와 구분되는 엄리대수를 경계로 했던 것이다. 그러므로 남북으로 북부여 → 부여 → 홀본(고구려)이 소재하였음을 알 수 있다.

사서나 금석문에서는 고구려 건국세력이 부여에서 출원했음을 분명히 밝혔다. 그럼에도 토광묘나 목곽묘 혹은 목관묘와 같은 부여 묘제가 환인이나 집안 등지에서 확인되지 않았다. 환인이나 집안 일대에서는 적석총이 고구려 건국시기의 主墓制로서 자리잡았다. 이와 관련해 고구려 건국세력의 부여 출원설에 懷疑를 가지는 견해들이 문헌적으로[34] 뿐 아니라 고고학적으로도 조심스럽게 제기되었다.[35] 그렇지만 고구려 건국 세력의 묘제를 지금 현재 모르고 있다는 사실을 인정해야만 할 것 같다. 주몽왕을 비롯하여 부여에서 南來한 유리왕과 같은 고구려 초기 왕들의 묘제가 토광묘인지 목곽묘(목관묘)인지 모르는 상황에서 가시적으로 확인되는 적석총만 놓고서는 속단하기 어려운 문제라고 본다. 고구려 건국 세력의 묘제는 당초에 부여 계통 묘제였다. 그러나 몇 대가 지나면서 현지의 묘제인 적석총의 수용 가능성을 상정할 수 있기 때문이다. 세력 규모면에서 절대 열세인 고구려 건국 세력이 토착 세력을 포용하기 위해서는 그들 정서에 융화되는 것도 한 방편일 수 있다. 이러한 맥락에서 볼 때 그러한 상징성이 높은 적석총의 수용 가능성을 배제하기는 어렵다고 하겠다.

34) 和田清, 「周代の蠻貊について」『東洋學報』29-34號, 1944.
李成市, 『古代東アジアの民族と國家』 1998, p.108.
35) 田村晃一, 「高句麗の積石塚」『樂浪と高句麗の考古學』 2001, pp.348~353.

# Ⅲ. 부여사의 몇 가지 문제

## 1. 方位名 夫餘 國號의 胎動 基準

북부여와 동부여는 自號인가 他號인가? 이 문제는 부여의 정체성 내지는 성립 과정과 불가분의 관련을 맺고 있는 사안이다. 그런데 지금까지는 대체로 이러한 2개의 부여는 고구려의 북쪽과 동쪽에 각각 위치한 관계로 북부여와 동부여로 구분해서 命名한 것으로 간주하고 있다. 가령 "동부여는 지금 함경남도 지방에 있던 東濊를 이름이니, 고구려인은 자기네와 同種인 북방의 濊貊을 북부여, 동쪽의 예맥을 동부여 혹은 동예라 하였던 모양이며"[36]라는 견해가 대표적이다.[37] 여기서 북부여와 동부여라는 국호 기록을 남긴 당사자는 고구려라는 사실이다. 이로 인해 고구려인들의 의식이 투영된 것으로 짐작하는 것도 지나친 해석만은 아니라고 할 수도 있다.

그러나 이러한 견해는 몇 가지 점에서 재검토가 필요하다. 첫째, 方位名을 붙인 부여는 북부여와 동부여 외에 '남부여'를 추가할 수 있다. G와 H에서 보듯이 남부여는 538년에 사비성으로 천도한 백제가 그 國號를 改號한 것이다. 북부여와 동부여가 소멸된 시점에서 부여로부터 이어져오는 법통을 계승했다는 자부심에서 남부여를 칭했음은 두루 알려졌다. 남부여라는 국호는 고구려의 남쪽에 있는 부여계 정권이므로 고구려인들이 命名한 게 아니다. 이 점은 6세기 무렵의 백제를 '扶餘'로 표기한 데서도 뒷받침된다. 가령 백제와 대가야가 상호 이해 관계가 부닥치는 多沙津의 점유 문제를 둘러싸고 대립하는 가운데

36) 李丙燾, 『國譯 三國史記』 p.215, 註 3.

37) 盧重國도 이와 비슷한 李弘稙의 견해를 인용하면서 "高句麗는 原夫餘와 咸南 지방에 새로 세워진 扶餘(曷思國)를 구분하기 위해 自國의 북쪽에 위치한 扶餘는 北夫餘라 부르고 咸南에 세워진 扶餘는 東扶餘라 불렀던 것 같다"라고 하였다(盧重國, 「東扶餘에 關한 몇 가지 問題에 대하여」, 『韓國學論集』 10, 1983, p. 358). 武田幸男도 '北夫餘'는 고구려를 중심으로 한 方位觀과 天下觀에서 비롯되었다고 하였다(武田幸男, 『高句麗史と東アジ"ア』 1989, p.343).

마치 倭가 백제에게 그것을 할양한 것처럼 된 "따로 錄史를 보내어 결국 扶餘에게 주었다"[38]라는 기사의 '扶餘'가 그것이다. 따라서 남부여는 백제인들의 自號임을 알 수 있다. 이러한 맥락에서 볼 때 방위명을 붙인 부여 國號의 경우도 부여계 인들의 의지와는 무관하게 고구려인들이 부여한 他稱으로만 간주한 견해는 재고의 여지를 남겨준다. 요컨대 고구려인들이 백제를 '남부여'라고 命名하지 않았듯이 동부여 · 북부여도 고구려의 입장에서만 그 국호의 유래를 설명하기는 어렵다.[39] 분명한 것은 방위 명에서 유래한 남부여라는 국호는 동부여와 북부여라는 방위명 부여 국호를 의식했다는 것이다. 그런데 동부여와 북부여 국호가 고구려인들이 부여한 타칭이었다고 하자. 그러면 고구려에 대한 경쟁 의식과 적개감이 어느 때보다 강렬했을 뿐 아니라 사비성 천도를 통해 중흥을 모색하던 성왕대의 백제에서 그에 準하여 과연 남부여로 改號했을까. 이와 관련해 뒤에서 인용한 Y에서 두막루(달말루)가 자신들은 북부여의 후예라고 자랑스럽게 말하고 있는 사실을 상기하지 않을 수 없다. 고구려에 망하여 쫓겨서 나하쪽으로 이동해 온 두막루가 고구려인들이 부르는 북부여라는 이름을 대면서 그 후예라고 말할 수 있을까? "스스로 북부여의 후예이다"고 당당하게 말한 것을 볼 때 북부여는 고구려가 부여한 이름이 아니다. 두막루인 스스로 부여 계승 차원에서 그렇게 일컬었다고 본다. 요컨대 부여인 스스로 자신들이 북부여라고 말했기에 '북부여의 후예'로 일컬었다. 누가 보더라도 이것이 자연스럽다.

길림시 동단산 남성자에서 출토된 부여 도용

둘째 「능비문」에 의하면 북부여와 동

38) 『日本書紀』권17, 繼體 23년 3월 조.
39) 李道學, 「方位名 夫餘國의 성립에 관한 檢討」 pp.11~12.

부여 외에 '부여'의 존재가 다음과 같이 확인된다. "수레를 남쪽으로 내려가게 하여 巡幸하시는데, 夫餘의 奄利大水를 거쳐 가게 되었다. 王이 나루에 이르러 말하기를…(A)"가 그것이다. 「능비문」상에만 보더라도 '동부여'와 '북부여' 그리고 '부여', 모두 3개의 부여가 확인된다. 그렇다고 할 때 이 '부여'를 기준으로하여 그 북쪽과 동쪽에 소재한 부여가 북부여와 동부여라고 간주한다면 무리없이 자연스럽다. 북부여와 동부여라는 방위명 국호의 기원을 고구려를 기준해서 생겨 난 것으로 간주했었다. 그러나 '부여'를 기준으로 한 부여인들의 산물로 보겠다.

셋째 『삼국사기』에는 주몽의 出身國을 동부여라고 하였다. 그런데 뒤에서 인용한 M에서처럼 고구려가 進軍하여 동부여를 공격한 곳이 부여국의 남쪽이라는 것과, 동부여를 북쪽을 상징하는 黑色과 관련지어 云謂하고 있다.[40] 그리고 고구려의 동부여 정벌을 "북으로 부여를 치신다 하오니"[41]라고 하였다. 이는 말할 나위없이 동부여가 고구려의 북쪽에 소재하였음을 알려준다. 나아가 이 사실은 동부여라는 方位의 기준이 고구려가 아님을 웅변해준다. 原夫餘의 동쪽에 소재하였기에 '동부여'라고 일컬어졌음을 뜻한다. 다시 말해 방위명 부여의 기준이 고구려가 아니라 부여임을 알려준다. 그럼에도 동부여가 고구려의 북쪽에 소재한 관계로 북부여로 誤認 되었던 것 같다. 요컨대 이러한 사실들은 북부여가 고구려의 북쪽에 소재하였기에 연유한 이름이 아님을 알려준다.

## 2. 동부여의 존재 검토

『삼국지』에 보이는 부여는 "그 나라는 殷富하여 先世 이래로부터 일찍이 破壞된 적이 없다"[42]고 했을 정도로 3세기 후반까지는 外侵을 받은 적이 없었던

40) 『三國史記』 권13, 瑠璃明王 29년 조.
『三國史記』 권14, 大武神王 3년 조.
41) 『三國史記』 권14, 大武神王 4년 조.
42) 『三國志』 권30, 東夷傳, 夫餘 條.

것이다. 이와 관련해 다음의 기사를 주목해 본다.

L. 처음 주몽이 부여에 있을 때 妻가 잉태하였는데, 주몽이 도망한 후에 한 아들을 낳았으니, 字는 처음에는 閭諧였다. 장성하게 되자 주몽이 國主가 된 것을 알고는 즉각 어머니와 더불어 도망하여 고구려로 돌아왔다. 그를 이름하여 閭達이라고 하는데 國事를 그에게 위임하였다. 주몽이 죽자 閭達이 이어서 왕이 되었다. 閭達이 죽자 아들인 如栗이 죽자 아들 莫來가 이어서 즉위하였다. 그리고는 夫餘를 정벌하자 夫餘가 大敗하여 드디어 統屬되었다. 莫來 자손이 서로 傳하여 裔孫인 宮에 이르렀다.[43]

위의 L 기사의 계보를 살펴 볼 때 朱蒙→閭達→如栗→莫來…宮으로 이어지는 왕위계승 관계를 살필 수 있다. 여기서 閭達은 고구려 제2대 왕인 유리왕을 가리킴을 알 게 된다. 그리고 宮은 제6대 태조왕이다. 문제는 夫餘를 大敗시켜 統屬시킨 莫來의 존재이다. 莫來를 字形이 유사한 慕本王으로 비정하기도 하지만 모본왕대에 夫餘를 정벌했다는 기록은 없다. 다만 고구려의 夫餘 정벌과 연관 짓는다면 22년(대무신왕 5)의 다음과 같은 동부여 정벌을 관련시킬 수 있다.

M. 2월에 부여국 남쪽으로 진군하였다. 그곳에 진흙 수렁이 많으므로 平地를 가리어 陣營을 베풀고 무장을 풀고 군사를 쉬게 하여 긴장하는 모습이 없었다. 부여왕은 전국을 들어 나와 싸웠는데 고구려 군대의 방비하지 않음을 엄습하려 하여 말을 몰아 전진해 왔다. (그러나) 진수렁에 빠져 진퇴를 마음대로 못하자 고구려왕은 이에 怪由를 지휘하였다. 怪由가 칼을 빼어 고함을 지르며 돌격하자 (敵의) 萬軍이 이리저리 밀려 쓰러지며 능히 버티지 못하자 怪由가 直進하여 부여왕을 잡아 머리를 베었다. 부여인이 그 왕을 잃고 기운이 꺾이었지만 오히려 굴복하지 않고 두어 겹으로 我軍을 에워쌌다. 왕은 軍糧이 다하여 군사가 굶주리므로 두려워서 어찌할 바를 몰라 天神에게 陰助를 빌었다. 홀연히 큰 안개가 끼어 7일 동안이나

43) 『魏書』 권100, 高句麗傳.

> 지척에서 사람을 분간할 수 없었다. 왕은 사람을 시켜 짚으로 만든 사람을 만들어 무기를 쥐어 陣營 안팎에 세워 거짓 군사를 벌여놓고 사잇길로 군사를 숨기어 밤에 탈출할 때 骨句川의 神馬와 沸流原의 大鼎을 잃었다. 利勿林에 이르러 군사들이 몹시 굶주려서 움직이지 못하자 野獸를 잡아 나눠 먹이었다. 왕이 還國한 후 여러 신하들을 모으고 飮至하여 말하기를 "내가 부덕한 바탕을 가지고 가볍게 부여를 치다가 비록 그 임금을 죽였지만 그 나라를 멸망시키지 못하고 또 우리의 軍資를 많이 잃었으니 이는 나의 허물이다"하고는 드디어 친히 죽은 자를 조상하고 병든 자를 방문하여 백성들을 위로하였다.
> 이로써 國人은 왕의 德義에 감동되어 모두 國事에 몸을 바치기로 하였다. 3월에 神馬 駏驤가 扶餘馬 100필을 거느리고 함께 학반령 밑의 차회곡이라는 곳에 왔다. 4월에 부여왕 대소의 아우가 曷思水濱에 와서 나라를 세우고 왕이라 칭했다. 이는 부여왕 금와의 막내동생이니 역사상에 그 이름은 전하지 않는다. 이에 앞서 대소가 피살되자 그는 나라가 장차 망할 줄 알고 從者 100여 인과 함께 압록곡에 이르러 海頭國王이 나와 사냥하는 것을 보고는 드디어 그를 죽이고는 그 백성을 취하여 이곳에 와서 도읍을 정하니 이가 曷思王이었다. 7월에 부여왕의 從弟가 國人에게 말하기를 "우리 先王이 身亡國滅하자 백성들은 의지할 바가 없고 王弟는 도망하여 曷思에 도읍을 정하고 나는 또한 不肖한 사람이라 나라를 興復시킬 수 없다"하고는 이에 萬餘人과 더불어 來投하자 왕은 그를 봉하여 왕을 삼고 掾那部에 安置하였다.[44)]

위에 인용한 M 기사를 따른다면 고구려가 부여를 統屬시킨 시점은 宮인 6대 태조왕(『三國史記』상으로 53~146년 재위) 이전 어느 때임이 분명하다. 그러면 고구려가 통속시킨 부여와, 3세기 중반을 下限으로 하여 『삼국지』에 수록된 부여는 어떤 관계에 있는 것일까? 『삼국지』에 보면 부여는 "그 나라는 殷富하여 先世 이래로부터 일찍이 破壞된 적이 없다"라고 하였다. 적어도 3세기 중반 이전까지 부여는 外侵으로 인해 국가가 위기에 놓인 적이 없었다는 것이다. 그러므로 『삼국지』의 부여와 고구려에 大敗하여 1세기 전반 고구려에 統屬된 L의 부

44) 『三國史記』권14, 大武神王 5년 조.

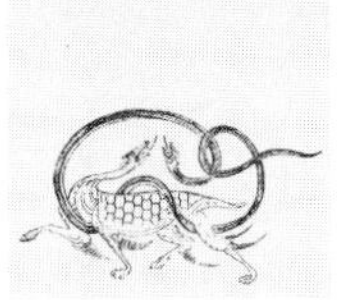



여는 서로 다른 나라임을 알려준다. 아울러 적어도 1세기 단계에서 "일찍이 破壞된 적이 없다"는 부여와 고구려에 統屬된 부여, 최소한 2개의 부여가 존재했음을 알 수 있다. 바꿔 말해 이는 곧, L에서 고구려에 大敗한 부여가 북부여나 동부여 가운데 하나임을 뜻한다. 그런데 고구려와 북부여는 그 사이에 '부여'가 소재한 관계로 서로 전쟁을 할 수 없는 형국이다. 따라서 L에서처럼 고구려와 전쟁을 하여 統屬된 부여는 '동부여' 임을 알 수 있다. 실제 22년에 발생한 M 기사도 고구려 대무신왕과 동부여 금와왕의 아들인 대소왕과의 전쟁이므로 동부여와의 전쟁이다. 이는 "王母 柳花가 동부여에서 세상을 뜨자 그 왕 金蝸가 太后의 禮로써 장례 지냈고, 드디어 神廟를 세웠다. 겨울 10월에 사신을 부여에 보내어 方物을 바치고 그 德에 보답하였다"[45]는 기사를 통해서도 확인된다.[46] 주몽왕 당시에 이미 존재했던 동부여의 실체가 확인되는 것이다. 그리고 L에서 고구려가 부여를 大敗시킨 후 統屬했다는 사실은 A-2(능비문)에서 다소의 과장을 감안하더라도 "東夫餘는 옛적에 鄒牟王의 屬民이었다"라고 한 근거로서 충분히 작용할 수 있다.

동부여의 존재는 C(魏書)의 고구려 건국 설화에서도 포착된다. 즉 "주몽의 어머니인 하백의 딸을 부여왕이 방 안에 가두었는데 해가 비치는 것을 몸을 당겨 피하였으나 햇빛이 또 따라 왔다"는 기사가 있다. 아무런 설명없이 대뜸 주몽의 어머니가 부여왕에게 감금되었다고 쓰여 있는 것이다. 그러나 위에서 인용한 「동명왕편」(D) 『삼국사기』(E) 『삼국유사』(F) 등에 의하면 이 사건에 앞서 하백의 딸인 류화가 중매없이 임신한 관계로 하백의 분노를 사서 우발수로 귀양왔다가 부여왕 금와와 만나게 된 저간의 사정을 언급한 바 있다. E-1의 "금와는 이상하게 여겨서 방 안에 가두어 두었는데"라는 구절이 류화가 금와왕을 만나게 된 사건의 마무리가 된다. 따라서 C에서 언급하지 않은 부분과 전후를 맞추어 볼 때 『魏書』에서 생략된 冒頭의 기사는 동부여왕 金蛙가 류화를 만나게 되

45) 『三國史記』권13, 東明聖王 14년 조.
46) 한국측 사서에 보이는 '부여'는 모두 '동부여'를 가리킨다고 한다(박시형, 앞책, p.206).

는 내용임을 알 수 있다. 그러므로 C의 '부여왕'은 동부여왕 金蛙를 가리키는 게 자연스럽다. 나아가 동일한 『魏書』인 L에서 주몽이 아들을 잉태한 후에 탈출한 것으로 적혀있는 부여 또한 동부여가 되는 것이다.

그러한 C의 고구려 건국설화는 『魏書』가 편찬된 고구려 당대에 유포된 것이다. 그 내용을 맞추어 볼 때 그 보다 훨씬 후대에 편찬된 『구삼국사』나 『삼국사기』 등에 전하는 설화와 대동소이함을 알 수 있다. 그러므로 동부여 금와왕 관련 고구려 건국설화는 고구려 당대에, 그것도 『魏書』의 주된 대상 시기인 5세기대에는 이미 형성되었음을 알려준다. 실제 그것은 435년에 고구려를 방문한 李敖의 견문기에 의한 것으로 간주하기 때문이다.[47] 그렇다면 고구려 건국자는 동부여에서 출원했다는 게 된다. 그러나 『魏書』보다 조금 앞선 시기에 쓰여진 「능비문」이나 「모두루묘지」에서는 북부여 출원을 내세우고 있다. 그렇지만 앞서 인용한 고구려 건국설화의 전후 상황을 살펴 보면 주몽은 비록 동부여에서 출생했지만 잉태되기는 북부여에서였다. 그러므로 논리적으로만 본다면 주몽의 출원을 북부여와 관련짓는 것은 온당할 수 있다. B에서 "鄒牟聖王께서는 근원이 北夫餘에서 나오셨으니"라고하여 굳이 '근원(元)'를 강조하고 있다. 이 역시 그러한 정황을 함축하는 것으로 간주하면 무리가 없다. 즉 B의 "근원이 北夫餘에서 나오셨으니"는 주몽의 동부여 출생설을 의식하고서 쓴 문구로 볼 수 있다. C에서 보듯이 「능비문」이나 「모두루묘지」 이후 시기에도 여전히 주몽의 동부여 출생설은 엄존하기 때문이다.

한편 A와 B의 건국설화는 압축된 내용으로 생각된다. 당초부터 이처럼 疏略하지는 않았으리라고 본다. 원래는 C 등에서 보는 것과 같이 다양한 스토리로 구성되어 있었을 것이다. 그러나 비문과 묘지라는 제한된 공간에 작성하는 만큼 핵심 골자만 기술된 것으로 보인다. 어쨌든 5세기대의 고구려에서는 주몽의 동부여 출생설이 유포되어 있었다는 사실이다. 주몽은 동부여에서 출생했지만

47) 武田幸男, 「高句麗官位制とその展開」 『朝鮮學報』86, 1978, p.21.

그러나 410년(영락 20)에 고구려는 이탈하여 그간 不貢했던 동부여에 대한 원정을 단행해서 다시금 지배권을 확립하였다(A-2). 이러한 저간의 정치적인 관계로 인해 고구려에서는 의식적으로 북부여 出自를 강조한 것으로 보인다. 요컨대 5세기대의 고구려에서는 시조인 주몽의 동부여 출생설이 북부여 출자설과 더불어 엄존했었다는 것이다.

모두루묘지

그리고 고구려는 주몽왕대에 북옥저 지역을 지배하고 있었다. 즉 "(주몽왕 10년) 11월에 왕이 扶尉猒을 시켜 북옥저를 쳐 멸망시키고 그 땅에 城邑을 두었다"[48]라고 했다. 『삼국지』 동이전 동옥저 조의 "북으로는 읍루·부여…접했다"는 기사에서 동옥저의 북쪽에 부여가 소재하였음을 알리고 있다. 그런데 동옥저의 북쪽에는 엄연히 북옥저가 소재하였다. 그렇다고 할 때 부여와 북옥저는 소재지가 서로 겹치고 있다. 따라서 북옥저 지역에 부여가 소재했음을 알게 된다.[49] 또 이 부여가 북옥저 지역에 소재했다고 云謂되는 동부여임이 확인된다. 나아가 뒤의 N에서 보듯이 285년에 前燕의 공격을 받아 부여가 破局되었을 때 그 일족들이 북옥저 방면으로 이동해 온 이유가 비로소 풀린다. 말할 나위없이 同系인 동부여가 그곳에 소재하였기 때문이었다. 지금까지의 검토를 통해 북부여와 부여 그리고 동부여가 주몽과 관련되어 동일한 시기에 併存했음이 확인되었다.

48) 『三國史記』 권13, 東明聖王 10년 조.
49) 동부여의 동부 영역은 고구려의 동북 지역에 이르렀을 것으로 보인다.

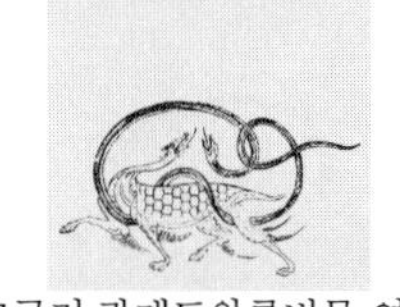



## 3. 285년 이후 동부여 탄생설의 검토

북부여와 동부여 그리고 부여가 고구려 건국 시기에 함께 존재한 것으로 밝혔다. 그러면 이들 국가의 성립 시기를 검토해 보도록 한다. 앞서 인용한 D · E · F를 보면 부여에서 해부루왕이 동해변 가섭원으로 이동해 간 후 동부여를 성립시켰다. 원래의 부여에는 북부여가 자리잡게 되었다는 것이다. 그리고 주몽은 북부여 해모수의 아들이라는 인식과 관련해 북부여 출원설이 확립되어 있었다. 주몽이 출생하기 이전에 북부여와 동부여가 모두 성립되었다는 것이다. 그런데 동부여의 성립 시기에 관해서는 D · E · F에 의하면 주몽의 아버지라는 해모수가 북부여를 건국할 무렵에 이동하여 생겨 났다고 한다. 그렇다면 동부여는 적어도 기원 이전에 성립되었어야만 했다. 주몽의 母인 柳花가 BC. 24년에 분명히 '동부여' 에서 사망했다는 사실도 그것을 방증해 준다. 그렇다면 동부여의 존재는 동만주의 挹婁와 두만강 유역의 북옥저까지 언급한 『삼국지』 등과 같은 중국 문헌에 수록되지 않았을 리 없다. 그러나 중국 문헌에서는 '동부여' 에 관한 서술이 포착되지 않다 보니까 다른 각도에서 동부여의 탄생이 검토되었다. 다음과 같이 285년에 前燕의 强襲을 받아 부여가 거의 해체되다시피 한 사건을 단서로 하고 있다.

N. 또 동쪽으로 부여를 격파하여 부여왕 依慮는 자살하고 子弟는 달아나 沃沮를 保하였다. 慕容廆가 그 國城을 파괴하고 萬餘人을 몰고 돌아 왔다.[50)]

위에서 인용한 자결한 부여왕 依慮는 『삼국지』 부여 조에서 그 존재가 다음의 O에서 확인된다.

O. 尉仇台가 죽자 簡位居가 즉위하였다. (그에게는) 嫡子가 없고 庶子인 麻余가 있었

50) 『資治通鑑』 권81, 太康 6년 조.

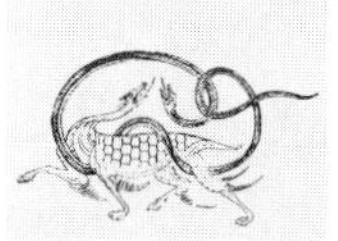



는데, 簡位居가 죽자 諸加가 모두 麻余를 세웠다.…麻余가 죽자 그 아들인 依慮가 6세였는데 세워서 왕을 삼았다.[51]

즉 6세의 幼年에 즉위한 依慮가 前燕의 침공을 받아 자결한 비극의 주인공이 되었던 것이다. 이로써 알 수 있는 것은 N의 부여와 『삼국지』에 게재된 부여는 동일한 국가라는 사실이다. 요컨대 양자를 상호 연결 선상에서 살필 수 있다. 그런데 N에서 보듯이 285년에 부여왕 依慮는 자살하고 그 일족들은 포위를 뚫고 멀리 북옥저 방면으로 이동하였다. 그러나 이듬해 부여는 西晋의 東夷校尉 河龕의 支援으로 復國되었던 관계로 북옥저 방면의 부여인들은 원주지로 귀환한다.[52] 그러나 북옥저 지역 일군의 부여계 세력들은 귀환하지 않은 것으로 간주했다. 그럼에 따라 2개의 부여계 정권이 등장하게 된 결과 재건된 부여를 북부여로, 북옥저 지역의 잔류 세력을 동부여로 일컫게 되었다는 것이다.[53] 이 견해는 오래전부터 지금까지 학계의 통설을 넘어 정설로 확고하게 자리잡고 있다.[54] 그럼에도 "이러한 사실을 증명할만한 구체적인 근거는 명확하지 않다"는 지적이 제기되었다.[55] 그러므로 이 문제에 대해서는 다음과 같은 재검토가 필요해진다.

51) 『三國志』권30, 東夷傳, 夫餘 條.

52) 『晋書』권97, 東夷傳, 夫餘 條. "至太康六年 爲慕容廆所襲破 其王依慮自殺 子弟走保沃沮 帝爲下詔曰 夫餘王世守 忠孝 爲惡虜所滅 甚愍念之 若其遺類足以復國者 當爲之方計 使得存立 有司奏護東夷校尉鮮于嬰不救夫餘失於機略 詔免嬰 以何龕代之 明年 夫餘後王依羅遣詣龕 求率見人還復舊國 仍請援 龕上列遣督郵賈沈 以兵送之 廆又要之於路 沈與戰 大敗之 廆衆退 羅得復國"
『晋書』권 108, 慕容廆載記. "慕容廆又率衆東伐扶餘 扶餘王依慮自殺 廆夷其國城 驅萬餘人而歸 東夷校尉何龕 遣督郵賈沈 將迎立依慮之子爲王 廆遣其將孫丁 率騎要之 沈力戰斬丁 遂復扶餘之國"

53) 池內宏, 「夫餘考」 『滿鮮地理歷史硏究報告』13, 1932 ; 『滿鮮史硏究』上世篇 第一册, 1951, pp.459~463.

54) 李龍範, 「高句麗의 成長과 鐵」 『白山學報』1, 1966, p.55에서 池內宏의 이 說을 가리켜 "거의 定說로 되어버렸다"라고 평가했다.

55) 宋鎬晸, 「부여의 성장과 대외 관계」 『한국사』4, 1997, p.185.

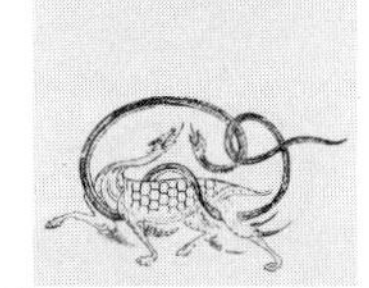



첫째, 북옥저 지역의 부여인들이 復國 후에도 귀환하지 않았다면 동부여 성립의 개연성은 존재하는 것이다. 그러나 "이듬 해에 夫餘後王 依羅는 何龕에게 사신을 보내어 현재 남은 무리를 이끌고 돌아가서 옛 나라를 회복하기를 원하며 도움을 요청했다"[56]라는 기사에 상황이 모두 集約되어 있다. 즉 "일찍이 破壞된 적이 없다"고 豪言했던 殷富 國家인 부여는 국가 初有의 破局 상태에 직면하였다. 그로 인해 인력이 消盡된 부여인들이 西晋이 지원하는 千載一遇의 상황에서 국가 재건 사업에 남은 인력을 총동원했을 것임은 너무나 자명한 사실이다. 그러므로 일부 부여인들이 귀환하지 않고 북옥저 지역에 잔류했을 가능성은 거의 없다고 보아야 한다. 설령 이미 復國된 상황에서 북옥저에 잔류한 세력이 있었다고 하더라도 국가를 형성할 만한 규모가 되기는 어렵다는 게 객관적인 판단이다. 게다가 부여인들이 과연 국가를 별도로 새롭게 창건할 당위성이 존재하였는지 여부도 미지수이지만 북옥저와의 관계도 제대로 구명되지 않았다. 따라서 북옥저 잔류 부여인에 의한 동부여 개국설은 타당성이 희박하다.

둘째, 그간 일방적으로 무시되었던 한국측 문헌에 보이는 동부여 탄생과 관련한 국가 이동 설화는 충분히 존중할 필요가 있다. 즉 부여 해부루왕이 天神의 명령으로 나라를 토지가 비옥한 '東海之濱'으로 옮겼다는 설화소는 주변 나라의 건국설화 등에서 발견되기 때문이다. 가령 倭의 경우 天神 高皇産靈尊이 2神을 使者로 삼아 出雲 지방에 내려 보낸 후 "皇孫을 내려 보내 장차 이 땅에 군림하게 하기 위해 먼저 우리 2神을 보내어 몰아내어 평정하려는데 너희의 뜻은 어떤가? 마땅히 피하겠는가, 피하지 않겠는가?"라는 메시지를 전하여 결국 나라를 버리고 옮겨가게 하고 있다.[57] 그러므로 일본 천황국가의 기원을 부여 고구려계 주민의 이동과 연관 짓는 기마민족설은[58] 근거를 한 가지 더 추가하게 된 셈이다.[59] 그리고 이러한 국가 이동설화는 선비족 계통의 유목민이 세운 北

56) 『晋書』 권97, 東夷傳, 夫餘 條.
57) 『日本書紀』 권2, 神代 下.
58) 江上波夫, 『騎馬民族國家』 1967, pp.173~180.

부여 지역에서 출토된 銅鍑

魏 황실의 선대 설화에도 보인다. 즉 "그때 神人이 국가에다가 '이 땅은 거칠고 멀므로 도읍을 세우기에 마땅치 않으니 다시금 살 곳을 옮겨라!' 라고 말하였다"[60]고 한다.

이같은 부여의 국가 이동설화는 유목사회적 풍토에서 생겨난 것으로 볼 수 있다. 사실 부여는 농경 위주의 경제생활을 하였지만 유목적인 요소가 남아 있었다. 예컨대 추수감사제적인 성격을 띤 음력 10월의 제천행사와는 달리, 부여에서는 은정월인 12월에 迎鼓라는 축제를 거행하였다. 그리고 馬加·牛加·猪加·狗加와 같은 가축에서 유래한 호족 이름 또한 그러한 분위기를 자아낸다. 부여라는 국호가 오환이나 선비처럼 山名인 鹿山의 '鹿' 즉 '사슴'을 가리키는 puyu라는 말에서 기원한 사실도 이와 무관하지 않았을 것이다.[61] 게다가 楡樹縣 老河深과 永吉縣 烏拉街學古村 및 舒蘭縣 白旗嘎牙河磚廠에서 각각 출토된 부여의 銅鍑도 이동성 생활 위주의 유목사회적 풍토에서 일반적으로 사용되던 솥이었다.[62] 따라서 부여의 유목사회적 기풍과 관련지어 볼 때 국가 이동설화의 배경은 충분히 고려되어져야 할 것 같다. 실제로 부여 문화는 유목사회적인

59) 바위 아래서 동부여왕 金蝸가 태어났다고 하는 설화소 또한 고대 일본의 大和神話와 밀접한 연관성이 있다고 한다(Gari K. Ledyard, "Galloping Along With the Horseriders" *Journal of Japanese Studies* Vol. 1, No. 2, 1975, pp.246~247).

60) 『魏書』권1, 序紀.

61) 李道學, 『백제 고대국가 연구』 1995, p.57.

62) 李道學, 「銅鍑文化의 移動과 금관가야의 탄생」 『우리文化』 1995, 2월호 ; 『고대문화산책』 1999, pp.78~83.

그것과의 공통점이 많기 때문에 흉노나 오환 혹은 선비 문화로 誤認받기까지 한다는 것이다.[63]

셋째, 「능비문」에서 "동부여는 옛적에 추모왕 屬民이었는데, 중간에 배반하고는 조공하지 않았다"라고 하였다. 285년 이후에 동부여가 생겨 났다면 시조인 주몽왕 때는 존재하지도 않았던 동부여를 속민이었다고 한 셈이 된다. 그렇다면 이것은 과장을 떠나 사실 조작의 성격을 띠고 있는 것이므로 납득이 용이하지 않다. 그런데 고구려는 주몽왕대부터 동부여가 소재한 북옥저 지역을 經略한 바 있다.[64] 따라서 「능비문」의 이 기사를 일방적으로 허구로만 돌릴 수는 없다.

넷째, "북으로는 읍루·부여와, 남으로는 예맥과 접했다" 고 한 『삼국지』 동이전 동옥저 조 기사를 주목하지 않을 수 없다. 여기서 동옥저(함흥~두만강에 소재)의 북쪽에 소재한 세력으로 읍루와 부여를 지목했다. 『삼국지』 동이전 濊 條에 보면 "濊의 북쪽으로 고구려·옥저"가 접했다고 하였다. 濊의 북쪽에 이들이 모두 소재했다고 하였지만 고구려는 동예의 서북쪽이고, 옥저는 동예의 정북쪽이 된다. 즉 濊의 북쪽에 소재한 고구려와 옥저라는 兩大 세력 가운데 앞에 적힌 세력이 서북쪽에 소재했음을 알 수 있다. 이러한 사례를 원용한다면 동옥저의 북쪽에 소재한 세력 가운데 읍루는 서북쪽, 부여는 정북쪽에 가까움을 알게 된다. 따라서 동옥저의 북쪽에 소재한 '부여' 는 길림 일대가 아니라 동부여를 가리킨다는 사실을 명확히 알려주고 있다. 실제 『삼국지』에 보이는 부여의 東界는 張廣才嶺까지이다.[65] 그러므로 이 부여가 두만강 하류와 함경북도 지역에 소재한 沃沮의 北界가 될 수는 없다. 요컨대 『삼국지』 동옥저 조의 '부여' 는 동부여 외에는 달리 비정할 만한 대상이 없는 것이다. 그렇다면 동부여는 285

---

63) 孫進己, 『東北民族源流』 1989, p.130.

64) 『三國史記』 권13, 東明聖王 10년 조.

丹齋 申采浩先生記念事業會, 「朝鮮上古史」 『改訂版 丹齋 申采浩全集』 上卷, 1987, p.122.

65) 盧泰敦, 앞논문, p.42.

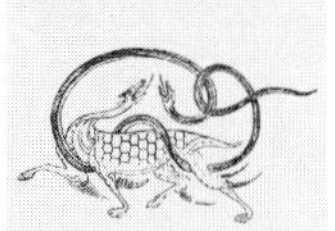



년 이전에 『삼국지』에서 그 존재가 확인되는 것이다.[66] 나아가 동부여가 3세기 후반 내지는 4세기 초엽에 성립되었다는 견해는 수긍하기 어렵다.

다섯째, 「능비문」에서 동부여의 존재는 그 실체가 확인된 바 있다. 그럼에도 동부여는 3세기 후반 이전의 중국 사서에서 확인되지 않으므로 그 이후에 성립된 것으로 간주하였다. 그러나 중국 사서에서 동부여의 존재는 3세기 후반 이전이나 그 이후에도 명확히 확인되지 않았다. 그러므로 중국 사서에의 登載 여부를 기준으로 동부여의 성립 시기를 가늠하는 것은 무의미한 일이다.

## 4. 永和 2년 조의 '夫餘'

앞에서 언급했듯이 부여는 285년에 前燕 慕容廆에게 攻破되어 王인 依慮는 자살하고 그 子弟들은 沃沮로 달아나는 등 거의 망하다시피하였다. 그러나 그 이듬 해에 依慮의 아들 依羅는 晋의 東夷校尉 何龕의 도움을 받아 舊國을 회복하게 되었다.[67] 그럼에도 이후 부여는 衰落의 길에서 벗어나지 못하였다. 먼저 『資治通鑑』 永和 2년(346) 정월 조에 의하면

> P. 처음에 夫餘는 鹿山에 거처하였는데, 百濟의 침략을 받아 部落이 衰殘해져서 서쪽으로 燕나라 근처로 옮겼으나 방비를 하지 않았다. 燕王 皝은 세자 儁을 보내어 慕容軍 · 慕容恪 · 慕輿根 3장군을 거느리고 1萬 7千 餘 騎로 부여를 습격하게 하였다. 儁은 가운데 거처하면서 지휘를 하고 군사는 모두 恪에게 맡겼다. 드디어 부여를 빼앗고 그 王 玄 및 部落의 5萬餘 口를 사로잡아 돌아 왔다. 皝은 玄을 鎭軍將軍으로 삼고 딸을 妻로 삼게 하였다.[68]

---

66) 李道學, 「方位名 夫餘國의 成立에 관한 檢討」 p.10, 註 14.

67) 『晋書』 권97, 東夷傳, 夫餘 條.

68) 『資治通鑑』 권97, 永和 2년 정월 조. "初夫餘居于鹿山 爲百濟所侵 部落衰散 西徙近燕 而不設備 燕王皝 遣世子儁 帥慕容軍 · 慕容恪 · 慕輿根三將軍 萬七千騎襲夫餘 儁居中指授 軍事皆以任恪 遂拔夫餘 虜其王玄及部 落五萬餘口而還 皝以玄爲鎭軍將軍 妻以女"

라는 기사가 있다. 일제 官學者들의 주장 이래로 이 기사에 보이는 '百濟'를 종전에는 고구려의 誤記로 간주하여 왔다.[69] 혹은 民族主義 史學者들에의 해서 백제의 海上進出과 관련지어 遼西經略說의 근거로서도 이용되었던 것이다. 그러나 이러한 해석들은 백제의 중심지를 시종 한반도로만 단정했을 때 거리 관계상 나올 수밖에 없는 발상에 불과하다. 만약 이 기사의 史料 價値를 의심한다면 『晋書』 慕容皝載記에 등장하는 '백제'의 존재를 어떻게 설명할 것인가? 이곳의 백제도 誤記라고 해야만 하기 때문에 설득력이 약하다고 보겠다. 그것도 하나의 史料가 아니라 계통이 서로 다른 史書에서 그렇게 전하고 있다. 그러므로 이를 단순히 誤記로만 돌리는 것은 궁색한 해석에 불과한 지도 모른다. 근자에 중국 학자가 이 '백제'를 말갈 7部의 하나인 '伯咄'의 잘못된 기재로 간주하자 기다렸다는 듯이 추종하는 이도 나왔다. 그런데 '백돌'은 7세기대인 隋唐代 이후에 등장하는 말갈의 족속 이름일 뿐 4세기대를 무대로 하여 나타난 바 없다. 물론 이 주장은 '백돌'의 음과 글자가 백제와 닮았다는 점에 근거하고 있다. 그러나 『구당서』와 『신당서』를 비롯한 여타 역사서에는 한결같이 伯咄部가 '汨咄部'로 적혀 있으므로 논거로 삼기는 더욱 어렵다. 그 뿐 아니라 백돌부는 부여 중심지인 길림시의 북쪽에 소재하였다. 만약 부여가 백돌의 공격을 받았다고 하자. 부여는 남쪽으로 이동했어야 마땅하지 서쪽으로 이동해야 될 이유가 없었다. 더욱이 '백돌' 자체가 7세기대 이후에야 등장하므로 논거가 될 수도 없다.[70]

어쨌든 P에 보이는 '백제'를 '고구려'의 誤記로 간주한다고 하자. 이러한 논리가 성립되기 위해서는 먼저 이 기사의 下限인 영화 2년인 346년은 西遷한 부여가 前燕에게 격파당한 시점이라는 것을 전제해야 한다. 부여가 설령 백제가

---

69) 日野開三郎, 「夫餘國考」 『史淵』 34, 1946, p.37.
池內宏, 앞논문, p.460.
李丙燾, 『韓國古代史硏究』 p.221.

70) 李道學, 『한국고대사, 그 의문과 진실』 2001, pp.200~202.

길림시 용담산성에서 굽어 본 부여 왕성인 동단산 남성자 일대

아닌 고구려에게 몰려서 서쪽으로 이동해 간 시점은 그 보다 훨씬 이전이 된다. 그렇다면 4세기 전반에 고구려가 송화강 유역에 진출하여 길림시 방면에 소재한 부여를 압박한 근거를 제시했어야 할 것이다. 그러나 문헌에 보면 고구려가 4세기 전반에 북상했다는 하등의 기록도 발견하기 어렵다. 고구려와 前燕과의 전쟁 기사가 빈출함에도 불구하고 고구려와 부여 관계 기사는 일체 비치지 않고 있다. 고구려는 前燕의 압박에 시달리고 있었으므로 부여를 몰아붙일 객관적인 상황이 되지도 못한다. 게다가 부여의 남쪽 경계는 3세기대에는 '고구려' 였지만,[71] 정세 변동으로 인해 4세기대에는 '선비' 와 접하였다.[72] 그러므로 고구려가 직접 부여를 공격한다는 것은 가능한 일도 아니다. 이와 관련해 高麗에 왕실의 淵源을 두고 있는 金이 高麗를 압박했을 뿐 침공하지 않은 사실[73]이 想

71) 『三國志』권30, 東夷傳, 夫餘 條. "南與高句麗 東與挹婁 西與鮮卑接 北有弱水"
72) 『晋書』권97, 東夷傳, 夫餘 條. "南接鮮卑 北有弱水"

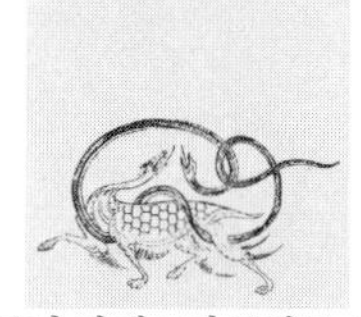



起된다. 이것을 일반화시킬 수야 없겠지만 그 支派임을 선포한 나라가 그 祖源이 되는 국가를 군사적으로 공격하기는 어렵다는 것이다. 그렇다고 할 때 永和 2년 조의 부여를 북부여로 간주하면서, 그곳을 침공한 백제를 '고구려'로 지목한다면 납득하기 어려운 상황이 아닐까 싶다.[74] 따라서 P에 보이는 백제를 고구려의 誤記로만 간주하는 견해는 더욱 신중한 검토가 필요하다.

그러나 어쨌든 부여는 346년에 前燕의 공격을 받아 국왕 玄 이하 5만 여 명이 포로로 붙잡혀 갔던 것이다. 이것을 가리켜 "夫餘의 歷史는 이로써 完全히 幕을 닫치고 말았던 것이다"[75]라고 하면서 북부여의 멸망을 단정한 견해도 있다. 이 견해는 이에 덧붙여 다음과 같은 논거를 제시하였다. "이와 같이 北夫餘의 故土는 이 때 前燕의 所有가 되었으나, 그 후 未久에 前燕이 前秦에게 滅亡되자 그곳(夫餘故土)은 高句麗에 併合되어 그 版圖內에 들어간 것 같다. 永樂王碑에 北夫餘에 關한 記事가 보이지 아니한 것은, 이러한 關係, 즉 高句麗의 夫餘 所有가 前代의 事實에 屬하였던 까닭이라고 하겠다. 어떻든 北夫餘의 故土가 永樂王 때에 儼然한 高句麗의 領土로 되어 있었던 것은 疑心없는 事實이니, 이것은 저 牟頭婁墓誌 中에 王이 牟頭婁를 시켜 北夫餘를 鎭守케 하였다는 意味의 文句가 보이고, 또 다음 長壽王 23년(西紀 435), 平壤에 奉使하였던 後魏의 李敖가 돌아가 見聞한 바를 記錄한 가운데, 高句麗의 四至를 '東至柵城(今琿春), 南至小海(今京畿灣), 北至舊夫餘'라고 한 것으로써 더욱 確認된다. 三國史記 高句麗紀에는 文咨王 3년(西紀 494)에 扶餘王과 및 그 妻拏가 나라를 들어 高句麗에 來降하였다는 記事가 보이는데, 이것은 勿論 時代를 錯誤한 撰者의 杜撰으로

73) 金庠基, 「金의 始祖에 對하여」『東方史論叢』改訂版, 1984, pp.286~287.

74) 물론 본고에서 언급한 永和 2년 조의 부여는 原夫餘를 가리킨다. 개로왕의 국서에서 백제 역시 고구려와 더불어 부여에서 출원했다고 한 바 있다. 그런데 국서의 부여는 汎夫餘系로 표기한 것일 뿐이므로 백제 역시 고구려와 마찬 가지로 북부여 출계를 생각해 볼 수 있는 문제이다. 그랬기에 백제가 鹿山의 '夫餘'를 몰아붙일 수 있었다고 생각된다. 백제가 국호를 남부여로 바꾼 것도 그 연원이 되는 북부여를 의식한 것일 수 있다고 본다.

75) 李丙燾, 『韓國史』古代篇, 1959, p.416.

볼 수밖에 없다."[76)]

이러한 견해의 타당성 여부는 본고의 서술에서 자연스럽게 검토될 것이다. 어쨌든 346년 이후 부여에 관해서는 알 길이 없지만 뒤에 부여에 관한 기사가 등장하므로 부여 재건론이 제기되었다.[77)] 즉 前燕이 前秦에 붕괴된 이후 前燕과는 怏宿 관계에 있던 고구려가 부여를 재건해 주고 자국의 보호국으로 삼았을 것이라는 견해가 된다. 그러나 이러한 추측은 370년의 상황에서 다시금 확인되는 다음과 같은 부여의 존재에 대한 검토가 선행되어야만 가능하다.

> Q. 燕의 散騎侍郎인 餘蔚이 扶餘 高句麗 및 上黨 質子 오백여인을 거느리고[…燕은 대개 兵을 보내어 上黨을 수자리 하면서, 그 子弟를 取하여 鄴에 머물러 두어 質을 삼았다. 餘蔚은 扶餘王子인 까닭에 몰래 여러 質子들을 이끌고 門을 열어 秦兵을 받아들였다.…] 밤에 鄴의 北門을 열고 秦兵을 받아들였다.[78)]

위에서 前秦王 苻堅이 前燕의 수도를 공격했을 때 전연의 散騎侍郎 餘蔚이 '扶餘質子' 등을 거느리고 城門을 열어 苻堅의 군대를 맞아들이는 기사와 그 註를 주목하지 않을 수 없다. 위의 [ ]에 보이는 元代 학자인 胡三省의 註에 의하면 餘蔚을 '扶餘王子'로 註釋하고 있다. 이러한 주석을 수용한다면 餘蔚의 '餘'는 백제 관련 중국 사서에서 광범위하게 확인되고 있듯이 複姓인 '扶餘'의

76) 李丙燾, 앞책, pp.416~417.

77) 북부여수사가 파견된 곳을 移動하기 전의 夫餘인 '舊夫餘'로 간주하는 견해도 있다. 그러나 이 논리에 따른다고 하더라도 백제의 공격을 받아 서쪽으로 이동해 간 그 부여도 여전히 북부여가 된다. 부여가 이동해 간 農安 일대를 고구려가 '北扶餘城州'로 편제시킨 게 그것을 뜻한다. 그리고 고구려가 수사를 파견한 곳은 그 북부여를 가리키는 것이지 이동 전의 과거의 이른바 舊夫餘를 가리키는 것은 아니라고 보아야 한다. 또 파견한 곳이 그러한 故地였다면 '舊夫餘' 云云할 것이지 굳이 북부여수사라는 직명을 사용할 이유도 없었을 것이다. 당시 북부여의 王都가 있는 곳에 파견한 이를 북부여수사라고 일컬음은 누가 보더라도 자연스럽다.

78) 『資治通鑑』권102, 晋紀 24, 海西公 下 條. "燕散騎侍郎餘蔚帥扶餘 高句麗及上黨質子五百餘人[…餘蔚扶餘王子 故陰率諸質子開門以納秦兵…]夜 開鄴北門納秦兵"

單字 표기가 분명하다. Q에 보이는 부여 왕자의 성씨는 부여씨로 확인되었다.[79] 부여 왕실의 성씨가 부여씨임이 밝혀진 것이다. 그러나 다른 기사에서는 부여 왕실의 성씨가 확인되지 않고 있다. 다만 한국측 사서(D · E-1 · F)에 따르면 解氏로 적혀 있다. 그렇다면 Q에 보이는 부여씨 왕실은 이와는 계통이 다르므로 동부여 왕실을 가리킨다고 볼 수는 없을까? 물론 동부여의 경우도 해부루왕의 성씨를 통해 해씨 성을 云謂할 수는 있다. 북부여를 건국했다는 해모수도 해씨 성이다. 그러나 분명한 것은 계통이 다른 이들이 서로 동일한 성씨를 사용할 수는 없다고 하겠다. 실제 『구삼국사』에는 해부루와 해모수는 서로 전혀 관계가 없는 존재로 설정되어 있다.[80] 따라서 Q만 놓고서는 扶餘氏 왕실의 소속국을 속단하기 어렵다. 그러나 부여 王姓으로 나타나는 해씨와 부여씨는 일단 2개의 부여의 존재를 상정할 수 있게 한다. 어쨌든 북부여 재건 가능성은 동부여가 영락 20년인 410년에 멸망했다는 전제하에서 유효한 것이다.

Q에서 그 모습을 드러낸 前燕에 갇혀 있는 '부여 왕자' 의 존재는 부여의 재건 가능성을 생각하게 한다. 부여가 파국을 맞이한 346년에서 24년이 지난 시점인 370년에 비록 質子의 상태라고 하더라도 그는 여전히 '부여' 라는 명패를 달고 등장하기 때문이다. 그러나 부여왕을 자결시킨 바 있는 285년의 경우도 그러했지만 346년에는 부여왕을 생포했을 정도로 부여를 파탄시킨 前燕이 부여를 재건해 줄 리는 없다.[81] 부여를 재건해 줄 수 있는 세력은 285년의 경우처럼 중국이 아니라면 고구려가 적임일 수 있다. 그러나 長江 근처로 쫓겨내려간 東晋은 북중국에서 영향력을 완전히 상실했기 때문에 부여를 재건해 줄 수 있

79) 李道學, 『백제고대국가연구』 pp.54~55.

80) 박시형, 앞책, p.110.

81) 前燕이 342년에 고구려에 심대한 타격을 주었지만 멸망시키지 않고 종속 관계를 맺었다고 하면서 부여를 재건해 준 것으로 규정하는 견해도 있다(朴眞奭, 『高句麗好太王碑研究』 1996, p.189). 그러나 이것은 상황이 다르다. 前燕은 346년에 부여왕을 생포한데 반해, 고구려왕은 健在하였다. 그리고 前燕이 고구려를 멸망시키지 않은 게 아니라 멸망시킬 수 없었기 때문에 인질을 매개로 한 次善의 종속 관계가 설정된 것이었다.

는 여건이 되지 못한다. 고구려의 경우도 상황이 심각하기는 별반 다를 바 없다. 342년에 고구려는 前燕의 침공을 받아 丸都城이 폐허가 되었다. 王母와 王妃를 포함한 5만여 명이 포로가 되었으며 미천왕의 시신이 납치되기까지 했다. 그 이듬 해인 343년에 고구려는 王弟를 보내어 前燕에 入朝하여 珍異한 물건을 바쳤다. 345년에는 前燕의 慕容恪이 고구려의 서방 要鎭인 南蘇城을 빼앗기까지 하였다.[82] 이렇듯 당시 고구려는 前燕에 압도적인 열세를 면하지 못하고 있는 실정이었다. 이러한 상황에서 고구려가 부여를 재건해 준다는 것은 상상할 수도 없는 일이다. 따라서 346년에 亡한 부여, 즉 原夫餘의 재건 가능성은 거의 희박하다고 보겠다. 그렇다면 이 사실은 곧 370년에 前燕에 인질로 와 있다가 前秦兵에게 성문을 열어준 '부여 왕자' 의 國籍이 북부여 아니면 동부여라고 할 수 있다. 그런데 지리적 관계를 놓고 볼 때 고구려와 마찬 가지로 인질을 前燕에 보낸[83] 세력은 아무래도 북부여일 가능성이 높다고 하겠다.

한편 부여의 西遷과 세력 약화를 틈타 동류 송화강 이북의 북부여 세력이 南下해서 吉林 일대의 夫餘 故地를 잠식해 갔던 것으로 보인다. 나아가 북부여는 부여의 멸망과 前燕의 붕괴를 틈타 農安 방면을 지배했던 것 같다. 고구려 영역 가운데 분명히 '北扶餘城州' 가 존재했고,[84] 이 곳은 農安 부근으로 추정하고 있다.[85] 그러므로 뒤에서 언급하겠지만 모두루가 파견된 곳은 북부여 영역 가운데 農安 방면을 가리킨다고 하겠다. 그 후 이 곳의 북부여인들은 고구려에 쫓겨 嫩江과 동류 송화강을 가리키는 那河를 건너 동류 송화강 이북으로 이동하여 거주한 것으로 보인다. 뒤에서 인용한 W에서 이들의 거주지를 '舊北扶餘' 라고 한 것은 역시 뒤에 인용한 X 기사와 관련지어 볼 때 '북부여의 후예' 라는 의미도 있다. 그러나 북부여인들의 원래 영토로의 회귀라는 점을 염두에 둔 서

82) 『三國史記』 권18, 故國原王 12년 · 13년 · 15년 조.
83) 고구려에서 前燕에 인질을 보낸 것은 355년이었다(『삼국사기』 권18, 故國原王 25년 조).
84) 『三國史記』 권37, 地理 4.
85) 李丙燾, 『國譯 三國史記』 1977, p.37.

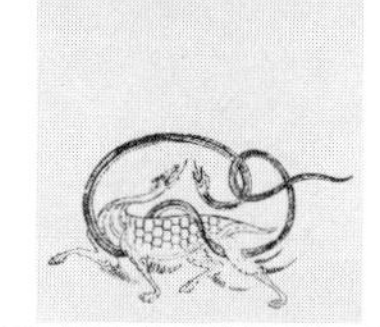



술이라는 측면도 충분히 고려해야 될 것 같다.[86] 두막루(달말루)라는 이름이 '復舊疆土' 의 뜻을 지닌 부여 고구려어인 多勿에서 연유했다는 견해는[87] 이러한 점에서 의미가 있지 않을까.

# Ⅳ. 북부여와 동부여의 존속 기간 문제

## 1. 「능비문」 영락 20년 조의 동부여

前燕이 붕괴되자 前秦의 영향력이 만주 일원에 미치게 되었다. 이것을 기화로 前秦과 友好 관계인 고구려가 자연스럽게 북부여에 대한 지배권을 장악했던 것 같다. 前燕에 인질을 보냈던 북부여는 이제 고구려의 영향권에 들게 된 것이다. 그 결과 고구려는 그곳에 北夫餘守事를 파견한 것으로 보겠다. 4세기 말이나 5세기 초에 고구려에서는 북부여수사를 파견하였다. 북부여수사는 북부여를 감찰하면서 북부여와 고구려를 연결시켜 주는 역할을 하는 직책이었음은 자명하다.[88] 요컨대 고구려가 북부여수사를 파견해서 북부여의 외교권을 장악한

86) 이와 관련해 X의 기사를 살펴보면 W의 '舊北扶餘' 는 '舊北扶餘' 땅을 가리키기 보다는 '北扶餘의 후예' 라는 의미로 사용되었음을 알 수 있다. 이 점은 인정하지 않을 수 없다. 그러나 X에서 달말루가 건너간 那河는 嫩江 하류와 동류 송화강 일대로 지목되고 있다. 그러므로 북부여의 후예인 달말루가 자신의 선조 가 거주하던 본래의 지역으로 돌아 온 것으로 해석했다(干志耿, 「古代橐離研究」『民族研究』, 1984-2 ; 김영수 譯, 『白山學報』44, 1994, pp.158~159). 干志耿의 논고에 대해 金貞培는 "豆莫婁人들이 '舊北扶餘' 에 다시 와서 건국을 하였을 뿐이다. 이런 관점에서 橐離傳說과 맞물려 해석해 보려는 것이나 이 文化를 白金寶文化로 파악해 보려는 시도는 좋은 착상이라고 하겠다. 豆莫婁人들이 와서 건국한 지역이 舊扶餘가 아니고 '舊北扶餘' 라고 한 것은 깊은 歷史性이 內在하고 있다는 점을 인식해야 할 것 같다(金貞培, 「豆莫婁國研究」『國史館論叢』29, 1991, pp.78~79)" 라고하면서 전적으로 공감한 바 있다.

87) 國史編纂委員會, 『中國 正史 朝鮮傳 譯註』1, 1990, p.581.

88) 李道學, 「方位名 夫餘國의 성립에 관한 檢討」 pp.20~21.

상황이었다. 그런데 북부여가 존속한 상황에서 북부여수사가 그곳에 파견되기는 어렵다는 지적도 있다. 그러나 유다왕이 존재하는 상황에서 로마 총독이 파견되어 共存한 적도 있었다. 고구려의 경우도 장악한 東沃沮 지역의 기존 질서를 인정하는 線에서 간접 지배를 하였다. 즉 고구려는 동옥저 지역 주민 가운데 大人을 使者로 삼아 土着 渠帥와 함께 통치하게 하였던 것이다.[89] 이러한 점을 유의하면서 다음의 기사를 주목해 본다.

R. (457년 12월) 이 달에 于闐·扶餘 등 50餘 國이 각각 使臣을 보내어 朝獻하였다.[90]

위의 기사에 의하면 '扶餘'가 北魏에 독자적으로 조공했음을 알 수 있다. 이 '扶餘'는 외교권을 고구려에 박탈당한 북부여일 가능성은 없다고 보아야 한다. 그렇다면 동부여의 존재를 상정하지 않을 수 없다. 이 문제는 「능비문」에 보이는 영락 20년 조 동부여 정벌의 성격과 결부된 것이다. 우선 A-2에 보이는 동부여의 소재지에 관해서는 함경남도 영흥만 일대로 비정하는 견해를 비롯하여 몇 가지 견해가 있지만[91] 두만강유역으로 비정하는 견해를 취하고자 한다.[92] 광

89) 『三國志』권30, 東夷傳, 東沃沮 條.

90) 『魏書』권5, 太安 3년 12월 조.

91) 동부여의 소재지에 관해서는 孔錫龜, 「廣開土王陵碑의 東夫餘에 대한 考察」 『韓國史研究』70, 1990, pp.19~20에 소개된 글을 참조하기 바란다.

92) 그러한 대표적인 논거를 소개하면 다음과 같다. "한편, 『三國史記』권15, 太祖王 四年 七月 條의 '伐東沃沮 取其土地爲城邑' 이라는 기록에서 보는바와 같이 永興灣 일대는 태조왕 이래 고구려의 후방지역으로 편입된 지역이다. 또한 碑文의 守墓人 기사 중 '東海賈'가 광개토왕 이전에 정복한 舊民인 점을 생각한다면 永興을 비롯한 동해안 일대는 고구려의 영역이 분명하다. 따라서 이러한 역사적 사실이나 碑文의 往討의 표현으로 보아 당시의 원정이 舊土에 인접한 반도의 동해안 지역의 원정을 의미하는 것으로 볼 수는 없다고 생각된다. 따라서 여기에서의 東夫餘의 위치는 桂婁部 故地라고 비정되는 두만강 유역이 보다 타당하리라고 생각되며, 당시 勿吉이 부여의 지배하에 있었다는 점과 東夫餘의 세력 속에 味仇婁가 속하였다는 점을 고려한다면 沿海洲 일대도 이때에 편입된 것으로 생각된다(徐榮洙, 「廣開土王陵碑文의 征服記事 再檢討(中)」 『歷史學報』119, 1988, p.107)."

개토왕의 친정으로 고구려 군대는 동부여 왕성을 습격하여 일거에 함락시키고는 회군하였다. 이 때 대왕의 덕을 사모하여 味仇婁 鴨盧 등과 같은 지방 수장들이 따라 왔다고 한다.[93] 이와 관련해 고구려는 410년에 동부여를 정복해서 영역으로 편제시킨 것으로 간주하는 견해가 많았다.[94] 그러나 「능비문」영락 20년 조 기사를 관찰해 보면 어디에도 고구려가 동부여를 멸망시킨 구절은 없다는 것이다.[95]

즉 A-2의 동부여 정벌 기사는 "王恩普覆 於是旋還 又其慕化隨官來者 味仇婁鴨盧 卑斯麻鴨盧 椯社婁鴨盧 肅斯舍[鴨盧] △△△鴨盧"라고 하였듯이 광개토왕의 군대가 회군할 때 순전히 '王恩普覆' 으로 인한 '其慕化' 에 따라 鴨盧라고 하는 동부여의 호족층이[96] 따라 왔다. 즉 "광개토왕의 친정으로 고구려 군대는 동부여 왕성을 습격하여 일거에 함락시키고 회군하는데, 그때 대왕의 德을 사모하여 味仇婁 鴨盧 등과 같은 지방 수장들이 따라 왔다고 한다"[97]고 풀이하였다. 또는 "대왕의 은혜가 널리 퍼졌다.…(대왕의) 德化를 사모하여 官軍을 따라 온…"[98]라고 해석한다. 그 밖에 "광개토호태왕 시대인 당시 대왕의 德에 '慕化' 하여 고구려로 투항하여 온 5鴨盧를 따라 온 자들을…"라고 하여 역시 '德'을 강조하고 있다.[99] 「능비문」에 따르면 광개토왕은 "中叛不貢"한 동부여였지만 始終 무력으로써 굴복시켰다는 구절은 어디에도 없다. 비록 상투적인 선전

93) 鴨盧를 "부여의 귀족을 의미하는 말"로 간주하는 朴時亨의 견해를 취한다(박시형, 앞책, p.207). 鴨盧는 고구려의 對盧와 유사한 의미를 지닌 것으로 보인다. '盧' 가운데 'Ar' '鴨', 즉 '大' 의 '盧' 를 鴨盧라고 했던 것 같다.

94) 비록 東夫餘의 위치를 함경남도에 소재한 東濊로 간주하기는 하지만 영락 20년 조와 결부지어 "東夫餘의 地는 完全히 高句麗의 版圖 안으로 들어오게 되었다(李丙燾, 『韓國史』古代篇, p.414)"는 견해가 대표적이다.

95) 武田幸男, 앞책, p.145.
박시형도 동부여의 멸망을 410년이 아닌 494년으로 지목하고 있다(박시형, 앞책, p.208).

96) 박시형, 앞책, p.207에서 鴨盧를 "부여의 귀족을 의미하는 말"로 간주한 바 있다.

97) 李道學, 「廣開土王陵碑文에 보이는 戰爭 記事의 分析」『高句麗研究』2, 1996, p.762.

98) 李亨求, 『廣開土大王陵碑新研究』 1986, p.98.

99) 濱田耕策, 「廣開土好太王時代의 '聖王' 秩序에 對해서」『高句麗研究』2, 1996, p.652.

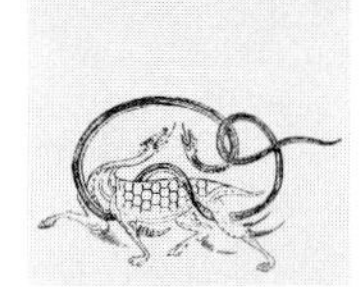



문투이기는 하지만 광개토왕은 德化로써 동부여를 복속시켰음을 闡明하고 있다. 따라서 광개토왕은 결코 동부여에 대한 정복자로서의 이미지는 아닌 것이다. "王恩普覆"이나 "其慕化"라는 문구는 말할 나위없이 영락 20년 광개토왕의 동부여 親征 성격이 병합이나 멸망이 아님을 뜻한다. 광개토왕이 무력으로써 동부여를 멸망시켰다면 이러한 표현은 상상하기 어려운 것이다. 만약 광개토왕이 동부여를 정복했다면 「능비문」에서 일관되게 지향하고 있는 王道政治思想의 취지와도[100] 부합되지 않는다. 따라서 A-2는 "中叛不貢"했던 동부여였지만 광개토왕의 親征 이후 다시금 복속되어 조공체제에 충실해졌음을 뜻하는 내용이라고 하겠다. 「능비문」에서 동부여 정벌의 영역적 戰果가 기재되지 않은 것도 그것을 말해준다. 요컨대 고구려는 동부여에 대해 朝貢 지배를 이상으로 정복전을 전개하여 그러한 지배 관계를 실현했음을 의미한다.[101]

한편 영락 20년 광개토왕의 동부여 親征의 성격을 정복 활동으로 간주하는 입장에서는 435년 당시 고구려 영토가 동으로는 柵城에 이르렀다는 다음의 기사를 주목하고 있다.

S. 동쪽으로는 柵城에 이르고, 남쪽으로는 小海에 이르고, 북쪽으로는 舊夫餘에 이른다.[102]

이것에 덧붙여 410년 광개토왕의 동부여 친정 결과 두만강유역에 소재한 柵城 일대가 고구려 영역이 된 것으로 해석하였다. 물론 이렇게 해석하면 首尾가 잘 맞는 해석으로 비칠 수도 있을 것이다. 문제는 410년에 동부여가 고구려 영역으로 편제되지 않았다는 것이다. 그리고 410년에 고구려군이 회군한 지 채 25년도 안된 435년 이전에 동부여를 점령했다는 것도 정황상 자연스럽지 않다. 게다가 柵城으로 비정되고 있는 훈춘 시 일대에는 이 무렵의 고구려와 관련된

100) 李道學, 「廣開土王陵碑文의 思想的 背景」『韓國學報』106, 2002, pp.2~21.
101) 徐榮洙, 앞논문, p.106.
102) 『魏書』권100, 高句麗傳.

고고학적 근거가 확인되지 않았다고 한다.[103] 그 뿐 아니라 동부여가 柵城 일대에 소재했다는 뚜렷한 근거도 없는 실정이다.[104] 이와 관련해 발해의 건국지를 태백산 남쪽으로 설정하면서 그곳을 '南柵城' 이라고 한[105] 기록이 주목된다. 이는 柵城이 1 곳만 아님을 뜻하는 동시에, 태백산은 지금의 백두산을 가리키므로 연길 부근을 柵城으로 지목하는 견해가 일리 있음을 시사해 준다. 그러나 설령 북옥저 = 동부여 = 책성이라고 하더라도 410년에 존속한 동부여는 그 명맥을 한동안 여전히 보전하였다. 그러므로 동부여의 소재지는 두만강 하류와 연해주를 포함한 지역으로 지목하는 게 온당할 것으로 보인다.

## 2. '북부여의 후예' 豆莫婁의 건국 시기

앞서 검토해 보았듯이 동부여는 410년에 멸망하지 않았다. 게다가 435년 당시 고구려의 東界인 柵城이 동부여를 포괄하는 근거가 되지 못한다고 밝힌 바 있다. 이처럼 동부여의 존재를 설정해 놓고 볼 때 5세기 중반 이후 등장하는 '부여' 를 북부여로 단정하기는 어렵게 된다. 광개토왕대에 모두루가 北夫餘守事로 북부여에 파견된 바 있기 때문이다. 이 사실은 고구려가 북부여를 직접 지배했음을 뜻하는[106] 동시에 북부여의 재건 가능성을 희박하게 해 준다. 그러면 5세기 중반 이후에 등장하는 다음과 같은 부여는 재건된 북부여인가 아니면 동부여를 가리키는 것일까?

T. (494) 2월에 扶餘王과 그 妻子가 나라를 들어 來降하였다.[107]

U. (504년) "小國이 帝庭에 誠款을 맺자 여러 代에 걸쳐 정성을 오로지하여 땅에서 나

103) 柵城을 연길시 교외의 홍안고성과 성자산산성 및 하룡고성을 합하여 지목하고 있다(朴眞奭, 「高句麗 柵城 遺址를 다시 논함」『中國 境內 高句麗遺蹟』 1995, p.107).

104) 송호정, p.200, 註 72.

105) 『帝王韻紀』 권下, 渤海紀.

106) 徐榮洙, 앞논문, p.106, 註 35.

107) 『三國史記』 권19, 文咨明王 3년 조.

는 産物로 朝貢을 어긴 일이 없었다. 오직 黃金은 扶餘에서 나고 珂玉은 涉羅의 소산입니다. 이제 扶餘는 勿吉에게 쫓기고 涉羅는 百濟에 併合되었습니다. 두 가지 물건이 王府에 올리지 못하는 것은 실로 두 도적들 때문입니다"라고 하였다.[108]

V. (504~507년) 正始 연간에 世宗이 東堂에서 고구려 사신 芮悉弗을 引見하였다. 悉弗이 말하기를 "고려는 하늘과 같은 정성으로 여러 대에 걸쳐 충성하여 땅에서 나거나 거두어 들이는 것을 朝貢에 빠뜨리지 않았었습니다. 오직 黃金은 扶餘에서 나고 珂玉은 涉羅의 소산입니다. 이제 夫餘는 勿吉에게 쫓기고 涉羅는 百濟에 併合되었습니다. 國王인 臣 雲은 끊어진 나라를 잇는 의리를 생각하여 (부여와 섭라의 사람들을) 모두 저희 나라로 옮겨 살게 하였습니다. 두 가지 물건이 王府에 올리지 못하는 것은 실로 두 도적들 때문입니다"라고 하였다.[109]

이 문제를 구명하기에 앞서 U와 V에 보이는 涉羅를 '新羅'로 간주하는 견해를 검토해 본다. 물론 涉羅 국호가 斯盧·斯羅로도 일컬어졌던 新羅와 音相似한 것은 사실이다. 그러나 신라 국호가 확정되기 전까지 다양한 국호가 사용되었지만 '涉羅'라고 일컬은 적은 없다. 그리고 비록 조공을 하지 못한 관계로 변명에서 비롯된 거짓말이라는 견해도 있지만, 신라가 백제에 병합된 적은 없다. 게다가 V에 보면 扶餘와 涉羅 사람들이 고구려로 옮겨와 거주했다고 하였다. 실제로 T에 보면 부여왕과 그 일족들이 고구려로 와서 항복한 게 사실로 확인되므로 涉羅의 경우도 그러했다고 보는 게 자연스럽다. 그런데 이 涉羅가 新羅라면 백제에 병합된 관계로 신라 지배층이 고구려로 이주해 왔어야 하는 것이다. 아무리 貢物을 바치고 싶지 않은 상황에서 나온 거짓말이라고 해도 정도 문제가 아닐까. 그것도 국가간에 비상하게 중요한 관심사인 관계로 금방 탄로날 수 있는 '併合'을 들먹일 수 있는 성질은 전혀 아니다. 게다가 珂는 碼瑙를 가리키는데,[110] 실제 碼瑙는 涉羅로 비정되는 제주도의 産物로 확인되고 있

108) 『三國史記』 권19, 文咨明王 13년 조.
109) 『魏書』 권100, 高句麗傳.
110) 『大東韻府群玉』 권6, 下平聲.

다.[111] 따라서 涉羅를 제주도로 비정하는 견해가 지극히 온당한 것이다. 단순히 音相似로 모든 것을 해결하려던 시기는 지난 것 같다. 그리고 고구려의 水軍力과 해상 활동을 너무나 看過한데서 이러한 발상이 비롯되지 않았나 싶다. 그러면 이제는 다음과 같은 豆莫婁에 관한 기사를 언급해 본다.

W. 豆莫婁國은 勿吉國 북쪽 천리에 있고, 洛陽에서 6천 리 떨어져 있는데 舊北扶餘이다.[112]

X. 開元 11년에 또 達末婁 · 達姤 2部의 首領이 朝貢을 해 왔다. 達末婁는 스스로 北扶餘의 후예라고 말했다. 高麗가 그 나라를 멸망시키자 남아 있던 사람들이 那河를 건너 그곳에 거주하였다.[113]

X에 보면 723년(開元 11) 달말루의 수령이 당나라에 조공을 와서 말하기를, 자신들은 北扶餘의 후예로, 고구려가 나라를 멸망시키자 유민들이 那河(일명 他漏河)를 건너와 나라를 세웠다는 것이다. 그러니까 이것은 수령이 직접 와서 전한 말이란 점, 이동의 경로가 구체적으로 제시되어 있다는 점에서 상당히 신빙성이 있다. 그리고 두막루와 달말루는 음이 비슷할 뿐만 아니라, 북부여의 후예라는 점에서도 일치한다. 따라서 두막루와 달말루는 같다고 하겠으며, 늦어도 북위시대부터 동류 송화강 내지 눈강 너머에는 북부여의 후예를 자칭하는 세력이 있었다고 확실하다고 할 수 있겠다.[114] 여기서 達末婁가 북부여의 후예라고 한 표현을 '自言北夫餘之裔'라고 하였다. 이는 고구려인들이 자신들의 뿌리를 "自言先祖朱蒙"[115]라고 한 그 '自言'과 동일한 표현이어서 주목된다. 이렇듯 북부여의 후예를 自言했던 두막루(달말루)라는 국호의 기원에 대해서는 다음과

111) 『大東韻府群玉』 권11, 上聲.
『新增東國輿地勝覽』 권38, 濟州牧 土産 條.

112) 『魏書』 권100, 豆莫婁國傳.

113) 『新唐書』 권220, 東夷傳, 流鬼 條. "開元十一年 又有達末婁 · 達姤二部首領朝貢 達末婁自言北扶餘之裔 高麗滅其國遺人度那河 因居之"

114) 徐永大, 「夫餘族의 向方과 夫餘 繼承意識」 2004, 한국고대사학회 하계 세미나, p.7.

115) 『魏書』 권100, 高句麗傳.

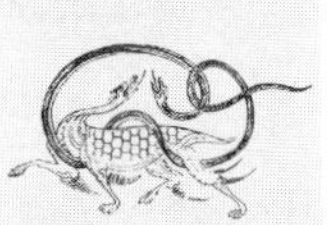



같은 해석이 제기되었다. 즉 "『通鑑』에서는 '麗語謂復舊土爲多勿' 이라 하였으니, 豆莫婁라는 國號도 바로 '多勿' 을 나타내는 것으로 곧 濊貊人들이 잃어버린 夫餘의 옛 땅을 收復한 나라라는 뜻이다"[116]라고 했다. 부여와 고구려 언어는 상호 연계성이 많으므로[117] 그럴듯한 해석이라고 볼 수 있다. 요컨대 豆莫婁의 건국은 북부여의 멸망과 직결되고 있다는 사실이다. 그런데 북부여의 후예라는 두막루측의 주장은 470년대의 사실이라고 한다.[118] 그렇다면 북부여는 494년에 멸망한 것이 아니라 그 훨씬 이전 어느 때 이미 멸망했다는 게 된다. 이와 더불어 주목되는 것은 다음의 기사이다.

> Y. 9년에 다시 사신 侯尼支를 보내어 朝獻하였다. 明年에 다시 와서 조공했다. 그 나라(勿吉 : 필자) 근처에는 大莫盧國·覆鍾國·莫多回國·庫婁國·素和國·具弗伏國·匹黎尒國·拔大何國·郁羽陵國·庫伏眞國·魯婁國·羽眞侯國이 있는데, 前後에 각각 사신을 보내어 朝獻하였다.[119]

勿吉 주변에 소재한 위의 國들은 물길 사신 侯尼支가 북위에 조공을 한 太和 9년(485)의 이듬해인 486에 다시 조공한 기사에 이어서 기재되어 있다. 大莫盧國 등의 國은 486년 '前後' 해서 조공을 하였다는 것이다. 이들 國 가운데 제일 앞에 적혀 있는 大莫盧國은 486년 이전에 북위에 조공을 했음을 뜻하고 있다. 문제는 勿吉 옆에 소재한 大莫盧國이 곧 豆莫婁國을 가리킨다는 것이다.[120] 그

116) 國史編纂委員會, 앞책, p.581.
이와 더불어 同書에서의 다음과 같은 지적도 참고된다. "또한 『三國志』 夫餘傳에 의하면 夫餘에서는 毛皮로서 衣服을 만들었으나, 豆莫婁에서는 麻布로 만들어 입었다. 위의 기록에서 '制類高麗而幅大' 라고 하여 複式이 高麗의 제도를 본받은 것은 당시 高句麗가 강력한 政治勢力을 形成하면서 발전하고 있었으므로, 그 文物制度를 받아들인 결과라고 짐작된다. 그리고 '或言本穢貊之地也' 란 기록은 豆莫婁 지역이 濊貊의 本據地였을 가능성이 많다는 뜻이다(p.581)."

117) 『三國志』 권30, 東夷傳, 高句麗 條.

118) 盧泰敦, 앞논문, p.48.

119) 『魏書』 권100, 勿吉傳.

렇다면 고구려에 의해 북부여가 멸망한 후 그 유민들에 의해 북부여를 계승한 豆莫婁는 적어도 486년 이전 어느 때 건국되었음을 뜻한다. 바꿔 말해 이 사실은 494년에 고구려에 최종적으로 來降한 부여가 적어도 북부여가 될 수 없음을 反證해 준다. 아직 멸망하지도 않은 북부여를 계승한 나라가 생겨날 수는 없기 때문이다. 따라서 494년에 고구려에 歸屬된 부여는 동부여임를 가리키는 것이고, 영락 20년 광개토왕의 동부여 親征은 그 성격이 병합이 아님었음을 다시금 웅변해 주고 있다.

## Ⅴ. 맺음말

지금까지의 서술에서 역사상 존재했던 부여의 數와, 그러한 부여 국가들의 병존 여부를 비롯해서 고구려 건국설화에 대한 검토를 시도하였다. 부여사 연구에 있어서 가장 기본이 되는 사료인 『삼국지』에 수록된 부여를 한국측 사서에 등장하는 부여와 관련지어 그 성격과 실체를 구명하고자 했다. 그리고 북부여와 동부여의 성립과 멸망 시점에 대한 재검토를 시도하였다. 그러한 내용을 요약해 보면 다음과 같다.

고구려의 건국설화 가운데 5세기대의 금석문인 「능비문」·「모두루묘지」와 문헌 사료인 『魏書』의 내용을 중심으로 비교 검토해 보았다. 우선 「능비문」에서는 '북부여'·'부여'·'동부여'라는 3개의 부여의 존재가 확인되었다. 주몽은 북부여 땅을 탈출한 후 부여 지역의 奄利大水와 普述水를 계속 건넌 후 지금의 桓仁인 卒本에 이르러 건국했던 것이다. 북부여는 동류 송화강 이북에, 부여는 동류 송화강 이남에, 동부여는 두만강유역과 연해주 방면에 소재하였으며, 그 실체가 모두 확인되었다. 아울러 이러한 3개의 부여는 고구려 건국기에 함께

120) 干志耿, 앞논문, p.155.
王錦厚·李健才, 『東北古代交通』 1990, p.113.

존재했던 것으로 밝혔다. 그리고 북부여와 부여는 서로 별개의 국가임을 구명하였다.

주몽이 고구려를 건국하는 桓仁 지역에 등장하는 '卒本扶餘' 라는 국가의 존재는 고구려측 금석문이나 문헌 사료에서는 찾아 볼 수 없었다. 오직 백제계의 온조 건국설화에만 기재된 것을 『삼국사기』 고구려본기에 '一云' 의 형식을 빌어 轉載한데 불과한 것으로서 그 실체가 없음을 밝혔다. 한편 方位名 부여 국호 태동에 관해서는 고구려를 기준으로 한, 고구려인의 인식이요 호칭으로 간주하여 왔다. 그러나 3개의 부여 가운데 가장 오래된 吉林 일대의 '부여' 즉 元夫餘를 의식한데서 북부여와 동부여 이름이 생겨난 것으로 파악하였다. 「능비문」에서 '부여' 의 존재가 확인되었을 뿐 아니라 부여의 법통 계승을 闡明한 백제의 '남부여' 가 구심으로 의식한 국가는 고구려가 아니라 부여였기 때문이다. 아울러 『삼국사기』에 의하면 초기 동부여 영역의 일부는 고구려 북쪽에 소재한 것으로 드러났다. 그럼에도 동부여라고 일컬어졌던 것은 그러한 方位의 기준이 고구려가 아니라 原夫餘였던 데서 찾을 수 있다.

『魏書』 고구려 조 冒頭에서 생략된 부분은 柳花가 유배된 내용으로 구명하였다. 그와 관련하여 동부여의 존재를 확인할 수 있었다. 그리고 同書에서 부여는 1세기 전반에 고구려와의 전쟁에서 大敗하여 고구려에 統屬되었다고 했다. 이 부여는 『삼국지』 부여 조에서 "그 나라는 殷富하여 先世 이래로부터 일찍이 破壞된 적이 없다" 라고 했을 정도로 外侵을 받지 않았던 길림 일대의 부여와는 서로 다른 별개의 세력으로 밝혔다. 즉 동부여의 존재를 다시금 확인한 것이다. 요컨대 『삼국지』의 부여와 『삼국사기』의 부여는 서로 다른 별개의 실체로 파악되어졌다.

지금까지의 학계 정설은 285년에 前燕의 침공으로 파국을 맞아 북옥저 방면으로 이동해 온 부여의 일족이 세운 국가를 동부여라는 것이다. 그러나 이때 북옥저 지역의 부여인들은 그 이듬 해 復國되는 상황에서 歸還하였다. 그러므로 동부여 성립의 정황은 전혀 확인할 수 없었다. 이와 결부지어 한국측 문헌의 동부여 탄생과 관련한 국가 이동 설화는 北魏의 先代 설화를 비롯한 유목사회적 환경에서 확인되고 있다. 따라서 이 설화는 충분히 존중할 필요가 있었다. 그리

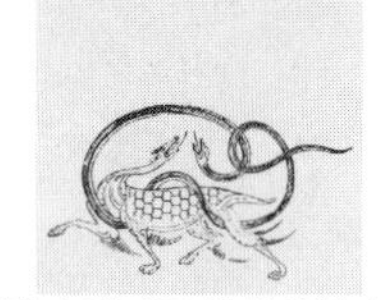



고 종전에 부정해 왔던 「능비문」의 "동부여는 옛적에 추모왕 屬民이었다" 라는 기사는 역사적 근거가 있는 것으로 밝혀졌다. 게다가 3세기 후반에 쓰여진『삼국지』에서 동옥저 북쪽에 '부여' 가 소재하고 있다는 기사를 주목하였다. 이 '부여' 는 길림 일대의 부여가 아니라 동부여임을 밝혔다. 그럼에 따라 동부여는 285년 이전에 이미 존재한 것으로 확인되었다.

『자치통감』 永和 2년(346) 조에서 부여를 몰아붙인 백제를 '고구려' 로 간주하는 한편, 이 부여를 '북부여' 로 지목해 왔다. 그러나 시조왕의 출원지를 북부여로 선포한 고구려가 그러한 북부여를 군사적으로 공격한다는 것은 명분적 정황과 잘 맞지 않았다. 게다가 당시 고구려는 부여를 압박할만한 상황이 되지도 못하였다. 그리고 『晋書』에 보면 부여의 남쪽은 선비와 접하고 있었다. 이같은 4세기대의 지리적 상황에서는 고구려가 부여를 직접 공격할 수도 없다. 따라서 永和 2년 조의 백제를 고구려의 誤記라는 주장은 설득력이 없는 것으로 밝혀졌다. 어쨌든 346년에 부여는 前燕의 침공을 받아 왕을 비롯한 5만 명의 포로를 내고 결국 멸망한 것으로 단정하였다. 그 틈을 노리고 북부여가 남하하여 吉林과 農安을 비롯한 부여의 故地를 잠식해 들어 갔던 것으로 추정했다.

370년대에 접어들어 前燕이 前秦에 멸망하는 변화가 따랐다. 그럼에 따라 그간 前燕에 예속되어 있던 북부여는 前秦과 우호 관계였던 고구려의 지배 하에 놓이게 되었다. 한편 고구려가 동부여를 병합한 시기를 대부분 「능비문」영락 20년 조의 광개토왕 親征 기사와 결부지어 왔다. 그러나 이 기사의 어디에도 동부여 멸망을 가리키는 문구는 없었다. 「능비문」에서 일관되게 지향해 온 王道政治思想의 취지와 더불어 '王恩普覆' 이니 '其慕化' 등의 구절이 그것을 뒷받침 해 주고 있다. 이와 관련해 고구려에 멸망한 후 북부여 유민들이 동류 송화강 이북의 故土로 쫓겨가서 세운 나라가 두막루였다. 그러한 두막루의 존재는 470년대와 486년 이전에 확인되었다. 따라서 494년에 고구려에 來降한 부여는 북부여가 아니라 동부여로 자연스럽게 밝혀졌다.

「능비문」에서 그 실체를 보여주었던 3개의 부여 국가들은 부여 → 북부여 → 동부여의 順으로 멸망하였고 고구려에 복속되었던 것이다.

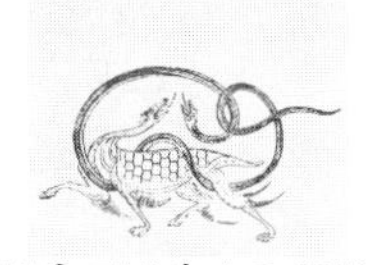



# 高句麗와 百濟의 出系 認識 檢討

## Ⅰ. 머리말

고구려와 백제는 이미 널리 알려져 있듯이 풍속을 비롯한 제반 분야에서 유사점이 확인되고 있다.[1] 그러한 근본적인 이유는 양국의 淵源이 동일했던 데서 찾을 수도 있다고 본다. 그리고 고구려와 백제의 대립의 근본적인 배경을 부여로부터 이어져 오는 정통성 계승 차원에서 논의가 된 바도 있다.[2] 본고에서는 그러한 점에 주목해서 살펴 보고자 했다. 그럼에 따라 양국간의 정치·군사적 대립에도 불구하고 문화적인 유사성과 또 그러한 유사성이 동질성으로 비춰지게 된 요인을 발견할 수 있지 않을까 한다.

## Ⅱ. 고구려와 백제의 출계 인식

고구려와 백제는 자국의 淵源을 어떻게 설정하였으며, 또 그것이 어떻게 주변 국들에게 인식되었는가를 살펴 보고자 한다. 이와 관련해 먼저 고구려와 백제의 출계에 대한 기사를 史料가 작성된 시간의 흐름대로 다음과 같이 옮겨 보았다.

1) 李道學,「三國의 相互 關係를 통해 본 高句麗 正體性」『高句麗研究』18, 2004.
2) 李道學,「百濟慰禮文化의 史的性格」『東大新聞』1981.5.12 ;『고대문화산책』1999, pp.45~54.

## 1. 고구려

| 기록 시기 | 내용 | 典據 |
|---|---|---|
| 3세기 후반 | 夫餘別種 | 三國志 |
| 414년 | 惟昔始祖鄒牟王之創基也 出自北夫餘 | 광개토왕릉비문 |
| 5세기 전반 | 鄒牟聖王 元出北夫餘 | 모두루묘지 |
| 5세기 후반 | 夫餘別種 | 後漢書 |
| 6세기 중엽 | 出於夫餘 自言先祖朱蒙 | 魏書 |
| 630년대 | 其先出自東明 東明本北夷櫜離王之子 | 梁書 |
| 618~628 | 其先出於夫餘 自言始祖曰朱蒙 | 周書 |
| 627~659 | 其先出夫餘 | 北史 |
| 629~636 | 出自夫餘 | 隋書 |
| 945 | 出自扶餘之別種也 | 舊唐書 |
| 1044 | 本扶餘別種也 | 新唐書 |

위의 기록을 통해 볼 때 고구려 건국 세력이 부여에서 연유했음은 안팎의 사료들이 이론없이 언급하고 있다. 따라서 고구려 건국 세력의 계통을 부여로 잡는 것은 움직일 수 없는 사실이다. 이러한 사실은 다음과 같은 부여의 건국설화가 고구려의 그것과 유사한 데서도 확인된다.

A. 옛날 북방에 槀離國이 있었는데 그 왕의 여종이 임신하자 왕이 여종을 죽이려고 하였다. 그러자 여종이 "계란 만한 기운이 내 몸에 들어오더니 임신하게 되었다"고 말하였다. 그 후 여종은 아이를 낳았다. 왕이 여종의 아이를 돼지우리에 버렸지만 돼지들이 아이에게 입김을 불어 주었다. 그러자 왕은 그 아이를 마굿간에 옮겨 두었는데 말들 또한 그 아이에게 입김을 불어 주었으므로 여종이 낳은 아이는 죽지 않았다. 그러므로 왕은 이상히 여겨 天帝의 아들로 생각하였다. 이에 그 어미에게 돌려주어 아이를 거두어 기르게 하였다. 이 아이의 이름은 東明인데 항상 말을 치도록 명령받았다. 동명은 활을 잘 쏘았다. 왕은 동명이 자신의 나라를 빼앗을까 두려워 하여 그를 죽이고자 하였다. 그럼에 따라 동명은 남쪽으로 달아나 施掩水에 이르러 활로 水面을 치자 물고기와 자라가 떠올라 다리를 만들어 주었다. 동명

이 강을 건너자 물고기와 자라가 곧 풀어 흩어져 추격하는 병사들이 건너지 못하였다. 동명이 이로부터 부여땅에 도읍을 정하고 왕이 되었다.3)

B. 옛적에 始祖 鄒牟王이 나라를 세웠다. 北夫餘에서 나오셨는데, 天帝의 아들이고, 어머니는 河伯의 따님이셨다. 알을 깨고 세상에 내려 오셨는데, 태어나시면서 聖스러운 이 있었다. 수레를 남쪽으로 내려 가게 하여 巡幸하시는데, 夫餘의 奄利大水를 거쳐 가게 되었다. 王이 나루에 이르러 말하기를 "나는 皇天의 아들이고, 어머니는 河伯의 따님이신 鄒牟王이다. 나를 위하여 갈대를 연결하고 거북이들이 떠오르게 하여라!" 그 소리에 호응하여 갈대가 연결되고 거북이들이 떠 올랐다. 그런 연후에 건너가서 沸流谷 忽本 서쪽 산 위에 성을 쌓고 도읍을 세웠다.(「광개토왕릉비문」)4)

C. 河泊의 손자이시며 日月의 아드님이신 鄒牟聖王께서 원래 北夫餘에서 나오셨으니(「牟頭婁墓誌」)5)

D. 고구려는 부여에서 갈라져 나왔는데, 스스로 말하기를 선조는 주몽이라 한다. 주몽의 어머니인 河伯의 딸을 부여왕이 방 안에 가두었는데 해가 비치는 것을 몸을 당겨 피하였으나 햇빛이 또 따라 왔다. 얼마 후 잉태하여 알 하나를 낳았는데 크기가 닷되들이 만하였다. 부여왕이 그 알을 개에게 주었으나 개가 먹지 않았고, 돼지에게 주었으나 돼지도 먹지 않았다. 길에다 버렸으나 소나 말들이 피해 다녔다. 뒤에 들판에 버려두었더니 뭇새가 깃털로 그 알을 감쌌다. 부여왕은 그 알을 쪼개려고 하였으나 깨뜨릴 수 없게 되자 결국 그 어미에게 돌려 주고 말았다. 그 어미가 다른 물건으로 이 알을 싸서 따뜻한 곳에 두었더니 사내 아이 하나가 껍질을 깨뜨리고 나왔다. 그가 성장하여 이름을 주몽이라고 하니 그 나라 俗言에 주몽이란 활을 잘 쏘는 사람을 뜻한다.

부여 사람들이 주몽은 사람의 소생이 아니기 때문에 장차 딴 뜻을 품을 것이라고 하여 그를 없애 버리자고 청하였으나, 왕은 듣지 않고 그에게 말을 치도록 하였다. 주몽은 말마다 남모르게 시험하여 좋은 말과 나쁜 말이 있음을 알고는, 준마는 먹

3) 『三國志』 권30, 東夷傳, 夫餘 條.

4) 韓國古代社會研究所, 『譯註 韓國古代金石文』I, 1992, pp.7~8.
"惟昔始祖鄒牟王之創基也 出自北夫餘 天帝之子 母河伯女郎 剖卵降世 生[而]有聖命駕 巡幸南下 路由夫餘奄利大水 王臨津言曰 我是皇天之子 母河伯女郎 鄒牟王 爲我連葭浮龜 應聲卽爲連浮龜 然後造渡 於沸流谷 忽本西 城山上而建都焉"

5) 韓國古代社會研究所, 앞책, p.93. "河泊之孫 日月之子 鄒牟聖王 元出北夫餘"

이를 줄여 마르게 하고 굼뜬 말은 잘 길러 살찌게 하였다. 부여왕이 살찐 말은 자기가 타고, 마른 말은 주몽에게 주었다. 그 뒤 사냥할 때 주몽에게는 활을 잘 쏜다고하여 화살 하나로 한정시켰지만, 주몽은 비록 화살은 적었지만 잡은 짐승은 매우 많았다. 부여의 신하들이 또 그를 죽이려고 모의를 꾸미자, 주몽의 어미가 알아차리고는 주몽에게 말하기를 "나라에서 너를 해치려하니, 너 같은 재주와 경략을 가진 사람은 아무데고 멀리 떠나는 것이 옳을 것이다"라고 하였다. 주몽은 이에 烏引 烏違 등 두 사람과 함께 부여를 버리고 동남쪽으로 도망하였다. 중도에 大水를 만났는 데, 건너려 하여도 다리는 없고, 부여 사람들의 추격은 매우 급박하였다. 주몽이 강에게 고하기를 "나는 태양의 아들이요, 河伯의 外孫이다. 오늘 도망길에 추격하는 군사가 바짝 쫓아오니 어떻게 하면 건널 수 있겠는가?" 하자, 이 때에 물고기와 자라가 함께 떠 올라 그를 위해 다리를 만들어 주었다. 주몽이 건넌 뒤 물고기와 자라는 금방 흩어져버려 추격하던 騎兵들은 건너지 못하였다. 주몽은 마침내 普述水에 이르러 우연히 세 사람을 만났는데, 한 사람은 삼베 옷을 입었고, 한 사람은 무명 옷을 입었고, 한 사람은 부들로 짠 옷을 입고 있었다. 주몽과 함께 紇升骨城에 이르러 마침내 정착하여 살면서 나라 이름을 고구려라하고 인하여 성을 高氏라고 하였다.[6)]

E. 시조 東明聖王은 성이 高氏이고 이름이 朱蒙 [鄒牟 또는 衆解라고도 하였다]이다. 앞서 扶餘王 解夫婁가 늙도록 아들이 없어 산천에 제사를 드려  금와는 이상하게 여겨서 방 안에 가두었는데, 햇빛에 비치자 (유화는) 몸을 당겨 피하였으나 햇빛이 또 좇아와 비쳤다. 그래서 임신을 하여 알 하나를 낳았는데 크기가 다섯 되쯤 되었다. 왕은 알을 버려 개와 돼지에게 주었으나 모두 먹지 않았다. 또 길 가운데에 버렸으나 소나 말이 피하였다. 후에 들판에 버렸더니 새가 날개로 덮어 주었다. 왕은 (알을) 쪼개려고 하였으나 깨뜨리지 못하고 마침내 그 어머니에게 돌려 주었다. 그 어머니가 물건으로 싸서 따뜻한 곳에 두었더니, 한 사내 아이가 껍질을 깨고 나왔는데 골격과 외모가 빼어나고 기이하였다. 나이가 겨우 일곱 살이었을 때에 남달리 뛰어나 스스로 활과 화살을 만들어 쏘면 백발백중이었다. 부여의 속어에 활 잘 쏘는 것을 朱蒙이라고 하였으므로 이것으로 이름을 삼았다.

금와에게는 일곱 아들이 있어서 항상 주몽과 더불어 놀았는데 그 기예와 능력이

6) 『魏書』 권100, 高句麗傳.

모두 주몽에게 미치지 못하였다. 그 맏아들 帶素가 왕에게 말하였다. "주몽은 사람이 낳은 자가 아니어서 사람됨이 용맹스럽습니다. 만약 일찍 일을 도모하지 않으면 후환이 있을까 두렵습니다. 청컨대 없애버리십시오!" 왕은 듣지 않고 그를 시켜 말을 기르게 하였다. 주몽은 날랜 말을 알아내어 먹이를 적게 주어 마르게 하고, 둔한 말은 잘 먹여 살찌게 하였다. 왕은 살찐 말을 자신이 타고, 마른 말을 주몽에게 주었다. 후에 들판에서 사냥할 때 이 활을 잘 쏘기 때문에 화살을 적게 주었으나, 주몽은 짐승을 매우 많이 잡았다. 왕자와 여러 신하가 또 죽이려고 꾀하자, 주몽의 어머니가 이것을 눈치채고 (주몽에게) 일렀다. "나라 사람들이 장차 너를 죽일 것이다. 너의 재주와 지략으로 어디를 간들 안되겠느냐? 지체하여 머물다가 욕을 당하느니보 다는 멀리 가서 뜻을 이루는 것이 나을 것이다." 그래서 주몽은 烏伊·摩離·陜父 등 세 사람을 벗으로 삼아 함께 갔다. 淹淲水 [一名 蓋斯水라고도 하는데, 지금의 鴨綠江 동북쪽에 있다]에 이르러 건너려 하였으나 다리가 없어 추격병에게 잡히게 될 것이 두려워 물에게 고하기를 "나는 天帝의 아들이요, 하백의 外孫이다. 오늘 도망가는데 추격자들이 다가오니 어찌하면 좋은가?" 하자 물고기와 자라가 떠올라 다리를 만들었으므로 주몽은 건널 수 있었다. 물고기와 자라가 곧 흩어지니 추격하는 騎兵이 건널 수 없었다.…그들과 함께 卒本川 [魏書에는 "紇升骨城에 이르렀다"고 하였다]에 이르렀다. 그 토양이 기름지고 아름다우며, 산하가 험하고 견고한 것을 보고 마침내 도읍하려고 하였으나, 궁실을 지을 겨를이 없었으므로 다만 沸流水 가에 초막을 짓고 살았다. 나라 이름을 高句麗라 하고 그로 말미암아 高로 써 姓을 삼았다.[7]

위에서 인용한 A의 부여 건국설화는 1세기 경에 편찬된 『論衡』에서 처음으로 확인된 내용이다. 반면 B·C·D·E의 고구려 건국설화는 5세기 초부터 시작해서 그 이후의 기록이 된다. 양 설화는 기본 골격이 동일하지만 다만 주인공의 이름이 東明과 朱蒙(혹은 鄒牟)으로 서로 다르고, 그 출생이 胎生과 卵生의 차이밖에는 없다. 이같은 양 설화의 유사성은 고구려 건국 세력이 부여로부터 출원한데서 기인한 것이다. 고구려 건국 세력이 자신들의 原住地였던 부여의 건국

7) 『三國史記』 권13, 東明聖王 즉위년 조.

설화를 안고 내려와서 自國 시조에게 賦與한 것으로 볼 수 있다.

동명과 주몽이 서로 별개의 존재임은 「천남산묘지명」의 다음과 같은 구절에서 확인된다.

F. 옛날에 東明이 氣를 느끼고 淲川을 넘어 開國하였고, 朱蒙은 日을 품고 浿水에 임해 開都하였다.[8)]

이러한 사실은 丁若鏞과 그 外孫인 尹廷綺(1814~1879)가 일찍이 명쾌하게 갈파했듯이 東明은 북부여 시조 이름이고, 주몽은 고구려 시조 이름이기 때문이다.[9)] 그럼에도 불구하고 『삼국사기』 고구려본기에서는 "시조 東明聖王의 姓은 高氏이고 이름은 朱蒙이다"[10)]라고 하였듯이 謚號와 諱의 관계처럼 兩者를 일치시켜서 인식하고 있다. 동명을 주몽과 동일한 존재로 일치시켜 인식한 배경에 대해서는 뒤에서 검토해 보기로 한다.

## 2. 백제

| 기록 시기 | 내용 | 典據 |
|---|---|---|
| 6세기 중엽 | 其先出自夫餘 | 魏書 |
| 630년대 | 其先東夷有三韓國 | 梁書 |
| 618~628 | 其先蓋馬韓之屬國 夫餘之別種 | 周書 |
| 627~649 | 其先東夷有三韓國 | 南史 |
| 627~659 | 蓋馬韓之屬國 出自索離國 | 北史 |
| 629~636 | 百濟之先 出自高麗國 | 隋書 |
| 945 | 夫餘之別種 | 舊唐書 |
| 1044 | 夫餘別種 | 新唐書 |

8) 韓國古代社會硏究所, 앞책, p.529. "昔者東明感氣 踰淲川而開國 朱蒙孕日 臨浿水而開都"
9) 『我邦疆域考』 권7, 卒本考.
『東寰錄』 권1, 歷代, 高句麗 條.
10) 『三國史記』 권13, 東明聖王 즉위년 조.

백제에서는 6세기 중엽에 편찬된 『魏書』 백제전에서부터 부여 출원설이 나타나고 있다. 그러나 이 때 백제의 부여 출원설이 처음으로 대두했다고 생각되지 않는다. 이는 472년에 개로왕이 북위에 보낸 국서의 "저희는 근원이 고구려와 함께 부여에서 나왔습니다"[11]라는 문구에서 연유한 것으로 간주하는 게 합당할 것 같다. 백제가 고구려와의 대결이 高潮되는 시점에서 국서 등을 통해 부여 출원설을 강조하였다. 또 그로 인해 백제의 부여 출원설이 중국측에 알려지게 되었던 것이다. 물론 『隋書』에 보면 백제의 고구려 기원설이 적혀 있다. 그러나 이 高麗國은 槀離國을 혼동한데서 연유한 게 분명하다. 이와 관련해 다음과 같은 『隋書』의 백제 건국설화를 살피지 않을 수 없다.

> G. 백제의 先祖는 高麗國에서 나왔다. 그 나라 왕의 어떤 侍婢가 갑자기 임신을 하게 되자 왕이 그녀를 죽이고자 하였다. 시비가 "계란만한 물건이 와서 내게 닿은 까닭에 임신하게 되었다"라고 말하였다. 왕이 그녀를 보냈다. 후에 드디어 한 남자를 낳자 그를 뒷간에 버렸으나 오래도록 죽지 않자 神靈스럽게 여겼다. 이름은 東明인데, 장성하게 되자 고려왕이 그를 꺼려 하였다. 동명이 두려워서 달아나 淹水에 이 르렀다. 부여인들이 모두 그를 받들었다. 東明의 후손인 仇台라는 사람이 있는데, 仁信이 敦篤해서 帶方 故地에서 비로소 그 나라를 세웠다.[12]

위의 인용에 보이는 '高麗國'은 의심할 나위없이 A에 인용되었듯이 板本에 '櫜離國' 등으로 기재된 '槀離國'을 誤記한 게 분명하다. 누가 보더라도 부여 건국설화를 백제 건국설화로 錯亂을 일으킨 게 명백하다. 그리고 『梁書』나 『南史』에서는 백제를 '三韓國'에서 출원한 것으로 기재하였다. 그러나 『周書』에서 "馬韓의 屬國, 夫餘의 別種"[13]라고 하였듯이 역시 백제의 소재지는 마한 영역이지만 그 기원은 夫餘임을 명확히 해 준다. 따라서 중국 史書에서는 백제의

11) 『魏書』 권100, 東夷傳, 百濟傳.
12) 『隋書』 권81, 東夷傳, 百濟 條.
13) 『周書』 권49, 異域傳, 百濟 條.

고구려 최초의 왕성인 환인의 오녀산성

부여 출원설로 일관되었음을 알 수 있다. 또 異見없이 그렇게 인식되었던 것이다.[14)]

백제의 부여 출원설은 472년 이전으로 시기를 소급할 수 있다. 가령 372년에 근초고왕을 東晋에서 '百濟王餘句'라고 일컬었다.[15)] 여기서 '餘句'의 '餘'는 扶餘氏의 略字임은 주지의 사실이다. 따라서 372년 단계에서 백제 王姓이 扶餘氏임이 확인되었다. 이러한 부여씨는 부여 王姓으로서도 확인되고 있다. 370년

14) 물론 南朝系 史書에서는 백제와 三韓을 연결지어 거론하고 있다. 그러나 『周書』권 49, 異域傳, 百濟 條에서 "其先蓋馬韓之屬國 夫餘之別種"라고 한 구절에 잘 나와 있듯이 백제의 소속이 三韓 즉 馬韓이라는 것을 말하고 있을 뿐이다. 동일한 南朝系 史書인 『周書』에서 '夫餘之別種'이라고 덧붙였듯이 엄연히 백제의 부여 출원설을 내세우고 있다. 여타 南朝系 史書에서는 백제의 출 원지가 생략되어 있을 뿐이지, 그렇다고 그 기원이 삼한을 가리키는 것은 아니라고 하겠다. 이렇게 간주하는 게 온당한 해석이 아닐까 싶다.

15) 『晋書』권9, 咸安 2년 6월 조. "二年六月遣使拜百濟王餘句爲陳東將軍領樂浪太守"

에 前秦王 苻堅이 前燕의 수도를 공격했을 때 '扶餘質子' 등을 거느리고 城門을 열어 苻堅의 군대를 맞아들인 전연의 散騎侍郞 餘蔚을, 元代 학자인 胡三省이 '扶餘王子'로 註釋하였다. 그렇다면 餘蔚의 '餘'는 複姓인 '扶餘'의 單字 표기가 분명하다. 따라서 부여에는 外患 등에 의한 왕실 교체의 산물로서 解慕漱·解夫婁와 같은 解氏뿐 아니라 扶餘氏 또한 왕실의 姓氏였음을 알려준다.[16] 혹은 이 문제는 여러 개의 부여의 존재와 결부지어 해석할 수 있는 사안이기도 하다. 즉 부여의 존재가 북부여와 동부여의 2개라는 것도 解氏 외에 扶餘氏가 왕성일 수 있는 幅을 넓혀주고 있다. 나아가 백제 왕성인 부여씨는 그 내력을 "그(백제) 世系는 고구려와 함께 扶餘에서 나온 까닭에 扶餘로써 氏를 삼았다"[17]라고 한 기사와 정확히 부합되고 있다. 요컨대 4세기 중후반 백제 왕성이 부여씨였음은 그 건국 계통이 부여였음을 웅변해 준다.

## 3. 백제의 시조 인식

백제 왕실의 부여 출원설은 건국 시조설화에 대한 인식과 불가분의 관계를 맺고 있다. 관련 사료를 다음과 같이 뽑아 보았다.

H. 백제는 그 선대가 대개 마한의 屬國이었는데, 부여의 別種이다. 仇台라는 사람이 있어 처음 帶方의 옛땅에서 나라를 세웠다. 또 해마다 네 번 그 시조인 仇台의 廟에 제사를 지낸다(『周書』권49, 백제 조).

I. 東明의 후손으로 구태라는 사람이 있었는데, 어질고 신망이 돈독하여 처음으로 대방의 옛 땅에서 나라를 세웠다. 그 시조인 구태의 사당을 國城에 세웠는데 해마다 네 차례 그곳에 제사한다(『隋書』권81, 백제 조).

J. 구태의 제사를 받드는데, 부여의 후예임을 계승하였다[『括地志』에서 말하기를 百濟城에는 그 祖인 仇台廟를 세우고 해마다 네 차례 그 곳에 제사한다](『翰苑』권30,

16) 李道學, 『백제고대국가연구』 1995, p.54.

17) 『三國史記』권23, 溫祚王 즉위년 조. "其世系與高句麗同出扶餘 故以扶餘爲氏"

백제 조).

K. 海東古記를 살펴 보니까 혹은 始祖를 東明이라고 한다(『삼국사기』권32, 雜志, 祭祀, 백제 조).

L. 始祖 東明王의 廟에 拜謁하였다(『삼국사기』권23, 다루왕 2년 조).

M. 대저 백제 태조 都慕大王은 日神이 降靈하여 부여 땅을 모두 차지하고 開國하였다. 天帝로부터 籙을 받아 諸韓을 통솔하고 王을 일컫게 되었다(『續日本紀』권40, 延曆 9년 7월 조).

위의 인용에서 보듯이 백제 시조로는 仇台·東明·都慕大王 등이 보이지만 한결같이 부여계로 인식되었음을 알 수 있다. 『신찬성씨록』에는 "菅野朝臣, 同國(百濟 : 필자) 都慕王十世孫貴首王之後也"[18] "和朝臣, 百濟國都慕王十八世孫武寧王之後也"[19]라고 하여 都慕大王 즉 都慕王을 실제 起點으로 한 백제왕들의 혈연 의식이 나타나고 있다.

그런데 M의 도모대왕을 고구려 주몽왕으로 간주하는 견해가 적지 않다. 특히 "그 백제의 먼 조상인 都慕王이라는 사람은 河伯의 딸이 태양의 精氣에 감응하여 태어난 사람인데"[20]라고 하였기 때문이다. 즉 河伯의 딸이 태양의 정기에 감응하여 출생한 인물이 도모왕이라고 하였다. 그러다 보니까 그를 주몽왕으로 비정하는 게 대세를 이루고 있는 현실이다. 그렇지만 동명설화의 발전된 형태로서 도모왕설화를 지목할 수는 없을까? 동명설화와 주몽설화의 중간 단계가 도모왕설화라는 것이다. 그런데 무엇보다도 일본 문헌에서는 '백제 태조'로서 도모왕만 나올 뿐, 주몽왕을 백제 시조나 태조로 적어놓은 기록은 어디에도 없다. 그러므로 양자는 동일 인물로 선뜻 간주하기 어렵다. 물론 682년에 작성된 「扶餘隆墓誌銘」에서 "元△△孫啓祚…河孫效祥"[21]라고 하였듯이 백제 왕실을 河伯의 자손으로 기록한 것으로 보이는 점과, "澤流淲水"의 淲水를 史書

18) 『新撰姓氏錄』右京諸蕃下 百濟 條.
19) 『新撰姓氏錄』左京諸蕃下 百濟 條.
20) 『續日本紀』권40, 延曆 8년 12월 조.

에 보이는 주몽이 건넌 강으로 간주했기 때문이다. 그러나 그 이전인 472년에 개로왕이 北魏에 보낸 국서에서 백제의 근원이 부여임을 밝히고 있으며, 그 왕실의 성씨가 高氏나 解氏가 아니라 扶餘氏였다. 이러한 부여씨는 부여 왕실의 실제 성씨와 동일하였다. 그러므로 백제 시조로 관념되어 있는 都慕王은 주몽왕이라기 보다는 부여 시조인 東明王으로 간주하는 게 타당할 듯 싶다.[22] 이러한 맥락에서 본다면 「扶餘隆墓誌銘」에 보이는 '(河)孫' 이나 '淲水' 는 주몽설화보다는 그 모태가 되는 동명설화에서 기인한 것으로 간주하는 게 온당하다. 동명과 주몽을 구분하여 기록하고 있는 F의 「천남산묘지명」에서 '淲川' 은 주몽이 건넌 강이 아니다. 이곳은 동명이 건넌 강으로 분명히 적혀 있기 때문이다. 그러므로 「부여융묘지명」에서 주몽설화에 등장한다고 여겨졌던 문구는 기실은 동명설화를 염두에 둔 것으로 보인다. 또 그래야만 백제에서 부여 始祖廟인 東明廟라는 최고 신격의 사당을 설치하고 국왕들이 拜謁하였던 역사적 사실과 부합되지 않을까 한다.

부여융 묘지명

그러나 무엇보다도 都慕王을 실제 起點으로 한 백제왕들의 혈연의식이 나타나고 있는 『신찬성씨록』을 주목하지 않을 수 없다. 이것을 보면 "長背連, 高麗國王鄒牟[一名 朱蒙]之後也"[23] · "高井造, 高

21) 韓國古代社會硏究所, 앞책, p.547. p.548. 한편 '元△△' 의 '△△' 는 '出河' 로 推讀하는 견해가 맞다.

22) 李道學은 「百濟 慰禮文化의 史的 性格」 『고대문화산책』 p.53에서 이미 도모왕과 동명왕을 동일한 존재로 인식하였다.

23) 『新撰姓氏錄』 右京諸蕃下 高麗 條.

천남생 묘지명

麗國主鄒牟王二十世孫汝安祁王之後也"[24]라고 하여 鄒牟 즉 朱蒙은 高麗 즉 고구려 國王 혹은 國主라고 하였다. '高麗國王 鄒牟'는 동일한 『신찬성씨록』에서의 '百濟都慕王'과는 서로 다른 별개의 인물로 엄연히 구분되어 있는 것이다. 따라서 '백제 태조 도모대왕'은 고구려 시조인 鄒牟와는 명백히 다른 인물이라는 견해가 설득력이 있다.

그러면 어느 시점에 이르러서, 또 무슨 이유로 동명과 주몽이 동일 인물로 포개진 것일까? 이 문제를 구명하기 위해서는 고구려 시조에 대한 인식 변화를 살피는 게 필요하다. 변개나 수정이 가능한 문헌 자료와는 달리 비교적 작성 당시의 정서가 담겨 있는 금석문이 關鍵이 될 수 있다.

414년에 작성된 「광개토왕릉비문」과 5세기 전반에 작성된 「牟頭婁墓誌」에서는 고구려 시조를 鄒牟로 각각 표기하였다. 700년에 작성된 「高慈墓誌銘」과 701년 이후에 작성된 「泉獻誠墓誌銘」에는 朱蒙으로 각각 표기되었다. 702년에 작성된 F의 「泉男産墓誌銘」에서는 東明과 朱蒙을 서로 별개의 인물로 기록하였다. 이 사실은 이 때까지는 부여 시조와 고구려 시조 인식에 어떠한 錯亂이 끼이지 않았음을 말한다. 아울러 고구려 당시에 동명과 주몽은 별개의 인물로 명백히 인식했지만, 동시에 고구려인들에게 동명의 존재가 시조인 주몽과 더불어 대등한 비중으로 刻印되었음을 뜻한다. 淵蓋蘇文의 아들인 男産의 墓誌銘

24) 『新撰姓氏錄』山城國諸蕃 高麗 條.

에서 "동명의 후예가 朝鮮이 되었다"[25)]라고 하였듯이 고구려인들의 시조로 동명의 존재가 그 정점에 자리잡고 있었음을 알 수 있다. 이것은 고구려 말기에 이르러 고구려인들의 시조 인식이 동명과 주몽을 비록 외형상으로는 同格으로 간주하는 것처럼 보이지만, 기실은 부여 시조인 동명의 존재를 부각시키고 있음을 알려준다. 이러한 인식은 연개소문 집권기에 의식적으로 高氏 왕실의 시조인 주몽보다는 부여 시조인 東明을 강조한 데서 기인한 것으로 생각된다. 비록 「泉男産墓誌銘」은 고구려 멸망 이후에 작성되었지만, 연개소문 아들인 남산의 묘지명에는 그러한 정서가 고스란히 묻어 있는 것이라고 하겠다.

천남산 묘지명

## 4. 온조·비류 시조설화의 생성 배경

『삼국사기』 백제본기에 의하면 다음과 같이 백제 시조설화 2종류가 전승되고 있다. 이 설화를 검토하면서 온조·비류설화의 생성 배경을 검토해 보기로 한다.

N. 백제 시조 온조왕은 그의 아버지가 鄒牟인데 혹은 朱蒙이라고도 한다. 북부여로부터 난을 피하여 졸본 부여에 이르렀더니 부여왕이 아들은 없고 딸만 셋이 있었다. 주몽을 보자 보통 사람이 아님을 알고 둘째 딸로서 아내를 삼게 하였다. 그 후 얼마되지 않아서 부여왕이 죽자 주몽이 그 자리를 이었다. 주몽이 두 아들을 낳았는데 맏아들은 沸流요 둘째 아들은 溫祚라고 한다 [혹은 주몽이 졸본에 이르러 越

25) 韓國古代社會硏究所, 앞책, p.530. "東明之裔 寔爲朝鮮"

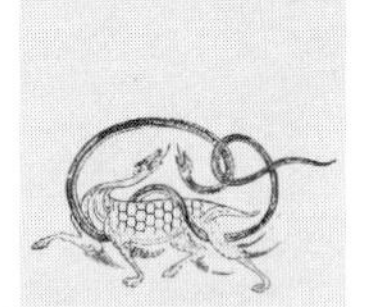



郡 여자에게 장가 들어 두 아들을 낳았다고 한다]. 주몽이 북부여에 있을 때 낳은 아들이 와서 태자가 되었다. 비류와 온조는 태자에게 용납되지 못할까 염려하여 드디어 오간 마려 등 열 명의 신하와 함께 남쪽으로 떠나니 백성들 중에서 따르는 자가 많았다. (중략) 그의 世系는 고구려와 함께 부여에서 나온 까닭에 '扶餘' 로써 氏를 삼았다.

O. 일설에는 "시조 비류왕은 그 아버지가 優台이니 북부여왕 解扶婁의 庶孫이요 어머니는 召西奴이니 졸본 사람 延陁勃의 딸이다. 처음 우태에게로 시집을 와서 두 아들을 낳았는데 맏이는 비류요 둘째는 온조였다. 우태가 죽자 졸본에 홀로 살았다. 뒤에 주몽이 부여에서 용납되지 못하여 前漢 建昭 2년 봄 2월에 남쪽으로 도망하여 졸본에 이르러 도읍을 정하고 고구려라 하였다. 소서노에게 장가 들어 왕비를 삼았다.
그가 창업하여 기반을 개척하는데 자못 내조가 있었으므로 주몽이 그녀를 특별히 사랑하여 후하게 대하였고 비류 등을 자기 아들처럼 여겼었다. 주몽이 부여에서 낳았던 禮氏의 아들 孺留가 찾아 오자 그를 세워 태자를 삼았고 왕위를 잇게 하였다. 이에 비류가 아우인 온조에게 이르기를 '처음 대왕이 부여에서의 난을 피하여 도망하여 이곳에 왔을 때에 우리 어머니가 가산을 털어서 邦業을 이루는 것을 도왔으니 그 공로가 컸었다. 대왕이 세상을 뜨신 후 나라가 유류에게 귀속되니 우리들이 공연히 이곳에 있으면서 몸에 군더더기 살처럼 울울하게 지내기보다는 차라리 어머니를 모시고 남쪽으로 가서 땅을 선택하여 따로 國都를 세우는 것만 같지 못하다' 하였다. 드디어 아우와 함께 무리를 데리고 浿水와 帶水를 건너 미추홀에 이르러서 거주했다" 고 한다.…어느 것이 옳은 지 모르겠다.

N의 『삼국사기』 본문에서 백제 시조를 溫祚라고 한 반면 그 할주인 O에서는 沸流라고 하였다. 온조는 고구려 시조인 주몽의 아들인데 반해, 비류는 북부여 해부루왕의 庶孫인 우태의 아들이라고 했으므로 부여계로 전해진 것이다. 『삼국사기』 상의 이 같은 두 기록 가운데 어느 설이 타당한 지는 선뜻 알 수 없다. 그러나 분명한 것은 김부식이 백제 시조전승에 관한 기록을 모두 轉載한 후에 "어느 것이 옳은 지 모르겠다" 라고 실토하였다. 어느 所傳이 타당한 지 김부식 자신도 확신이 서지 않았다는 것이다. 그런 관계로 2 전승을 모두 轉載했다고

할 수 있다. 다만 『삼국사기』가 편찬되는 12세기 중엽까지도 백제 시조에 대한 2 종류 전승이 남아 있었다. 게다가 양자간 사료상의 優劣은 판별되지 않았다. 그러나 앞서 검토했듯이 백제 건국세력은 고구려가 아니라 부여로 밝혀졌다. 그러므로 비류 시조설의 타당성이 높다고 본다. 이와 관련해 유의해야 될 사안은 『삼국사기』 상의 시조설화에는 그 어디에도 神異的인 내용이 없다는 것이다. 그러나 M의 도모대왕 건국설화에는 日神 降靈 요소가 보인다. 이로 볼 때 백제 건국설화가 당초부터 神異的인 내용이 없었다고 생각되지 않는다. 온조 비류설화는 그 보다 훨씬 후대 어느 때 『삼국사기』에 전하는 유형의 설화 구성을 갖추었던 것으로 볼 수 있다. 더욱이 고구려와 연계된 온조설화는 부여계의 비류설화보다도 후대에 생성되었다고 한다.[26] 백제 당시의 상황을 수록한 『周書』등의 중국 사서에 의하면 시조인 仇台가 그 사당의 존재와 더불어 확인되고 있다. 이러한 점에 비추어 볼 때 온조설화는 백제 이후 어느 때 지금과 같은 형태를 갖추었을 가능성이 높다.

그러면 백제 시조라는 온조를 주몽의 아들로 설정하는 설이 제기된 배경은 무엇일까? N에서 보듯이 『삼국사기』 백제본기 본문에서는 백제 시조인 온조를 고구려 시조인 주몽의 아들로 설정해 놓았다. 이와 같이 온조의 계보를 주몽과 연결시킨 시점은 후삼국을 통일한 고려가 『구삼국사』를 편찬할 때 일 수 있다. 고려 조정은 백제를 부활시킨 후백제 정권의 정치적 명분과 입지를 축소시킬 목적으로, 백제 건국자의 계통을 고구려와 연결시킬 수는 없었을까? 즉 고구려를 계승한 고려의 '작은 집' 혹은 '곁 가지' 라는 인식을 심어주어 宗家格인 고려에 후백제가 대적한 것에 대한 윤리적 부당성을 심어주어 정치적 우세와 후삼국 통합에 대한 역사적 정당성을 과시하기 위한 데 있지 않았을까? 부연 설명한다면 궁예가 부활시켜 왕건이 계승한 고구려 시조인 주몽의 아들로 온조를 설정해 놓음으로써 백제는 고구려 시조 아들이 세운 나라가 된다. 백제에게 고

26) 金杜珍, 「百濟始祖 溫祚神話의 生成과 그 傳承」 『韓國學論叢』 13, 1991, pp.67~90.

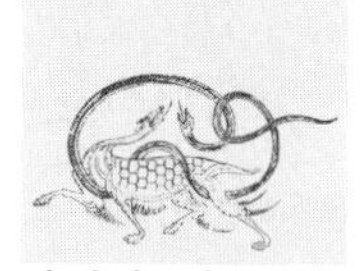



구려는 아버지의 나라가 되는 셈이다. 고구려에서 볼 때 백제는 아들의 나라인 것이다. 그렇다면 이는 고려가 후백제를 제압하고 통일을 해야하는 근거로 작용할 수 있다. 아들의 나라를 계승한 후백제가 宗家를 잇는 고려에 不服하는 것은 순리에 대한 역행이라는 명분상의 우위를 장악할 수 있는 것이다.[27] 혹은 당초의 史書에는 온조가 東明의 아들로 기재되어 있었을 가능성도 고려해 보아야 한다. 그런데 유사한 설화의 주인공인 東明과 朱蒙을 동일 인물로 혼동한 관계로 『삼국사기』 이전의 사서에서 이미 온조를 주몽의 아들로 誤記하게 된 것으로 추측할 수 있다.[28]

요컨대 여기서 생각할 수 있는 것은 부여계 도모왕과 주몽왕을 별개의 인물이 아니라 동일 인물로 인식할 수 있다는 점이다. 이것에 가세한 것이 부여와 고구려의 건국설화가 극히 유사한데다가 고구려와 백제 모두 최고 신격의 사당으로 설치한 東明廟의 祭神인 東明을 실제의 建國 始祖로 誤認함에 따라 오해가 파생될 수 있었다. 즉 고구려와 백제의 시조로 나타난 東明王은 부여 시조가 아니라 실체가 분명한 고구려 시조인 朱蒙王으로 지목되었던 것 같다. 그런데 삼국의 역사를 정리해서 편찬할 때 고구려와 백제라는 2개의 나라가 동일한 하나의 인물을 시조로 삼을 수 없다는 일종의 합리적인 판단을 하게 되었다. 그럼에 따라 고구려와 백제 왕실을 동명왕 즉, 주몽왕의 후손으로 모두 만족시키기 위해 백제 온조왕을 주몽왕의 아들로 연결시켜 시조 인식에 대한 모순을 없애도록 한 것으로 볼 수 있다. 그렇다면 모순 없이 고구려와 백제 모두 주몽왕을 시조로서 공유할 수 있게 되기 때문이다.

이러한 인식이 확립된 시점은 정확히 단정할 수는 없다. 그러나 李奎報가 『구삼국사』를 얻어 「동명왕편」을 저술하였을 때, 『구삼국사』에 이미 주몽왕을 동명왕으로 표기하고 있던 것이 분명하다. 그러므로 『구삼국사』가 편찬되었던 고

27) 李道學, 『진훤이라 불러다오』 1998, p.309.

28) 李道學, 「중 고등학교 국가 교과서 서술의 문제점과 백제사 인식」 『살아 있는 백제를 찾아서』 전국 역사교사 모임 2002 여름 자주 연수, p.14.

려 초기에는[29] 그같은 인식이 고정되었던 것으로 생각된다. 고려 초기에는 발해 유민을 흡수하는 상황이었는데, "고려의 옛터를 회복하고 부여의 遺俗을 가지고 있다"[30]라고 하였듯이 고려 즉 고구려와 부여를 等價値로 여기는 역사 인식을 가진 발해 유민의 흡수와 포용이라는 정치적인 당위성에다가, 설화의 기본 구조가 동일하고, 게다가 시조 이름의 音價마저 비슷한 점이 겹치면서 동명과 주몽을 동일시하게 되지 않았을까 한다.[31]

## Ⅲ. 부여 계승 의식 속에서의 고구려와 백제의 대립 배경

고구려와 백제가 부여에서 분파된 同系 국가임에도 불구하고 대립하였다. 그 이유는 어디에 있었을까? 고구려와 백제의 대립은 경쟁관계에서 비롯되었기에 강렬함과 지속성을 띠었던 것으로 보인다. 주지하듯이 '경쟁' 은 이해관계를 공유하는 조건 하에서 생겨나기 마련이다. 또 그러한 조건은 동질성에서 파생되는 경우가 많다. 고구려와 백제의 경쟁도 이와 무관한 것 같지는 않다. 개로왕이 북위에 보낸 국서를 다시금 거론하면 "저희는 고구려와 함께 근원이 부여에서 나왔다"라고 하여 양국의 근원이 동일하였음을 밝히고 있다. 이는 위덕왕이 되는 餘昌이 대적중이던 고구려 장수와 通姓名 하는 가운데 "서로 姓이 같다"[32]라고 한 데서도 뒷받침 된다. 게다가 비류 시조설화에 의하면 백제의 계통은 고구려인들이 출원지로 표방한 '북부여' 와 동일한 것이다. 이렇듯 고구려와 백제를 '같다' 고 묶어 놓는 틀은 말할나위 없이 고조선에 이어 등장하는 老大國

29) 末松保和, 「舊三國史と三國史記」『朝鮮學報』39 · 40合輯, 1966, p.9.

30) 『續日本紀』권10, 聖武 神龜 5년 조. "復高麗之舊居 有扶餘之遺俗"

31) 이복규, 「부여건국신화와 고구려건국신화의 관계에 대한 재검토」, 고구려연구소 제2차 학술발표회 발표문에 대한 이도학의 토론문, 대우재단빌딩 11층 세미나실, 1995. 7. 19.

32) 『日本書紀』권19, 欽明 14년 조. "今欲早知與吾可 以禮問答者姓名年位 餘昌對曰 姓是同姓 位是杆率 年二十九矣"

蓋鹵王(或云近蓋婁) 諱慶司 毗有王之長子 毗有在位
二十九年薨 嗣
十四年冬十月癸酉朔 日有食之
十五年秋八月 遣將侵高句麗南鄙 冬十月 葺
雙峴城 設大柵於青木嶺 分北漢山城 士卒戍之
十八年 遣使朝魏 上表曰 臣立國東極 豺狼隔
路 雖世承靈化 莫由奉藩 瞻望雲闕 馳情罔極
涼風微應 伏惟皇帝陛下 協和天休 不勝係仰
之情 謹遣私署冠軍將軍駙馬都尉弗斯侯 長
三國史本紀二十五 七
史餘禮 龍驤將軍帶方太守司馬張茂等 投舫
波阻 搜徑玄津 託命自然之運 遣進萬一之誠
冀神祇垂感 皇靈洪覆 克達天庭 宣暢臣志 雖
旦聞夕沒 永無餘恨 又云 臣與高句麗 源出扶餘
先世之時 篤崇舊款 其祖釗 輕廢鄰好 親率士
衆 陵踐臣境 臣祖須 整旅電邁 應機馳擊 矢石
暫交 梟斬釗首 自爾已來 莫敢南顧 自馮氏數
終 餘燼奔竄 醜類漸盛 遂見陵逼 構怨連禍 三
十餘載 財殫力竭 轉自孱踧 若天慈曲矜 遠及

『삼국사기』에 수록된 개로왕의 국서

인 부여를 가리킨다. 고구려와 백제는 부여에서 분파되어 내려 온 유이민에 의하여 건국되었기 때문이다. 백제를 기준으로 해서 "지금 언어와 服章은 대략 高驪와 같다"[33]고 했다. 그럴 정도로 언어와 의복을 비롯한 문화적 동질성은 그 족원의 동일성과 결코 분리되지 않는다고 보겠다.

이와 더불어 주목해야될 사안은 다음과 같은 고구려왕과 백제왕들의 東明廟 拜謁 기사이다.

P. 3월에 東明王廟를 세웠다(대무신왕 3년 조).[34]

Q. 9월에 왕이 卒本에 가서 始祖廟에 제사하였다. 10월에 왕이 卒本으로부터 돌아 왔다(신대왕 3년 조).[35]

R. 9월에 왕이 卒本에 가서 始祖廟에 제사하였다(고국천왕 2년 조).[36]

S. 2월에 왕이 卒本에 가서 始祖廟에 제사하고 罪囚를 大赦하였다(동천왕 2년 조).[37]

T. 9월에 왕이 卒本에 가서 始祖廟에 제사하였다(중천왕 13년 조).[38]

U. 2월에 왕이 卒本에 行幸하여 始祖廟에 제사하고 백성을 巡撫하여 늙고 병든 자에

33) 『梁書』 권54, 東夷傳, 百濟 條.
34) 『三國史記』 권14, 大武神王 3년 조
35) 『三國史記』 권16, 新大王 3년 조.
36) 『三國史記』 권16, 故國川王 2년 조.
37) 『三國史記』 권17, 東川王 2년 조.
38) 『三國史記』 권17, 中川王 13년 조.

게 물품을 賑給하였다. 3월에 왕이 卒本에서 還都하였다(고국원왕 2년 조).[39]

V. 4월에 왕이 卒本에 행차하여 始祖廟에 제사하였다(안장왕 3년 조).[40]

W. 2월…왕이 卒本에 거둥하여 始祖廟에 제사하였다. 3월에 왕이 卒本에서 돌아 올 때 지나가는 길의 州郡의 罪囚를 二死 외에는 모두 놓아 주었다(평원왕 2년 조).[41]

X. 4월에 왕이 卒本에 行幸하여 始祖廟에 제사하고, 5월에 卒本에서 돌아 왔다(영류왕 2년 조).[42]

Y. 5월에 東明王廟를 세웠다(온조왕 즉위년 조).[43]

Z. 정월에 始祖 東明廟에 拜謁하였다(다루왕 2년 조).[44]

a. 정월에 東明廟에 拜謁하였다(분서왕 2년 조).[45]

b. 정월에 東明廟에 拜謁하였고, 또 南壇에서 天地에 제사지냈다(아신왕 2년 조).[46]

c. 정월에 東明廟에 拜謁하고 南壇에서 天地에 제사지냈으며, 罪囚를 大赦하였다(전지왕 2년 조).[47]

고구려와 백제는 실제 자국을 세운 시조와는 달리 동명왕을 시조로 간주하였다. 고구려의 경우 20년(대무신왕 3년)에 東明王廟를 건립한[48] 기사가 위에서 보인다. 문제는 고구려에서 시조묘 건립 기사는 보이지 않지만 20년 이후 역대 왕들의 시조묘 배알 기사가 보이고 있다. 백제의 경우 東明王廟 건립 기사 이후 '始祖 東明廟' 라고 하였다. 고구려의 경우는 東明王廟 건립 이후 역대 왕들의 '始祖廟' 제사 기록만 보인다. 여기서 고구려 시조묘는 백제의 그것에 해당하

39) 『三國史記』 권18, 故國原王 2년 조.
40) 『三國史記』 권19, 安臧王 2년 조.
41) 『三國史記』 권19, 平原王 2년 조.
42) 『三國史記』 권20, 榮留王 2년 조.
43) 『三國史記』 권23, 溫祚王 즉위년 조.
44) 『三國史記』 권23, 多婁王 2년 조.
45) 『三國史記』 권24, 汾西王 2년 조.
46) 『三國史記』 권25, 阿莘王 2년 조.
47) 『三國史記』 권25, 腆支王 2년 조.
48) 『三國史記』 권14, 大武神王 3년 조.

는 溫祚 · 沸流廟와 마찬 가지로 건립 기사가 없다. 이러한 점에 비추어 볼 때 고구려 시조묘는 朱蒙廟가 아니라 東明王廟를 가리킴을 알 수 있다. 만약 고구려의 시조묘가 주몽묘라면 신라에서 시조 박혁거세묘를 제2대 남해차차웅대에 건립했던[49] 것처럼 제2대 유리왕대에 건립했어야 마땅하다. 그러나 그렇지 않았으므로 고구려의 시조묘는 대무신왕대에 건립된 東明王廟와 동일하다고 하겠다.[50] 이와 관련해 「천남산묘지명」에서는 동명과 주몽의 존재가 각각 서로 다른 인물로 거론된 후 "東明의 후예가 朝鮮이 되었다"라고 하였다. 여기서 조선은 고구려 멸망 이후 요동에 설치된 보장왕과 그 후손들이 통치하던 고구려 유민의 국가를 가리킨다. 그럼에도 同 묘지명에서 東明과 고구려를 연결시켜 인식하고 있는 것이다. 고구려인들이 부여 시조인 동명의 후예라고 했다. 이러한 기록도 동명묘가 주몽 사당이 아니라 부여 시조묘임을 방증해 줄 수 있다. 백제의 경우는 K와 Z에서 보듯이 동명왕을 시조라고 하였다. 그러므로 고구려

49) 『三國史記』 권1, 南解次次雄 3년 조.

50) 고구려의 始祖廟와 東明廟를 별개의 祠廟로 간주하면서, 卒本에 소재한 始祖廟는 朱蒙을 致祭하는데 반해 東明廟는 평양성 천도 후 移建되었다는 견해가 있다. 이에 대해서는 낱낱이 비판을 가할 수 있지만 2 가지 만 언급해 둔다. 『周書』 권49, 高麗 條에 보면 "又有神廟二所 一日夫餘神…一日登高神 云是其始祖 夫餘神之子…蓋河伯女與朱蒙云"라는 기사가 있다. 당시 고구려 수도인 평양성에는 登高神인 朱蒙의 사당 소재가 확인된 것이다. 그렇다면 역대 고구려 왕들이 拜謁했던 移轉하지 않은 卒本의 始祖廟는 東明廟를 가리키는 게 된다. 게다가 『삼국사기』 동천왕 21년 조에 "築平壤城 移民及廟社"라고 하여 宗廟와 社稷을 평양성으로 移轉했다. 여기서 宗廟의 중심 致祭 대상은 왕실 시조인 주몽왕이었다. 요컨대 주몽왕 관련 祠廟는 평양성으로 移建된 게 분명해진다. 따라서 移建되지 않은 卒本의 始祖廟는 東明廟임을 알 수 있다. 그리고 『翰苑』의 "饗帝列東盟之祠 延神祟 隧穴之醮"라는 기사에 보이는 '東盟之祠'를 東明廟로 간주하면서 그 소재지를 평양성으로 주장하기도 한다. 그러나 이 기사에 잇대어서 그 敷衍解說에 해당하는 "魏略日"로 시작하는 문구는 3세기 중반 이전 고구려의 東盟祭에 대한 내용을 담고 있다. 그러므로 『翰苑』의 '東盟之祠'에 대한 시점은 평양성 천도 이후가 아니라 그 前代의 사실에 대한 기록에 보이는 것이다. 따라서 이 기록을 東明廟가 평양성에 소재한 근거로 삼기는 어렵다. 더구나 '東盟之祠'의 '祠'는 '隧穴之醮'의 '醮'와 대구를 이루는 글자로서 祠廟의 뜻이 아니라 '제사지낸다'는 뜻이므로 역시 연결시키기 어렵다. 요컨대 어느 모로 보나 東明廟의 평양성 移建說은 설득력이 없다.

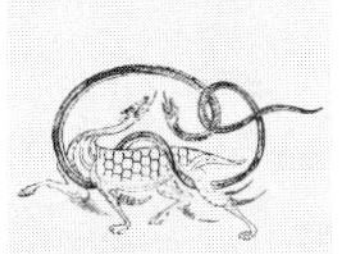



와 백제는 공히 부여 시조인 동명왕을 자국 시조로 설정하였고, 또 최고 신격의 사당인 시조묘 즉 동명묘를 설치하였다고 하겠다.

부여의 始祖廟인 東明廟를 양국 모두 세우고 있었다. 고구려와 백제 모두 부여에서 분파되어 나온 세력에 의하여 건국되었으므로 어쩌면 이는 당연할 수도 있다. 그러나 친족 집단의 구심점 역할을 하는 東明廟는 宗家에서 관장하게 마련이고 또 한 개일 수밖에 없다. 그러한 東明廟가 부여의 옛 땅이 아닌 고구려와 백제의 최초 도읍지에 각각 설치되었으며 또 이전할 수도 없는 신성처였다. 그랬기에 평양성으로 천도한 후에도 고구려왕들은 동명묘가 설치된 만주의 桓仁(卒本) 지방까지 가서 배알했던 것 같다. 수도의 遠近에 관계없이 고구려왕들은 그 말기까지 동명묘에 대한 배알의식을 가졌다. 이는 朱蒙祠가 요동성을 비롯한 여러 곳에 소재한 것과는 성격이 다르다고 하겠다. 요컨대 東明廟는 始祖廟였던 만큼 일반 國都가 아닌 自國의 始源이 되는 建國地에 설치된 것이었다.

고구려와 백제는 부여의 건국자인 동명왕을 제사지내는 廟를 독자적으로 갖추고 있었다. 고구려와 백제는 모두 동명왕의 법통을 계승한 국가라는 의식을 지니고 있었음을 뜻한다. 양국간의 집요한 경쟁은 당시로서는 가장 유효하면서도 용이한 의사 표출 형태인 무력 대결로 치닫게 하였다. 결국 2개의 동명묘는 하나로 통합될 수밖에 없는 운명에 놓였다. 양국간의 각축전에는 물론 농경지의 확보와 같은 실리적인 문제가 크게 작용했겠지만[51] 285년 이후 쇠락의 길을 걷고 있던 부여를 대신하여 주도권을 장악하기 위한 패권 다툼의 성격을 농후하게 띤 것이었다. 고구려는 북부여에 영향력을 행사하면서 그 법통 계승을 의미하는 동명묘를 접수한 것으로 보인다. 5세기 전반에 작성된 「광개토왕릉비문」이나 「모두루묘지」에서 고구려 시조의 기원을 북부여로 설정한 것은 이러한 배경을 깔고서 나왔다고 하겠다.

그러나 역시 부여에서 출원한 백제가 고구려의 동명묘 장악을 용납하였을 것

51) 朴性鳳, 「廣開土好太王期 高句麗 南進의 性格」 『韓國史研究』 27, 1979, p.27.

같지는 않다. 『삼국사기』에 의하면 양국간의 군사적 충돌이 369년의 雉壤전투부터 시작되었음을 알려 준다. 백제는 그 원인을 고구려측에서 찾고 있다. 개로왕의 국서에서 양국은 "선조들의 시대에는 옛 정을 도탑게 하여 지내었으나 고국원왕(釗)이 우호 관계를 비로소 깨뜨렸다"[52]고 하였다. 이것을 고구려가 선제 공격을 하였다는 이야기로만 이해한다면 지극히 피상적인 해석에 불과한지도 모른다. 고구려가 북부여의 동명묘를 장악하여 부여계 국가의 구심임을 선포하면서 자국 중심의 세력 재편해 나가는 波高가 백제에도 미친 것이라고 하겠다. 즉 고구려는 동명묘 장악을 통해 부여에 연원을 둔 고구려 왕실의 신성성과 정통성을 대내외에 선포하면서, 자국을 軸으로 범부여 사회 전체 통합의 당위성을 내세울 수 있었다고 본다. 당시 고구려는 沃沮와 東濊까지도 모두 병합한 상황이었다. 따라서 고구려는 백제에 대한 가일층 거센 공격을 시도하여 바야흐로 부여계 세력 전체의 통합 양상을 띠게 되었다. 그렇지만 고구려에 있어 백제는 결코 만만한 세력이 아닐 정도로 군사력이 강대하였다. 백제는 예성강 너머까지 北界를 확대하는 한편 평양성전투에서 고구려 고국원왕을 전사시킬[53] 정도로 가히 강성한 존재였다. 이러한 선상에서 백제 또한 동명묘 설치를 통해 부여의 법통 계승을 선포하면서 고구려에 대한 공격의 명분을 확보한 것으로 보겠다. 물론 백제의 동명묘는 온조왕 원년에 건립된 것으로 기록되었다. 그러나 『삼국사기』 온조왕기는 근초고왕기의 投影으로 간주할 수 있는 측면이 큰 것으로 云謂되고 있다.[54] 그러므로 근초고왕대의 동명묘 건립은 이러한 정황과도 잘 부합된다.

고구려는 이후 戰勢를 反轉시켜 남진경영을 꾸준히 추구한 결과 백제 영역을 계속 확보해 갔다.[55] 남진 공세를 집요하게 추진한 고구려는 475년에 백제 수

52) 『魏書』 권100, 百濟傳. "先世之時 篤崇舊款 其祖釗輕廢隣好"
53) 『三國史記』 권18, 故國原王 41년 조.
『三國史記』 권24, 近肖古王 26년 조.
54) 李道學, 『百濟 初期史에 관한 文獻資料의 檢討』 「韓國學論集」 23, 1993, pp.36~38.

도인 漢城을 함락시키고 개로왕을 살해하는 전과를 기록하여 일단의 그 大尾를 장식하였다.[56] 그런데 웅진성 천도 이후 백제왕들의 동명묘 배알 기사가 『삼국사기』에서 자취를 감추고 있다. 고구려와 마찬가지로 건국지에 세워진 백제의 동명묘도 이전할 수 없는 신성처였다. 그런 관계로 백제는 한강유역 상실과 웅진성 천도로 인해 부여계 정통성의 표상인 동명묘의 상실을 가져왔던 것으로 보인다. 이 패전으로 백제는 개로왕의 국서에 보이는 고구려와의 명분적인 대등 관계를 비롯해서 동명왕의 법통을 계승했다는 후예 의식의 위축을 초래하였다.[57]

백제는 비록 동명묘를 상실하였으나 무녕왕대에 이르러 "여러 차례 고구려를 격파하였다"라고 豪言하게 되었다. 동시에 梁으로부터 백제는 "다시금 强國이 되었다"[58]라는 평을 얻을 만큼 빠른 속도로 국력을 회복시켜 나갔다. 회복된 국력을 바탕으로 538년에 성왕은 사비성 천도를 단행하였거니와 국호를 南扶餘로 고쳤다.[59] 백제의 國號 개칭은 일본측 문헌에서도 확인되고 있다.[60] 이는 夫餘 國脈 계승 의지의 발현이라고 보겠다. 이러한 백제의 국호 개칭은 단순히 국호 개변에만 그치지 않았을 것이다. 제사 체계의 변화를 수반하는 일로 판단된다. 그런데 '建邦之神' 에 대한 제사를 소홀히 하였던 게 관산성 패전의 요인인 것처럼 지적되고 있다.[61]

그러면 建邦之神은 어떠한 神格일까?[62] 『일본서기』에서 建邦之神의 정의를 "天地가 처음 생겨날 때 草木도 말을 하였을 때 하늘에서 내려와 국가를 세운

55) 朴性鳳, 앞논문, p.27.

56) 『三國史記』권25, 蓋鹵王 21년 조.

57) 李道學, 「百濟 慰禮文化의 史的 性格」 p.53.

58) 『梁書』권54, 東夷傳, 百濟 條. "普通二年 王餘隆始復遣使奉表 稱累破句驪 今始與通好 而百濟更爲彊國"

59) 『三國史記』권26, 聖王 16년 조. "春 移都於泗沘[一名所夫里] 國號南扶餘"

60) 『日本書紀』권17, 繼體 23년 3월 조. "別遣錄史 果賜扶餘 由是加羅結黨新羅 生怨日本"

61) 『日本書紀』권19, 欽明 16년 조." 原夫建邦神者 天地割判之代 草木言語之時 自天降來 造立國家之神也 頃聞 汝國輟而不祀 方今悛悔前過 修理神宮 奉祭神靈 國可昌盛 汝當莫忘"

神이다"[63]고 하였다. 따라서 建邦之神은 東明王 외의 神格으로 비정하기는 어렵지 않을까 싶다. 그러한 建邦之神에 대한 제사는 사비성 시기에 국호를 南扶餘로 改號하는 등, 부여적인 법통 계승 의지가 강렬한 상황에서 부활되었다고 본다. 그러나 聖王의 관산성 패전 이후 동명묘는 존재 의미를 잃었던 것 같다. 다만 이 무렵을 대상으로 하여 서술된 중국 사서에 보면 사비도성에는 H・I・J에서 보듯이 始祖廟로서 仇台廟가 존재했다고 적혀 있다. 따라서 시조묘의 '시조'는 구태로서 형상화되었다고 보겠지만 온조・비류와는 성격이 다른 제 3의 존재로 생각되지 않는다. 단정하기는 어렵지만 구태는 백제의 시조로도 전하는 비류의 父의 이름이 優台인 것과 관련 짓기도 한다. 어쨌든 仇台는 부여계 인명임은 분명하다고 판단된다. 요컨대 백제의 입장에서 볼 때, 과거 동명묘가 설치되었던 하남시 검단산 일대를 이제는 신라가 장악함에 따라 현실적으로 더 이상 고구려와의 대결 국면으로 상황을 몰고 가기는 어렵게 되었다. 이러한 상황에서 동명묘의 부활은 의미가 없다고 판단한 결과 생겨난 부여계 신격에 해당하는 사당이 구태묘로 간주된다.

지금까지 살펴본 고구려와 백제의 부여 계승의식은 이들 국가의 멸망 이후에도 계승될 정도로 끈질긴 생명력을 지니고 있다. 727년에 발해의 武王 大武藝가 일본에 보낸 국서에서도 확인되었기 때문이다. 이 점 장구한 시일에 걸친 부여가 지닌 역사적 위상과 비중을 단적으로 말해준다고 하겠다.

## IV. 맺음말

고구려와 백제는 모두 부여에서 출원했다는 출계 인식을 지니고 있었다. 그

62) 建邦之神을 백제의 建國神 즉 백제 王家의 祖上神으로 보는 견해(石田一良,「建邦の神」『社會科學の方法』82, 1976 ; 洪淳昶 譯,『韓日關係研究所紀要』8, 1978, pp.21~31)를 취한다.

63)『日本書紀』권19, 欽明 16년 2월 조.

것은 많은 사료들이 뒷받침해 주고 있을 뿐 아니라 실제 兩國의 건국 세력은 부여에서 南下했던 것으로 간주된다. 이와 관련해 일본측 사료에 보이는 都慕大王을 고구려 주몽왕으로 지목하는 견해가 많았지만, 동일한 『신찬성씨록』을 통해 兩者는 서로 다른 별개의 존재로 명백히 드러났다. 부여 시조인 동명과 고구려 시조인 주몽은 역시 서로 다른 인물이었다. 그런데 고구려 말기에 왕실을 무력화시킨 淵蓋蘇文 집권기에 朱蒙보다는 東明의 존재가 마치 建國主인 것처럼 크게 부각되었다. 고구려인들의 東明 후예 의식이 高潮되었고, 東明과 朱蒙을 等價値로 여기는 인식이 생성되었던 것이다. 이러한 연유로 인해 고구려 멸망 이후 어느 때 설화상으로 동질성이 강한 東明과 朱蒙, 兩者가 결합된 모습으로 고려 초기에 편찬된 『舊三國史』에 나타난 것으로 생각된다.

『삼국사기』 백제본기에 게재된 온조·비류설화 가운데 후대 생성된 온조 시조설화의 성립 배경을 후삼국을 통일한 고려 왕조 초기의 역사 편찬과 결부지어 보았다. 그리고 고구려와 백제가 대립하면서 전쟁을 통해 경쟁하던 배경을 부여로부터의 정통성 계승 의식과 관련지어 살폈다. 아울러 고구려와 백제 왕실의 最高神格의 祠廟인 東明廟가 각각 그 건국지에 건립된 배경을 이와 같은 線上에서 찾았다. 그런데 475년의 漢城 함락 이후 백제 왕실은 東明廟를 상실했다. 538년 국호를 南扶餘로 바꾸고 사비성으로 천도하는 분위기 속에서 일시 東明廟는 부활되었지만 관산성 패전 이후 의미를 잃게 되었다. 그 이후 생겨난 夫餘系 神格의 祠廟로 仇台廟를 지목해 보았다. 고구려와 백제의 부여 계승 의식은 후대의 渤海 왕조에서도 확인될 정도로 그 상징적 의미는 지대하였다.

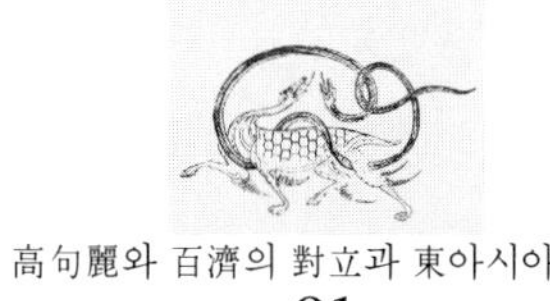



# 高句麗와 百濟의 對立과 東아시아 世界

## Ⅰ. 머리말

고구려와 백제는 모두 부여에서 출원했다는 건국세력 族源의 同質性에도 불구하고 수백년 간에 결쳐 경쟁 관계 이상의 대립과 갈등 그리고 전쟁을 지속해 왔다. 이러한 兩國의 대립은 만주와 한반도에서만 국한되지 않고 東아시아 전체 版圖에 영향을 미치는 양상을 띠었다. 즉 고구려 신라가 한 패를 형성한데 반해 백제와 왜, 혹은 백제·신라 내지는 왜가 또 다른 한 패를 이루면서 고구려와 대립하였다. 兩國間의 대결 구도는 당초 만주와 한반도 그리고 일본열도에만 파장이 미쳤다. 그러나 중국대륙까지도 그것이 직 간접으로 작용하게 되었다. 특히 중국 동방의 强國인 고구려의 동향은 當代의 국제 관계에서 비상하게 지대한 영향을 미쳤다.[1)]

본고에서는 고구려와 백제의 관계를 크게 3시기로 나누어서 살펴 보고자 한다. 제1기는 고구려와 백제가 군사적 충돌로써 관계를 맺게 되는 369년부터 백제의 王都인 漢城이 고구려에 함락됨으로써 일단의 결산을 보게 되는 475년까지이다. 제2기는 고구려가 한강유역을 장악한 이후인 476년부터 웅진성으로 천도한 백제와 군사적 대립을 지속하는 기간이다. 백제와 신라가 소위 羅濟同盟을 이용하여 백제 故土를 일시 회복하였다. 그러나 백제가 신라에게 한강유역을 빼앗기고 管山城戰鬪로 나제동맹이 완전히 해체되는 554년까지를 제2기로 설정해 보았다. 제3기는 555년부터 고구려가 멸망하는 668년과 백제 故地에

1) 三崎良章,「北魏の對外政策と高句麗」『朝鮮學報』102, 1982, p.112.

설치된 熊津都督府가 축출되는 672년까지를[2)] 한 시기로 설정해 볼 수 있다.

이와 관련해 각 시기 고구려와 백제의 일본열도 및 중국대륙 諸勢力에 대한 연계 방식은 물론이고, 連動 過程과 그 樣相을 살펴 보고자 했다.

## II. 제1기(369년~475년) 고구려와 백제 관계

### 1. 고구려와 백제 관계의 시작－衝突로서의 출발

고구려와 백제는 어떠한 모습으로 관계가 시작되었을까? 佟佳江流域과 압록강 중류 지역을 母胎로 하여 성장한 고구려는 56년에 남쪽 영역이 청천강까지 미쳤다.[3)] 청천강 남쪽에는 낙랑군과 대방군이 버티고 있는 상황이었다. 고구려는 313년과 314년에 낙랑군과 대방군을 한반도에서 축출함에 따라 황해도 방면까지 진출하는 게 가능했다. 그러나 이것은 명목상의 진출이었을 뿐이다. 대방군 故地에는 중국인들이 반독립적인 위상을 확보한 채 여전히 할거하였다. 이들은 심지어 5세기 초까지도 중국대륙의 연호를 사용하면서 치외 법권적인 위치를 구축하고 있었다.[4)] 「광개토왕릉비문」(이후 '능비문' 으로 줄여서 표기한다) 영락 14년 조에서 왜군이 선박을 동원해 침공한 지역을 '帶方界' 라고 하였다.[5)] 「능비문」에는 백제를 '屬民' 으로 규정하는 등 고구려의 일방적인 주장이 많다. 그럼에도 불구하고 '帶方界' 라고 하였다. 이곳을 자국 영역과 구분된 지역임을 명시하고 있는 것이다. 특히 境域을 뜻하는 '界' 라는 용어를 사용했다.

2) 熊津都督府의 존속 기간을 672년으로 설정한 견해는 李道學, 「熊津都督府의 支配組織과 對日本 政策」 『白山學報』34, 1987, pp.109~111과 李道學, 「書評－盧重國 著, '백제부흥운동사'」 『韓國 史硏究』124, 2004, pp.277~278을 참고하기 바란다.

3) 『三國史記』 권15, 태조왕 4년 조.

4) 孔錫龜, 『高句麗 領域擴張史硏究』 1998, pp.55~102.

5) 본고의 「능비문」 釋文은 한국고대사회연구소, 『譯註 韓國古代金石文』I, 1992, pp.7~16에 의하였다.

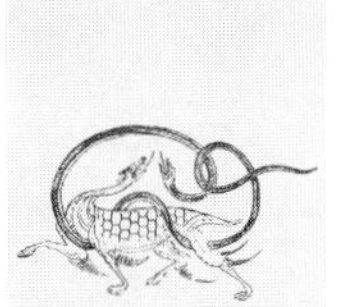

중국에서 망명한 동수의 무덤인 안악3호분 (모형)

이것은 고구려 圈域이 아닌 帶方故地에 漢人 집단이 여전히 온존했음을 암시하는 근거가 된다. 요컨대 「능비문」이 쓰여진 5세기 초까지도 帶方故地에 半自治集團이 존재했음을 상정하는 게 가능해진다.

그런데 343년에 고구려는 평양성으로 국가의 중심축을 이동시켰다. "가을 7월에 왕이 평양 東黃城으로 移居하였다. 城은 지금 西京 동쪽 木覓山 중에 있다"[6]라는 기사가 그것을 말한다. 이처럼 고구려가 국왕의 居所를 평양 방면으로 옮기게 된 배경은 일차적으로 前燕의 침공을 받아 國內城 일대가 焦土化된 데 따른 것이었다. 고구려는 당시 先王인 미천왕의 시신과 王母와 王妃가 前燕에 볼모로 잡혀 있는 상황이었다.[7] 이로 인해 고구려는 前燕에게 拘束되는 상황이었으므로 西方으로의 진출은 단념하지 않을 수 없었다. 따라서 고구려의

6) 『三國史記』 권18, 고국원왕 13년 조.
7) 『三國史記』 권18, 고국원왕 12년 조.

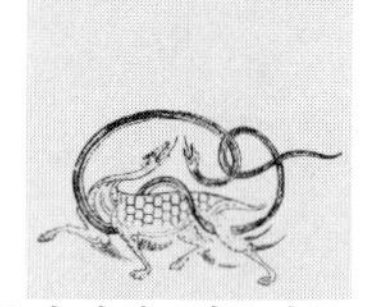



관심과 진출 방향이 자연 남쪽으로 쏠리게 된 것은 당연할 수 있다. 고구려가 出口를 남쪽으로 열게 된 것이다. 이와 관련해 백제 개로왕이 북위에 보낸 다음과 같은 국서의 문구를 주목하지 않을 수 없다.

> 저희는 근원이 고구려와 함께 부여에서 나왔으므로 先世 때부터 舊款을 독실히 존중하였으나 그 조부 釗(고국원왕)가 경솔히 이웃과의 우호를 廢하고 몸소 많은 군대를 이끌고 우리 강토를 짓밟으므로 저의 祖인 須는 군사를 정비하여 기회를 따라 달려가서 쳐서 矢石이 잠시 오가는 사이에 釗의 수급을 베어서 걸었습니다. 이로부터 뒤에 그들은 감히 우리를 엿보지 못하다가 馮氏가 궁할 무렵부터 그 남은 무리가 도망하여 더러운 무리가 점점 성하게 되고 드디어는 빈번히 침범하여 원한을 만들고 禍가 이어져서 30여년이 되었으며, 재물이 없어지고 힘도 다하여 자연 군색해졌습니다.[8)]

위의 기사에 의하면 고구려와 백제는 당초 근원의 동질성으로 인해 先世 때부터 舊款 즉 舊交를 도탑게 유지했다고 한다. 양국간에 舊交를 유지하게 된 원인을 근원이 부여에서 나왔다는 族源의 동질성에서 찾았다. 그런데 양국간의 우호관계가 破棄된 원인을 釗 즉 고구려 고국원왕의 백제 침공에 두었다. 이러한 개로왕의 발언은 궁지에 몰린 상황에서 일종의 빌미를 찾는 데서 비롯되었다. 그러다 보니까 모든 책임을 고구려에 전가하려는 백제의 일방적인 주장일 가능성이 높다. 따라서 개로왕의 言辭에 전적으로 신빙성을 두기 어렵다는 지적이 나온다.

이와 관련해 고구려와 백제간의 군사적 충돌이 발생하는 369년 이전의 상황 인식이 필요할 것 같다. 고구려의 상대국인 백제는 366년에 신라에 사신을 파견해서 수교하였다.[9)] 368년에 백제는 良馬를 신라에 선물로 보내는 등[10)] 적극적으로 양국 관계를 증진시키려고 했다. 백제는 신라와 수교한 해인 366년에는

8) 『三國史記』 권25, 개로왕 18년 조.
9) 『三國史記』 권3, 나물니사금 11년 조.
『三國史記』 권24, 근초고왕 21년 조.

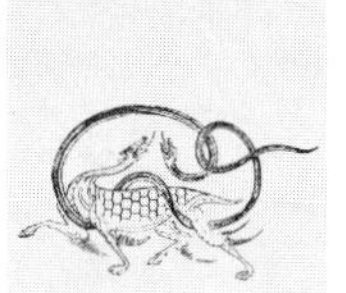



멀리 경상남도 창원에 소재한 卓淳國에 사신을 파견하여 이곳에 와 있던 倭 사신을 자국으로 招致하여 물산의 풍부함을 과시하였다.[11] 이러한 사실을 통해 백제가 신라 및 왜와의 관계를 적극적으로 강화하고자 했음을 알 수 있다. 그러나 무엇보다 중요한 것은 366년에 맺어진 백제와 왜간의 修交가 결실을 맺게 되어 369년 3월에 백제는 왜군과 더불어 낙동강유역의 가야제국에 진출하여 지배권을 확립했다는 것이다. 나아가 이 때 백제는 마한 잔여 세력까지 복속시켰다.[12] 요컨대 백제는 신라 및 왜와의 수교를 기반으로 가야제국을 장악하는 일대 轉機를 마련했던 것이다.

이 같은 한반도 남부 지역에서 백제의 급속한 영향력 확대는 대방군 故地를 自治에 맡겼던 고구려를 크게 자극시켰을 것이다. 이 때 백제는 마한 잔여 세력에 대한 장악과 가야제국에 영향력을 행사할 수 있는 기반을 구축하였다. 그러한 백제의 다음 공격 목표가 대방고지 진출임은 충분히 예견되는 사태였기 때문이다. 이것이 고구려의 남하를 유발한 직접적인 배경이 되었을 것으로 보인다. 고구려가 선제 공격을 시도하게 된 것은 가히 정지할 줄 모르는 백제의 운동력에 제동을 걸기 위한 조치라고 하겠다. 고구려는 그간 느슨하게 관리하던 대방고지에 대한 영유권 확보 차원에서 대방고지 前方에 소재한 백제 雉壤을 공격했다고 볼 수 있다. 비록 외향상으로 볼 때는 고구려가 백제 영역에 대한 선제 공격을 단행한 것이 된다. 그러나 신라와 왜를 友軍으로 끌어들이고 마한 잔여 세력과 가야제국까지 장악한 백제의 공격 타깃이 대방고지로 향하게 되었음은 충분히 예견되었다. 이에 대한 대응 차원으로 고구려는 자국이 장악하였지만 自治에 맡겼던 대방고지의 보호를 위해 백제의 치양을 공격한 것으로 보아야 한다. 고구려로서는 방어적 공격을 단행한 것이다. 요컨대 고구려와 백제

10) 『三國史記』 권3, 나물니사금 13년 조.
『三國史記』 권24, 근초고왕 23년 조.
11) 『日本書紀』 권9, 神功 46년 조.
李道學, 「百濟의 交易網과 그 體系의 變遷」 『韓國學報』 63, 1991, p.75.
12) 李道學, 『백제고대국가연구』 1995, pp.186~197.

는 각각 대방고지의 유지와 장악이라는 차원에서 최초로 서로 격돌하게 되었다. 그 관련 기사는 다음과 같다.

> 24년(369) 가을 9월에 고구려왕 斯由가 步騎 2만 명을 거느리고 雉壤에 와서 진을 치고는 군사를 나누어 민가를 약탈하였다. 왕이 태자를 보내 군사가 지름길로 치양에 이르러 고구려 군사를 급히 쳐서 깨뜨리고 5천여 명을 죽이거나 사로잡았는데, 그 擄獲들은 장수와 군사들에게 나누어주었다.[13)]

> 39년(369) 가을 9월에 왕은 군사 2만 명으로 남쪽으로 백제를 정벌하여 雉壤에서 싸웠으나 패하였다.[14)]

위의 기사에서 고구려왕 사유 즉 고국원왕이 침공한 백제의 雉壤은 雉嶽城이라고 했던 황해도 白川[15)]으로 비정되고 있다. 그런데 위의 기사 가운데 고구려본기는 백제본기의 내용을 축약한 것이다. 그러므로 치양 전투에 대한 원 사료는 백제본기 기사라고 하겠다. 전쟁에서 승리한 백제측 所傳에만 양국의 군사적 충돌이 전하여 왔음을 알 수 있다. 고구려와 백제의 군사적 격돌은 다음의 기사에서 보듯이 371년에도 발생했다.

> 41년(371) 겨울 10월에 백제왕이 군사 3만 명을 거느리고 와서 평양성을 공격하므로 왕은 군사를 거느리고 나가서 이를 막다가 流矢에 맞고, 이달 23일에 세상을 떠나므로 故國의 언덕에 장사지냈다 [백제 蓋鹵王이 글을 魏에 보내어 말하기를 "釗의 목을 베어 梟示했다" 고 했는데, 지나친 말이다].[16)]

> 26년(371) 고구려가 군사를 일으켜 쳐들어오므로 왕은 이 말을 듣고 군사를 패하 가

13) 『三國史記』 권24, 근초고왕 24년 조.
14) 『三國史記』 권18, 고국원왕 39년 조.
15) 『新增東國輿地勝覽』 권43, 황해도 白川郡 條. "白川郡 本高句麗刀臘縣 一云雉嶽城"
16) 『三國史記』 권18, 고국원왕 41년 조.

> 에 매복시켜놓았다가 그들이 오기를 기다려 급히 치니, 고구려 군사들은 패배했다. 겨울에 왕은 태자와 함께 날랜 군사 1만 명을 거느리고 고구려에 침입하여 평양성을 공격했다. 고구려왕 사유는 힘을 다하여 막아 싸우다가 화살에 맞아 죽으므로 왕은 군사를 이끌고 돌아왔다. 도읍을 漢山으로 옮겼다.[17]

백제군은 평양성 전투에서 고구려 고국원왕을 전사시킨 것이다. 이렇듯 369년과 371년의 2차례에 걸친 고구려와 백제간의 전투에서 고구려는 일방적인 패배를 맛보았다. 그런데 373년에 백제의 독산성주가 3백 명을 거느리고 신라에 투항한 사건이 발생했다. 다음의 기사에서 보듯이 백제에서 주민 송환을 요구했지만 신라는 들어주지 않았다.

> 18년(373) 백제 禿山城 성주가 300명을 이끌고 와서 항복하였으므로 왕이 그들을 받아들여 6部에 나누어 살게 하니, 백제왕이 글을 보내 말하였다. "두 나라가 화친을 맺어 형제가 되기를 약속했었는데, 지금 대왕께서 우리의 도망한 백성을 받아들이니 화친한 뜻에 크게 어긋납니다. 이는 대왕이 바라는 바가 아닐 것입니다. 바라건대 그들을 돌려 보내십시오" (왕이) 대답하여 말하였다 "백성은 일정한 마음이 없다. 그러므로 생각나면 오고 싫어지면 가버리는 것은 진실로 그렇기 때문이다. 대왕께서는 백성이 편치 않음은 걱정하지 않고 도리어 과인을 나무라는 것이 어찌 이렇게 심한가?" 백제에서 그 말을 듣고 다시는 말하지 않았다.[18]

위의 기사를 통해 373년 이전에 백제와 신라가 화친을 맺었고, 또 형제관계를 약속했음을 알 수 있다. 이것은 앞서 언급했던 366년과 368년의 修交 관련 사실을 가리킨다고 하겠다. 그리고 이는 백제 근초고왕이 낙동강유역에 진출해서 가야의 旱岐들과 화친을 맺고 형제관계를 설정한[19] 사실을 연상시킨다. 그러

17) 『三國史記』 권24, 근초고왕 26년 조.
18) 『三國史記』 권3, 나물니사금 18년 조.
19) 『日本書紀』 권19, 欽明 2년 7월 조.

나 소위 형제관계임에도 신라에서는 백제의 주민 송환 요구를 거절하였다. 이는 양국간의 화친관계가 이미 결렬되었음을 뜻한다. 곧 373년 이전에 고구려가 신라에 손길을 미친 데 따른 현상으로 보아야 할 것 같다. 아마도 고국원왕 패사 이후 위기감을 느낀 고구려는 신라에 대한 압박을 강화했던 것으로 보인다. 실제 그것이 주효해서 신라가 고구려의 영향권에 들어 간 일대 사건을 상정하는 게 가능하지 않을까 싶다.

371년 이후 고구려와 백제간의 군사적 충돌은 소강 국면에 접어들었다. 그러나 375년에 고구려는 백제의 수곡성을 공격하였는데 다음과 같이 기록되었다.

> 가을 7월에 백제 水谷城을 공격하였다.[20)]

> 30년(375) 가을 7월에 고구려가 북쪽 변경의 水谷城을 공격해 와서 함락시켰다. 왕이 장수를 보내 막게 하 였으나 이기지 못하였다. 왕이 다시 군사를 크게 일으켜 보복하려 하였으나 흉년이 들어 실행하지 못하였 다. 겨울 11월에 왕이 죽었다.[21)]

고구려는 수곡성 전투에서 이제까지와는 달리 승리하였다. 수곡성 전투의 승리는 당시의 역학 관계에도 영향을 미쳤을 것으로 보인다. 그 이듬해인 376년에도 고구려가 백제의 北邊을 침공하는[22)] 등 전쟁의 주도권을 장악하였기 때문이다. 377년 10월에는 백제가 군사 3만 명을 동원해서 평양성을 공격했다. 그러나 바로 그 다음 달인 11월에는 고구려가 군사를 일으켜 남으로 백제를 공격하였다.[23)] 그러한 와중인 377년에 신라 사신이 고구려 사신을 따라 前秦에 조

20) 『三國史記』 권18, 소수림왕 5년 조.
21) 『三國史記』 권24, 근초고왕 30년 조.
22) 『三國史記』 권18, 소수림왕 6년 조.
『三國史記』 권24, 근구수왕 2년 조.
23) 『三國史記』 권18, 소수림왕 7년 조.
『三國史記』 권24, 근구수왕 3년 조.

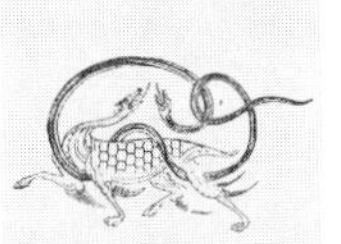

중국 요녕성 集安의 환도산성 성벽

공하고 있다.[24]이는 逆으로 신라와 백제간의 관계가 결정적으로 결렬되었음을 반증한다.

고구려가 이제는 신라를 자국의 영향권내에 끌어들였다. 그럼으로써 고구려는 백제에 대한 보다 우세한 정치적 위상을 갖출 수 있는 계기를 구축하였다. 백제와 신라는 본시 대등한 수준의 형제관계의 修交에 불과했다. 그러한 신라를 고구려는 적극적으로 誘引하였다. 고구려는 377년과 382년에 북중국의 強者인 前秦에 신라 사신을 잇따라 소개한 것이다. 신라에게 북중국이라는 또 다른 광대한 세계를 觀覽시켜 주었다. 신라의 그러한 觀覽은 전적으로 고구려를 통해서 가능한 일이었다. 이러한 신라의 중국이라는 세계 체험은 그로부터 150년 후인 532년에 南朝의 梁을 통해 이제는 南北朝 世界를 고루 체험하게 되었

24) 末松保和,『新羅史の諸問題』1954, pp.136~139.

다. 이 때 신라 사신은 백제 사신을 隨伴해서 그 존재를 남중국에 드러낸 것이다.[25] 비록 비등한 관계이기는 했지만 당시 신라는 백제의 영향권 내에 일정하게 속해 있었다.

4세기 후반 고구려는 신라를 자국 영향권내로 깊숙이 당겼다. 그 것을 기반으로 고구려는 백제에 대한 군사적 압박을 강화할 수 있었다. 386년 봄에 백제가 15세 이상의 주민을 총동원하여 청목령에서 팔곤성에 이르는 長城 형태의 關防을 설치한[26] 것은 고구려로부터의 위기감이 高潮된 데서 비롯되었다. 386년 8월에 고구려군은 백제의 北邊을 침공해 왔다.[27] 게다가 고구려는 말갈 세력을 앞세워 백제 공격에 나서기까지 했다. 387년에 말갈군이 관미령에서 백제군과 교전한[28] 것이 그것을 말한다. 이에 대응한 백제의 고구려 공격은 389년과 390년에 연이어 발생했다.[29]

이러한 과정을 거쳐 392년에 고구려는 "봄에 왕은 사신을 신라에 보내어 修好하자 신라왕은 조카 實聖을 파견하여 볼모로 삼았다"[30]고 했다. 이에 대해 신라측 기록에는 "정월에 왕은 고구려로 사신을 파견하였다. 이 때 고구려가 크게 강성하였으므로 伊飡 大西知의 아들 實聖을 보내어 볼모로 삼았다"[31]라고 했다. 양측 기록의 전후 상황을 맞추어 볼 때 392년 정월 신라가 고구려에 사신을 보내자 그 해 봄에 고구려 사신이 신라에 찾아 왔다. 그 후 신라측에서는 자발적이라기 보다는 고구려의 압력으로 인해 왕족인 實聖을 볼모로 보냈다는 이야기가 되겠다. 신라에서 왕족을 볼모로 고구려에 보낸 것을 볼 때 단순한 修

25) 末松保和, 앞책, p.136.
26) 『三國史記』 권25, 진사왕 2년 조.
27) 『三國史記』 권25, 진사왕 2년 조.
『三國史記』 권18, 고국양왕 3년 조.
28) 『三國史記』 권25, 진사왕 3년 조.
29) 『三國史記』 권25, 진사왕 5년 · 6년 조.
30) 『三國史記』 권18, 고국양왕 9년 조.
31) 『三國史記』 권3, 나물니사금 37년 조.

好가 아니라 臣屬 관계의 설정을 뜻한다고 하겠다. 신라를 臣屬시킨 고구려로서는 백제에 대한 군사적 압박을 한층 강화하였다.

## 2. 광개토왕대의 고구려와 백제 관계

광개토왕대의 고구려와 백제의 관계를 살피는 데는 「능비문」과 같은 금석문 자료의 도움을 얻을 수 있다. 광개토왕은 393년에 평양성에 9寺를 창건하는 등[32] 평양성 천도 작업을 추진하고 있었다. 이러한 상황에서 고구려는 어느 때보다도 격렬하게 백제와의 공방전을 지속적으로 전개하였다. 국가의 심장부인 王都를 남쪽의 평양성으로 옮기려면 왕도를 위협할 수 있는 백제세력을 남쪽 깊숙이 밀어 붙이는 게 선결 과제였다. 고구려로서는 371년의 평양성 전투에서 고국원왕이 전사한 적이 있었다. 377년에도 평양성은 백제로부터 공격받았다. 이처럼 王都의 안전이 위협 받는 상황이라면 평양성으로 천도하기는 어렵다. 광개토왕은 평양성 천도와 관련해 王都의 안정적 확보와 운영이라는 측면에서도 백제에 대한 대대적인 공격을 단행하였다.[33] 그런데 문헌상으로 볼 때 광개토왕대 고구려와 백제의 전쟁은 395년에서 멈추고 있다. 그러나 「능비문」에 의하면 고구려는 396년에 광개토왕의 親征으로 백제왕의 항복을 받아내는 한편 남한강유역 일대를 확보하게 된다. 이 사실은 396년 이전 고구려의 對百濟戰의 일단의 決算을 뜻한다고 하겠다.[34] 문헌상으로는 이후 백제가 고구려를 침공한 흔적이 보이지 않을 뿐 아니라 양국간의 교전 기록도 없다. 그러나 「능비문」에 따르면 영락 14년(404)과 17년(407)에 고구려는 백제와 연계된 왜군 및 백제군과 각각 격렬한 전투를 치렀다는 사실이 확인된다.[35]

32) 『三國史記』 권18, 광개토왕 2년 조.
33) 평양성 천도가 광개토왕대에 구체적으로 추진되었음은 李道學, 「廣開土王陵碑의 建立 背景」 『白山學報』 65, 2002, p.47에 보인다.
34) 李道學, 「永樂 6年 廣開土王의 南征과 國原城」 『孫寶基博士停年紀念韓國史學論叢』 1988, p.94.
35) 박시형, 『광개토왕릉비』 1966, pp.199~202.

그러면 고구려 입장에서 보는 백제와 왜는 어떤 존재였을까? 이와 관련해 「능비문」 영락 9년(399) 조를 살펴 보면 다음과 같이 적혀 있다.

九年己亥 百殘違誓與倭和通 王巡下平穰 而新羅遣使白王云 倭人滿其國境 潰破城池 以奴客爲民 歸王請命 太王[恩慈] 矜其忠[誠] 遣使還告以 計

여기서 백제가 誓約을 어기고 倭와 더불어 和通했다는 대목이 주의를 끈다. 이 구절은 그 뒤에 잇대어 적혀 있는 영락 10년(400) 왜군의 신라 침공과 관련한 배후 세력으로 백제를 지목하기 위해 적혀 있다.[36] 즉 400년 왜군의 신라 침공은 백제가 使嗾했음을 뜻하는 것이다. 그리고 '違誓' 이전에는 백제가 倭와 和通하지 않겠다고 誓約한 일이 있었음을 암시한다. 물론 그 서약은 백제가 고구려에게 한 서약이다. 서약한 시기는 자연 396년에 백제가 고구려에게 항복했을 때로 볼 수밖에 없다. 이 때 백제가 倭와 和通하지 않겠다고 서약했음은 396년 이전에 兩國이 和通했음을 반증해 준다. 396년 이전 백제와 倭의 관계는 다음과 같은 「능비문」 신묘년 조에서 확인되고 있다.

百殘新羅舊是屬民由來朝貢 而倭以辛卯年來渡△破百殘△△[新]羅以爲臣民

위의 신묘년 조에 대해서는 다양한 해석이 제기되었다. 그러나 그 핵심은 신묘년인 391년 이래로 왜가 한반도로 건너 왔다는 것이다. 이 때의 倭는 396년 당시 백제가 和通하지 않겠다고 광개토왕에게 약속한 그 대상이었다. 그러므로 396년 이전인 391년에는 兩者가 서로 연계된 和通한 상황임을 짐작할 수 있다. 그렇다면 왜가 신묘년에 바다를 건너와서 백제와 신라를 격파한 후 臣民으로 삼았다는 종전의 주류적인 해석은 온당하지 않다고 하겠다. 백제와 倭는 '和通' 한 일종의 同伴者 관계였다. 그러므로 백제는 신묘년 이래로 倭가 종속

36) 박시형, 앞책, pp.189~190.

시켜야 할 대상이 될 수는 없었다. 백제와 倭는 「능비문」 上 고구려에 對敵하는 兩大 同盟 勢力이었다. 이러한 맥락에서 볼 때 396년에 광개토왕의 전격적인 水軍作戰은 일단 백제와 왜의 연결고리를 끊으려는 의도가 깊숙이 개재되었음을 알려준다.[37] 고구려가 수군작전 승리 후 백제로 하여금 倭와 和通하지 않게 한 것이 그것을 뜻한다. 그럼으로써 고구려가 추진하고 있는 평양성 천도와 천도 이후 王都의 안정적 확보라는 전략적 성과를 거두고자 한 것으로 보인다.

그런데 광개토왕대 추진한 전쟁과 관련해 후연의 성격이 문제된다. 이는 고구려를 중심으로 할 때 백제와 후연 가운데 어느 쪽의 비중이 지대했는가 여부와도 관련 있다. 우선 광개토왕대로만 국한시킨다면 고구려는 400년에 후연과 격돌하게 된다. 문헌에는 양국간의 전쟁 기사가 보인다. 그러나 이는 금석문 자료와 관련지어 검토해 보아야 할 문제이다. 「능비문」에 의하면 영락 10년인 400년에 步騎 5만의 대병력이 신라 구원을 명분삼아 낙동강유역으로 출병하고 있다. 물론 이러한 내용은 사서에서는 확인되지 않지만 부인할 수 없는 엄연한 사실이다. 그런데 출병이 단행되기 직전으로 생각되는 400년 정월에 광개토왕은 後燕에 사신을 보내어 조공하였다.[38] 이는 400년에 단행되는 대규모 출병에 따른 군사력의 공백을 틈탄 後燕의 침공 가능성을 미연에 차단하려는 즉, 後顧를 덜기 위한 전략적 차원에서 비롯된 조공으로 보인다.

이 때 고구려군의 출병 시점을 정확히 알기는 어렵다. 그러나 정황상으로 볼 때 이는 後燕 朝貢 직후로 보인다. 그런데 고구려에서 일부러 찾아온 조공임에도 불구하고 후연왕 慕容盛은 광개토왕의 禮가 傲慢하다는 명분을 걸고 몸소 군사 3만 명을 이끌고 고구려를 습격하였다.[39] 이는 고구려군 주력이 신라 구원을 명분삼아 낙동강유역에 출병한 틈을 타고 奇襲한 것이라고 하겠다.[40] 후

37) 396년 전격적인 수군작전 배경은 고구려의 신라·가야 경영과 관련한 교통로의 확보라는 실질적인 목표가 깔려 있었다(李道學, 「永樂 6年 廣開土王의 南征과 國原城」 p.102).

38) 『三國史記』 권18, 광개토왕 9년 조.

39) 『三國史記』 권18, 광개토왕 9년 조.

40) 李道學, 「高句麗의 洛東江流域 進出과 新羅·伽倻經營」 『國學研究』 2, 1988, p.92.

방인 西方 일대가 공백이 되다시피한 고구려는 후연의 기습 공격을 받아 新城과 南蘇城은 물론이고 700여 里의 영토를 일거에 빼앗겼다.[41] 이것은 고구려가 낙동강유역으로의 출병에 국력을 지대하게 쏟았기에 초래된 현상이라고 하겠다. 이 후 고구려는 高雲 정권이 등장하는 407년까지 後燕과 치열한 공방전을 전개하였다. 이처럼 양국이 격돌한 전쟁의 발단이 되었던 사건은 백제가 개입한 왜군의 신라 침공과, 그로 인한 신라 구원을 명분 삼은 고구려군의 400년 낙동강유역으로의 출병이었다. 그런 만큼 고구려에 있어 전쟁의 비중은 後燕보다는 단연 백제쪽이 컸다고 보아야 할 것 같다.

그런데 고구려군 출병 직후에 후연의 군대가 고구려를 급습했다는 것이다. 이는 후연 자체의 전략적 판단에 기인했거나 아니면 고구려군의 출병을 감지한 백제측에서 급히 후연에 연락하여 고구려의 후방을 때리게 요청했을 수 있다. 그러나 후자의 추측은 시간상으로 볼 때 가능성이 희박하다. 다른 가능성을 모색한다면 백제와 연계된 왜로 하여금 신라 지역을 침공하게 할 수는 있다. 이 때 고구려가 개입하게 된다면 後燕으로 하여금 고구려 후방을 급습해서 고구려군의 퇴각을 誘導하게 끔 계획했을 가능성이다. 물론 이러한 가정은 일단 백제와 후연과의 연계성이 확인되어야만 가능하다. 이와 관련해 백제는 5세기 후반에 멀리 목단강유역에 소재한 勿吉과 고구려를 협공할 계획을 세운 사실을 상기하지 않을 수 없다.[42] 훗날 후백제의 경우도 거란과 교섭을 가진 바 있다. 거란 사신이 후백제를 방문한 적도 있었다.[43] 그러므로 공간적 거리만으로 백제와 후연의 연결 가능성을 배제하기는 어렵다. 이러한 추정은 물론 백제와 후연을 연결시켜주는 근거를 제시해야만 설득력을 얻을 수 있다.

41) 『三國史記』 권18, 광개토왕 9년 조.

42) 『魏書』 권100, 勿吉國傳.
물론 고구려에 대한 협공 계획은 勿吉 사신 乙力支의 발언에서 전하는 것이지만, 사전에 백제와의 협의가 있었거나 아니면 兩者間에 서로 기맥을 통하고 있었음은 분명한 것으로 보아야 할 것 같다.

43) 『三國史記』 권50, 甄萱傳.

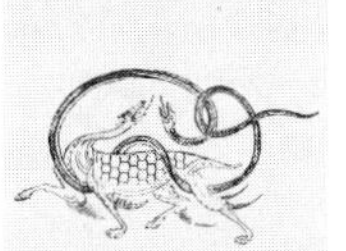



이와 관련해 석촌동 4호분 주변에서 출토된 귀고리의 계통을 상기하지 않을 수 없다. 석촌동 4호분 주변을 비롯한 익산과 곡성에서 출토된 귀고리와 동일한 형태의 것이 중국 요녕성 北票 喇嘛洞II M71에서 출토되었기 때문이다. 라마동에서 출토된 귀고리는 주환의 직경은 2.8~3.3.cm이며, 垂飾을 포함한 전체 길이는 5.8cm에 이른다.[44] 석촌동 등지에서와 동일한 귀고리가 부장된 북표 라마동 고분군은 선비족이 세운 前燕·後燕·北燕의 이른바 三燕 시기의 고분이다. 이 가운데 라마동II M71호 고분에서 백제와 연결되는 귀고리가 출토되었다. 즉 後燕 계통의 이 귀고리와 동일한 양식이 석촌동 4호분 주변과 곡성 석곡 그리고 익산 입점리 1호묘에서 출토된 것이다.[45]

아울러 대가야가 소재한 고령 지산동 고분에서 선비 계통의 마구류들이 출토된 바 있다. 대가야가 선비와 연결될 수 있는 정치·지리적 배경은 확인되지 않는다. 그런데 지산동 32호분과 유사한 재갈이 천안 두정동I-5호 목관묘에서 출토된 바 있고, 단면 5각형의 장병 등자는 원주 법천리 등자와 유사한 형태이다. 그리고 지산동 35호분의 타원형 경판비는 천안 용원리 108호분 경판비와 유사하다고 한다. 현재까지 드러난 자료를 통해 볼 때 대가야의 지산동 집단이 백제와 깊은 관련성을 보여준다는 것이다. 백제 지역인 두정동 고분에서 출토된 재갈의 경우 "이른바 삽자루형 인수로서 2조선으로 된 철봉의 가운데 부분이 오므라들었다가 넓어지면서 끝에 핀을 꽂아 마무리하여, 북방 지역 특히 鮮卑系 마구 특징을 잘 반영하고 있다"[46]고 했다. 그렇기 때문에 선비 문물이 백제를 경유해서 대가야에 전래되었을 가능성이 제기된 바 있다.[47] 선비계 마구류가 출토된 지산동 32호분의 조성 연대를 5세기 전반으로 설정할 수 있다고 한다.[48] 그렇다면 시간상으로 볼 때 400년 직전 백제와 후연과의 교류 가능성을

44) 遼寧省文物考古硏究所, 『三燕文物精髓』 2002, p.42. p.128.
45) 이에 대해서는 李道學, 『서울의 백제 고분, 석촌동고분』 2004, pp.232~234에 서술되어 있다.
46) 成正鏞, 「大伽倻와 百濟」 『大加耶와 周邊諸國』 2002, p.101.
47) 姜賢淑, 「考古學에서 본 4 5世紀代 高句麗와 加耶의 成長」 『加耶와 廣開土大王』 金海市, 2003, p.90. 但, 姜賢淑은 백제가 고구려와의 전쟁을 통해 선비 문물을 접했을 것으로 추측하였다.

상정하는 게 자연스러워진다.[49] 실제 백제 중앙권력과 선비와의 직접 교섭에 의해 선비계 마구류가 백제로 수입되었을 가능성이 제기되었다.[50]

백제 지역에서 출토된 선비계의 귀고리와 마구류는 백제와 후연간의 교류를 입증해 주는 움직일 수 없는 물증이다. 이와 관련해 훗날 백제가 왜 조정에 보냈거나 왜 사신이 백제에서 받아간 선물 가운데 駱駝·노새·羊과 같은 가축의 존재가[51] 주목을 끈다. 여기서 駱駝와 羊은 사막과 초원 지대에 각각 서식하는 동물이다. 낙타는 고비사막과 몽골 그리고 알타이 산맥 등지에서, 당나귀는 티벳과 몽골에서 서식하고 있다. 그런데 駱駝의 존재는 의자왕이 藤原鎌足에게 선물한 木畫紫檀碁局에서 낙타를 끄는 사람의 모양을 비롯한 여러 匹의 낙타 그림을[52] 통해서도 그 실재가 드러난다. 이러한 가축의 존재도 백제와 후연의 연계성을 생각하게 한다.[53] 이와 더불어 백제 조정에서 後燕의 귀족 가문인 馮氏의 존재가 확인된다는 점이다. 요컨대 이러한 요소들은 고구려가 신라와 同盟線을 구축한 것에 대항하여 백제는 왜 뿐만 아니라 후연과도 연계했을 가능성을 제기해 준다. 고구려의 남진 압박에 苦戰하고 있던 백제 개로왕이 북중국의 北魏를 통해 생존을 모색한 한 바 있다.[54] 이와 마찬 가지로 백제는 국가 생존 차원에서 당시 고구려를 견제할 수 있는 유일하고도 가장 효과적인 대안 세력으로 후연의 존재를 의식하고 연계를 시도했을 가능성이다. 396년에 고구려

48) 金世基, 『고분 자료로 본 대가야 연구』 2003, p.233.

49) 백제와 南燕과의 교류 가능성을 상정해 볼 수도 있다. 그러나 408년 이래로 고구려는 南燕과 활발하게 교류를 하고 있었다. 가령 고구려는 千里人 10 명과 千里馬 1 필을 비롯해서 큰곰 가죽으로 만든 障泥를 南燕에 선물하였다. 南燕은 고구려에 水牛 등을 보내었다. 이러한 상황에서 백제가 南燕과의 교류를 튼다는 일은 용이하지 않았을 것이다. 따라서 백제와 南燕과의 교류 가능성은 고려하기 어렵다.

50) 李勳, 「수촌리 고분군 출토 백제 마구에 대한 검토」 『4~5세기 금강유역의 백제문화와 공주 수촌리유적』 충청남도 역사문화원 제5기 정기 심포지엄, 2005, p.109.

51) 『日本書紀』 권22, 推古 7년 조.
『日本書紀』 권26, 齊明 3년 조.

52) 奈良國立博物館, 『正倉院展』 1982, pp.86~89.

에 항복한 굴욕을 만회할 수 있는 보복 준비 차원에서 백제가 후연을 이용했을 가능성은 매우 높다.[55] 고구려가 멀리 江南의 吳와 교류하며 魏를 견제한 바 있다. 마찬가지로 백제도 선비와의 제휴를 통해 고구려를 견제할 수 있는 것이다.

백제와 후연간의 동맹 체결 가능성을 상정하지 않을 수 없다. 실제 400년 정월에 광개토왕이 이례적으로 후연에 사신을 보내어 조공했음에도 불구하고 후

---

53) 450년에 劉宋으로부터 西河太守로 추인받은 백제인 馮野夫(『宋書』권97, 東夷傳, 百濟國 條)는 그 성씨로 볼 때 北燕의 前身인 後燕의 馮跋 一派일 가능성을 심어준다. 당시 백제에서 南朝로 사신으로 파견되었던 인물들은 중국계 출신이 대종을 이루고 있었다(李道學, 「漢城末 · 熊津時代 百濟 王位繼承과 王權의 性格」『韓國史硏究』 50 · 51合輯, 1985, pp.8~9). 그런 데다가 北魏를 견제하는 차원에서 劉宋은 北燕의 馮弘 정권을 지원한 바 있다(『宋書』권97, 고구려국조). 그리고 劉宋은 고구려에 망명하고 있던 馮弘을 자국으로 망명시키려고 하였다. 그러나 馮弘은 고구려에서 살해되었다. 이러한 맥락에서 볼 때 백제가 馮氏 출신의 馮野夫를 사신으로 삼아 劉宋에 파견한 목적이 드러난다. 즉 馮氏 출신을 포용한 사실을 보임으로써 백제는 北燕의 馮氏 정권에 우호적이었던 劉宋의 환심을 사고자 했던 것이다. 동시에 백제는 馮氏 세력을 소멸시킨 고구려와 대비되는 입장을 보임으로써 劉宋과 함께 고구려에 공동 대처하고자 한 것 같다. 그렇다고 할 때 馮野夫는 北燕의 前身인 後燕 정권의 그 馮氏 일족의 후예로 간주하는 게 자연스러워진다.

後燕 계통 馮野夫의 조상들이 언제 백제로 유입되었는지는 알려진 바 없다. 이와 관련해 이들이 고구려로 망명했다가 백제로 탈출했을 가능성도 상정할 수 있지만 희박하다고 본다. 오히려 백제가 後燕과 連帶한 상황에서 상호 교섭하던 일을 맡아 보던 馮野夫의 조상들 역시 北魏에 쫓기는 상황에 직면하였다. 그러자 이들은 고구려보다는 자신들에게 익숙해 있던 백제로 망명했을 가능성을 상정하지 않을 수 없다. 더구나 백제와 連帶하여 고구려를 압박하는 소임을 맡았던 이들이 고구려로 망명하기는 어려웠을 것이기 때문이다. 요컨대 馮野夫의 존재를 통해서도 백제와 後燕과의 교류를 비롯한 연대 가능성을 모색해 볼 수 있지 않을까 싶다.

54) 『三國史記』권25, 개로왕 18년 조.

55) 이와 관련해 참고로 慕容熙가 모반 사건이 발생하자 "此鼠盜耳 朕還當誅之"라고 소리 지른 후에 "乃收髮貫甲 馳還赴難 夜至龍城"(『晋書』권124, 慕容熙 載記)라고 한 조치에서 '貫甲'의 존재가 보인다는 사실을 환기하고자 한다. 여기서 貫甲은 전후 문맥을 놓고 볼 때 털 있는 갑옷 즉 갑옷을 가리킨다고 보겠다. 그렇다면 신라촌락문서에 보이는 貫甲 역시 갑옷을 의미한다고 보아야 할 것 같다. 이와 관련해 石城 縣監 崔洧의 上書에서 "…紙甲과 鐵甲이 方物의 헌납이 그 유래가 오래되었는 데(『世祖實錄』5년 8월 丁丑 條)"라고 하였듯이 갑옷을 지방에서 方物로 바치는 유래가 장구하였음을 시사하고 있다. 이러한 맥락에서 볼 때 통일신라 촌락에서 갑옷으로서 貫甲을 제조하였음은 이해가 쉬워진다.

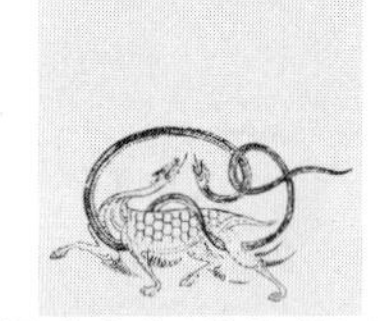



연은 그 다음 달인 2월에 오히려 고구려를 기습·공격하였다. 이는 이해하기 어려운 사건이다. 그러나 그 이전에 이미 후연과 백제간의 상호 默契가 前提되었다고 할 때 의문이 풀릴 수 있다. 그리고 영락 10년 조 釋文에는 "△殘潰△"[56] 라고 하여 '殘' 즉 백제군이 고구려군에 潰敗한 기사가 보인다. 따라서 백제군이 參戰했음이 드러나고 있다. 그렇다고 할 때 400년 고구려군의 낙동강유역 출병은 고구려=신라, 그에 대적하는 백제=왜를 비롯해서 戰場인 加耶, 그리고 고구려의 출병을 이용해서 그 후방을 急襲한 後燕 등 모두 6개국이 참전한 동북아시아 최대의 전장과 전쟁으로 그 의미를 평가할 수 있다. 요컨대 이 전쟁은 오래 전부터 남진경영을 준비해 온 고구려와, 전면에 倭를 내세우면서 誘引戰略을 구사하는 일종의 主演 역할을 한 백제와의 대결 구도 속에서 풀어 볼 수 있다.

고구려 오골성으로 추정되는 중국 단동 부근의 봉황산성 성벽

56) 耿鐵華,「好太王碑一千五百九十年祭」『中國邊疆史地研究』15-3, 2005, p.70에 게재된 方起東의 釋文에 의함.

고구려는 400년 후연의 공격을 받아 406년까지 死活을 건 공방전을 지속하였다. 백제는 그 틈을 놓치지 않았던 것 같다. 백제는 403년 2월에 왜국 사신이 찾아오자 厚待한 후 보냈다.[57] 그로부터 5개월 후인 403년 7월에 백제는 신라를 침공하였다.[58] 시점으로 볼 때 이는 왜 사신의 백제 방문과 어떤 연계성이 있음을 시사하고 있다. 그리고 「능비문」 영락 14년 조에 의하면 그 이듬해인 404년에 왜군이 선박을 동원하여 대방계를 침공하였다. 이 전투에서 고구려군은 왜군을 "斬煞無數"라고 했을 정도로 크게 격파했다. 그런데 이 전투는 전후 상황을 놓고 볼 때 倭使가 백제를 방문한 403년 2월에 백제와 왜 사이에 일정한 군사적 협약이 맺어졌음을 암시한다.[59] 그로 인한 산물이 404년 왜군의 대방계 침공으로 간주하는 게 정황상 맞을 것 같다. 요컨대 고구려가 후연과의 전쟁에 국력을 기울인 틈을 타고 백제와 연계된 왜가 고구려 심장부인 평양성의 앞 마당을 급습하였다. 백제는 그에 앞서 그 前年인 403년, 고구려에 부용된 신라를 먼저 침공했던 것이다.

「능비문」 상에서 고구려와 백제의 전쟁은 영락 17년(407) 조에서 마무리 되고 있다. 다음의 기사가 그것이다.

> 十七年丁未 敎遣步騎五萬 △△△△△△△△△師△△合戰 斬煞蕩盡 所獲鎧鉀一萬餘領 軍資器械不可稱數 還破沙溝城・婁城・△[住]城・△城・△△△△△△城

위의 영락 17년 조는 결락자가 많은 관계로 고구려군과 合戰한 대상이 추정의 영역으로 남아있다. 본고에서는 그 대상을 백제로 비정한 견해를[60] 취한다.

57) 『三國史記』 권25, 아신왕 12년 조.
58) 『三國史記』 권3, 실성니사금 2년 조.
59) 박시형, 앞책, p.199에서 "왜구들은 기왕에도 수차 고구려군에 의하여 소탕되었음에도 불구하고 다시 침입하게 되었다. 그것은 역시 백제의 조종에 의한 것이 틀림 없었다"라고 했다.
60) 박시형, 앞책, pp.200~202.
王健群, 『好太王碑硏究』 1984, p.222.

광개토왕릉비 제2면 "自此以來 朝貢論事" 구절이 보인다.

407년에는 後燕에서 정변이 발생하여 高雲의 北燕이 세워졌기 때문이다. 그럼에 따라 고구려는 鮮卑에 대한 종전의 적대 관계에서 친선 관계로 바뀌게 된다. 따라서 영락 17년 조에 보이는 고구려의 정벌 대상으로 後燕이 될 수는 없다.[61] 그런데 407년의 전쟁은 400년과 마찬 가지로 步騎가 무려 5만이나 동원된 큰 전투였다. 이 전투에서 고구려군은 백제군을 섬멸하고 돌아오면서 沙溝城을 비롯한 백제성 6곳을 공파한 것으로 적혀 있다.

그런데 영락 17년 조는 前置文만 누락시킨다면 영락 14년 조와 기본적으로 동일한 구조를 가지고 있다. 그러므로 영락 17년 조 缺落字 앞머리에는 "敎遣步騎五萬 往救新羅 從男居城 至新羅城(영락 10년 조)"의 '往救新羅' 처럼 步騎 5만이 출병한 이유가 적혀 있었을 것이다. 그것에 이어서 출병한 지역과 合戰의 결과인 戰果 順으로 기재된 것으로 보인다. 그런데 「능비문」에는 "以六年丙申 王躬率 軍 討伐殘國(영락 6년 조)"라는 사례에서 보듯이 辛卯年 條와 같은 大前置文에 출병의 동기가 적혀 있다. 혹은 "八年戊戌 敎遣偏師 觀帛愼土谷 因便抄得莫 羅城加太羅谷…自此以來 朝貢論事(영락 8년 조)"라고 하여 출병 동기가 전

61) 朴眞奭,『高句麗好太王碑硏究』1996, pp.151~152.

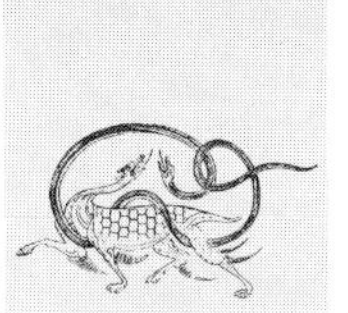



쟁 결산 부분에 적혀 있는 경우도 있다. 그러므로 영락 17년 조도 前置文이 없거나 영락 9년 조의 "百殘違誓 與倭和通"라고 한 大前置文으로 출병의 명분이 代置되었을 가능성도 상정해야 한다. 이러한 맥락에서 볼 때 영락 17년 조는 광개토왕이 步騎 5만을 보내어 百濟를 征討하러 가서 △△지역에 이르렀다(至)는 내용으로 추정된다. 그리고 '△師△△合戰' 의 '△師' 는 '王師' 로 釋文되고 있다.[62] 王師인 고구려군이 '△△' 과 合戰하였다고 하자. 그러면 문장상 '王師△△合戰' 은 전쟁 상대의 이름을 명시한 '王師與△合戰' 으로 문구가 좁혀진다. 여기서 '王師與△合戰' 의 '△' 은 고구려군이 接戰한 대상이 되는데, 攻破한 城이 백제 城인 만큼, 百殘의 略稱인 '殘' 으로 간주하는 게 합당하다. 따라서 지금까지 검토한 영락 17년 조의 내용을 복원해 보면 광개토왕이 步騎 5만을 보내어 百濟를 征討하러 보냈는데, △△한 지역에 이르러 백제군과 合戰해서 압승을 거두었고, 돌아오면서 백제의 6개 성을 공파했다는 이야기이다. 그러한 영락 17년 조의 缺落字를 복원하면 대략 "教遣步騎五萬 往討百殘至△△城 王師與殘合戰" 으로 생각된다.

한편 「능비문」의 전쟁 기사에 보이는 고구려의 主敵은 백제로 밝혀진 바 있다.[63] 이는 고구려에게 있어 백제와의 전쟁이 차지하는 비중이 至大했음을 뜻한다. 동시에 고구려의 손아귀에 잡히지 않는 세력이 백제였음을 반증해 준다. 그랬기에 「능비문」에는 백제로부터 얻은 戰果를 죄다 銘記했다고 보겠다. 문제는 「능비문」에서 고구려와 백제의 관계 설정이 완결되지 않은 채 영락 17년 조의 戰勝만으로 마무리되었다는 사실이다. 즉 양국 관계를 처음 명시한 「능비문」 辛卯年 條에는 백제를 고구려의 '屬民' 이라고 했다. 그런데 「능비문」에서 양국 관계의 마지막 기사인 영락 17년 조에는 고구려의 壓勝만 적혀 있을 뿐이다. 백제의 '臣屬' 與否에 대한 언급이 없다. 이 사실은 광개토왕대의 양국 관계가 해결되지 않은 미완의 과제로 여전히 남았음을 뜻한다. 따라서 장수왕 정

62) 王健群, 앞책, p.185.
63) 李道學, 「廣開土王陵碑文에 보이는 戰爭 記事의 分析」 『高句麗研究』 2, 1996, pp.764~765.

권이 해결해야할 懸案이 곧 백제 문제였음을 예상하기는 어렵지 않을 것 같다.

## 3. 평양성 천도 전후의 고구려와 백제

고구려와 백제의 관계는 평양성 천도를 전후하여 對決이 한층 尖銳해지는 국면에 접어들었다고 볼 수 있다. 고구려는 평양성 천도 2년 전인 425년에 북중국의 신흥 강국인 北魏에 사신을 파견하였다.[64] 이 때 고구려의 遷都 계획을 北魏에 통보한 것으로 추측된다. 427년 고구려의 평양성 천도는 백제에 대한 직접적이고도 구체적인 압박이 되었다. 그런데 「능비문」에서 고구려가 백제를 慘敗시킨 407년부터 469년에 백제가 고구려의 南邊을 침공할 때까지 양국간의 전쟁기사가 『삼국사기』에서 일체 보이지 않는다. 즉 2세대인 무려 60여년 간에 걸쳐 마치 전쟁이 없었던 것처럼 보인다. 당시 고구려는 北燕과의 안정적인 우호관계를 유지했다. 고구려는 이어서 전개된 北燕의 몰락과 北魏의 등장에 기민하게 대처하고 있었다. 게다가 고구려는 평양성 천도 전후하여 지방 통치체제의 再編을 비롯한 체제 정비에 拍車를 가하였을 것으로 보인다.

평양성 천도라는 국가적 일대 사업을 추진한 고구려는 그에 맞추어 전략을 새롭게 짰을 것이다. 그러나 고구려는 광개토왕대와 마찬 가지로 主敵인 백제를 고립·포위해서 枯死시키려고 했다. 또 그러한 맥락에서 고구려는 백제의 가장 중요한 우군인 왜와의 연결고리를 차단하려고 했던 것 같다. 이와 관련해 『일본서기』 應神 28년 9월 조에 의하면 고구려왕이 왜에 사신을 보낸 기사가 주목된다. 이에 따르면 고구려 사신이 보내 온 表에 "高麗王이 日本國을 敎한다"고 하였다. 그러자 왜의 태자 菟道稚郎子가 怒하여 고구려 사신을 책망하고는 그 表를 찢었다는 것이다.[65] 이 사건은 應神 28년에 발생했다고 한다. 그렇다면 그 시점은 전지왕의 사망(420)과 구이신왕의 즉위가 기록되어 있는 『일본서

64) 『三國史記』 권18, 장수왕 13년 조.
65) 『日本書紀』 권10, 應神 28년 조.

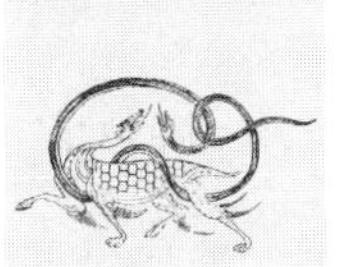



기』 應神 25년의 3년 후가 된다. 따라서 고구려 사신이 왜에 파견된 것은 423년 무렵임을 알 수 있다. 이 때는 고구려가 평양성 천도 준비에 막바지 작업을 하고 있었다. 고구려의 전 국력이 평양성을 중심한 세력 재편과 관련해 남방에 쏠리고 있던 시점이었다. 이러한 분위기 속에서 고구려는 사신을 왜로 파견했던 것이다. 그런데 表의 내용과 관련한 왜측의 반응을 놓고 볼 때 다음과 같은 유추가 가능하다. 즉 그 表에는 고구려 王都의 南下를 계기로 백제와 連繫된 倭를 壓迫하려는 高壓的인 일종의 警告가 담겨 있었던 것으로 생각된다. 그랬기에 그 表文이 왜측을 자극시켰고, 급기야 倭 태자의 表 破棄 사건으로까지 발전했다고 볼 수 있다.

한편 신라의 경우는 고구려에 볼모로 갔던 신라 왕족 實聖이 귀국한 직후인 402년에 즉위하였다. 고구려의 지원에 의해 눌지왕이 417년에 즉위했다.[66] 눌지의 즉위로 인해 고구려에 볼모로 갔던 王弟 卜好가 귀환할 수 있었다. 이러한 사실은 적어도 이 무렵까지 신라 왕실은 고구려에 정치적으로 예속된 상황이었음을 뜻한다. 424년에 신라가 고구려에 사신을 보낸 것도[67] 고구려의 기세등등한 분위기에 압도된 국가 보존책의 일환으로 추측된다. 이 때 고구려에서는 신라 사신을 厚待하여 보냈다. 이는 백제 포위 고립 전략에 협조한 신라에 대한 일종의 예우라고 할 수 있다. 423년 무렵의 성과와는 상관없이 평양성 천도 직전부터 고구려의 위세는 바다 건너 왜에까지 미치고 있었던 것이다.

그러면 이에 대한 백제의 대응은 어떻게 나왔을까? 이와 관련해 상기해야 될 사안은 백제의 군사력이 고구려보다 일단 劣勢에 놓여 있었음은 부인하기 어렵다는 것이다. 굳세고 용감하고 총명하며 지략이 많기로[68] 정평이 난 진사왕이었다. 그러나 그는 "고구려왕 담덕이 用兵에 능하다는 말을 듣고 나가 싸우지

66) 鄭雲龍, 「고구려와 신라 백제의 관계」 『한국 고대의 고구려』 고려대학교 박물관, 2005, p.87.
67) 『三國史記』 권3, 눌지마립간 8년 조.
『三國史記』 권18, 장수왕 12년 조.
68) 『三國史記』 권25, 진사왕 즉위년 조.

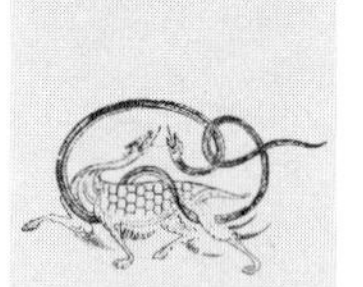



못해서 漢水 이북의 모든 부락이 함몰되었다"[69]고 했을 정도로 고구려에 壓氣되고 있었다. 광개토왕의 찬연한 勳績을 명기한 「능비문」의 마지막 戰勝은 영락 17년 조에 보이는 對百濟戰의 壓勝이었다. 이러한 상황에서 백제는 영락 17년인 407년(전지왕 3)의 慘敗 이후 군사력만으로는 難局 打開가 어렵자 對倭外交를 강화함으로써 대응하고자 했던 것 같다. 「능비문」에 보면 백제와 연결된 세력이 倭였다. 그러한 倭가 409년(전지왕 5)에 백제에 사신을 파견하여 珍寶인 夜明珠를 보내 왔다. 그러자 백제는 倭使를 잘 접대하여 전송했다.[70] 418년(전지왕 14)에는 백제에서 이제는 왜에 사신을 파견하여 白錦 10匹을 보냈다.[71] 그리고 『일본서기』 應神 39년 조에 의하면 "백제 直支王이 그 누이 新齊都媛을 보내어 섬기게 하였다. 新齊都媛이 7명의 婦女를 이끌고 來歸하였다"[72]고 했다. 이 기사의 연대에는 이견이 제기되고 있지만 직지왕 즉 전지왕대의 일로 기록되어 있다. 왜에 파견된 新齊都媛을 전지왕의 妹라고 하였다. 그러므로 이 때의 교류를 전지왕 연간 특히 그 말년으로 간주할 수 있다. 428년(비유왕 2)에는 "왜국의 사신이 왔는데 從者가 50여 인이었다"[73]고 한다. 백제는 이렇듯 왜와의 관계를 돈독하게 구축하고 있었다.

그런데 백제로서는 멀리 바다 건너에 있는 倭보다는 陸續된 신라가 직접 도움이 될 수 있다. 현실적으로 백제는 신라의 비중이 왜보다 至大했음은 재언이 필요하지 않다. 그런데 문제는 신라가 고구려의 영향권에 있었다는 것이다. 백제는 신라를 고구려의 영향권에서 분리시킬 필요가 있었다. 그 것이 성공하려면 신라인 스스로의 독립에 대한 自救 노력과 백제의 지원이 적절하게 加勢했을 때 효과를 발휘할 수 있다. 그러한 맥락에서 433년에 백제는 신라에 사신을 파견해서 和를 요청하였다.[74] 이는 백제가 신라를 자국의 세력권에 끌어 당기

69) 『三國史記』 권25, 진사왕 8년 조.
70) 『三國史記』 권25, 전지왕 5년 조.
71) 『三國史記』 권25, 전지왕 14년 조.
72) 『日本書紀』 권10, 應神 39년 조.
73) 『三國史記』 권25, 비유왕 2년 조.

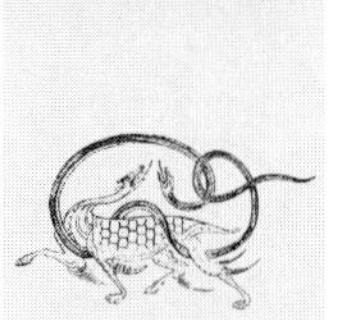



려는 적극적인 시도였다. 나아가 백제로서는 힘이 부치는 고구려의 남진 압박을 신라의 힘을 빌어 공동으로 타개하려는 것이었다. 이 때 신라는 백제의 요청을 따랐다고 했다.[75] 그 이듬해인 434년에도 백제는 신라에 사신을 보내어 良馬 2필과 흰매를 보냈다. 그러자 신라에서도 黃金과 明珠를 보내서 報聘했던 것이다.[76] 兩國間에 수교가 이루어졌음을 뜻한다. 이 같은 백제의 對新羅 관계 개선은 366년이나 368년과 같은 수교를 재개함으로써 고구려에 공동 대응하려는 노력의 일환이었다. 이른바 羅濟同盟이 체결된 것이다. 이 때 백제는 남중국의 劉宋에 대한 외교 노력을 게을리 하지 않았다. 백제는 423·429·430·440·458년에도 劉宋에 사신을 파견했던 것이다.[77] 고구려 역시 劉宋에 대해서는 "璉(장수왕 : 필자)이 해마다 사신을 보냈다" 고 했으며 戰馬 800 필을 보내는 등[78] 긴밀한 관계를 지속적으로 유지하였다.

문헌 기록을 놓고 볼 때 5세기대의 고구려와 백제는 60여년 동안 전쟁이 없는 기간을 보낸 것으로 나타난다. 그러나 개로왕이 472년에 北魏에 올린 국서에 따르면 "怨恨을 맺고 禍를 連續함이 30여 년, 재물이 다하고 힘이 다하여 점차 저절로 쇠약해졌습니다. 만일 황제의 仁慈와 간절한 矜恤이 멀리 미치지 않는 곳이 없다면 속히 將帥를 보내어 우리 나라를 구해 주소서…"[79]라고 호소하였다. '30여 년' 에 걸쳐 고구려와 백제는 치열한 군사적 공방전을 전개하였고, 지금 백제가 절박한 상황에 놓여 있었음을 말한다. 단순히 외교전만 전개했다면 개로왕이 처음으로 北魏까지 사신을 보냈을 리 없는 것이다. 개로왕이 "딸을 보내어 후궁에서 시중을 들고 아울러 자제를 파견하여 外廐에서 말을 먹이게

74) 『三國史記』 권25, 비유왕 7년 조.
75) 『三國史記』 권3, 눌지마립간 17년 조.
76) 『三國史記』 권3, 눌지마립간 18년 조.
『三國史記』 권25, 비유왕 8년 조.
77) 徐榮洙, 「三國과 南北朝 交涉의 性格」 『東洋學』 11, 1981, p.161.
78) 『宋書』 권97, 夷蠻傳, 고구려국 조.
79) 『三國史記』 권25, 개로왕 18년 조.

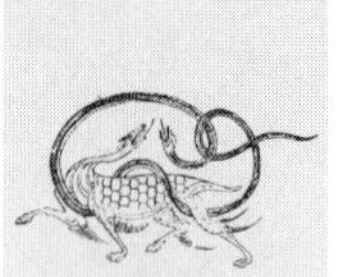



할 것이며"라는 구구절절한 언사에서 풍기듯이 백제는 고구려의 군사적 압박으로 인해 위기감이 한껏 고조된 상황이었다. 그런 만큼, '30여 년' 은 양국간의 치열한 전투가 재개된 기간을 뜻하는 것으로 간주하여 좋을 것 같다. 따라서 430년대 말 이래로 양국은 격렬하게 공방전을 전개했음을 뜻한다. 나제동맹이 체결된 이후 고구려는 백제와 신라를 상대로 猛攻을 했던 것으로 생각된다. 444년 무렵 고구려는 왜에 사신을 보내어 철로 만든 방패와 철 과녁을 바쳤다.[80] 이는 백제보다 우월한 고구려의 강성한 무력 기반에 대한 誇示인 동시에 왜 세력을 자국 중심의 세력체계로 誘引하기 위한 노력으로 간주된다. 423년 이래 20여 년만에 찾아 온 고구려 사신은 은연중 왜에게 선택을 요구한 것 같다. 물론 고구려 사신의 渡倭는 구체적인 목적을 지녔다기 보다는 일종의 示威的인 성격을 띠었다고 본다.

한편 461년에 백제는 王弟인 昆支를 왜에 파견하였다.[81] 그 목적은 일본열도내에 구축된 백제 귀족들의 경제적 기반의 흡수라는 측면을 배제할 수 없지만[82] 고구려에 대한 군사적 대응이 일차적인 목적이었다.[83] 그러나 당시 왜 조정이 백제 문제에 개입하면서까지 군사적으로 지원할 상황은 되지 못하였다. 결국 백제는 현실적으로 고구려에 군사적 압력을 가할 수 있는 유일무이한 세력으로 北魏를 지목하게 되었다. 472년에 백제는 단 한 차례의 외교관계도 맺은 적이 없는 북위에 급히 線을 대기 시작하였다.[84] 그 만큼 백제로서는 國運이 걸린 절박한 문제였고, 달리 선택의 여지가 없었기 때문이었다.

개로왕의 對北魏 國書는 대략 다음과 같은 줄거리였다. 백제는 일차적으로 남조와의 우호 관계를 유지하다가 다급한 상황에서 北魏에 처음 사신을 보낸

80) 『日本書紀』권11, 仁德 12년 조.
81) 『日本書紀』권14, 雄略 5년 조.
82) 李道學, 「百濟의 交易網과 그 體系의 變遷」『韓國學報』63, 1991, pp.87~88.
83) 李道學, 「漢城末 熊津時代 百濟 王位繼承과 王權의 性格」『韓國史硏究』50 · 51合輯, 1985, p.13.
84) 『三國史記』권25, 개로왕 18년 조.

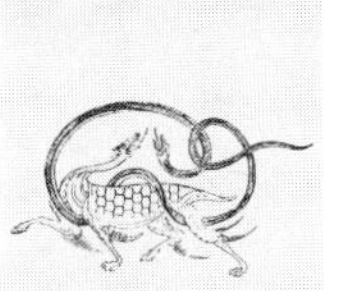



것에 대한 변명을 하였다. 즉 豺狼으로 거칠게 표현된 고구려가 길을 막고 있었기 때문이라면서 고구려 탓으로 돌렸다. 그러면서 고구려와 백제는 모두 부여에서 기원한 同源임을 거론하였다. 양국이 서로 대등한 입장임을 환기시킨 것이다. 또 당초에는 양국이 우호 관계를 유지하였는데 그것을 고구려가 破棄했음을 명시하였다. 백제는 그러한 友好의 破棄者인 고구려 고국원왕을 응징하여 그 首級을 베어 梟示하였음을 밝혔다. 이렇듯 고구려는 백제보다 약세였다는 것이다. 그런데 고구려는 자국으로 망명해 온 北燕의 馮氏 세력을 받아들였기 때문에 갑자기 강성해져서 지금 백제가 핍박을 받고 있다고 했다. 이것은 北魏에게 쫓겨 고구려로 달아난 北燕 馮氏 세력을 송환하라는 北魏側의 요구를 거절한 고구려에 책임을 轉嫁하고 있는 것이다. 당초에는 우세했던 백제가 北燕 세력을 받아들여 힘을 키운 고구려로 인해 苦戰하고 있다는 게다. 백제는 작금에 자국이 苦戰하고 있는 책임의 일단을 北燕을 박멸하지 못했고 또 고구려를 응징하지도 못한 北魏로 넌즈시 넘기고 있다. 그럼으로써 고구려 정벌에 북위가 개입하도록 誘引하고 있는 것이다. 요컨대 백제는 북위로 하여금 고구려에 몰려있는 馮氏 잔당들에 대한 경각심을 촉발시키고 있다.[85] 이와 병행하여 개로왕은 북위에 간절하게 매달리면서 고구려를 공격하면 반드시 이길 수 있다는 확신을 심어주려고 했다. 즉 고구려 장수왕의 大臣 彊族의 殺戮으로 인한 민심 이반, 고구려 내의 중국계 세력의 호응, 백제의 군사적 협력이 뒷받침되므로, 고구려를 치면 반드시 승리하게 된다는 것이다. 그리고 고구려는 北魏에 조공하면서 충성하는 척 하지만 기실은 남조의 劉宋과도 통하고, 북으로는 蠕蠕과도 盟約하여 북위를 침공하려는 이중성을 띠고 있음을 喚起시키고 있다. 그러니 조속히 고구려를 정벌하는 게 北魏에게도 後患을 없애는 길이라며 절박하게 호소하였다. 그러나 고구려와의 事端을 우려한 북위의 소극적인 자세로 인해 백제는 목적한 바를 이룰 수 없었다.

85) 박시형, 앞책, p.59.

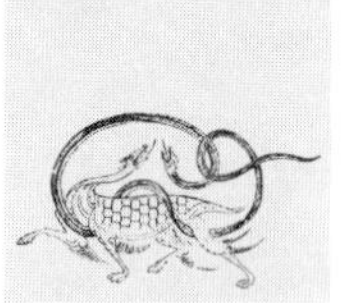



백제의 요구에도 불구하고 북위는 고구려를 공격하지 않았다. 북위에 국서를 보낸 지 3년 후인 475년 겨울에 고구려군의 强襲을 받아 백제 王都인 한성은 함락되고 개로왕은 捕殺되고 말았다. 고구려와 백제의 대립은 고구려측의 선제 공격으로 시작되었지만 고구려 고국원왕이 전사함에 따라 양국간의 갈등의 골은 한층 깊어 졌던 것이다. 그로부터 1세기가 지나 고구려는 백제 개로왕을 포살함에 따라 先王에 대한 복수라는[86] 전쟁의 외적 명분을 달성하였다.

## III. 제2기(476년~554년) 고구려와 백제 관계

한성 함락과 개로왕의 捕殺 이후 백제 왕족들은 웅진성에서 백제를 재건하였다. 孤單한 상황에 놓인 백제를 부축해 준 세력은 1만 명의 援軍을 파견해 준 신라 뿐이었다.[87] 漢城 일대를 점령한 고구려군의 기세는 등등하였다. 476년 3월에 고구려 수군은 劉宋에 조공하러 가는 백제 선박을 차단하기까지 했다.[88] 고구려는 백제를 고립시키는 데 일단 성공하였다. 이러한 고구려의 기세는 일본 열도에까지 미치고 있었던 것 같다. 478년에 倭王 武가 劉宋에 올린 表에 보면 "句驪가 無道해서 (우리 나라 : 필자)를 삼키려하여 邊隸를 掠抄합니다"[89]라고 했을 정도로 고구려의 위협을 왜 정권은 심각하게 느끼고 있음을 吐露하였다. 백제의 漢城 함락 이후 고구려의 영향력과 영역은 백제 전역으로 확산되어 나갔다. 그로 인해 왜 조정은 위기감을 지녔음을 알려준다. 특히 왜왕이 고구려가 자국을 "삼키려 하여 邊隸를 掠抄합니다"고 한 말은 변명에서 비롯된 과장만으로 생각되지 않는다. 이 表에서 고구려를 가리키는 '寇讐'라는 표현은 적개

86) 『魏書』 권100, 백제국전.
87) 『三國史記』 권26, 문주왕 즉위년 조.
88) 『三國史記』 권26, 문주왕 2년 조.
89) 『宋書』 권97, 夷蠻傳, 倭國 條.

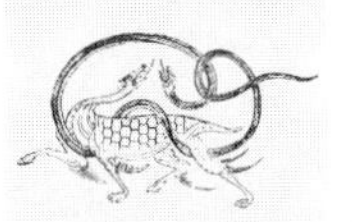



심과 더불어 위기감이 高潮된 상황임을 躍如하게 보여준다.

그러면 왜 조정은 백제가 한 번 破局을 맞이한 것을 가지고 엄살을 떨고 있는 것일까? 그것은 엄살이 아니라 자국이 위협받고 있음을 왜 조정이 피부로 느끼는 절박한 상황임을 뜻한다고 하겠다. 그러면 바다 건너 멀리 있는 백제의 王都가 고구려에 함락된 것만으로 倭가 놀랐을까. 이와 관련해 한성 함락 이후 고구려가 백제를 어떻게 처리하였는지를 살펴야 한다. 『삼국사기』에는 한성을 함락시킨 고구려군은 곧 회군한 것으로 적혀 있다. 그러나 고구려와 관련한 고고물증이 금강유역까지 나타난다. 고구려의 백제 영역 지배와 관련한 그 행정 지명이 아산만 일대까지 미치고 있다. 그런데 기록에는 한성 함락(475) 이후 494년까지의 19년 동안 고구려와 백제간에는 전쟁을 벌인 기록이 일체 보이지 않는다. 다만 476년 3월에 劉宋에 파견한 백제 선박을 고구려가 차단시킨 게 전부이다. 전쟁을 벌이지 않았음에도 불구하고 백제는 적어도 아산만 이북의 영역을 고구려에게 빼앗긴 것처럼 되었다. 그렇게 되기까지는 割壤 가능성을 상정하지 않을 수 없다. 실제 이 무렵 백제가 고구려에 '臣屬' 되었다고 했다. 고구려가 백제를 臣屬시켰다면 양국간에 일정한 타협이 이루어졌음을 의미한다. 이 타협은 백제 조정의 현안인 국가의 몰락을 막는 길이었다. 그러기 위해서 백제는 고구려가 원하는 영토의 할양이라는 代價를 적어도 476년경에는 치렀던 것으로 보인다.[90] 이같은 고구려의 백제 臣屬은 倭 朝廷을 驚愕시켰을 것이다. 왜로서는 이제 고구려의 타깃이 자국임을 느끼게 되었던 것 같다. 비록 후대의 일이지만 백제 멸망 후 왜가 총동원체제로 築城 작업을 벌이며 나당군의 침공에 대비한 상황이 연상된다. 물론 이와 관련한 왜 조정의 구체적인 움직임은 기록상 확인되지 않는다. 그러나 왜 조정은 고구려의 위협으로부터 받은 불안감과 적개심을 제3자인 劉宋에 표출하였던 것이다. 요컨대 472년과 478년에 백제와 왜가 北魏와 劉宋에 각각 사신을 파견한 목적은 고구려를 南朝에서든 北朝

90) 李道學, 「漢城 陷落 以後 高句麗와 百濟의 關係 - 躭羅와의 관계를 중심으로」 『전통문화논총』 3, 2005, pp.117~124.

에서든 중국으로부터 고립시키려는 전략에서 비롯된 것이었다.[91] 그러나 그러한 전략이 효과를 거두지는 못했다.

고구려는 지금의 제주도인 탐라도 장악하였을 뿐 아니라[92] 수군력을 동원해서 서해의 제해권을 장악하기까지 했다. 484년에 고구려는 南齊로 향하는 백제의 선박을 차단시켜 되돌아 가게 만들었다.[93] 그럴 정도로 고구려는 臣屬된 백제의 숨통을 단단히 틀어 쥐는 데 성공했던 것이다. 그러나 백제는 신라 왕실과의 혼인을 통해[94] 동맹관계를 견고하게 구축하면서 고구려로부터의 臣屬關係에서 독립을 시도하였다. 그 결과 고구려의 남진경영은 백제·신라의 동맹군을 상대로 一進一退의 공방전을 전개할 수밖에 없었다.

한편 고구려는 공격의 범주에서 신라를 결코 제외시키지 않았다. 450년 신라의 하슬라 성주가 실직원에서 고구려 邊將을 살해한 이후 고구려군이 신라의 西邊을 공격한 적이 있었다. 454년에는 고구려군이 신라의 北邊을 공격하였다. 468년과 480년에는 고구려군과 말갈군이 悉直城과 신라 北邊을 각각 공격하였다. 481년에는 고구려군이 신라의 狐鳴城(청송) 등 7城을 공취한 후 彌秩夫(흥해)까지 진격하자 신라는 백제·가야의 원병과 함께 길을 나누어 이를 방어하였다. 백제의 한강유역 회복에도 가야군이 참전하였다. 이로 볼 때 백제는 신라는 물론이고 가야와 왜까지 연계된 모두 4개 국과 군사적 동맹관계를 구축하고 있었다. 481년 이후 489·494·495·496·497년에도 고구려는 신라를 공격했다. 548년에 고구려가 백제의 독산성을 공격하자 나제동맹 차원에서 신라가 지원군을 보낸 바 있다.[95]

『삼국사기』에 의하면 고구려는 497년~548년까지의 대략 50년 동안 신라와 전쟁이 없었던 것이다. 반면 고구려는 495년 이래로 백제를 공격하였다. 고구

91) 藤間生大, 『倭の五王』 1968, p.96.
92) 李道學, 앞논문, pp.113~130.
93) 『三國史記』 권26, 동성왕 6년 조.
94) 『三國史記』 권26, 동성왕 15년 조.
95) 鄭雲龍, 앞논문, pp.88~90.

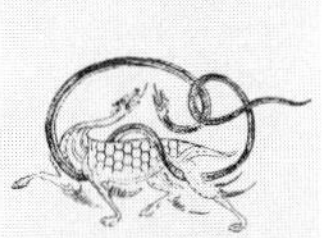



려는 백제와의 공방전을 502년부터 548년~550년에 이르기까지 치열하게 전개했다. 그런데 고구려는 551년에 나제동맹군의 공격으로 인해 한강유역을 상실하고 말았는데 관련 기사는 다음과 같다.

> 왕이 居柒夫 등에게 命하여 고구려를 침공하여 이긴 것을 틈타 10郡을 攻取했다.[96)]

> 12년 신미(551)에 왕은 거칠부와 仇珍 대각찬·比台 각찬·耽知 잡찬·非西 잡찬·奴夫 파진찬·西力夫 파진찬·比次夫 대아찬·未珍夫 아찬 등 8명의 장군에게 명하여 백제와 더불어 고구려를 침공하게 했다. 백제 군사가 먼저 平壤을 격파하자 거칠부 등이 이긴 기세를 타서 竹嶺 以外, 高峴 以內의 10郡을 공취하였다.[97)]

> 이 해(551) 백제 聖明王이 친히 무리 및 2國兵[2國은 新羅와 任那이다]을 거느리고 가서 高麗를 征伐하여 漢城의 땅을 얻었다. 또 進軍하여 平壤을 征討하였는데 무릇 6郡의 땅이다. 드디어 故地를 收復하였다.[98)]

위의 기사를 놓고 볼 때 551년에 고구려는 백제와 신라 동맹군에게 한강유역을 상실했음을 알 수 있다. 『일본서기』에 보이는 漢城은 백제의 왕성이 소재하였던 지금의 서울 송파구 일대를, 平壤은 南平壤 즉 지금의 서울 북부 지역을 각각 가리킨다. 그리고 高峴은 강원도 鐵嶺으로 지목되고 있다. 따라서 고구려는 소백산맥 남북을 연결하는 통로인 竹嶺 以北에서 철령 이남의 10개 郡을 빼앗겼음을 알 수 있다. 이 때 고구려는 나제동맹군을 상대하는 상황에서 신라와의 밀약을 통해 나제동맹 자체를 붕괴시키고자 했던 것 같다.[99)] 다음의 기사가 그것이다.

---

96) 『三國史記』 권4, 진흥왕 12년 조.
97) 『三國史記』 권44, 거칠부전.
98) 『日本書紀』 권19, 欽明 12년 조.

> 이에 앞서 백제는 신라와 더불어 군사를 합하여 高麗를 정벌하려고 도모할 때 眞興이 말하기를 "나라의 興亡은 하늘에 달렸는데, 만약 하늘이 高麗를 미워하지 않으면 내가 감히 바라겠는가"라고 하였다. 이에 이 말을 高麗에 전하였다. 高麗가 그 말에 감격하여 신라와 通好함으로 백제는 신라를 원망하여 來侵한 것이다.[100)]

위의 인용을 통해 마치 진흥왕의 발언이 양국간의 通好를 가져 온 것처럼 되어 있다. 그러나 다급한 상황에 처한 고구려가 제의하여 通好가 이루어졌을 가능성이다. 이러한 通好 사실은 다음의 기사에서 다시금 확인된다.

> 高麗와 더불어 신라는 通和하고 勢를 합하여 臣國(백제 : 필자)과 任那를 滅하려고 도모하고 있습니다.[101)]

즉 欽明 13년인 552년 5월에 위와 같은 언급이 제기되었던 것이다. 이는 한강 유역을 회복하고 북진하는 상황에서 고구려는 나제동맹을 붕괴시키기 위해 일종의 이간책을 시도했을 가능성을 제기해 준다.[102)] 고구려는 신라에게 황초령과 마운령 일대의 영유권을 양도함으로써[103)] 나제동맹을 해체시키는 동시에, 신라를 자국편으로 끌어 당기려고 했던 것 같다. 결국 고구려와 通好한 신라는 553년에 백제를 급습하여 한강 하류 지역을 점령했다. 이 후 고구려와 신라가 다시금 한패가 되어 作戰 共助를 한 듯한 현상이 포착된다. 가령 554년 7월에

99) 盧泰敦, 「高句麗의 漢水流域 喪失 原因에 대하여」 『韓國史硏究』 13, 1976, p.54에서 "신라로서는 漢水下流域의 백제의 점령지가 매우 所望스러운 것임에는 분명한 것이며 고구려로서는 內紛의 餘波와 西部 方面의 위협에 대처해야 하는 급박한 상황에서 이미 상실한 漢水流域을 대상으로 하여 신라와 和平關係를 맺는 것은 매우 바람직한 것이다"고 했다.
李道學, 「新羅의 北進經略에 관한 新考察」 『慶州史學』 6, 1987, pp.33~34.

100) 『三國遺事』 권1, 진흥왕 조.

101) 『日本書紀』 권19, 欽明 13년 조.

102) 李道學, 앞논문, p.34.

103) 盧泰敦, 앞논문, p.54.

신라군은 관산성 전투에서 성왕을 비롯한 백제군을 함몰시켰다.[104] 그로부터 3개월 후인 10월에 고구려는 크게 군대를 일으켜 백제의 熊川城을 공격하였다.[105] 물론 후자는 단순히 백제가 관산성 會戰에서 참패한 틈을 타서 공격한 것일 수도 있다. 어쨌든 고구려와 신라가 백제를 공동의 타깃으로 삼아 공격한 것은 사실이다. 요컨대 제2기 말에 접어들어 고구려는 신라와 提携함으로써 나제동맹을 결렬시키는 데 성공하였다.

## Ⅳ. 제3기(555년~672년) 고구려와 백제 관계

관산성 전투 이후 장기간에 걸쳐 백제와 신라가 사활을 건 전쟁을 벌이는 상황이 전개되었다. 고구려는 어느 곳에도 개입하지 않은 채 상대적으로 느긋하게 觀戰할 수 있는 여유를 얻게 되었다. 그런데 598년 9월에 백제가 隋에 사신을 보내어 고구려 정벌을 부추겼다. 이 사실을 알고 고구려는 백제의 국경을 침범하였다.[106] 백제의 호국사찰인 烏含寺의 창건은 이 무렵 고구려군 격퇴와 관련 있는 것이다.[107] 고구려는 신라와 휴전한 상황을 깨고 603년에 신라의 북한산성을 공격함으로써[108] 적대관계를 노골화시켰다. 이러한 고구려의 입장은 백제에게도 마찬 가지였다. 비록 신라가 한반도 중심부를 관류하는 일종의 대동맥격인 한강유역을 장악하고 있었다. 그렇지만 고구려의 공격 대상에서 결코 백제가 비켜나 있지는 않았기 때문이다. 607년 고구려는 백제의 松山城을

104) 『三國史記』 권4, 진흥왕 15년 조.

105) 『三國史記』 권19, 양원왕 10년 조.
『三國史記』 권27, 위덕왕 즉위년 조.

106) 『三國史記』 권27, 위덕왕 45년 조.

107) 李道學, 「泗沘時代 百濟의 4方界山과 護國寺刹의 成立」 『百濟研究』 20, 1989 ; 『百濟佛教文化의 研究』 1994, pp.203~208.

108) 『三國史記』 권4, 진평왕 25년 조.
『三國史記』 권20, 영양왕 14년 조.

공격한 후에는 石頭城을 공격하여 주민 3천 여명을 포획하고는 회군했다.[109] 隋의 고구려 침공 직전 백제 무왕은 隋를 지원하여 고구려를 협공하겠다고 큰 소리쳤다. 그러나 612년에 隋가 실제 고구려를 공격했을 때 백제는 豪言과는 달리 움직이지 않았다.[110] 618년에 고구려는 倭에 사신을 보내어 수양제의 대군을 격파했음을 알리고, 포로와 전리품을 바치고 있다.[111] 이 때 백제로써는 隋의 요청에 따르지 않은 것을 전략적 성공으로 간주하면서 兩端 外交로써 실리를 챙길 수 있었음을 다행으로 여겼을 것이다. 이제 백제는 고구려에 접근할 수 있는 상황이 되었다. 그럼에도 백제는 626년에 새로 등장한 唐에 사신을 보내어 "고구려가 道路를 막고 중국에 來通하는 것을 허용하지 않는다"[112]고 호소했던 것이다. 625년에 신라도 고구려가 길을 막고서 당으로의 조공을 막고 있다고 호소했다.[113] 이렇듯 고구려는 백제와 신라를 모두 敵으로 설정한 후 공세로 나온 것이다. 반면 백제는 신라는 물론이고 고구려까지 상대해야 하는 부담에 처해졌다. 신라의 경우도 마찬 가지였다. 삼국은 각기 이제는 상호 분립적인 상황에서 각개 전투를 벌이는 양상이 되었던 것이다.

이와 관련해 고구려와 백제를 중심으로 한 倭와의 관계가 주목된다. 6세기 전반경에 백제는 五經博士·醫博士·易博士·曆博士·採藥師 등을 倭로 파견하는 회수를 증가시켰다.[114] 그런데 백제 學者群의 倭로의 파견과 관련해 姐彌文貴將軍·州利卽次 將軍·灼莫古 將軍 등과 같이 그 인솔자가 將軍으로 많이 나타나고 있다.[115] 그러므로 이미 지적되고 있듯이 그 裏面에는 기실 군사적인 목

109) 『三國史記』 권20, 영양왕 18년 조.
『三國史記』 권27, 법왕 8년 조.
110) 『三國史記』 권27, 무왕 13년 조.
111) 『日本書紀』 권22, 推古 26년 조.
112) 『舊唐書』 권199, 東夷傳, 백제 조.
113) 『三國史記』 권4, 진평왕 47년 조.
114) 平野邦雄, 『大化前代政治過程の研究』 1985, p.86.
115) 『日本書紀』 권17, 繼體 7년 6월 조·10년 9월 조.

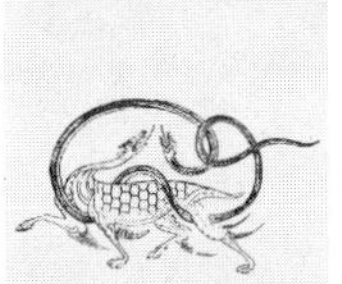



적을 지니고 있었다고 하겠다. 실제 552년 10월 백제는 倭에 승려와 불상 및 經論 등을 보낸 대가로 554년 1월에 동원된 왜군 1천 명을 管山城戰鬪에 투입시킬 수가 있었다.[116] 요컨대 6세기 전반 백제의 懸案은 고구려의 압박을 물리치고 한수유역의 故土를 회복하는 데 있었다. 그런 만큼 이처럼 한층 강화된 문물 세례는 현실적으로 절박하게 필요로 하였던 왜군 동원을 위한 反對給付였던 것이다.

고구려에서는 7세기대에 접어들어 승려와 불상을 비롯한 선진 문물을 본격적으로 倭에 보내고 있다. 『일본서기』에 게재된 다음의 기사들이 그것이다.

(602년) 閏 10월 乙亥朔 己丑에 고려 승려 僧隆과 雲聰이 함께 來歸하였다(推古 10년).

(605년) 이 때 고려국 大興王이 일본국 천황이 불상을 만든다는 것을 듣고 황금 300兩을 바쳤다(推古 13년).

(610년) 봄 3월 고려왕이 승려 曇徵과 法定을 보내왔다. 曇徵은 五經을 알고 있었다. 또 彩色 및 紙墨을 만들고 아울러 수력의 멧돌을 만들었다. 아마도 수력의 멧돌을 만드는 것은 이때가 처음이었다(推古 18년).

(618년) 가을 8월 癸酉朔에 고려가 사신을 보내 토산물을 바쳤다. 그리고 "隋煬帝가 30만의 군사를 일으켜 우리 나라를 쳤습니다. 도리어 우리에게 패했습니다. 그런 까닭에 포로인 貞公과 普通 2명 및 鼓·吹·弩·抛石 종류 10개와 아울러 토산물과 駱駝 1필을 바칩니다"고 했다(推古 26년).

(625년) 봄 정월 壬申朔 戊寅에 고려왕이 승려 惠灌을 보내 왔다. 僧正에 임명하였다(推古 33년).

그 밖에도 고구려는 630년(舒明 2)과 642년(皇極 1) 그리고 643년(皇極 2)에도 왜에 사신을 보내었다. 고구려 승려 慧慈는 聖德太子에게 불교를 가르쳤고, 596년에는 백제 승려 慧聰과 더불어 法興寺에 함께 주석하였다.[117] 중국대륙

116) 『日本書紀』 권19, 欽明 13년·15년 조.

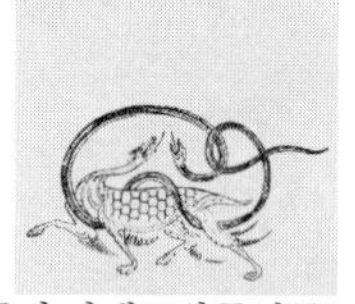



을 통일한 隋와의 대결 양상이 구체화되면서 고구려는 왜에 대한 문화적 지원에 박차를 가했던 것이다. 요컨대 고구려와 백제의 대립이 바다 건너 왜를 매개로 하여 전개되는 양상을 띠었다. 이 문제는 앞으로 심도 있는 논의가 필요하다고 본다. 특히 飛鳥寺의 前身인 法興寺에 혜자와 혜총이라는 고구려·백제 승려가 나란히 주석했다는 것은 상징하는 바 크다고 하겠다.

그런데 642년 8월에는 신라의 실권자인 김춘추의 딸과 사위가 백제군에게 피살되었다.[118] 그 해 10월에 고구려에서는 정변이 발생해서 淵蓋蘇文이 집권했다.[119] 신라의 김춘추는 개인적인 복수심이 발동했겠지만 연개소문의 등장을 고구려와 관계 개선의 好期로 간주하고 몸소 찾아 갔던 것이다. 당시 연개소문은 백제나 신라 모두에게 호감을 갖고 있지는 않았다. 연개소문은 이 때 신라가 自國의 故地를 반환하면 백제를 공격하겠다는 조건을 제시했다. 연개소문으로서는 선택의 폭이 넓었던 것이다. 연개소문은 김춘추를 소득없이 보낸 후인 643년 3월에 遣唐使를 파견하여 道士와 道教 經典을 요구하였다. 연개소문은 정권의 안정을 위해 唐과의 우호 관계를 유지하고자 했던 것이다.[120] 그러나 이것은 당태종의 고구려 원정 기도를 돌려 놓지는 못하였다. 643년 9월에 신라는 唐에 사신을 급히 파견하여 고구려와 백제로부터 數十 城이 공격받았다는 사실을 알렸다. 그리고 신라는 고구려와 백제 양국의 '連兵'을 언급하며 大擧 쳐들어 올 것 같다며 절박하게 派兵을 요청했다.[121] 이로 볼 때 고구려와 백제는 적어도 643년 9월 이전에 협력 관계로 돌아왔음을 알게 된다. 물론 신라가 唐에 한 호소에는 과장도 있을 것이다. 그러나 고구려와 백제 양국, 특히 『삼국사기』 고구려본기에 의하면 643년 9월에 신라는 당에 사신을 보내어 백제가 신라의 40여 성을 공취하였고, 다시금 백제가 고구려와 '連兵'하여 入朝하는 길

117) 『日本書紀』 권22, 推古 원년 3년·4년 조.
118) 『三國史記』 권5, 선덕왕 11년 조.
119) 『三國史記』 권20, 영류왕 25년 조.
120) 金周成, 「6~7세기 고구려와 백제의 상호 관계」 『高句麗研究』 20, 2005, p.202.
121) 『三國史記』 권5, 선덕왕 12년 조.

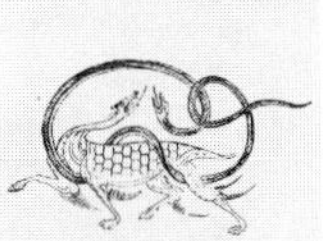



을 끊으려 한다고 호소했다.[122] 실제 643년 11월에 백제는 신라의 당항성을 공격했다.[123] 백제의 당항성 공격 직전에 신라측에서 양국의 '連兵' 을 云謂한 것을 볼 때 고구려와 백제는 지역을 나누어 신라를 협공하려고 했던 것으로 보인다. 그러면 고구려가 이처럼 백제와 손을 잡고 신라를 압박한 배경은 무엇이었까? 고구려 연개소문은 643년 6월에 발생한 당태종의 對고구려 강경 입장 천명을 접하게 되었던 것으로 보인다. 결국 그는 백제와 손을 잡고 신라를 압박하는 방법을 취함으로써 唐에 대한 대결 의지를 표출했던 것이다. 더욱이 고구려는 645년 9월 당태종의 군대를 완전히 패퇴시킴으로써 자국의 위상을 높였다. 이러한 고구려의 勝戰은 주변 상황을 저울질하고 있던 백제를 자국 영향권 내로 흡입시키는 계기가 되었다. 655년에 양국이 신라의 北界 30여 城을 점령한 게[124] 그 대표적인 성과라고 할 수 있다. 그러나 양국의 連兵은 먼저 백제의 몰락을 초래하였다. 659년에 백제가 신라의 獨山·桐岑 2城을 공취하자 신라는 唐에 구원을 요청하였다.[125] 그러자 唐은 고구려 征討의 일환으로서 고구려를 편들고 있는 백제 정벌을 결의하였기 때문이다.[126]

문제는 백제가 멸망하는 상황에서 고구려의 지원이 없었다는 것이다. 그것은 신라가 백제를 침공할 때 남천주가 있는 경기도 이천 방면까지 북상한 후 남하해서 탄현을 넘었다. 이는 마치 고구려를 공격하는 것처럼 해서 백제를 치는 일종의 기만전술로 여겨진다.[127] 더구나 탄현을 넘어선 신라군의 진격 속도가 빨라졌을 뿐 아니라 백제의 심장부인 사비도성을 향한 가장 빠른 루트를 택해서

---

122) 『三國史記』 권21, 보장왕 2년 조.
123) 『三國史記』 권28, 의자왕 3년 조.
124) 『三國史記』 권28, 의자왕 15년 조.
125) 『三國史記』 권28, 의자왕 19년 조.
126) 森公章, 「白村江戰鬪와 高句麗」 『東아시아 속에서의 高句麗와 倭』 한일관계사학회 국제학술대회, 2005. 10.14, p.183.
127) 李昊榮, 『新羅 三國統合과 麗濟敗亡原因 硏究』 1997, p.186.
金榮官, 「羅唐聯合軍의 百濟 侵攻戰略과 百濟의 防禦戰略」 『STRATEGY』 21, 1999, p.178.

진격하였다. 이러한 상황에서 백제가 고구려에 지원을 요청할 틈도 없이 전쟁이 마무리되고 말았다. 660년 백제의 갑작스런 멸망은 고구려에게는 엄청난 충격이었을 것이다. 물론 그 이후 백제인들이 조국을 회복하기 위한 전쟁을 힘차게 전개하였다. 그러나 고구려는 현실적으로 唐軍에게 포위·공격을 받고 있는 상황이었기 때문에 역시 백제를 지원할 만한 겨를이 없었다. 唐軍의 평양성 포위는 고구려군을 현지에 묶어 두게 하는 효과를 거두었다. 신라는 끝내 고구려와 백제가 연결될 수 있는 공간적인 접속점을 허용하지 않았다. 신라와 당은 고구려와 백제를 분리시켜 공격함으로써 양국이 접합할 수 있는 공간적인 여건을 차단시켰다. 오히려 왜가 고구려를 지원한 듯한 흔적이 포착되고 있을 정도이다.

그런데 白江戰鬪에서 패한 백제 豊王의 行路는 고구려로 향하였다. 백제 유민들에게는 新羅·唐과 싸울 수 있는 선택의 땅으로 고구려가 남아 있었음을 뜻한다.[128] 고구려가 멸망하자 왜는 즉각 고구려 평정을 祝賀하는 사절을 唐에 보냈다.[129] 국제 관계의 무상함을 느끼게 하는 순간이 아닐 수 없다.

## Ⅴ. 맺음말

지금까지 검토한 내용을 살펴 보면 다음과 같다. 고구려와 백제의 대립은 제1기(369~475), 제2기(476~554), 제3기(555~672)로 나누어서 살필 수 있었다. 夫餘에서 함께 分派된 고구려와 백제의 대립 동기는 4세기 중후반 倭와 연계된 백제의 한반도 남부 지역에 대한 영향력 확대로 인한 고구려의 위기감에서 비롯되었다.

양국간의 전쟁은 369년 고구려의 선제 공격으로 시작되었다. 그런데 초반의 백제 우위에서 고구려 우위로 勢가 바뀌면서 정국의 주도권은 고구려가 장악하

128) 森公章, 앞논문, p.185.
129) 『新唐書』권220, 東夷傳, 일본 조.

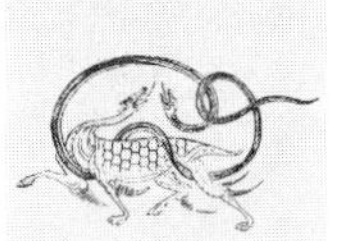



였다. 고구려는 신라를 자국 영향권에 편제시킨 후 백제에 대한 공세를 강화했다. 400년 신라 구원을 명분으로 고구려 步騎 5만의 낙동강유역 출병은, 고구려 신라 對 백제·왜 後燕의 연합 세력이 加耶에서 격돌한 동북아시아 최대의 戰場과 전쟁이었다. 백제와 연계된 倭가 신라를 침공함으로써 신라 가야 지역 진출을 기도하던 고구려를 誘引하는 데 성공했던 것이다. 고구려의 대군이 출병한 직후에 後燕의 군대가 그 후방을 급습하였다. 그럼으로써 고구려군의 回軍을 초래하여 낙동강유역 진출을 무력화시킨 것으로 판단되었다. 鮮卑 계통의 문물이 백제는 물론이고 백제 영향권인 대가야 지역에서 포착되는 이유를 이 같은 백제의 對고구려 포위 전략과 연계된 對後燕 교섭 차원에서 찾았다. 「능비문」 영락 17년 조는 외형상 고구려의 壓勝으로 끝났다. 그러나 이는 비록 政治 宣傳文的인 성격이 강하다고 해도 「능비문」 辛卯年 條에서 백제를 기세 좋게 '屬民'으로 설정했던 것 보다 백제에 대한 장악력이 떨어졌음을 의미한다. 그러한 고구려와 백제의 관계는 장수왕 정권으로 넘겨지게 된 것이다.

평양성 천도를 전후해서 고구려는 王都의 안정적 확보 차원에서 백제에 대한 군사적 압박을 한층 강화하였다. 이러한 상황에서 백제는 南朝와 倭는 물론이고 北魏에도 사신을 파견하는 등 외교전에 총력을 기울였다. 그러나 백제는 별다른 성과를 거두지는 못했다. 결국 475년 고구려는 백제의 王都 漢城을 함락시키고 백제 개로왕을 捕殺했다. 한편 5세기 후반 백제와 왜는 중국으로부터 고구려를 고립시키려는 외교 전략을 펼쳤지만 효과를 거두지는 못했다.

476년 이후 고구려는 백제로부터 아산만 이북에 이르는 영토 할양을 받은 백제를 臣屬시켰다. 고구려가 백제를 臣屬시키자 倭 조정은 驚愕하였고, 적개감과 위기감이 증폭되었다. 한편 백제는 430년대 이후 고구려에 예속된 신라의 이탈을 지원하여 동맹관계를 구축하였다. 그럼으로써 양국은 고구려에 공동 대처할 수 있었다. 76년만인 551년 백제의 한강유역 회복은 羅濟同盟이 거둔 최대의 결실이기도 하였다. 그러나 고구려는 동옥저가 소재한 황초령과 마운령 일대를 신라에 할양함으로써 나제동맹을 결렬시켰다. 그 산물이 신라의 한강유역 獨食과 554년의 管山城戰鬪였다.

고구려와 백제는 倭에 불교를 비롯한 선진 문물을 전파해 주었다. 그럼으로써 왜를 자국편으로 끌어 당기려는 노력을 지속적으로 전개하였다. 백제는 6세기 중엽경에 그것이 절정에 달했다. 고구려는 7세기대에 이르러서 그러하였다. 전자는 한강유역 회복과 관련한 고구려와의 대결로 인해서였다. 후자는 隋와의 대결과 관련해 배후의 백제와 倭의 연결고리를 끊으려는 의도였다. 특히 고구려는 對隋戰의 전리품을 倭에 보냈다. 이는 자국의 위세를 과시하면서 왜를 자국편으로 끌어 당기려는 데 있었다.

6세기 중반 이후 백제와 신라는 앙숙관계였다. 고구려는 양국을 상대로 모두 공격하는 등 만주와 한반도 정국의 주도권을 장악한 상황이 되었다. 642년 10월 연개소문의 집권을 계기로 신라는 고구려와 관계 개선을 모색하였다. 그러나 643년 6월 당태종의 對고구려 膺懲 闡明으로 인해 연개소문은 백제와 손을 잡았다. 그리고 고구려는 唐과 연계된 신라에 대한 공격을 강화하였다. 그런데 갑작스런 백제의 멸망은 고구려에게는 엄청난 충격이었다. 비록 백제는 조국을 회복하기 위한 전쟁을 맹렬하게 전개했다. 그러나 고구려 역시 唐軍의 포위를 받고 있는 상황이었기 때문에 양국간의 공간적인 접속점은 허용되지 않았다.

고구려와 백제는 同源의 국가였지만 대립과 갈등으로 점철된 전쟁의 연속이었다. 그런데 7세기 중반 唐이 고구려와 백제 문제에 적극 介入함으로써 양국은 共助 관계를 유지하였다. 그러나 양국은 공간적인 접점을 찾지 못한채 신라와 당에 각개 격파당하는 운명에 빠지고 말았다. 고구려와 백제의 군사적 共助는 300년 가까운 갈등과 대립에 비해 겨우 20년에 불과했다. 그러나 정치·군사적 협력에도 불구하고 양국은 결국 同伴 몰락의 길로 떨어졌던 것이다.

# 三國間의 交流를 통해 본 高句麗의 正體性

## Ⅰ. 머리말

高句麗·百濟·新羅 三國은 무려 700년 가까운 기간 동안 서로 경쟁하며 교류하였다. 정치·문화·경제적인 성격을 지닌 이러한 교류는 삼국이 일단 국경을 접하게 되는 대략 300년 동안 더욱 촉진되어졌다. 특히 고구려와 백제는 근원이 동일하였으므로 정치 체제라든지 문화면에서 동질성이 일찍부터 드러났다. 신라의 경우는 그 성격이 달랐다고 볼 수 있지만, 주지하듯이 고구려와 백제의 영향을 받으면서 국가 체제의 일대 정비를 기할 수 있었다. 더욱이 고구려의 영향력은 신라에 막대하게 미쳤다. 즉 4세기 후반부터 5세기대에 걸쳐 동북 아시아는 고구려 중심의 세력 재편이 이루어졌다. 이 때 고구려는 백제와 치열한 공방전을 전개하는 상황에서 신라 구원을 명분삼아 출병한 400년 이후에는 신라 내정에 깊숙이 영향력을 행사하였다. 이 사실은 경주의 壺杅塚과 瑞鳳塚에서 각각 출토된 광개토왕 관련 명문이 양각된 壺杅와 고구려 장수왕대 연호로 추정되는 延壽 銘 銀盒의 존재를 통해 실감나게 확인되었다.[1)]

고구려가 정치·문화적으로 주변의 백제나 신라·가야에 미친 영향력은 실로 지대하였다.[2)] 결국 이러한 과정을 거쳐 종족은 물론이고 문화적으로도 동일한 공동체 관계가 설정될 수 있었다고 본다. 삼국은 唐高宗 스스로가 '海東

1) 李道學,「高句麗의 洛東江流域 進出과 新羅·伽倻經營」『國學硏究』2, 1988, pp.89~114.

2) 일례로 신라의 神宮 유적으로 추정되는 경주 蘿井 유구에서 출토된 기와와 팔각 건물지는 고구려 평양 定陵寺터에서의 그것들과 계통적으로 연결된다는 보고가 있었다. 그러한 팔각 건물지는 고구려 환도산성에서도 확인되었다고 한다.

三國' 이라고 했듯이[3] 중국과 구분되는 정치적 연원과 문화적 전통을 지닌 또 다른 세계로 인정되어졌다. 이렇듯 고구려를 정점으로 하여 형성된 민족의 정체성은 高麗를 비롯한 후대까지도 확인된다. 그러므로 고구려사가 지닌 역사적 意義는 결코 과소 평가될 수 없다.

그런데 최근의 東北工程과 관련해 고구려사가 중국사로 편제 된다면 한국사 체계의 계통이랄까 뿌리가 송두리째 흔들리게 된다. 고구려를 軸으로 하여 형성된 우리 민족 문화는 이제 중국 문화의 亞流 내지는 그 영향으로 탈바꿈되어 진다. 그리고 더 이상 한국 기층 문화의 창조성과 고유성을 운위할 수 없게 된다. 그러나 이것은 명백한 역사 왜곡이 되는 것이다.[4] 그러므로 본고에서는 삼국간의 상호 관계를 통해 고구려의 정체성을 구명하고자 했다. 나아가 高麗時代 이후의 문화상까지 鳥瞰하면서 한국사에서 고구려사가 점하는 역사적 위상과 비중을 환기시키고자 하였다.

## II. 고구려의 정체성과 그 계승 의식

### 1. 삼국 국호의 동질성과 국가의 기원 인식

高句麗・百濟・新羅와 같은 삼국의 국호는 單字로서 국호를 제정한 중국 역대 왕조와는 차이가 난다. 이 점은 한국만의 특색이라고 할 수 있다. 이와 관련해 삼국 王姓의 유래에서 일정한 공통점이 포착된다. 고구려 왕실의 경우 "고구려로 인하여 氏를 삼았다고 한다"[5]라고 하였다. 여기서 高句麗라는 국호에

---

3) 『新唐書』 권220, 東夷傳, 百濟 條.

4) 이 문제에 대한 필자의 논고는 다음과 같다.
李道學, 「새교육 칼럼-중국의 고구려사 왜곡이 주는 교훈」 『새교육』 2004, 3월호 ; 「중국의 고구려사 왜곡 대책, 무엇이 문제인가?」 『대한문화재신문』 제7호, 2004. 3. 1.

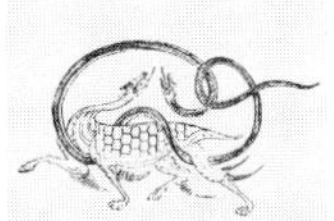



서 고구려 王姓인 高氏가 유래했는지의 사실 여부 보다는 실제 역사 전개에 영향을 미친 인식이 중요할 것 같다. 그런데 이는 백제 왕성인 扶餘氏가 夫餘라는 국호에서 기원하였으며, 그것을 '餘' 氏로 줄여서 표기한 경우와 동일하다. 더구나 국호와 동일한 부여씨의 존재가 부여 王姓으로 확인되기까지 했다.[6] 신라의 경우는 왕성이 朴氏 → 昔氏 → 金氏로 교체된 바 있다. 그런데 박씨와 석씨 왕실이 집권했을 때 그러한 성씨의 존재는 명확하지 않다. 그러나 성씨의 존재가 분명한 것은 김씨였다. 김씨 왕실이 집권했을 때의 국호는 의미상으로나 공간적으로 볼 때 王城인 金城과 무관하지 않은 斯盧國 혹은 徐羅伐·新羅 등으로 불리었다.[7] 여기서 '斯' 나 '徐'·'新' 의 경우 여러 가지 해석이 나오고 있지만 '쇠' 곧 '金' 을 가리킨다는 견해가 주목된다.[8] 이 견해를 취한다면 신라 왕성인 金氏는 고구려 王姓인 高氏와 마찬가지로 국호의 첫 글자에서 유래한 것으로 볼 수 있다. 요컨대 삼국의 王姓은 국호에서 유래한 것으로 드러난다.

---

5) 『魏書』권100, 高句麗傳. "號曰高句麗因 以爲氏焉"

6) 前秦王 苻堅이 前燕의 수도를 공격했을 때 전연의 散騎侍郎 餘蔚이 '扶餘質子' 등을 거느리고 城門을 열어 苻堅의 군대를 맞아들이는 다음과 같은 기사와 그 註를 주목하지 않을 수 없다.

   "燕의 散騎侍郎인 餘蔚이 扶餘·高句麗 및 上黨 質子 오백여 인을 거느리고 [… 餘蔚은 扶餘 王子인 까닭에 몰래 여러 質子들을 이끌고 門을 열어 秦兵을 받아들였다.…] 밤에 鄴의 北門을 열고 秦兵을 받아들였다(『資治通鑑』권102, 晋紀24, 海西公 下 條. "燕散騎侍郎餘蔚帥扶餘·高句麗及 上黨質子五百餘人 [… 餘蔚 扶餘王子 故陰率諸質子開門以納秦兵 …] 夜開鄴北門納秦兵)".

   위의 [ ]에 보이는 元代 학자인 胡三省의 註에 의하면 餘蔚을 '扶餘王子' 로 註釋하고 있다. 이러한 주석을 수용한다면 餘蔚의 '餘' 는 백제 관련 중국 사서에서 광범위하게 확인되고 있듯이 複姓인 '扶餘' 의 單字 표기가 분명하다. 따라서 부여에는 外患 등에 의한 왕실교체의 산물로서 解慕漱·解夫婁와 같은 解氏뿐 아니라 扶餘氏 또한 王姓이었음을 알려준다. 扶餘氏가 王姓이었음은 後燕으로부터 餘蔚이 征東將軍 統府左司馬에 임명되어 '부여왕' 에 封해진(『資治通鑑』권105, 太元9년 정월 조) 데서도 뒷받침된다.

7) 이와 관련해 馮跋이 後燕의 慕容寶와 慕容熙를 살해하고 왕이 된 후 "스스로 燕王이라고 일컬었는데, 그가 黃龍城을 다스린 까닭에 그 나라를 黃龍國이라고 말하였다" 라고 하였듯이 治所城이 國名으로 연결되고 있기 때문이다.(『宋書』권97, 夷蠻傳, 高句驪國 條. "自號燕王 以其治黃龍城 故謂之黃龍國)".

8) 文暻鉉, 「新羅 國號의 硏究」『增補 新羅史硏究』2000, pp.5~8.

그러면 삼국의 국가 기원에서의 공통점은 없었을까? 우선 고구려의 기원과 관련해 『三國史記』·『三國遺事』·「東明王篇」·『魏書』 등에 전하는 그 건국설화의 요점은 다음과 같다. 즉 건국자인 朱蒙이 북부여에서 天帝의 아들을 자칭하는 解慕漱와 河伯의 딸인 柳花夫人을 父母로 하여 출생하였다. 그의 출생과 성장 과정이 부여의 시조설화에서 보는 바와 같이 여러 가지 神異함이 있었을 뿐 아니라, 더욱이 그가 사냥에 능한 것이 부여 왕자들의 시기를 받게 되었다. 그는 부여에서 남쪽으로 망명하면서 물고기와 자라 떼의 도움을 얻어 大河를 건넌 다음 忽本인 지금의 桓仁에 이르러 도읍하였다고 한다.

주몽 건국 설화는 고구려를 세운 지배 세력이 부여족 계통임을 알려준다. 가령 「廣開土王陵碑文」에서는 "옛적에 始祖 鄒牟王이 나라를 세웠다. 北夫餘에서 나오셨는데, 天帝의 아들이고, 어머니는 河伯의 따님이셨다. 알을 깨고 세상에 나셨는데, 태어나시면서 聖스러운 … 이 있었다. 수레를 남쪽으로 돌려 巡幸하시는데, 夫餘의 奄利大水를 거쳐 가게 되었다. 王이 나루에 이르러 말하기를 "나는 皇天의 아들이고, 어머니는 河伯의 따님이신 鄒牟王이다. 나를 위하여 갈대를 연결하고 거북이들이 떠 오르게 하여라!" 그 소리에 호응하여 갈대가 연결되고 거북이들이 떠 올랐다. 그런 연후에 건너가서 沸流谷 忽本 서쪽의 산 위에 성을 쌓고 도읍을 세웠다"[9]라고 했다. 「牟頭婁墓誌」에서는 "河泊의 손자이시며 日月의 아드님이신 鄒牟聖王께서 원래 北夫餘에서 나오셨으니"[10]라고 하였다. 이처럼 문헌이나 금석문에서는 한결같이 고구려를 건국한 세력이 북부여계임을 알려 준다. 그런데 고구려 건국설화는 다음에 인용하는 부여 건국설화와 동일하다.

옛날 북방에 槀離라는 나라가 있었는데 그 왕의 여종이 임신하자 왕이 여종을 죽이

9) 韓國古代社會硏究所, 『譯註 韓國古代金石文』I, 1992, pp.7~8. 참고로 "北夫餘에서 태어나셨는데"라고 해석한 것을 "…나오셨는데"로 고쳤음을 밝혀둔다.

10) 韓國古代社會硏究所, 앞책, p.93.

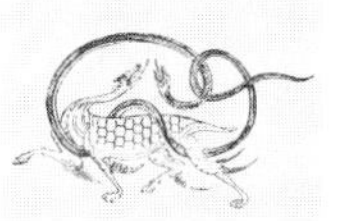



> 려고 하였다. 그러자 여종이 "계란 만한 기운이 내 몸에 들어오더니 임신하게 되었다"고 말하였다. 그 후 여종은 아이를 낳았다. 왕이 여종의 아이를 돼지우리에 버렸지만 돼지들이 아이에게 입김을 불어 주었다. 그러자 왕은 그 아이를 마굿간에 옮겨 두었는데 말들 또한 그 아이에게 입김을 불어 주었으므로 여종이 낳은 아이는 죽지 않았다. 그러므로 왕은 이상히 여겨 天帝의 아들로 생각하였다. 이에 그 어미에게 돌려주어 아이를 거두어 기르게 하였다. 이 아이의 이름은 東明인데 항상 말을 치도록 명령받았다. 동명은 활을 잘 쏘았다. 왕은 동명이 자신의 나라를 빼앗을까 두려워 하여 그를 죽이고자 하였다. 그럼에 따라 동명은 남쪽으로 달아나 施掩水에 이르러 활로 水面을 치자 물고기와 자라가 떠올라 다리를 만들어 주었다. 동명이 강을 건너자 물고기와 자라가 곧 풀어 흩어져 추격하는 병사들이 건너지 못하였다. 동명이 이로부터 부여땅에 도읍을 정하고 왕이 되었다.[11)]

위와 같은 부여 건국설화는 後漢 때 王充이 지은 『論衡』吉驗篇에 처음 보인다. 이 설화는 『삼국지』 부여 조에 인용된 「魏略」에 수록된 내용이다. 부여의 동명설화와 고구려 주몽설화는 각각 胎生과 卵生의 차이밖에는 없고 내용은 大同小異하다. 여기서 고구려를 건국한 세력이 부여에서 남하했음은 이견 없이 분명한 사실로 드러났다. 백제의 경우도 후술할 都慕大王 개국설화에 의하면 부여 지역을 배경으로 한 日光感情出誕 說話를 지니고 있다. 다음과 같은 검토를 통해 백제의 계통이 부여로 확인되어진다.

백제 건국 세력의 계통은 始祖觀과 관련을 맺고 있다. 『삼국사기』에는 백제 시조를 溫祚 혹은 沸流로 각각 달리 기재하고 있다. 온조는 그 父를 고구려 시조인 주몽이라고 하였으므로 고구려계이다. 그 兄인 비류는 父를 북부여왕 해부루의 庶孫인 優台라고 하였으므로 부여계가 된다. 로마를 제외하고 다른 나라 역사에서는 찾아 보기 힘든 2명의 시조가 동일한 역사서에 수록되어 있다. 그러다 보니 백제의 건국 주체는 일견 고구려계와 부여계로 나누어지는 것처럼 보인다. 또는 서울의 석촌동에 소재한 적석총이 고구려 墓制와 연결된다는 점

11) 『三國志』 권30, 東夷傳, 夫餘 條.

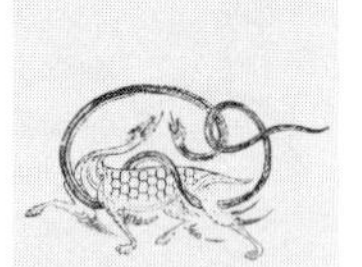



에서, 백제 건국세력을 고구려계로만 파악하는 견해가 많았다. 그러나 묘제는 보수적이면서도 가변성을 띤다. 가령 무녕왕릉이 중국 南朝의 塼築墳이듯이, 석촌동의 적석총도 묘제 採用일 뿐 고구려계 주민의 건국을 뜻하는 직접적인 지표가 되기는 어렵다. 실제 백제 건국과 직접 관련 있는 시기의 적석총은 서울 지역에서 확인된 바 없다. 오히려 부여 묘제와 관련 있는 토광묘가 이 무렵 백제의 主墓制였다.

그 뿐 아니라 만약 온조 건국설화가 타당하려면 백제 왕실의 성씨는 고구려와 동일한 高氏여야만 한다. 그러나 백제 王姓은 扶餘氏였다. 부여씨는 동아시아의 老大國인 夫餘에서 解氏에 이어 등장하는 왕성이다. 이처럼 백제 왕실의 族源이 부여임은, 『삼국사기』에서 "시조 東明王廟에 배알하였다(다루왕 2년 조)"와 '시조 동명(제사지)' 이라고 한 시조관을 통해서 뒷받침된다. 동명왕은 고구려 시조인 주몽이 아니라 엄연히 부여의 건국 시조였기 때문이다. 게다가 백제 시조로 또다른 기록에 보이는 仇台를 "구태의 제사를 받드는데, 부여의 후예임을 계승했다(『翰苑』)"라고 하여, 그 족원이 부여임을 다시금 闡明해 준다. 그리고 『續日本紀』에서는 "대저 백제 태조 都慕大王은 日神이 강령하여 부여 땅을 모두 차지하고 開國하였다"고 하여 백제 시조의 건국지를 부여로 기록하였다. 이러한 사실들은 중국 역사서에서 백제를 '扶餘의 別種' 곧 支派라고 한 기록과 더불어, 백제에서 국왕을 가리키는 호칭인 '於羅瑕'가 부여에서 '왕'을 일컫는 보통명사에서 기인한 점과도 부합된다. 그러나 무엇보다 백제 당시의, 그것도 백제인의 '목소리'를 통해서 이 점은 명백해진다.

472년에 개로왕이 北魏에 보낸 國書에 의하면 "저희는 고구려와 함께 근원이 부여에서 나왔습니다"라고 하여 자국 왕실의 계통을 부여로 밝히고 있다. 이는 위덕왕이 대적 중이던 고구려 장수와 通姓名하는 가운데 "서로 姓이 같다(『일본서기』 欽明 14년 조)"라고 한 데서도 뒷받침 된다. 이렇듯 백제와 고구려를 '같다' 고 묶어 놓는 틀은, 말할나위 없이 고조선에 이어 등장하는 老大國인 '부여'가 된다. 백제는 538년에 사비성으로 천도한 후 國號를 南扶餘로 고치고 있다. 이처럼 백제는 장구한 세월 동안 국가의 법통을 집요하게 부여에서 찾았다. 이

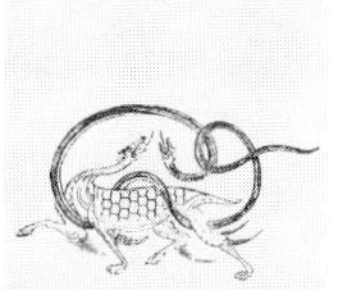

송화강변에 자리잡은 부여 왕성 동단산 남성자

같은 검토를 통해 백제사의 출발은 이제 고구려가 아니라 부여로 새롭게 인식되어야만 한다. 고구려와 백제가 부여에서 기원했음은 풍속을 비롯한 제반 여러 요소에서 발견되는 동질성을 통해서도 확인된다.[12)]

이와 더불어 고조선과 신라가 연결되고 있다는 사실이다. 즉 "일찍이 조선의 유민들이 이곳에 와서 산곡간에 흩어져 6村을 이루었다"[13)]라고 하여 고조선의 유민들이 경주 분지에 정착하여 신라 국가 형성의 기층 토대가 되었음을 언급했다. 경주 조양동 토광묘와 그 출토품이 대동강유역의 그것과 연결되고 있는 점에서 실제 그러했을 가능성을 배제하기 어렵다. 그리고 "魏將 毋丘儉이 고구려를 격파하자, 옥저로 달아 났다가 그 후 다시 故國으로 돌아 왔는데 남아 있던 자들이 마침내 신라가 되었다"[14)]라고 하여 신라 건국 세력과 고구려를 연결

12) 이상의 서술은 李道學, 『백제 고대국가 연구』 1995, pp.52~54에 의함.
13) 『三國史記』 권1, 혁거세 거서간 즉위년 조.

시키고 있다. 그 밖에 "그 나라의 왕은 본래 백제 사람이었는데, 바다로 도망해서 신라로 들어가 마침내 그 나라의 왕이 되었다"[15]는 기사도 있다. 게다가 고구려 주몽왕과 접속되어진 온조의 백제 건국 기사를 통해 삼국의 건국은 서로 연결시켜 인식되었다고 본다. 물론 이러한 기사가 사실일 가능성은 차후 검토할 문제라고 하겠다. 그러나 분명한 것은 삼국간에 어떤 형태로든간에 공통점이 발견된다는 사실이다. 또 이것은 동질성을 뜻하는 것으로 해석되어진다. 요컨대 신라의 기원과 관련하여 고조선과 고구려 그리고 백제의 존재가 언급되고 있다는 자체가 종족을 비롯한 삼국간의 동질성을 상징해 주는 문자라고 하겠다.

## 2. 고구려 국호와 그 제사 체계의 계승

고구려와 백제 모두 부여 시조인 동명왕의 사당인 東明廟를 건립하여 각각 제사를 지냈다. 양국은 서로 쇠락해 가는 부여의 정통을 승계했다는 인식을 가지고 있었다. 그랬기에 국왕은 즉위하는 해 정월에 동명묘에 拜謁하는 儀式을 통해 왕위에 대한 보증과 정통성을 천명하고는 했다.[16]

이 와는 달리 국호에서 고구려는 후대의 고려 왕조와 동질성을 지니고 있었다. '고구려' 라는 이름은 B.C. 107년에 현도군을 설치하는 기록에 縣 이름으로서 등장하였다. '高句麗' 는 B.C. 37년 고구려의 건국 이후에 줄곧 국호로서 사용되었다. 그런데 5세기대 이후 고구려의 역사를 수록하고 있는 중국의 역사서인 『魏書』나 『新·舊唐書』 등에 의하면 고구려를 나타내는 국호로서 '高麗' 가 나타나고 있다. 일본 史書에서도 마찬가지이다. 8세기 전반기에 편찬된 『古事記』나 『日本書紀』등 어느 문헌에도 '고구려' 대신 '고려' 만이 보이고 있다. 우

14) 『隋書』권81, 東夷傳, 新羅 條.
15) 『隋書』권81, 東夷傳, 百濟 條.
16) 李道學, 「百濟 慰禮文化의 史的 性格」 『東大新聞』 1981. 5. 12. ; 『고대 문화 산책』 1999, p.53. 『삼국사기』에서 백제왕들의 東明廟 拜謁 기사는 즉위 2년 조에 보이지만, 「창왕사리감명문」을 통해 그 즉위 2년은 즉위 원년으로 밝혀졌다.

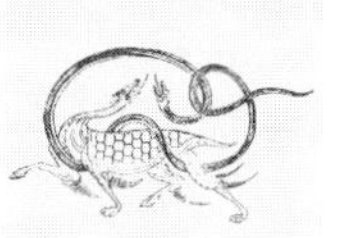



리 나라 문헌에도 이 점이 엿보여진다. 고려 충열왕 때 편찬된 『삼국유사』에서 고구려의 역사를 인용한 책 이름으로 보이는 「高麗本紀」와 「高麗古記」의 '고려'는 고구려를 가리키고 있다. 이 점은 당대에 작성된 금석문 자료를 통하여 보다 분명해진다. 539년에 제작된 것으로 말해지는 延嘉7年銘 金銅佛像의 光背銘에 의하면 그 불상의 제작처를 "高麗國 樂良 東寺"라고 하였다. 5세기 중엽에 건립된 중원고구려비에 의하면 "五月中 高麗太王"으로 문장이 시작되고 있다.[17]

이로써 고구려의 국호는 5세기대 이후에 '高麗' 2字로 줄여서 改號하였음을 알 수 있다. 고구려는 이후 멸망할 때까지 '高麗'라는 국호를 사용했다. 그 결과 고구려는 왕건이 세운 후대의 고려와 연결되는 同一 王朝로 인식되어졌다. 즉 1123년(인종 원년)에 고려에 사신으로 왔던 徐兢이 그 이듬 해에 지은 『선화봉사고려도경』에 의하면, 고려의 기원을 '고려'라는 동일한 국호를 사용했던 고구려에서 찾았다. 『宋史』에서도 "고려는 본래 고구려이다"라고 했다. 그 밖에 고려가 조정을 강화도로 옮겨 몽골과 대치하는 상황에서 세자였던 원종이 元 世祖 쿠빌라이가 즉위하기 직전에 찾아 갔었다. 뜻밖에 원종이 찾아 오자 쿠빌라이가 놀라서 기뻐하며 말하기를 "고려는 萬里 바깥의 나라이다. 당태종이 친히 정벌하러 나섰으나 항복을 받지 못했거늘, 지금 그 세자가 스스로 와서 우리에게 귀복하니 이는 하늘의 뜻이로다!"[18]라고 하며 감격해 하였다. 이 구절은 元의 쿠빌라이가 고구려와 고려를 동일 왕조로 인식했음을 알려 준다. 그러한 고려는 보장왕대에 唐나라에 한 번 망했다가 唐나라 말기에 이르러 왕건에 의해 회복된 된 것으로 인식되었다. 중국인들에게 고려 왕조는 高氏에서 王氏로 왕실이 바뀌었다는 인식을 가지게 하였다. 실제 고려는 고구려를 계승했기에 왕건 이전에 궁예가 국호를 당초 高麗로 사용하여 고구려 계승을 표방한 바

17) 이상의 서술은 鄭求福, 「高句麗의 '高麗' 國號에 대한 一考」 『湖西史學』 19 · 20합집, 1992, pp.43~66과 文暻鉉, 『高麗史研究』 2000, pp.277~282과 pp.410~413을 참조하기 바란다.

18) 『高麗史』 권25, 元宗 원년 3월 조.

있다.[19] 왕건은 그것을 승계한 것이다. 고구려에 대한 궁예의 인식은 다음에서 엿볼 수 있다.

> 天復 원년 신유(901)에 선종은 스스로 왕이라 칭하고 사람들에게 말하기를 "지난날 신라가 당나라에 군대를 청하여 고구려를 격퇴하였기에 平壤 舊都는 묵어서 잡초만 무성하니 내가 반드시 그 원수를 갚겠다!" 라고 하였다.[20]

궁예는 고구려의 수도였던 평양을 '舊都' 라고 하였다. 평양은 궁예가 터잡은 당시의 수도 송악과 관련해서 볼 때 '舊都' 라는 것이다. 이 사실은 궁예가 자신이 세운 국가와 고구려를 동일시했음을 뜻한다. 이러한 인식은 徐熙가 遼나라 장수 蕭遜寧에게 "우리 나라가 고구려의 옛 땅이므로 국호를 高麗라고 하였고 平壤을 國都로 하였다"[21]라고 한 말과, 後唐에서 고려 태조를 책봉한 조서에 "주몽이 건국한 祥瑞를 계승하여, 그 곳의 임금이 되었으며"[22]라고 한 문구 등을 통해서도 확인된다.

고려는 단순히 국호의 동질성만 표방한 것은 아니었다. 제사 체계에서도 동질성을 나타내고 있다. 즉 국가의 정체성을 천명하고 있는 제사 체계에서 고려는 고구려 때와 마찬 가지로 고구려 시조인 주몽왕과 그 母인 류화부인을 제사지내는 사당을 설치했었다.[23] 다음의 기사가 그것이다.

> 神廟가 두 군데 있는데 하나는 부여신이라고 하는데 나무를 조각하여 婦人像을 만들었다. 하나는 高登神이라하는데 그들의 시조이며 부여신의 아들이라고 한다. 모두

19) 朴漢卨, 「弓裔 姓名考」『韓國學論叢(霞城 李瑄根博士古稀紀念論文集)』 1974, p.86.
20) 『三國史記』 권50, 弓裔傳.
21) 『高麗史』 권94, 徐熙傳.
22) 『高麗史』 권1, 태조 16년 조.
23) 이와 관련해 金光洙, 「高麗朝의 高句麗 繼承意識과 古朝鮮 認識」『歷史敎育』43, 1988, p.95 참고 바란다.

官司를 설치해 놓고, 사람을 보내어 수호하는데, 대체로 河伯의 딸과 주몽이라고 한다.[24)]

사신을 보내어 東明聖帝祠에 제사하고 衣幣를 올렸다.[25)]

東神祠는 宣仁門 안에 있다. 땅이 좀 평평하고 넓은데, 정전의 집이 낮고 누추하며 행랑과 월랑 30간은 황량하게 수리하지 않은 채로 있다. 정전에는 '東神聖母之堂' 이라는 방이 붙어 있고 장막으로 가려 사람들이 神像을 보지 못하게 만들었다. 이는 나무를 깎아 여인의 형상을 만들어 놓았기 때문이다. 어떤 사람은 그것이 夫餘(王)의 妻인 河神의 딸이라고 한다. 그녀가 주몽을 낳아 고려의 시조가 되었기 때문에 제사를 모시는 것이다. 전부터 사자가 오면 관원을 보내어 奠祭를 마련하는데, 그 牲牢와 酌獻은 崧山神에 대한 법식과 같다.[26)]

이와 더불어 고구려에서는 東盟祭를 지내는 10월에 서울 동쪽의 큰 동굴 [國東大穴]에 깃든 隧神을 제사지냈다. 고구려가 평양성으로 천도한 후에는 대동강변의 기린굴이 그러한 목적의 동굴이었다. 이러한 제사 의식은 고려시대에는 다음과 같이 계승되고 있다. 즉 "고려 동쪽에 동굴이 있는데 隧神이라고 불렀다. 항상 10월 보름이면(그 隧神을) 맞이하여 제사지냈는데, 이를 八關齋라고 한다"[27)] · "그 10월 東盟의 모임은 지금은 그 달 보름날 素饌을 차려놓고 그것을 八關齋라고 한다"[28)]라고 하였다. 여기서 고려의 팔관재는 고구려 동맹제 때

24) 『北史』 권94, 東夷傳, 高麗 條.
25) 『高麗史』 권63, 志17, 雜祀.
『高麗史』에서 東明聖帝祠가 雜祀에 속해 있고, 류화 부인 사당은 수록되어 있지 않다. 이로 볼 때 묘청의 난 이후 고구려 계승주의가 단절된 후 이들 사당의 格도 자연히 떨어진 것으로 생각된다. 그러나 주몽 사당을 가리키는 '東明聖帝祠' 의 '聖帝' 라는 호칭은 당초에는 고려 최고의 사당으로 존재했음을 넉넉히 짐작시켜 준다.
26) 『宣和奉使高麗圖經』 권17, 祠宇 條.
27) 『宋史』 권487, 高麗傳.
28) 『宣和奉使高麗圖經』 권17, 祠宇 條.

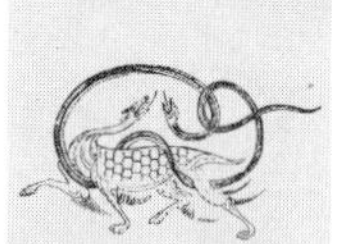



의 수혈 제의를 그대로 계승했음을 알 수 있다. 이러한 제사 체계는 쉽게 바뀌지 않으므로 국가의 정체성을 나타내 준다.[29] 일례로 부여가 농경 사회임에도 음력 12월인 殷正月에 迎鼓라는 제천 의식을 거행했다. 이는 북방에서 내려온 부여 건국 세력의 狩獵民的인 전통을 반영해 주는 동시에 제사 의례는 쉽게 바뀌지 않음을 웅변해준다.

---

29) 이와 관련해 다음과 같은 고려말의 李穡의 '浮碧樓' 라는 시를 단초로 해서 구체적으로 접근해 본다.

어제 영명사를 지나다 / 잠시 부벽루에 올랐네 / 성은 비었고 달만 한 조각 /
돌은 늙어도 구름은 천년 / 기린마는 가고는 돌아 오지 않으니 /
천손은 어디메서 노니시는고 / 길게 휘파람 불며 바람부는 돌난간에 기대니 /
산은 푸르고 강은 절로 흐르네 / (鄭珉 譯)
昨過永明寺 / 暫登浮碧樓 / 城空月一片 / 石老雲千秋 / 麟馬去不返 / 天孫何處遊 /
長嘯倚風磴 / 山靑江自流 /

아주 호방한 이 시에 보이는 기린마는 주몽왕이 천제를 알현하러 하늘에 올라갈 때 타고 다닌 말이라고 전한다. 영명사를 지나던 이색이 승경이 빼어난 부벽루에 올라 주몽왕을 회상하였다. 이와 관련된 영명사는 풍광이 자못 미려하기로 유명한 대동강변의 부벽루 · 을밀대 · 모란봉 밑에 자리잡은 古刹이다. 영명사 터에는 고구려시대의 와편과 돌계단에 석사자상이 확인되고 있으며, 그 이웃의 부벽루에도 고구려 때의 주춧돌이 남아 있다. 『신증동국여지승람』에 의하면 영명사는 본래 주몽왕의 九梯宮 터였으며, 주몽왕 때 의 우물터가 남아 있다고 한다. 고려 예종 때의 文臣인 郭輿의 시에 "부처의 절이 옛날 임금의 궁궐이었으니"라고 한 말은 이것을 가리키는 것 같다.

부벽루 밑에는 주몽왕이 麒麟馬를 길렀다는 麒麟窟이 남아 있으며, 그 남쪽에는 주몽왕이 기린마를 타고 하늘에 올라 갈 때 밟곤했다는 朝天石이 강가에 남아 있다고 전한다. 문헌들은 기린마의 발굽 자국이 지금도 조천석 위에 선연히 남아 있다고 덧붙인다. 이것을 두고 고려 명종 때의 문인 金克己는 "주몽이 말을 타고 하늘에 朝會하려고 / 고개 중턱 金塘에 옥기린을 길렀네 / 문득 채찍을 떨어 뜨리고 끝내는 아니 돌아오니 / 구제궁에서 누가 다시 하늘에 오를꼬"라고 읊었다.

이색 뿐 아니라 고려시대인들은 영명사와 부벽루 일대를 주몽왕과 관련지어 인식해 왔다. 고려 예종은 구제궁과 관련한 시까지 남겼는데, 고구려 계승의식과 결코 무관하지는 않았던 것 같다. 구제궁터는 그러한 고구려를 상기시키는 상징적인 장소였음을 알려준다. 고려 숙종은 재위 7년 8월에 친히 興福寺에 행차하여 분향한 후 구제궁에 거둥하였다. 그리고는 영명사 · 부벽루 · 구제궁에 관한 시를 각각 한 首씩 留題하였으며, 儒臣들에게도 시를 지어 올리게 하였다. 아울러 숙종은 梯淵의 언덕에서 국왕의 경호병인 禁軍 가운데 수영 잘하는 이 5명을 뽑

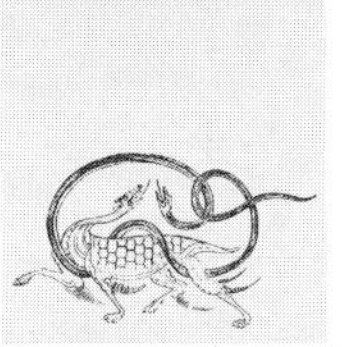

集安의 국동대혈

아 옛 사다리[梯] 터를 찾게 하였다. 이들이 물 속으로 자맥질하고 들어 갔다 나오고는 "땅에서 10척 떨어진 곳에 옛 사다리터의 돌이 있다" 고 보고 하였다.

그러므로 주몽왕과 지금의 영명사 일대는 관념의 차원을 넘어선 어떤 구체적인 관련을 맺고 있었음을 생각하게 한다. 그러나 자연 의문이 제기되지 않을 수 없다. 주몽왕은 지금의 만주 桓仁 지역에 도읍하였던 만큼 그의 궁성이 평양에 존재할 리는 없기 때문이다. 지금의 평양이 고구려의 영토가 된 것은 적어도 낙랑군이 붕괴된 313년 이후의 일이었다. 그럼에도 불구하고 주몽왕과 관계된 史蹟이 평양에 전하는 데는 필시 꼬투리로 삼은 게 있었을 것이다. 이에 대한 의문은 주몽왕이 천제를 알현할 때 타고 다니던 기린마를 길렀다는 기린굴에 대한 해석을 한다면 풀리게 될 지도 모른다. 기린굴은 아마도 東盟祭 때 거국적으로 제례를 지내던 大穴이 아니었을까?

3세기 후반에 쓰여진 중국의 역사책인 『삼국지』에 의하면 "서울[國]의 동쪽에 큰 굴이 있는데 그것을 隧穴이라고 부른다. 10월에 온 나라에서 크게 모여 隧神을 맞이하여 서울의 동쪽 (강물) 위에 모시고 가 제사를 지내는데, 나무로 만든 수신을 神座에 모신다" 고 하였으므로, 대혈은 압록강변 근처에 소재해야만 한다. 그 대혈은 만주 집안시 상양어두에서 발견되었는데 현지에서는 '국동대혈' 이라고 일컫고 있다. 서울 동쪽에 있는 큰 동굴이라는 뜻이다.

고구려에서는 매년 10월의 동맹제 때 도성 동쪽의 대혈 속에 안치된 나무로 된 수혈신을 맞아다가 이를 도성에 연한 하천 동쪽의 높은 지대 위의 神坐에 올려놓고 국왕이 직접 제사하였다고 한다. 이러한 大穴祭禮는 그 비중에 비추어 볼 때 평양성 천도 이후에도 계속되었는데,

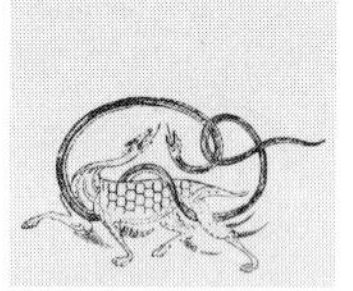



한편 고구려에서는 사냥터에서 잡은 짐승으로 하늘과 산천의 신에게 제사를 올렸다.[30] 조선시대에도 사냥터에서 잡은 짐승을 종묘에 바쳤다. 다음의 기사가 그것을 말해 준다.

> 丙戌日에 上이 아차산에 幸行하여 사냥하는데 … 假注書 張洽으로 하여금 사냥한 노루 세 마리를 먼저 宗廟에 바치도록 하였다.[31]

여기서 그 시조를 '日月之子' 혹은 '皇天之子'라고 인식했던 고구려에서의 天神 제사와 朝鮮의 宗廟 제사는 본질적으로 그 속성이 동일하다고 볼 수 있다. 그리고 고려에서는 고구려 문화의 지속성이 확인된다. 가령 쌍영총이나 무용총을 비롯하여 안악1호분 등과 같은 고구려 고분벽화에서 남자임이 분명한 무덤의 주인공을 태운 수레를 소[牛]가 끄는 장면을 접하게 된다. 이것은 비록 왕의 수레가 아닐 수 있지만, 그러나 고려에서 "왕이 거동할 적에 멍에를 맨 소의 수레를 타고, 험한 산을 넘을 적에는 말을 탔다"[32]라는 사실과 잘 연결되고 있다. 고구려와 고려의 왕은 행차시 모두 소가 끄는 수레를 탔던 것이다. 신라에

---

이 때의 새로운 대혈은 기린굴로 보인다. 이 속에 봉안된 수혈신을 맞아다가 대동강 연안의 높은 지대인 모란봉 근처의 신좌에 올려 놓고 국왕이 제사를 집전하였을 것으로 상상된다. 수혈신을 신좌에 봉안하는 祠堂이 기린굴 위에 있던 구제궁이라고 하겠다.

고려시대에 와서도 이곳에 주몽왕 전설이 남게 된 이유는 대혈제례가 성대한 八關齋로 발전하였기 때문이다. 팔관재 혹은 팔관회는 10월 보름 西京인 지금의 평양 기린굴에서 수신을 맞아 제사지내는 의식이었다. 태조 왕건이 후대 왕들에게 정치 지침으로 남긴 「訓要十條」에도 나와 있을 정도로 중시되었다. 그러한 팔관재도 끊겨진 적막한 기린굴과 구제궁터에 들어선 영명사, 이색은 '부벽루'라는 시를 통해 고구려의 영광을 계승한 의식이요 떠들석했다는 옛날의 팔관재를 회상하며 작금의 현실을 안타까워했던 것 같다(李道學, 「平壤 九梯宮의 성격과 認識」 『國學硏究』 3, 1990, pp.229~234).

30) 『三國史記』 권45, 溫達傳.

31) 『中宗實錄』 권16, 7년 9월 丙戌 條. "丙戌 上幸行峨嵯山打圍 … 令假注書 張洽將所獲獐三口先薦于宗廟"

32) 『宋史』 권487, 高麗傳.

서도 "소는 수레를 끌리고, 말은 탄다"33)고 하였으므로, 고구려와 동일하였다. 그러므로 "소가 끄는 수레는 여자가 타고, 말이 끄는 수레는 남자가 탔다"는 견해는 타당성이 없다. 안악 3호분 벽화만 보더라도 남자 주인공이 소가 끄는 수레를 타고 있기 때문이다. 요컨대 시간과 공간을 넘어 고구려와 신라 그리고 고려의 경우, 동질적인 行次 문화가 존속했음을 알 게 된다.

## III. 고구려 문화의 전파

### 1. 언어와 문자

『삼국지』 동이전의 다음과 같은 기사는 부여와 고구려 그리고 동옥저와 동예가 동일 문화권으로 밝혀지고 있다.

> 東夷의 옛말에 夫餘 別種이라고 하는데, 언어나 諸事에는 부여와 같은 점이 많다.34)(고구려 조)
> 그 언어는 고구려와 大同하지만 경우에 따라 약간 다르기도 하다.… 음식 · 주거 · 의복 · 예절은 고구려와 닮았다.35)(동옥저 조)
> 언어와 法俗은 대체로 고구려와 같지만 의복은 다르다.36)(예 조)

즉 고구려와 옥저 그리고 동예는 동일한 언어와 풍속을 지닌 문화 공동체였다. 이는 족원의 동일성과 결코 분리하기 어려울뿐 아니라 그 문화의 정점에는 부여가 자리잡고 있었다. 그러한 부여의 세력 분파에 따라 그 언어와 풍속이 파

33) 『梁書』 권54, 東夷傳, 新羅 條.
34) 『三國志』 권30, 東夷傳, 高句麗 條. "東夷舊語以爲夫餘別種 言語諸事 多與夫餘同"
35) 『三國志』 권30, 東夷傳, 東沃沮 條. "其言語與句麗同 時時小異 … 食飮·居處·衣服·禮節 有似句麗"
36) 『三國志』 권30, 東夷傳, 濊 條. "言語法俗大抵與句麗同 衣服有異"

급되어 나간 결과 고구려 · 옥저 · 동예뿐 아니라 '扶餘之別種' 으로 기록된 백제[37]에도 깊은 영향을 미쳤다. 중국 사서에서 백제를 가리켜 "지금 언어와 복장은 대략 高驪와 같다"[38]라고 하였다. 백제와 고구려는 언어와 의복이 동일하다고 했다. 그러한 고구려는 부여와 언어 · 법속이 연결되고 있다. 따라서 백제와 고구려는 夫餘를 軸으로 한 동일 문화권이었음을 알려준다. 백제를 '扶餘之別種' 이라고 하였음은 그 건국 세력과 부여는 물론이고 고구려와의 종족적인 연관성을 암시해 준다. 실제 백제와 부여는 언어적으로도 연결되고 있다. 일례로 백제에서 왕을 가리키는 호칭인 '於羅瑕' 가 부여에서 '왕' 을 가리키는 보통명사이기 때문이다.[39] 그리고 백제에서는 왕을 於羅瑕 외에 '鞬吉支' 라고도 불렀다.[40] 『일본서기』에서는 백제왕을 '고니키시' 혹은 '코키시' 라고 불렀다. 고니키시와 코키시는 곧 건길지를 가리킨다. 고구려에서는 왕을 코키시 외에 '오리코게' 라고도 일컬었다. 오리코게는 백제에서 왕을 일컫는 '어라하' 와 음에 있어서 약간의 유사점이 나타나고 있다.[41] 그 밖에 『삼국사기』 지리지 등을 토대로 한 지명 연구를 통해 고구려어와 백제어 그리고 신라어에는 근본적인 차이가 없는 것으로 드러났다.[42] 그런데 史書에 보면 이러한 삼국과 숙신 → 읍루 → 물길 → 말갈로 이어지는 족속과의 문화적 친연성은 언급된 바 없다. 오히려 물길의 경우 "言語가 홀로 다르다"[43]고 했을 정도로 부여 → 고구려계와는 언어 차이는 물론이고 문화적인 이질성이 현저했음을 알 수 있다.

문자의 경우는 고구려를 비롯한 삼국은 漢字를 공유하고 있었다. 중국과는 다른, 문자 체계에서의 동질적인 면면을 보이고 있다. 가령 "漢城下後卩(평양성

37) 『舊唐書』 권199, 東夷傳, 百濟 條.
38) 『梁書』 권54, 東夷傳, 百濟國 條. "今言語服章略與高驪同"
39) 李道學, 『백제고대국가연구』 1995, pp.53~54.
40) 『周書』 권49, 東夷傳, 百濟 條.
41) 上田正昭, 『文字』 1975, p.108.
42) 金芳漢, 『韓國語의 系統』 1983, pp.95~123.
43) 『魏書』 권100, 勿吉國傳.

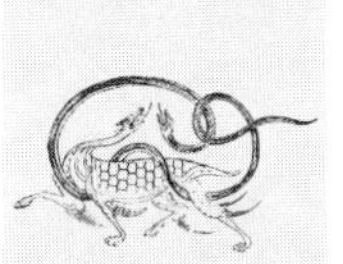



석각)" 와 "後卩都(아차산 제4보루 토기)" 에 보이는 部를 나타내는 省略 文字인 '卩' 가 백제 금석문에도 나타나고 있다. 가령 '上卩' · '前卩' 銘 표석을 비롯하여 印刻瓦와 목간 등에서 흔히 확인되고 있다.[44] 이러한 생략 문자는 이미 알려져 있듯이 한자의 생략형인 고려와 조선시대의 吐로서 기능하였다. 그리고 吏讀가 삼국시대에 행해졌음을 알려준다.

한편 "丙戌十二月中 漢城下後卩 小兄文達節 自此西北行涉之(평양성석각)" 에 보이는 '之' 는 종결 어미로서 한문의 '也' 와 동일하게 사용되었다.[45] 이러한 용례는 「단양신라적성비문」을 비롯한 신라 금석문에서 자주 확인되고 있다. 그리고 「평양성석각문」과 「중원고구려비문」에 보이는 '節' 은 신라 「남산신성비문」을 비롯해서 삼국만의 독특한 漢字 체계를 말해준다. 특히 「평양성석각문」에 보이는 '作節' 은 「남산신성비문」에서도 그대로 나타난다. 그 밖에 고구려에서는 중국 한자에도 없는 여러 가지 이두식 한자를 만들어 사용하였다. '㫗(마을 · 창고)' · '迲(국경 초소가 있는 변방)' · '椺(사다리)' 등이 고구려에서 만든 한자인 것이다.[46] 「창녕신라진흥왕척경비문」에서 확인되듯이 신라에서는 '畓' 처럼 중국 한자에 없는 독자적인 한자를 역시 만들었다.[47] 요컨대 이미 지적된 바 있듯이 이두와 새로운 한자의 제작은 고구려에서 시작하여 백제와 신라에도 영향을 미친 것이다. 이는 우리 나라 언어 발전에 중요한 의의를 지니게 된다.

44) 국립 부여박물관, 『백제의 문자』 2002, p.20. p.86. pp.75~80.

45) 上田正昭, 앞책, p.110.

46) 과학백과사전 종합출판사, 『조선전사』3, 1979, pp.310~311.

47) 이와 관련해 다음과 같은 『旬五志』의 글귀가 참고된다. "물밭을 논[畓]이라 하고, 쌀곡식이 한 섬이 되지 않는 것을 마자리[迯]라고 하고, 나무가 한 단이 되지 못하는 것을 개비[㳆]이라고 한다. 이런 등등의 문자는 중국에도 없는 것인데, 우리나라 관부 문서에서는 쓰고 있으니 이런 것들을 누가 창작해 냈는지 알 수 없다. 탈(頉)이라는 頉字도 어느 사전에도 없는 것인데 우리나라에서는 공사간 문자에 통용으로 되어 있고, 또 章奏의 문자에도 많이 쓰고 있으며 심지어 문인에 이르기까지 모두 쓰고 있으니 알 수 없는 일이다."

## 2. 정치 제도

주지하듯이 부여는 물론이고 여기서 분파된 고구려와 백제는 모두 5部聯盟體였다. 도성을 고구려와 백제는 5部로, 지방 역시 5部(5方)로 각각 구획하였다. 신라의 경우도 5小京制를 통해 볼 때 지방 통치와 관련한 '五'라는 數字와 결코 무관하지 않은 것 같다. 이 점 부여를 정점으로 한 삼국만의 특색이라고 볼 수 있다. 이와 더불어 신라 왕호인 麻立干 칭호는 고구려의 莫離支에서 借用했으리라는[48] 견해는 그 타당성 여부를 떠나 고구려가 신라에 끼친 영향력의 일단을 躍如하게 표출해 줄 수 있다.

한편 신라의 독특한 신분제로만 여겨졌던 게 골품제였다. 그런데 「흑치상지묘지명」을 통해 백제에서도 그와 유사한 제도가 존재했음을 알 수 있다. 그 묘지명에 의하면 "그 선조는 부여씨에서 나와 흑치에 봉해졌으므로 자손이 인하여 氏로 삼았다"라고 하였다. 여기서 흑치상지는 본래 백제 왕족이었음을 알게 된다. 그런데 그 집안은 曾祖父부터 흑치상지에 이르기까지 4대에 걸쳐 역임한 최고 관등이 達率에 국한되고 있다. 바로 이 사실은 백제 또한 신라의 頭品制처럼 昇級의 한계가 규정된 신분 체계가 확립되었음을 생각하게 한다.[49] 즉 흑치상지 가문이 왕족임에도 불구하고 4대에 걸쳐 제2관등인 達率에 그쳤음은, 마치 신라의 族降과 비교되는 사안이다. 「성주사낭혜화상비문」에 의하면 朗慧는 무열왕의 8世孫으로서 祖父 때까지는 진골 신분이었으나 父인 範淸 때에 "族降眞骨一等曰得難"이라고 하여 육두품으로 강등되었다. 그 신분 변동의 동기는 친족 집단의 증가로 인하여 낭혜의 父인 범청이 왕실 직계 집단에서 소외된 데 있다고 한다.[50] 이러한 점에 비추어 볼 때 백제의 경우도, 부여씨 왕실 집단의 증가로 인해 그 분파가 이루어진 것으로 간주된다. 흑치상지는 弱冠이 안되어

---

48) 末松保和, 『新羅史の諸問題』 1954, p.161.
49) 李道學, 「百濟 集權國家形成過程 硏究」 한양대학교 사학과 박사학위논문, 1991, p.145.
50) 金哲埈, 『韓國古代社會硏究』 1975, p.249. p.282.

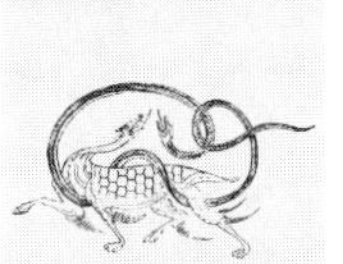



地籍으로서 달솔을 제수받았다고 한다. 여기서 地籍은 '소속된 家門'이나 '身分'을 가리킨다.[51] 쉽게 말해 그는 門閥로서 달솔에 이르렀음을 알려준다. 그러니까 흑치상지는 본래 왕족 신분이었던 관계로 달솔까지 승진했음을 뜻한다. 이와 관련해 고구려 연개소문의 子인 泉男生이나 泉男産의 경우, 특히 前者의 20세 전 前歷이 9세에 先人, 15세에 中裏小兄, 18세에 中裏大兄이었던[52] 예가 상기된다. 그러나 4대에 걸쳐 흑치상지 가문이 16관등 가운데 제2관등인 달솔까지밖에 승급하지 못했다는 것은, 그 원인이 어디에 있든 간에 왕족 간의 신분적 구분이 확립되었음을 암시해 준다. 이 문제는 백제의 사회제도가 신라의 그것과 유사할 수 있다는 심증을 충분히 안겨주고 있다.[53] 그런데 신라 이전에 이미 고구려에서도 그러한 요소가 일찍부터 지적되었다.

즉 "『翰苑』에 보면 고구려의 14관등을 언급하면서 제1관등~제5관등까지는 기밀을 장악하고 정치에 관한 일을 모의하고 군대를 징발하고 관직을 뽑아서 제수한다고 되어 있다. 이 5관등 이상은 신라의 5관등인 대아찬 이상과 공통성을 이루고 있고, 구성원이 명백히 진골들인 신라의 화백회의와 마찬가지로, 이 사람들만 일정한 특권을 가지고 정치에 관한 모든 중요한 일을 맡았다"[54]고 했다. 이러한 맥락에서 고구려가 미친 정치적 영향력을 고려한다면 그러한 신분제도가 백제와 신라에도 영향을 미쳤다고 보는 게 온당한 해석일 것이다. 동일한 이름으로 삼국 모두에서 확인되고 있는 지방 장관인 '道使'의 경우가 그 단적인 사례가 될 수 있다. 이와 더불어 백제의 賦稅가 고구려와 동일한 게 많았다[55]는 기록도 참고된다.

51) 諸橋轍次, 『大漢和辭典』3, 1967, p.137.
52) 韓國古代社會硏究所, 『譯註 韓國古代金石文』I, 1992, p.83.
53) 이상의 서술은 李道學, 「百濟 黑齒常之 墓誌銘의 檢討」『鄕土文化』6, 1991, pp.14~15에 의하였다.
54) 李基白, 「삼국시대의 사회 구조와 신분제도」『한국고대사론』 1988, pp.169~170.
55) 『舊唐書』권199, 東夷傳, 百濟 條.

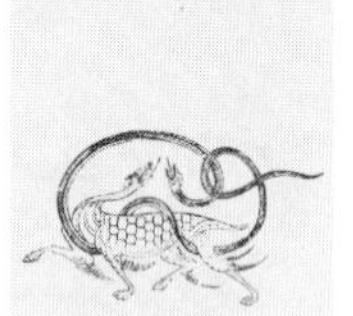



## 3. 冠帽와 衣服 그리고 頭髮

관모와 의복은 신분의 지표인 동시에 타 공동체와 구분 짓는 역할을 하였다. 「중원고구려비문」에 보면 고구려가 신라왕과 그 신료들에게 의복을 하사하고 있다. 이는 널리 알려져 있듯이 복속 의례와도 관련 있는 일종의 정치적 성격을 지닌 것이다. 신라 진덕여왕이 복속 의례로서 독자 연호를 폐기하고 당의 연호와 관복을 수용한 것처럼[56] 의복 자체의 성격은 그 국가와 종족의 정체성을 반영하고 있다. 이러한 맥락에서 고구려를 비롯한 삼국의 관모와 의복의 현상을 파악해 볼 필요가 있을 것 같다.

부여에서는 "金銀으로써 관모를 장식하였다"[57]고 했다. 고구려에서도 "귀인은 冠에 紫色 비단을 사용하고 金銀으로써 장식한다"[58]라고 하여 귀인의 관모에 金銀으로 장식했다고 한다. 唐의 저명한 시인 李白이 지은 고구려 춤을 소재로 한 詩句 가운데 '金花折風帽'[59]라고하여 折風 관모에 장착한 金花의 존재를 언급하고 있다. 백제왕은 "烏羅冠에 金銀으로 장식한다"[60]고 했다. 백제 무녕왕릉과 충청남도 부여·논산과 남원·나주 등지의 백제 고분에서 각각 출토된 金銀製 冠飾이 그것을 확인시켜주고 있다.[61] 이렇듯 부여에서 비롯하여 고구려·백제 모두 지배층 신분의 관모는 金銀으로 장식했다. 이와 관련해 고려 현종이 귀주대첩에서 승리하고 개선한 姜邯讚 장군의 머리에 金花 8가지를 꽂아 준 사실이 상기된다.[62] 여기서 머리 곧 관모에 金花를 꽂아 준 것은 고구려를 비롯한 삼국시대 이래의 전통이었음을 다시금 확인시켜 준다. 한편 고구려인들은 모자에 鳥羽를 꽂는다고 했다.[63] 백제에서도 "그 冠의 양 곁에는 꼬리

56) 『三國史記』 권5, 진덕왕 3년 조.
57) 『三國志』 권30, 東夷傳, 夫餘 條.
58) 『隋書』 권81, 高麗 條.
59) 「高句麗」 『李白集校注』 권6.
60) 『舊唐書』 권199, 東夷傳, 百濟 條.
61) 국립 부여박물관, 『백제』 1999, p.68.
62) 『高麗史』 권94, 姜邯讚傳.

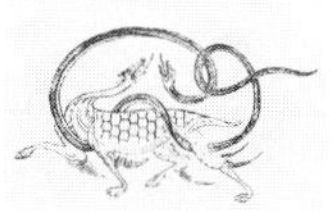



긴 깃털을 꽂는다"[64]라고하여 고구려처럼 관모 양 곁에 새깃을 꽂는 풍속이 존재했었다. 신라에서도 깃털을 관모의 양 곁에 꽂았다고 한다.[65] 의성 탑리 고분 · 천마총 · 나주 반남면 신촌리 9호분 등등에서 출토된 관모는 고구려의 영향과 그 연관성이 강조되고 있다. 그러한 고구려 관모는 중국과는 근본적으로 다르다고 한다.[66]

의복에 있어서 "그(백제) 의복은 남자는 대략 고려와 동일하다"[67] · "그(백제) 의복은 고려와 더불어 대략 동일하다"[68]라고 하였다. 그러므로 服制上 고구려와 백제간의 동질성을 찾을 수 있다. 신라의 경우도 "의복은 대략 고려 · 백제와 더불어 같다"[69]라고 했으므로 삼국은 의복 체계가 거의 동일했던 것 같다. 그러한 신라에서 "色服은 흰색을 숭상했다"[70]고 하였다. 신라 박혁거세와 김알지의 출생과 관련한 동물이 각각 '白馬'와 '白鷄'인 데서도 그러한 정서가 엿보여진다. 이는 부여와의 관련성을 생각하게 한다. 부여에서는 "나라 안에 있을 때는 옷은 흰색을 숭상했는데, 白布大袂 · 袍 · 袴가 있다"[71]고 했듯이 백색을 숭상했기 때문이다. 한국 민족을 '백의민족'으로 일컬은 것은 적어도 부여 이래의 전통이었음을 알 수 있다. 고구려 고분벽화에서도 白袍와 袴를 입은 이들이 눈에 많이 띈다고 한다.[72]

한편 고구려 고분벽화에 보이는 騎馬人의 上衣는 다양한 여밈새를 하고 있다. 바지는 上衣의 통수에 어울리는 그리 좁지 않은 통으로 했고, 바지 부리를

63) 『隋書』권81, 東夷傳, 高麗 條.
64) 『周書』권49, 東夷傳, 百濟 條.
65) 리광희, 「고구려의 금속제 관모와 관모 장식에 대한 간단한 고찰」『조선고고연구』127, 2003, p.21.
66) 리광희, 앞논문, pp.21~25.
67) 『周書』권49, 東夷傳, 百濟 條.
68) 『隋書』권81, 東夷傳, 百濟 條.
69) 『隋書』권81, 東夷傳, 新羅國 條.
70) 『隋書』권81, 東夷傳, 新羅國 條.
71) 『三國志』권30, 東夷傳, 夫餘 條.
72) 耿鐵華, 『中國 高句麗史』2002, p.47.

좁혀 깔끔하게 처리했다. 이러한 복식은 기마인 외에 고구려 일반인들도 모두 입고 있는 것으로, 전국시대에 북방 민족이 입은 통이 좁은 고습이나 三國 · 兩晋 · 南北朝時代의 袴褶과는 완전히 다른 모양이다. 또한 고구려에서는 북방 민족처럼 모든 계층이 동일한 성격의 의복을 일률적으로 입은 것이 아니다. 성별과 신분 및 직업에 따라 차이를 보인다고 한다. 구체적으로 살펴 보면 다음과 같다. 각저총 벽화에서는 주인공과 시녀들의 袍와 襦는 모두 左衽直領으로 나타나고 있다. 이는 쌍영총 벽화에서 여자 주인공과 시중군이 함께 右衽直領의 옷을 입은 것과 마찬 가지로 衽形이 사회적 지위와는 관련이 없음을 알려준다. 약수리 고분벽화에서는 기마인과 수렵인들을 대상으로 살펴 볼 때 동일한 의복에서 좌임과 우임이 자연스럽게 혼용되었다. 이들 복장에서는 북방 호복 계통의 窄袖와 細袴는 물론이고 삼국 · 양진 · 남북조시대 袴褶의 모양도 역시 보이지 않는다. 따라서 고구려 기마인과 수렵인의 복식 역시 북방계 호복 형태에 속한다고는 볼 수 없다. 그리고 장천 1호 고분벽화를 볼 때 고구려인들이 帶를 묶는 방향과 매듭의 모양이 신분에 관계없이 자유스러웠지만, 帶의 넓이는 신분에 따라 달랐다. 또 고구려 복식에서는 袍나 襦에 帶를 매기도 하고, 매지 않기도 했다. 이는 북방 계통의 호복에서 거의 일률적으로 帶를 착용한 것과는 차이가 난다. 衽形에서는 좌임과 우임을 자유롭게 혼용하고 있어, 임형은 신분과는 관계가 없음을 말해주고 있다. 그 밖에 삼실총 벽화에서는 주인공 부부의 衽나 袍의 소매 모양과 바지통이 모두 廣袖와 寬袴였다. 시중군들의 경우도 소매는 약간 좁으나 바지의 폭은 역시 寬袴로 북방 계통의 細袴나 窄袖가 아님이 확인되었다. 또 삼국에서 모두 大口袴가 확인되고 있으며, 금동 신발 바닥에 釘을 달았는데, 이러한 신발은 중국이나 북방 지역에서는 보이지 않는다.[73)]

頭髮과 관련하여 고구려에서 부녀자들은 머리를 올렸고, 처녀들은 머리를 내렸다고 한다.[74)] 백제에서도 처녀는 머리를 땋아 뒤로 드리웠다가 시집을 가면

73) 박선희, 『한국 고대 복식-그 원형과 정체』 2002, pp.308~519.
74) 과학백과사전 종합출판사, 앞책, p.380.

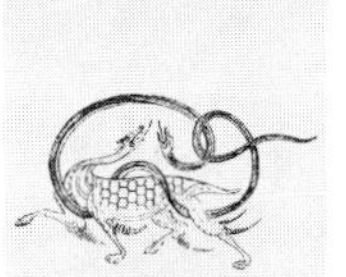



두 갈래로 나누어 머리 위로 틀어 올렸다.[75] 신라에서도 마찬 가지로 婦人은 "땋아 내려진 머리카락을 머리 위로 올린다"[76]고 하였다. 얼마 전까지만 해도 남아 있었던 우리 나라 여성들의 두발 풍습이 아닐 수 없다.[77]

## 4. 武器와 武具 체계

고구려의 武器와 武具의 성격을 잘 집약해 주는 게 화살촉이다. 고구려 화살촉은 用途에 따른 그 효용성의 극대화를 꾀하기 위해 종류와 형태가 다양하다. 이는 고구려 독자의 무기 체계가 확립 되었음을 시사해 준다.[78] 그러한 고구려의 무기 체계는 4세기 중엽까지는 중국의 그것과는 근본적으로 차이가 났다고 한다. 고구려의 무기체계는 북방적인 성격을 지니고 있으며, 고조선의 무기체계를 발전시켰던 것으로 지목되고 있다. 그러한 고구려의 무기 체계는 신라와 백제 그리고 가야로 전해졌다고 한다.[79] 즉 백제 지역에서 短弓의 사용과 長槍인 矟이 출현하고 있다. 일례로 천안 용원리 유적에서 고구려계 錫盤附鐵矟을 통해 고구려 무기의 백제 지역 전파가 확인된다.[80] 삼한 영역인 한반도 남부 지역에서는 長弓을 사용하였으나 삼국시대에는 고구려의 영향을 받아 短弓을 제작・사용하였다.[81] 이러한 사실은 역시 고구려의 정치적 영향력의 확대에 따른 문화적 영향으로 간주할 수 있다. 甲冑를 비롯해서 목이 긴 화살촉, 3엽문 환

---

75) 『隋書』권81, 東夷傳, 百濟 條.

76) 『隋書』권81, 東夷傳, 新羅國 條.

77) 부여 陵山里寺址 9차 발굴조사 결과 제2건물지 초석 부근에서 출토된 鉸具는 백제 지역에서 지금까지 출토된 여느 교구와는 다른 양식이다. 이와 유사한 것으로는 집안의 태왕릉 부근에서 출토되었다는 2개의 교구가 있다. 그러나 이 보다는 집안 長川 2호분에서 출토된 2개의 교구와 동일하다. 이는 부여 지역에서 출토된 고구려계 와당과 더불어 고구려 문화의 영향을 암시해 주는 자료가 된다.

78) 耿鐵華, 앞책, p.200 참조.

79) 金性泰, 「高句麗 兵器에 대한 硏究」『高句麗硏究』12, 2001, pp.801~832.

80) 金性泰, 앞논문, p.829.

81) 부산 복천박물관, 『古代 戰士』 1999, p.12.

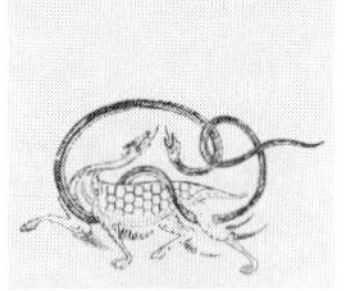



두대도, 마구와 말갑옷 등이 그러한 實例가 된다.[82)]

敵으로부터 신체를 보호하기 위한 목적의 武具 가운데는 갑옷과 투구인 甲冑가 포함된다. 고구려의 갑주는 중국과 북방 지역의 영향을 받기는 하였다. 그러나 頸甲의 경우는 이들 지역과는 무관한 고구려만의 특징으로 파악되고 있다.[83)] 札甲의 경우 삼국 중 고구려에서 가장 먼저 사용되어 신라 · 가야 · 백제 등지로 전파되었다. 고구려 지역에서 札甲은 4세기 전반 경에 조영된 분묘에서 확인된 바 있다.[84)] 그리고 고구려의 縱長板冑는 가야에도 지대한 영향을 미쳤다.[85)] 일례로 요녕성 撫順의 高爾山城에서 출토된 고구려 투구와 동일한 양식이 김해 예안리 150호분에서 출토된 바 있다.[86)] 요컨대 고구려의 武器와 武具는 백제 · 신라 · 가야에 영향을 미쳤다는 사실이 밝혀졌다.

## 5. 婚姻과 喪禮

혼인 풍습과 관련하여 고구려에서는 남편이 일단 데릴사위 생활을 하지만 아들을 낳아서 성장하게 되면, 남편은 아내를 데리고 자기 집으로 돌아 온다.[87)] 신랑이 신부 집에 결혼 후 상당 기간 머무는 풍습은 고려와 조선시대까지도 행해졌다.[88)] 가령 "우리 나라의 풍속에 남자가 여자의 집에 장가든 일이 있었으니, 異姓의 친함과 恩義의 분별이 同姓과 별다름이 없습니다"[89)]라는 기록이나 "親迎의 禮를 廢하고 男歸女家의 법을 행하니 부인이 무지하여 그 부모의 사랑을 믿고 남편을 업신여기고 교만하고 질투하는 마음이 날로 커져서 마침내는

82) 리광희, 앞논문, p.25.
83) 국립 김해박물관, 『특별전 한국 고대의 갑옷과 투구』 2002, p.10.
84) 국립 김해박물관, 앞책, p.36.
85) 宋桂鉉, 「韓國 古代의 甲冑」 『특별전 한국 고대의 갑옷과 투구』 2002, p.67.
86) 박선희, 앞책, p.660.
87) 『三國志』 권30, 東夷傳, 高句麗 條.
88) 한국고문서학회, 『조선시대 생활사』 1996, pp.40~41.
89) 『成宗實錄』 권10, 成宗 2년 5월 임진 조.

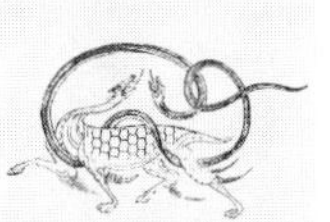

부여 능산리 1호분 벽화 (모사도)

남편과 반목하는 지경에 이르렀다"[90]라는 기사가 그것이다. 이러한 혼인 풍습이 폐지된 후에도 첫아이를 처가에서 낳는 풍습은 근자까지도 유지되었다. 그 밖에 고구려의 婚禮 풍속은 제주도에도 남아 있었던 것 같다.[91]

고구려 고유의 묘제인 적석총은 백제에서도 조영되었다. 그리고 주지하듯이 진파리 고분 등과 같은 고구려 고분벽화에 보이는 四神圖와 蓮花文은 능산리 1호분과 같은 백제 벽화묘에도 영향을 미쳤다.[92] 그리고 喪을 당하게 되면 남녀 모두 순백색 옷을 입거나 여름에 장례를 치를 때 시신의 부패를 막기 위해 얼음을 사용한[93] 부여 이래의 전통은 후대까지도 이어져 왔다. 즉 "비로소 所司에

90) 『三峰集』 권13, 「朝鮮經國典」 禮典, 婚姻 條.
91) 李道學, 「漢城 陷落 以後 高句麗와 百濟의 關係」 『전통문화논총』3, 2005, pp.125~126.
92) 과학백과사전 종합출판사, 『조선전사』3, 1979, p.343.
93) 『三國志』 권30, 東夷傳, 夫餘 條.

게 명하여 얼음을 저장하게 했다"[94]라고 하였듯이 신라의 藏氷庫를 이와 같은 맥락에서 거론할 수 있다. 실제로 신라에서는 "여름에 음식물을 얼음 위에 둔다"[95]고 하였다. 부여의 喪禮에서 사용이 확인된 얼음 저장 시설과 그러한 전통은 현재 일부 남아 있는 조선시대의 석빙고로 이어져 왔다.

한편 고구려에서는 "부모 및 지아비의 喪에는 모두 3년간 服을 입는다"라고 하였다. 백제에서는 "喪制는 高麗와 같다"고 하였으므로 고구려와 동일하게 3년喪을 치렀다. 신라에서는 "왕 및 부모와 지아비의 喪에는 1년 동안 服을 입는다"라고 하였듯이 1年喪이었다.[96] 비록 신라에 병합되었음에도 불구하고 고구려와 백제의 3년상 전통은 조선시대까지 내려 왔으니 의미심장하다고 아니할 수 없다.

안동시 북후면의 적석 유구. 고구려 적석총 문화의 영향으로 볼 수 있다.

94) 『三國史記』 권4, 지증왕 6년 조.
95) 『新唐書』 권220, 東夷傳, 新羅 條.
96) 『隋書』 권81, 東夷傳, 高麗 · 百濟 · 新羅國 條.

# Ⅳ. 맺음말

고구려를 비롯한 삼국의 국호는 單字가 아니라 2~3자의 複字였다. 그리고 삼국 王姓은 국호나 국호의 첫 글자에서 취했다는 공통점이 확인되었다. 이 것은 單字 국호를 사용한 중국의 역대 왕조는 물론이고 여진족이 세운 金이나 淸과의 근본적인 차이라고 할 수 있다. 그리고 부여의 건국설화는 고구려와 백제로 이어졌다. 신라 건국 세력의 계통은 고조선과 고구려 그리고 백제와 관련되어 나타나고 있다. 이것은 사실 여부를 떠나 그 같은 인식이 존재했음을 뜻한다. 그리고 이는 근본적으로 삼국 계통의 동질성과 문화의 유사성에 기인한 것이었다.

국가의 정체성과 관련 있는 제사 체계의 경우, 고구려의 시조 제사가 본질적으로 동일한 국호를 사용했던 고려에까지 계승되었다. 고구려의 동맹제가 고려의 팔관재로 이어진 것은 말할 나위 없다. 그 밖에 혼인을 비롯한 많은 제반 풍속과 정치체제가 고구려에 연원을 둔 사실이 확인되었다. 또 그러한 전통이 조선 후기까지 그 殘影을 남겼다는 것은 중요한 의미를 지녔다. 한편 언어와 문자 그리고 관모와 의복 게다가 甲冑를 비롯한 제반 문화 현상이 멀리는 부여에 淵源을 두었다. 또 이것은 가까이로는 고구려를 軸으로 해서 형성된 문화적 동질성의 산물이기도 했다. 일례로 고구려 古都였던 집안이나 평양 지역 절터에서 발견되고 있는 指頭의 押捺文을 竝列시키는 단순한 형식의 軒平瓦가 충청남도 부여 군수리 절터에서도 발견된다는 사실을 제시할 수 있다.[97)]

그 밖에 정치체제와 제도에서 부여와 고구려를 軸으로 하여 역시 백제와 신라 · 가야에 영향을 미친 사실이 확인되었다. 신라에 복속된 옛 고구려 지역 주민들이 고구려를 '부모의 나라'[98)]라고 한 것이나 신라인들이 고구려를 '大國'[99)]이라고 한 것도 그러한 맥락에서 이해할 수 있다. 그리고 '해동삼국'이라고

97) 齋藤忠, 『古代朝鮮文化と日本』 1981, p.53.
98) 『三國史記』 권45, 溫達傳.
99) 『三國史記』 권41, 金庾信傳.

당고종 스스로 말했듯이 중국과 구분되는 독자적인 문화 전통을 지닌 또다른 세계로 고구려·백제·신라는 인식되어졌다. 부여를 정점으로 하여 삼국으로 이어져온 문화의 많은 부분이 단절되지 않은채 후대까지 계승되었다. 한국 민족 문화의 정체성은 부여와 고구려를 軸으로 해서 확립된 것이었다.

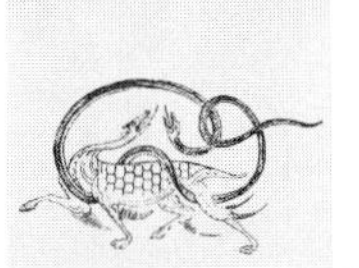



# 高句麗 初期 王系의 復元을 위한 檢討

## Ⅰ. 머리말

三國時代의 왕위계승은 兄弟相續에서 父子相續으로 移行되어 왔으며[1], 이러한 상속제의 변화는 곧 왕권의 강화 내지 발전과 짝하는 현상으로 간주하여 왔다.

우리 학계에서 거의 정설이 되다시피한 이 학설의 立論은 기실『三國史記』高句麗本紀에 보이는 고구려의 왕위계승을 백제와 신라까지 확대 해석한데 불과한 것이다. 즉『삼국사기』고구려본기의 3대 大武神王부터 10대 山上王까지의 3세대에 걸쳐 거듭된 형제상속을 三國의 초기 국가단계에서 모두 경험하는 현상으로 일반화시킨 것이다. 그러나『삼국사기』계보상 백제와 신라 모두 그 상속제의 변화를 인정할 만한 근거는 보이지 않고 있다.[2] 그렇기 때문에 오히려 삼국 왕실의 상속제가 변화되었으리라는 입론의 유일한 근거인 고구려 초기 왕계에 대한 검토의 필요성을 절감하게 되었다. 더욱이 기존 이 분야의 논고들은 고구려 왕위계승의 변화 현상을 백제·신라에도 동일하게 적용할 수 있는지에 관해 검증하지 않았을 뿐 아니라 정작 그 유일한 근거인 고구려 초기 왕계[3]

1) 李基白,「高句麗王妃族考」『震檀學報』20, 1959, p.97
李基白,『韓國史新論』1976, pp.52~53 및 p.57에서는 부자상속제가 확립된 시기를 고구려는 故國川王代(179~197), 백제는 近肖古王代(346~375), 신라는 訥祇麻立干代(417~458)로 각각 상정하였다.

2) 傍系 상속의 경우가 있기는 하지만 이 경우 정변이나 불가피한 사정, 가령 즉위 대상자의 '年幼' 등과 관련있을 뿐 상속제의 어떤 원리와 관련된 것은 아니다.

3) 본고의 왕계 검토 대상과 관련하여 '초기'의 대상은 山上王代까지로 설정하였다.

자체의 신빙성에 관해서도 검토를 소홀히 한 바 있다. 물론 일본인 학자들의 연구가 있었지만[4] 이들은 대체로 고구려 초기 왕계의 後世 造作 가능성에만 초점을 맞추었을 뿐 왕계의 올바른 구명에는 관심을 돌리지 않았다. 만약 『삼국사기』 고구려 초기 왕계에 문제점이 드러난다면, 그 상속제의 변화설은 의미를 잃는 동시에 그것에 근거한 삼국시대 왕권의 성장 과정에 대한 인식에도 상당한 수정이 불가피해질 것이다.

그러므로 본고에서는 궁극적으로 삼국시대 왕권의 성장 과정을 올바르게 인식하기 위한 작업의 일환으로 먼저 고구려 초기 왕계에 관한 검토를 시도해 보기로 하였다. 특히 이 문제 구명의 단서가 되는 太祖王과 그를 중심으로 한 몇몇 고구려 왕들의 계보 구명에 초점을 맞추었다. 그리고 이와 관련해 고구려의 독특한 葬地名式 諡號制의 성립 배경에 관해서도 고찰해 보았다.

## II. 王系 記錄上의 문제

고구려 초기 왕계에 대한 정리 작업은 그 건국개시 연대 및 왕실교체 시기 등의 문제를 포괄하는 복잡한 일면을 지니고 있다. 그러나 이 문제를 접어두더라도 史料 자체의 구명하기 난해한 모순된 기록들로 인해 본 작업은 많은 어려움에 직면하게 된다. 가령 『삼국사기』에 의하면 3대 大武神王은 琉璃王의 제 3子이며, 그 母는 多勿國王 松讓의 女인 松氏라고 하였다.[5] 그리고 대무신왕은 유리왕 즉위 33년에 太子가 되었는데 그 때 11세라고 하였다. 이 기록에 의하면 大武神王은 琉璃王 23년(A.D.4)에 출생한 것이 된다. 반면 같은 『삼국사기』에

---

4) 津田左右吉, 「三國史記 高句麗紀の批判」 『滿鮮地理歷史研究報告』9, 1922.
池內宏, 「高句麗王家の上世の世孫について」 『滿鮮史研究』上世篇, 1951.

5) 『三國史記』권14, 大武神王 즉위년 조. "諱無恤 琉璃王第三子 生而聰慧 壯而雄傑 有大略 琉璃王在立三十三年甲戌 立爲太子 時年十一歲 至是卽位 母松氏 多勿國王松讓女也"

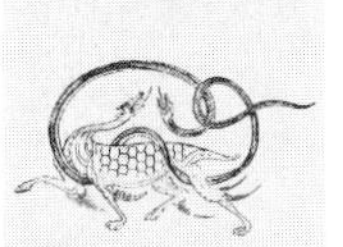



의하면 유리왕 2년에 결혼했던 多勿國王의 女인 松氏는[6] 그 3년 10월에 사망하고 있다.[7] 이 기록에 의하면 대무신왕은 송씨의 子가 될 수 없다. 왜냐하면 송씨의 사망은 대무신왕의 출생 20년 전이 되기 때문이다.[8] 한편 유리왕은 송씨 死後 곧 鶻川人 禾姬와 漢人 雉姬를 娶하여 繼妃로 삼은 바 있다. 그러므로 大武神王은 이 두 여인 가운데 한 사람, 아마도 鶻川人 禾姬의 子일 가능성이 높다. 그러나 현재로서는 관련 史料 자체의 신빙성을 확인할만한 근거가 없기 때문에 단정할 수는 없다. 이처럼 모순된 기록은 『삼국사기』 상에서 많은 사례를 제시할 수 있다.

『삼국사기』에 의하면 대무신왕 즉위 4년 4월에 부여왕 帶素의 弟가 고구려로 망명하여 曷思王에 封해졌다. 그리고 그 즉위 15년 4월에 好童은 樂浪王 崔理의 사위가 되고 同年 11월에 王后의 참언으로 자살하였다. 好童은 대무신왕과 曷思王 손녀 사이의 소생인데, 만약 대무신왕이 갈사왕을 封한 그 즉위 4년 4월에 갈사왕의 손녀를 娶하였다고 하더라도, 그 즉위 15년에 호동의 나이는 겨우 11세의 小兒일 뿐이다. 때문에 丹齋 신채호는 "이처럼 幼年한 好童이 어떻게 崔理의 딸과 혼인할 수 있으며, 또 그 妻와 함께 樂浪을 멸하는 계획을 세울 수 있고, 아울러 11세의 小兒가 어찌 嫡母로부터 强奸의 誣訴로 인해 父王의 혐의를 받아 자살할 수 있을까?"[9]라는 요지의 의문을 제기한 바 있다.

이렇듯 『삼국사기』 대무신왕기의 현저한 모순 기록은 고구려 초기 왕실 계보에 깊은 문제가 게재되었음을 뜻한다. 그밖에도 대무신왕과 그 바로 손위 兄인 解明과의 현격한 年差도 쉽게 납득이 가지 않는다. 유리왕 28년(9)에 解明이 자살할 때 연령이 21세였으므로[10] 그는 유리왕 8년(B.C. 12)에 출생한 것이 된다.

6) 『三國史記』 권13, 琉離明王 2년 조. "秋七月 納多勿侯松讓之女爲妃"
7) 『三國史記』 권13, 琉璃明王 3년 조. "冬十月 王妃松氏薨 王更娶二女以繼室 一曰禾姬 鶻川人之女也 一曰雉姬 漢人之女也"
8) 이같은 모순점은 鄭早苗, 「高句麗王系小考」 『朝鮮歷史論集』 上卷, 1979, p.112에서 지적된 바 있다.
9) 丹齋 申采浩先生記念事業會, 「朝鮮上古史」 『改訂版 丹齋 申采浩全集』 上卷, 1987, p.126.

반면 대무신왕은 A.D.4년에 출생하였으므로 解明과는 대략 15세의 年差를 보이는데, 이는 어딘지 부자연스러운 느낌을 주고 있다. 더욱이 『삼국사기』와는 달리 『三國遺事』에는 고구려 초기 왕계에 관한 異說이 제기되고 있기 때문에, 『삼국사기』 고구려 왕계를 선뜻 取信할 수만도 없게 한다. 가령 『삼국사기』에는 대무신왕 嫡子의 幼少를 구실로 대무신왕의 弟인 閔中王이 즉위하였다.[11] 이는 기록상 형제상속의 첫번째 사례가 된다. 그러나 이와는 달리 『삼국유사』 王曆에는 閔中王을 대무신왕의 子로 기록하였다.[12] 여기서 『삼국유사』 의 그것보다 『삼국사기』 기록을 取信해야 할 근거는 어디에도 없다. 왜냐하면 27년간 재위한 대무신왕의 그 사망년인 A.D.44년을 출생년인 A.D.4년과 결부지어 볼 때 年壽는 41세가 된다. 그러므로 대무신왕을 이어 즉위한 閔中王이 그 子일 가능성도 전혀 배제할 수 없기 때문이다.

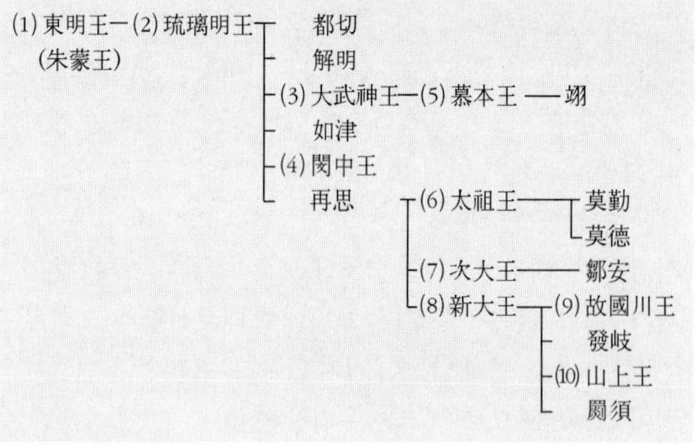

〈그림 1〉 고구려 초기 왕계 (『삼국사기』 고구려본기에 의함)

10) 『三國史記』 권13, 琉璃明王 28년 조.

11) 『三國史記』 권14, 閔中王 즉위년 조. “諱解色朱 大武神王之弟也 大武神王薨 太子幼少不克卽政於是 國人推戴以立之”

12) 『三國遺事』 권1, 王曆. “第四 閔中王名色朱 姓解氏 大虎之子 甲辰立 理四年”

왕계에 대한 異說은 慕本王의 경우에도 나타난다. 『삼국사기』에는 閔中王 死後 그 姪인 慕本王이 즉위한 것으로 적혀 있다.[13] 그러나 『삼국유사』에는 閔中王의 兄으로서 慕本王이 즉위했다고 하였다.[14] 前者와 같은 叔과 兄을 同格으로 생각하는 퉁구스족의 생활을[15] 적용한다면 형제상속으로 처리될 수도 있다. 後者에 의하면 상속제의 원리로서는 설명이 불가능한 변칙적인 즉위 과정이 되는 셈이다. 그런데 이같은 異說王系를 정리할만한 실마리는 잡히지 않고 있다. 다만 太祖王 이후의 王系에 관한 언급이 전혀 없는 『삼국유사』 고구려 王曆에서, 이례적으로 閔中王과 慕本王의 계보에 관한 기록을 남긴 점은 각별히 관심을 끌만한 것이다. 그런 만큼 왕계의 구명없이 상속제의 변화 과정만을 살피려는 시도는 방법론상 문제가 있다고 하겠다. 다시말해 기존 이 방면의 연구는 사료 자체에 대한 실증적 검토 없이 원리의 추출에만 급급하였던 셈이다.

## III. 王室交替 問題의 檢討

고구려 왕계상의 주된 관심의 대상은 그 비중으로 보아 太祖王이 된다. 그런데 태조왕의 系譜 구명에 앞서 검토되어야할 문제는 고구려의 왕실교체 시기이다. 『三國志』에 의하면 消(涓)奴部에서 桂婁部로의 왕실교체가 있었다고 한다.[16] 종래 그 교체 시기를 태조왕대로 간주하는 견해가 제기된 바 있었다.[17] 그러한 입론의 근거는 크게 2가지로 나뉘어진다. 즉 태조왕 이전 왕들의 姓氏

13) 『三國史記』 권14, 慕本王 즉위년 조. "諱解憂 一云解愛婁 大武神王元子 閔中王薨 繼而卽立"
14) 『三國遺事』 권1, 王曆. "第五 慕本王 閔中之兄 名愛留 一作憂 戊申立 理五年"
15) S.M. Shirokogoroff, "Social Organization of the Northern Tungus" 1933, pp. 171～175.
16) 『三國志』 권30, 東夷傳, 高句麗 條. "本有王族…本涓(消)奴部爲王 稍微弱 今桂婁部代之"
17) 池內宏, 앞논문, pp.379~380.
李德星, 「高句麗 五族 五部考」 『朝鮮古代社會研究』 1949, p57.
矢澤利彥, 「高句麗の五部について」 『埼玉大學紀要』 人文社會科學篇3, 1954, p147.
金哲埈, 「百濟社會와 그 文化」 『韓國古代社會研究』 1975, pp40~47.

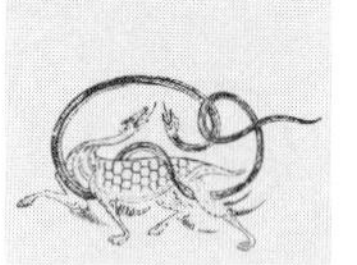



는 解氏인데 반해 태조왕부터는 高氏姓이 등장한다는 점과, 태조왕의 '太祖'라는 諡號가 創業主의 의미를 지닌다는 데 있다.

이같은 태조왕대 왕실교체설의 입장에서 본다면 태조왕계에 관한 『삼국사기』의 기록은 무의미할 뿐이다. 그러나 B.C.2세기 경의 압록강 중류 지역을 중심으로한 '高句驪'라는 국가체의 성립을 주목할 때 태조왕대의 계루부에 의한 왕실교체설은 근거가 박약하다고 판단된다. 왜냐하면 B.C.107년에 설치된 현도군의 首縣이 高句驪縣임은 곧 압록강유역에 현도군이 설치되기 이전에 이미 고구려가 존재했음을 뜻하기 때문이다. 더욱이 현도군은 B.C.75년에 夷貊의 공격을 받고 西北쪽으로 옮겨가고 있는데, 여기서 夷貊은 필시 고구려일 것으로 추정되기 때문이다. 그러므로 고구려의 건국은 B.C.107년 이전으로까지 거슬러 올라갈 수 있게 된다.[18] 그리고 고구려 멸망기에 나온 그 존속 900년설[19]과 관련지어 볼 때 주몽왕이 佛流國王인 松讓에게 勝利함으로써 이 나라를 合倂했다는 설화가 곧 왕실교체를 뜻할 수 있기 때문이다.[20] 실제 주몽왕 이후 어느 때 왕실교체가 단행되었다면 신라의 三姓交立 사실처럼 『삼국사기』에 기록이 있을만하다. 그러나 왕실교체에 관한 기록이 『삼국사기』에 보이지 않으므로 더욱 그같은 생각이 든다. 실제 「광개토왕릉비문」(이후 '능비문'으로 약칭한다)에도 그에 관한 언급이 있음직 하지만, 「능비문」에는 광개토왕의 祖先으로 주몽왕을 못박고 있을 뿐 태조왕에 관한 언급이 없다. 만약 태조왕이 계루부 왕실의 시조였다면 「능비문」에서 주몽왕보다 오히려 特記되었을 것이다. 왕실교체의 경험을 가진 신라의 경우 문무왕릉비를 위시한 금석문에는 국가의 시조라는 朴赫居世에 관한 언급은 없어도 金氏 王家의 직계 祖先인 星漢에 관한 언급은 있기 때문이다.[21] 그 밖에 태조왕의 '太祖'라는 시호는 당시까지 중국에서는 用例가 없으므로 창업주의 의미로 해석할 수도 없다고 한다. 뒤에서 언급하겠지

18) 李基白, 「高句麗의 國家形成問題」 『韓國古代의 國家와 社會』 1985, pp.80~81.
19) 『新唐書』 권220, 東夷傳, 高麗 條.
20) 李丙燾, 『韓國史』 古代篇, 1959, pp.226~227.

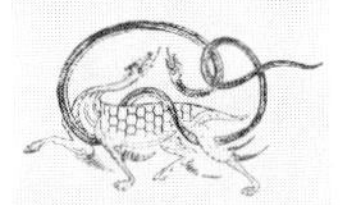



만 오히려 그 시호는 후대에 소급 · 추존되었을 가능성이 크다. 어쩌면 丹齋의 주장처럼 尊號일 가능성도 배제할 수 없을 것 같다. 그 밖에 姓氏의 변화에 근거한 태조왕대의 왕실교체설에도 문제가 제기된다. 왜냐하면 解氏 王姓이 태조왕 이후의 王名에도 보이기 때문이다. 가령 17대 小獸林王의 諱를 『삼국사기』에는 '小解朱留' 로, 『海東高僧傳』에는 '解味留王' 라고 하여 모두 解氏로 기록되어 있다. 이것을 통해 볼 때 고구려의 계루부 王姓은 解慕漱의 子인 朱蒙을 始祖로 하는 解氏였고, 후대 왕들 역시 그렇게 인식하여 왔음을 알려준다. 그러나 그 國家名의 첫字인 '高' 로 姓氏를 표방한 배경에 관해서는 잘 알 수 없다.[22)]

어떻든 지금까지의 논의를 통해 태조왕대의 왕실교체 가능성은 희박해졌다. 따라서 『삼국사기』의 기록을 토대로 태조왕의 계보를 검토해 보고자 한다.

## Ⅳ. 太祖王 系譜의 檢討

### 1. 太祖王과 次大王의 관계

『삼국사기』에 의하면 일명 國祖王이라고 하는 6대 太祖王은 94년의 장구한 在位年과 함께 119세의 장수를 누리고 있다.[23)] 이러한 태조왕은 재위시 부단하게 중국 변방을 침공하였던 관계로 중국측 문헌에 그 존재가 인상깊게 부각된 바 있다. 가령 『後漢書』의 "後句驪王宮 生而開目能視 國人懷之 及長勇壯 數犯

21) 「文武王陵碑文」 "十五代祖星漢王", 「興德王陵碑」 "太祖星漢…卄四代孫", 「眞澈大師寶月乘空塔碑」 "考其國史實星漢之苗", 「眞空大師普法塔碑」 "其先降自聖韓興於那勿" (허흥식, 『한국금석전문』 고대편, 1984, 참조).

22) 이것에 관하여 조선 후기의 私撰 史書인 『東史續錄』에서 "東史寶鑑曰 高朱蒙生於遼東句麗山下 故以其姓高字冠於山名上 以爲國號" 라고 언급하고 있어 참고로 기재해 둔다.

23) 『三國史記』 권15, 次大王 20년 조. "三月 大祖大王薨於別宮 年百十九歲"

邊境”[24]라는 기록이 그것이다. 그러므로 태조왕의 계보 및 年壽의 구명을 위해서는 중국측의 所傳도 예의 주목해 보아야만 할 것 같다.

『삼국사기』에는 慕本王 피살 후 즉위한 태조왕의 계보에 관해 다음과 같이 적고 있다.

> 大祖大王 [或云國祖王] 諱宮 小名於漱 琉璃王子古鄒加再思之子也 母太后 扶餘人也 慕本王薨 太子不肖 下足以主社稷 國人迎宮繼立 王生而開目能視 幼而岐嶷 以年七歲 太后垂簾聽政[25]

즉 태조왕의 父系를 琉璃王의 子인 古鄒加 再思에서 구하고 있으며 즉위시 7세 幼兒였던 관계로 母后가 攝政한 것으로 적고 있다. 그러나 태조왕의 이례적인 장구한 年壽 및 재위 기간 등에 관해 종래 의문이 제기된 바 있다. 가령 那珂通世는 태조왕의 幼年 즉위는 기실 『古記』에 수대의 王名을 빠뜨렸음으로 인해 그의 즉위를 수십년 前으로 치켜 올린데 따른 것으로 간주하였다.[26] 그러한 근거로서 氏는 『삼국사기』 高句麗本紀의 王系와 紀年에 의하면 始祖 朱蒙王 즉위로부터 그 5世孫인 東川王 즉위까지는 263년이 되는데, 이는 每世 평균 53년으로서 믿을 수 없다는 데 있다. 나아가 氏는 『魏書』 고구려전의

> 朱蒙死 閭達代立 閭達死 子如栗代立 如栗死 子莫來代立 乃征夫餘 夫餘大敗 遂統屬焉 莫來子孫相傳至裔孫宮

라는 기사중 “莫來子孫相傳至裔孫宮”이라는 문구를 주목하여, 莫來(慕本王)와 宮(太祖王) 사이에 數代 탈락된 王名이 존재했을 것으로 추정하였다. 따라서 氏는 만약 태조왕을 慕本王의 曾孫으로 간주하여 계산한다면 東川王은 始祖의 8

24) 『後漢書』 권85, 東夷傳, 高句驪 條.
25) 『三國史記』 권15, 太祖大王 즉위년 조.

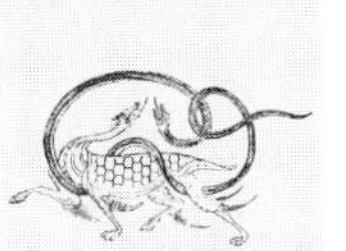



世孫에 해당되므로, 每世 평균 33년이 되는데 이는 古來의 前例없는 數는 아니라고 하였다. 이같은 씨의 견해는 시사하는 바 크지만 그 자체 전혀 문제가 없는 것도 아니다. 가령 비록 系譜上으로는 近似한 면도 있지만 『魏書』 고구려전의 '莫來'가 과연 '慕本'의 異寫인지 의문이 제기되는 것이다. 왜냐하면 慕本王의 '慕本'은 諡號인데, 三國의 왕명 중 諡號가 중국 史書에 기록된 경우는 거의 없기 때문이다. 실제 慕本 앞에 적힌 고구려 왕명인 朱蒙·閭達·如栗 등은 시호가 아닌 諱인 만큼, 字形의 유사함에만 근거하여 慕本과 莫來를 직접 연결시킬 수는 없을 것 같다. 이와 관련해 『위서』 고구려전에는 莫來 때 부여를 정벌했다고 하였다. 그러나 부여 정벌은 『삼국사기』에 의하면 모본왕이 아닌 대무신왕대에 해당되는 사건[27]이기 때문이다.

물론 系譜序列上 『위서』의 莫來가 慕本王일 가능성을 전혀 배제할 수만도 없다. 그렇다고 할 때 慕本王과 太祖王 사이에 계보의 단층이 진 것으로 중국 사서에 비추어진 배경을 생각해야만 할 것이다. 우선 그 원인은 태조왕이 慕本王의 직계가 아닌 傍系 즉 유리왕의 子인 古鄒加 再思의 子인 것과 관련지어 볼 수 있을 것 같다. 또 한편으로는 慕本王을 계승한 태조왕의 존재가 後漢側에 알려지기까지 많은 시간적 공백이 생긴 데도 한 요인이 있었을 것으로 생각된다. 즉 태조왕의 존재가 중국 사서에 최초로 採錄된 시기는 '殤安之間(106~125)'이며,[28] 『삼국사기』에 의하면 태조왕 66년(118)에 현도성을 습격하고 있다. 이는 慕本王 死後 적어도 50여년만의 일인 셈이다.[29] 다시말해 幼年에 즉위한 태조왕은 母后의 섭정으로 인해 그 존재가 한동안 대외적으로 묻혀 있었지만, 고구려의 後漢 侵攻(106~125)에 따라 그 존재가 중국측에 알려지게 된 것으로 보인다. 그럼에 따라 아마도 慕本王과 태조왕 사이에 몇 세대가 경과한 것으로 추

26) 那珂通世, 「朝鮮古史考」 『史學雜誌』 第6篇 第4號, 1895, pp.28~29.

27) 『三國史記』 권14, 大武神王 4년 조.

28) 『後漢書』 권85, 東夷傳, 高句驪 條.

29) 고구려의 後漢 侵攻은 모본왕 때인 建武 25년(49)에 있었다(『後漢書』 권85, 東夷傳, 高句驪 條).

측하여 "莫來子孫相傳至裔孫宮"이라는 기록이 『魏書』 撰者의 卓上에서 案出되었을 가능성도 배제할 수 없다.

그러나 태조왕 이전 고구려 왕계에 대한 중국측 기록으로는 『위서』 고구려전이 처음인 만큼 이같은 추정에도 문제는 따를 수 있다. 왜냐하면 『위서』 고구려전은 435년 무렵에 평양을 방문한 바 있는 北魏 使臣 李傲의 見聞記를 바탕으로 쓰여진 것이라고 한다.[30] 그러므로 上記한 인용은 고구려로부터의 傳聞을 토대로 작성된 기록이 분명하므로 무엇보다 사료적 신빙성이 높을 수 있기 때문이다. 그러나 『위서』 고구려전의 王名 중 주몽을 제외한 閭達 및 如栗이나 莫來는 414년에 작성된 「능비문」 뿐 아니라 한국측 문헌 그 어디에도 연결지을 만한 왕명이 없다. 그러므로 『위서』 고구려전의 왕계 기록을 액면 그대로 취신할 수 없게 된다. 다만 『삼국사기』의 고구려 초기 왕계에 문제가 있음은 능비문 왕계와의 비교에서 확인 될 뿐이다. 사료 가치가 높은 「능비문」에 의하면

> 惟昔始祖鄒牟王之創基也 … 顧命世子儒留王以道興治 大朱留王紹承基業 遝至十七世孫國岡上廣開土境平安好太王 二九登祚[31]

라고 하여 광개토왕을 始祖 鄒牟王의 17세손이라고 하였다. 그러나 이것은 『삼국사기』 고구려본기에서 광개토왕을 시조 주몽왕의 13세손으로 적고 있는 것과는 커다란 차이를 보이고 있다. 그러면 양 사료간에 드러난 4세대의 차이를 어떻게 받아 들여야 할까? 논자에 따라서는 '17世孫'을 대무신왕을 起點으로 한 광개토왕까지의 王位代數로 간주하기도 한다. 그러나 이는 『삼국사기』의 왕계를 취신하려는 선입견이 강하게 내포된 것으로 생각된다. 왜냐하면 신라의 金石文을 통해 볼 때 王位代數보다는 世孫 의식이 월등히 강하게 나타날 뿐 아니라[32] 실제 '王位代數'와 '世孫數'에는 명백한 개념의 차이가 있기 때문이

30) 李龍範, 『古代의 滿州關係』 1976, p.86.
31) 王健群, 『好太王碑硏究』 1984, 圖 4-36.

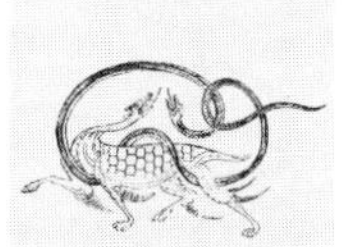



다. 따라서 「능비문」의 '世孫' 역시 액면 그대로 혈통의 진행 순서인 世代數로 보는 것이 타당할 듯 싶다. 그렇다면 주몽왕부터 광개토왕 사이에 누락된 4세대 왕계의 복원 문제가 따르게 된다. 광개토왕 이전 4세대의 왕계는 『삼국사기』 고구려본기의 왕계에서 누락되었거나 아니면 부자상속을 형제상속으로 처리하여 世代數가 단축되었든지 그 어느 한 경우에 해당될 것이다. 이 문제 구명의 실마리는 아무래도 태조왕을 중심으로 한 계보에서 찾을 수밖에 없지 않을까 한다.

『삼국사기』 고구려본기에는 태조왕(53~146)과 次大王(146~165) 및 新大王(165~179)[33]을 兄弟關係로 기록하고 있다. 그러나 李丙燾는 형제 3王에 걸친 재위 연수가 127년이나 되는 것을 생각할 때 兄弟說은 불합리하다고 하였다.[34] 李玉 역시 태조왕과 그 형제들이 믿을 수 없을만큼 장수하였다는 기록과 함께 중국측 史書의 異傳 王系를 들어 『삼국사기』 고구려본기의 왕계에 짙은 의문을 표시하였다.[35] 그러나 氏도 변형된 왕계를 바로잡는 일은 현단계로서 불가능하다고 결론지었다. 그렇지만 태조왕을 중심한 왕계 구명의 실마리가 전무한 것은 아니다. 왜냐하면 이례적으로 태조왕과 次大王 및 新大王의 年壽가 『삼국사기』에 모두 기록되어 있기 때문이다. 물론 慕本王과 태조왕 사이에 數代 탈락된 왕명이 존재할 때 『삼국사기』에 기록된 이들 3王의 年壽는 신빙성이 희박하게 된다. 그러나 앞서 살폈듯이 慕本王과 태조왕 사이에 數代 탈락된 왕명의 존재 가능성이 희박한 것으로 밝혀진만큼 이 문제에 더이상 구애될 필요는 없을 것 같다.

태조왕은 『삼국사기』 그 즉위년(53) 조의 "幼而岐嶷 以年七歲 太后垂簾聽政"

32) 李基東, 「新羅 太祖 星漢의 問題와 興德王陵碑의 發見」 『新羅 骨品制社會와 花郎徒』 1980, pp.366~376 참조. 문무왕릉비편을 비롯한 신라의 금석문에 王位代數가 기록된 경우는 전혀 없다.

33) ( )은 『三國史記』 상 3王의 재위 기간.

34) 李丙燾, 앞책, p.239.

35) 李玉, 『高句麗 民族形成과 社會』 1984, pp.14~15.

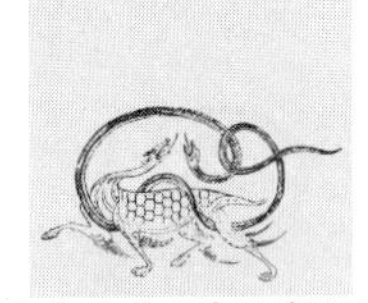



과 次大王 20년(165) 조의 "三月 大祖大王薨於別宮 年百十九歲"라는 기사를 통해 볼 때 47년에 출생한 게 된다. 그리고 次大王은 그 즉위년(146) 조의 "受大祖大王推讓 卽位 時年七十六"라는 기사를 토대로 逆算하면 89년에 출생한 것이 된다. 「海東古記」를 底本으로 한 『삼국사기』의 이 3명의 兄弟王[36] 들은 태조왕과 次大王 사이에 24년, 次大王과 新大王 사이에 18년의 터울을 각각 보이고 있다. 동일한 父가 낳은 3형제 사이에 42년의 터울이 지는 셈이다. 그런데 이것은 1세대 이상의 시간차인 만큼 『삼국사기』 왕계에 의문이 제기되지 않을 수 없다. 왜냐하면 42년의 터울은 이들 3형제의 父인 再思가 태조왕 즉위시부터 최소한 35년 이상 생존하여야만 가능하기 때문이다. 그러나 태조왕이 7세의 幼少한 연령으로 즉위한 배경이 기실 慕本王 사후 추대된 再思가 年老를 이유로 왕위를 양보한 것에 있다.[37] 그런 만큼 태조왕 즉위 후 35년간 再思가 次大王과 新大王을 거듭 낳았을 가능성은 거의 없다고 판단되기 때문이다.[38] 더욱이 母太后의 수렴청정을 생각해 볼 때 再思는 태조왕 즉위 후 곧 사망했음을 알 수 있다. 幼年에 承基한 신라 眞興王의 경우에서 보듯이 母太后의 攝政은 王父의 不存을 전제로 하고 있기 때문이다.[39] 따라서 이들 3형제 왕들 간의 현격한 연령차는 24년 터울의 태조왕과 次大王이 적어도 형제간이 아닐 가능성을 제기해 주고 있다. 이 점은 다음의 몇 가지 사실에서도 뒷받침된다.

『삼국사기』와는 달리 『후한서』에는 태조왕 宮과 次大王 遂成을 父子關係로

36) 『三國史記』권15, 太祖王 69년 조의 註에 의하면 太祖王 · 次大王 · 新大王의 계보는 「海東古記」에 근거하였음을 밝히고 있다.

37) 『三國史記』권15, 太祖大王 80년 조. "初慕本之薨也 太子不肖 群寮欲立王子再思 再思以老讓子者". 한편 『三國史記』를 토대로 할 때, 慕本王 死亡 당시 대무신왕과 閔中王의 弟인 再思의 연령이 50세를 상회하지 못하였을 가능성이 크다. 그러나 앞서 지적한 바 있듯이 琉璃王 · 大武神王紀의 연령 기사 등에 많은 문제가 있는 만큼, 그것에 근거한 연령 추산은 의미가 없다고 본다. 따라서 "再思以老讓子者" 문구에 비중을 두는것이 온당하리라고 본다.

38) 丹齋 申采浩先生記念事業會, 앞책, pp. 159~160.

39) 「昌寧 眞興王拓境碑文」 "寡人幼年承基 政委輔弼" ; 『三國史記』권4, 眞興王 즉위년 조. "王幼少 王太后攝政"

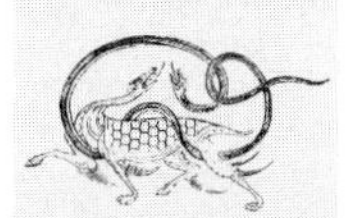



적고 있다.[40] 특히 次大王에 관해서는 '宮의 嗣子'라는 보다 구체적인 기록을 남기고 있다. 태조왕과 次大王을 父子關係로 명기하고 있는 『후한서』의 기록은 『삼국사기』보다 약 7세기 가량 앞서 편찬된 선행사서라는 점 외에 태조왕 재위 중반 이래로 次大王·新大王 시기까지 後漢과의 잦은 군사적 충돌로 인해 얻어진 정보를 통해 그들의 실체가 좀더 분명하게 투영되었을 가능성도 크기 때문에 주목을 요하고 있다. 그러나 무엇보다 『삼국사기』에서도 태조왕과 차대왕을 부자관계로 기록한 문구가 발견되고 있다. 『삼국사기』 고구려본기 태조왕 94년조에 의하면 遂成이 倭山下에 사냥갔을 때 그 측근들이 遂成을 태조왕의 王子로 호칭하고 있기 때문이다. 다음의 문장이 된다.

> 九十四年 秋七月 遂成獵於倭山之下 謂左右曰 大王老而不死 吾齒卽將暮矣 不可待也 惟願左右爲我計之 左右皆曰 敬從命矣 於是一人獨進曰 向王子有不祥之言 而左右不能直諫 皆曰 敬從命者 可謂姦且諛矣 吾欲直言 未知尊意如何 遂成曰 子能直言 藥石也 何疑之有 其人對曰 今大王之賢 內外無異心 子雖有功 率羣下姦諛之人 謀廢明上 此何異將以單縷繫萬鈞之重而倒曳乎 雖復愚人 猶知其不可也 若王子改圖易慮 孝順事上 則大王深知王子之善 必有揖讓之心 不然則禍將及也 遂成不悅 左右妬其直 讒於遂成曰 王子以大王年老 恐國祚之危 欲爲後圖 此人妄言如此 我等惟恐漏洩 以致患也 宜殺以滅口 遂成從之(윗점 : 필자)

즉 "向王子有不詳之言"·"若王子改圖易慮"·"大王深知王子之善"·"王子以大王年老"와 같은 문구가 그것이다. 現王의 子가 아닌 前王의 子인 경우에도 왕자로 호칭할 수는 있다. 그러나 『삼국사기』 기록대로 次大王의 父를 再思로 상정한다면 태조왕 당시에 遂成(次大王)을 왕자로 칭하지는 않았을 것이다. 丹齋도 지적했듯이 再思는 王父일 뿐 王이 아니었기 때문이다.[41] 따라서 차대왕을 왕자로 호칭한 上記한 기사는 어디까지나 遂成이 태조왕의 子라는 것외에도

40) 『後漢書』권85, 東夷傳, 高句驪 條. "宮乃遣嗣子遂成…宮死 子遂成立"
41) 丹齋 申采浩先生記念事業會, 앞책, p. 159.

달리 해석할 방법이 없게 된다. 요컨대 차대왕을 태조왕의 子로 기록한 고구려측의 異傳史料를 확인하게 된 셈이다.[42] 나아가 차대왕을 태조왕의 子로 기록한 것은 『삼국사기』 찬자의 杜撰이기 보다는, 앞서 언급한 바 있는 대무신왕의 출생년과 母인 松氏의 死亡年에서 표출된 모순된 기록처럼 아마도 계통을 달리하는 사료가 『삼국사기』에 混入된 게 아닐까 생각된다. 추정하자면 『삼국사기』 고구려본기는 각각 별개의 사료인 王統을 명기하고 있는 즉위년 조 기사와 본문의 編年 기사를 組合한 것이다. 이 중 왕통 관계 사료에 따라 본문 기사에 등장하는 차대왕을 王弟로 수정하였으나, 태조왕기 마지막 94년 조의 '王子' 표기를 수정에서 누락한 것이 아닐까 생각된다.

이같은 태조왕의 왕계 검토를 통해 차대왕은 태조왕의 子가 거의 분명한 것으로 판단되었다. 다만 태조왕의 子라고 하는 莫勤과 莫德의 존재[43] 가 걸리지만, 丹齋의 주장처럼 이들은 태조왕의 嫡子로, 그리고 차대왕은 그 庶子로 간주하는 것[44] 이 타당할 듯 싶다. 그렇다면 莫勤·莫德과 차대왕간의 갈등은 이해될 수 있을 것이다. 한편 莫勤과 莫德 형제의 돌림자가 『위서』의 莫來와 어떤 연관이 있는 것 같은 여운을 남긴다. 그러나 이는 더욱 복잡한 추리를 유발할 것 같아 더 이상의 추론은 삼가고자 한다.

## 2. 太祖王의 在位 기간과 그 年壽

지금까지 살펴본 바에 따라 태조왕과 차대왕은 형제관계로 밝혀졌다. 그러나 長久한 태조왕의 재위 연수에 대한 문제는 여전히 남는다. 이와 관련해 『후한서』에 수록된 태조왕의 死亡 관련 기록이 주목된다.

> 是歲 宮死 子遂成立 姚光上言欲因其喪發兵擊之 議者皆以爲可許 尙書陣忠曰 宮前

42) 李丙燾도 異傳史料임을 지적하였다(李丙燾, 『國譯 三國史記』 1977, p.245의 註 2).

43) 『三國史記』 권15, 次大王 3년 조. "夏四月 王使人殺大祖大王 元子莫勤 其弟莫德 恐禍連及 自縊"

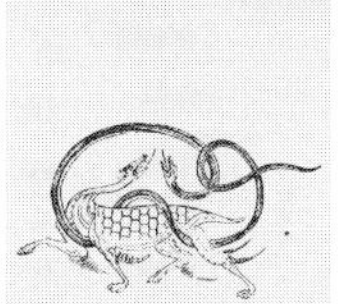



桀黠 光不能討 死而擊之 非義也 宜遣弔問 因責讓前罪 赦不加誅 取其後善 安帝從之 45)

위의 '是歲'는 後漢 安帝 建光 元年(121)으로서 태조왕 69년에 해당된다. 그 내용은 후한의 邊境을 부단히 침공하던 태조왕이 사망하고, 그 子인 차대왕 遂成이 즉위한 소식이 전해짐에 따라 玄菟太守 姚光이 고구려의 國喪을 기회로 기습하자는 案을 安帝에게 발의하였으나 尙書 陳忠의 名分論에 부딪혀 그 공격을 중지한 이야기이다. 이 기사는 태조왕의 사망을 틈탄 기습적인 공격에 관한 구체적인 논의와 관련한 내용을 담고 있는 점과, 安帝가 弔問사절 파견을 허락한 것을 보아, 확실한 傳聞에 근거한 매우 사료 가치가 높은 기록으로 믿어진다. 그러나 종래 이 기사에는 의문이 제기된 바 있다. 왜냐하면 『후한서』를 비롯한 여러 기록에 의하면 태조왕의 사망은 建光 元年(121) '秋冬之間' 인데[46] 반해, 정작 그 사망을 틈탄 기습 공격안을 발의했던 현도태수 姚光은 이미 그해 4월에 피살된 것으로 기록되어 있기 때문이다.[47] 따라서 『後漢書集解校補』에서는 '永寧 元年(태조왕 68) 秋' 의 일로 의심하기까지 하였다.[48] 그러나 다음과 같은 『後漢書集解』(밑줄친 부분)에 의하면

建光元年 夏四月…甲戌 遼東屬國都尉龐奮[集解] 惠棟曰 考異云 此延光元年事也 紀誤以建爲延 承僞璽書殺玄菟太守姚光(『後漢書』 권5, 孝安帝紀 第5)

44) 丹齋 申采浩先生記念事業會, 앞책, p. 160.

45) 『後漢書』권85, 東夷傳, 高句驪 條.

46) 『後漢書』권 85, 東夷傳, 高句驪 條에 의하면 "(建光元年) 秋 宮遂率馬韓濊貊數千騎圍玄菟…是歲 宮死 子遂成立"이라고 한데 반해 『자치통감』에서는 동일한 사건을 '十二月' 의 일로 구체적으로 기록하고 있다. 그러므로 태조왕(宮)의 사망 시기는 建康 원년의 '秋冬之間' 에 해당됨은 분명하다.

47) 『後漢書』권5, 建光 元年 四月 甲戌 條.

48) 李丙燾, 『韓國史』古代篇, p.239, 註1.

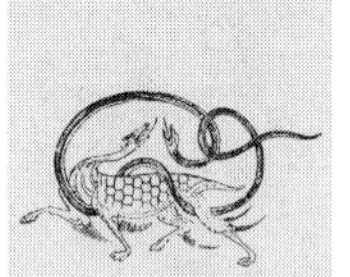



이라고 하여 姚光의 被殺을 建光 원년이 아닌 延光 원년(122)으로 간주하였는데, 전후 사정으로 보아 매우 타당한 견해로 생각된다.[49] 建光과 延光은 字形의 유사성 뿐 아니라 그 時差가 겨우 1년인 점을 생각할 때 『후한서』 찬자가 여러 雜傳記를 채록하는 과정에서 착오를 일으킨 것으로 보겠다.

지금까지 살펴본 바에 의하면 『삼국사기』의 태조왕 재위 94년 중 그 69년이 되는 121년 '秋冬之間' 에 태조왕이 사망했음이 확인되었다. 그런데 공교로우리만치 『삼국사기』 고구려본기 태조왕 69년 11월 조에 의하면 "王以遂成統軍國事"라고 하여, 『후한서』에 적힌 태조왕 사망 시점부터 遂成(次大王)이 실권을 장악한 것으로 되어있다. 이는 태조왕이 121년에 사망한 사실을 암시해 주는 기록이라고 하겠다. 왜냐하면 『삼국사기』 고구려본기의 태조왕 69년 11월 조부터 94년 조까지의 天災地變과 중국 사서로부터의 補綴기사를 제외한 나머지 10건의 정치 관계 기사 중 7건이 모두 遂成을 중심으로 한 내용으로 메꾸어져 있다. 遂成이 실권을 장악한 69년 이후부터 태조왕보다 수성이 실질적인 주인공으로 나타나고 있기 때문이다.

요컨대 이는 곧 『후한서』의 차대왕 즉위(121) 기사와 『삼국사기』의 수성의 "統軍國事" 기사간에 상호 깊은 관련이 있음을 시사해 준다.[50] 다시말해 『삼국사기』 상 태조왕의 治世 후반기인 121년부터가 차대왕의 재위기간임을 확신할 수 있게 한다. 따라서 태조왕은 75세에 사망한 것이 된다. 그를 이은 차대왕의 즉위 당시 연령인 76세도 잘못임을 알 수 있다. 차대왕의 즉위시 연령이라는 76

49) 단, 「集解」의 "紀誤以建爲延"은 문맥상 오해의 여지가 있다. 이에 관해서는 『자치통감』 延光元年 同 條의 考異註에서도 언급하고 있듯이 "紀誤以延爲建"이 옳은 표기라고 하겠다. 그리고 『자치통감』 同 條에서 建康 원년 4월의 日干支에는 甲戌이 없다고 하였는데, 적절한 지적이라고 하겠다.

50) 태조왕에 관해서는 94년 재위했다고 기록한 사서와 69년까지 재위한 것으로 기록한 2 종류의 사서가 존재하였을 것으로 추정된다. 그렇다고 할 때 태조왕의 94년 재위 기록의 사서에 비중을 둔 『삼국사기』의 찬자가 두 사서 기록의 상충을 피하고, 합리적인 해석을 위해 69년 조에 "王以遂成統軍國事"라는 문구를 삽입한 게 아닐까 한다.

세는 차라리 그의 年壽를 가리킨다면 오히려 자연스럽다.

## Ⅴ. 太祖王 以後의 王系 檢討

### 1. 次大王・新大王・故國川王의 系譜

次大王代부터 新大王・故國川王・山上王代까지 걸친 왕계 구명은 무척 복잡한 작업을 필요로 하고 있다. 물론 이들 왕계에 관한 일본인 학자들의 기존 논문이 있기는 하지만 명쾌하게 왕계를 정리했다기보다는 대체로 문제점을 지적하는 선에서 그치고 있는 셈이다. 새로운 자료가 추가되지 않는한 어쩌면 해당 왕계의 구명 작업은 불가능할지도 모른다. 그러므로 필자는 자칫 문제의 본질에서 벗어날 수 있는 세세한 고증에 휘말리지 않고 대세론적인 측면에서 근본적인 문제점을 찾아 해당 왕계 구명의 단서로 삼고자 했다.

『삼국사기』에 의하면 차대왕과 신대왕은 형제 사이가 된다. 그러나 『후한서』에는 兩者를 父子관계로 명시하였다. 이 중 어느 기록이 옳은지 선뜻 판단 할 수는 없지만 이와 관련해 양자 간에 18년의 年差가 주목된다. 물론 이 연차로써 양자를 父子 혹은 兄弟關係로 단정하기는 어렵다. 필자가 살펴본 바에 의하면 고구려왕들의 成婚 연령은 대략 20세쯤이므로,[51] 兩者를 부자간으로 간주하기는 어려울 것 같다. 그러나 필자의 고찰 사례가 극히 제한된 것인 만큼 자연 한계가 따를 수 있다는 점과 同母 先後兄弟로서 18년의 터울은 아무래도 너무 크다는 느낌을 주므로, 양자를 형제관계로 단정할 수만도 없을 것 같다. 더욱이 사료상에서 흔히 산견되는 수치의 誤記도 고려할 수 있기 때문에 18년 이상의 터울 가능성도 생각해 볼 수 있다. 실제 앞서 언급했듯이 차대왕 즉위시 연령

51) 李道學,「漢城末・熊津時代 百濟 王系의 檢討」『韓國史硏究』45, 1984, pp. 4~5, 註15.

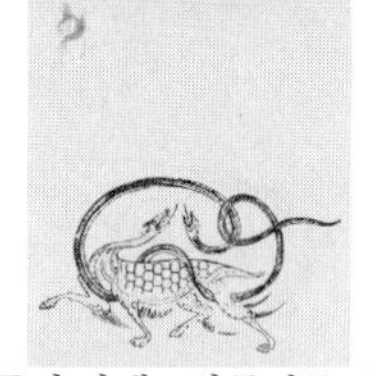



(76세)에 문제가 드러난 만큼 18년이라는 터울 수치에 구애될 필요는 없을 것 같다.

그러나 또 한편으로는 다음과 같은 점도 생각해야 될 것 같다. 즉 폭정을 일삼던 차대왕이 연나부의 明臨答夫에 의해 살해된 후 명림답부는 신대왕 즉위 직후 國相으로까지 승진하고 있다.[52] 이 사실을 생각할 때 신대왕은 차대왕의 弟일 가능성이 높다고 판단된다. 왜냐하면 명림답부가 자신이 살해한 신대왕의 年滿한 子를 스스로 옹립했다고는 볼 수 없기 때문이다. 그러나 이같은 정황만으로는 차대왕과 신대왕의 관계를 정확히 구명하기는 미흡하다. 오히려 신대왕의 子인 故國川王을 중심으로 살피는 게 해결의 실마리가 될 것 같다.

『삼국사기』에 의하면 신대왕의 제 2子라고 하는 고국천왕은 신대왕 12년인 176년에 太子가 되었으며, 즉위 이듬해인 180년에는 于氏와 결혼하였다.[53] 여기서 고국천왕의 成婚(180)을 신대왕의 출생년(89)과 관련지어 볼 때 시기적으로 그 成婚年이 몹시 늦다는 느낌이 든다. 바꿔말해 이는 父子간의 연령차가 극심하다는 것을 뜻한다. 가령 신대왕이 30세(118)에 고국천왕을 낳았다고 하더라도 고국천왕은 63세에 결혼한 것이 된다. 바꾸어 말해 初婚이었을 故國川王의 혼인 당시(180) 연령을 20세로 상정한다면, 故國川王은 161년 쯤에 출생한 셈이 된다. 그렇다고 할 때 고국천왕은 신대왕과 대략 70여년의 연령차를 보인다. 실로 2세대 이상의 年差가 나는 이들을 과연 부자관계로 보아야 할지는 지극히 회의적이지 않을 수 없다. 곧 신대왕과 고국천왕이 계보상 직접 연결되지 않음을 시사해 준다. 그러므로 신대왕과 고국천왕 사이에 존재했을 적어도 1명의 王名이 『삼국사기』에서 탈락되었다고 보겠다.

이처럼 新大王과 故國川王 사이에 놓인 현격한 연차는 신대왕의 즉위 과정과 관련해 생각할 여지를 남기고 있다. 『삼국유사』에 의하면 신대왕은 태조왕과 次大王을 함께 살해하고 즉위한 것으로 기록되어 있을 정도로 순탄하지 않았기

52) 『三國史記』 권16, 新大王 2년 조.
53) 『三國史記』 권16, 故國川王 2년 조. "春二月 立妃于氏爲王后 后提那部于素之女也"

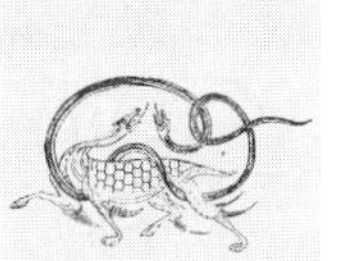



때문이다.[54] 그러나 신대왕이 태조왕을 살해하였다는 것은 오류일 것이다. 왜냐하면 앞서 살핀 바 있듯이 태조왕은 121년에 사망하였으므로, 차대왕의 사망년(165) 및 신대왕의 즉위년과는 전혀 부합되지 않기 때문이다. 그렇지만 신대왕이 적어도 차대왕 만큼은 살해하였을 가능성은 높다고 생각된다. 왜냐하면 『삼국사기』에 의하면 차대왕을 살해한 인물이 明臨答夫이고, 그가 곧 新大王 즉위 후 國相으로 승진하고 있는 것을 볼 때, 신대왕의 즉위와 明臨答夫의 역할과는 불가분의 관련을 보이기 때문이다. 이같은 추정이 타당하다면 신대왕의 계보는 차대왕과 연결될 수 없다. 아마도 신대왕은 차대왕에게 살해된 태조왕의 嫡子인 莫勤이나 莫德의 子로 추정된다.

한편, 이와 관련해 생각해야 될 것은 『후한서』와 『삼국지』에 보이는 신대왕 伯固의 활동 기록이 '順帝陽嘉元年' 인 132년 이전부터 熹平(172~177) 연간을 지나, 적어도 獻帝 초기인 190년경까지 미치고 있다.[55] 그런데 『삼국사기』에는 그의 재위 기간이 165~179년으로서, 양자간에 큰 차이를 보인다. 이러한 재위 기간의 차이에 대한 구명은 무척 복잡한 작업일 뿐 아니라 그 결론 또한 어디까지나 試論에 불과할 것으로 예상되는 만큼 後稿로 넘길 수밖에 없다. 그러나 이로써 고구려 초기왕계와 紀年에 게재된 깊은 문제점의 일단은 표출된 셈이라고 하겠다.

## 2. 故國川王과 山上王의 관계

『삼국사기』에는 故國川王과 山上王을 兄弟關係로 적고 있다. 고국천왕이 後嗣없이 사망한 뒤 왕위계승상의 내분을 수습하고 산상왕이 즉위한 『삼국사기』의 기사[56]는 너무도 유명하다. 그러나 앞서 지적한 바 있지만 고구려 초기 왕계

54) 『三國遺事』 권1, 王曆, 第七 次大王 條. "國祖王年百十九歲 兄弟二王俱見弑于新王"
新大王의 즉위는 전후 상황을 놓고 볼 때 國相 倉助利에게 옹립된 美川王의 경우와 유사했을 가능성이 높다.

55) 池內宏, 앞논문, pp.214~215.

의 여러 문제점들을 생각할 때, 고국천왕과 산상왕의 관계를 아무런 의심없이 取信하기는 어려울 것 같다. 즉 〈그림 1〉에서 보았듯이 罽須는 故國川王은 물론이고 發岐와 山上王의 弟로 나타난다. 그러나 『삼국사기』 고국천왕 6년 조에는 오히려 그를 고국천왕의 '王弟'가 아니라 '王子'로 기록하고 있기 때문이다.[57] 이같은 고국천왕 6년 조의 기록을 실마리로 할 때, 고국천왕을 父로 하여 발기·산상왕 그리고 계수가 형제관계라는 결론에 이르게 된다. 동일 사서상 계수의 계보에 관한 이같은 차이점은 곧 『삼국사기』 태조왕기에서 확인된 異傳史料와 같은 맥락에서 해석할 수 있다. 요컨데 이와같이 3형제관계로 설정했을 때 이것을 『삼국사기』 고구려 초기 왕계의 世代數와 부합하게 된다. 그렇다고 할 때 朱蒙王의 즉위(B.C. 37)부터 산상왕의 즉위(197)까지는 8세대간 234년이 소요된 셈이며, 每世 평균 재위 연수는 29년이 된다. 그리고 고국천왕의 출생년을 161년쯤으로 추정한다면 태조왕과 고국천왕의 4세대간 每世 평균 28세가 된다고 보겠다.

지금까지 검토한 고구려의 초기 왕계를 정리하면 다음의 〈그림 2〉와 같다.

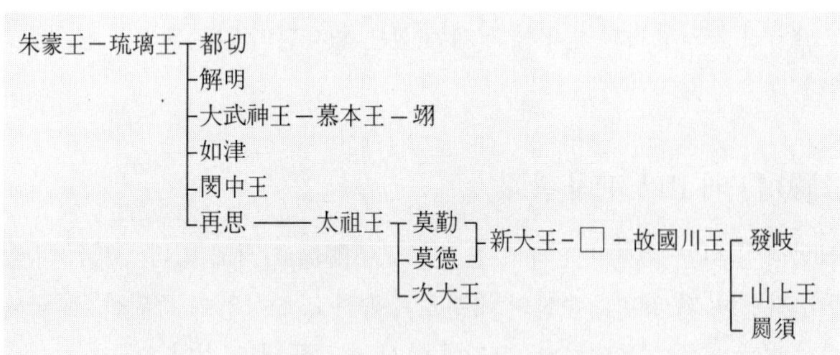


〈그림 2〉 복원된 고구려 초기 왕계

56) 『三國史記』 권16, 山上王 즉위년 조.
57) 『三國史記』 권16, 故國川王 6년 조. "漢遼東太守 興師伐我 王遣王子罽須拒之 不克"

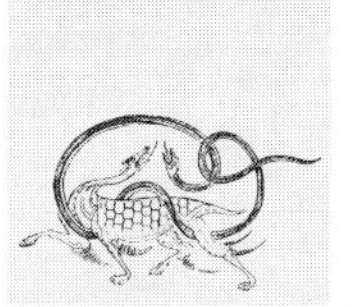



## VI. 諡號制의 확립 배경

주지하듯이 고구려에는 독특한 葬地名式 諡號가 사용되었다. 그러나 그것의 그 확립 배경에 관해서는 뚜렷하게 구명된 바 없다. 아마도 장지명식 시호는 광개토왕 이전 고구려왕들의 시호가 존재하지 않았던 사실과 관련 있을 것으로 생각된다. 이와 관련해 414년 이후에 작성된 「牟頭婁墓誌」의 鄒牟聖王이나 『삼국사기』상의 琉璃明王 · 大武神王 등과 같이 美稱이 부여되거나 美化된 王號와는 달리, 「능비문」에서는 鄒牟王 · 儒留王 · 大朱留王 등과 같이 實諱만 적고 있는 점을 주목하고자 한다. 무엇보다 계루부 왕실의 시조인 鄒牟(朱蒙)王에 대한 시호나 美稱이 「능비문」 상에 보이지 않고 있다. 이 점을 생각할 때 장지명식 시호는 적어도 '聖王' 이라는 격조 높은 美稱이 朱蒙王에게 부여된 414년 이후에야 비로소 추존되었다고 생각된다. 그러면 그 추존 시기와 배경을 살펴보아야겠다. 이와 관련해 「능비문」에 보이는 광개토왕의 다음과 같은 教言이 주목된다.

> 自上祖先王以來 墓上不安石碑 致使守墓 人烟戶差錯 唯國岡上廣開土境好太王 盡爲祖先王墓上立碑 銘其烟戶 不令差錯[58)]

그러나 守墓人制度의 확립을 위한 광개토왕의 立碑 教言에도 불구하고 아직껏 만주 즙안시를 비롯한 고구려 墳墓 지역 어느 곳에서도 비석은 물론이고 立碑의 흔적도 발견된 바 없다.[59)] 물론 후세에 비석들이 파괴되었을 가능성도 배제할 수는 없을 것이다. 그렇지만 광개토왕릉비만 제외한 18개 이상의 陵碑가 모두 파괴되었다는 것은 아무래도 이해가 되지 않는다. 따라서 애초 광개토왕의 立碑 教言이 시행되지 않았다고 보는 쪽이 온당할 듯 싶다. 그렇긴 하지만

58) 王健群, 앞책, 圖4-39.
59) 方起東 · 林至德, 「集安通溝兩座樹立石碑的高句麗古墓」『古考與文物』2, 1983, pp.42~48.

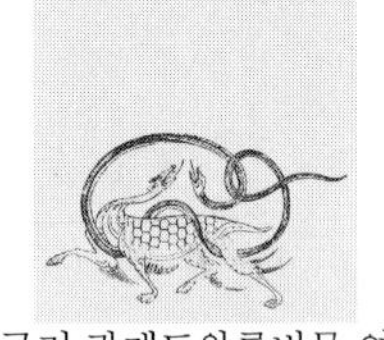



광개토왕의 立碑 敎言은 어떠한 형태로든 반영되었을 가능성이 크다. 그렇다고 할 때 守墓人 烟戶를 銘記할 수 없는 약점이 있기는 하지만 능묘가 소재한 葬地名에 따라 일률적으로 시호를 제정하여 立碑의 기능을 대신하지 않았을까 추측된다. 가령 烽上王의 陵은 中川邊에, 乙弗王의 陵은 美川邊에 소재하였으므로 각각 中川王·美川王의 시호를 추존하는 식이 되지 않았을까 생각된다. 이렇게 하면 소속 守墓人 烟戶와 그 관련 능묘의 소재지를 쉽게 잃어버리지 않을 수 있기 때문이다. 그러나 9대 故國川王(一名 國壤王)과 18대 故國壤王은 시호가 동일하다. 이 경우는 능묘가 서로 같은 구역에 소재하였으므로 동일한 이름의 시호가 생겨났을 것이다. 그렇지만 양 능묘간의 시간적 격차가 약 200년 가량 됨으로써 外樣上 차이가 뚜렷한 관계로 굳이 시호를 구별하여 제정하지 않았다고 생각된다. 더욱이 故國壤王은 長壽王의 祖父인 관계로 당시로서는 능묘에 대한 기억에 자신이 있었기 때문일 것이다. 이처럼 葬地名을 취한 고구려왕들의 시호 제정이 가능했던 배경은 통일신라의 왕릉처럼 群集墳 형태에서 벗어난 상황, 즉 그러니까 고구려 왕실의 능묘 구역이 일정하지 않고 王都 외곽에 산재하였기에 가능했을 것이다. 더욱이 고구려 왕릉은 시간의 흐름에도 불구하고 일반 귀족의 분묘와는 선뜻 구별할 수 있는 외양상의 공통된 특징이 있었으리라 상상된다.[60)]

그러나 특별히 祠廟가 있어 항시 追念되었던 왕들은 葬地處와 관계없이 美稱 내지는 美化된 王號만 追尊되었던 것 같다. 가령 桂婁部 王室의 단서를 연 3代王인 朱蒙王·琉璃王·大武神王의 경우가 여기에 해당된다. 「능비문」에서 광개토왕의 祖先으로서 주몽왕·유리왕·대무신왕의 3王만 언급되었던 사실 또한 그 格을 시사해 주는 게 아닐까 한다.

60) 고구려 적석총의 경우 基段의 有無·재료·입지 조건·내부 구조 등이 형식 분류의 기준이 되고 있다(정찬영, 「고구려 적석총에 대하여」『문화유산』 1961-5, pp.25~45 및 주영헌, 「고구려의 적석무덤에 관한 연구」『문화유산』 1962-2, pp.61~80). 따라서 시간의 경과 및 피장자의 신분 등에 따라서도 묘제의 차이가 뚜렷했으리라고 믿어진다.

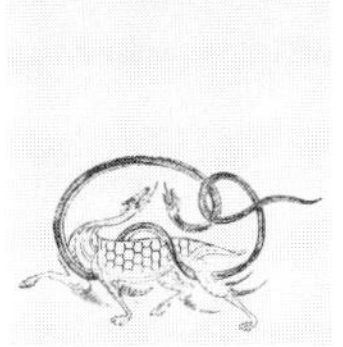

집안의 산성하 고분군

한편 太祖王 · 次大王 · 新大王 및 廣開土王 · 長壽王 · 文咨明王 3代의 경우도 葬地名과 관련없는 시호가 된다. 그러나 太祖王 · 次大王 · 新大王의 王名은 시호로서의 성격이 약하다는 생각이 든다. 왜냐하면 태조왕의 '太祖'를 始祖王의 뜻으로 태조왕 전후한 시기 동아시아에서 사용한 적이 없을 뿐 아니라, 그를 일명 '國祖王'이라고 한 것으로 보아 단순히 '큰 할아버지 王'이라는 뜻에서 그 王名이 비롯되었을 가능성이 있기 때문이다. 이는 『삼국사기』 正德本에서 태조왕을 '大祖大王'으로 기재한 점에서 어느 정도 방증될 수 있다. 그리고 次大王 역시 문자 그대로 태조왕의 '다음 王'이라는 뜻인만큼 시호로 보기는 어려울 것 같다. 이는 곧 遂成王에 대한 시호가 추존되지 않았던 사실을 뜻하는 것이 된다. 나머지 新大王도 곧 '새 王'의 뜻에 불과한 만큼 이 역시 시호로 생각되지 않는다.

그러면 이 3명의 왕들에게 시호가 추존되지 않은 이유는 어디에 있었을까? 아마도 長壽王 무렵에 역대 왕들에게 시호를 일괄 추존할 때,[61] 과거 戰亂이나

『삼국사기』 정덕본에 보이는 '大祖王'

政變 등으로 인해 이들 3왕의 능묘가 훼손된 관계로 장지명식 시호를 추존할 필요가 없는 사정과 관련있지 않을까 생각된다.[62] 아니면 그 밖의 어떠한 사정 가령, 정치적인 문제와 관련지어 볼 수도 있을 것 같다. 그 결과 3명의 왕중 宮王이 왕위 순서 뿐 아니라 계보상 가장 연장자이므로 太祖王으로, 遂成王은 그 다음 王인

61) 그 시기는 시호 가운데 옛 수도 즉 국내성 지역을 가리키는 '故國'이 부여된 경우가 보일뿐 아니라 광개토왕의 立碑 教言이 반영되었다고 여겨지는 평양성 천도 이후의 장수왕 때 일 가능성이 높다.

62) 태조왕의 경우는 자주 중국을 침공한 好戰的인 군주로 알려졌으므로, 魏將 관구검의 침공시 그 능묘가 훼손되었을 가능성이 크다. 중국의 입장에서 볼 때 동천왕은 태조왕의 행태를 닮았다고 하여 位宮이라고 불렀는데, 관구검이 환도성을 함락시킨 후 동천왕 이름의 연원자이며 중국을 자주 침공했던 태조왕의 능을 그대로 두었을 리 없다고 판단되기 때문이다. 능묘의 훼손은 동천왕의 魏侵攻을 만류했던 得來의 묘를 관구검이 헐지 못하게 한 데서도 어느 정도 방증되리라고 본다(『삼국사기』 권17, 동천왕 20년 조). 차대왕 · 신대왕의 경우도 중국을 자주 침공한 군주였으므로, 그들의 능묘 역시 같은 운명에 놓여졌을 가능성이 높다고 하겠다. 물론 신대왕릉의 경우 葬地는 정해지고 있지만(『삼국사기』 권16, 신대왕 15년 12월 조) 그러나 능묘 자체가 철저히 파괴되었던 관계로 인해 능묘 관리를 위해 그 소재지 파악의 관건이 되는 장지명식 시호의 追尊이라는 것은, 더 이상 의미가 없어졌기 때문일 것이다. 한편 西川王陵과 美川王陵도 비록 파괴된 적이 있지만, 전자는 도굴 중 그만두고 철수하였고, 후자는 시신을 곧 돌려받았다. 따라서 이들 능묘는 위치 변경 없이 복원이 가능하였다고 보겠다. 이와 관련한 안악3호분의 고구려왕릉설은 취하지 않는데, 고구려 왕릉설 비판은 공석구, 「安岳 3號墳의 墨書銘에 대한 고찰」 『歷史學報』 121, 1989를 참조하기 바란다.

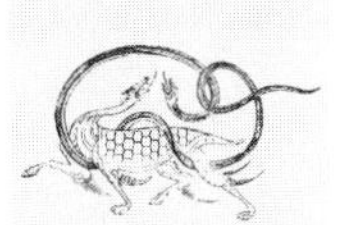



관계로 次大王으로, 나머지 伯固王은 이 중 가장 늦은 즉위로 인해 新大王으로 호칭하였으므로, 이같은 구분이 결과적으로 시호의 역할을 하게 된 게 아닐까 한다.

한편 광개토왕 · 장수왕 · 문자명왕 등의 시호는 왕의 生前의 治績과 관련있다고 생각된다. 다만 광개토왕의 공식 시호인 '國罡上廣開土境平安好太王' 의 '國罡上' 이 능묘의 소재를 가리킨다고 할 때, 장지명식 시호의 요소가 없는 것도 아니다. 그렇다고 할 때 장수왕이나 문자명왕 시호도 '광개토왕' 의 경우처럼 略記로 인해 『삼국사기』 상에서 장지명이 누락되었을 가능성도 배제할 수 없다. 어떻든 광개토왕 이래로 치적과 관련한 시호가 출현할 수 있었던 배경은 대외적인 영역 팽창에 따른 왕권의 高揚과 관련있지 않을까 생각된다.[63] 실제 고구려의 영역 확장은 문자명왕대를 고비로 下向 곡선을 그리게 되는데,[64] 그 이후 왕들에게는 다시금 장지명식 시호가 추존되고 있기 때문이다. 일례로 安原王의 경우 '香(安)罡上王' 이라고도 하였는데, '香罡上' 은 장지를 가리키고 있다. 榮留王의 경우는 평양에 소재한 嬰留山과의 관련성이 지적된 바 있다.

## VII. 맺음말

지금까지 살펴본 바에 따라 다음과 같은 사실들이 확인되었다.

『삼국사기』에 기재된 고구려의 초기 왕계 기사에는 모순된 내용이 많았다. 그 원인은 『삼국사기』 편찬시 異傳史料를 組合하는 과정에서 빚어진 것이었다. 아울러 이는 고구려 초기 왕계의 신빙성에 중대한 의문을 던져주는 근거가 되었다. 실제 「능비문」의 왕실 世代數와 『삼국사기』의 그것을 비교해 보면, 광개

63) 장수왕이라는 시호는 물론 치적을 담고 있는 것은 아니지만 장수왕의 업적에 비추어볼 때 그것이 略記된 관계로 치적이 누락된 것으로 생각된다.

64) 李道學, 「新羅의 北進經略에 관한 新考察」 『慶州史學』 6, 1987, pp.36~40.

토왕 이전 4세대가 『삼국사기』에서 부족하다는 것을 알 수 있다. 그 원인은 『삼국사기』 상 4대의 왕명이 모두 누락되었다기 보다는 주로 부자상속을 형제상속으로 처리한 결과 빚어진 世代數의 단축에 기인하였다.

이와 함께 고구려의 왕실 교체시기를 주몽왕대로 전제하고 각 王系를 검토한 결과 太祖王은 次大王의 兄이 아닌 父로 밝혀졌다. 그리고 太祖王의 재위 기간은 53~121년 사이로 새롭게 확인되었다. 한편 新大王은 차대왕을 살해하고 즉위한 것으로 단정하였다. 아울러 신대왕은 태조왕의 子인 莫勤이나 莫德의 子로 추정했다. 그 밖에 신대왕과 故國川王 사이에 1世代의 누락된 왕명이 존재했을 것으로 상정하였다. 그리고 고국천왕과 山上王은 『삼국사기』 高句麗本紀의 異傳史料를 통해 볼 때 父子관계일 가능성을 배제할 수 없게 되었다. 요컨대 이 작업을 통하여 고구려는 계루부 왕실이 등장하는 B.C.1세기 후반부터 왕위의 부자상속제가 확립되었음을 알게 되었다. 따라서 고구려 왕권의 전개 과정에 관한 기존의 견해는 어느 정도 수정이 불가피해진 것 같다.

한편 고구려의 특유한 葬地名式 謚號는 守墓人 烟戶의 착오를 없애기 위한 광개토왕의 立碑 敎言이 반영된 것이었다. 즉 陵碑의 역할을 대신하여 葬地名式 謚號가 추존된 것으로 간주하였다. 그러나 1) 朱蒙王 · 琉璃王 · 大武神王과 2) 太祖王 · 次大王 · 新大王 그리고 3) 廣開土王 · 長壽王 · 文咨明王의 각 3代 王에는 장지명식 시호가 追尊되지 않았다. 여기에는 각별한 의미가 담겨있을 것으로 보았다. 아마도 1)은 桂婁部 왕실의 단서를 연 3代 王이고, 2)는 장지명식 시호를 추존할 수 없는 사정으로 인한 호칭 구분이 결과적으로 시호의 역할을 하게 된 것이고, 3)은 고구려 史上 가장 비약적인 영토 확장에 따른 왕권의 高揚과 관련 있는 것으로 추정하였다. 그리고 특별히 追念할만한 요인이 존재했던 1)과 3)계열 왕들의 陵域에는 祠廟가 건립되었을 것이다.

제2장

# 광개토왕릉비문과 광개토왕릉

廣開土王陵碑의 建立 背景 / 廣開土王陵碑文의 思想的 背景 / 廣開土王陵碑文에 보이는 戰爭 記事의 分析 / 廣開土王陵碑文에 보이는 地名 比定의 再檢討 / 廣開土王陵碑文의 國烟과 看烟의 性格에 대한 再檢討 / 太王陵과 將軍塚의 被葬者 問題

# 廣開土王陵碑의 建立 背景
## - 평양성 천도와 관련하여

## Ⅰ. 머리말

「광개토왕릉비문」(이후 「광개토왕릉비문」은 '능비문'으로, 그 비석은 '능비'로 略記한다)에 관해서는 많은 연구 성과가 축적되었다.[1] 이 가운데 「능비문」의 작성 배경에 관해서는 守墓人 烟戶나 勳績 등과 관련짓는 견해가 제기되어 왔다. 실제 「능비문」에서 "이에 비석을 세워 勳績을 銘記하노니 後世에 보여라(於是 立碑銘記勳績 以示後世焉)"라고 적혀 있기 때문에 훈적비설은 부정할 수 없다. 그러나 '勳績'이라는 것은 立碑의 명분에 불과한 것일 뿐 기실은 다른 배경을 깔고서 훈적을 내세웠을 가능성을 타진해 보지 않을 수 없다. 훈적의 顯示 자체가 목적이 될 수 없으므로, 수단이었을 소지는 없는가이다. 아울러 훈적을 현시해야만 하는 정치·사회적 동기를 찾는 게 그 立碑 배경에 부합되지 않을까 생각해 본다. 이러한 점에 초점을 맞추어 「능비문」의 작성 배경을 구명해 보고자 했다.

능비의 건립 시기인 414년은 평양성 천도가 단행된 427년에서 불과 13년 前이라는 사실이 주목된다. 그리고 「능비문」의 주된 내용인 전쟁 기사는 남진경영과 관련된 것으로 드러나고 있다. 고구려의 진출 방향이 南方인 것으로 밝혀진 것이다.[2] 이러한 맥락에서 볼 때 평양성 천도와 관련한 배경 내지는 메시지가 「능비문」에 담겨 있을 가능성을 배제하기 어렵게 한다. 「능비문」의 성격과

1) 본고의 「광개토왕릉비문」 釋文은 한국고대사회연구소, 『譯註 韓國古代金石文』I, 1992, pp.7~16에 의하였다.

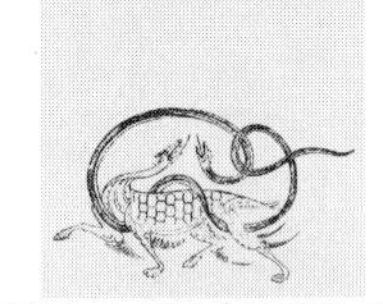



능비의 건립 배경을 이같은 점에 주안점을 두고서 검토했다.

## II. 능비의 건립 시점과 그 정치적 배경

「능비문」의 작성 배경과 관련해 일단 정리해 둘 사안은 능비의 건립 시기이다. 「능비문」에서 능비의 건립 시기를 "39세에 세상을 버리셨으니 甲寅年 9월 29일 乙酉에 山陵으로 옮기셨고 이에 비를 세웠다(卅有九 寔駕棄國 以甲寅年九月廿九日乙酉遷就山陵 於是立碑)"라고 하였다. 광개토왕이 사망한 해는 壬子年 10월이다.[3] 그러므로 능비가 세워진 甲寅年은 광개토왕이 세상을 뜬지 불과 2년 후인 414년이 된다. 이때는 광개토왕의 체취가 물씬 남아 있는 시점인 동시에 그 아들인 장수왕의 입장에서 볼 때 立碑의 필요성이 느껴지는 사안이 존재해야만 한다. 능비는 "위로는 祖先王 이래로부터 墓 邊에 石碑를 두지 않았다(自上祖先王以來 墓上不安石碑)"라고 한 데서 알 수 있듯이 관행에 의해 세운 게 아니었다. 광개토왕릉비는 고구려 사상 최초의 능비인 동시에 규모까지 상당하였다.[4] 요컨대 巨石을 세워 훈적을 새겼다는 것은 비문의 내용을 크게 顯示하고자하는 정치적 목적이 어느 때보다 강렬하게 推動했음을 웅변한다.

그러면 능비가 세워지는 시점과 관련해 이러한 내용과 규모를 자랑하는 비석이 세워져야할 당위성이 발견되어야 할 것이다. 물론 立碑 연대인 414년은 광개토왕의 사망과 일차적인 관련을 맺고 있다. 그러나 이 보다도 高句麗史上 중

2) 朴性鳳, 「廣開土好太王期 高句麗南進의 性格」 『韓國史硏究』 27, 1979. ; 『高句麗南進經營史硏究』 1995, pp.179~205.

3) 능비문에는 광개토왕의 즉위시 연령을 18세라고 하였고, 사망시 39세라고 하였다. 영락 5년의 干支를 乙未라고 하였으므로, 영락 원년인 391년이 광개토왕의 즉위년이요 연령 또한 18세에 해당한다. 이것을 놓고 계산해 보면 광개토왕의 사망년은 壬子年이 맞다.

4) 능비는 높이가 6.39m에 무게는 37t에 이르고 있다(王健群 外, 『好太王碑と高句麗遺跡』 1988, p.16).

1930년대 광개토왕릉비

대하고도 획기적인 역사적 사건과 결부지어 생각해 볼 문제라고 하겠다. 이와 관련해 414년은 평양성 천도가 단행되는 427년보다 불과 13년 전이라는 점이다. 천도 13년 전에 능비가 세워진 것이다. 능비이기는 하지만 최초의 능비라는 점은 광개토왕의 後光을 전제로 하는 정치적 배경이 깔려 있었을 가능성을 생각하게 한다. 그렇다고 할 때 천도와 능비 건립 사이의 연관성을 조심스럽게 상정하지 않을 수 없다. 遷都라는 것은 一朝一夕에 이루어질 수 있는 성질의 사안은 아니기 때문이다.

광개토왕릉비 (1994년)

遷都는 국가 차원에서의 중대하고도 고차원적인 정치적 결단을 필요로 한다. 그렇기 때문에 상당한 기간에 걸친 논의와 더불어 지배세력간 이해관계의 調整을 거치게 마련이다. 나아가 이는 遷都와 관련해 宮城을 비롯한 제반 시설의 축조를 전제로 하는 정치적 행위라고 하겠다. 즉 遷都가 결정되면 그에 수반하여 遷都할 지역에서 都城 체제의 정비와 관련한 대규모 토목공사를 단행하게 마련이다. 물론 平壤城 遷都 결정 후 遷都까지의 소요 기간에 관한 기록은 알 수 없다. 다만 백제 웅진성 도읍기인 大通 연간(527~528)에 창건된 大通寺 조영에 사용된 것과 동일한 '大通' 銘 印刻文 瓦片이 부여 부소산성 동문

터 부근에서 출토된 것을 놓고서 어느 정도 가늠할 수 있다고 한다.5) 즉 大通 연간인 527~528년 무렵에 사비도성에서 왕궁의 배후 산성인 부소산성의 축조가 이루어졌다는 것이다. 이 시점은 사비성 천도가 이루어진 538년에서 10년 전이 된다. 백제는 적어도 遷都 10여년 전에 遷都와 관련한 都城 축조를 단행했다는 것이다.6) 그러나 사비도성 축조 시점은 그 보다 훨씬 이전으로 소급시켜야 될 것 같다. 고구려의 長安城 조영에 34년이 소요되었고, 백제 王興寺 창건에만 무려 35년이 소요되었기 때문이다. 이러한 점을 놓고 볼 때 遷都를 결정하기까지의 調整 기간을 비롯하여, 遷都 결행에서부터 토목 공사에 이르기까지 상당한 기간을 필요로 한다는 사실을 헤아릴 수 있게 된다.

그러면 고구려의 평양성 천도 계획에 대한 합의는 언제 이루어졌을까? 장수왕이 평양성 천도를 단행한 것은 어디까지나 실행에 올린 경우이다. 더구나 장수왕이 천도를 결정했다고 하자. 백제의 경우에 비추어서 최소한 10여년 전 쯤만 소급시켜 보더라도, 그 시점은 장수왕 즉위 초가 된다. 그러나 19세에 즉위한 장수왕이7) 평양성 천도와 같이 중차대한 사안을 즉위 초에 곧바로 결정할 수 있는 상황은 아니다. 평양성 천도가 확정된 것은 그의 父王인 광개토왕대로 지목하는 게 온당하리라고 본다.8) 이러한 추정은 광개토왕대 이전부터 이미

5) 朴淳發, 「百濟都城의 變遷과 特徵」『重山鄭德基博士華甲紀念韓國史學論叢』 1996, pp.124~125.

6) 그런데 印刻瓦에 보이는 大通은 연호라고 일방적으로 단정하기 어려운 구석이 있다. 印刻瓦의 '大通' 이 연호로 사용되었다면, 年代가 銘記되어 있어야 할 것이다. 가령 부소산성에서 출토된 '會昌七年' 銘瓦에서도 역시 '七年' 이라는 年代가 확인되고 있다. 그러나 '大通' 銘 印刻瓦에서는 연대가 보이지 않기 때문이다. 그러므로 이곳의 '大通' 은 연호라기 보다는 大通寺라는 寺名을 가리키는 것으로 간주하는 게 온당할 것 같다. 설령 이러한 추측이 허용되지 않더라도 '大通' 銘 印刻瓦를 大通年間에 제작된 것으로 단정할 수 있는 근거는 없다. 부소산성에서 출토된 '大通' 銘 기와는 2점이 서로 다른 印章으로 찍었음이 확인되었다. 이러한 사실도 부소산성 출토 '大通' 銘 印刻瓦의 제작 상한 연대를 527~528년으로만 단정할 수 없음을 말해준다. 백제 때 大通寺가 존재했던 시기에는 이러한 印刻瓦가 계속 제작될 수 있었기 때문이다. 따라서 부소산성의 始築 시점을 527년~528년으로 간주했던 종전의 추정은 재고를 요한다고 하겠다.

7) 『三國史記』에 의하면 장수왕은 재위 79년에 사망할 때 98세라고 하였다. 그러므로 장수왕은 즉위시 19세가 된다.

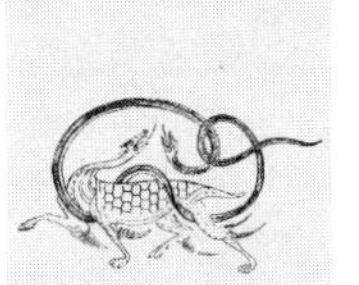



평양성의 비중이 증대된데서 실마리를 찾을 수 있다. 다음의 기사가 그것을 말해 준다.

a. 봄 2월에 왕은 환도성이 亂을 겪어서 다시 도읍할 수 없게 되었으므로 평양성을 쌓고 백성과 宗廟社稷을 그곳으로 옮기었다. 평양은 본시 仙人 王儉의 宅이다. 혹은 왕이 도읍한 王儉이라고 한다.9)
b. 가을 9월에 왕이 군사 3만을 이끌고 현도군을 침공하여 8천 인을 사로잡아 평양으로 옮기었다.10)
c. 가을 7월에 왕이 평양 東黃城으로 移居하였다. 城은 지금 西京 동쪽 木覓山 중에 있다.11)
d. 겨울 10월에 백제왕이 군사 3만을 이끌고 와서 평양성을 치므로, 왕이 군사를 내어 이들을 막다가 流矢에 맞아 이달 23일에 돌아갔다. 故國原에 장사하였다.12)
e. 백제가 군사 3만을 거느리고 와서 평양성을 침공하였다.13)
f. 가을 7월에 國東에 禿山 등 6城을 쌓고 평양의 民戶를 옮기었다.14)

위의 기사 가운데 a의 경우는 대동강유역의 평양성이 아닌 곳으로 지목하고 있다. 그러므로 일단은 논외로 둘 수밖에 없다. b~f의 평양성은 동일한 장소를 가리킨다고 하겠다. c에서 분명히 언급하였듯이 평양성은 지금의 평양 일대를 가리키고 있다.15) 이와 관련한 木覓山은 "(평양)府의 동쪽 4리에 있는데 黃城의 옛 터가 있다. 황성은 絅城이라고도 하는데, 세상에 전하기를 고구려 고국원왕

8) 고구려 왕실과 평양성과의 관계에 대해서는 다음의 논고가 크게 참고된다.
張傚晶, 「고구려왕의 平壤移居와 왕권강화」 『實學思想硏究』 15 · 16合輯, 2000.
張傚晶, 「三國史記 高句麗本紀 東川王 21年條 記事 檢討」 『高句麗硏究』 13, 2002.
9) 『三國史記』 권17, 동천왕 21년 조.
10) 『三國史記』 권17, 미천왕 3년 조.
11) 『三國史記』 권18, 고국원왕 13년 조.
12) 『三國史記』 권18, 고국원왕 41년 조.
13) 『三國史記』 권18, 소수림왕 7년 조.
14) 『三國史記』 권18, 광개토왕 18년 조.

이 丸都城에 있다가 慕容皝에게 패하여 이곳으로 옮겨와 거주했다"[16]고 하였다. d에서 알 수 있듯이 고국원왕은 평양성으로 移居한지 28년만에 그곳에서 전사했다.[17] 고국원왕이 평양성으로 移居한 동기는 보이지 않는다. 그러나 널리 지적되고 있듯이 前燕과의 戰亂으로 인한 宮室의 파괴 때문이었음은 분명한 것 같다. 고국원왕은 국도인 국내성의 복구와 재건을 기다리면서 평양성에 移居하였을 수 있다. 그런데 고구려의 입장에서 볼 때 국내성은 前燕의 침공에 노출되어 있는 곳이었다. 더구나 이곳은 막대한 피해를 입은 곳이기도 하였다. 고국원왕에게 국내성은 기억하고 싶지 않은 몸서리쳐지는 장소였을 법하다. 적어도 28년간이나 고국원왕이 평양성에 거처했다는 것은 국내성으로의 귀환을 바랬다기 보다는 新國都로서 평양성을 경영한다는 차원에서 실질적인 수도로 기능했음을 뜻하는 것 같다. 뒤의 광개토왕대에는 국내성을 중심으로 삼았지만 여전히 국왕이 평양성에 거처하는 경우가 많았다. f에 보이는 '國東'의 '國'은 國都를 가리키는 만큼[18] 평양성의 민호를 멀리 국내성의 동쪽으로 이주시

---

15) 李丙燾, 「平壤 東黃城考」『韓國古代史研究』 1976, p.373쪽에서는 평양성을 江界로 비정하였다. 이러한 견해는 평양=낙랑군 소재지라는 선입견에 좌우된 것 같다. 낙랑군이 313년 이후에도 거의 독립적인 형태로 존속한 것으로 간주하고 있다. 이 견해는 그 나름대로 일리가 있고 주목할 점이 적지 않다. 그런데 이와 관련해 평양 大城山 일대에 수십 基의 기단식 적석총이 분포하고 있다는 점을 유의하지 않을 수 없다. 발굴된 적석총의 구조로 볼 때, 이는 2~4세기 대에 발달한 기단식 적석총으로 밝혀지고 있다(東潮·田中俊明, 『高句麗の歷史と遺跡』 1985, p.182). 고구려 고유의 묘제인 적석총이 평양성 천도 몇 세기 전에 이미 평양 일대에 소재하고 있다는 것은 고구려 세력의 침투 내지는 일정한 영향을 반영하고 있음은 부인할 수 없다. 이러한 고고학적 물증들은 문헌에 보이는 4세기대의 고구려와 평양성의 관계를 시사해 주는 유력한 근거가 될 수 있다. 張傚晶은 「三國史記 高句麗本紀 東川王 21年條 記事 檢討」 pp.21~22에서 東潮의 자료를 언급하면서 이를 낙랑군의 붕괴와 더불어 고구려 집단이 대동강 이북을 영토화시킨 근거로서 언급하였다.

16) 『新增東國輿地勝覽』 권51, 평양부 산천 조.

17) 고국원왕이 전사한 평양성을 황해도 신천군 장수산성 일대로 비정하는 견해도 있다. 이 견해는 안악 3호분을 고국원왕릉으로 비정하기 위한 논거로서 접근한 것이기 때문에 설득력이 약하다. 고국원왕이 전사한 평양성이 지금의 평양임은 徐永大, 「高句麗 平壤遷都의 動機」『韓國文化』 2, 1981, p.96을 참조하기 바란다.

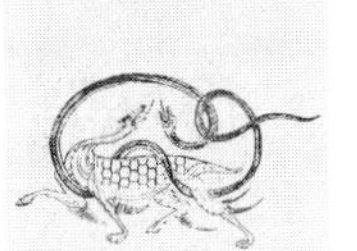



킨 게 아니라고 하겠다. 당시 평양성은 國都로 인식되었기에 그 동방에 축성하고 평양성의 민호를 옮겼다고 보는 게 합리적인 해석이 아닐까 한다.

평양성이 國都로 기능하는 현상은 장수왕 초기까지도 계속되었던 것 같다. 그랬기에 장수왕이 즉위 2년에 지금의 평양 보통강 벌판인 蛇川原에서 사냥하는[19]게 가능하지 않았을까 싶다. 사천원은 연개소문이 唐將 龐孝泰의 군대를 격파한 蛇水流域과 동일 지역으로 간주되기 때문이다.[20] 이처럼 장수왕이 평양성 부근에서 사냥하였음은 국내성에서부터 멀리 평양성까지 내려왔다는 게 아니다. 장수왕이 평양성에 거처하였기에 가능했던 일로 보는 게 자연스럽다. 동시에 국왕이 평양성에 거주하는 기간이 길었음을 뜻한다.

이와 더불어 고구려왕이 평양성에 거처하는 동안 백제와의 전투가 빈번해진다는 것이다. d와 e의 경우는 말할 것도 없고, 다음의 기사가 그것을 말한다.

- 가을 9월에 군사 2만으로 남쪽으로 백제를 정벌하여 雉壤에서 싸우다가 패하였다.[21]
- 가을 7월에 백제의 水谷城을 침공하였다.[22]
- 겨울 11월에 백제의 北境을 침공하였다.[23]
- 11월에 남쪽으로 백제를 쳤다.[24]
- 가을 8월에 왕이 군사를 징발하여 남쪽으로 백제를 쳤다.[25]
- 가을 9월에 백제가 침략을 해 와서 남쪽 변경의 부락들을 약탈하고 돌아갔다.[26]

---

18) 李道學, 「永樂 6年 廣開土王의 南征과 國原城」『孫寶基博士停年紀念韓國史學論叢』1988, pp.103~104.
19) 『三國史記』권18, 장수왕 2년 조.
20) 蛇水를 보통강으로 지목하는 것은 사회과학 연구원, 앞책, p.272에 의함.
21) 『三國史記』권18, 고국원왕 39년 조.
22) 『三國史記』권18, 소수림왕 5년 조.
23) 『三國史記』권18, 소수림왕 6년 조.
24) 『三國史記』권18, 소수림왕 7년 조.
25) 『三國史記』권18, 고국양왕 3년 조.
26) 『三國史記』권18, 고국양왕 6년 조.

● 가을 9월에 백제가 달솔 진가모를 보내어 도곤성을 공파하고 2백 인을 사로잡아 갔다.[27)]

위의 기사에서 보듯이 前燕에게 타격을 입은 고국원왕대 이래 고구려와 백제 간에는 전투가 잦았다. 백제가 고구려를 침공해 온 경우도 있었지만 여하간 고구려의 진출 방향이 남방인 것은 분명하다. 광개토왕대의 경우 문헌은 말할 것도 없이 「능비문」에서도 그것을 잘 보여준 바 있다.[28)] 이러한 상황에서 평양성의 비중이 증대되었음은 부인할 수 없다. 이와 관련해 광개토왕이 즉위 2년에 평양성에 9寺를 창건한[29)] 기사를 주목하지 않을 수 없다. 한 두 곳도 아니고 무려 9개의 사찰을 평양성에 창건한 배경은 문화적 차원은 넘어섰다고 본다. 이는 정치적으로 의미가 실로 큰 사안으로 보아야 한다. 국내성에 창건된 사찰은 처음 불교를 수용했을 때 肖門寺와 伊弗蘭寺를 창건한데 불과하다.[30)] 그럼에도 수도가 아닌 평양성에 무려 9개나 되는 사찰을 창건했다. 이는 단순한 창건이 아니라 도성체제와 관련한 토목공사 차원에서 접근할 수 있는 성격의 것이라고 하겠다.[31)]

주지하듯이 一國의 도성이 자리잡기 위해서는 왕궁과 왕릉 그리고 大刹이 반드시 조영되어야만 한다. 遷都 이전에 왕궁과 대찰이 조영되어야만 도성으로서 기능할 수 있다. 이러한 점에서 볼 때 광개토왕이 평양성에 9寺를 창건한 것은 천도와 연관 짓지 않고는 설명하기 어려운 성질의 것이라고 하겠다. 천도는 대규모 토목공사를 추진해서 도성 시스템을 완비한 연후에야만 가능하기 때문

27) 『三國史記』 권18, 고국양왕 7년 조.
28) 李道學, 「廣開土王陵碑文에 보이는 戰爭 記事의 分析」 『高句麗研究』 2, 1996, pp.751~765.
29) 『三國史記』 권18, 광개토왕 2년 조.
30) 『三國史記』 권18, 소수림왕 5년 조.
초문사와 이불란사가 평양에 조영되었다는 견해도 있다(張俶晶, 앞논문, 2000, pp.148~149).
31) 徐永大는 평양의 9寺 창건을 평양성 천도를 겨냥한 諸般施策의 하나로 간주하였다(徐永大, 앞논문, p.101).

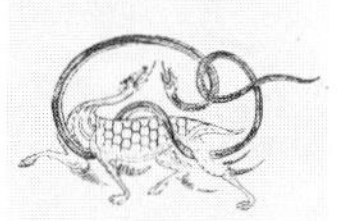



이다. 비슷한 사례로써 백제의 익산 천도설도[32] 왕궁과 대가람인 미륵사 그리고 왕릉인 쌍릉의 존재가 확인되고 있기 때문에 힘 있게 제기되고 있는 것 같다. 적어도 광개토왕의 父王인 고국양왕대에는 遷都가 확정되었다고 본다. 그랬기에 광개토왕 2년에 사찰 건립과 관련한 遷都 준비가 이루어질 수 있었다고 하겠다.

이와 더불어 f에서 평양성의 민호를 徙居시키는 시책은 國東 6城 축조와 결부된 것이다. 이 때 徙居된 평양성 민호의 성격은 알 수 없다. 그러나 과거 낙랑군의 치소였던 평양성에는 중국계 주민들이 무려 400년 이상에 걸쳐 世住하고 있는 상황이었다.[33] 이미 강고하게 토착화된 중국계 주민들에 대한 정리 없이는 평양성으로의 천도가 무의미할 수 있다. 이러한 선상에서 평양성의 중국계 주민들의 일단을 徙居시킴으로써[34] 국내성에 기반을 둔 고구려 왕실의 새로운 근거지로서 이곳을 확보하려고 했던 것 같다.

그러면 광개토왕의 父王인 고국양왕대에 천도가 확정되었고, 광개토왕대에 추진되면서 장수왕대에 천도한 평양성은 어느 정도의 규모였을까? 고구려는 현재 평양의 동북방에 대성산성을 축조하였다. 그 둘레가 7km가 넘을 뿐 아니라 면적이 2.7km$^2$로서 수십만의 군대를 능히 수용할 수 있다. 그리고 대성산성은 연인원 70만 명이 동원된 것으로 추정되는 대규모 방어시설이었다. 대성산 소문봉 남쪽 기슭의 언덕에 安鶴宮이라는 거대한 궁성을 건립하였는데 그 면적은 38만m$^2$가 넘는 규모였다.[35] 이 정도 규모의 도성을 축조하는데는 적어도 10여 년 이상의 기간이 소요되었을 것이다. 평양성 보다 규모가 훨씬 宏大한 장안성의 축조에는 552년(양원왕 8)에 시작하여[36] 586년(평원왕 28)에 이르게 되었으니[37]

32) 黃壽永, 「百濟 帝釋寺址의 硏究」 『百濟硏究』 4, 1973, pp.4, 9~16.
33) 孔錫龜, 『高句麗 領域擴張史 硏究』 1998, pp.55~225.
34) 孔錫龜, 앞책, p.196.
35) 사회과학원 력사연구소, 『조선전사』 3, 1991, pp.115~132.
36) 『三國史記』 권19, 양원왕 8년 조.
37) 『三國史記』 권19, 평원왕 28년 조.

무려 35년이 소요된 바 있다. 그러므로 평양성 천도 작업은 적어도 광개토왕대에는 시행되었을 것으로 헤아려진다.

이러한 사실을 암시해 주는 또 하나의 자료가 「능비문」의 守墓制 정비 관련 문구이다. 광개토왕과 장수왕의 의지에 의해 행해진 수묘제의 정비에 대한 다음과 같은 평가가 있다. 즉 "평양성으로의 천도를 염두에 두고, 천도 직전에 종전 도읍지에 있는 王陵들에 대한 安全守護策을 마련하고자 한 두 王의 의지가 여기에 담겨 있는 것이 아닌가 추측된다"[38] 라는 것이다. 「능비문」에서 지대한 공간을 점하고 있는 부분이 수묘인 연호 조였다. 그랬기에 능비의 건립 목적을 이것과 결부지어 그 의미를 부여하기까지 하였다. 그럼에도 불구하고 수묘인 연호 조 역시 궁극적으로 평양성 천도와 관련된 것으로 歸結된다는 지적이다. 요컨대 「능비문」의 내용들은 그 목적이 평양성 천도로 집약되고 있음이 일층 분명해졌다.

그런데 고구려의 입장에서 볼 때 평양성은 백제의 공격 타깃이 되기도 하였다. 백제 근초고왕과 근구수왕 父子 2대에 걸쳐 평양성은 백제의 공격을 받았기 때문이다.[39] 더구나 고구려 고국원왕은 평양성 전투에서 전사하기까지 하였다. 평양성으로의 천도를 반대하는 세력들은 이 점을 빌미로 삼아 반대했을 가능성이 높다. 이 때문에 천도 준비는 진행되었지만 천도를 선뜻 단행하기는 어려웠던 것 같다. 그러나 광개토왕대 남방경영의 성공에 따라 천도 작업이 순조롭게 진행되었던 것으로 보인다. 그 와중에 광개토왕이 39세로 急逝했던 것 같다.[40] 이는 천도 여부를 再考하게 하는 一大 사태였을 것이다. 천도를 줄기차게 반대하던 국내성에 기반을 둔 귀족세력들은[41] 광개토왕의 사망을 기화로 천도를 백지로 돌리려고 했을 법하다. 더구나 천도 공사가 마무리 되지 않았을

38) 金賢淑, 「廣開土王碑를 통해 본 高句麗守墓人의 社會的 性格」『韓國史硏究』65, 1989, pp.65~66.

39) 『三國史記』 권24, 근초고왕 26년 조.
『三國史記』 권24, 근구수왕 3년 조.

뿐 아니라, 토목공사로 인한 민심의 이탈 등을 구실로 삼았을 가능성이 높다.

광개토왕을 이은 장수왕은 父王이 추진했던 평양성 천도 사업을 계속 추진하여 완결 짓고자 하였다. 그러기 위해서는 평양성으로의 천도 이유와 근거를 밝히는 게 필요하다고 판단했을 법하다. 장수왕은 능비를 세워 광개토왕대에 추진된 천도 작업에 대한 기억을 환기시키고, 천도 이유를 밝히면서 일관되게 천도의 결실을 暗示하고자 했던 것이 아닐까.

## Ⅲ. 「능비문」의 특성과 그 전쟁 기사 속의 평양성

장수왕은 평양성 천도의 불가피함을 밝히기 위해 어떠한 시도를 했을까? 장수왕은 첫째 천도를 추진했던 광개토왕의 권위를 세움으로써 그 왕대에 추진한 천도의 유효성을 부각시키고자 했던 것 같다. 그 때문인지 「능비문」에는 여타 비문에서 찾아 볼 수 없는 독특한 점들이 발견된다. 능비는 주지하듯이 왕릉 앞에 세워진 비석이다. 그리고 능비의 문장은 왕의 생전의 행적을 수록하게 마련이다. 그럼에도 「능비문」에는 특이하게도 광개토왕의 직계 조상들에 관한 언급이 없다. 이는 일반 「능비문」이나 묘지명과는 크게 차이 나는 현상이 아닐 수 없다. 가령 「능비문」과는 그 성격상 본질적으로 차이가 없는 「흑치상지묘지명」이나 泉男生·泉男産·泉獻誠·高慈 墓誌銘을 보자. 이곳에서는 자신들의 高祖에서 曾祖와 祖를 비롯하여 父에 관해 언급하였다.[42]

---

40) 광개토왕 16년에 궁궐을 중수한 기록을 주목하여, 광개토왕 말년에 평양성 천도 계획이 있었다면 기왕의 궁실을 굳이 중수할 필요가 있었겠냐는 의견이 제기될 수 있다. 그러나 백제의 경우는 앞서 언급한 바 있듯이 사비성 천도와 관련한 토목공사가 최소한 그 10년 전에는 단행되었던 것으로 보인다. 백제 조정의 사비성 천도 결정은 천도 17년 전인 521년(무령왕 21)으로 추정되고 있다. 그럼에도 백제는 525년에 웅진성을 수리하였다. 그러므로 궁성이나 궁실 수리 자체가 천도 여부를 가늠해 주는 지표가 되지 않음을 알 수 있다.

41) 張傚晶, 2000, 앞논문, p.152.

42) 李道學, 「百濟 黑齒常之墓誌銘의 檢討」 『鄕土文化』 6, 1991, p.22, p.28, pp.31~32.

그러나 「능비문」에는 이와는 달리 광개토왕의 父나 祖 등에 관한 언급이 없다. 즉 "옛적에 시조 추모왕이 나라를 세웠다. 북부여에서 나오셨으며 天帝의 아드님이고, 어머니는 하백의 따님이시다. … 顧命을 받은 세자 유류왕은 道로서 興治시켰으며, 대주류왕은 基業을 잘 이어 받았다(惟昔始祖鄒牟王之創基也 出自北夫餘 天帝之子 母河伯女郎 … 顧命世子儒留王 以道興治 大朱留王紹承基業)"라고 하였기 때문이다. 이 문구에서 보듯이 시조왕을 비롯한 3대까지의 국왕에 대해 서술하였다. 그런 다음 껑충 뛰어 내려와서 시조왕의 17세손 광개토왕과 연결시켰다. 고구려 사회에서 최고의 권위를 지니고 있는 왕실의, 그것도 시조와 광개토왕 자신을 직접 연결시킴으로써 혈통의 神聖性을 극대화시키는 효과를 유도하고 있다. 광개토왕을 고국양왕의 아들로서 보다는 시조 추모왕과 연결 지음으로써, 시조의 후광을 직접 입게 하려는 효과를 기획했던 것 같다. 이 점은 「능비문」에서 추모왕을 '皇天之子'라고 하였는데, 광개토왕의 "恩澤이 皇天까지 미쳤다(恩澤洽于皇天)"는 점을 강조한데서도 뒷받침된다. 광개토왕의 권위는 추모왕과 마찬 가지로 皇天과 연결되는 절대성을 지녔음을 선포하고 있다.

다음 단계로서는 '皇天之子'인 추모왕의 후손이기에 恩澤이 皇天까지 미치는 광개토왕의 업적을 집약적으로 현시할 필요가 있었다. 이 문구가 "나라는 부유해지고 백성들은 잘 살고 오곡이 잘 영글었다(國富民殷 五穀豊熟)" 이었다. 광개토왕대 전체를 한 마디로 집약하는 治績인 "國富民殷

광개토왕릉비문 탁본 (쌍구가묵본)

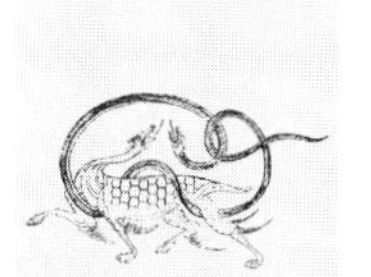



五穀豊熟"을 가능하게 한 수단이 전쟁이었다. 주지하듯이 「능비문」은 능 앞에 세워진 국왕의 생애를 수록해 놓은 비석의 문장이다. 그럼에도 불구하고 광개토왕릉비문은 여타 「능비문」에서는 유례가 드물 정도로 전쟁 기사 일변도로만 적혀 있다. 신라의 저명한 정복군주인 진흥왕의 경우 巡狩碑를 세웠지만 비문상에 전쟁 기사는 일체 보이지 않는다. 戰勝을 통해 영토가 넓혀지고 한강유역과 황초령·마운령 등지에 巡狩가 가능해 진 것이다. 그럼에도 진흥왕 巡狩의 배경이 되는 전쟁이나 拓境과 관련된 戰勝에 관한 구체적인 언급이 보이지 않는다.[43] 그런데 「능비문」은 국왕의 생애 전체와 관련한 서술이 있게 마련인 「능비문」임에도 불구하고 그 핵심은 戰勝 기사 一邊倒였다. 광개토왕의 여타 治績에 관한 언급이 일체 없는 것이다. 그리고 광개토왕의 혈통과 관련해 父→祖→曾祖와 같은 직계 조상에 대한 언급이 없다는 것도 여타 「능비문」과는 그 성격이 전혀 다름을 시사하고 있다.

「능비문」에서 밝히고 있는 광개토왕의 치적은 말할 나위없이 戰勝이었다. 이 전승은 단순히 승전을 후세에 전하기 위한 목적에 있었다기 보다는 어떤 메시지가 담겨 있다고 보여진다. 이와 관련해 「능비문」의 전쟁 기사를 검토해 본다. 먼저 영락 5년 조의 패려 정벌 기사는 영역의 지배가 아닌 약탈에 목적을 두었다. 약탈물인 牛馬는 고구려 사회의 기본 動力源인 동시에 일종의 軍資이기도 하였다. 牛馬의 약탈은 영락 10년 조의 이른바 신라 구원과 연결된 步騎 5萬의 출병과 관련된 軍馬의 획득과 연관지을 수 있다고 한다.

영락 6년 조는 백제 정벌 기사이다. 그 다음 영락 8년 조 고구려의 백신토곡 진출 기사는 영역 확보가 아닌 주민 약탈과 朝貢論事로 마무리 되고 있다. 이는 그 이듬 해인 영락 9년 조와 10년 조로 이어지는 낙동강유역으로의 진출과 관련된 교통로의 개척과 연결지어 진다. 영락 14년 조는 왜구가 대방계에서 격전을 치르다가 고구려군에게 참패하는 기사이다. 그 전투의 동기는 "백잔이 서약

43) 李道學, 「磨雲嶺 眞興王巡狩碑의 近侍隨駕人의 檢討」 『新羅文化』 9, 1992, pp.119~130 참조.

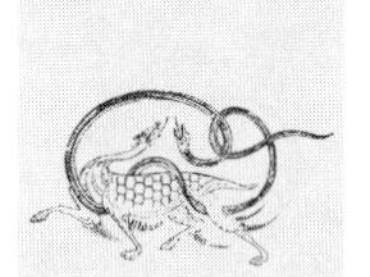



을 어기고 倭와 和通하였다(百殘違誓與倭和通)" 라고 하였듯이 백제와 관련해서 비롯되었다. 영락 17년 조는 그 전쟁 대상국에 대하여 구구한 추측이 난무하였지만 백제로 간주하는 게 사세에 부합된다. 마지막 영락 20년 조는 동부여 정벌이다.[44)]

이같은 「능비문」의 전쟁 기사를 놓고 볼 때 고구려의 주된 전쟁 대상 지역과 국가는 한반도 중남부 지역의 백제와 倭였다. 「능비문」에 보이는 고구려의 主敵은 의심할 나위없이 백제였던 것이다. 고구려가 백제를 제압하는 게 懸案이었다. 그러한 고구려와 백제의 관계는 「능비문」 상에서 다음과 같이 정리된다. 신묘년(391년) 이래로 왜가 바다를 건너와서 도발하였고, 그에 대한 응징으로 영락 6년에는 왜와 연계된 백제를 정벌하여 백제왕의 항복을 받아 내었다. 고구려는 백제왕으로부터 '奴客의 誓' 를 받았다. 그러나 백제는 '違誓' 하고 왜와 화통한 후 다시금 도발을 했다고 한다. 영락 10년과 14년 그리고 17년 조는 백제를 축으로 한 왜와의 전쟁이었다. 이 전쟁에서 고구려가 백제를 제압하여 大王權 體制에 복속시켰다는 언급이 없다. 고구려에 있어 백제는 궁극적으로 소멸시켜야 할 惡의 세력으로 여전히 남아 있었다. "舊是屬民" 이었기에 "由來朝貢" 했었음에도 불구하고 여전히 위협 세력으로 남은 백제의 존재는 고구려 장수왕 정권이 이제는 해결해야 할 懸案이었다.

그러면 장수왕 정권의 懸案인 백제와 관련해서 평양성은 정작 어떠한 의미와 비중을 점하고 있을까? 이와 관련해 「능비문」에서의 평양성 관련 기사를 摘記하면 다음과 같다.

g. 九年己亥 百殘違誓與倭和通 王巡下平穰 而新羅遣使白王云 倭人滿其國境 潰破城池 以奴客爲民 歸王請命 太王[恩慈] 矜其忠[誠] △遣使還告以△計

h. 十四年甲辰 而倭不軌 侵入帶方界 △△△△△石城△連船△△△ [王躬]率△△ [從]平穰△△△鋒相遇王幢要截盪刺 倭寇潰敗 斬煞無數

44) 李道學, 앞논문, 1996, pp.751~765.

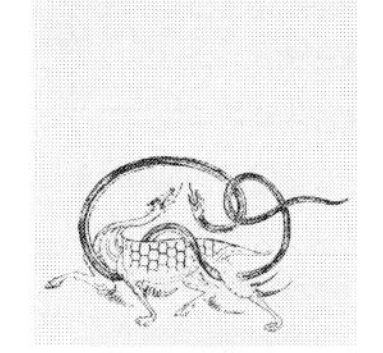



i. 守墓人烟戶 賣句余民國烟二看烟三 東海賈國烟三看烟五 敦城民 四家盡爲看烟 于城一家爲看烟 碑利城二家爲國烟 平穰城民國烟一看烟十

「능비문」에는 정복전쟁의 총결산으로서 64성과 1,400촌을 점령했음을 밝히고 있다. 이들 전과는 오로지 백제로부터였다.[45] 백제로부터의 전과는 실로 의미가 컸기에 획득한 城名을 낱낱이 기재한 것으로 보겠다. 그러한 백제는 고구려에게 버거운 상대였다. 고구려는 백제를 제압하는 전쟁을 치르기 위해[46] g에서 "王巡下平穰"라고 하였듯이, 광개토왕이 몸소 평양성까지 내려 왔다. 또 이곳에서 광개토왕은 신라 사신의 구원 요청을 받아 步騎 5만의 대병력을 출동시키고 있다. 고구려가 신라 · 가야 지역과 같은 원거리로의 대규모 원정을 단행하는데 있어서의 출발 기점이 평양성이었다. h의 영락 14년 조에서도 고구려군이 왜구의 궤패를 가능하게 했던 출발지로서 평양성이 다시금 등장하고 있다.[47] 요컨대 「능비문」에서는 步騎 5만이 출병한 기점이자 왜구를 궤멸시킨 근거지로서 평양성이 부각되고 있는 것이다. 요컨대 「능비문」에서의 평양성은 백제와 왜구의 제압과 관련한 勝戰의 起點 역할을 했다는 사실을 암시하고 있다.

「능비문」에는 일련의 전쟁을 완결지으면서 그 전과로서 64성 1,400촌을 特敍하였다. 이러한 전쟁의 완결은 광개토왕의 업적을 칭송하는 구절 冒頭에서 "國富民殷 五穀豊熟"라는 성과로서 선전하였다. 이러한 성과는 民力의 소모가 극심한 천도를 단행할만한 준비가 충분히 갖추어졌음을 시사하고 있다. 즉 평양성 천도가 가능하다는 메시지를 전달하려는 데 있었던 것 같다. 요컨대 광개토

45) 李道學, 앞논문, 1996, p.765.

46) 400년 전쟁의 배후에 백제가 있었음은 孔錫龜, 앞책, pp.209~210에 의한다.

47) 이와 관련해 徐永大의 다음과 같은 서술이 도움이 된다. "그런데 이 기사에 平穰 전후의 글자가 빠져 있어 平穰이 어떠했다는 것인지는 정확하게 알 수 없지만, '率' 이라는 표현이 王의 親征을 의미하는 점으로 미루어, 이 경우도 광개토왕의 親征軍이 平穰을 경유하여 어떤 곳에서 倭軍과 충돌 이를 대파하였음을 전하는 것이라 추측된다. 이렇듯 平穰이 주변 지역의 작전을 위해 經由하는 곳이었다고 할 때, 또한 이곳이 고구려의 주요 전략 거점임을 示唆하는 것이라 할 수 있겠다(徐永大, 앞논문, p.97)."

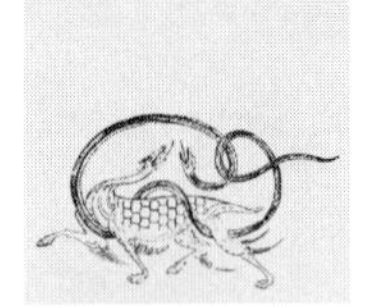



왕대 일련의 움직임과 결부지어 볼 때 대규모 노동력과 토목공사를 필요로 하는 천도는 전쟁을 종식시킨 연후에 하겠다고 했던 것 같다. 그럼으로써 천도 반대 세력을 일단 눌렀던 것으로 보인다. 「능비문」은 광개토왕에 의해 일련의 전쟁이 완결되었고, "五穀豊熟"에서 알 수 있듯이 농업 경제적 기반을 충분히 확보하게 되었다. 또 이러한 경제적 기반의 영속적 지배를 위해서라도 남쪽으로의 천도가 불가피하다는 메시지를 담고 있는 것으로 보여진다.

광개토왕대에 평양성 천도가 추진되었다. 그런데 39세를 일기로 광개토왕이 急逝하자 천도를 반대하고 있던 귀족 세력들은[48] 천도 중단을 주장하였을 수 있다. 이로 인해 고구려 왕권을 軸으로하여 천도를 지지하는 세력과 반대하는 세력간의 갈등이 빚어지게 되었을 소지가 크다. 이러한 왕국 전체의 분열로 인한 문제를 수습하고 遷都 履行을 喚起시키기 위한 목적을 底邊에 깔고서 능비를 건립했던 것으로 생각된다.

이 문제와 관련해 광개토왕대의 다음과 같이 後燕과 크게 전투를 치른 기사를 주목해 본다.

- 2월에 燕王 慕容盛이 우리 왕의 聘禮가 거만하다 하여 직접 군사 3만을 거느리고 來襲하여 왔다. 驃騎大將軍 慕容熙로 前鋒을 삼아 新城과 南蘇城의 2城을 함락하고 7백여 리의 땅을 개척하였다. 5천여 戶를 옮기어 놓고는 돌아 갔다.[49]
- 왕이 군사를 보내어 宿軍城을 공격하자 燕의 平州刺史 慕容歸는 성을 버리고 달아났다.[50]
- 겨울 11월에 군사를 내어 燕을 침공하였다.[51]
- 봄 정월에 燕王 慕容熙가 와서 요동성을 공격하여 함락시키려고 할 때 熙는 將士들에게 명하여 "먼저 오르지 말라! 그 城을 깎아 평지를 만들기를 기다려서 朕은 皇后

48) 평양성 천도를 반대하는 귀족 세력들에 대해서는 徐永大, 앞논문, p.128을 참조하기 바란다.
49) 『三國史記』 권18, 광개토왕 9년 조.
50) 『三國史記』 권18, 광개토왕 11년 조.
51) 『三國史記』 권18, 광개토왕 13년 조.

와 더불어 輦을 타고 들어 가겠다"고 하였다. 이로 인하여 城中에서는 엄중하게 방비를 하였으므로, 끝내 이기지 못하고 돌아갔다.[52]

- 겨울 12월에 燕王 熙가 契丹을 습격하려고 陘北에 이르렀으나, 거란의 무리가 많은 것을 두려워 하여 돌아 가려하다가 드디어 輜重을 버리고 輕兵으로써 우리나라를 침습하였다. 燕軍은 3천여 리를 행군하여 군사와 말이 피로하고 얼어서 죽은 자가 길에 이어졌다. 우리의 木底城을 공격했으나 이기지 못하고 돌아 갔다.[53]

위와 같은 『삼국사기』 기록만 보더라도 고구려는 후연과 5차례나 전투를 치렀음을 알 수 있다.[54] 그럼에도 고구려와 후연과의 전투가 「능비문」에 일체 기재되어 있지 않다. 그 이유에 대해서는 여러 가지 해석이 제기되었다. 고구려가 對後燕戰에서 이렇다할 성과가 없었기 때문이라고도 했다. 혹은 407년 後燕의 龍城(朝陽)에서 慕容熙가 被殺되고, 慕容寶의 養子로서 고구려 王家의 分家 出身인 高雲이 즉위하였다. 高雲의 祖上은 그에 앞서 342년 慕容皝의 침입 때 끌려 갔었다. 이로써 고구려와 後燕은 화해하게 되었고, 408년에 광개토왕은 宗家의 禮를 베풀어 주었다. 그러나 불행하게도 高雲 政權은 2년 만에 쓰러지고 대신 그를 擁立한 바 있는 馮跋의 北燕이 들어서게 되었다. 北燕도 고구려와 友好關係를 유지하였다. 때문에 「능비문」에는 後燕과의 전투가 기록되어 있지 않았던 것이다.[55] 즉 後燕과의 전투는 그 비중에도 불구하고 이제 和解하게 된 後燕의 後身인 北燕과의 마찰을 바라지 않는 고구려 왕실의 외교적 배려라고 할 수 있다.[56]

그러나 이 문제는 지금까지의 논의와 관련지어 볼 때 다른 해석이 제기될 수 있다. 「능비문」에 後燕 관련 기사가 일체 보이지 않는 이유는 고구려가 추진하

52) 『三國史記』 권18, 광개토왕 14년 조.
53) 『三國史記』 권18, 광개토왕 15년 조.
54) 『三國史記』에 보이는 고구려의 對後燕戰의 연대 문제는 千寬宇, 『古朝鮮史 · 三韓史硏究』 1989, p.111에 정리되어 있다.
55) 李道學, 앞논문, 1988, p.93.

고 있던 평양성 천도의 명분을 확고하게 유지하기 위한 데 있지 않았을까. 즉 後燕과의 戰果는 평양성 천도에 반대하는 국내성 귀족 세력의 입지를 강화시켜 줄 수 있다. 국내성 귀족들은 남방 보다는 서방으로의 진출을 추구함으로써 국내성을 거점으로 하는 자신들의 존재 근거를 여전히 내세우려고 했을 가능성이 높다. 後燕과의 전과는 지리 관계상 국내성 귀족 세력들의 역할이 컸을 것으로 보여진다. 그렇다면 자연 그들의 비중을 정치적으로 顯示해 줄 수 있다고 판단했을 법하다. 요컨대 고구려의 진출 방향을 놓고 서방과 남방으로 그 정치적 입장이 갈려 있을 가능성이 상정된다. 그런데 적어도 고국원왕 후반기 이래 고구려 왕실의 주된 진출 방향은 남방이었다. 이후 광개토왕을 비롯한 평양성 천도파가 일단 주도권을 장악했다고 보여진다.

이러한 배경으로 인해 「능비문」에서 국내성은 그 존재가 단 1차례도 언급되지 않았다. 반면 평양성은 3차례나 언급되고 있는 것은 아닐까. 이는 장차의 수도일 평양성에 비중을 실어줌으로써 미래의 수도에 대한 긍정적인 연상을 기대하기도 했던 것으로 보인다. 특히 승전의 진원지로서 평양성이 2회나 언급되어 있다. 이는 장차 고구려의 주적인 백제와 왜를 제압하기 위해서는 평양성 천도가 필요불가결하다는 의도를 저변에 깔고 있는 것 같다. 국가의 중심축인 수도를 남쪽으로 옮김으로써 만이 백제와 왜를 효과적으로 또 궁극적으로 제압할 수 있다는 정서를 심어주고 있다고 본다. 이와 관련해 「능비문」의 정복 전쟁 기

56) 朴時亨, 『광개토왕릉비』 1966, pp.79~80.
"그런데 광개토왕릉비에는 양국간의 관계에 대하여 한 마디도 언급이 없다. 그것은 이해할만한 일이다. 광개토왕 초기의 양국간의 전쟁에 대하여 말한다면 그것은 晋書, 資治通鑑의 상기 기록들에 밝혀져 있는 바와 같이 고구려는 수차 강적 연나라의 침입을 성공적으로 격퇴하였고 또 필요에 의하여는 적에 대한 공격을 조직하기도 하였지마는 원래 광개토왕의 무훈으로서는 그다지 찬양할 정도의 것으로 되지 못하였고, 또 광개토왕 후반 시기, 장수왕 초기의 양국 관계로 보아 그것은 금석문에 대서특서하여 넣을 필요도 없었던 것이다. 필자가 여기서 구태여 당시의 고구려-연 관계를 개괄한 것은 삼국사기 광개토왕본기에도 좌우간 적지 않게 수록되어 있는 양국 관계가 어찌하여 비면에는 일언반구도 언급되어 있지 않느냐하는 의문에 대답하기 위한 것에 지나지 않는다(朴時亨, 앞책, p.80)"

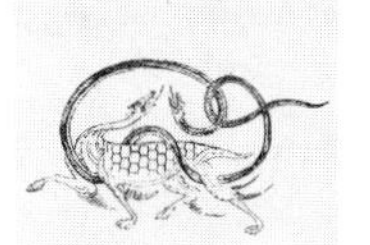



사에 관한 다음과 같은 평가도 그 까닭을 알 수 있을 것 같다. "… 광개토왕이 가장 심혈을 기울였던 北方地域에 대한 것은 거의 언급되지 않았다는 점이 의문스럽다. 碑文內의 정복 활동 지역의 태반은 한반도內이며 투쟁의 중심 대상도 倭와 百濟이다. 이것은 문헌상으로 알려진 광개토왕의 업적과는 부합되지 않는다."[57] 실제 「모두루묘지」에서 모두루의 직책인 '北夫餘守事'를 통해서도 고구려가 북부여 등지로 진출했음이 확인되고 있다.[58] 그렇지만 「능비문」에는 이러한 사실이 일체 기재되어 있지 않은 것이다.

아울러 「능비문」은 광개토왕이 "나는 舊民들이 점점 羸劣하게 될 것이 염려된다(吾慮舊民轉當羸劣)"라고 하였듯이 舊民의 羸劣을 우려하는 敎言을 빌었다. 또 그것을 극복하기 위해 새로 복속된 新民인 신래한예를 수용할 것을 제시하면서 남진의 당위성을 밝히고 있다. 비문이라는 제한된 공간임에도 불구하고 낱낱이 기재한 수묘인 연호의 경우, 현실적으로는 수묘제 확립과 관련된 것이다. 그러나 다른 한편으로 넓게 보았을 때 이는 남방 지역의 비중 증대와[59] 그로 인한 평양성의 역할을 부각시키고 있음을 부인하기 어렵다.

이러한 맥락에서 볼 때 다음과 같은 결론에 이르게 된다. 「능비문」의 裏面에는 "國富民殷 五穀豊熟"이라는 선물을 안겨주었던 남진의 성공과 그것의 영속성을 위한 평양성 천도에 대한 합의를 환기시키면서 광개토왕 때 추진된 遷都의 履行을 호소하고 있다. 광개토왕릉 앞에 세워진 능비는 능비의 형식을 빌었을 뿐 능비는 아니었다. 광개토왕의 脫喪을 하면서 세상에 그 모습을 드러낸 능비는 광개토왕시대에 대한 기억을 반추시키면서 諸貴族들을 굽어 보고 있는 것이다. 더욱이 「능비문」은 광개토왕의 勳績을 모두 기록한 것도 아니다. 백제 및 倭와의 戰勝 위주로 特記하였다. 이는 「능비문」이 단순한 훈적비문이 아니라 고도의 정치적 배경하에 작성되었음을 뜻한다고 하겠다.

57) 金賢淑, 「廣開土王碑를 통해 본 高句麗 守墓人의 社會的 性格」『韓國史研究』65, 1989, p.12.
58) 李道學, 「方位名 夫餘國의 成立에 관한 檢討」『白山學報』38, 1991, pp.18~20.
59) 朴性鳳, 앞논문, pp.179~205.

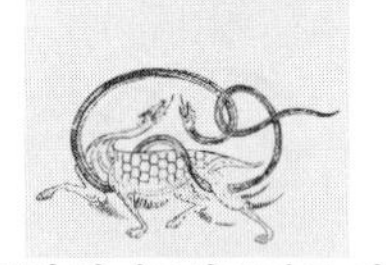



## IV. 능비의 입지적 의미

능비의 입지적 조건은 해당 능묘인 광개토왕릉의 비정 문제와 관련해 많은 논의를 유발시켰다. 광개토왕릉 앞에 세워진 능비임에도 불구하고 그 왕릉의 비정에 대한 이론이 끊임없이 제기되었다. 이는 능비의 입지가 예사롭지 않음을 뜻한다. 이와 관련해 먼저 「능비문」 수묘인 연호 조의 다음과 같은 구절을 주목해 본다.

j. 國罡上廣開土境好太王 存時教言 祖王先王 但教取遠近舊民 守墓洒掃 吾慮舊民轉當羸劣 若吾萬年之後 安守墓者 但取吾躬巡所略來韓穢 令備洒掃 言教如此 是以如教令 取韓穢二百卄家 慮其不知法則 復取舊民一百十家 合新舊守墓戶 國烟卅看烟三百 都合三百卅家

k. 自上祖先王以來 墓上不安石碑 致使守墓人烟戶差錯.

l. 唯國罡上廣開土境好太王 盡爲祖先王 墓上立碑 銘其烟戶 不令差錯

위의 k에 보이는 '祖先王' 은 그 앞의 j에 보이는 '祖王先王' 을 略記한 것인다. 여기서 祖王과 先王은 광개토왕의 祖父인 고국원왕과 고국양왕을 각각 가리킨다.[60] 광개토왕이 굳이 자신의 직계 조상을 언급한 데는 각별한 의미가 있었다고 판단된다. 광개토왕은 평양성이 실질적인 수도로서 기능했던 祖王인 고국원왕 이래 그 천도의 연원이랄까 근거가 되었기에 자신의 祖王과 先王을 언급하고 있는 것으로 보인다.

이와 관련해 능비의 입지적 의미를 검토함으로써 「능비문」의 성격이 분명해질 수 있다. 우선 광개토왕릉의 소재지에 관해서는 將軍塚이나 太王陵으로 지목하는 2가지 설이 양립하고 있다. 장군총은 피라미드 형의 7층 기단식 석실 적

60) 浜田耕策, 「好太王碑文の一・二の問題」『歷史公論』4, 1982, pp.110~111 ; 「高句麗廣開土王陵墓 比定論の再檢討」『朝鮮學報』119·120합집, 1986, p.97.

석총인데, 한변의 길이가 35.6m이고 높이는 12.4m이다. 태왕릉은 한변의 길이가 66m, 높이 14.8m에 이른다. 이 무덤에서 발견된 전돌에 '太王陵' 이라는 글자가 양각되어 있었기에 그러한 이름을 갖게 되었다. 그런데 능 앞에 세워진 비석인 능비를 기준으로 할 때 장군총은 무려 1.65km나 떨어져 있다. 그러나 태왕릉은 능비에서 360m에 불과하다. 게다가 태왕릉은 규모가 장군총 보다 훨씬 크므로 광개토왕의 업적에 걸맞다고 한다. 그밖에 광개토왕의 정식 謚號에 등장하는 '好太王' 이라는 호칭이 무덤 전돌에서 확인되었다는 것이다. 그러나 능과 불가분의 관련을 맺고 있는 능비와 태왕릉은 방향이 서로 부합되지 않는다.

게다가 능비와 태왕릉 사이에는 4~5기의 적석총이 소재하고 있다. 비록 殉葬이더라도 능과 능비 사이에 이같은 무덤을 조성할 리 없다. 능비는 태왕릉의 北東에 소재하고 있을 뿐 아니라 石室이 남쪽을 향하고 있는 것도 커다란 모순이 된다. 그러므로 능비와 태왕릉은 관계가 없다고 보여진다.[61] 그리고 태왕릉은 외적 규모와는 달리 棺臺의 길이가 짧다.[62] 이는 체격이 컸다는 광개토왕의[63] 棺臺로서는 적합하지 않다. 태왕릉은 석실의 너비가 2.8m, 높이 1.5m이다. 이는 장군총의 4분의 1도 안되는 옹색한 규모이므로[64] 능비와 태왕릉은 비록 가깝기는 하지만 관련 짓기 어렵다. 반면 능비의 제1면은 참배하는 길을 향하고 있는데, 장군총과 능비는 비록 상당히 떨어져 있지만, 방향은 서로 일치하고 있다. 그렇다고 할 때 광개토왕릉 주변에 많은 수묘인 연호가 배치되어 있다는 점과, 宏大한 陵域을 자랑하는 중국 帝王陵의 경우를 유의한다면 장군총과 능비

61) 齋藤忠, 『古代朝鮮文化と日本』 1981, pp.15~17.

62) 장군총은 棺臺의 폭이 4尺 5, 6寸, 길이 11尺餘라고 밝혀져 있다(池內宏, 『通溝』上, 1938, p.53). 태왕릉 棺臺의 경우 실제 확인해 본 결과 그 길이는 상당히 작았다.

63) 『三國史記』권18, 광개토왕 즉위년 조. "生而雄偉" 雄偉는 "우람하고 훌륭함" 으로 해석된다. 우람에는 체격이 장대하다는 뜻이 담겨 있다.

64) 徐吉洙, 『고구려 역사 유적 답사』 1998, p.234.
태왕릉 석실 규모가 장군총의 그것 보다 훨씬 작았음은 일찍부터 지적된 바 있다(池內宏, 앞책, p.58). 그밖에 태왕릉은 장군총보다 4배나 더 크지만 墓室은 이에 비하여 매우 작다고 했다(李殿福 著 · 車勇杰 譯, 『中國內의 高句麗遺蹟』 1994, p.238).

를 결부 짓는 게 결코 무리가 아니다. 게다가 '好太王'은 고구려 王號에 일반적으로 붙었으므로 반드시 광개토왕과 결부지을 이유는 없다. 그러므로 장군총을 광개토왕릉으로 비정하는 견해가 온당하다.

그러면 태왕릉은 누구의 능일까? 태왕릉은 고국원왕릉으로 비정되어 지는데 그러한 근거는 다음과 같다. 첫째 태왕릉과 같은 유형의 계단식 석실 적석총은 장군총 보다 조금 이른 양식이다. 그러한 태왕릉의 축조 연대와 고국원왕의 재위 기간(331~371)이 서로 연결되고 있다. 둘째 태왕릉은 능비에서 가장 가까운 거리에 소재하였던 만큼 능비에 적혀 있는 '國罡上'이 분명하다. 그런데 『삼국사기』에 의하면 故國原王은 '國罡上王'이라고도 불리었다. 셋째 「모두루묘지」에서 고국원왕의 통치 시기를 가리킨 '聖太王之世'의 '太王'은 태왕릉 출토 전돌銘 '太王'과 부합되고 있다. 다섯째 태왕릉은 집안에 소재한 1만여 基에 달하는 고구려 고분 가운데 규모가 제일 큰 것 가운데 하나로서 왕릉이 분명하다.[65]

한편 장수왕은 조상들의 분묘가 조영된 국내성으로 歸葬된 게 아니다. 장수왕릉은 평양성 일원에 소재한 것으로 보아야 한다. 충청남도 부여의 능산리 절터에서 출토된 목탑 사리감과 그 명문을 통해서 사비성 천도를 단행한 백제 성왕이 새로운 수도에 묻힌 게 확인되었다.[66] 이러한 사례에 비추어 볼 때 풍속이 동일했던 고구려의 경우도 같은 선상에서 이해하는 게 온당할 것 같다. 더욱이 장수왕의 즉위와 동시에 평양성 천도 작업에 박차가 가해졌음이 드러나고 있다. 그러므로 생전에 조영하는 壽陵 가능성을 염두에 두더라도 舊都로 남을 곳에 능묘를 조영하려고 했을 것 같지는 않다. 아울러 태왕릉을 고국원왕릉에 비정하는 견해에 찬동하면서 한 가지 근거를 보태어 본다. 태왕릉의 관대의 길이가 짧은 것은 피장자의 체격이 왜소했음을 뜻하지 않을 수 있다. 고국원왕이 전

65) 朴眞奭, 「好太王陵에 대한 고증」『中國 境內 高句麗遺蹟硏究』 1995, pp.233~235.

66) 李道學, 「부여 능산리 고분군 출토 사리감 銘文의 意義」『서울新聞』 1995. 11. 6. ; 「최근 부여에서 출토된 사리감 명문은 무엇을 말하고 있나」『꿈이 담긴 한국 고대사 노트』하, 1996, p.78.

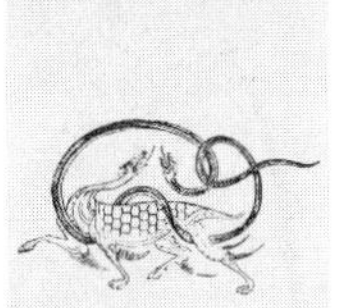



사하여 머리를 잃어버린데서 기인할 수 있지 않을까? 백제 개로왕이 북위에 보낸 국서에 따르면 고국원왕의 首級을 베어 달았다고 했기 때문이다.[67] 그러나 태왕릉이 그 외적 규모에 비해 석실 자체가 몹시 작았다는 것은 매장 자체가 의례적인 성격을 띠었을 가능성이 높다는 생각이 든다. 그러한 요인은 고국원왕의 시신을 제대로 확보하지 못한데서 찾을 수 있을 것 같다.[68]

그렇다면 이제는 장수왕이 國岡上에 소재한 고국원왕릉 인근에 광개토왕의 능묘를 조영하는 동시에, 백제왕의 항복을 비롯한 그 전과가 낱낱이 기재된 거대한 능비를 세운 동기가 헤아려지는 것 같다. 즉 백제군에 피살된 광개토왕의 祖인 고국원왕의 宿憤을 풀었음과 더불어, 백제 영역으로의 진출과 그곳의 지배라는 命題를 귀족들의 뇌리에 喚起시키고자 함이 아니었을까. 광개토왕릉비임에도 불구하고 태왕릉 곧 고국원왕릉 앞에 굳이 비석을 건립한 이유는 이같은 정치적 배경에 기인한 것으로 보인다.

## Ⅴ. 맺음말

### —國岡上에 陵墓가 소재한 3대 왕에 걸친 평양성 천도 준비

평양성은 고국원왕대에 실질적인 수도로서 기능하였다. 평양성에서 고국원왕이 전사한 이후 소수림왕대에 국내성으로 還都하였다. 그러나 고국양왕과 광개토왕 父子는 고국원왕대에 수도로서 기능했던 평양성으로의 천도를 추진해 나갔던 것 같다. 광개토왕 즉위 2년에 평양성에 9寺를 창건한 것은, 이같은 계기적인 맥락에서 찾는 게 온당해 보인다. 평양성 천도는 고국원왕 → 고국양

---

67) 李道學, 『한국고대사, 그 의문과 진실』 2001, p.122.

68) 이에 관한 상세한 논의는 다음의 논고를 참고하기 바란다.
李道學, 「광개토왕릉비문의 國烟과 看烟의 성격에 대한 재검토—被征服民 施策과 관련하여」 『韓國古代史研究』 28, 2002, pp.82~92.

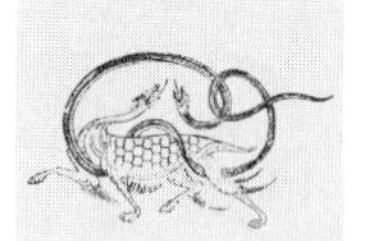



왕 → 광개토왕 직계 3대가 추진해 온 정치적 의지의 산물이었다. 비록 수묘인 문제와 관련지어 나오기는 했지만 「능비문」에 광개토왕의 祖王·先王을 각별히 언급했다. 그리고 고국양왕릉은 임강총에 비정되기 때문에 國岡上에 고국원왕릉·고국양왕릉·광개토왕릉 3대의 능이 소재했다. 祖 → 父로부터 광개토왕으로 이어지는 이러한 3代 왕릉의 소재지 자체가 遷都 意志와 무관하지 않는 국내성 시대의 큰 매듭을 짓고자 한 정치적 행위의 산물이라고 하겠다.

「능비문」에는 광개토왕의 계보와 관련해서는 祖王·先王에 관한 언급이 없었다. 그러나 그 終結部인 守墓人과 관련해서는 祖王·先王을 3回나 언급하였다. 이는 궁극적으로 祖王 → 先王 → 廣開土王代로 집약되는 평양성 천도라는 현안의 완결을 암시하는 데 초점을 맞추었기 때문으로 해석되었다. 「능비문」에 遷都 문구가 없는 것은 遷都準備가 진행되는 상황이었으므로 굳이 거론할 필요가 없었기 때문이었다. 대신 平壤城 遷都의 배경이랄까 내력 그리고 필요성을 暗示함으로써 遷都에 拒逆하는 조짐을 차단하고자 했던 것으로 해석되었다.

# 廣開土王陵碑文의 思想的 背景

## Ⅰ. 머리말

「광개토왕릉비문」의 연구는 괄목할만한 성과를 기록하면서 진척되어 왔었다.[1) ] 특히 「능비문」의[2)] 성격에 관해서는 정치사는 물론이고 守墓人 烟戶와 관련한 사회사적인 측면에서도 접근하는[3)] 등 새로운 견해들이 속속 발표되었다. 때문에 이 방면의 연구 업적은 착실히 蘊蓄된 것으로 평가되고 있다. 그럼에도 그 연구의 본질이라고도 할 수 있는 「능비문」의 基底에 깔린 思想에 관한 연구 성과는 보이지 않았다. 「능비문」은 정치 선전문으로서의 성격을 띠고 있다.[4)] 그러한 만큼 「능비문」 작성의 사상적 배경에 대한 분석이 무엇보다 긴요한 과제라고 하겠다.

이와 관련해 먼저 本稿에서는 고구려의 세계관 형성과 관련해 「능비문」에 보이는 '官' 의 용례에 주목하여 보았다. '官' · '官軍' 이라는 글자는 우리 나라 금석문에서는 가장 이른 시기에 확인되었다. 그 뿐 아니라 '官' 개념의 등장은 「능비문」의 세계관을 암시해 주는 문자로 판단되어졌다. 이와 더불어 「능비문」 상의 몇 가지 문자를 역시 주목하였고, 또 그 의미를 儒教 經典의 내용과 결부

1) 이는 국제학술대회의 성과가 잘 반영된 고구려 연구회, 『廣開土好太王碑研究100年』1996에 집대성되어 있다.
2) 본고에서는 「광개토왕릉비문」을 이후 '능비문' 으로 줄여서 표기한다.
3) 이와 관련한 대표적인 논문으로는 다음과 같이 꼽을 수 있다.
趙仁成, 「廣開土王陵碑를 통해 본 高句麗의 守墓制」 『韓國史市民講座』3, 1988.
金賢淑, 「廣開土王碑를 통해본 高句麗守墓人의 社會的 性格」 『韓國史研究』65, 1989.
4) 李道學, 「廣開土王陵碑文에보이는戰爭 記事의 分析」 『高句麗研究』29, 1996, pp.751~765.

지어 분석해 보았다. 그럼에 따라 「능비문」의 문장에는 고구려적인 세계관과 더불어 儒敎의 孟子思想이 결합되었을 가능성이 타진되었다. 아울러 그러한 유교 사상이 지닌 정치사적 의미를 고찰해 보지 않을 수 없었다.

이러한 작업을 통해 광개토왕대에 확립된 왕권의 성격과 더불어, 廣開土王陵碑 건립이 지니는 정치적인 효과와 그 指向點을 究明해 볼 수 있을 것 같다.

## II. 고구려의 세계관과 「능비문」에 보이는 '官'의 성격

고구려의 세계관에 대해서는 일찍부터 주목된 바 있었다. 특히 「능비문」에서 그것을 시사하는 문자들이 다수 발견되었기 때문에 거의 확정적으로 그 세계관의 존재를 언명할 수 있게 되었다. 가령 시조인 주몽왕을 가리키는 「능비문」의 '天帝之子' · '皇天之子' 는 말할 나위없다. 게다가 광개토왕과 동일 시기에 활약했던 모두루의 묘지명에서 확인되는 역시 주몽왕을 가리키는 '日月之子' 라는 최고 최상의 修飾語는 고구려 왕실의 神聖性을 과시해 주는 不動의 문자가 아닐 수 없다. 이는 고구려 始祖의 출신에 신성성을 집중시킴으로써 국가 창건이 하늘로부터 點指되었다는 필연적 근거를 誘導하고 있다. 그랬기에 「모두루 묘지」에서 "천하사방이 이 國都가 가장 성스러움을 알겠거니(天下四方知此國都最聖)"라고 했을 정도로 그 중심국을 고구려로 설정해서 인식하였던 것이다. 「능비문」의 "(광개토왕의) 威武가 四海에 떨쳤노라(威武振被四海)" 고 한 문자도 이를 뒷받침해 준다. 그러한 선상에서 고구려는 中國的인 배타적 華夷觀을 원용하여 신라를 東夷라고 일컬었던 것 같다.[5] 아울러 고구려는 주변 국가들과

5) 고구려의 천하관에 대해서는 다음의 논고를 참고하기 바란다.
박시형, 『광개토왕릉비』 1966, pp.143~144.
武田幸男, 『高句麗史と東アジア』 1989, pp.340~344.
梁起錫, 「4-5c. 高句麗 王者의 天下觀」 『湖西史學』 11, 1983, pp.25~45.
盧泰敦, 「5世紀 高句麗人의 天下觀」 『한국사 시민강좌』 3, 1988, p.77.

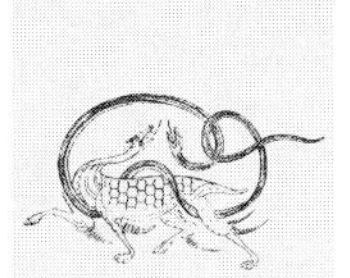



上下 朝貢關係를 맺었다. 조공이라는 것은 원래 천하의 중심에 군림하는 중국 황제만이 사용할 수 있는 말이다. 그와 같은 용어를 고구려왕이 사용했다면 자신이 천하의 중심이라는 의식을 지니고 있었음을 뜻한다.[6] 실제로 고구려 시조 주몽왕의 父인 解慕漱를 가리키는 '天王郞'과 天王地神塚 벽화에 보이는 '天王'은[7] 天子를 가리킨다.[8] 고구려왕은 이렇듯 天子 개념을 소유하고 있었다. 또 그러한 맥락에서 고구려왕은 衣服의 賜與와 같은 복속의례를 행하였던 것이다.[9]

이러한 고구려적인 세계관과 관련해 「능비문」에 보이는 다음과 같은 '官'의 용례에 주목하지 않을 수 없었다.[10]

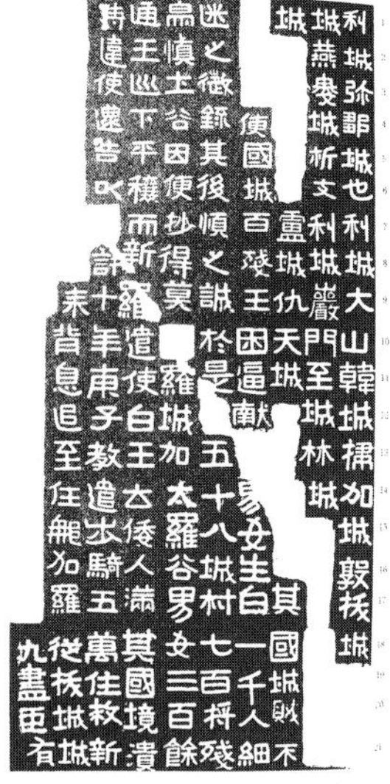

酒匂景信, 광개토왕릉비문 탁본

A. 十年庚子 教遣步騎五萬 往救新羅 從男居城 至新羅城 倭滿其中 官軍方至 倭賊退 △△ 背急追至任那加羅從拔城 城卽歸服 安羅人戍兵△新[羅]城△城 倭[寇大]潰 城△△△盡 △△△安羅人戍兵[新]△△△△[其]△△△△△△△△言△△△△△△△△△△△△△△△△△△△△△△△△△△△△△△△△△辭△△△△△△△△△△△△△△△△潰△△△△安羅人戍兵 昔新羅寐錦未有身來[論事] △國罡上廣]開土境好太王△△△△寐[錦]△△[僕]勾△△△△朝貢(영락 10년 조)

B. 廿年庚戌 東夫餘舊是鄒牟王屬民 中叛不貢 王躬率往討 軍到餘城 而餘△國駭△△△△△△△△△△王恩普覆於是旋還 又其慕化隨官來者 味仇婁鴨盧 卑斯麻鴨盧 椯

6) 李成市, 『만들어진 고대』 2001, p.67.
7) 李道學, 『한국 고대사, 그 의문과 진실』 2001, p.15.
8) 『史記』 권10, 孝文本紀.
9) 李基白, 「中原高句麗碑의 몇가지 問題」 『史學志』 13, 1979, pp.37~38.
10) 본고의 「능비문」 釋文은 韓國古代社會硏究所, 『譯註 韓國古代金石文』 I, 1992, pp.7~16에 의하였다.

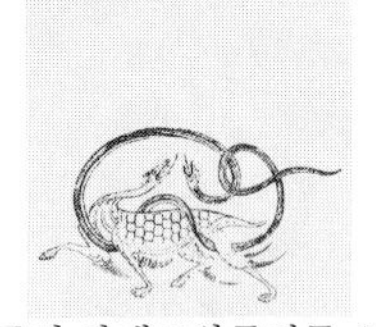



社婁鴨盧 肅斯舍[鴨盧] △△△鴨盧 凡所攻破城六十四 村一千四百(영락 20년 조)

「능비문」에 의하면 '官'의 용례는 위와 같이 단 2 문장에서만 확인되고 있다. 그럼에도 「능비문」에서 확인되는 '官'은 실로 중요한 의미를 함축하고 있는 것 같다. 이와 관련해 먼저 '官' 字가 사용된 문장의 내용을 고찰해 본다. A는 倭軍의 침공으로 곤경에 빠진 신라의 구원 요청을 받아 步騎 5萬의 고구려 대군이 구원군으로 출동한 기록이다. 고구려 대군은 남거성에서부터 신라성에 이르는 路程에 가득했던 왜군을 상대로 남하하였다. 관군이 이곳에 이르자 왜적이 퇴각하였으므로 임나가라 종발성까지 추격했다는 기술이다. 여기서 고구려군을 '官軍'으로 명기하였다. 官軍에 대적하는 왜군을 '倭賊'으로 기재했다. '官軍'과 '賊'은 명백히 對蹠 관계에 있는 개념인데, 토벌 주체로서의 官軍과 토벌 대상으로서의 '賊'인 것이다. 주지하듯이 官은 국가나 정부를 가리키며, 官軍은 '정부의 군대' 즉 합법성을 띤 公的 武力을 가리킨다.

그러면 고구려가 자국의 통치권 밖에서 그것도 外國軍인 倭軍과의 전투에 동원된 자국 군대를 굳이 官軍이라고 한 이유는 무엇일까? 왜군이나 백제군 모두 自國에서 파견한 무력인 만큼 그 실제와는 상관없이 외견상 官軍이 아닌 경우는 상정하기가 어렵기 때문이다.[11] 혹자는 官軍이라는 문자를 토대로 軍 統帥權의 일원화라는 사실을 유도해 내서 광개토왕대 왕권 강화의 지표로 인식하기도 했다.[12] 이러한 지적은 타당하지만 이와 더불어 기실은 고구려인들의 사유 관념을 암시해주는 귀중한 문자로 받아 들이지 않을 수 없다.

고구려가 官이라는 행정적 성격의 용어를 사용했다는 것은—비록 「능비문」에서 타국에 대한 언급 가운데 '國境'(영락 9년 조)이니 '國城'(영락 6년 조)이니 하는 문자를 사용했지만—자국이야 말로 합법성을 지닌 唯一의 통치 기구로 간

11) 「능비문」에 보이는 倭를 北九州의 海賊 집단으로 간주하는 견해도 있지만, 어떠한 형태로든 大和朝廷과 관련 짓는 게 온당하다고 본다. 설령 이들이 北九州의 海賊 집단이라고 하더라도 그 성격 여부와는 상관없이 고구려가 왜군을 인식했을 때는 어디까지나 外國軍인 것이다.

주하는 세계관의 산물이라고 하겠다. 그랬기에 「능비문」에서 '王' 그것도 '太王'으로 호칭한 것은 고구려 광개토왕 뿐이다. 백제와 신라 국왕은 '主'와 '寐錦'으로 각각 표기하였다. 요컨대 고구려가 官軍이라는 용어를 사용한 것은 외국을 포함한 넓은 지역을 '官'의 통치권내에 설정했을 때 가능한 논리라고 하겠다. 물론 이는 고구려라는 광대한 영역과 그 주변의 조공국들이 죄다 고구려 중심의 세계관을 형성하였다고 인식할 때만이 성립 가능한 논리는 아니다. 이 논리는 백제나 신라의 인식과는 상관없이 전적으로 고구려 스스로의 세계 인식과 小宇宙觀에 기인한 것이라고 하겠다.

B는 광개토왕의 친정으로 동부여를 정벌한 데 대한 기사이다. 즉 고구려 시조인 추모왕의 속민이었던 동부여가 중간에 배반하고 조공하지 않았기에 征討를 받았고, 결국 대왕권에 귀순하는 내용으로 구성되어 있다. 그리고 동부여 왕성에서 회군할 때 광개토왕을 慕化하여 따라 왔다는 鴨盧들을 "隨官來者"라고 했다. 즉 그것을 가능하게 해 준 요체는 官이었음을 알려준다. 官은 고구려의 공적 질서 속에서 그것을 이행하는 中核을 상징하는 문자라고 하겠다. 이와 관련해 과거 사회주의 국가에서 확고한 구심 역할을 했던 게 '黨'이었다. 그와 같은 선상에서 官의 성격을 이해한다면 그 본질에서 크게 벗어나지는 않을 것 같다. 「모두루묘지」에서 "世遭官恩"·"官恩"[13]이라는 문구가 보인다. 역시 국가

12) 朴性鳳, 「廣開土好太王期의 內政整備에 대하여」 『千寬宇先生還曆紀念 韓國史學論叢』 1985, p.203.
"그리고 호태왕기에는 군사제도도 많이 갖추어졌을 것으로 추측되는데, 전술한 司馬의 관직이 군사 문제를 담당한 관리임을 생각할 때, 이 때의 司馬職의 신설은 당시 군사제도의 정비와 무관한 것은 아닐 것이다. 또 『魏志』 東夷傳에 전하는 고구려의 군사 행동이 主簿가 지휘하는 왕실 직속군과 귀족세력인 大加의 군사로 이원화되었음을 고려에 넣으면 능비에 보이는 '王幢'·'官軍' 등의 표현은 귀족세력의 族兵을 국가의 公的 질서 속에 편제했거나 統制해 갔음을 뜻하는 것이다. 더욱이 군사행동에 있어서도 '躬率'과 함께 '教遣'이라하여 휘하 將帥로 하여금 대규모의 작전에 몇 萬명의 대군을 지휘케 한 것을 보면 군사전략과 군사통제에 一絲不亂한 계통이 서 있음을 짐작케하는 바, 이로써 호태왕기에는 이미 군사제도의 일원화가 상당히 진전되었음을 알 수 있는 것이다."

13) 韓國古代社會硏究所, 앞책, pp.93~95.

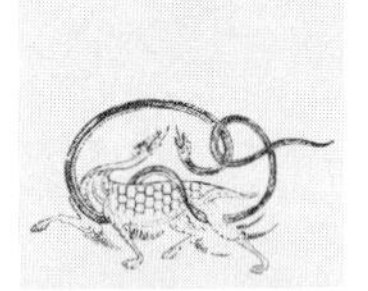



의 중핵이자 상징으로서 官의 존재는 부동의 位相을 점하면서 고구려인들의 뇌리에 깊이 刻印되어졌음을 암시한다고 하겠다.

이는 말할 나위없이 官으로 대별되는 政府라는 개념의 등장과 더불어,「능비문」에서 전하는 광개토왕의 이미지인 '聖王'을[14] 서로 분리해서 생각할 수는 없다. '聖王'과 '官'은 상호 결속된 관계임을 알려준다. 즉 官은 聖王의 뜻을 이행하는 국가 中核으로서의 성격을 띤 존재라고 하겠다. 광개토왕대의 고구려는 국가 정점의 초월적인 聖王과 官이 상호 결속된 체계로 확고하게 인식되어졌던 것이다. 聖王+官 體系는 국가권력의 확대에 따라 국가가 공산품을 직접 통제하는 경우로 확대되어 갔다. 기와나 토기에 보이는 '官' 銘은 일단 보편적인 삼국의 그러한 인식을 반영하는 것이기는 하다.[15] 그럼에도 아차산의 고구려 제4보루에서 출토된 토기의 '下官' 銘[16] 역시 官의 존재가[17] 확고하게 미치고 있음을 생생히 느끼게 해 준다. 즉 '下官'은 "官에서 하사하다"·"官에서 내려주다"라는 뜻이다. 따라서 이는 곧 모든 公用 생산물의 생산 주체가 '官'임을 顯示하고 있다.

14) 武田幸男, 앞책, pp.339~340.

15) 백제 任存城에서 출토된 '任存官'이라는 백제 銘文瓦가 그 一例가 되겠다(예산군·충남발전연구원,『禮山 任存城』2000, p.292).

16) 서울대학교 박물관,『아차산 제4보루』2000, p.213, p.472에 의하면 2개체 분의 동이에서 '下官' 명문이 새겨져 있었다는 것은 '官' 주도로 이같은 토기를 대량 생산하고 있었음을 시사해 준다.

17) 李道學, 앞책, pp.177~178.

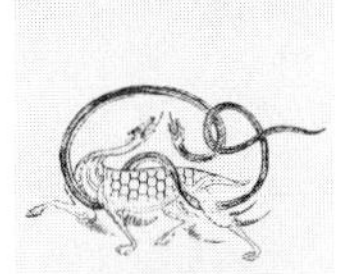



# III. 「능비문」에서의 仁義思想

## 1. 百殘의 성격

「능비문」의 전쟁 기사를 둘러싸고는 일찍부터 다양한 견해가 개진된 바 있다. 일단 광개토왕의 정복 대상 지역의 소재지에 관한 논의가 분분하였다. 그런데 그 소재지에 관한 검토는 본고에서 논의 대상이 아니다. 게다가 그에 대한 논고를 이미 발표한 바 있다.[18] 그러므로 이 문제는 비껴 나가고자 한다. 다만 기존의 연구 성과를 반영한 필자의 견해를[19] 중심으로 전쟁 동기와 그 대상국들을 다음과 같이 摘記하였다.[20]

- 영락 5년 : 조공을 하지 않았기에 稗麗 공략.
- 영락 6년 : 百殘과 신라는 옛부터 屬民이었기에 조공해 왔는데, 倭가 신묘년 이래로 건너왔으나 (고구려가) 매번 격파하였으므로 百殘은 [배반하여] 신라를 [침략해서] 臣民으로 삼았기에, 응징 차원에서 백제 정벌과 58城 공취.

---

18) 李道學, 「廣開土王碑文에 보이는 地名 比定의 再檢討」『廣開土王碑文의 新硏究』1999, pp.175~197.

19) 李道學, 「廣開土王陵碑文에 보이는 戰爭 記事의 分析」 pp.751~765.

20) 능비문 영락 17년 조를 後燕과의 전투로 간주하는 근거로서 味仇婁니 椯社婁와 같은 이른바 '婁' 字 城名들이 동부여의 지명에서도 확인된다는 점을 제시하고 있다. '婁' 字 城名들은 더 이상 백제 지명을 나타내는 일종의 전매 특허가 아니라는 것이다. 물론 백제가 부여에서 기원한 만큼 이러한 행정 지명을 兩國이 共有한다는 것은 지극히 당연해 보인다. 그렇지만 夫餘와 종족적 관련이 없는 後燕에서까지 '婁' 字 城名이 출현했을 가능성은 희박하다. 따라서 이것이 後燕과의 전투로 간주할 수 있는 근거가 되기는 어렵다.
아울러 영락 17년(407)에 과연 고구려와 後燕과의 전투가 치루어졌을 가능성의 타진이다. 406년 12월에 後燕은 거란을 공격하러 왔다가 回軍하면서 고구려를 침공했지만 패배하였다. 그리고 407년 7월에는 後燕王 慕容熙가 피살되는 정변이 발생했다. 게다가 407년에 양국간에 전투가 있었다는 기록조차도 없다. 그러므로 이러한 논거들로써 영락 17년 조를 고구려와 後燕과의 전투로 간주하는 견해는 舊說 이상의 의미를 지니기는 어렵다. 차라리 영락 17년 조는 동부여와의 전쟁 기사라는 '新說' 을 제기하는 게 오히려 '의미' 가 있지 않을까?

- 영락 8년 : 偏師를 帛愼 土谷으로 파견하여 朝貢圈에 編制시킴.
- 영락 10년 : 영락 9년에 百殘이 違誓하고 倭와 더불어 和通하였고, 이러한 倭賊의 新羅 침공으로 인해 그 구원을 명분으로 한 任那加羅 지역으로의 진출과 倭軍 격파.
- 영락 14년 : 帶方界에 침입한 倭軍 격파.
- 영락 17년 : 步騎 5萬을 출동시켜 백제군을 격파하고 6城 공취.
- 영락 20년 : 추모왕 이래로 屬民이었지만 중간에 배반하고 조공하지 않은 東夫餘 정벌.

위와 같은 전쟁 기사를 놓고 볼 때 「능비문」 상에서 고구려에 집요하게 대적하는 세력으로 백제와 倭를 꼽을 수 있게 된다. 이들 2國의 공통점은 고구려 중심의 질서를 해칠 뿐 아니라, 고구려를 끊임없이 괴롭히면서 상호 共助 관계를 유지하고 있는 「능비문」 상의 惡役들이었다. 이러한 惡役 국가들에는 또 하나의 공통점이 있다. 「능비문」에 보이는 北夫餘 · 稗麗 · 帛愼 · 新羅 · 任那加羅 · 東夫餘와는 달리 國號가 제대로 불리어지고 있지 않다는 점이다. 百濟와 倭는 '百殘' 과 '倭賊' 으로 각각 기재되어 있다. 즉 百殘은 이른바 辛卯年 條의 "百殘新羅 舊是屬民由來朝貢 而倭以辛卯年 來渡△破百殘△△[新]羅以爲臣民" 하는 문구와 "百殘違誓與倭和通"(영락 9년 조) 그리고 "百殘南居韓"(수묘인 연호 조) 라고 하여 보인다. 倭賊은 "倭賊退△△"(영락 10년 조)라는 문구에서 확인되고 있다. 그러면 백제를 가리키는 '百殘' 이라는 호칭이 담고 있는 의미는 단순한 蔑稱이나 卑稱에만 국한된 것일까?

물론 지금까지의 연구에서는 갖은 나쁜 뜻이 담긴 '殘' 이라는 문자를 사용했다는 것은 고구려의 백제에 대한 원한이 아주 깊었음을 뜻한다고 보았다.[21] 또

21) "殘은 濟와 음이 가까우면서 뜻은 정반대되는 글자이다. 그것은 賊 · 殺 · 滅 · 害 · 惡 등 모든 나쁜 뜻을 다 포함하고 있다(字典). 거기에다가 百자가 더했으니 악담으로는 이 이상 자를 고를 수 없었을 것이다. 그와 반대로 濟는 盛 · 成 · 美 · 益 · 通 등등 모든 좋은 의미를 다 포함하고 있다. 이런 글자를 적에 대하여 허용할 수는 없었던 것이다(박시형, 앞책, p.167)".

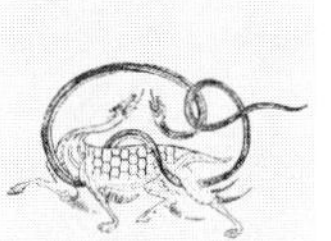



는 백제에 대한 고구려의 激한 적대적인 증오 감정이 담겨 있는 것으로 간주했다.[22] 이러한 정서는 비록 고구려의 군사적 압박에 苦戰하고 있는 상황에서 백제 개로왕이 北魏에 보낸 國書에 나타나는 글귀이기는 하다. 그러나 백제가 고구려를 '승냥이와 이리' 혹은 '큰뱀'으로 일컫고[23] 있는데서도 드러난다. 그런데 고구려가 그 최대의 難敵인 백제의 국호를 百殘이라고 호칭한데는 단순히 악감정의 표출로만 설명하기는 어렵다. 오히려 정치적인 의미로써 그같이 일컬었다는 점을 생각하는 게 온당할 것 같다. 「능비문」은 정치적인 성격을 띠고 있는 일종의 선전문이다.[24] 게다가 다른 것도 아니고 상징성이 유독 강한 國號를 악의적으로 改變해서 일컬었을 때는 그럴만한 명분이 前提되어야하기 때문이다.[25] 이와 관련해 우선 그러한 사례를 역사적으로 反芻해 보고자 한다.

고구려는 王莽의 新과의 갈등으로 인해 국호가 '下句麗'로 貶稱된 적이 있었다.[26] 물론 이것은 고구려가 인정한 게 아니다. 下句麗는 王莽의 新에서만 통용된 호칭이었지만, 정치적인 문제로 인한 국호의 貶稱에 대한 著例가 될 수 있다. 그런데 고구려는 주변의 濊貊과 같은 멸칭적인 종족 이름[27]에서 당초 비켜나 있었다. 이는 『삼국사기』 고구려본기 등에서 고구려가 濊貊을 거느리고 전

---

22) 武田幸男, 앞책, p.148.
이와 관련해 다음과 같은 인식이 특별히 유의된다. "「광개토왕릉비」와 『삼국사기』 기록과의 비교 검토에서도 잘 나타나듯이 당시 광개토왕이 남진정책을 수행하는 과정에서 최대의 적은 백제였다. 당시 고구려가 백제를 얼마나 증오하고 있었는지는 「광개토왕릉비」에 잘 나타나고 있다. 즉 陵碑文 중에 가장 많은 부분을 대백제전에 대한 기술로 할애하고 있는 것이다. 또한 '百殘'·'殘主' 등과 같은 輕蔑에 찬 어투에서도 짐작할 수 있다(孔錫龜, 『高句麗領域擴張史研究』 1998, p.218)."

23) 『魏書』 권100, 百濟國傳. "豺狼隔路 … 長蛇隔路"

24) 李道學, 「廣開土王陵碑文에 보이는 戰爭記事의 分析」 p.765.

25) 비근한 경우로 지난 시기에 북한과 남한이 서로를 傀儡라고 불렀던 것이 著例가 된다. 특히 國號도 아닌 北韓이라는 호칭으로 通用되었던 것은 물론이고, 北傀라는 나쁜 뜻을 지닌 호칭이 국호처럼 사용되었다. 물론 이러한 호칭은 정치적인 성격을 지닌 것임은 너무도 명백하다.

26) 『三國志』 권30, 東夷傳, 高句麗 條.

27) 濊에는 '汚'와 '濁'의 뜻이 있다(中華學術院, 『中文大辭典』 5, 1985, p.1600).

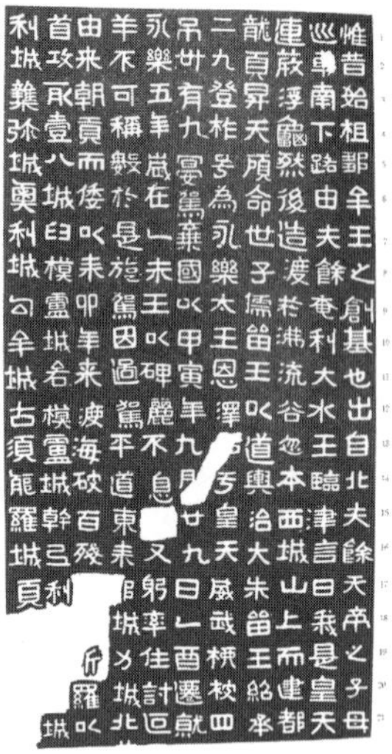

酒匂景信. 광개토왕릉비문 탁본 제1면

투에 참전한 다음과 같은 기사에서도 엿볼 수 있다. "6월에 왕이 穢貊과 더불어 漢의 玄菟를 습격하고, 華麗城을 공격하였다"[28]는 기사가 되겠다. 이 기사는 중국 사서의 기록을 轉載한 것이다. 이와 유사한 기록은 몇 군데 더 확인되고 있다.[29] 요컨대 3세기 후반에 편찬된『三國志』동이전에도 고구려 인근에 소재한 예맥의 존재에 관한 기록이 보이는 등[30] 양자는 엄연히 서로 구분되는 별개의 세력이었다. 그렇지만 이후 중국과 신라에서는 공히 고구려를 예맥으로 호칭하였다. 대표적인 예가 금석문인「柴將軍精舍草堂銘」[31]과「聖住寺朗慧和尙碑文」[32]이 되겠다. 백제에서는 고구려를 '狛'이라고 하였다.[33] 이 역시 濊貊의 '貊'을 가리키는 것이다. 이처럼 국호

---

28)『三國史記』권15, 太祖王 66년 조.

29)『三國志』권8, 公孫度傳. "高句麗・濊貊與淵爲仇 並爲寇鈔"

30)『三國志』권30, 東夷傳, 高句麗 條. "高句麗在遼東之東千里 南與朝鮮・濊貊 東與沃沮 北與夫餘接"

31)「柴將軍精舍草堂銘」"惟彼穢貊蠶食新羅"

「泉男生墓誌銘」의 "小貊未夷"에 보이는 '小貊'도 고구려를 가리킨다.

「柴將軍精舍草堂銘」은 김천 직지사 성보박물관에 소장된 해당 금석문의 實見에 의한 것이다. 이와 관련해 張忠植,「金泉 彌勒庵 柴將軍碑의 調査」『한국고대사연구』15, 1999, pp.125~144를 참조하면 된다. 참고로 이 논문에서는 본 금석문을 '精舍草堂碑'로 간주하였지만, 그 冒頭에서 '… 柴將軍精舍草堂之銘'이라고 하였고, 본 金石의 두께가 얇을 뿐 아니라 龜趺나 螭首와 같은 비석 시설이 갖추어져 있지 않았다. 그러므로 이는 草堂 건립과 관련하여 그곳에 묻어둔 일종의 誌石이라고 하겠다.

32) 韓國古代社會研究所, 앞책, Ⅲ, p.120.

"是吾祖臨海公[祖諱仁問 唐酉壽伐獩貊功 封爲臨海君公]則昔武烈大王爲乙粲時 爲屠獩貊乞師計 將眞德女君命 陛覲"

대신 종족 이름과 관련된 貶稱을 사용했다는 사실은 험악하게 상호 대립하는 정치적 상황에서 비롯된 것임은 두 말할 나위 없다.

이러한 점을 유념하면서 「능비문」에 보이는 국호 貶稱이 지닌 배경을 이제는 사상적인 측면에서 검토해 볼 필요가 있을 것 같다. 앞서 언급했듯이 「능비문」에는 유독 百濟와 倭만을 대상으로 해서 '百殘'과 '倭賊'으로 각각 貶稱하였다.[34] 그리고 백제를 '殘國'(영락 6년 조)이라고 일컬었고, 백제왕을 '殘主'(영락 6년 조)라고 했듯이 「능비문」에서의 殘은 백제를 가리키고 있다. 이러한 '殘'과 '賊'에 담긴 의미와 관련해 『맹자』의 다음과 같은 기사를 주목해 보지 않을 수 없다.

齊宣王이 물어 말하기를 湯이 桀을 放하고, 武王은 紂를 伐하였다고 하니 그런 일이 있습니까? 맹자가 대답해 말하기를 기록에 있습니다. 왕이 말하기를, 신하로서 임금을 弑害하는 게 가합니까? 맹자가 답해 말하기를 仁을 해치는 者를 賊이라 이르고, 義를 해치는 者를 殘이라고 이르며, 殘賊하는 사람을 한 지아비라고 이르는데, 한 지아비인 紂를 誅했다는 말은 들었지만, 임금을 弑害했다는 말은 듣지 못했습니다(齊宣王問曰 湯放桀 武王伐紂有諸 孟子一對曰 於傳有之 曰臣弑其君可乎 曰賊仁者 謂之賊 賊義者 謂之殘 殘賊之人 謂之一夫 聞誅一夫紂 未聞弑害也).[35]

---

33) 『日本書紀』권14, 雄略 20년 조. "百濟記云 蓋鹵王乙卯年冬 狛大軍來 攻大城七日七夜 王城降陷 遂失慰禮 國王及大后·王子等 皆沒敵手"
『日本書紀』권19, 欽明 15년 조. "今狛與斯羅 同心戮力 難可成功"

34) 「능비문」 영락 10년 조에서는 '倭△'를 '倭寇'로 釋文하기도 하지만 어디까지나 이는 推讀에 불과하다. 그러나 同 條에서의 '倭賊'은 異論의 여지가 없는 분명한 判讀이다. 한편 영락 14년 조에는 "倭寇潰敗"라고 하여 '倭寇'라는 표기가 보인다. 여기서 倭寇는 특별한 의미가 담긴 國號 對稱이기 보다는 '倭의 도적떼'라는 의미를 지닌 卑稱的인 汎稱으로 사용되었다고 보는 게 온당하다. 寇에는 '群賊' 즉 '떼도둑'이라는 뜻도 있기 때문이다. 新에서 高句麗를 貶稱한 '下句麗'는 정치적 의미를 분명히 지닌 국호였다. 百殘과 함께 貶下되어 나타나고 있는 倭賊이라는 호칭도 그러한 성격을 지녔다고 하겠다. 兩國은 모두 고구려의 강력한 敵對 세력이라는 공통점과 더불어 『孟子』의 '殘賊'이라는 한 개념 속에서 모두 捕捉되기 때문이다.

35) 『孟子』 梁惠王 下.
本稿에서 『孟子』의 해석은 대체로 金鍾武, 『孟子新解』 民音社, 1991에 의하였다.

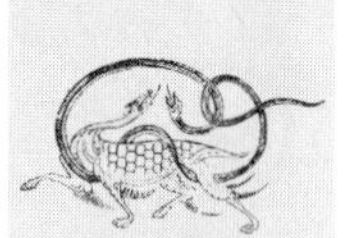



위와 같은 『맹자』의 기사와 관련지어 볼 때 고구려가 백제를 百殘으로 호칭한 데는 "義를 해치는" 세력으로, 倭를 倭賊으로 호칭한 경우는 "仁을 해치는" 세력으로 각각 규정했기 때문임을 알려준다.[36] 이러한 사실은 고구려가 곧 仁義의 旗幟를 내 걸었음을 反證한다고 하겠다. 仁義는 『맹자』 사상의 根幹으로서 그에 입각한 게 王道政治論이다.[37] 『맹자』 사상은 梁惠王篇 冒頭에서 "왕께서는 오직 仁義를 말씀하심에 그칠 것이지 하필 이익을 말씀하십니까"에 잘 집약되어 있듯이, 仁義로 대표되는 이상적인 왕도정치를 구현하고자 하는데 있었다.[38]

그러면 「능비문」에서 百濟와 倭를 百殘과 倭賊으로 각각 貶稱했음은 무엇을 의미할까? 고구려의 仁義에 拒逆하는 세력으로 이들을 규정했음을 뜻한다. 이러한 추정은 「능비문」 영락 6년 조의 다음과 같은 백제 정벌 기사를 통해서도 뒷받침된다.

C. 百殘新羅 舊是屬民由來朝貢 而倭以辛卯年 來渡△破百殘△△[新]羅以爲臣民 以六年丙申 王躬率△軍 討伐殘國 軍△△[首]攻取寧八城 臼模盧城 各模盧城 幹氐利[城] △△城 閣彌城 牟盧城 彌沙城 △舍蔦城 阿旦城 古利城 △利城 雜珍城 奧利城 勾牟城 古[模]耶羅城 [頁]△△ △△城 △而耶羅[城] [瑑]城 於[利]城 △△城 豆奴城 沸△△利城 彌鄒城 也利城 太山韓城 掃加城 敦拔城 △△△城 婁賣城 散[那]城 [那]旦城 細城 牟婁城 于婁城 蘇灰城 燕婁城 析支利城 巖門△城 林城 △△△△△△△[利]城 就鄒城 △拔城 古牟婁城 閏奴城 貫奴城 彡穰城 [曾]△[城] △△盧城 仇天城 △△△

36) 이에 대한 언급은 다음과 같은 論考에서이다.
李道學, 「龍飛御天歌의 世界」 『문헌과 해석』3, 1998, pp.184~185 ; 『고대문화 산책』 1999, p.154.

37) 한국 고대사회에서 왕도정치의 존재가 확인되었음은 李熙德, 『韓國古代 自然觀과 王道政治』 1999, pp.335~343을 참조하기 바란다.

38) 풍우란 著 · 박성규 譯, 『중국철학사』상, 1999, PP.184~196.
百殘과 倭賊 등의 호칭이 王道政治思想에서 연유하였다는 견해는 이미 川崎晃, 「高句麗好太王碑と中國古典」 『古代國家の歷史と傳承』 1989에서 언급된 바 있음을 알았다.

> △△其國城 殘不服義 敢出百戰 王威赫怒渡阿利水 遣刺迫城 △△[歸穴]△便[圍]城 而殘主困逼 獻出男女生口一千人 細布千匹 跪王自誓 從今以後永爲奴客 太王恩赦 △迷之愆 錄其後順之誠 於是得五十八城村七百 將殘主弟幷大臣十人 旋師還都.

위의 문구에 따르면 고구려 군대는 백제의 國城을 향해 압박해 갔지만, "殘不服義"라고 했듯이 殘 곧 백제는 "義에 복종하지 않았다"는 것이다. 이러한 인식은 "義를 해치는 것을 殘"이라고 한 『맹자』의 '殘'에 대한 정의와도 정확히 부합되고 있다. 백제를 압박했던 고구려는 義의 化身으로 행세하였다. 또 그러한 맥락에서 고구려는 不義 세력인 백제를 膺懲한다는 응징관을 지녔음을 알 수 있다.

『맹자』에서 이처럼 義를 至尊하게 여겼음은 다음의 기사가 웅변해 준다. "生도 또한 내가 바라는 바이지만, 두 가지를 다 겸할 수 없다면 나는 生을 버리고 義를 취할 것이다(生亦我所欲也 義亦我所欲也 二者不可得兼 舍生而取義者也)."[39] 이러한 義를 해치는 게 '殘'인데, 백제를 百殘이라고 한 것은 至高한 義에 대한 毁損 세력으로 규정했음을 뜻한다. 그러므로 「능비문」에는 자연 그에 대한 응징의 뜻이 강하게 담겨 있을 수밖에 없다.

不義와 不仁 세력에 대한 응징은 적대 세력에 대한 일종의 정치적 명분으로서 시종 회자되어 왔었다. 가령 왕건이 궁예 축출을 모의하고 있는데, 장막 안에서 초조하게 엿듣고 있던 貞州 柳氏가 참다못해 앞으로 나오면서 이러한 말을 했다고 한다. "仁으로써 不仁을 伐하는 것은 예로부터 그랬습니다. 지금 여러분들의 논의를 듣고 첩은 오히려 發憤하게 되는데, 항차 대장부임에야! 지금 사람들의 마음이 갑자기 바뀌었으니 天命이 돌아 가는데 있습니다!!" 그러면서 그녀는 손수 갑옷을 들어 왕건에게 입혔다고 한다.[40] 왕건이 擧事에 참여하게 된 것을 "王公擧義旗矣"[41] 즉 義旗를 들었다고 표현했다. 사림파의 거두 점필

---

39) 『孟子』 告子 上.
40) 『高麗史』 권88, 后妃 1.

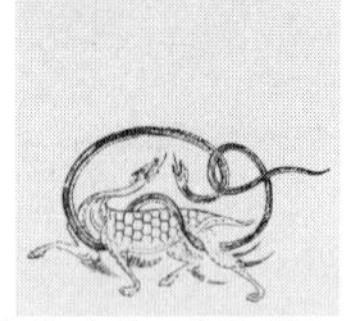



재 金宗直이 후삼국 마지막 전장이었던 一利川 전투 현장에서 "물과 불 같다고 지목하던 것은 甄萱이었지만, 仁義가 결국은 천하를 평정할 수 있었노라"[42]라고 읊조린 바 있다. 요컨대 왕건이 후삼국을 통일할 수 있었던 要諦로서 仁義를 내세웠다.

## 2. 백제를 '殘'으로 규정한 배경

그러면 고구려가 백제를 '殘'으로 규정한 배경은 어디에서 연유한 것일까? 『맹자』에 따르면 "仁한 것은 사람의 편안한 집이요, 義는 사람의 올바른 길이다(仁 人之安宅也 義 人之正路也)"[43]라고 한 바 있다. 고구려는 '人之正路'를 방해하는 不義 세력으로 백제를 규정했던 것이다. 그러한 근거는 무엇이었을까? 이와 관련해 『맹자』에서 "仁의 실질은 어버이를 섬기는 것이 바로 이것이요, 義의 실질은 兄에게 순종하는 것이 바로 이것이다(仁之實 事親是也 義之實 從兄是也)"[44]라는 문구가 유의된다. 즉 고구려가 백제를 不義한 세력으로 규정한 이유로서 '不從兄'이라는 사실을 들지 않을 수 없다.

그렇다면 백제가 당초 순종해야 되는 현실적 대상으로서의 兄은 누구였을까? 이는 물론 국가인 백제가 대상이므로 兄 역시 국가를 가리킨다고 하겠다. 472년에 백제가 北魏에 보낸 國書에 의하면 개로왕은 "저희는 고구려와 함께 근원이 부여에서 갈라져 나왔다"[45]라고 하면서 兩國의 근원이 동일했음을 밝히고 있다. 夫餘라는 母國에서 고구려와 백제가 기원했다고 할 때 백제 보다 앞서 건국된 고구려가 兄임은 自明해 진다. 이러한 사실은 백제의 인정 여부와는 관계없이 고구려인들의 확고한 믿음이 되었을 것으로 보여진다. 설령 이러한

41) 『高麗史』 권1, 태조 즉위년 조.
42) 『佔畢齋集』 권13, 「允了作善山地理圖題十絶其上」
43) 『孟子』 離婁 上.
44) 『孟子』 離婁 上.
45) 『魏書』 권100, 百濟國傳.

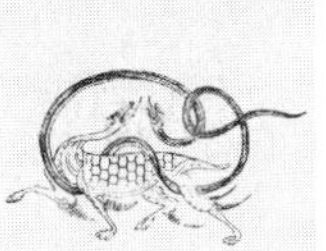



추정이 맞지 않다고 하더라도 국제관계에서 兄弟關係를 설정하는 것은 흔히 확인되고 있다. 일례로 「중원고구려비문」에서 언급된 고구려와 신라의 관계인 "新羅寐錦世世爲願如兄如弟"[46] 이 대표적인 사례라고 하겠다. 요컨대 고구려가 백제를 百殘이라고 일컬으면서 義를 해치는 세력으로 규정한 데는, 兄國인 고구려에 순종하지 않았던데서 기인한 것으로 보겠다.[47]

그리고 『맹자』에는 "仁하면 榮華롭고 仁하지 못하면 辱을 받게 된다(仁則榮不仁則辱)"[48]라고 하였는데, 백제 정벌 기사의 壓卷으로 나타나고 있는 "而殘主困逼 獻出男女生口一千人 細布千匹 跪王自誓 從今以後 永爲奴客(영락 6년 조)"라는 기사는 전형적인 不仁의 결과에 해당된다. 즉 "殘不服義"라고 했듯이 義의 표상인 고구려에 복종하지 않았던 不仁한 백제가 결국 辱을 입고 있다는 메시지를 전하고 있다. 여기서 "跪王自誓"의 跪王을 '歸王'으로 釋文하기도 했다.[49] 그러나 현재 이 釋文을 따르는 견해는 거의 없다. 그렇지만 "歸王請命"(영락 9년 조)[50] 의 '歸王'은 "백성들이 仁한 곳으로 돌아온다(民之歸仁也)"[51]는 구절의 '歸仁'과 연관지어 볼 수 있다. 즉 이것에는 仁의 化身인 광개토왕의 德化에 백제왕이 歸依했다는 메시지가 함축되었을 것으로 판단된다. 요컨대 '歸王'은 궁극적으로 仁義의 표상인 王政 곧 王道政治로의 歸依를 뜻할 수 있다. "歸仁이란 仁政에 열복하여 그것에 귀순해 감을 말한다"[52] 는 풀이를 통해서도 이러한 해석은 뒷받침되지 않을까 한다. 「능비문」의 '歸服'(영락 10년 조)도

---

46) 韓國古代社會硏究所, 앞책, Ⅰ, p.44.

47) 고구려와 신라가 당초 '兄弟' 관계였던 것처럼(李道學, 「中原高句麗碑의 建立 目的」『高句麗硏究』10, 2000, p.275) 고구려와 백제의 경우도 당초에는 동일한 상황으로 인식되었던 것으로 보인다.

48) 『孟子』 公孫丑 上.

49) 朝鮮總督府, 『朝鮮金石總覽』上, 1922, p.4.
박시형, 앞책, p.179.

50) 한국고대사회연구소, 앞책, p.12.

51) 『孟子』 離婁 上.

52) 金鍾武, 『孟子新解』 1991, p.216.

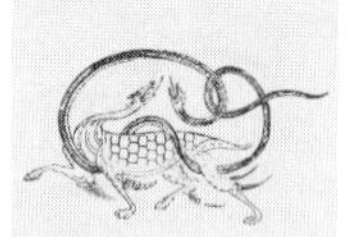



동일한 맥락에서 살피는 게 가능할 것 같다.

『맹자』 사상에는 다음과 같은 구절도 있다. "힘으로써 다른 사람을 굴복시키는 것은 마음으로 복종시키는 게 아니다(以力服人者 非心服也)".[53] 이러한 인식은 「능비문」의 큰 흐름인 정복전쟁 기사와는 背馳되는 것으로 간주할 수도 있다. 그러나 「능비문」의 전쟁기사는 그 前置文에 응결되어 있듯이 전쟁의 '불가피함' 을 特敍하였다. 또 그 전쟁의 정당성을 부여하고 있기 때문에[54] 『맹자』가 止揚한 覇道와는 무관하다는 논리를 이미 구축한 바 있다. 실제로 「능비문」의 정복전쟁 기사 자체도 『맹자』의 사상을 구현하려는 방향으로 쏠리고 있음을 발견하게 된다. 즉 영락 20년 조의 동부여 정벌 기사는 "王恩普覆 於是旋還 又其慕化隨官來者 味仇婁鴨盧 卑斯麻鴨盧 椯社婁鴨盧 肅斯舍[鴨盧] △△△鴨盧"라고 하였듯이 광개토왕의 군대가 회군할 때 순전히 '王恩' 으로 인한 '慕化' 에 따라 鴨盧라고 하는 동부여의 호족층이[55] 따라 왔다는 것이다. 즉 "광개토왕의 친정으로 고구려 군대는 동부여 왕성을 습격하여 일거에 함락시키고 회군하는데, 그때 대왕의 德을 사모하여 味仇婁 鴨盧 등과 같은 지방 수장들이 따라 왔다고 한다"고 풀이하였다.[56] 또는 "대왕의 은혜가 널리 퍼졌다 … (대왕의) 德化를 사모하여 官軍을 따라 온 …"라고 해석한다.[57] 그 밖에 "광개토호태왕 시대인 당시 대왕의 德에 '慕化' 하여 고구려로 투항하여 온 5鴨盧를 따라 온 자들을 …"라고 하여 역시 '德' 을 강조하고 있다.[58]

이러한 해석들은 앞서 인용한 『맹자』와 동일한 구절에서 "힘으로써 다른 사

---

53) 『孟子』 公孫丑 上.

54) 徐榮洙, 「廣開土大王陵碑文의 征服記事 再檢討(上)」 『歷史學報』 96, 1982, pp.1~55.
松原孝俊, 「神話學から見た '廣開土王碑文'」 『朝鮮學報』 145, 1992, pp.1~54.
李道學, 「廣開土王陵碑文에 보이는 戰爭記事의 分析」 p.763.

55) 박시형, 앞책, p.207에서 鴨盧를 "부여의 귀족을 의미하는 말"로 간주한 바 있다.

56) 李道學, 앞논문, p.762.

57) 李亨求, 『廣開土大王陵碑新研究』 1988, p.98.

58) 濱田耕策, 「廣開土好太王時代의 '聖王' 秩序에 對해서」 『高句麗研究』 2, 1996, p.652.

람을 굴복시키는 것은 마음으로 복종시키는 게 아니다. 德으로써 사람을 복종하게 하는 것은 마음 속으로 기뻐서 진정으로 복종함이니(以力服人者 非心服也 以德服人者 中心悅而誠服也)"[59]라고 한 문구를 想起시키고 있다. 「능비문」에 따르면 광개토왕은 "中叛不貢"한 동부여였지만 始終 무력으로써 굴복시키지 않았음을 언급하였다. 광개토왕은 德化로써 동부여를 복속시켰음을 闡明하고 있다. 광개토왕의 德化는 백제 정벌과 관련된 "跪王自誓 從今以後 永爲奴客 太王恩赦△迷之愆 錄其後順之誠(영락 6년 조)"라는 구절의 '太王恩赦'와 더불어, 신라 구원과 관련된 "太王恩慈矜其忠誠(영락 9년 조)"라는 문구의 '太王恩慈'라는 구절을 통해서도 확인된다. 이렇듯 「능비문」에는 광개토왕의 恩慈를 강조하면서 그 德性을 宣揚하는 德化主義 논리를 前面에 내세우고 있다.[60] 요컨대 歸王·歸服을 가능하게 한 要諦는 역시 광개토왕의 德에 근거한 것이다. 그러한 德化主義의 본질은 말할 나위없이 『맹자』에 근거한 것으로 보겠다.

「능비문」에 따르면 광개토왕의 "威武가 四海에 떨쳤노라"고 하여 四海意識이 등장하고 있다. 그러한 四海意識은 "天子가 仁하지 못하면 四海를 보존할 수 없고, 諸侯가 仁하지 못하면 社稷을 보존할 수 없고, 卿大夫가 仁하지 못하면 宗廟를 보존할 수 없고, 士와 庶人인 仁하지 않으면 四體를 보존할 수가 없는 것이다(天子不仁 不保四海 諸侯不仁 不保社稷 卿大夫不仁 不保宗廟 士庶人不仁 不保四體)"[61]는 『맹자』의 구절에서도 확인되어진다. 즉 天子의 공간적 세계로서 등장하는 四海를, 「능비문」에서도 언급하였다. 이는 고구려왕의 위상 또한 天子로 인식되었음을 뜻한다고 하겠다. 「능비문」의 基底에 『맹자』 사상이 깔렸음은 그 천하관을 통해서도 다시금 확인되는 것이다.

59) 『孟子』 公孫丑 上.
60) 武田幸男, 앞책, p.147.
61) 『孟子』 離婁 上.

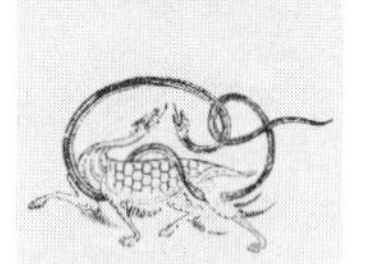



## 3. 「능비문」에서의 王道政治

「능비문」의 정복전쟁 기사 전편에는 고구려 고유의 전통적인 天孫意識에 『맹자』의 仁義思想에 입각한 王道政治論이 결합되어 나타나고 있다. 이러한 王道政治의 指向點은 고구려 대왕 중심 질서체계의 구현 내지는 그 확립과 관련된 것으로 보겠다.

광개토왕의 정복 전쟁이라는 것은 仁義의 구현에 본질을 두었음을 宣布하고 있다. 이것 역시 다음과 같은 『맹자』의 내용을 통해 확인할 수 있게 된다.

- 仁한 것이 不仁한 것을 이기기는, 물이 불을 이겨내는 것과 마찬가지이다(仁之勝不仁也 猶水勝火).[62]
- 仁한 사람은 천하에 대적할 이가 없는 법이다(仁人無敵於天下).[63]
- 나라 임금이 仁을 좋아하면 천하에 대적할 이가 없다(國君好仁 天下無敵焉).[64]
- 仁하지 못하고서 나라를 얻는 사람은 있지만, 仁하지 못하고서 천하를 얻음은 아직 있지 않았다(不仁而得國者 有之矣 不仁而得天下 未之有也).[65]

위의 인용은 「능비문」에서 고구려의 가장 버거운 상대인 백제와 왜를 不義·不仁한 세력으로 규정하면서 일관되게 강조하고 있는 仁義의 본질을 암시해 준다고 보겠다. 仁義의 化身인 광개토왕이 추진해 왔던 정복 사업에 대한 정당성과 더불어, 그러한 仁義君主가 頂點에 군림하는 고구려 중심의 天下에는 차후 감히 그 對敵者가 존재할 수 없음을 闡明하고 있는 것이다. 그것을 가능하게 한 要諦로는 광개토왕이 德化로써 諸勢力을 포용한 데 기인한 것이라고 했다. 그럼에도 '違誓'한 백제나 '不軌'한 倭에 대해서는 가차없이 회초리를 들고 있다. 「능비문」은 그랬기에 백제와 왜에 대해서만 "倭寇가 潰敗하였으며 斬煞한

62) 『孟子』 告子 上.
63) 『孟子』 盡心 下.
64) 『孟子』 盡心 下.
65) 『孟子』 盡心 下.

것이 무수히 많았다(영락 14년 조)"·"모조리 斬煞하여 蕩盡시켰으며 노획한 갑옷이 1만여 벌이며, 軍資器械는 수를 헤아릴 수 없을 정도였다(영락 17년 조)"[66] 라고 했을 정도로 悽慘하게 격파하여 壓勝을 거두었음을 기재하였다. 仁義의 구현자인 광개토왕과 그 수단인 官軍은 不義·不仁한 세력을 이와 같이 제압했음을 과시하면서 궁극적으로 仁者만이 天下를 얻을 수 있음을 선언하고 있다. 그러한 선상에서 德化에 의한 東夫餘의 歸屬 사례를 顯示함으로써 仁義君主 업적의 大尾를 장식하는 문장으로 종결 짓고 있다.

「능비문」 전반의 사상은 이렇듯 『맹자』에 근거한 것이다. 그러한 一例를 추가해 본다. 가령 영락 6년 조 백제 정벌 기사의 "討伐殘國"이라는 문구에는 放伐思想이 게재된 것이다. 또 「능비문」에는 일관된 원칙이 흐르고 있다. 가령 "倭不軌"(영락 9년 조)의 '不軌'에서 보듯이 "不循法度" 곧 법도를 지키지 않았음을 摘示함으로써 고구려 聖王을 정점으로 하는 질서 위배시에는 즉각 膺懲으로 표출되었다. 이러한 질서와 法度는 "顧命世子儒留王 以道興治"라고 하였듯이 시조 추모왕의 遺命을 받아 유류왕이 興治시킨 '道'라고 하겠다. 이 道는 실제로 遺命이었다기 보다는 「능비문」 작성시의 정서로 간주하는 게 정직한 이해라고 볼 수 있다. 그렇다면 이는 「능비문」 전체를 압도하고 있는 기본 사상인 『맹자』의 王道政治로 귀결시킬 수 있지 않을까 생각되어진다.

그 밖에도 「능비문」에는 여타의 유교 사상이 스며 있다. 가령 영락 6년 조의 백제와의 전쟁 종결구에 보면 "錄其後順之誠 於是得五十八城村七百 將殘主弟幷大臣十人 旋師還都"라는 決算 문구가 있다. 여기서 '後順'은 『易經』 坤篇의 "先迷失道 後順得常"라는 구절에서 연유한 것으로서, "後에 道理에 順從한다"는 뜻이다.[67] 당초에는 고구려의 속민이었던 백제가 그것에서 이탈하였기에 응징을 한 결과 굴복하고 '歸王'한 사실을 가리킨다고 하겠다. 이러한 사실도

66) 「능비문」, "倭寇潰敗 斬煞無數(영락 14년 조)" "斬煞蕩盡 所獲鎧鉀一萬餘領 軍資器械不可稱數(영락 17년 조)"

67) 李道學, 「廣開土王碑文에 보이는 地名 比定의 再檢討」 p.184.

「능비문」이 유교 경전의 사상을 기반으로 짜여져 있었음을 뜻하는 것이다.

이와 관련해 372년에 太學의 설립이[68] 유교 경전의 사상을 보급시키고, 또 儒教가 국가 이데올로기로서 본격적으로 작용하게 되는 일대 轉機가 되었음은 너무도 자명하다. 이러한 정서가 한층 심화되는 시점에서 작성된 「능비문」의 指向點이 어디에 있었는지는 그 문장 자체가 躍如하게 말해주고 있었다. 아울러 「진흥왕순수비문」 등에 보이는 신라 王道政治 思想의[69] 淵源은 중국 보다는 기실 고구려에서 찾을 수 있게 된다. 고구려군은 400년에 신라 구원을 명분으로 출병한 이래 장기간에 걸쳐 주둔하면서 영향력을 행사하고 있었다.[70] 이러한 영향력은 정치·군사뿐 아니라 문화를 비롯한 제반 분야에까지 미쳤을 것임은 자명하기 때문이다.

## Ⅳ. 맺음말

「능비문」의 고구려 정복 전쟁 기사에는 '官軍'·'官' 이라는 문자가 적혀 있을 뿐 아니라, 「모두루묘지」에는 '官恩' 이라고 하여 官의 존재가 特記되고 있다. 이러한 官의 존재는 고구려 사회의 諸般 分野로 확산되어 갔다. 우선 국가의 행정부서인 官廳의 등장과 더불어 公的 武力인 국가의 군대 즉 官軍의 태동으로 이어졌다. 官廳과 官軍은 호족들의 家臣 집단이나 私兵들을 아우르면서 이들을 국가의 공적 질서 체계로 편제해 갔던 일종의 그 구심 역할을 했다. 그러는 가운데 官은 다소 막연하고 추상적인 感이 없지는 않지만 官에서 파생되어 官廳·官軍·官瓦 등등의 호칭이 속속 생겨 났을 정도로 국가 조직 구심체로서의 위상을 뚜렷히 확보하게 되었다. 官의 존재는 국가를 상징하는 깊은 심정적 의

68) 『三國史記』권18, 小獸林王 2년 조.
69) 李晶淑, 「中古期 新羅儒教의 性格」『白山學報』58, 2001, pp.5~44.
70) 李道學, 「高句麗의 洛東江流域 進出과 新羅·伽倻經營」『國學研究』2, 1988, pp.91~96.

존의 대상이 되었을 정도로 그 정서적 비중은 실로 컸던 것이다. 그랬기에 「모두루묘지」에서 '世遭官恩' 이라는 표현이 나올 수 있었다고 보겠다.

「능비문」에는 7차례의 정벌 기록과 더불어 관련 국호나 집단 이름이 보인다. 그런데 百濟와 倭만은 百殘과 倭賊이라는 蔑稱으로 각각 기재되어 있다. 더욱이 백제의 경우는 殘國·殘主라는 호칭으로까지 확대되었다. 이러한 蔑稱은 일단 이들 나라에 대한 고구려의 激한 증오감의 산물이라고 볼 수 있다. 그러나 단순히 멸칭으로만 사용되었다기 보다는 그러한 호칭에는 근거한 어떤 원칙이 존재했을 가능성이 높았다. 『맹자』에 따르면 "仁을 해치는 者를 賊이라 이르고, 義를 해치는 者를 殘이라고 이르며"라고 했다. 賊과 殘에 대한 이러한 개념 정의는 공교로우리만치 「능비문」에서 고구려를 상대로 한 共同 惡役을 맡고 있는 倭賊과 百殘이라는 호칭의 배경으로 간주할 때 하등 이상할 게 없어진다. 아울러 고구려에 對敵하는 "殘不服義"라는 구절은 百殘의 '殘' 이, "義를 해치는 者"라는 『맹자』의 개념 규정과도 정확히 부합되고 있다. 義의 化身인 고구려가 仁義에 背馳되는 세력인 백제와 왜를 征討할 수 있다는 근거로써 云謂된 것이다.

고구려가 백제를 不義한 '殘' 으로 규정한 데는 『맹자』에서 "義의 실질은 兄에게 순종하는 것이다" 고 했음에도, 同源이지만 弟格인 백제가 고구려의 公的 秩序 속에 편입되지 않고 끊임없이 挑發했다는 논리에 근거한 것으로 보겠다. 이처럼 不仁·不義한 백제에 대한 膺懲이 영락 6년 조의 군사적 원정이 되는 것이다. 그 결과 『맹자』에서 "仁하지 못하면 辱을 받게 된다" 고 했듯이 백제의 屈服으로 마무리되었음을 선포하고 있다.

「능비문」 상 정복 전쟁의 종결 기사는 영락 20년 조의 동부여 정벌이다. 이때 광개토왕은 武力이 아닌 德化로써 동부여를 복속시켰음을 闡明하고 있다. 광개토왕의 德化는 영락 6년 조에 백제왕의 항복을 받아 냈을 때 '太王恩赦' 로써 나타났다. 영락 9년 조에는 '太王恩慈' 로 인해 신라에 구원군을 출동시킬 수 있었음이 확인되어진다. 이렇듯 「능비문」에는 광개토왕의 恩赦와 恩慈가 顯揚되고 있다. 그러한 결과 歸服·歸王이 가능했음을 導出해 내었다. 이러한 德化主義의 본질은 『맹자』에 근거한 것이다.

이렇듯 「능비문」의 基底에는 『맹자』의 仁義思想이 깔려 있다. 「능비문」에서 나타내고자 하는 메시지는 聖王인 광개토왕의 본질을 仁義君主 곧 德化君主로 顯示하는 것이다. 仁義君主가 거느린 官軍의 壓勝을 통해 仁者만이 天下를 얻고 다스릴 수 있음을 선언하고 있다. 「능비문」에는 『맹자』의 放伐思想을 비롯하여 그것에 근거한 요소들이 散見되고 있다. 그 궁극적인 귀결은 "顧命世子儒留王 以道興治"라고 한 문구에 보이는 '道' 곧 王道政治의 具顯이었다.

그 밖에 「능비문」의 '四海' 관념 역시 『맹자』에서 확인되었다. 그러므로 고구려 천하관의 일정 부분은 『맹자』에 근거한 것이라고 하겠다. 「능비문」에는 『易經』의 사상도 투입되어 있다. 요컨대 「능비문」에는 天孫意識에 근거한 天下觀만이 아니라 현실적으로는 儒教的 世界觀이 基底에 깔려 있었다. 또 그것으로써 君主 중심의 公的 秩序를 확립하고자 하는 유교적 理想君主인 聖王의 面面이 「능비문」에서 전달하고자 한 廣開土王像이었다.

# 廣開土王陵碑文에 보이는 戰爭 記事의 分析

## Ⅰ. 머리말 — 광개토왕릉비문의 성격과 관련지어

고구려의 古都인 만주 集安에 세워진 광개토왕릉비는 고구려의 역사를 연구하는 데 많은 자료를 제공해 준다. 그러한 자료는 무엇보다도 우리나라 역사상 최대의 정복군주였던 고구려 광개토왕의 정복활동을 역동적으로 실감나게 전달해 준다는 데 있다. 그것도 大王이 세상을 뜬 지 불과 2년 후에 세워진 비석이요, 그 소재지가 다름 아닌 대왕의 능 앞이라는 점에서 풍운의 한 시대를 뜨겁게 느끼게 하고도 남는다.

이러한 陵碑에 대한 연구사가 120년을 육박하는 장구한 연륜을 지닌 시점에 있을 뿐 아니라, 그 비문의 내용이 현재의 韓·中·日의 역사를 포괄하고 있는 관계로 그 연구는 세 나라 학계의 비상한 관심의 대상으로 자리잡고 있다. 또 그 연구의 폭도 고구려를 중심으로 한 동북아시아의 정치사에만 국한되지 않고 사회사와 고구려의 천하관을 살피는 등 한층 확대·심화되고 있는 실정이다.[1)]

그럼에도 불구하고 「능비문」[2)]에서 가장 주목해야 될 사안은 그것이 전달하려고 하는 메시지가 아닐까 한다. 그 메시지는 광개토왕의 업적을 韻文의 형태로 노래하고 山陵을 조영한 구절에 잇대어 "이에 비석을 세워 勳績을 銘記하노

---

1) 이와 관련한 대표적인 논문으로서는 다음을 들 수 있다.
趙仁成, 「廣開土王陵碑를 통해 본 高句麗의 守墓制」『韓國史市民講座』3, 1988.
金賢淑, 「廣開土王碑를 통해본 高句麗守墓人의 社會的 性格」『韓國史研究』65, 1989.
盧泰敦, 「5세기 金石文에 보이는 高句麗人의 天下觀」『韓國史論』23, 1988.

2) 본고에서는 앞으로 「광개토왕릉비문」을 편의상 '능비문'으로 줄여서 표기하기로 하였다.

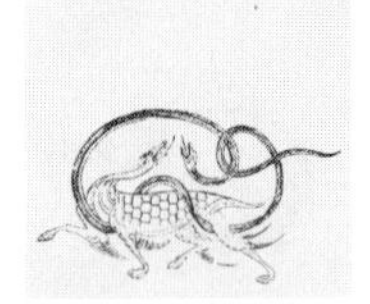



니 後世에 보여라"[3]라고 한데 담겨 있다. 즉 광개토왕의 勳績을 먼 훗날까지 똑똑히 전달하려는데 있었다. 그러하였기에 능비는 6m가 훨씬 넘는 높이에 37t 무게로서 우리가 알고 있는 범위에서는 한국 역사상 전무후무한 규모의 超巨大 비석인 것이다. 게다가 글씨 또한 12Cm에 이르는 거대 문자를 자랑하고 있다. 이는 말할 나위 없이 광개토왕의 치적 즉, 고구려 王家가 과시하고자 하는 광활한 영토 확장사업에 대한 성공과 그것의 소유권을 선포하여 영속성을 보장 받으려는 데 두었음을 뜻한다. 자! 봐라 天孫인 주몽왕의 혈통을 승계한 광개토왕이 이렇게 해 내었기에 주변의 여러 나라와 주민들이 이제 우리의 영토와 屬民이 되었다. 바로 그러한 내력이 「능비문」에 명시되어 있음을 알리려는 선포성 메시지라고 하겠다. 요컨대 고구려 왕가는 확대된 영토의 통치를 그 지배의 내력인 건국설화와 연결시켜 그 절대성을 강조하고 있는 것이다.[4] 고구려 주민으로 새롭게 편입된 주민들을 중심으로 편성된 守墓人 烟戶의 성격도 이러한 맥락에서 볼 수 있겠다.

그러므로 필자는 이제는 어떤 면에서는 가장 古典的인 연구요 진부하게 치부되다시피하는 「능비문」의 정복전쟁 기사이지만, '廣開土境' 을 가져 온 「능비문」의 핵심적인 메시지인 관계로 다시금 논상에 올려 놓고자 한다. 그래야만 광개토왕대 정복전쟁의 方向性을 헤아릴 수 있기 때문이다.

「능비문」에 보이는 광개토왕의 정복 사업은 대체로 동쪽으로는 東夫餘 정벌과 서북쪽으로는 稗麗 정벌 그리고 남쪽으로는 백제, 동남쪽으로는 신라와 가야 지역으로의 진출을 들 수 있다. 이것을 놓고 볼 때 고구려는 동서남북의 전 방위에서 정복전을 힘차게 펼쳐 나갔음을 알게 된다. 그러면 여기서 가장 주력한 곳은 어디였을까? 이와 관련해 「능비문」의 전쟁기사가 광개토왕 당대의 그것을 모두 摘示하고 있는 것은 물론 아니지만, 그 비중을 엿보여 준다는 점에서

3) 「능비문」 "於是立碑 銘記勳績 以示後世焉"
4) 이와 관련한 「능비문」의 성격에 관해서는 松原孝俊, 「神話學から見た '廣開土王碑文' 」『朝鮮學報』145, 1992, pp.1~54가 참고 된다.

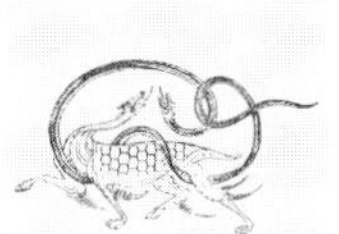

제4면 제3면 제2면 제1면

주운대 탁본

일종의 가늠자 역할은 한다고 믿어진다. 왜냐하면 「능비문」은 단순히 사실을 기록하기 위한 차원에서만 씌여진 문장이기 보다는 고구려 왕가의 정치적 의지와 정서를 뿜고 있거나 그것이 고여 있는 일종의 선전문이기 때문이다.

미리 이야기 한다면 이러한 맥락에서 고구려와 백제간의 대결 양상의 추이와 그것이 지닌 意義를, 「능비문」의 전쟁기사를 통하여 살펴 보는데 본고의 목적을 둔다.

## II. 「능비문」의 전쟁 관련 기사

### 1. 영락 5년 조의 稗麗 정벌 기사

「능비문」 영락 5년 조에 의하면 고구려의 패려 정벌을 다음과 같이 적고 있다.

永樂五年歲在乙未 王以稗麗不△△[人] 躬率往討 過富山[負]山 至鹽水上 破其三部洛六七百營 牛馬群羊 不可稱數 於是旋駕 因過襄平道 東來△城 力城 北豊 五備△ 遊觀土境 田獵而還[5)]

위의 기사는 고구려의 남진경영과 무관한 鹽水上에 소재한 패려로의 진출일 뿐 정복활동은 아니다. 염수의 소재지에 관해서는 여러 가지 설이 있지만[6)] 고구려의 서북 지역에 소재한 게 분명하기 때문이다. 염수는 문자 그대로 소금을 산출하는 호수로 보인다. 고구려는 염수를 장악하여 海鹽을 섭취할 수 없는 요하 상류를 포함한 내몽골과 대흥안령산맥을 포함한 거란 등과 같은 내륙 지역의 세력에 대한 고삐를 쥐고자 했을 가능성이 있다.

## 2. 영락 6년 조의 백제 정벌 기사

「능비문」 영락 6년 조에 의하면 고구려의 백제 정벌을 다음과 같이 적고 있다.

百殘新羅 舊是屬民由來朝貢 而倭以辛卯年 來渡△破百殘△△[新]羅以爲臣民 以六年丙申 王躬率△軍 討伐殘國 軍△△[首]攻取寧八城 臼模盧城 各模盧城 幹氐利[城] △△城 閣彌城 牟盧城 彌沙城 △舍蔦城 阿旦城 古利城 △利城 雜珍城 奧利城 勾牟城 古[模]耶羅城 [頁]△△△△城 △而耶羅[城] [瑑]城 於[利]城 △△城 豆奴城 沸△△利城 彌鄒城 也利城 太山韓城 掃加城 敦拔城 △△△城 婁賣城 散[那]城 [那]旦城 細城 牟婁城 于婁城 蘇灰城 燕婁城 析支利城 巖門△城 林城 △△△△△△△[利]城 就鄒城 △拔城 古牟婁城 閏奴城 貫奴城 彡穰城 [曾]△[城] △△盧城 仇天城 △△△△ △其國城 殘不服義 敢出百戰 王威赫怒 渡阿利水 遣刺迫城 △△[歸穴]△便[圍]城 而殘主困逼 獻出男女生口一千人 細布千匹 跪王自誓 從今以後 永爲奴客 太王恩赦△迷之愆 錄其後順之誠 於是得五十八城村七百 將殘主弟并大臣十人 旋師還都

5) 본고에서의 「능비문」 釋文은 韓國古代社會硏究所 編, 『譯註 韓國古代金石文』I, 1992에 의거하였다.

6) 盧泰敦, 「廣開土王陵碑」 『譯註 韓國古代金石文』I, 1992, p.18.

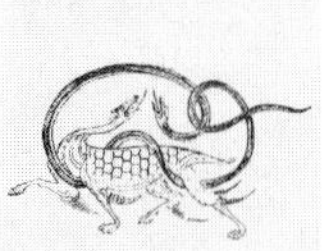



### (1) 辛卯年 條의 해석

위의 문단은 전쟁의 동기에 해당하는 명분격의 前置文을 앞에 설정하고 있다.[7] 이 전치문이 유명한 이른바 신묘년조 기사로서 비문 變造說을 위시하여 각종의 설이 맺혀 있는 부분이다. 그런데 최근 중국의 耿鐵華는 「능비문」의 신묘년 조에서 '海' 字의 '氵' 邊이 從線 바깥으로 나와 있는 사실을 발견하고는 '海' 字를 僞作으로 간주하였다. 경철화는 종래 '海' 자로 판독하였던 글자를 '每' 자로 바꾸었는데, 필자 역시 이 견해를 취하면서 문구의 전후 내용을 토대로 추정 석문을 삽입하여 띄어 읽기를 새롭게 하였다.[8]

잘 알려져 있듯이 비문의 신묘년 조는 이와 잇대어 적혀 있는 영락 6년 조의 前置文이라는 점이다.[9] 영락 6년 조는 고구려의 백제 정벌 기사이므로, 고구려의 백제 원정의 빌미가 되는 사건이 신묘년 조에 기록되어 있다고 간주하는 것은 어렵지 않다. 「능비문」에 적혀 있는 고구려의 전쟁 기사에는 출병의 명분이 들어 있기 때문이다. 그러므로 신묘년 조에는 백제의 어떠한 능동적인 역할이 기재된 게 분명하다고 볼 수 있다. 그렇지 않고서는 고구려가 백제만을 공격한 이유를 설명할 수 없는 것이다.[10] 종전의 해석대로 왜가 백제와 신라를 격파하여 신민으로 삼았다면, 어째서 고구려는 자국 중심의 朝貢體制를 깨뜨린 倭를 응징하지 않고 백제만을 공격했는지 이해 되지 않기 때문이다.

게다가 백제뿐 아니라 신라까지도 왜의 臣民이 되었는데, 그럼에도 불구하고

---

7) 능비문의 전치문에 관해서는 徐榮洙, 「廣開土大王陵碑文의 征服記事 再檢討」『歷史學報』96, 1982, pp.18~36이 참고된다.

8) 이것에 관하여는 耿鐵華, 「好太王碑 '辛卯年' 句考釋」『考古與文物』, 1992, 第4期, pp.107~111 ; 李道學 譯, 「廣開土王碑 '辛卯年' 句節의 考證과 解釋」『韓國上古史學報』14, 1993, pp.427~439를 참조하기 바란다.

9) 池內宏, 『日本古代史の研究』 1947, pp.118~119.

10) 鄭杜熙, 「廣開土王陵碑文 辛卯年 記事의 再檢討」『歷史學報』83, 1979, p.208, 註 10.
한편 王健群은 "광개토왕이 왜에게 정복당한 약자인 백제를 치는 경우는 역사 속에 늘 있다 … 남이 탈취해 간 것이면 나도 탈취해 갖고 싶은 것이다(王健群, 『好太王碑研究』 1984, p.156)"라고 하였지만 수긍하기 어려운 强辯이다.

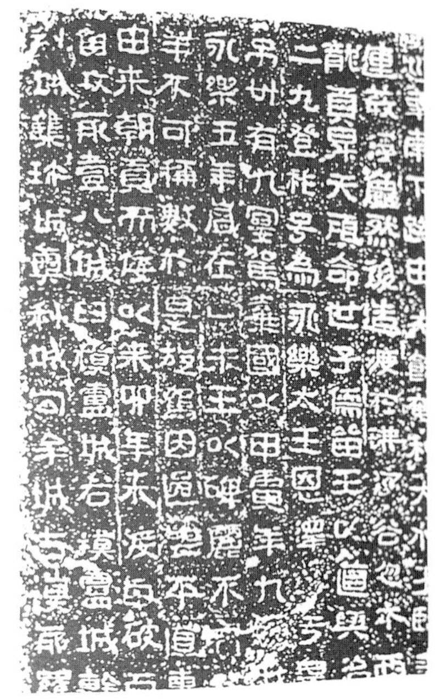

주운대 탁본의 신묘년 조 일부

고구려가 신라만을 공격하지 않은 이유를 설명할 수 없게 된다. 오히려 영락 9년과 10년 조에 의하면, 신라는 왜의 공격을 받아 고구려의 구원의 대상으로 기록되어 있다. 그러므로 신묘년 조 가운데 "신라가 왜의 신민이 되었다"라고 하는 식의 해석에는 문제가 있음을 알 수 있다. 신라가 신묘년에 왜의 신민이 되었다면 그것에서 벗어났다는 기록이 「능비문」 상에 보이지 않는 한 '臣民' 관계가 존속되어야 할 터이지만, 오히려 영락 9년에야 왜의 침공을 받고 있기 때문이다. 이러한 상황 논리에 비추어 볼 때, 신묘년 조에서 신라가 왜의 신민이 되었다는 기존의 해석과 더불어 백제에 대한 그것까지도 의심하기에는 충분하리라고 본다.

요컨대 이러한 상황 인식을 토대로 하여 필자가 새로 작성한 석문과 띄어 읽기는 "百殘新羅, 舊是屬民, 由來朝貢, 而倭以辛卯年來渡, 每破, 百殘 [叛侵新] 羅以爲臣民"이 된다. 그리고 결락 부분에는 '叛侵新'이라는 추정 석문을 작성하여 보았다. "倭以辛卯年來渡"의 해석은 '以來'의 뜻으로 파악한 기왕의 견해를 취했다. 이러한 구절 나누기에 의한 해석상에서 "올 때마다 격파하였는데"의 주어는 말할 나위 없이 고구려가 되므로 그 대상 즉, 목적어는 왜라고 하겠다. 이에 따라 "백제와 신라는 옛부터 (고구려의) 속민이었으므로 이때까지 조공하였다. 그런데 왜가 신묘년 이래로 건너오자, (고구려가) 매번 격파하였으므로, (고구려의 속민이면서 왜와 연계된) 백제는 [배반하여] 신라를 [침략해서] 신민으로

삼았다" 라고 해석하고자 한다.

필자가 제기한 신묘년 조에 관한 해석 가운데 그 논점이 되는 뒷 구절을 정리해 보면 다음과 같다. 즉 고구려는 강성한 수군력을 바탕으로 백제와 연결된 왜군의 신묘년 이래로의 침략을 저지하거나 격퇴하였다. 그러자 백제가 배반하여 그 보복으로 고구려의 속민인 신라를 쳐서 신민으로 삼았으므로, 영락 6년에 고구려의 백제 征討가 개시되었다는 이야기가 되겠다. 여기서 고구려 군대가 왜군을 격퇴한 지역은, 고구려 영역에만 한정된다고 볼 수는 없고, 또 백제와 왜가 연합한 상태에서의 교전일 가능성도 크다.

그리고 백제가 신라를 신민화시켰다는 것은, 고구려가 영락 6년에 백제원정의 명분으로 제시한 과장된 문구에 불과하다고 하겠다. 또 '신민'은, 신묘년 조의 동일 구절에 같이 보이거니와 흔히 과장이 내재된 문자라고 이야기하는 '屬民' 보다도 지배의 강도가 떨어지는 표현인 바, 실제적인 의미는 거의 없다고 생각된다. 그러므로 '신민' 의 구체적인 사실을 확인하는 작업은 그다지 의미없는 일이라고 하겠다.[11] 한편 필자가 제시한 석문의 해석은 문장상 무리가 없는 것은 아닐 지도 모른다. 그러나 전체 상황 인식으로 볼 때는 이와 같은 내용 구성이어야만 합당하다는 확신을 갖고 있다.

### (2) 영락 6년 조의 해석

영락 6년에 대한 전쟁 과정은 광개토왕이 직접 이끈 수군 작전에 의해 지금의 한강인 아리수를 건너 백제 왕성을 급습, 항복을 받아낸 것으로 되어 있다. 이때 백제왕은 광개토왕에게 영원히 奴客이 되겠다고 맹세를 하고 남녀 生口 1천명과 細布 1천 필을 바쳤을 뿐 아니라 王弟와 大臣 10 명을 볼모로 바쳤다.

광개토왕은 영락 6년인 396년에 宿敵인 백제에 대한 정벌을 성공적으로 마무리 지었다. 여기에는 첩보전과 기만술이 전제되지 않고서는 감행하기 어려운 의표를 찌르는 水軍 작전이 주효하였다고 본다. 「능비문」에 의하면 광개토왕이

11) 李道學, 앞글, pp.435~436.

직접 수군을 이끌고 한강을 건너 일제히 상륙하여 백제 왕성을 포위 · 함락시켜 백제 아신왕의 항복을 받아내었다. 이는 속전속결에 의한 기습전이었기에 가능한 일이라고 하겠다. 즉 요로마다 포진하고 있는 성곽을 일일이 깨뜨리면서 진격해야만 하는 육로공격은 시간이 많이 소요될 뿐 아니라 부담이 실로 큰 전투가 아닐 수 없다. 반면 뱃길을 이용한 수군작전은 신속한 기동력을 바탕으로, 예상치 못한 그 배후의 심장부인 백제 왕성을 강타하는 것이다. 이러한 작전이 성공하기 위해서는 백제의 지형지세와 방어망에 대한 사전 탐지가 이루어졌어야만 가능하다. 역시 첩보전이 뒷받침되지 않고서는 생각하기 어렵다. 게다가 기만전까지 복합되었으리라고 본다. 고구려의 소단위 부대가 정면 돌파식으로 육로 공격을 시도하여 백제 군대의 주력을 북쪽 변경에 묶어둔 다음, 허를 찌르는 수군작전이 전격적으로 단행되었을 가능성이 높다.[12)]

1930년대 아차산과 광나루 부근의 한강

12) 李道學, 「광개토왕의 군대는 왜 강했는가」 『꿈이 담긴 한국고대사 노트』 상, 1996, pp.227~228.

그러면 이때 고구려가 백제로부터 노획한 58성의 소재지는 어디일까? 58성의 소재지는 영락 6년에 단행된 광개토왕의 친정의 성격이랄까 나아가 고구려 정복의 방향을 암시해 준다. 다행히 58성 가운데 하나인 閣彌城은 『삼국사기』에 적혀 있는 關彌城으로 지목하는데 이론이 없다. 그런데 『삼국사기』에 의하면 광개토왕 즉위년－392년이지만 「능비문」의 기년에 의하면 391년이 맞다－에 관미성을 점령한 것으로 되어 있지만, 「능비문」에는 영락 6년인 396년의 사실로 기록되어 있다. 문헌과 「능비문」에 함께 보이는 관미성이 고구려에 점령된 시점에 있어서 각각 차이를 보이고 있다. 문제는 비단 이것에만 국한되지 않는다. 『삼국사기』에 의하면 392년에서 395년까지의 양국간의 전투기사가 기재되어 있지만, 그러나 「능비문」에는 전혀 보이지 않고 있다는 점이다.

그러면 「능비문」과 『삼국사기』 기록 가운데 어느 기록을 취해야만 하는가? 결론을 미리 말하다면 『삼국사기』의 그것을 따라야만 한다고 본다. 이는 「능비문」의 성격을 살펴 볼 때 알 수 있는 것인데, 「능비문」은 사실을 기록하는 데 목적을 두고 있는 단순한 역사 기록물이기 보다는 정치적 선전문으로서의 성격이 농후한 勳績碑라는 점이다. 게다가 「능비문」은 정토의 명분을 앞세우고 있는 치밀한 구조문이므로 산발적인 백제와의 전투 사실까지 일일이 연대기식으로 기재하지 않은 것이다. 즉 영락 원년에서 6년에 걸친 백제 공격의 성과를 一括 기록한 것으로 보아야만 한다. 영락 6년은 광개토왕이 친정으로써 백제 아신왕의 항복을 받아냄으로써 백제 공격의 大尾를 장식한 기념비적인 해였다. 이러한 연유로 인해 영락 원년에서 5년에 걸쳐 공취한 백제의 성곽 숫자까지도 광개토왕의 親征年인 영락 6년조에 일괄 기재하여 광개토왕의 업적을 돋보이게 하려고 한 것이다.[13)]

이같은 사실을 염두에 두고 검토한 결과 58성 가운데 영락 원년에서 5년에 걸친 對百濟戰의 戰果는 27성으로, 그 소재지는 대략 예성강에서 임진강선으로

13) 李道學, 「永樂 6年 廣開土王의 南征과 國原城」 『孫寶基博士停年紀念韓國史學論叢』 1988, pp.88~97.

비정되어진다. 반면 나머지 31성은 어떻게 고구려가 점령했을까? 여러 가지 추리가 가능하지만 허를 찌르는 일종의 기습전으로 전격적으로 백제 왕성을 함락시켰다고 생각되어진다. 또 이때 점령한 성곽의 소재지가 백제 왕성의 북쪽이 아니라 동남부의 깊숙한 지역으로 비정된다. 그러므로 이들 성곽은 영락 6년인 광개토왕의 친정의 결과로서 아신왕에게 항복의 대가로 받아낸 성들로 보여진다. 이와 관련해 韓人과 穢人이 거주하는 이른바 新來韓穢 지역에 소재한 舍蔦城이나, 충청북도 단양군 영춘면 일대로 비정되는 阿旦城 그리고 충청북도 충주에 건립된 중원고구려비에서 고구려가 守事를 파견하여 관할하였던 古牟婁城의 소재지를 검토해 보았다. 그 결과 지금의 인천에 소재하였던 彌鄒城이 보이므로 경기만 일부 지역도 포함하면서 대부분 남한강 상류 지역으로 소재지를 비정할 수 있다.[14)]

미추성을 포함한 경기만 지역은 전략적인 면에서 본다면 한강 하구로 해서 진입하려는 고구려 선단의 後尾를 차단할 수 있는 백제 軍港의 강타라는 측면과, 백제 왕실 직영 소금산지의 장악을 통해 백제에 대한 압박을 강화하기 위한 담보물로서의 성격을 지녔다.[15)]

그런데 중요한 것은 31성 가운데 대부분을 점하고 있는 남한강 상류 지역이 되겠다. 고구려가 396년에 백제로부터 할양받은 남한강 상류 지역은 신라와 가야 경영을 위한 문제와 연계되어 있다. 즉 고구려가 소백산맥 이남 지역으로의 진출 통로를 확보할 목적으로 광활한 보급 · 수송 루트인 그 이북의 충주와 단양 · 제천을 비롯한 강원도 내륙 지역을 장악한 것으로 보겠다.

## 3. 영락 8년 조의 帛愼土谷에서의 抄略 기사

「능비문」 영락 8년 조에 의하면 다음과 같은 기사가 있다.

14) 李道學, 앞논문, pp.87~107.
15) 李道學, 「伯濟國의 성장과 소금 交易網의 확보」 『百濟硏究』 23, 1992, pp.10~11.

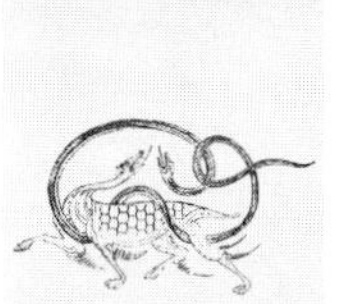



八年戊戌 教遣偏師 觀帛愼土谷 因便抄得莫△羅城加太羅谷 男女三百餘人 自此以來 朝貢論事

위의 기사에 의하면 398년에 고구려는 소단위 부대를 파견하여 백신토곡을 시찰하고 남녀 3백인을 잡아가지고 왔는데, 이로써 다시금 조공을 바치고 복종하겠다고 한 내용이다. 여기서 백신의 위치에 관해서는 지금의 목단강 以東의 연해주 지방으로 비정하는 등 고구려 동북 지역으로 비정하기도 한다. 이 문제는 쉽게 구명하기 어려운 성질의 것이다. 그러나 위의 기사가 영락 6년 백제 정벌의 여파로 이해하는 동시에 백신토곡을 백제와 인접한 한강 유역이나 강원도 지방의 濊地로 간주하는 견해[16]를 취한다면 이 기사의 성격은 드러난다.

고구려가 소백산맥 이남 지역으로 진출하기 위해서는 남한강 상류의 충청북도와 강원도 지역의 예인 거주 지역을 통과해야만 하는데, 반발의 소지가 큰 예인을 견제한다는 측면, 그러니까 한반도 중심부를 관통하는 내륙 교통로의 안전을 점검하기 위한 일종의 무력시위이지 정복전쟁은 아닌 것이다.[17] 설령 영락 8년 조의 백신이 강원도와 충청북도 내륙에 소재한 세력이 아니라고 하더라도, 이들의 성격은 영락 5년 조의 패려나 영락 20년 조의 동부여와 마찬가지로 전쟁 과정이 구체적이지 않을 뿐 아니라, 영토를 복속시킨 언급이 전혀 보이지 않는다. 이러한 점에서 이들 3 기사는 서로 연결되는 면이 없지 않다.

## 4. 영락 10년 조 낙동강유역으로의 출병 기사

「능비문」 영락 10년 조에는 전쟁의 명분으로 영락 9년 기사가 앞에 제시되어

16) 浜田耕策, 「高句麗廣開土王陵碑文の研究」 『古代朝鮮と日本』 1974, p.58.
王健群, 『好太王碑研究』 1984, p.170.
필자가 이 견해를 取하는 이유 가운데 하나는 전쟁의 명분격인 전치문이 없다는 점에서, 영락 8년조는 독립된 전쟁 기사라기 보다는 영락 6년조 백제 정벌 기사의 연장선상에서 파악하는 게 타당하다고 믿기 때문이다.

17) 李道學, 「高句麗의 洛東江流域 進出과 新羅 · 伽倻經營」 『國學研究』 2, 1988, p.92.

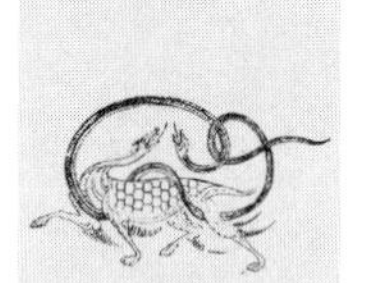



있는데, 이들 기사는 다음과 같다.

> 九年己亥 百殘違誓與倭和通 王巡下平穰 而新羅遣使白王云 倭人滿其國境 潰破城池 以奴客爲民 歸王請命 太王[恩慈] 矜其忠[誠] △遣使還告以△計
> 十年庚子 敎遣步騎五萬 往救新羅 從男居城 至新羅城 倭滿其中 官軍方至 倭賊退△△背急追至任那加羅從拔城 城卽歸服 安羅人戍兵△新[羅]城△城 倭[寇大]潰 城△△△盡△△△安羅人戍兵[新]△△△△[其]△△△△△△△言△△△△△△△△△△△△△△△△△△△△△△△△△△辭△△△△△△△△△△△△△潰△△△△安羅人戍兵昔新羅寐錦未有身來[論事] △[國罡上廣]開土境好太王△△△△寐[錦]△△[僕]勾△△△△朝貢

위의 기사는 백제가 영락 6년에 한 맹세를 어기고 왜와 和通하였는데, 영락 9년에 광개토왕이 순시차 평양성에 갔더니 신라에서 사신을 보내어 대왕에게 고하기를 "왜인이 우리 국경에 가득히 들어와서 城池를 파괴하고 있으니 구원을 요청한다"는 내용이다. 이 문구에 의하면 순시차 평양성에 내려 온 광개토왕이 마침 구원을 요청하러 온 신라 사신을 만나 상황을 듣고, 신라를 구원하기 위한 마치 종주국으로서의 의무를 수행하기 위해 出征한다는 이야기이다. 이어 영락 10년인 400년에 步騎 5만의 대병력을 보내어 신라를 구원했는데, 그 때 고구려 군대가 男居城에서 新羅城에 이르렀고, 왜적을 궤멸시킨 내용과 신라왕(寐錦)이 직접 찾아와서 조공한 내용으로 막을 내리고 있다.

여기서 400년에 출병한 고구려 군대의 성격은 어떻게 보아야 하는가? 「능비문」에는 구원군으로 적혀 있지만, 이는 어디까지나 출병의 명분에 불과할 따름이고 기실은 정복군이었다. 그 이유는 다음과 같다. 첫째, 고구려는 소백산맥 이남 지역으로 진출하기 위한 준비를 착착 진행시켰다는 것이다. 396년 남한강 상류의 내륙교통로를 확보했었다. 398년에는 교통로의 안전을 점검하기 위한 목적에서 무력시위를 벌였다고 할 때 대병력 파견을 위한 용의주도한 준비가 갖추어졌음을 알 수 있다. 둘째, 399년에 신라 지역에 침공한 왜군의 규모는 알려진 바 없으나 步騎 5만에 이르는 대병력의 파견은 단순한 구원군의 차원을

넘어섰다고 본다. 결과론일 수도 있겠지만 이때의 전투는 고구려와 신라가, 백제와 가야 그리고 왜로 이어지는 3국 동맹군간의 싸움인 국제전의 양상을 띠고 있었기 때문이다. 셋째, 고구려 군대의 출병 직후로 짐작되는 400년 2월 後燕의 3만 병력이 고구려 西邊의 新城과 南蘇城을 비롯한 700 여리의 땅을 일시에 略取하였다. 이는 고구려가 낙동강유역으로의 진출에 다대한 국력을 기울였음을 의미하는 움직일 수 없는 증좌이다.[18) 어떤 논자는 고구려 군대의 출병 시기를 後燕의 공격을 받은 직후로 간주하면서 그토록 신라에 대한 보호 의지가 강렬하였다고 주장하지만, 자신의 앞 마당을 내놓는 상황에서 출병이 가능하다는 발상 자체가 신기할 정도이다.

고구려의 중장기병의 상상 복원 (함안박물관)

그러면 400년에 고구려 군대가 신라 지역에 출병한 목적은 어디에 있었을까? 이는 전쟁의 명분을 명시하고 있는 영락 9년 조에 해답이 들어 있게 마련인데, 백제가 영락 6년에 한 맹세를 어기고 왜와 화통하였다는 점에서 찾을 수 있다. 즉 고구려 군대는 신라 구원을 명분 삼아 출병하여 왜군과 전투를 치른 것으로 되어 있지만, 기실 왜군을 끌어 들인데는 백제의 입김이 작용하였음을 알 수 있다. 또 그 戰場이 백제의 영향권인 가야 지역이었음을 놓고 볼 때, 백제를 정점으로 하

18) 李道學, 앞논문, pp.92~93.

여 가야와 왜로 이어지는 삼각동맹체제와의 전투가 되겠다. 그러니까 고구려의 낙동강유역으로의 출병은 기실 이러한 삼각동맹체제의 頂点에 위치한 백제를 타킷으로 한 것으로서, 가야 지역에 대한 지배권을 장악하여 백제를 배후에서 압박·고립시키는 한편, 왜군의 진출을 봉쇄하여 동북아시아에서의 새로운 정치적 관계의 재정립에 두었던 것이다.[19]

그러나 고구려의 애초 구상과는 달리 예기치 않은 후연의 기습 공격으로 인해 후방의 본토가 교란 됨에 따라 낙동강 하류 지역까지 진출했던 고구려군 주력 부대의 회군이 불가피해졌다. 요컨대 고구려의 가야원정은 그 다대한 戰果에도 불구하고 결과적으로 실패로 돌아가고 말았다. 다만 고구려군 일부가 신라 保衛를 명분 삼아 신라 지역에 잔류하여 백제와 가야 그리고 왜의 동태에 대한 감시를 늦추지 않았을 뿐이다.[20]

## 5. 영락 14년 조의 帶方界 전투 기사

「능비문」 영락 14년 조에 의하면 다음과 같이 帶方界에 침입한 왜군을 고구려 군대가 궤멸시키고 있다.

> 十四年甲辰 而倭不軌 侵入帶方界 △△△△△石城△連船△△△ [王躬]率△△ [從]平穰△△△鋒相遇 王幢要截盪刺 倭寇潰敗 斬煞無數

위의 기사는 「능비문」에서는 이례적으로 고구려가 침공을 받았다는 유일한 내용이다. 일반적으로 영락 14년 전쟁기사의 전치문으로는 '倭不軌'를 지목한다. 그런데 이 구절은 고구려가 주변 나라를 정벌하게 된 이유를 설명하고 있는 전치문의 기본 틀과는 거리를 두고 있다. 이어서 적혀 있는 영락 17년 조에는

19) 李道學, 앞논문, p.93.
20) 李道學, 앞논문, p.93.

전치문이 보이지 않는데, 혹자는 영락 14년의 전치문이 포괄하고 있다고 하지만—비록 정치적으로 연관 있는 세력이기는 하지만--전쟁의 대상이 왜와 백제로서 각각 다르다. 게다가 영락 10년의 경우도 전치문이 보이지 않는다. 그러나 영락 10년의 왜의 침공으로 인한 신라 출병이나 14년의 왜군의 습격을 격퇴한 기사 그리고 17년의 백제와의 전투[21]는 의심없이 모두 영락 9년 조에 명시된 "百殘이 맹세를 어기고 倭와 화통하였다"는 大前置文 속에 포괄되는 내용이다. 이 점을 유의할 필요가 있을 것 같다.

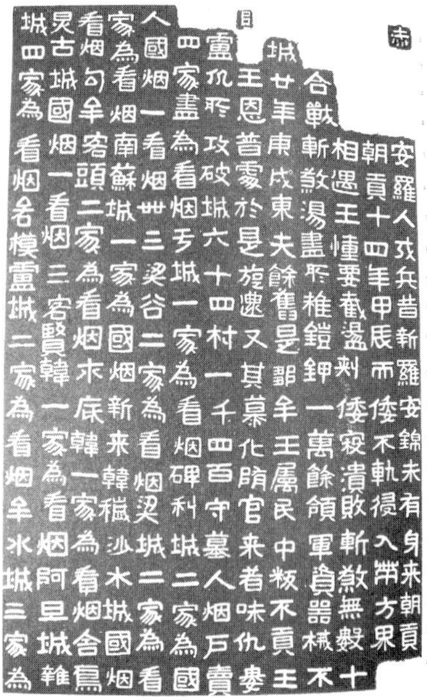

광개토왕릉비문 영락14년 조 탁본 일부
(오른쪽 둘째줄)

## 6. 영락 17년 조의 전투 기사

「능비문」에 의하면 영락 17년인 407년에 고구려 군대가 압승을 거두는 기사가 다음과 같이 보인다.

> 十七年丁未 敎遣步騎五萬 △△△△△△△△△△師△△合戰 斬煞蕩盡 所獲鎧鉀一萬餘領 軍資器械不可稱數 還破沙溝城 婁城 △[住]城 △城 △△△△△△城

위의 문구는 비문의 일부가 훼손된 관계로 종래 고구려 군대의 공격 대상에

21) 영락 17년 조를 백제와의 전투로 이해하는 王健群, 앞책, p.222에 제시된 견해를 취한다.

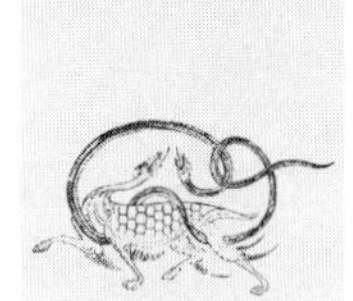



관해서는 추측이 구구하였다. 예컨대 倭 혹은 가야 또는 後燕이나 백제를 지목하기도 하였다.[22] 게다가 이 문구의 첫 머리에는 출정의 명분이랄 수 있는 전치문이 보이지 않고 있다. 그러나 영락 17년 조의 전쟁은 백제와의 전쟁이다.

이 점을 명확히 해주는 것은 고구려에 공파된 沙溝城이니 婁城과 같은 城名이 되겠다.[23] 이 가운데 루성은 영락 6년 조의 고구려에 공파된 백제의 58성 가운데 보이는 牟婁城·古牟婁城·△婁城·燕婁城 등 이른바 婁字 계통의 城名과의 관련을 시사해 주기 때문이다. 더욱이 고구려군이 공파한 沙溝城·婁城·△[住]城·△城 등 4개의 城에다가 결락된 부분에 2개의 城名을 넣으면 도합 6城이 된다. 광개토왕은 「능비문」 상 64성을 공파하였는데 영락 6년에 백제로부터 공취한 58성에다 영락 17년에 획득한 6성을 합치게 되면 공교로울 만큼 64성이 된다.[24] 따라서 고구려는 오로지 백제로부터 64성을 공취한 게 되며, 이는 백제와의 전승에 대해 각별히 의미를 부여하고 있음을 뜻한다. 고구려가 다른 지역과는 비교할 수 없을 정도로 남진경영에 주력하였음을 알려준다.

이렇듯 영락 17년 조가 백제와의 전쟁에 대한 기록이었다면, 이 전쟁의 성격과 파급 효과를 생각해 보아야만 한다. 왜냐하면 고구려군 보병과 기병 5만 명이 동원되는 영락 17년의 전쟁은 영락 10년(400)의 출병 이래 최대 규모의 군대 동원이기 때문이다. 아울러 이 전쟁에서 고구려군은 백제 군대로부터 '鎧鉀一萬餘領' 을 노획했을 뿐만 아니라, 노획한 군자기계는 수를 헤아릴 수 없을 정도였다고 할 정도로 압승을 거두었다. 바꿔 말해 이 사실은 고구려군 보병과 기병

22) 盧泰敦, 앞글, p.28.

23) 武田幸男은 이들 城의 위치를 백제 領域으로 규정하였다(武田幸男, 『高句麗史と東アジア』 1989, p.135).
북한의 손영종은 沙溝城을 전지왕 13년(417)에 축조하였다는 沙△城과 동일한 성으로 간주하였다(손영종, 「광개토왕릉비를 통해서 본 고구려의 령역」 『력사과학』 1986-2, p.26). 이 견해는 연대에는 비록 모순이 보이지만 영락 17년조를 이해하는 데 시사적인 지적이었던 만큼, '後學' 에게 영향을 미쳤다.

24) 王健群, 앞책, p.222.

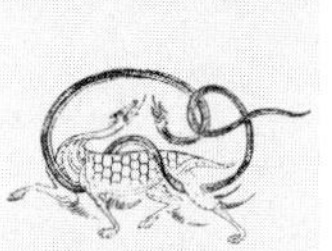



5만 명에 필적할 만한 수의 백제군과 왜군이 대적했다가 적어도 1만 명 이상의 희생자와 6개 성을 상실하는 참패를 당하였음을 뜻한다.[25)]

## 7. 영락 20년 조의 동부여 정벌 기사

「능비문」 영락 20년 즉, 410년에 광개토왕은 동부여를 정벌하는데 다음과 같다.

> 卄年庚戌 東夫餘舊是鄒牟王屬民 中叛不貢 王躬率往討 軍到餘城 而餘△國駭△△△△△△△△△王恩普覆 於是旋還 又其慕化隨官來者 味仇婁鴨盧 卑斯麻鴨盧 椯社婁鴨盧 肅斯舍[鴨盧] △△△鴨盧 凡所攻破城六十四 村一千四百

위에 보이는 동부여의 소재지에 관해서는 함경남도 영흥만 일대로 비정하는 견해를 비롯하여 몇 가지 견해가 있지만[26)] 일단은 두만강 하류의 훈춘 방면으로 비정하는 견해를 취하고자 한다. 광개토왕의 친정으로 고구려 군대는 동부여 왕성을 습격하여 일거에 함락시키고 회군하는데, 그때 대왕의 덕을 사모하여 味仇婁 鴨盧 등과 같은 지방 수장들이 따라 왔다고 한다.[27)] 이 기사에 이어 "凡所攻破城六十四 村一千四百"라는 구절이 적혀 있는데, 혹간 이 숫치를 동부여 정벌의 전과로 간주하는 견해도 있지만, '凡' 이라는 글자가 있을 뿐 아니라 전쟁기사의 맨끝에 적혀 있는 숫치이므로, 현행 通說처럼 「능비문」 상의 總 戰果로 보아야만 할 것이다.

「능비문」에 의한다면 영락 8년 조에는 莫△羅城이 보이지만 약탈한 남녀 300餘人의 소속처를 말하는 것일 뿐 영토로서의 지배를 의미하지는 않는다.[28)] 그

---

25) 이 전투가 백제의 정치적 상황에 미친 영향에 대해서는 李道學, 「漢城後期의 百濟 王權과 支配體制의 整備」 『百濟論叢』2, pp.292~294를 참조하기 바란다.

26) 동부여의 소재지에 관해서는 孔錫龜, 「廣開土王陵碑의 東夫餘에 대한 考察」 『韓國史硏究』70, 1990, PP.19~20에 소개된 글을 참조하기 바란다.

27) 鴨盧를 "부여의 귀족을 의미하는 말"로 간주하는 朴時亨의 견해를 취한다(박시형, 『광개토왕릉비』 1966, p.207).

밖에 고구려 군대가 영락 10년에 낙동강유역으로 출병하여 전투를 할 때 성들을 攻破한 게 확인되지만, 영토로서의 점령은 아니었다. 후연의 침공을 받아 본토의 후방이 교란된 고구려 군대는 곧 퇴각하였기 때문이다. 그러므로 「능비문」에서 고구려가 성을 점령한 대상은 백제로부터였고, 바로 大王 一代의 그곳으로부터의 戰果가 64城 1400村인 것이다.

## III. 맺음말 — 「능비문」에 보이는 主敵 인식과 결부지어

「능비문」 상의 전쟁기사는 모두 7 차례로 나타나고 있는데, 그 중 확실하게 말할 수 있는 것은 4 차례의 전투가 백제를 겨냥했거나 백제와의 직접적인 군사적 충돌이었다. 나머지 3 건은 패려 정벌과 백신토곡에서의 무력시위－백신토곡의 위치를 강원도와 충청북도를 포함한 중부 산간 지대로 비정하는 게 타당하다고 믿지만－, 그리고 동부여 정벌이었다. 이 3 건의 전쟁은 朝貢 문제를 명분으로 걸고서 일으키거나 마무리 짓고 있는 것이요, 그 중 2 건은 대왕의 親征이라는 비중에도 불구하고 영토를 점령했다는 명증이 없다는 공통점을 지니고 있다. 게다가 동원된 군대의 규모도 명시되어 있지 않을 뿐 아니라, 비록 戰果는 명시되었지만 전쟁 과정이 구체적이지 못하다.

이와는 달리 나머지 4 차례의 전쟁 기사는 영락 6년에 조공을 단절한 백제의 왕성 공격, 영락 10년(전치문은 영락 9년 조)에 백제가 맹세를 어기고 왜와 화통한 관계로 신라에 쳐 들어온 왜를 격퇴하기 위한 출병, 영락 14년의 백제와 연계된 왜군과의 전투, 영락 17년에 步騎 5만 명을 동원한 백제와의 전투가 되겠다. 이들 전투는 전쟁과정이 명백하게 기재되어 있다. 특히 백제와의 첫번째 전투로 기재된 영락 6년 조와 그 마지막 전투인 17년 조의 전과 즉, 2 차례의 전과인

28) 武田幸男, 「廣開土王碑からみた高句麗の領域支配」 『東洋文化研究所研究紀要』 1979, p.69.

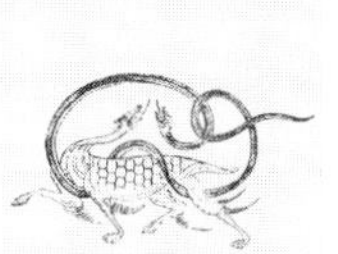



64城이,「능비문」에는 광개토왕 일대의 정복사업에 대한 결산처럼 기재되었다.

이는 중요한 단서를 제공해 준다. 즉, 전쟁의 명분을 적어 놓고 있는 전치문은 영락 6년 조의 앞에 붙어 있는 신묘년 조와 영락 9년 조의 단 2 군데 보일 뿐이다. 그 메시지는 백제가 고구려의 속민이었는데 조공을 바치지 않아 응징을 하였는데 그때의 약속을 어기고 왜와 화통하였다는 것이다. 여기서 첫번째 전치문은 이른바 辛卯年 條인데 속민으로서 조공의 의무를 불이행하였을 뿐 아니라 고구려에 대한 적대적 행위를 한데 대한 제재가 될 것이고,[29] 두번째 전치문은 영락 9년 조로서 違約에 대한 응징으로서 나타나는데 영락 10년 조와 14년 조·17년 조는 일종의 이 大前置文[30] 속에 포함되는 세부적인 사실이라고 보겠다.

그렇다고 할 때「능비문」에서 가장 비중 있게 다루고 있는 것은 결론부터 말한다면 남진경영이라고 보겠다.「능비문」의 전쟁 기사는 영락 5년의 패려 정벌, 영락 6년의 백제 정벌, 영락 8년의 帛愼土谷에서의 무력시위, 영락 10년의 신라·가야로의 진출, 영락 14년 대방계 전투, 영락 17년의 결락자가 많은 전투, 영락 20년의 동부여 정벌로 나뉘어진다. 모두 7 차례의 전쟁 기사 가운데 분명히 말할 수 있는 것은 영락 6년과 영락 10년이 남진과 관련한 전쟁이다. 그리고 영락 8년과 그 17년의 것도 백제와 연관된 전투로서 고구려 군대의 진출 지역이나 戰場을 한반도 중부 지역으로 간주하는 견해가 많다. 게다가 영락 14년의 대방계 전투도, 그 전투 배경이 영락 9년 조에 명시되었듯이 백제가 약속을 어기고 왜와 화통한데서 비롯되었으며 전투 대상이 왜인 만큼 남진경영과 관련된 전투로 분류할 수 있다. 그렇다고 할 때「능비문」상에 摘示된 7 건의 전쟁기사 가운데 2 건만이 관련이 없고 나머지는 남진경영과 관련한 전쟁이라는 사실이

29) 영락 6년 조에 잇대어 전치문 없이 기재된 영락 8년조의 기사도 그러한 연장선상에서 본다면 무리가 없을 것 같다.

30) 영락 9년 조의 전치문을 大前置文이라는 용어로 쓴 것은, 설령 영락 14년 조의 '倭不軌'를 전치문으로 인정한다고 하더라도 영락 9년 조의 전치문에 포괄되는 내용이기 때문이다.

다. 이는 고구려가 남방으로의 진출에 크게 비중을 두었음을 뜻하고도 남는다.

물론 「능비문」에 보이는 전쟁 기사의 숫자만 가지고 그 비중을 논한다는 것은 지극히 평면적인 단순 비교에 불과할 수도 있다. 그러므로 전쟁 기사의 질적인 측면에서 살펴 보도록 하자. 우선 남진경영과 무관한 영락 5년의 鹽水上에 소재한 패려로의 진출은 어디까지나 고구려의 영향력 확대일 뿐 영역에 대한 지배는 아닌 것이다.

그리고 영락 20년의 동부여 정벌은 지금의 두만강 하류에 소재한 것으로 보이는 동부여에 대한 정벌인데 광개토왕의 親征으로 그야말로 파죽지세로 그 왕성을 함락시키고 개선한 것으로 되어 있다. 여기서 위의 2 전투가 지니는 공통점은 대왕의 친정이라는 비중에도 불구하고 戰果 내지는 그 決算이 기재되어 있지만 전쟁 과정이 구체적이지 못하다는 점이다. 그리고 고구려가 영토를 점령했다는 기록이 없다. 요컨대 위의 2 전투는 기실 조공체제의 재확인이 아닐까 생각될 정도로 鎭撫的인 성격이 다분하다고 느껴진다.[31] 동부여 정벌 기사에는 기실 동부여 멸망을 뜻하는 어떠한 문자도 없기 때문이다.[32]

그러나 이와는 달리 「능비문」의 남진경영 전쟁 기사에는 전쟁 상황이 구체적으로 서술되어 있다. 가령 "倭寇가 潰敗하였으며 斬煞한 것이 무수히 많았다(영락 14년 조)" "모조리 斬煞하여 蕩盡시켰으며 노획한 갑옷이 1만 여벌이며, 軍資器械는 수를 헤아릴 수 없을 정도였다(영락 17년 조)"라고 하는 문구[33]가 그것이다. 게다가 영락 14년 조에는 '王幢' 이라는 글자가 확인되어 대왕의 친정이 보이고 있을 뿐 아니라, 영락 17년 조에는 城 점령과 같은 戰果가 분명하게 보인다. 그러므로 당시 고구려의 主敵은 이러한 남진경영과 관련한 주된 전투 대상

31) 능비문 영락 5년 조의 전치문은 "王以稗麗不△△"이지만 결락자가 있어 내용을 정확히 살피기는 어렵다. 그러나 선학들이 지적하였듯이 朝貢을 그만 두었거나 아니면 이와 유사한 정치적 행위를 한 것은 분명하다고 본다.

32) 武田幸男도 앞책, p.146에서 이러한 시사를 하였다.

33) 「능비문」, "倭寇潰敗斬煞無數(영락 14년 조)" "斬煞蕩盡 所獲鎧鉀一萬餘領 軍資器械不可稱數(영락 17년 조)"

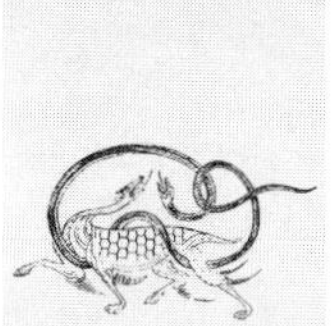



이요, 실제 百殘이라는 멸칭으로 「능비문」에 보이는 백제라고 하겠다.[34] 「능비문」에 요란하게 적혀 있는 전쟁 기사의 본질은 고구려와 백제의 대결에 다름 아닌 것이다.

이러한 「능비문」의 주된 골자는 백제와의 戰勝으로 압축되고 있다는 사실을 알려주고 있다. 그리고 그 戰果를 최대의 업적으로 顯示하고 있는 것이다. 고구려의 백제 정벌은 영락 6년에 시작되어 영락 17년에 매듭지어 지는데, 영락 5년과 영락 20년의 정벌 기사라는 外皮를 벗기면 오로지 백제 내지는 그 영향권 세력과의 전쟁임을 알 수 있다. 요컨대 「능비문」은 고구려 최대의 宿敵인 백제와의 정치적 관계 속에서 작성된 것이라고 하겠다.

「능비문」에서 新羅나 任那는 그 국호를 당당히 표기하고 있으며 또 後燕은 누대에 걸친 앙숙이었음에도 불구하고 기재되지도 않았다.[35] 그러나 백제의 경우는 유독 百殘이라는 멸칭과 그 임금을 殘主라고 貶毁시키는 표현 그리고 전쟁 사실이 자세히 나타나고 있다. 이를테면 "斬煞蕩盡 所獲鎧鉀一萬餘領 軍資器械不可稱數(영락 17년 조)"라고 하였을 정도로 격렬하게 전투를 치른 대상이 백제와 그 부용세력인 倭였다. 이것은 무엇을 말하는가? 고구려가 백제를 최대의 라이벌로 간주하였다는 사실과 더불어, 자세히 기재할 만큼 그 전승은 어느 전쟁과도 비교할 수 없을 정도로 값진 것이라는 점이다. 그리고 逆으로 멸칭을 사용했다는 것은 「능비문」의 일방적인 壓勝 기록과는 달리 백제는 여전히 버거운 상대였음을 함축한다고 보겠다.

고구려가 백제로부터 점령한 58성과 더불어 영락 17년에 격파·점령한 6성의

34) 이 문제에 관한 체계적인 이해는 일찍이 朴性鳳, 「廣開土好太王期 高句麗 南進의 性格」 『韓國史硏究』 27, 1979 ; 『高句麗 南進經營史의 硏究』 1995, pp.179~205에서 잘 언급하였다.

35) 407년에 후연의 慕容熙가 피살되고 慕容寶의 養子로서 고구려 王族 출신인 高雲이 즉위함에 따라 양국은 곧 화해하게 되었는데, 고운을 이은 馮氏 정권의 경우도 마찬가지였다. 이러한 외교적 관계로 인해 후연과의 전쟁 기사가 기재되지 않은 것으로 간주하는 견해가 있는데(朴時亨, 앞책, pp.79~80) 타당하다고 본다. 또, 이 사실을 통해 「능비문」 전쟁 기사의 성격을 가늠해 보는 게 가능해진다.

이름을 碑面이라는 공간적 제약에도 불구하고 죄다 기록하였다. 이는 영유권에 대한 권리 선언인 동시에 그것을 영구히 보장 받으려는 정치적인 의도에서 기인되었다고 생각한다. 낱낱히 기재된 수묘인 연호의 경우도 예외가 되지 않는데, 또 이들로 하여금 광개토왕의 陵을 영원히 관리하게 함으로써 大王代에 확보한 일부 백제 지역의 영유권에 대한 근거를 거듭 反芻시키려는 의도라고 보겠다.

요컨대 「능비문」 상의 핵심인 전쟁 기사는 고구려 최대의 라이벌인 백제를 염두에 둔 일종의 전승기념비요, 광개토왕의 祖父로서 백제 군대에 피살된 고국원왕의 宿憤을 말끔히 씻었음과 더불어 兩國間 정치적 역학관계의 재정립을 노리는 정치 선전문이기도 하였다. 그러므로 「능비문」의 전쟁 기사를 비판적으로 수용할 때만이 역사적 실체에 한 걸음 가까워지는 길이라고 본다.

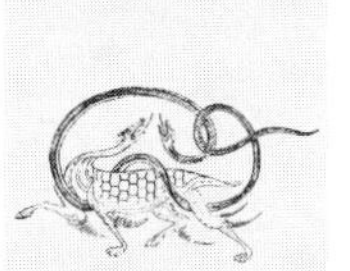



# 廣開土王陵碑文에 보이는 地名 比定의 再檢討

## Ⅰ. 머리말

「광개토왕릉비문」의 성격에 관해서는 그 비석이 발견된 이래 지금까지 다양한 논의가 開陣 된 바 있다. 이 경우에는 지금의 정서나 가치 기준을 가지고 그 성격을 裁斷하기 보다는 당시의 그것으로 접근하는 게 온당할 듯하다. 이러한 점에서 볼 때 「능비문」[1]의 작성과 그 建碑 목적은 "銘記勳績 以示後世焉"라는 구절에 잘 집약되어 있듯이, 고구려의 저명한 정복군주인 광개토왕의 업적을 칭송하기 위한 데 있었다. 즉 이는 勳績碑文인 것이다.

'勳績' 은 말할 나위없이 '큰 功業' 을 뜻하는데, 이는 그 비문 전체를 壓倒할 정도로 절대적 비중을 점하는 정복전쟁의 성과를 가리킨다. 일반적인 王陵 비석의 문장과는 달리 「광개토왕릉비문」은 대부분이 정복전쟁과 전쟁의 당위성에 대한 근거로서까지 시조 건국설화가 짜여졌었다. 그러할 정도로 지배한 영역에 대한 지배권의 정당성을 과시하고 그 영속성을 보장 받고자 하는 정치적인 의도가 분명했다.[2]

이와 관련해 「능비문」에는 당연히 무수한 정복 지역 이름이 등장하고 있는데, 그 위치에 관해서는 비문의 훼손에 따른 문장의 불완전성과 결부되어 구구

1) 본고에서는 앞으로 「광개토왕릉비문」을 '능비문' 으로 줄여서 표기한다. 그리고 그 釋文은 韓國古代社會硏究所, 『譯註 韓國古代金石文』I, 1992, pp.7~16에 의하였다. 그 이유는 이 석문이 가장 정확해서라기 보다는 많은 釋文을 토대로 비교·검토한 가장 최근의 자료이기 때문이었다.

2) 李道學, 「廣開土王陵碑文에 보이는 戰爭 記事의 分析」『高句麗硏究』 1996, p.765.

한 해석을 자아내었다. 이는 광개토왕대에 정복한 지역의 위치를 제대로 파악하지 못하고 있음을 뜻한다. 그 결과 당시 고구려의 정복전쟁의 성격을 이해하는데 상당한 제약을 받게 되었지만, 이에 대한 연구는 여전히 개별적인 성과에 머물러 있다는 느낌을 받았다.

그러므로 본고에서는 지금까지의 연구 성과를 바탕으로 「능비문」에 등장하는 지명을 전반적으로 검토함으로써 「능비문」에 보이는 고구려의 정복전쟁의 성격과 방향을 구명하는데 一助하고자 한다.

## 1. 건국설화 조

惟昔始祖鄒牟王之創基也 出自北夫餘 天帝之子 母河伯女郎 剖卵降世 生[而]有聖△△△△△△命駕 巡幸南下 路由夫餘奄利大水 王臨津言曰 我是皇天之子 母河伯女郎 鄒牟王 爲我連葭浮龜 應聲卽爲連葭浮龜 然後造渡 於沸流谷 忽本西 城山上而建都焉 不樂世位 因遣黃龍來下迎王 王於忽本東罡 [履]龍頁昇天

### (1) 北夫餘

「능비문」에서 북부여는 고구려 시조인 鄒牟王의 출신지로서 보이고 있다. 여기서 '夫餘' 에 대한 표기를 거론하지 않을 수 없는데, 현재 夫餘를 '扶餘' 로 표기하는 이들도 있다. 지명 표기상의 異稱이 등장할 때는 일단 그 국가 존재 당시나 그에 가까운 시기의 자료를 우선시해야 된다고 할 때 「능비문」에 보이는 '夫餘' 표기가 온당하다고 본다. 이 표기는 부여가 존재하던 414년에 작성된 「능비문」과 5세기 전반에 작성된 「牟頭婁墓誌」 뿐 아니라, 3세기 후반에 편찬된 『삼국지』 동이전 夫餘 條 등에서 확인되기 때문이다.[3] 부여가 존재할 당시의 금석문과 문헌 자료가 한결같이 '夫餘' 로 표기하고 있을 뿐 아니라 같은 시기에 그 반대되는 표기가 많지 않은 만큼 그대로 수용하는 게 지극히 온당하다고 보겠다.

3) 李道學, 「方位名 夫餘國의 성립에 관한 檢討」 『白山學報』 38, 1991, p.1, 註 1.

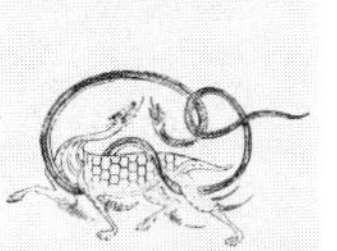



'부여' 라는 국호 앞에 方位名을 붙인 경우는 북부여 외에도 동부여와 남부여가 있었다.[4] 이러한 방위명 부여는 당초부터 이러한 이름을 가졌을 리는 없었을 것이다. '부여' 를 기준으로 하여 북부여·동부여·남부여로 분파해 나간 것으로 보인다. 3세기 후반에 편찬된 『삼국지』에서는 이러한 방위명 부여가 존재하지 않았던 만큼, 북부여의 등장은 그 이후 어느 시점으로 판단된다. 지금의 길림시 일대에 중심축을 두고 있던 부여는 285년에 모용선비의 침공을 받아 1차 파국을 맞은 바 있다. 부여는 1년 후 復國되었지만, 4세기대에는 백제에게 몰리어 서쪽으로 이동해 갔으나 346년에 다시금 모용선비의 再侵을 받아 국왕 이하 5만 명이 포로가 되어 끌려간 바 있다. 이러한 시대적 상황을 배경으로 하여 지금의 길림성 農安 일대에서 부활된 부여가 '북부여' 로 보이는데, 이러한 지명은 原 夫餘가 있었던 길림시 일대를 기준으로 할 때 북쪽에 소재한 관계로 생겨났을 수 있다. 아니면 두만강유역에서 동부여가 탄생하자 길림시 방면에 소재하였던 원 부여를 북부여로 일컬었는지도 모른다.[5] 북부여·동부여와 같은 방위명 국호는 백제가 自國을 남부여라고 改號한 데서 명확히 드러나듯이, 고구려가 이와 같이 호칭한 게 아니었다.[6] 길림시 지역의 원 부여를 기준으로 하여 자생적으로 생겨난 것이라고 하겠다.

### ⑵ 沸流谷 忽本

忽本은 고구려의 初都地를 가리키는데, 지금의 길림성 桓仁 지역을 가리키는 데는 이론의 여지가 없다. 다만 '忽本' 의 의미에 관해서는 부여 시조인 東明의 사당인 東明廟의 건립과 결부지어 해석할 수 있다. 즉 東明廟는 부여의 옛 땅이 아닌 백제와 고구려의 초기 도읍지에 각각 설치되어 나타나고 있는데 이전할

4) 남부여는 백제가 538년에 충청남도 부여로 천도하면서 改號한 國名이다.
5) 이에 관해서는 李道學, 앞논문, pp.5~22 참조하기 바란다.
6) "북부여는 고구려 사람들이 '북쪽의 나라인 부여' 라는 뜻에서 쓴 것이다"라고 하여 고구려가 自國을 기준으로 方位를 冠稱한 夫餘 國號를 설정한 것으로 이해한 견해도 있다(과학백과사전종합출판사, 『조선전사』3, 고구려사, 1991, p.437).

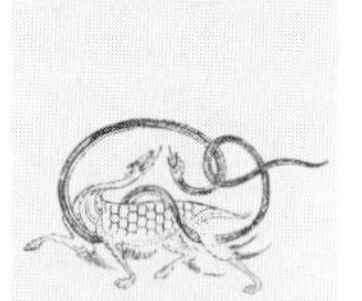

오녀산성 안의 자연 암벽 통로

수 없는 신성처였다. 그러므로 평양성으로 천도한 후에도 고구려왕들은 즉위할 때마다 동명묘가 설치된 만주의 桓仁(졸본) 지방까지 가서 배알하였다.[7] 물론 동명묘는 당초에는 (북)부여에 설치되어 있었는데, 부여가 강성하였을 때도 태조왕이 (북)부여에 가서 부여 출신인 太后의 廟에 제사지냈다.[8] 그러므로 고구려가 북부여를 명목상 존치시킨 4세기 중반 단계에서 동명묘 배알은 별반 제약을 받는 상황이 아니었다.

그렇지만 고구려는 명맥만 유지하고 있던 북(동)부여 왕실이 내투하기 이전에 이미 동명묘를 계루부 왕실의 근거지인 환인 지역으로 이전시킨 것으로 생각된다. 왜냐하면 동명묘가 설치된 환인 지역을 '卒本夫餘'[9]라고 한 것은 함축

7) 李道學, 『백제 고대국가 연구』 1995, p.63.
8) 『三國史記』 권15, 太祖王 69년 조.
9) 『三國史記』 권13, 동명성왕 즉위년 조.
『三國遺事』 권1, 紀異篇, 고구려 조.

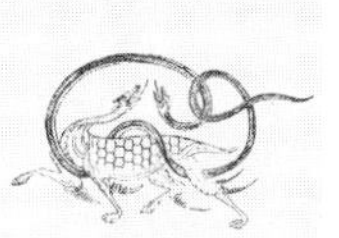



된 의미를 내포하고 있기 때문이다. 즉 졸본부여라는 지명은 부여 지역에 동명묘를 설치한 것처럼 하기 위하여 마련된 일종의 擬似 地名으로 해석되어진다. 고구려 당대의 금석문인 「능비문」에 의하면 졸본은 '忽本'이라고 표기되었으므로, 졸본부여는 '忽本夫餘'가 되는 것이다. 忽本夫餘의 '忽'은 '溝漊' 나아가 '句麗'와 통하는데,[10] 잘 알려져 있듯이 句麗는 고구려를 가리킨다.[11] 그러므로 忽本夫餘는 '高句麗의 근본인 부여'를 의미하는 동시에, 고구려 영역 내에 부여가 소재하였음을 함축하고 있다. 그러면 고구려 영역 내에 부여 지역을 설정한 이유는 어디에 있었을까? 여기서 忽本夫餘는 부여와 관련된 장소임이 분명하고, '本'이라는 문자에서 始祖 이미지가 추출되는 만큼, 홀본부여라는 지명은 부여 시조의 祠廟인 동명묘가 설치된 데서 연유한 것으로 본다.[12]

## 2. 영락 5년 조

永樂五年歲在乙未 王以稗麗不△△[人] 躬率往討 過富山[負]山 至鹽水上 破其三部洛六七百營 牛馬群羊 不可稱數 於是旋駕 因過襄平道 東來△城·力城·北豊·五備△ 遊觀土境 田獵而還

### (1) 稗麗

패려는 『魏書』 거란전에 보이는 거란 8部의 하나인 匹絜部를 가리키는 것으로 지목하고 있다.[13] 그 결과 내몽골 동남부 지역이 고구려의 속령이 되었다고 한다.[14] 혹은 패려를 『晋書』 東夷傳, 稗離等十國 條에서 "稗離國在肅愼西北 馬行可二百日 領戶二萬"라고 하여 보이는 패리국으로 비정하기도 한다. 그 위치는 「능비문」에 나타나는 鹽水를 지금의 흑룡강 상류로 비정하면서, 패리국은

10) 李丙燾, 『韓國古代史研究』 1976, pp.362~363.
11) 이러한 사례는 많지만 『三國志』 권30, 東夷傳, 高句麗 條의 표기가 대표적이다.
12) 李道學, 앞책, pp.63~64.
13) 朴時亨, 『광개토왕릉비』 1966, p.154.
14) 과학백과사전 종합출판사, 앞책, pp.106~107.

흑룡강 상류의 지금의 러시아 영토인 치치하르로 지목하고 있다.[15] 그 밖에 『晋書』에서 패리국이 숙신의 서북쪽에 소재하였다는 기사에 주목하여 遼河 중·하류 부근으로 비정하는 등 다양한 견해가 제기되었다.[16]

### ⑵ 富山

『삼국지』 동이전 고구려 조에 의하면 고구려는 요동태수 공손도와 함께 富山賊을 격파했다고 한다. 즉 "助度擊富山賊破之"라는 기사가 되겠다. 그 위치에 관해서는 桓仁 서쪽의 牛毛大山으로 비정하기도 하지만 고구려 중심부에서 너무 가깝다는 느낌이 들기 때문에 따르기 어렵다. 遼河 하류 以東으로 비정하기도 한다.[17] 또는 요하 서쪽 법고현 서북쪽 일대로 비정하는 견해도 있다.[18]

### ⑶ 負山

負山의 위치는 富山 서쪽의 어느 지역으로 추정되는데 정확히 알 수 없다. 興安嶺山脈 南端의 산악지대로 비정하기도 한다.[19]

### ⑷ 鹽水

염수의 위치에 대해서는 小遼水로 비정하는 견해와[20] 太子河 상류설,[21] 遼의 發興地인 시라무렌강유역의 鹽湖인 廣濟湖(大鹽濼) 일대로 비정하는 견해가[22] 있다. 혹은 大遼水로 비정하기도 한다.[23]

---

15) 李丙燾, 앞책, p.387.

16) 패려의 소재지에 대해서는 李亨求, 『廣開土大王陵碑新研究』 1986, p.67에 자세히 언급되어 있다. 그밖에 패려는 거란이고 遼河 以西 지역으로 비정하는 견해도 있다(徐榮洙, 「廣開土王陵碑文의 征服記事 再檢討 (中)」 『歷史學報』 119, 1988, p.100).

17) 李亨求, 앞책, p.68.

18) 과학백과사전 종합출판사, 앞책, p.61.

19) 徐榮洙, 앞논문, p.101.

20) 朴時亨, 앞책, p.158.

21) 王健群, 『好太王碑研究』 1984, p.208.

22) 徐榮洙, 앞논문, p.101.

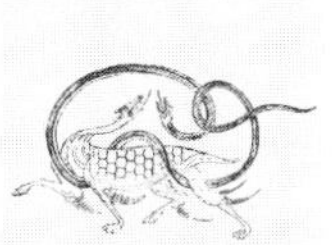



그런데 鹽水는 단순히 강이나 호수 이름에 불과할 수도 있지만, '소금이 산출되는 호수'를 가리킬 수 있다. 현재 그러한 '鹽湖'가 내몽골에 소재하지만, 이 염호가 영락 5년 조의 염수인가 여부 보다도, '소금이 산출되는 호수'를 가리킨다면 인간 생존의 필수품인 소금의 산지인 염수의 장악을 통해서 거란과 같은 내륙의 유목민 세력에게는 엄청난 영향력을 행사할 수 있는 요체인 만큼, 고구려가 탐낼 수 있는 지역이라고 볼 수 있다.[24] 백제의 성장과 소금을 결부지어 볼 때 그 위력을 절감할 수 있는 것이다.[25] 그러므로 염수의 위치는 고구려의 세력 반경을 껑충 뛰어넘는 원거리 지역이라는 이유로, 고구려의 진출 가능성을 부정해서는 안될 것 같다.

이러한 추정을 가능하게 하는 것이 영락 5년 조의 관련 기사이다. 이 기사에 의하면 염수까지 진출하였던 고구려군이 회군하면서 양평도를 지나고 있는데, 양평도는 양평으로 일컬었던 지금의 요양에 이르는 즉 요양을 종점으로 하는 루트를 가리킨다. 그러므로 양평도는 염수에서 요양에 이르는 루트라고 보겠다. 그렇다고 할 때 영락 5년에 고구려 군대가 진출한 염수는 요양의 서북편이라고 하겠다.

그리고 고구려 군대가 통과한 富山은, 과거 신대왕 때 출병하여 현도태수 公孫度가 富山賊을 토벌할 때 지원한 적이 있는데, 지금의 무순(북위 41도 8분)을 治所로 하는 현도군의 반경 밖에 소재한 지역임은 분명하다고 본다. 최소한 북위 42도 바깥인 것은 분명한데, 중국의 요동군이나 현도군(북위 42도 4분)의 반경 바깥이 분명하므로, 염수의 소재지로서 내몽골 지역을 지목해 보는 것도 무망한 일은 아니라고 본다.

23) 李亨求, 앞책, p.23.

24) 李道學, 「廣開土王陵碑文에 보이는 戰爭 記事의 分析」 p.753.
鹽水의 존재는 말갈족의 반경에서도 확인되듯이(『魏書』권100, 勿吉國傳), 산간 내륙에서의 절대적인 소금 攝取源이었다.

25) 이에 관해서는 李道學, 「伯濟國의 成長과 소금 交易網의 확보」 『百濟研究』23, 1992 ; 『백제고대국가 연구』 1995, pp.147~166을 참고하기 바란다.

참고로 현도태수가 富山賊을 정벌하는데 고구려 군대의 지원을 받은 사실을 주목하여, 부산의 위치를 현도군과 고구려 사이에 소재한 것으로 추정하는 견해도 있다.[26] 그러나 고구려 유리왕 때 長城 以北의 멀리 흉노 정벌에도 고구려 군대가 동원된 사례가 있고 보면, 부산이 고구려 영역에서 가깝기 때문에 신대왕 때 고구려 군대가 동원되었다고 단정할 수 없다. 또 이것이 더 이상 부산의 위치를 가늠해주는 척도가 되지는 못함을 알려준다.[27]

**⑸ 襄平道**

襄平은 주지하듯이 지금의 요녕성 遼陽이다. 영락 5년에 광개토왕이 대흥안령 산맥 부근이나 시라무렌강 유역에 거주하는 稗麗를 정벌한 후 回軍할 때 지금의 요양으로 이어지는 襄平道를 따라 南下하다가, 平坦하므로 노획한 牛馬群羊을 몰고 가기에 편리한 北道 [혼하 상류 → 柳河 → 輝發河 → 渾江 → 葦沙河로 이어지는 通路]로 방향을 잡아 개선했다고 판단되므로, 지금의 심양에서 동쪽으로 꺾어져 移動·回軍한 것으로 보인다.[28]

**⑹ 力城**

『晉書』 地理志에 遼東國의 8개 屬縣 가운데 하나이다.

**⑺ 北豊**

『讀史方輿紀要』 瀋陽中衛 條에 "北豊城 在衛西北"라고 하였다. 『中國古今地名大辭典』 北豊城 條에서는 "在奉天 瀋陽縣西北"이라는 기록이 보인다. 이로 볼 때 북풍은 심양의 서북쪽인 渾河 以東과 渾江 以西의 어느 곳으로 추정하고 있다.[29] 혹은 지금의 蓋縣에 인접한 요동반도 서쪽 斜面에 소재한 것으로 비정

26) 王健群, 앞책, p.208.
27) 李道學의 發言, 「종합토론 제3부」 『高句麗研究』 2, 1996, pp.810~811.
28) 李道學, 「古代國家의 成長과 交通路」 『國史館論叢』 74, 1997, p.156.
29) 李亨求, 앞책, p.71.

하기도 한다.[30]

## 3. 영락 6년 조

百殘新羅 舊是屬民 由來朝貢 而倭以辛卯年 來渡△破百殘△△[新]羅以爲臣民
以六年丙申 王躬率△軍 討伐殘國 軍△△[首]攻取寧八城 臼模盧城 各模盧城 幹氐利[城] △△城 閣彌城, 牟盧城 彌沙城 △舍蔦城 阿旦城 古利城 △利城 雜珍城 奧利城 勾牟城 古[模]耶羅城 [頁]△△△△城 △而耶羅[城] [瑑]城 於[利]城 △△城 豆奴城 沸△△利城 彌鄒城 也利城 太山韓城 掃加城 敦拔城 △△△城 婁賣城 散[那]城 [那]旦城 細城 牟婁城 于婁城 蘇灰城 燕婁城 析支利城 巖門△城 林城 △△△△△△△[利]城 就鄒城 △拔城 古牟婁城 閏奴城 貫奴城 彡穰城 [曾]△[城] △△盧城 仇天城 △△△△ △其國城 殘不服義 敢出百戰 王威赫怒 渡阿利水 遣刺迫城 △△[歸穴]△便[圍]城 而殘主困逼 獻出男女生口一千人 細布千匹 跪王自誓 從今以後 永爲奴客 太王恩赦△迷之愆 錄其後順之誠 於是得五十八城村七百 將殘主弟幷大臣十人 旋師還都

「능비문」 영락 6년 조는 광개토왕이 추진한 정복전쟁의 壓卷이라고 할 수 있다.[31] 여기서 백제를 가리키는 '百殘' 이라는 호칭이 「능비문」 상에서 가장 먼저 등장한다. 百殘의 의미에 대해서는 단순한 蔑稱의 뜻만 지녔다기 보다는 고구려 중심의 천하관에서 생성된 正義觀이랄까 膺懲觀의 산물인 동시에 그 基底에는 『孟子』의 사상이 깔려 있음을 시사하고 있다. 즉 『孟子』에서는 "어진 것을 해치는 것을 賊이라 하고, 의로움을 해치는 것을 殘이라고 한다"고 하였는데, 「능비문」에서 倭를 '倭賊' 으로, 百濟를 '百殘' 으로 표기한 것은, 고구려인들의

30) 韓國古代社會研究所, 앞책, p.24.

31) 이 구절은 辛卯年 條와 연관되는 기사인데, 이 條에 대한 일본 舊說에 대한 正鵠을 찌르는 비판은 李鍾學, 「광개토왕비문의 '왜' 의 연구」 『나라사랑』 1997, pp.129~135를 참조하기 바란다. 동일한 내용은 李鍾學, 「古代日本と朝鮮の歷史を語る, 廣開土王碑文の眞實」 『日本及日本人』 1630號, 1998, pp.144~154에 轉載되어 있다.
이에 대한 종합적이고도 체계적인 氏의 능비문 연구는 李鍾學, 『新羅花郎 軍事史研究-附 廣開土王碑文의 倭研究』 1995, pp.167~274에 수록되었다.

이러한 인식과 情緒를 가늠해 주는 것이다.[32)]

그리고 점령한 백제의 58개 城名을 碑面이라는 공간적 제약에도 불구하고 낱낱이 기재하였다. 그 만큼 이 전쟁의 의미가 각별함을 시사하는 것으로 생각된다. 때문에 영락 6년 조의 城名들의 위치는 音相似에 기초한 개별적인 비정 보다는 전쟁의 양상을 설명하고 있는 전체적인 문장의 흐름 속에서 점령한 구역을 가늠해 보는 게 온당할 것으로 판단된다.

위의 「능비문」에서 먼저 전쟁의 주체와 동원된 군대의 성격을 나타내는 "王躬率△軍" 이라는 부분을 살피지 않을 수 없다. 지금까지는 위 문장의 '△' 속의 글자는 대다수가 '水'로 판독하여 "王躬率水軍"으로 釋文을 해 왔다. 그런데 '水' 字가 미심쩍다고 판단하여 釋文을 유보하는 논자들도 나타나고 있다.[33)] 그러면 왕이 몸소 동원한 '△軍'의 '△'에는 어떤 글자가 들어갈까? 우선 '陸軍'을 생각해 볼 수 있지만 그러한 용례가 「능비문」 뿐 아니라 『삼국사기』와 같은 문헌자료에 일체 보이지 않으므로 따르기 어렵다. 「능비문」에는 비록 "躬率往討(영락 5년 조)" "王躬率往討(영락 20년 조)"라는 문구는 보이지만, "王躬率"에 이어 군대의 성격을 나타내는 문자는 영락 6년 조 외에는 보이지 않는다. 그러므로 불명확한 "王躬率△軍"의 '△' 속의 문자를 유추할 수 있는 방증을 얻기는 어렵다.

혹은 '△' 속의 문자를 '大' 자로 유추하여 '大軍'으로 釋文하는 경우도 있지만 따르기 어려운 구석이 보인다. 왜냐하면 周雲台 拓本을 비롯한 여러 拓本의 경우, 從으로 'ㅣ' 劃이 쭉 내려가 있어 일단 '大' 자로 판독할 여지가 좁기 때문이다. 그러므로 종전의 많은 석문대로 '水' 자로 판독하는 게 보다 온당하지 않을까 생각된다. 그리고 이 문장의 경우 광개토왕이 몸소 군대를 이끌고 백제를

32) 李道學, 「龍飛御天歌의 世界」 『문헌과 해석』3, 1998, pp.184~185.

33) 水谷悌二郎, 「好太王碑考」 『書品』100號, 1959.
武田幸男, 『廣開土王陵碑 原石拓本集成』 1988.
韓國古代社會硏究所, 앞책, p.10.

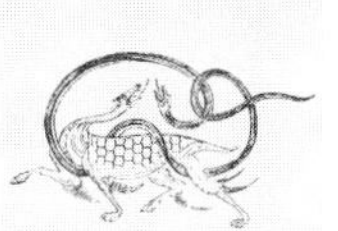



공격하여 寧八城 攻取를 필두로 58개 성을 점령하였지만, 백제가 굴복하지 않고 대적하자 광개토왕이 격노하여 아리수(한강)를 건너 백제 왕성을 포위하자 백제왕이 견디지 못하고 항복을 하였다. 고구려는 그 댓가로 生口와 細布의 공납과 더불어 서약을 받고는 인질을 데리고 개선했다는 내용이다.

그런데 이러한 영락 6년 조의 정복 기사에는 몇 가지 의문이 제기된다. 우선 고구려 군대가 백제의 58성을 점령한 후 한강을 건너 백제 왕성을 포위하였다고 할 때, 한강 이북에 무려 58개에 이르는 一般城이 아닌 통치 거점으로서의 行政城이 존재할 수 있는가 하는 문제이다. 즉 58성을 軍事 專用城이 아닌 '지역 단위로서의 城'인 행정성으로 인식하는 일반적인 견해를 취할 때[34) 攻取 당한 城의 숫자가 너무 많다는 문제가 제기되어진다.[35) 백제 왕성이 함락되기 전까지 빼앗긴 지역이 너무나 광활하다는 것이 된다. 최소한 縣級 공간만 무려 58개 지역이나 상실되었음을 뜻하기 때문이다. 이는 상당히 넓은 지역을 상실하고 나서야 王城이 함락되었다는 것이다.[36)

게다가 「능비문」의 문구대로 한다면 한강 이북의 그러니까 경기도 북부에 소재한 58성을 점령하고서야 백제 왕성에 이르렀다는 이야기가 된다. 그런데 "王躬率△軍"의 '△軍'을 '水軍'으로 석문할 때 더욱 이해하기 어려운 전투 經路라고 말하지 않을 수 없다. 고구려 군대가 수군으로써 백제를 공격하였다면 공격의 중심 타깃인 그 왕성을 공격하기 위해 한강 수로를 이용하여 直攻하는 게 온당하다. 그런데 한강 이북에 상륙하여 무려 58성이나 점령한 후 다시금 한강 이남의 그 왕성을 공격했다는 것은 수긍하기 어려워진다. 그 뿐 아니라 고구려

34) 盧重國, 『百濟政治史硏究』 1988, pp.238~239.

35) 方-郡-城體制라고 하는 정연한 지방통치 체제가 완료된 백제말기의 상황을 기록한 『舊唐書』에 의하면 백제는 전국에 200개의 통치거점인 行政城을 가진 것으로 되어 있다. 그런데 지방통치 체제가 갖추어져 가는 4세기 말의 상황에서 백제가 무려 58성을 상실했다면 상당한 領域의 상실을 뜻하는 게 된다. 게다가 이러한 숫자의 58성들이 경기도 이북에 分布해 있을 수도 없는 것이다.

36) 이는 6.25 동란시 서울 失陷의 經路에 비추어 보더라도 선뜻 따르기 어려운 점이 많다.

가 영락 6년에 점령한 城으로 「능비문」에 보이는 '閣彌城'은, 『삼국사기』에 의하면 392년에 점령한 關彌城이 분명하므로, 58성의 점령 시기는 「능비문」에서처럼 396년 한 해에 그것도 한 전투에서 점령한 것으로 단정하기 어렵다.[37)]

그것을 시사해 주는 게 그 전쟁의 종결구에 적혀 있는 "錄其後順之誠 於是得五十八城村七百 將殘主弟幷大臣十人 旋師還都"라는 決算 부분의 문구가 되겠다. 여기서 '後順'은 『易經』 坤篇의 "先迷失道 後順得常"이라는 구절에서 연유한 것으로서, "後에 道理에 順從한다"는 뜻이다. 그러므로 이 구절은 "그 後에 (고구려의 王道에) 順從하는 (백제의) 정성을 기록하니, 이에 58성 700촌을 얻었고, 백제왕[殘主]의 아우와 더불어 大臣 10인을 거느리고 군대를 돌려 수도로 돌아왔다"라고 해석되어 진다. 이 문구는 완강히 저항하던 백제가 항복하여 고구려에 順從한 결과로, 고구려는 58성과 700촌을 얻게 되는 한편, 백제왕의 아우와 대신 10인을 데리고 개선했음을 나타내고 있다. 「능비문」의 결산 문구 앞에 적혀 있는 것처럼 고구려가 58성을 백제 왕성 공략 이전에 점령했다고 하자. 그러면 그 결산 부분에서 58성의 점유 사실을 적어도 '得'이라고 표기하지는 않았을 것이다.[38)] 오히려 이는 고구려가 항복의 결산이자 댓가로 백제로부터 58성을 割讓 받았음을 시사하는 문구로 보아야만 온당할 듯하다.

이러한 선상에서 볼 때 고구려는 自國이 필요로 하는 백제의 일부 지역을 요구하여 할양 받았을 공산이 크다. 그러므로 58성은 기존의 관념을 뛰어넘는 장소에 소재하였을 가능성을 제기해 준다.[39)] 일례로 守墓人 烟戶 條에 보이는 '百殘南居韓'은 백제 왕성 남쪽에 소재한 지역이 분명하다.[40)] 게다가 王健群

37) 이에 관해서는 "王의 百濟와의 싸움은 前後 4년에 걸친 일이지만, 碑에는 丙甲 1回의 役인 것처럼 기록한 것은 終末의 해를 맞이하여 總叙한 것이다.(那珂通世, 「高句麗古碑考」 『史學雜誌』49, 1893, p.30)"라는 견해가 주목된다. 그리고 李道學, 「永樂 6年 廣開土王의 南征과 國原城」 『孫寶基博士停年紀念韓國史學論叢』 1988 ; 『高句麗 南進經營史의 硏究』 1995, p.255, 註31을 참조하기 바란다.

38) "攻破(쳐서 격파), 攻取(쳐서 차지)와 得(얻음)은 서로 다른 개념이다"(과학백과사전 종합출판사, 앞책, p.113)고 한 지적에서도 할양 가능성은 일층 높아진다.

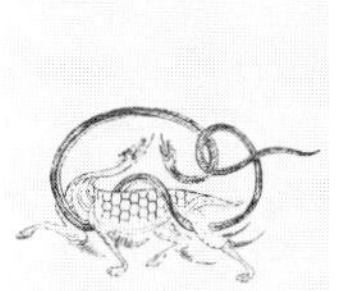



의 釋文에 따른다면 영락 6년의 水軍作戰은 "王躬率水軍 討伐殘國 軍至窠南"[41]이라고 하여, 고구려 수군이 '窠南' 즉 백제 왕성의 남쪽[巢窟 남쪽]까지 진출하였음을 알려주고 있다. 여하간 어느 釋文에서든 이론이 없는 '百殘南居韓'의 존재는, 고구려가 영락 6년에 백제 내륙 깊숙한 곳을 장악했음을 뜻하는 움직일 수 없는 증거이다.

그런데 영락 6년 조는 광개토왕이 親征으로 아신왕의 항복을 받아냄으로써 백제 공략의 大尾를 장식한 기념비적인 해였으므로, 즉위 원년에서 5년에 걸친 백제와의 戰果까지도 영락 6년 조에 일괄 기재되었다고 한다. 즉 58城 가운데 영락 원년에서 5년에 걸친 백제와의 戰果는 27城인데, 이들 城은 예성강과 임진강 사이에 소재하였다. 이에 반해 영락 6년에 광개토왕이 친정으로 공취하여 자신의 守墓人 烟戶로 차출한 新來韓穢 31城 5地域의 대부분은 남한강 상류 지역에 소재하였다. 이같은 사실은 阿旦城·古牟婁城·舍蔦城 등에 대한 소재지 검토를 통해서 밝혀지게 되었다. 阿旦城은 충북 단양군 영춘면에 소재한 乙阿旦城이었던 온달성으로, 「중원고구려비문」에도 보이는 古牟婁城은 충주 隣近으로, 舍蔦城은 韓人과 濊人의 混居 지역이면서 阿旦城과 倂記 되고 있는 만큼 서로 인접한 지역으로 비정된다.[42]

만약 이러한 견해를 부정하려면 무엇보다 阿旦城의 소재지에 대한 입장을 분명히 밝혀야 할 것이다.[43] 기존에는 아단성을 서울시 광진구에 소재한 아차산

39) 고구려는 신라와 가야 지역을 경영하기 위한 목적으로 소백산맥 이남으로 진출할 수 있는 교통로를 확보하고자 했는데, 영락 6년에 백제로부터 점령한 구간은 이 문제와 불가분의 관련을 맺고 있다고 한다(李道學, 앞논문, pp.265~271 및 「高句麗의 洛東江流域進出과 新羅·伽倻經營」『國學硏究』29, 1988, p.91).

40) 李亨求, 앞책, p.106.

41) 王健群, 앞책, p.147.

42) 이에 대한 詳論은 李道學, 「永樂 6年 廣開土王의 南征과 國原城」 pp.245~271에 있으므로 참조하기 바란다.
참고로 고모루성의 위치를 충북 음성의 古山城으로 비정하는 견해가 주목된다(손영종, 「중원고구려비에 대하여」『력사과학』1985-2, p.31).

아차산 제4보루 발굴 현장

성으로 비정해 왔었다. 만약 이러한 주장을 견지하려면 그야말로 한강을 隔하여 對峙하면서 백제 왕성인 몽촌토성과 풍납동토성을 내려다보는 山上의 要塞인 아차산성에 고구려 군대가 주둔할 수 있었던 이유가 구명되어야만 할 것이

43) 李仁哲은 阿旦城으로 비정되는 단양군 영춘면의 溫達城에 고구려성에 나타난다는 '雉'가 있으므로, 百濟城이 아니라고 주장한다(李仁哲, 「廣開土好太王碑 守墓人 烟戶條를 통해 본 고구려의 남방경영」『廣開土好太王碑硏究 100年』下, 1996, p.69). 그러나 '雉'는 백제 토기편이 성 안에서 출토될 정도로 명백한 백제성인 온달성을 고구려가 점령한 후 增築한 것일 수 있고, 또 '雉'는 신라성인 三年山城이나 백제의 甕山城으로 비정되는 대전의 鷄足山城에도 나타나고 있다. 그러므로 '雉'의 存否를 가지고 성곽의 國籍을 논한다는 것은 어리석은 일로서, 氏 論調의 전반에서 확인되고 있듯이 아마도 특정인의 說을 부서야한다는 강박관념에서 나온 무리수로 여겨진다.
또 氏는 永樂 6年 條의 고구려 군대가 점령한 구간을 연천 · 포천 · 파주 · 인천을 잇는 線 以南으로 내려오지 않았으며, 다만 광개토왕이 이끄는 소수 병력이 포천을 지나 漢江을 건너와 백제 왕성을 함락시키고 아신왕을 생포했으나, 退路가 걱정이 되어 항복만 받고는 백제군 포위망을 뚫고 황급히 돌아온 것으로 상상하였다(李仁哲, 앞논문, pp.74~75). 이러한 氏의 주장은 마치 國王이 앞장 선 特攻作戰에 의한 前代未聞의 어설픈 要人 人質劇을 연상시키는데, 氏는 "광개토왕이 用兵에 能했다(『三國史記』권25, 辰斯王 8年條)"는 기사를 酷信한 것은 아닐까(李道學, 「古代國家의 成長과 交通路」『國史館論叢』74, 1997, pp.158~159. 註 90).

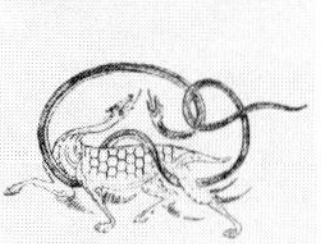



다.[44)]

44) 이른바 아차산 제4보루성에서 1997년 가을 다대한 발굴 성과가 있었다. 1997년 11월 4일 현장에서 지도위원회에 지도위원이었던 필자도 참석했었다. 그 前에 그러한 자격으로서 그 유적에서 출토된 토기 명문의 잘못된 판독을 바로 잡아 주었다. 발굴 책임자인 최종택은 '後卩都'의 '卩'를 글자가 동일한 部首의 하나인 '병부 절'로 판독하였지만 발굴 현장에서 '後部都'로 바로 잡아 주었다. 이와 관련해 同年 11월 20일 구리시에서 최종택 등이 발표자로 참석한 유적평가회에서 함께 발표한 필자 글의 일부를 소개한다.

"토기의 바닥에 '△吉' 字로 판독한 명문과 토기 접시의 안쪽 바닥에 '後卩都'라는 명문이 각각 陰刻되어 있었다. 여기서 前者는 '吉' 字는 아니고 무슨 符號로 생각되는데, 壺杅塚에서 출토된 盒에 보이는 '井' 자와 같은 吉祥的인 성격의 부호가 아닐까 짐작된다. 後者에서 '卩'는 部首의 하나인 '병부 절'이 아니라 금석문에 흔히 나타나는 글자로서 그 本字는 '部'가 되겠다. 그러므로 '後卩都'는 '後部都'가 되겠는데, 토기가 깨어진 관계로 그 밑의 2~3 字 정도를 迷宮에 빠뜨릴 수밖에 없게 되었다.

여기서 '後部'는 都城 안의 居住區劃의 하나이다. 고구려나 백제 모두 5部로 도성을 구획하였는데, 명문이 고구려 토기에 남겨진 것이므로 고구려의 5부라고 하겠다. 고구려에는 고국천왕대(179~196)에 族制的 部名에서 개편된 東·西·南·北·中의 方位名 5部가 있었다. 이것은 內部; 黃部·北部; 後部·東部; 左部·南部; 前部·西部; 右部로 다시금 개편되고 있다. 그러면 토기 명문의 '後部'는 어디에 소재한 것일까? 아마도 427년에 천도한 平壤城 내의 5部 가운데 하나일 것으로 간주하기 쉽다. 이는 '後部' 用例가 보이는 금석문 자료를 가지고 접근하는 것이 좋을 것 같다. 平壤城 石刻 중에는 "丙戌十二月中 漢城下 後卩小兄文達 節自此西北行涉之"라고 하여 '後卩' 곧 '後部'가 보인다. 문제는 後部가 소속된 도성은 평양성이 아니라 漢城이라는 점이다. 한성은 고구려 후기의 三京 가운데 하나로서 황해도 재령군 즉, 지금의 신원군 아양리의 長壽山城 일대가 된다. 그러므로 首都를 제외한 別都에도 5부제가 시행되었다는 것을 알려준다.

그렇다고 할 때 토기 명문의 後部는 평양성에 소재한 것일까 아니면 한성에 소재한 것일까? 필자는 평양성이나 한성도 아니고 南平壤城에 소재한 것으로 보고자 한다. 남평양성은 한강 이북의 지금의 서울 북부 일대가 그 반경에 속할 뿐 아니라, 고려 때의 별도였던 南京은 아차산을 동쪽 경계로 하였다. 남평양성은 문자 그대로 '남쪽의 평양성'으로서 고구려의 주요한 南進經營 基地로서의 別都였다. 그러한 남평양성 판도와 접하고 있는 아차산의 고구려 보루에서 출토된 토기 명문의 '後部'는, 별도인 남평양성을 구획한 5부 가운데 하나로 지목하는 게 자연스럽다. 고구려 뿐 아니라 신라에도 別都格인 小京에도 도성인 慶州와 마찬가지로 6部가 존재하였으므로, 이러한 추정은 결코 우연한 일이 아니기 때문이다.

그리고 '後卩都'의 '都'는 평양성 석각의 "後卩小兄文達"에서 보듯이 官等名의 일부였을 가능성이 제기된다. 그러나 고구려의 官等體系에서 '都' 字가 들어가는 관등은 일단 없으므로

## 4. 영락 8년 조

八年戊戌 教遣偏師 觀帛愼土谷 因便抄得莫△羅城加太羅谷 男女三百餘人 自此以來朝貢論事

「능비문」 영락 8년 조는 광개토왕이 부하 장군을 보내어 군사 활동을 전개한 사실을 기록하고 있다. 위의 「능비문」 내용을 살펴 볼 때 영토를 점령한 정복전은 분명 아니었음을 알 수 있다. 소부대[偏師]를 보내어 帛愼土谷을 먼저 정찰함으로써[45] 고구려 군대는 용이하게 莫△羅城 加太羅谷의 남녀 주민 300인을 抄

반드시 그렇게 단정할 수만은 없다. 더욱이 토기에 人名까지 새겨졌을 가능성은 희박한 만큼—인명이 새겨졌다면 그 앞에 관등·관직명이 나오지 않을 수 없고, 또 그렇다면 공간이 너무 협소하므로—다른 각도에서 추정하는 게 합리적이라고 본다. 억측한다면 '後部'가 都城이든 別都이든 '都'에 준하는 행정 구역에서만 확인된다고 할 때, 바로 토기 명문의 이 '都' 자는 그와 연관 있는 職名이 아닐까 생각된다. 아니면 남평양성 後部 관내의 官廳 이름일 가능성도 제기된다.

아차산의 堡壘遺蹟은 남한 지역에서 최초로 발굴된 고구려 유적이라는 점에 있어서 매우 중요한 의미를 지니고 있다. 게다가 이 유적에서 출토된 武器와 農器具 그리고 토기 銘文 등은 차후 차분히 체계적으로 조사가 이루어지겠지만, 그럼으로써 고구려 군대의 駐屯 형태와 戰術을 비롯하여 編成體系까지 아울러 구명되어 지리라고 낙관해 본다. 고구려 軍制史 연구에 획기적인 자료가 될 것임은 분명하다. 그 밖에 앞으로 아차산 일대의 보루들을 계속 발굴해 나간다면 보루의 大小 규모를 비롯하여 질적인 차이도 구명되어 질 것이다. 그럼에 따라 보루를 중심한 방어체계에서 中心堡壘가 확인 될 것이며, 이 중심 보루를 頂點으로 한 防禦網과 더불어 아차산에 주둔한 전체 고구려 군대의 숫자까지 유추되어 질 수 있다. 아차산의 보루는 고구려뿐 아니라 삼국시대 군제사 연구의 획기적인 자료랄까 寶庫로서 성큼 우리 곁에 다가 온 것이다…"(李道學, 「아차산 보루 출토 유물의 새로운 해석」 『불교춘추』 11, 1998, pp.83~84.).

본 발굴 팀은 1998년 9월에 금년의 발굴 성과를 공개했는데, 몇 점의 銘文土器들이 출토되었다. 서울대학교 발굴조사단, 『아차산 보루성유적 발굴조사 중간보고』 1998에서 '冉牟△'(사진 12), '下官'(사진 13), '支都兄'(사진 14)으로 글자를 釋文하였다. 그런데 '冉牟△'의 '冉'이라고 釋文한 글자는 기실 '冉'이라는 글자와는 전혀 字形이 다르며, '舟'字의 異字이다. 그리고 支都兄의 '支'는, 1997년에 발굴된 銘文에 보이는 '後部' 밑의 행정 단위로 생각해 볼 수 있지만, '支'形의 글자를 '丈'의 異字로 판독한다면 '丈都兄'의 뜻으로서, 여러 都兄 가운데 우두머리 都兄이라는 의미로 해석해 볼 수도 있을 것 같다.

45) 이 문구의 '觀'에는 '살핀다'는 뜻이 있는 것으로 보아 일종의 정찰 행위로 판단된다.

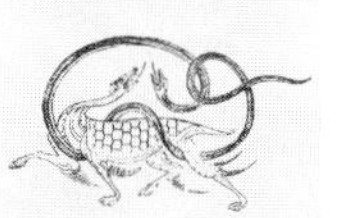



得할 수 있었고, 이로부터 朝貢論事가 있게 되었다는 것이다. 이 문장은 고구려 군대의 莫△羅城 加太羅谷 '抄得'과 그에 선행한 帛愼土谷에 대한 '觀'이 불가분의 관련을 맺고 있었음을 뜻한다. 그렇지만 莫△羅城 加太羅谷은 帛愼土谷의 하위 단위로서 존재한다기 보다는, 양쪽의 '土谷'과 '谷'은 별개의 세력이지만 유기적인 관련을 맺고 있던 상황으로 판단된다. 그러니까 고구려 군대가 莫△羅城 加太羅谷으로 진출하기 위해서는 帛愼土谷의 動靜을 살피는 게 선결되어야 함을 알려준다.

그러면 帛愼土谷과 莫△羅城 加太羅谷은 어디에 소재하였을까? 현재의 통설은 '帛愼'을 息愼으로 읽으면서 肅愼으로 간주하는 견해이다.[46] 肅愼은 주지하듯이 읍루 → 물길 → 말갈 → 여진으로 이어지는 족속의 先祖를 가리키는 호칭으로서 지금의 목단강유역과 그 동편에 주로 거주했던 종족이다.[47] 그러한 肅愼의 領內에 莫△羅城 加太羅谷이 포함되어 있었다고 한다면 일루의 의문이 제기되어진다. 과연 肅愼의 領內에 莫△羅城과 같은 城 단위가 존재할 수 있었겠냐는 것이다. 물론 『삼국사기』에 따르면 고구려가 숙신을 공격하여 그 영내의 城을 빼앗은 기록이[48] 없는 것은 아니다. 그럼에도 불구하고 우리가 알고 있는 知見과는 동떨어진 城에 관한 기록은 다소 意外라는 느낌을 주고 있다.

그리고 또 하나는 莫△羅城 加太羅谷은, 고구려와 유사한 城·谷體制의 면면을 보여주는 것일 지언정, 숙신의 거주 단위인 邑落體制와는 동떨어진 게 된다. 게다가 이 읍락은 "處山林之間 常穴居(『三國志』권30, 挹婁 條)", "夏則巢居 冬則穴處(『晋書』권97, 肅愼氏 條)"라는 거주 형태였으므로, 이곳에 도저히 城 단위가 출현할 수 없다. 그러므로 帛愼土谷이나 莫△羅城 加太羅谷은, 고구려 인근에 소재하여 그 영향을 받을 수 있는 위치에 소재한 곳으로 추측된다. 이러한 측면

46) 韓國古代社會硏究所, 앞책, p.26.
帛愼=肅愼說에 대한 비판 자체는 徐榮洙, 앞논문, pp.113~114가 참고 된다.
47) 盧泰敦, 「扶餘國의 疆域과 그 變遷」『國史館論叢』4, 1989.
李健才, 「關于西團山文化族屬問題的檢討」『社會科學前線』85-2, 1985.
48) 『三國史記』권17, 西川王 11년 조.

에서 볼 때 이곳은 고구려 군대의 400년 신라·가야 경영과 밀접한 관련을 맺을 수 있는 강원도 내륙 교통로상에 소재한 구간으로 비정하는 게 온당하지 않을까 생각된다. 더욱이 영락 8년조는 정벌의 명분격인 前置文이 없는 만큼, 영락 6년 조의 백제 정벌의 여파로서 이해한다고 할 때[49] 더욱 그러한 것이다.

## 5. 영락 9년 조

九年己亥 百殘違誓與倭和通 王巡下平穰 而新羅遣使白王云 倭人滿其國境 潰破城池, 以奴客爲民 歸王請命 太王[恩慈] 矜其忠[誠] △遣使還告以△計

위의 문장에서 "王巡下平穰"이라는 구절이 보이는데, 광개토왕이 399년에 평양성에 내려왔다는 것이다. 그리고 이곳에서 광개토왕이 신라 사신을 접견했다는 것은, 평양성이 국왕의 常住 공간이었음을 암시한다. 게다가 392년에 광개토왕은 평양에 무려 9개의 사찰을 창건하기까지 했다.[50] 이러한 현상들은 광개토왕이 장차 평양성으로 천도하려는 계획을 가졌음을 뜻하는 것으로 해석된다.[51]

## 6. 영락 10년 조

十年庚子 教遣步騎五萬 往救新羅 從男居城 至新羅城 倭滿其中 官軍方至 倭賊退△△背急追至任那加羅從拔城 城卽歸服 安羅人戍兵△新[羅]城△城 倭[寇大]潰 城△△△盡△△△安羅人戍兵[新]△△△△[其]△△△△△△△言△△△△△△△△△△△△△△△△△△△△△△△△△△辭△△△△△△△△△△△△△潰△△△△安羅人戍兵 昔新羅寐錦未有身來[論事] △[國罡上廣]開土境好太王△△△△寐[錦]△△[僕]勾△△△△朝貢

---

49) 浜田耕策, 「高句麗廣開土王陵碑文の研究」『古代朝鮮と日本』 1974, p.58.
王健群, 앞책, p.170.
李道學, 「廣開土王陵碑文에 보이는 戰爭 記事의 分析」 p.758.
50) 『三國史記』권18, 광개토왕 2년 조.
51) 李道學, 「佛教史100장면－고구려 불교」 『佛教新聞』 1998. 7. 7.

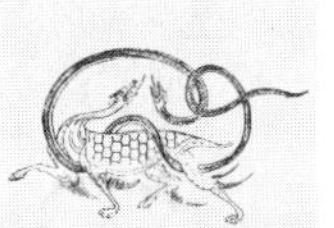



「능비문」 영락 10년 조는 고구려 군대의 신라구원을 명분삼아 출병한 사건을 기록하고 있는 문구이다. 위의 문장의 "從男居城 至新羅城"이라는 문구에서 "倭滿其中"의 공간적 범위로서 '從'과 '至'가 보인다. '從'은 '自' 그러니까 from의 뜻이고 '至'는 to의 뜻으로 해석되어진다. 요컨대 이 구절은 倭軍이 駐屯한 범위를 남거성에서 신라성에 이르기까지로 명시하고 있다.[52] 여기서 신라성은 신라의 도성인 경주를 가리키는데 이견이 없다. 그런데 "신라성에 이르니, 그곳에 왜군이 가득하였다"로 해석하는 견해가 있는데, 그렇다면 신라 도성 안에 '滿'이라고 하였을 정도로 왜군이 王城을 완전 포위한 상황이 된다. 만약 그랬다면 형식 논리상 신라가 고구려에 구원을 요청하는 것도 용이하지 않다는 느낌이 든다. 그러므로 고구려 군대는 남거성에서부터 신라의 도성인 경주에 이르기까지의 路程에 주둔하고 있는 왜군을 격퇴시켰다고 보아야 자연스럽다.[53]

여기서 남거성에서부터 경주에 이르는 범위는 정확히 비정하기는 어렵다. 그러나 왜군의 일상적인 경주 侵入路인 동시에 고구려 군대의 南下路 線上에 존재한 것으로 보이는 만큼, 영일만을 끼고 있는 포항에서 안강 → 경주로 이어지는 루트로 짐작된다. 그렇다고 할 때 남거성은 포항 부근에 소재했던 성으로 추정된다. 이 문구에 이어 "官軍方至 倭賊退△△背急追至任那加羅從拔城…"라는 구절이 보이는데, 고구려 군대가 왜군을 擊破 · 追擊하여 任那加羅 從拔城에 이르렀다고 되어 있다. 敗戰한 왜군이 退却할 수 있는 곳은 산간 내륙 지역이기보다는 本國이 소재한 일본열도에 가까운 남부 해안 지역일 가능성이 높다. 이러한 문장의 흐름에 비추어 볼 때 任那加羅는 김해 지역으로 지목하는 설이 타당한 것으로 보인다.[54]

그리고 고구려 군대가 어떤 城을 빼앗은 다음에 보이는 '安羅人戍兵'이라는

52) 金泰植, 「廣開土王陵碑文의 任那加羅와 '安羅人戍兵'」 『韓國古代史論叢』6, 1994, p.94.

53) 이와는 달리 군사학적으로 볼 때 고구려군은 동해의 해로를 이용하여 지금의 부산 부근에서 기습적 상륙작전을 전개하여 임나가라를 항복시킨 것으로 추정하는 新說도 있다(李鍾學, 앞 논문, pp.137~140).

기사에서 安羅를 咸安으로 간주하여, 과거에 일부 논자들은 任那日本府의 傭兵으로 해석하여 왔다. 즉 왜가 장기간에 걸쳐 가야를 점령했다는 근거로서 이용하고는 했다. 그러나 '安' 은 動詞요, '羅人' 은 '新羅人' 으로, '戍兵' 은 把守兵으로 해석하는 새로운 견해가 제기되었다. 그러니까 安羅를 名詞가 아니라 하나의 구절로 해석하여, "新羅人을 安置하여 戍兵케 하였다"로 해석하고 있다.[55] 그러나 「능비문」 제2면 9행의 '安羅人戍兵△新[羅]城' 을 '安羅人戍兵拔新羅城' 으로 釋文하는 견해에 의한다면, 고구려 순라병도 아니고, 또 고구려가 신라인들을 안치한 戍兵도 될 수 없다는 것을 증명하고 있다. 왜군을 격퇴하러 온 고구려 巡邏兵이 新羅城을 점령[拔]하였다고 말할 수 없으며, 또 신라인 戍兵들이 제 나라의 城인 新羅城을 점령했다고 말할 수는 없다는데 근거하고 있다. 이러한 견해와 더불어 '安羅人戍兵' 을 "고구려가 邏人을 두어 수비케 하였다"는 해석도 제기되었다.[56] 이 문제 구명의 관건은 諸釋文의 면밀한 검토에 달려 있다고 본다.

## 7. 영락 14년 조

十四年甲辰 而倭不軌 侵入帶方界 △△△△△石城△連船△△△ [王躬]率△△ [從]平穰△△△鋒相遇 王幢要截盪刺 倭寇潰敗 斬煞無數

영락 14년 조는 대방계에 침입한 왜군을 격파한 전투 기사이다. 위의 기사에 보이는 石城의 위치는, 전후 문맥을 살펴 볼 때 지금의 황해도 방면인 대방계의

54) 김해 지역(구야한국)은, 중국의 樂浪·帶方郡에서 한반도 서남해변을 돌아 일본열도로 이어지는 航路上, 쓰시마에서 이키섬을 지나 北규슈로 이어지는 航路의 중간 寄港地였다(『三國志』 권30, 동이전, 왜인 조). 그러므로 김해 지역은 왜군이 일본열도로 퇴각할 때 渡航하기 위해 집결할 수 있는 곳으로 유력하게 추정된다. 이는 후백제와 쓰시마 간의 교섭이 김해(金州)를 매개로 했던 점에서도 방증이 되리라고 본다(李道學, 『진훤이라 불러다오』 1998, pp.106~107).

55) 王健群, 앞책, p.218.

56) 이에 대한 諸說의 소개는 金泰植, 앞논문, pp.86~90을 참조하기 바란다.

해변에 소재한 성으로 짐작된다.[57)]

## 8. 영락 17년 조

> 十七年丁未 敎遣步騎五萬 △△△△△△△△△師△△合戰 斬煞蕩盡 所獲鎧鉀一萬餘領 軍資器械不可稱數 還破沙溝城 婁城 △[住]城 △城 △△△△△△城

위의 문구는 비문의 일부가 훼손된 관계로 종래 고구려 군대의 공격 대상에 관해서는 추측이 구구하였다. 예컨대 倭 혹은 가야 또는 後燕이나 백제를 지목하기도 하였다.[58)] 영락 17년 조의 전쟁은 백제와의 전쟁이다.

이 점을 명확히 해주는 것은 고구려에 공파된 沙溝城이니 婁城과 같은 城名이 되겠다.[59)] 이 가운데 루성은 영락 6년 조의 고구려에 공파된 백제의 58성 가운데 보이는 牟婁城 · 古牟婁城 · △婁城 · 燕婁城 등 이른바 婁字 계통의 城名과의 관련을 시사해 주기 때문이다. 더욱이 고구려군이 공파한 沙溝城 · 婁城 · △[住]城 · △城 등 4개의 城에다가 결락된 부분에 2개의 성명을 넣으면 도합 6城이 된다. 광개토왕은 「능비문」 상 64성을 공파하였는데 영락 6년에 백제로부터 공취한 58성에다 영락 17년에 획득한 6성을 합치게 되면 공교로울 만큼 64성이 된다.[60)] 따라서 고구려는 오로지 백제로부터 64성을 공취한 게 되며, 이는 백제와의 전승에 대해 각별히 의미를 부여하고 있음을 뜻한다. 여기서 사구성과 루성의 위치를 정확히 구명하기는 어렵다.[61)]

---

57) 朴時亨도 앞책, p.200에서 "석성은 미상이나 대개 황해도 서해안 부근의 성일 것이다"라고 하였다.

58) 韓國古代社會硏究所, 앞책, p.28.

59) 武田幸男은 이들 城의 위치를 백제 領域으로 규정하였다(武田幸男, 『高句麗史と東アジア』 1989, p.135).

60) 王健群, 앞책, p.222.

## 9. 영락 20년 조

廿年庚戌 東夫餘舊是鄒牟王屬民 中叛不貢 王躬率往討 軍到餘城 而餘△國駭△△△△△△△△△王恩普覆 於是旋還 又其慕化隨官來者 味仇婁鴨盧 卑斯麻鴨盧 椯社婁鴨盧 肅斯舍[鴨盧] △△△鴨盧 凡所攻破城六十四 村一千四百

우선 동부여의 위치에 관해서 강원도 강릉설·훈춘설·영흥만 일대의 강원도 북부설·백두산 북방설 등으로 나누어진다.[62] 현재는 두만강 하류의 훈춘설이 다수설로 나타나고 있다. 그런데 위의 동부여 정벌 기사에 보이는 味仇婁·卑斯麻·椯社婁·肅斯舍는 지명인데, 그 소재지를 정확히 헤아리기는 어렵다. 다만 味仇婁의 경우는 『三國志』 毌丘儉傳에 보이는 북옥저의 買溝婁와 동일한 지역으로 추정되고 있다.[63] 나머지 지역의 경우는 그 위치를 알기 어렵다. 그리고 '餘城' 은 夫餘城 즉 東夫餘城인데, 동부여의 왕도를 가리키는 것으로 보는 데 별다른 이견이 없다. 이는 앞 글자를 생략하고 백제왕[百殘主]을 '殘主(영락 6년 조)' 라고 표기한 것과 동일한 용례라고 하겠다.

## 10. 守墓人 烟戶 條

「능비문」의 마지막 문단이 수묘인 연호에 관한 규정과 그 출신 지역에 대한 명기가 되겠다. 이 문단에서는 상당한 분량의 지명이 등장하고 있는데 개별적으로 다음과 같이 摘示하여 살펴 보기로 한다.

61) 북한의 손영종은 沙溝城을 전지왕 13년(417)에 축조하였다는 沙口城과 동일한 성으로 간주하였다(손영종, 「광개토왕릉비를 통해서 본 고구려의 령역」 『력사과학』 1986-2, p.26). 이 견해는 연대에는 비록 모순이 보이지만 영락 17년 조를 이해하는 데 시사적인 지적이었던 만큼, '後學' 에게 영향을 미쳤다.

62) 孔錫龜, 『高句麗領域擴張史硏究』 1998, pp.252~253.

63) 李丙燾, 앞책, pp.203~205.
과학백과사전 종합출판사, 앞책, p.436.

賣句余 東海賈 敦城 于城 碑利城 平穰城 訾連 俳婁 梁谷 梁城 安夫連 [改]谷 新城 南蘇城 沙水城 牟婁城 豆比鴨岑韓 勾牟客頭 求底韓 舍蔦城韓穢 古[模]耶羅城 [炅]古城國客賢韓 阿旦城 雜珍城 巴奴城韓 臼模盧城 各模盧城 牟水城 幹氐利城 彌[鄒]城 也利城 豆奴城 奧利城須鄒城 百殘南居韓 太山韓城 農賣城 閏奴城 古牟婁城 瑑城國 味城 就咨城 彡穰城 散那城 那旦城 勾牟城 於利城 比利城 細城

#### (1) 賣句余

『삼국사기』 대무신왕 13년 조의 "秋七月 買溝谷人尙須 與其弟尉須及堂弟于刀等 來投"라는 기사에 보이는 '買溝谷'으로 비정하는 견해도 있다.[64] 그러나 매구곡의 위치는 분명하지 않다.

#### (2) 東海賈

『삼국사기』 태조왕 55년 조의 "冬十月 東海谷守獻朱豹 尾長九尺"라는 기사에 보이는 '東海谷'으로 비정하는 견해도 있다.[65] 그러나 이를 동해안의 商賈집단이나[66] 賤民商戶를 가리키는 것으로[67] 간주하기도 한다.

#### (3) 敦城

『삼국사기』 雜志 6(地理 4)에 의하면 압록수 이북의 항복하지 않은 11성 가운데 "新城州 本仇次忽 或云 敦城"이라고 하여 그 존재가 보인다. 지금의 瀋陽과 撫順 사이에 소재한 것으로 비정한다.[68]

#### (4) 碑利城

「창녕 진흥왕척경비문」에 "碑利城軍主"라고 하여 보이는 성인데, 比列忽이라

64) 朴時亨, 앞책, p.217.
65) 朴時亨, 앞책, p.217.
66) 武田幸男, 앞책, p.79.
67) 王健群, 앞책, p.212.
68) 李丙燾, 『國譯 三國史記』 1977, p.570.

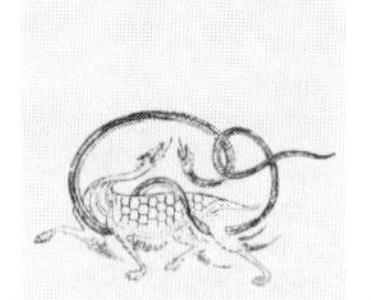



고 불리었던 지금의 함경남도 안변으로 비정하는데 이견이 없다.

⑸ **平穰城**

「능비문」 영락 9년 조에 이미 등장하고 있는데, 지금의 평양으로 비정하는데 이견이 없다.

⑹ **△△連(砦連 安夫連)**

지방행정의 한 단위로 파악하기도 하지만,69) 고대 일본의 姓 가운데 무라치[連]와 어떤 관련을 생각해 본다고 할 때, 일종의 世襲職을 나타내는 것으로 생각해 본다. 「능비문」에는 '東海賈'·'勾牟客頭' 와 같은 職名이 보이는데, 같은 성격의 하나로 판단된다.

⑺ **梁谷 · 梁城**

梁水인 지금의 太子河 상류 지역에 소재한 것으로 추정하는 데 이론이 없다.

⑻ **新城**

지금의 撫順 북쪽에 소재한 高爾山城으로 비정되고 있다.70)

⑼ **南蘇城**

『翰苑』에는 그 위치를 "新城北十里山上也"라고 하였는데, 蘇子河와 渾河 합류 지점의 살이호산성으로 비정하기도 한다.71)

69) 과학백과사전 종합출판사, 앞책, p.90.
70) 과학백과사전 종합출판사, 앞책, p.67.
71) 손영종, 「광개토왕릉비를 통해 본 고구려의 령역」 『력사과학』 1986-2 ; 과학백과사전 종합출판사, 앞책, p.69.
한편 『中國古今地名大辭典』에서 남소성의 위치를 "在奉天興京縣界"라고 하였는 바, 지금의 瀋陽 부근의 新城 근방으로 비정하기도 한다(李亨求, 앞책, p.105.).

⑽ **勾牟客頭**

같은 수묘인 연호의 출신지에 보이는 勾牟城이라고 하는 지역의 客頭라는 의미로 생각되는데, 조선시대 客主와 비슷한 성격으로서 상품의 運送과 荷役 등의 일을 맡아 보았던 상인층으로 보인다. 東海賈와 비슷한 유형으로 짐작된다.

⑾ **韓系 地名 (豆比鴨岑韓 求底韓 舍蔦城韓穢 客賢韓 巴奴城韓 百殘南居韓)**

'△△城' 뒤에 韓이나 韓穢가 地名語尾처럼 붙어 있는 점을 주목할 때 △△지역의 韓人 또는 穢人을 가리키는 것으로 보인다. 이들 지역은 고구려가 領土로서 지배하지는 못하고 주민들만 掠取해 온 상황을 반영하고 있는 듯하다.

## II. 맺음말

「능비문」에 대한 지명 비정에 앞서 광개토왕릉비의 건립 배경과 「능비문」의 정치적 성격에 대한 파악이 선행되어야만 하였다. 「능비문」에는 고구려 중심의 천하관은 물론이고 『孟子』나 『周易』의 사상도 基底에 흐르고 있었다. 「능비문」에 보이는 광개토왕대에 점령한 지역 가운데, 쟁점이 되는 것은 영락 6년 조였다. 다수의 논자들이 고구려가 396년에 점령한 阿旦城으로 비정하는 서울의 아차산성의 경우, 충분한 代案 資料의 필요성을 느끼게 되었다. 그러니까 기존의 선입견에서 벗어나 虛心하게 그 위치를 재검토해야 될 城이었다. 阿旦城의 소재지가 영락 6년 조의 점령 범위를 말해주는 關鍵이라고 볼 수 있다. 그리고 고구려가 수묘인 연호로 差出한 지역에 포함된 '百殘南居韓' 은 백제의 변경이 아니라, 그 내륙 깊숙한 곳에 소재한 곳으로서, 최소한 그 진출과 점령 반경이 예성강~임진강~한강 以北線이 아님을 웅변해 준다.

영락 8년 조의 '帛愼土谷 莫△羅城 加太羅谷' 은 지금까지의 통설이었던 肅愼 지역일 가능성은 희박한 것으로 판단되었다. 地下 穴居 생활을 하던 肅愼의 거주 단위는 최소한 고구려와 같은 城·谷體制는 아니었기 때문이다. 오히려

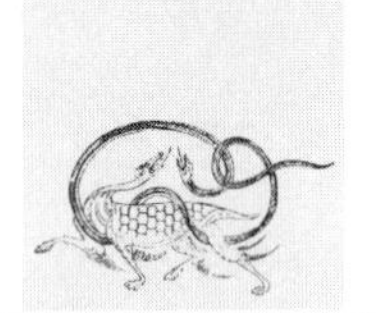



이곳은 고구려와 교류가 깊고 그 영향을 받은 지역일 가능성을 높여주는데, 지금의 강원도 서부 지역과 충북 일부를 포함한 구간일 가능성을 높여 주었다.

그리고 평양성은 광개토왕 당시에 장차 遷都할 都市로서 기능을 수행하였으며, 영락 10년 조에 보이는 任那加羅는 지금의 김해 지역일 가능성을 확인시켰다. 守墓人 烟戶의 출신 지역에 대한 검토는 용이하지 않았다. △△連系 지명에 대한 새로운 해석을 시도해 보았지만 앞으로 많은 지역에 대한 검토를 여전히 과제로 남겨 두게 되었다. 그러나 아차산 堡壘에서 출토된 土器 銘文에 대한 새로운 해석과 기존 釋文에 대한 誤謬를 지적하였다.

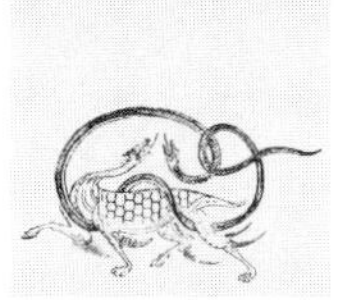



# 廣開土王陵碑文의 國烟과 看烟의 性格에 대한 再檢討 - 被征服民 施策과 관련하여

## Ⅰ. 머리말

주지하듯이 「광개토왕릉비문」(이후 '능비문'과 '능비'로 略稱)은 건국설화·정복전쟁·守墓人 烟戶라는 3단락의 문장으로 짜여져 있다. 이 가운데 2번째 문단인 정복전쟁 기사에 대해서는 많은 연구가 축적 되었다. 능비문 연구에 있어서 지대한 관심의 대상이 되었던 분야는 말할 나위없이 정복전쟁 기사였기 때문이다. 이와 더불어 큰 비중을 점하고 있을 뿐 아니라 착실히 연구 성과가 蘊蓄이 된 사안이 守墓人 烟戶였다.[1)]

수묘인과 수묘제에 관해서는 최근 활발하게 의견이 개진되어 왔다. 그렇지만 다양한 견해의 제기와 의견의 불일치로 인해 논의가 매우 복잡하게 전개되고 있다. 이와 관련해 견해 차이를 보이는 것 가운데 주요한 사안들로는 國烟과 看烟의 성격과 담당하는 일에 대한 문제, 수묘인의 신분 또는 사회적 위상에 대한 문제, 그리고 수묘인의 거주 지역과 수묘역의 수행 방식 및 수묘제의 정비 시기와 「능비문」에 보이는 매매의 대상 문제 등이 있다. 그 밖에도 수묘인의 소속 왕릉이나 능비의 성격에 대한 논의가 있었다.[2)]

본고에서는 수묘인 연호인 國烟과 看烟의 성격에 대한 검토를 통해 고구려의 정복지와 그 주민에 대한 지배 방식을 파악해 보려고 한다. 이것을 광개토왕대

1) 金賢淑, 「廣開土王碑文의 守墓制와 守墓人」『廣開土王碑文의 新研究』 1999, pp.140~141의 註1과 註2에 수묘인 연호에 대한 연구 성과가 잘 언급되어 있으니 참조하기 바란다.

2) 金賢淑, 앞논문, p.141.

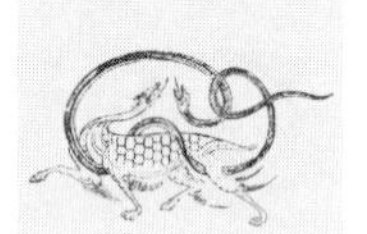



의 피정복민 시책을 새롭게 밝힐 수 있는 작업의 일환으로 삼았다. 그리고 「능비문」에 적혀 있는 수묘인의 소속 왕릉에 관한 究明도 시도하였다.

## II. 守墓人 烟戶의 守墓對象 陵

「능비문」은 마지막 문단에서 수묘인 연호에 관해 다음과 같은 기록을 남겼다.[3] 이에 대한 표를 함께 작성해 보았다.

a. 守墓人烟戶 賣句余民國烟二看烟三 東海賈國烟三看烟五 敦城民四家盡爲看烟 于城一家爲看烟 碑利城二家爲國烟 平穰城民國烟一看烟十 訾連二家爲看烟 俳婁人國烟一看烟卌三 梁谷二家爲看烟 梁城二家爲看烟 安夫連卄二家爲看烟 改谷三家爲看烟 新城三家爲看烟 南蘇城一家爲國烟 新來韓穢 沙水城國烟一看烟一 牟婁城二家爲看烟 豆比鴨岑韓五家爲看烟 勾牟客頭二家爲看烟 求底韓一家爲看烟 舍蔦城韓穢國烟三看烟卄一 古模耶羅城一家爲看烟 炅古城國烟一看烟三 客賢韓一家爲看烟 阿旦城 雜珍城合十家爲看烟 巴奴城韓九家爲看烟 臼模盧城四家爲看烟 各模盧城二家爲看烟 牟水城三家爲看烟 幹氐利城國烟一看烟三 彌鄒城國烟一看烟七 也利城三家爲看烟 豆奴城國烟一看烟二 奧利城國烟一看烟八 須鄒城國烟二看烟五 百殘南居韓國烟一看烟五 太山韓城六家爲看烟 農賣城國烟一看烟七 閏奴城國烟二看烟卄二 古牟婁城國烟二看烟八 瑑城國烟一看烟八 味城六家爲看烟 就咨城五家爲看烟 彡穰城卄四家爲看烟 散那城一家爲國烟 那旦城一家爲看烟 勾牟城一家爲看烟 於利城八家爲看烟 比利城三家爲看烟 細城三家爲看烟

b. 國罡上廣開土境好太王存時教言 祖王先王 但教取遠近舊民 守墓洒掃 吾慮舊民轉當羸劣 若吾萬年之後 安守墓者 但取吾躬巡所略來韓穢 令備洒掃 言教如此 是以如教令 取韓穢二百卄家 慮其不知法則 復取舊民一百十家 合新舊守墓戶 國烟卅看烟三百 都合三百卅家

3) 이에 대한 釋文은 다음의 자료에 근거하였다.
韓國古代社會硏究所, 『譯註 韓國古代金石文』I, 1992, pp.14~16.

c. ① 自上祖先王以來 墓上不安石碑 致使守墓人烟戶差錯.
② 唯國罡上廣開土境好太王 盡爲祖先王 墓上立碑 銘其烟戶 不令差錯
③ 又制 守墓人 自今以後 不得更相轉賣 雖有富足之者 亦不得擅買 其有違令 賣者刑之 買人制 令守墓之.

| | 출신지 | 國烟 | 看烟 | | 출신지 | 國烟 | 看烟 |
|---|---|---|---|---|---|---|---|
| 1 | 賣勾余民 | 2 | 3 | 8 | 俳婁人 | 1 | 43 |
| 2 | 東海賈 | 3 | 5 | 9 | 梁谷 | | 2 |
| 3 | 敦城民 | | 4 | 10 | 梁城 | | 2 |
| 4 | 于城 | | 1 | 11 | 安夫連 | | 22 |
| 5 | 碑利城 | 2 | | 12 | 改谷 | | 3 |
| 6 | 平穰城民 | 1 | 10 | 13 | 新城 | | 3 |
| 7 | 此連 | | 2 | 14 | 南蘇城 | 1 | |
| | | | | | 계 | 10 | 100 |

〈표 1〉 舊民 守墓人 烟戶

| | 출신지 | 國烟 | 看烟 | | 출신지 | 國烟 | 看烟 |
|---|---|---|---|---|---|---|---|
| 1 | 沙水城 | 1 | 1 | 19 | 豆奴城 | 1 | 2 |
| 2 | 牟婁城 | | 2 | 20 | 奧利城 | 2 | 8 |
| 3 | 豆比鴨岑韓 | | 5 | 21 | 須鄒城 | 2 | 5 |
| 4 | 句牟客頭 | | 2 | 22 | 百殘南居韓 | 1 | 5 |
| 5 | 求底韓 | | 1 | 23 | 大山韓城 | | 6 |
| 6 | 舍蔦城韓穢 | 3 | 21 | 24 | 農賣城 | 1 | 7 |
| 7 | 古模耶羅城 | | 1 | 25 | 閏奴城 | 2 | 22 |
| 8 | 炅古城 | 1 | 3 | 26 | 古牟婁城 | 2 | 8 |
| 9 | 客賢韓 | | 1 | 27 | 瑑城 | 1 | 8 |
| 10 | 阿旦城 | | 10 | 28 | 味城 | | 6 |
| 11 | 雜珍城 | | | 29 | 就咨城 | | 5 |
| 12 | 巴奴城韓 | | 9 | 30 | 彡穰城 | | 24 |
| 13 | 臼模盧城 | | 4 | 31 | 散那城 | 1 | |

| 14 | 各模盧城 | | 2 | 32 | 那旦城 | | 1 |
|---|---|---|---|---|---|---|---|
| 15 | 牟水城 | | 3 | 33 | 句牟城 | | 1 |
| 16 | 幹氐利城 | 1 | 3 | 34 | 於利城 | | 8 |
| 17 | 彌鄒城 | 1 | 7 | 35 | 比利城 | | 3 |
| 18 | 也利城 | | 3 | 36 | 細城 | | 3 |
| | | | | | 계 | 20 | 200 |

〈표 2〉 新來韓穢 守墓人 烟戶

| | 國烟 | 看烟 | 計 |
|---|---|---|---|
| 舊民 | 10家 | 100家 | 110家 |
| 新來韓穢 | 20家 | 200家 | 220家 |
| 合 計 | 30家 | 300家 | 330家 |

〈표 3〉 守墓人 烟戶 合計

「능비문」에 보이는 수묘인 연호에 관한 위의 기사는 다음과 같은 내용으로 짜여져 있다. a는 수묘인의 출신 지역과 차출 연호의 종류와 인원수를 낱낱이 기재한 것이다. b는 광개토왕 이전과 그 이후 수묘인 편성 내용을 밝히고 있다. c는 墓上立碑의 배경과 수묘제의 유지를 위해 수묘인의 轉賣를 금하는 내용이다.

요컨대 b와 c는 수묘인 연호를 배치하게 된 동기와 그 운영에 관해 서술하였다. 그리고 b에는 '祖王先王', c에서는 2회에 걸쳐 '祖先王' 이라는 문구가 등장한다. 이러한 '祖王先王' 이나 '祖先王' 은 先祖王 전체를 가리키는 것으로 이해하는 견해가 많았다.[4] 그렇지만 '祖王先王' 을 c-1과 c-2에서 '祖先王' 으로 적고 있는 것이다. 그러므로 '祖先王' 은 앞에서 기재된 '祖王' 과 '先王' 의 略記임을 알게 된다.[5] 요컨대 祖先王은 막연히 祖上王 전체를 가리키는 호칭은 아닌 것이다. 여기서 祖王과 先王은 「능비문」의 주인공인 광개토왕을 기준으로 한 것이므로, 고국원왕과 고국양왕에 각각 해당된다고 하겠다.[6] 祖王의 용례는

4) 金賢淑, 「廣開土王碑를 통해 본 高句麗 守墓人의 社會的 性格」 『韓國史研究』 65, 1989, pp.4~5.

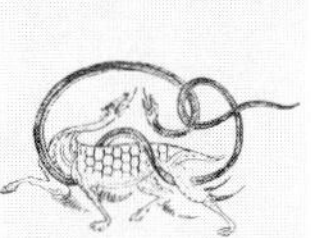

근접 촬영한 광개토왕릉비문

「중원고구려비문」의 '祖王令' 에서도 확인된다.7)

그러면 수묘제에 관한 규정에서 광개토왕이 祖王과 先王을 언급한 이유는 무엇일까? 이와 관련해 c. ①의 "自上祖先王以來 墓上不安石碑"라는 구절을 검토해 본다. 여기서 '墓上' 을 능묘의 頂上으로 간주하여, 그곳에 석비가 세워져 있

5) 이러한 略記는 「능비문」에서 흔히 보인다. 가령 광개토왕에 관해 처음 언급한 구절에서는 "△至十七世孫國罡上廣開土境平安好太王二九登祚"라고 하여 공식 諡號를 모두 기재하였다. 그러나 영락 10년 조와 수묘인 연호 조에서는 '國罡上廣開土境好太王' 라고만 기재하였다. '平安' 이라는 문자가 생략된 것이다. 百殘國과 百殘主를 殘國과 殘主로 각각 略記한 것도 마찬가지라고 하겠다. 영락 20년 조 '餘城' 의 경우도 이와 동일하다.

6) 浜田耕策, 「好太王碑文の一・二の問題」『歷史公論』4, 1982, pp.110~11 1 ; 「高句麗廣開土王陵墓比定論の再檢討」『朝鮮學報』119・120合輯, 1986, p.97.
林起煥도 이 견해를 따르고 있다(林起煥, 「광개토왕비의 국연(國烟)과 간연(看烟)」『역사와 현실』13, 1994, p.192).

7) 李道學, 「中原高句麗碑의 建立 目的」『高句麗硏究(中原高句麗碑硏究)』10, 2000, p.275.

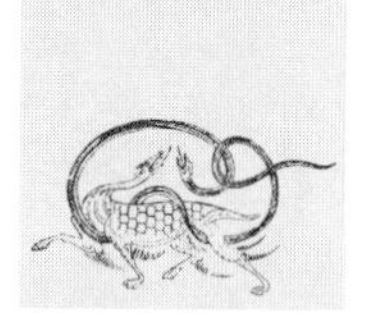



었을 것이라는 추론이 제기된 바 있다.[8] '上'의 용례는 「능비문」 영락 5년 조의 "至鹽水上"라는 구절에서 보인다. 그러나 그 자체 '邊側'의 뜻이 담겨 있다.[9] 그러므로 墓上은 墓邊[10] 즉 '능묘 근처'·'능묘 부근'의 뜻이라고 하겠다. 그리고 '安'의 용례는 b에서 "安守墓者", 「능비문」 영락 10년 조의 "安羅人戍兵"라고 하여 보인다. 여기서 '安'은 '居處' '位置' 곧 '자리잡을'[11]이나 安置의 뜻을 적용하면 될 것 같다. 그러므로 위의 구절은 "위로는 祖王과 先王부터 지금까지 墓邊에 石碑를 安置 곧 세우지 않았다"로 해석된다. 이태까지 석비가 세워지지 않았기에 "致使守墓人烟戶差錯(c. ①)"라고 하였듯이 수묘인 연호들이 석갈리게 되었다는 것이다. 그러자 광개토왕이 "祖先王들을 위해 墓邊에 비를 세우고 그 烟戶를 기록하여 착오가 없게 하라(c. ②)"와 같은 令을 내렸다고 했다.

이 문구를 토대로 광개토왕의 令으로 祖王陵과 先王陵에도 각각 비석을 세웠다고 해석할 수 있다. 그렇지만 분명한 것은 「능비문」에서 광개토왕의 令에 따라 석비가 祖王陵과 先王陵 곁에 각각 세워졌다는 문자는 없다는 것이다. 게다가 國岡上에 소재한 태왕릉을 비롯한 여타 분묘에서 立碑의 흔적이 확인된 바 없다. 그러나 「능비문」에 적혀 있는 사안인 만큼 어떠한 형태로든 간에 광개토왕의 令은 반영되었다고 보아야 한다. 그러므로 「능비문」의 수묘인 연호 조는 祖王陵과 先王陵 그리고 廣開土王陵에 관한 규정일 가능성이 높다고 판단된다. 이러한 추정은 祖王陵인 고국원왕릉과 先王陵인 고국양왕릉이 광개토왕릉과 함께 모두 國岡上에 소재했다고 볼 때, 1개의 능비에 명시하여 3곳의 왕릉에 관한 수묘제 운영이 얼마든지 가능하기 때문이다.[12] 게다가 參道의 존재는 부정되고 있지만, 그것을 인정한다고 하더라도 능비의 위치는 장군총이나 태왕릉

8) 方起東·林至德, 「集安洞沟兩座樹立石碑的高句麗古墳」 『考古與文物』 19, 1983. 83-2期; 崔武藏 譯, 『高句麗渤海文化(증보판)』 1985, pp.134~147.

9) 中華學術院, 『中文大辭典』 1, 1985, p.306.

10) 齋藤忠, 『古代朝鮮文化と日本』 1981, p.14에서도 墓上을 墓邊으로 해석한 바 있다.

11) 中華學術院, 앞책, 3, p.373.

12) 浜田耕策, 앞논문, p.111.

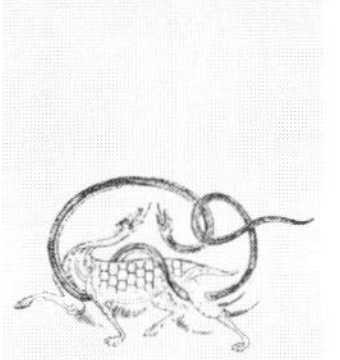

광개토왕릉으로 추정되는 장군총

그 어느 쪽과도 관련짓기 어렵다고 한다.[13] 이러한 점은 능비의 성격이 광개토왕릉에만 국한된다기 보다는 3개의 능을 모두 포괄하고 있었음을 한층 깊게 시사해준다. 이와 더불어 관련 왕릉에 대한 비정 문제를 검토해 본다.

광개토왕릉에 관해서는 將軍塚이나 太王陵으로 지목하는 2가지 설이 양립하고 있다. 그런데 중국이나 북한 학계에서는 장군총과 태왕릉을 장수왕과 광개토왕의 능으로 각각 확정지었다. 장군총은 피라미드 형의 7층 기단식 석실 적석총인데, 한변의 길이가 35.6m이고 높이는 12.4m이다. 태왕릉은 한변의 길이가 66m, 높이 14.8m에 이른다. 이 무덤에서 발견된 전돌에 '太王陵' 이라는 글자가 양각되어 있었기에 그러한 이름을 갖게 되었다. 그런데 능 앞에 세워진 비석인 능비를 기준으로 할 때 장군총은 무려 1.65km 떨어져 있다. 그러나 태왕

13) 金賢淑, 앞논문, p.11, 註16.

릉은 능비에서 360m에 불과하다. 게다가 태왕릉은 규모가 장군총 보다 훨씬 크므로 광개토왕의 업적에 걸맞다고 한다. 그밖에 광개토왕의 정식 諡號에 등장하는 '好太王' 이라는 호칭이 무덤 전돌에서 확인되었다는 것이다.

그러나 능과 불가분의 관련을 맺고 있는 능비와 태왕릉은 방향이 서로 부합되지 않는다. 게다가 능비와 태왕릉 사이에는 4~5기의 적석총이 소재하고 있다. 설령 殉葬이더라도 능과 능비 사이에 이같은 무덤을 조성할 리 없다. 능비는 태왕릉의 北東에 소재하고 있을 뿐 아니라 그 石室이 남쪽을 향하고 있는 것도 커다란 모순이 된다. 그러므로 능비와 태왕릉은 관계가 없다고 보여진다.[14] 그리고 태왕릉은 외적 규모와는 달리 棺臺의 길이가 짧다.[15] 이는 체격이 컸다는 광개토왕의[16] 棺臺로서는 적합하지 않다. 태왕릉은 석실의 너비가 2.8m, 높이 1.5m이다. 이는 장군총의 4분의 1도 안되는 옹색한 규모이다.[17] 그러므로 능비와 태왕릉은 비록 가깝기는 하지만 관련 짓기는 어렵다. 반면 능비의 제1면은 참배하는 길을 향하고 있는데, 장군총과 능비는 비록 상당히 떨어져 있지만, 방향은 서로 일치하고 있다. 그렇다고 할 때 광개토왕릉 주변에 무려 330家나 배치되어 있다는 점과, 宏大한 陵域을 자랑하는 중국 帝王陵의 경우를 유의한다면 양자를 결부짓는 게 결코 무리가 아니다. 게다가 '好太王' 은 고구려 王號에 일반적으로 붙었으므로 반드시 광개토왕과 결부지을 이유는 없다. 그러므로 장군총은 광개토왕릉으로 비정하는 견해가 온당하다.

그러면 태왕릉은 누구의 능일까? 태왕릉은 고국원왕릉으로 비정되어지는데

---

14) 齋藤忠, 앞책, p.15~17.

15) 장군총은 棺臺의 폭이 4尺 5~6寸, 길이 11尺餘라고 밝혀져 있다(池內宏, 『通溝』上 1938, p.53). 태왕릉 棺臺의 경우 실제 확인해 본 결과 그 길이는 상당히 작았다.

16) "生而雄偉" (『三國史記』권18, 광개토왕 즉위년 조). 雄偉는 "우람하고 훌륭함" 으로 해석된다. 우람에는 체격이 장대하다는 뜻이 담겨 있다.

17) 徐吉洙, 『고구려 역사 유적 답사』 1998, p.234.
태왕릉 석실 규모가 장군총의 그것 보다 훨씬 작았음은 일찍부터 지적된 바 있다(池內宏, 앞책, p.58). 그밖에 태왕릉은 장군총보다 4배나 더 크지만 墓室은 이에 비해 매우 작다고 했다(李殿福 著 · 車勇杰 譯, 『中國內의 高句麗遺蹟』 1994, p.238).

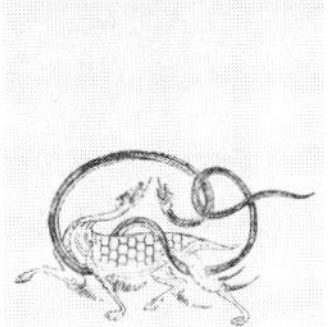



그러한 근거는 다음과 같다. 첫째 태왕릉과 같은 유형의 계단식 석실 적석총은 장군총 보다는 조금 이른 양식이다. 그러한 태왕릉의 축조 연대와 고국원왕의 재위 기간(331~371)이 서로 연결되고 있다. 둘째 능비에서 가장 가까운 거리인 태왕릉의 소재지는 「능비문」의 '國罡上'이 분명하다. 이는 『삼국사기』에서 故國原王을 '國罡上王'이라고도 했던 사실과도 연결된다. 셋째 「모두루묘지」에서 고국원왕의 통치 시기를 가리킨 '聖太王之世'의 '太王'은 태왕릉 출토 전돌銘 '太王'과 부합되고 있다. 다섯째 태왕릉은 집안에 소재한 1만여 基에 달하는 고구려 고분 가운데 규모가 제일 큰 것 가운데 하나로서 왕릉이 분명하다.[18)]

이와 관련해 고국원왕의 사망에 관한 검토가 필요할 것 같다. 고국원왕의 사망에 관해서는 다음과 같이 기재되어 있다.

A. 10월에 백제왕이 군사 3만 명을 거느리고 침입하여 평양성을 공격하므로, 왕은 군사를 거느리고 나가서 이를 막다가 流矢에 맞아 이 달 23일에 돌아가시므로 故國原에 장사하였다. (『三國史記』권18, 故國原王 41년 조)

B. 겨울에 왕은 태자와 더불어 精兵 3만 명을 거느리고 고구려로 침입하여 평양성을 공격하자 고구려왕 斯由가 이를 막아 싸우다가 流矢에 맞아 전사하였다. 이에 왕은 군사를 이끌고 돌아왔다. (『三國史記』권24, 近肖古王 26년 조)

C. 釗는 뒤에 백제에 살해된 바 되었다. (『魏書』권100, 高句麗傳)

D. 臣은 고구려와 함께 근원이 부여에서 나왔습니다. 先世에는 우의를 매우 돈독히 하였는데 그들의 선조인 釗가 이웃간의 우호를 가볍게 깨뜨리고 몸소 군사를 거느리고 臣의 境內를 짓밟았습니다. 臣의 선조인 須가 군사를 정돈하고 번개처럼 달려가서 기회를 돌풍처럼 공격하여 矢石이 잠깐 오고가자 釗의 머리를 베어 높이 매달으니, 그 이후부터는 감히 남쪽을 돌아 보지 못하였습니다. (『魏書』권100, 百濟國傳)

18) 朴眞奭, 「好太王陵에 대한 考證」『中國境內高句麗遺蹟硏究』1995, pp.233~235.

A · B에 의하면 고구려 고국원왕은 백제군과 싸우다가 流矢에 맞아 전사한 게 된다. 그리고 A에 보면 "왕은 군사를 거느리고 나가서 이를 막다가"라고 하였다. 그러므로 평양성 바깥에서 고구려군과 백제군이 교전을 벌이다가 고국원왕이 살해되었음을 알 수 있다. 고국원왕의 死因은 "流矢所中"인데, 그 시신의 신병 확보 문제가 관심사이다. 일단 "流矢所中"이라면 고국원왕의 시신을 고구려측에서 확보했을 가능성이 높다. 그러나 D에 보면 "梟斬釗首" 즉 고국원왕의 머리를 베어서 높이 매달았다고 했다. 따라서 백제측에서 고국원왕의 시신을 확보했음을 알려준다. 문제는 D 기사의 신빙성에 관한 문제이다. 『삼국사기』 撰者는 이 기사를 "백제 개로왕이 魏에 보낸 表에서 釗의 머리를 베어 달았다고 한 것은 지나친 말이다"[19]라고 하여 신뢰하지 않았다. 이와 관련해 삼국시대 국왕 중 전사한 경우를 원용하는 게 도움이 될 것 같다. 백제 성왕의 경우 『삼국사기』와 『일본서기』에서 다음과 같이 각각 기록하였다.

E. … 交戰하게 되자 裨將인 三年山郡의 高干 都刀가 급히 습격하여 백제왕을 살해하였다. 이에 諸軍이 이긴 것을 타고 크게 쳐 이겼다. 좌평 4명과 사졸 2만 9천 6백여 명을 베어죽이니 匹馬도 돌아간 것이 없었다. (『三國史記』 권4, 眞興王 15년 조)

F. 7월에 왕이 신라를 侵襲하려하여 친히 步騎 50을 이끌고 밤에 狗川에 이르렀다. 신라의 伏兵이 발하여 함께 싸우다가 亂兵에게 害를 입고 돌아가셨다. 시호를 聖이라 하였다. (『三國史記』 권26, 聖王 32년 조)

G. … 苦都가 明王을 붙잡아 再拜하고는 말하기를 "왕의 머리를 베기를 청합니다". 明王이 대답하여 말하기를 "왕의 머리를 종의 손에 맡기는 것은 맞지 않다." … 苦都가 머리를 베어 죽이고는 구덩이를 파서 묻었다〔어떤 책에서는 말하기를 신라는 明王의 頭骨을 머물러 두게 하고는 禮로써 나머지 뼈를 백제에 보냈다. 지금 신라왕이 明王의 骨을 北廳 계단 밑에 묻었다. 이 廳을 都堂이라고 이름한다〕. (『日本書紀』 권19, 欽明 15년 조)

19) 『三國史記』 권18, 故國原王 41년 조. "百濟蓋鹵王 表魏曰 梟斬釗首 過辭也"

위의 기사를 통해 성왕이 신라군의 기습 공격으로 전사했음을 알 수 있다. 그런데 G에 의하면『삼국사기』기록과는 달리 신라측에서 성왕을 살해한 데서 그치지 않고 그 시신까지 확보했음을 알려준다. 그러면 백제측에서 고국원왕의 시신을 확보했을 가능성을 타진해 본다. 그 가능성은 우선 D에 보이듯이 백제측에서 고국원왕을 梟首했다는 기록을 꼽을 수 있다. 아울러 고국원왕릉으로 추정되는 태왕릉의 석실이 장군총의 4분의 1에 불과할 뿐 아니라 棺臺가 작다는 것이다. 이는 고국원왕의 시신 중 몸체만 돌려받은 데서 기인한 것일 수도 있다. 그렇지만 태왕릉이 그 외적 규모에 비해 석실 자체가 몹시 작다는 것은 매장 자체가 의례적인 성격을 띠었을 가능성이 높다는 생각이 든다. 그러한 요인은 고국원왕의 시신을 제대로 확보하지 못한데서 찾을 수 있을 것 같다.

한편 장수왕릉은 역대 왕들의 능묘가 조영된 국내성 지역으로의 歸葬 형식이 아니라, 평양성 일원에 소재한 것으로 보아야 한다. 충청남도 부여의 능산리 절터에서 출토된 목탑 사리감과 그 명문을 통해서 사비성 천도를 단행한 백제 성왕이 새로운 수도에 묻힌 게 확인되었다.[20] 익산 천도를 추진했던 무왕과 수원성을 축조했던 正祖와 그 父인 사도세자의 능이 각각 그곳에 조영된 사실도 그 방증이 된다. 이러한 사례에 비추어 볼 때 풍속이 동일했던 고구려의 경우도 같은 선상에서 이해하는 게 온당할 것 같다.

그러면 이제는 광개토왕과 그 祖王·先王의 능묘에 대한 守墓 형태를 살펴보고자 한다. 「능비문」은 광개토왕 생시의 教言을 특별히 언급하면서 祖王과 先王의 수묘제에 관한 지시를 내렸음을 喚起시키고 있다. 이 사실은 능비에서 광개토왕 자신과 조왕·선왕 즉 3대 왕릉에 관한 수묘제 운영을 한꺼번에 명시할 수 있음을 뜻한다. 「능비문」에는 세부적인 사안이라 굳이 구체적으로 기재하지 않았을 수 있다. 수묘인 연호 330家는 110家씩 3곳의 왕릉으로 나누어 수묘를 맡길 수 있는 숫자라는 느낌도 들기 때문이다. 즉 수묘인은 국연 합계 30

20) 李道學,「부여 능산리 고분군 출토 사리감 銘文의 意義」『서울新聞』1995.11.6 ;「최근 부여에서 출토된 사리감 명문은 무엇을 말하고 있나」『꿈이 담긴 한국 고대사 노트』하, 1996, p.78.

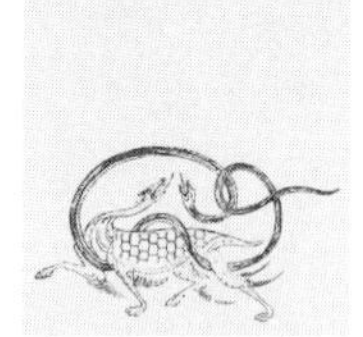



家, 간연 합계 300家인데, 이러한 수묘인수를 3所의 왕릉으로 분배한다면 국연 10家, 간연 100家씩이 된다. 이는 3所의 왕릉 守墓와 관련하여 맞추어진 인원이라는 느낌이 든다.[21]

물론 「능비문」에 명시된 330家는 광개토왕릉 1곳에 배속된 수묘인 연호로 간주하는 견해가 대세를 이루었다. 이에 대한 반론으로 330家는 광개토왕과 그 이전 선조 왕릉 전체에 배속된 연호로 지목하는 견해가 제기되었다.[22] 그렇다고 할 때 19대 왕인 광개토왕까지 해서 330家를 나누면 王陵 1個所當 17호 남짓의 인원이 배당되는 것이다. 이러한 숫치는 왕릉에 배당된 수묘인 숫자로서는 의문이 제기되게 한다. 왜냐하면 이는 179년(신대왕 15) 무렵에 조영된 明臨答夫墓의 수묘人數 20家보다도 적기 때문이

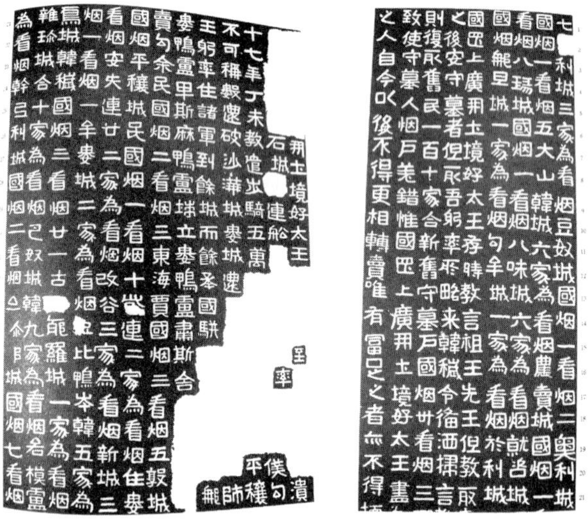

광개토왕릉비문 수묘인 연호 조

21) 물론 b의 "但取吾躬巡所略來韓穢 令備洒掃 言教如此 是以如教令 取韓穢二百卄家"라는 구절과 관련해서 광개토왕이 220家를 데려다가 수묘하게 했다고 볼 수도 있다. 그러나 이 구절은 광개토왕이 "但取吾躬巡所略來韓穢"라고 했다는 韓穢로 하여금 어디까지나 자신의 무덤을 守護·掃除하라는 지시였을 뿐 守墓人數를 220家로 명시한 것은 아니었다. 광개토왕의 지시를 받들어 陵墓를 조영할 때 220家를 수묘인으로 차출했을 뿐이다.

22) 金賢淑, 앞논문, p.15.

다.[23] 330家는 명림답부의 사망으로부터 무려 230년이 지난 후의 경우이고, 왕릉과 묘라는 차이가 엄존하기 때문에 더욱 그러한 생각이 든다.

왕릉에 배치되는 守墓人數 17戶 정도는 분명 적은 숫자라고하지 않을 수 없다. 정복전쟁에 승리하여 新來韓穢로 상징되는 복속민들이 크게 늘어난 광개토왕대의 國勢에도 부합되지 않는다. 더욱이 수묘제의 정비를 언급하면서 舊民 외에 新來韓穢까지 추가하는 상황에서 각 王陵當 17家씩 배치되는 것은 사세에 맞지 않다. 이는 신라 문무왕대에 先代 王陵에 각각 20호를 수묘인으로 배정한[24] 사실에 비추어 볼 때도 그러한 것이다. 오히려 330家는 고구려사상 최초로 세워진 위압적 풍모의 능비와 잘 어울리는 규모라고 하겠다. 따라서 330家는 국강상에 소재한 왕릉 3所에 배치된 수묘인 연호로 간주하는 게 합당하다고 본다.

## Ⅲ. 국연과 간연에 대한 해석의 재검토

전체 守墓人數는 b에서 살펴지듯이 新民 신래한예 220家와 舊民 110家, 국연 30家와 간연 300家, 도합 330家로 구성되었음을 알 수 있었다. 여기서 신민과 구민은 2 : 1의 비율이며, 국연과 간연은 1 : 10의 비율로 구성되어 있다. 그리고 앞의 도표에서 알 수 있듯이 국연과 간연은 구민과 신민 모두에 공통적으로 존재한다는 사실이 확인된다. 가령 a에서 구민인 東海賈는 국연 3家 간연 5家를, 신래한예의 경우 豆奴城은 국연 1家에 간연 2家가 차출되고 있기 때문이다.

그러면 국연과 간연은 어떠한 차이를 지니고 있는 것일까? 또 국연과 간연은 무슨 의미를 지니고 있을까? 국연과 간연의 차이에 대해 일찍이 "국연은 主가 되는 것이고, 간연은 補助하는 자인 것 같다"[25]는 지적이 있었다. 국연과 간연

23) 『三國史記』 권16, 新大王 15년 조.
24) 『三國史記』 권6, 文武王 4년 조.

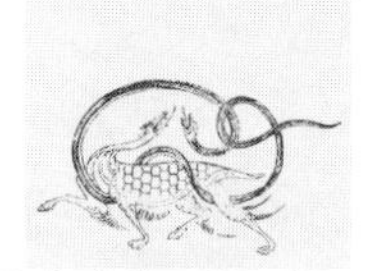



이 1 : 10의 비율로 편성된 것을 보더라도 이같은 추정을 도출해 낼 수는 있었을 것이다. 여기서 한 걸음 나아가서 국연은 지배자로, 간연은 피지배자로 간주하였다.[26] 이와 관련해 국연과 간연에 대한 지금까지의 대표적인 논의를 거론해 보면 다음과 같다.

수묘인 연호들은 독립한 생계를 가진 호들이며 국연 1호에 간연 10호씩이 배정되어 이 양자는, 후세 고려나 조선의 병역 제도 · 選上奴婢 제도 및 기타 각종 國役에서 보는 戶首 · 奉足과 같은 관계를 유지하고 있었다는 것이다. 호수 · 봉족 관계에서 처럼 고구려 왕릉 수호에서 국연이 주되는 복무를 수행하고, 간연은 이 복무를 각 방면으로 보장하여 주는 의무를 담당했던 것으로 간주하였다.[27] 국연은 수도나 왕릉이 있는 국강상에서 수묘인이란 국가적 노역에 종사하도록 지정된 자들로서 국가적 노역인 수묘역을 일정한 책임하에 수행해 나갔다고 했다. 간연은 왕릉의 看守 · 看視 · 看護를 담당한 자들로서 왕릉을 看守하는 실질적인 노역을 직접 행하는 존재로 규정하였다.[28]

국연은 近郊를 포함한 도시 · 都邑에 거주하는 城民 출신으로 주로 수공업 생산과 가공에 종사하였다. 간연은 郊外의 野 즉, 深山幽谷에 거주하던 谷民으로서 주로 농업과 어렵생산을 영위하던 자들로 간주했다.[29] 국연은 '國岡의 烟'이라는 의미로서, 국강상 지역에서 실질적인 수묘 활동을 진행하였다. 간연은 국강상이 아닌 다른 지역에서 농업 활동을 통해 국연의 수묘 활동을 보장하는 기능을 수행하였다고 한다. 국연과 간연의 차이를 수묘역의 역할 차이로 파악하였다. 국연과 간연 사이의 사회적인 차별성을 인정하지 않았다.[30] 국연은 徙民되기 전의 자연 촌락에서 지배층에 속했던 반면, 간연은 그곳의 피지배층으

25) 那珂通世, 「高句麗古碑考」『史學會雜誌』49, 1893 ; 『那珂通世遺書』1915, p.498.
26) 金賢淑, 앞논문, p.21.
27) 朴時亨, 『광개토왕릉비』 1966, p.226.
28) 武田幸男, 「廣開土王碑からみた高句麗の領域支配」『東洋文化研究所紀要』1979, pp.84~85.
29) 耿鐵華, 『好太王碑新考』1994, pp.133~134.
30) 趙法鍾, 「廣開土王陵碑文에 나타난 守墓制研究」『韓國古代史研究』8, 1995, pp.212~224.

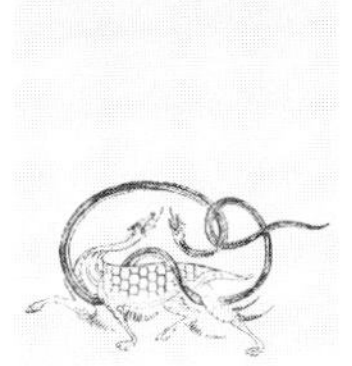



로 지목하였다.[31)]

국연은 부유한 戶로서 수묘역을 자력으로 감당할 수 있는 층이고, 간연은 영세한 戶로서 10戶가 합해서 한몫을 감당할 수 있는 층이다.[32)] 烟은 정착한 목축인의 취락을 나타내는 의미를 지닌 tuman(烟)을 가리킨다. 「능비문」에 나오는 수묘인 연호에 이 글자가 사용된 것은 국연과 간연들이 신흥 세력인 농민들에게 밀려나고 있는 상대적으로 세력이 약화되어 몰락 과정에 있는 목축인 집단이기 때문이라고 했다.[33)]

위와 같은 국연과 간연에 관한 기존 해석을 통해 그 개념에 관한 명료한 접근이 필요하다고 본다. 이에 대한 재검토가 필요한 것이다. 그러면 국연과 간연은 무슨 뜻일까? 국연의 '國'의 의미를 國岡上 즉 國內의 뜻으로 이해하기도 하였다.[34)] 수묘인의 거주지와 수묘역을 부담하는 곳이 國內 지역이었기 때문에 국연이라 했다는 것이다. 그러나 간연도 국연과 마찬 가지로 국내 지역으로 徙居되어 수묘역을 부담한 것으로 보고 있기 때문에 설득력이 없다.[35)] 오히려 국연의 國은 國岡上의 烟戶라는 한정된 의미 보다는 '국가의 연호' 즉 '국가의 공적인 역을 수행하는 연호'라는 보편적인 의미로 해석하기도 한다. 나아가 국연은 수묘역에 한정된 것이 아니라, 당시 국역의 부담 대상을 가리키는 보편적인 용어로 사용되었다는 것이다.[36)] 그런데 간연의 경우도 국가의 공적 역을 수행하는 연호이기 때문에 이같은 국연에 대한 해석이 타당한지는 선뜻 단정하기 어렵다.

31) 金賢淑, 앞논문, p.22~23.
32) 손영종, 「광개토왕릉비에 보이는 수묘인 연호의 계급적 성격과 립역 방식에 대하여」『력사과학』 1986-3, p.17.
33) 李藤龍, 「廣開土大王碑文에 쓰인 '烟' 字의 語彙的 意味」『碧史李佑成敎授停年退職紀念論叢』上, 1990, pp.17~54.
34) 武田幸男, 앞논문, p.85.
35) 林起煥, 앞논문, p.208.
36) 林起煥, 앞논문, pp.208~209.

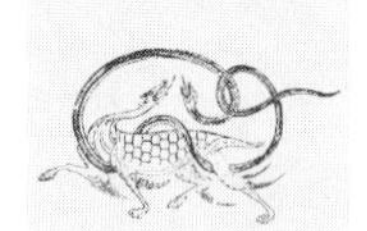



간연의 경우는 '왕릉의 看守를 담당하는 연호' 의 뜻으로 해석되고도 있다.[37] 그런데 看의 의미를 일반화된 기능에 대한 범칭의 의미가 강한 것으로 간주하기도 한다.[38] 이에 반해 그 역의 특수성에 따라 붙여진 용어로 보는 게 더욱 타당하다는 견해도 있다.[39] 그러나 文字上 看烟과 연결 될 수 있는 看家를 "負防賊盜之責者稱爲看家的"[40]라고 개념 정의를 하였다. 이 점에 비추어 보면 간연에는 왕릉의 看守라는 의미가 크다는 것을 일단 고려해 볼 수는 있다. 그렇지만 왕릉의 看守는 간연에만 국한된 게 아니라 국연에도 해당되는 사안이다. 看守의 책임은 신분적으로 볼 때 오히려 국연이 컸다고 보여진다. 그러므로 간연의 성격은 다른 측면에서 살피는 게 좋을 것 같다.

이러한 점들을 염두에 두면서 국연과 간연의 의미를 분석해 보고자 한다. 일단 국연의 國은 '國' 字의 용례와 결부지어 살펴야 할 것 같다. 주지하듯이 '國'에는 '나라' 의 뜻이 있지만 首都의 뜻도 포함되어 있다. 『禮記』 禮運篇 "國有學" 의 疏에 "國謂天子所都" 라고 하였고, 『孟子』 萬章下篇 "在國曰市井之臣" 의 注에 "國謂都邑也" 라고 한 데서 알 수 있다. 國이 國都의 의미로 사용된 예는 史書에서도 散見된다. 가령 『三國志』 東夷傳 夫餘 條의 妬忌罪에 관한 기사에 보이는 "國南山上" 을 '서울 남쪽 산 위' 로 해석하고 있다. 『三國志』 高句麗 條의 "國東有大穴 名隧穴" 이라는 구절을 『舊唐書』 고려 조에서 "國城東有大穴名神隧" 로 轉載한 데서도 살펴진다. 「능비문」 영락 6년 조의 "…逼其國城" 과 '國岡上' 의 國은 주지하듯이 國都를 가리킨다. 고구려의 都城 이름인 국내성의 '國內' 역시 도성 지역을 가리키는 것으로 밝혀졌다. 고구려가 국내성에서 평양성으로 천도함에 따라 국내성은 자연 '옛 서울' 이 될 수밖에 없었으므로, '國原' 에 '故' 字가 추가되어 '故國原' 이라고 일컫게 된 것이다. 고구려의 別都였

37) 武田幸男, 앞논문, p.85.
38) 趙法鍾, 앞논문, p.214.
39) 林起煥, 앞논문, p.209.
40) 中華學術院, 『中文大辭典』6, 1973, p.1066.

던 國原城의 '國' 역시 國都의 뜻이 담긴 것으로 밝힌 바 있다.[41] 그 밖에 고려의 宗廟 위치에 관해 언급한 기사에서 "其祖廟 在國東門之外"[42]라고 기록하였다. 여기서 '國東門之外'는 '國都(國城) 東門의 밖'으로 해석된다. 이러한 맥락에서 볼 때 국연은 '國都의 烟'이라는 의미로 해석하는 게 온당할 것 같다.

그렇다면 국연의 의미로 파악한 '國都의 烟'과 짝을 이루는 개념으로 간연의 의미를 추측하는 게 가능하다. 國都에 대응되는 개념으로는 '地方'이 존재한다. 看烟의 의미로서 '지방의 烟'을 가리킬 가능성을 상정해 볼 수 있게 된다. 이와 관련해 상기되는 개념으로는 '見戶'이다. 見戶의 '見'은 말할 나위없이 看烟의 '看'과 동일한 의미를 지니고 있다. 게다가 烟은 家나 戶와 역시 동일한 의미이다. 그러므로 看烟은 見戶와 동일한 개념을 지녔다고 하겠다. 그러면 見戶에는 어떤 의미가 담겨 있을까? 『新唐書』 食貨志에서 "若流亡多 加稅見戶者 殿亦如之"[43]라고하여 보인다. 見戶는 '현재 거주하는 그곳의 戶口'[44]를 가리킨다. 見戶의 존재는 436년(장수왕 24)에 고구려로 망명했던 後燕의 馮弘과 관련한 기사에 "燕王率龍城見戶東徙"[45]라고 하여 보인다. 시기적으로 보더라도 看烟의 경우도 이같은 용례를 원용하는 것이 가능해진다. 그렇다고 할 때 看烟은 일단 國烟에 대응되는 '지방의 戶'를 가리킨다고 하겠다.

그러면 수묘인 연호 조에 기재된 "△△城 國烟△ 看烟△" 형태 가운데, 가령 "須鄒城 國烟二 看烟五"를 해석해 본다. 광개토왕릉의 수묘인 연호로서 須鄒城의 國烟 2家와 看烟 5家가 차출되었음을 알 수 있다. 즉 須鄒城이라는 행정 단위에서 國烟과 看烟이 모두 차출되어 수묘를 하게 된 것이다. 수추성은 광개토

41) 李道學, 「永樂6年 廣開土王의 南征과 國原城」『孫寶基博士停年紀念韓國史學論叢』 1988, pp.103~104.

42) 『高麗圖經』 권17, 祠宇 條.

43) 『新唐書』 권52, 食貨志 2.

44) 中華學術院, 앞책, p.788.

45) 『三國史記』 권18, 長壽王 24년 조; 『資治通鑑』 권123, 元嘉 13년 조. "五月乙卯 燕王帥龍城見戶東徙"

왕대에 정복한 신래한예에 속하기 때문에 피정복지가 된다. 고구려는 피정복지로부터 국연과 간연을 한꺼번에 차출하고 있는 것이다. 그렇다고 할 때 '國都의 烟' 이라는 의미를 지닌 國烟은 그 대상이 피정복 지역인 동시에, 당시 國都에 거주하는 烟을 가리키는 호칭으로 짐작할 수 있다. 여기서 國은 고구려의 國都를 가리키는 게 분명하다고 할 때, 국연은 고구려가 정복한 지역으로부터 國都로 徙居시킨 烟을 가리키는 것으로 추정된다. 반면 간연은 고구려가 정복한 지역에 그대로 거주하는 烟을 가리키는 개념으로 보겠다. 즉 原지역에 그대로 거주하는 戶를 看烟이라고 했다. 이들을 광개토왕릉에 대한 수묘역으로 함께 차출한 것이다. 이러한 사실은 國都로 徙居된 국연층이나 원지역에 거주하는 간연층이나 비록 거주 지역은 달랐지만 共히 △△城이라는 이름 하에 편제되어 있었음을 알려준다.

## Ⅳ. 고구려의 피정복민 지배 형태

종전의 인식에는 국연이나 간연을 계층 차이로만 해석하거나 守墓役 수행시의 역할의 차이에서 비롯된 것으로 간주하는 경향이 지배적이었다.[46] 즉 국연은 종전 在地社會에서 지배자층이었고, 간연은 피지배자층으로 간주되었다.[47] 게다가 국연과 간연 모두 고구려가 정복한 지역에 거주하는 상황에서 수묘역과 관련해 일제히 차출된 것으로 인식하였다.[48]

그러면 국도로 차출된 국연은 어떤 신분층이었을까? 일단 국연과 간연의 비율을 통해 볼 때 국연이 피정복지의 지배층이었을 것으로 추정하고 있다.[49] 앞

46) 金賢淑, 앞논문, p.20.
47) 金賢淑, 앞논문, p.35.
48) 金賢淑, 앞논문, pp.22~23.
49) 武田幸男, 앞논문, pp.84~85.

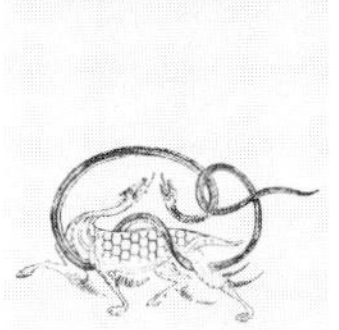



서 國烟은 고구려가 피정복 지역의 주민을 國都로 徙居시킨 戶로 간주한 바 있었다. 이러한 國烟의 신분을 피정복지의 지배층으로 지목하는 것은 온당하다고 본다. 실제 『삼국사기』에는 신라와 고구려의 정복 과정에서도 피정복지의 지배층을 국도로 사거시키고 있기 때문이다. 다음의 사례에서 볼 수 있다.

d. 사도성을 개축하고 사벌주의 豪民 80여 家를 이주시켰다. (유례니사금 10년 조)
e. 골벌국왕 아음부가 무리를 이끌고 와서 항복하자 第宅을 하사하였다. (조분니사금 7년 조)
f. 백제 독산성주가 300명을 이끌고 來投하자, 왕이 이들을 받아들여 6部에 나누어 거주시켰다. (나물왕 18년 조)
g. 7월에 부여왕의 從弟가 國人에게 이르기를 … 이에 만여 인과 더불어 來投하므로 왕은 그를 봉하여 왕을 삼고 掾那部에 안치하였다. (대무신왕 5년 조)
h. 갈사왕의 孫 都頭가 나라를 들어서 항복하므로 都頭를 于台로 삼았다. (태조왕 16년 조)

d에서 徙民의 대상인 豪民은 國都로 이주한 것은 아니다. 그러나 豪民의 존재는 『삼국지』 부여 조의 "邑落有豪民 民下戶皆爲奴僕"50)라는 기사에서 확인되고 있듯이 지배층을 가리킨다. 지배층의 徙居가 확인되는 것이다. 나머지 기사들은 고구려와 신라의 피정복 시책의 일환으로 지배층을 국도로 이주시킨 사실이 확인된다. 그러므로 고구려의 국도에 거주하는 계층 역시 정복한 지역의 피지배층이기 보다는 지배층이었을 것으로 간주하는 게 자연스럽다. 이러한 사실은 고구려의 피정복지에 대한 지배 방식의 일단을 확인해 줄 수 있는 사례라고 하겠다. 물론 국내성이 소재한 지금의 집안시 일대는 狹小하기 때문에 과연 주민 徙居가 이루어질 수 있었을까 하는 의문이 제기될 수 있다. 그러나 집안시 외곽에서 확인되는 고분군의 존재는 행정 단위로서 국내성의 범위는 얼마

50) 『三國志』 권30, 東夷傳, 夫餘 條.

든지 확장되었음을 뜻한다. 가령 국내성에서 동북으로 멀리 떨어진 모두루묘나 환문총이 소재한 下解放 墓域 등이 그것을 시사하지 않을까 싶다.

이에 덧붙여 「능비문」 영락 6년 조의 고구려가 점령한 지역에 대한 검토가 필요할 것 같다. 영락 6년에 고구려가 점령했다는 58성 가운데 신래한예 31城 5지역이 포함된다. 신래한예 가운데 28城이 58城에서 확인되고 있다. 그러나 豆比鴨岑韓 · 句牟客頭 · 求底韓 · 客賢韓 · 百殘南居韓과 같은 5 지역과 沙水城 · 炅古城 · 味城은 확인되지 않았다. 후자의 3城은 영락 6년 조의 결락자 가운데 포함되었을 것으로 보인다.[51] 설령 그렇지 않았다고 하자. 그렇더라도 守墓人 烟戶의 대부분이 형식 논리상 영락 6년 광개토왕의 친정으로 확보되었음을 알리고 있음은 분명하다.

그런데 수묘인 연호에 포함되어 있지 않은 27城 가운데 關彌城을 가리키는 閣彌城이 보인다. 관미성 소재지는 이론이 많지만 예성강유역으로 비정된다. 아울러 27성은 예성강에서부터 임진강유역에 이르는 구간에 소재한 것으로 파악하고 있다.[52] 그렇다고 하면 관미성을 포함한 이들 지역에서 수묘인을 차출하지 않았음을 뜻한다. 기본적으로 국도로 이주시킨 국연층이 존재하지 않았음을 시사해주는 것이다. 그러면 그 이유는 무엇일까? 이 곳은 백제와의 접경지역이었던 만큼 戰線 자체가 유동성을 띠고 있었기 때문에 확고하게 지배할 수 없는 상황이었을 것이다. 그 때문에 이곳의 지배층을 그대로 존속시켰던 것이 아닌가 짐작해 본다. 이러한 맥락에서 볼 때도 阿旦城을 현재의 서울 아차산성으로 비정하기는 어렵다. 아단성에서 간연이 차출될 수 있었던 것은 일단 고구려 영역이었기에 가능했다고 보아야만하기 때문이다. 그러므로 고구려가 영락 6년 조에서 점령한 영역을 대부분 백제에 반환해 주었다는[53] 주장은 고려하

51) 李道學, 앞논문, p.97.
金賢淑은 신래한예 36성 가운데 25城이 58城에 속해 있으며, 나머지 11城도 그에 포함될 가능성이 높다고 보았다(金賢淑, 앞논문, 1999, p.148).

52) 李道學, 앞논문, p.102.

53) 李丙燾, 「廣開土王의 雄略」 『韓國古代史研究』 1976, p.382.

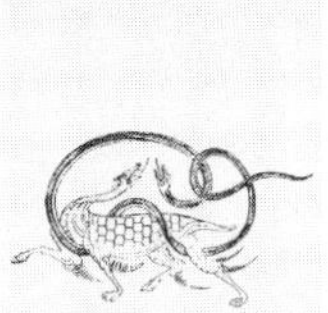



기 어려워진다.[54] 阿旦城은 雜珍城과 합하여 간연 10家를 차출당하고 있다. 즉 2개 城을 합하여 수묘인 연호를 차출하고 있는 것이다. 그 이유는 잘 알 수 없지만 서로 인접했을 이 2城의 호구가 다른 城보다 적은 곳이었기 때문이 아니었을까 생각해 본다. 단선적으로 비교하기 어려운 점도 있지만 아단성을 영춘현으로 비정했을 때 이곳의 조선시대 戶口數는 인근 지역에 비해 현저히 적다.[55] 山谷에 소재한 이곳의 열악한 경제적 여건을 놓고 볼 때 인구수의 적음은 결코 우연한 일은 아닐 것이다. 이러한 점 역시 아단성을 아차산성으로 비정할 수 없게 하는 한 요인이 될 수 있다. 반면 미추성이 국연과 간연을 차출할 수 있는 고구려 영역으로 자리잡게 된 것은 한강 하구와 연결되는 전략적 요충지라는 점과 더불어, 백제 왕실 직영 소금 산지의 장악이라는 차원에서 확고하게 지배한 것으로 보인다.[56]

이러한 고구려의 주민 구성은 연맹왕국을 형성할 때의 5部를 근간으로하여 정

54) "국연과 간연의 일정한 비율과 가족 생활의 온전한 유지를 보여주는 '烟'과 '家'로 표기된 점 및 차출 연호를 출신지별로 세밀하게 기록한 점 등으로 미루어 전쟁 종식 후 정복 지역에서의 계획적인 차출로 보는 것이 더욱 타당할 것이다(金賢淑, 앞논문, 1989, p.23, 註50). 그런데 新來韓穢를 광개토왕의 정복 전쟁에 의해 略取되어 온 포로라는 주장이 있다. 이 주장의 근거는 수묘인 연호 조 "但取吾躬巡所略來韓穢"의 '所略'을 '略取'의 뜻으로 해석한데 말미암은 것 같다. 그런데 '略'에는 '理'의 뜻이 있다. 그러므로 위의 구절은 "내가 몸소 巡幸하며 다스렸기에 온 韓穢를 取하여"라고 해석해야 될 것 같다. '巡'이라는 문자가 있음에도, '略'을 노략질이나 약탈의 뜻으로 사용하였을 리 없다. 광개토왕은 自國의 주민으로 편제시킨 한예를 취하여 수묘인으로 차출했음을 뜻한다고 하겠다. 더구나 「능비문」에 보이는 廣開土王像은 정복군주가 아니라 德化君主의 모습인 것이다. 그러므로 韓穢를 捕虜로 간주할 수는 없을 것 같다. 포로의 경우는 영락 6년 조에 보이듯이 '口'로 표기하였다. 참고로 고려와 조선시대에는 과거에 새로 급제하여 처음 관직에 나온 사람을 선배가 가리켜 이르는 말이 '新來'였다. '新來'는 '신출내기'의 뜻인 것이다. 그러므로 新來韓穢는 포로의 개념이 아니라 고구려 주민으로 새로 편제된 신복속민을 가리킨다고 하겠다.

55) 『世宗實錄』 권148, 地理志에 의하면 영춘현의 戶數는 195戶, 단양군은 235戶, 제천현은 415戶로서 영춘현의 戶數가 가장 열세에 있다. 아차산성이 소재한 楊州의 경우는 1481戶로서 영춘현의 7배가 넘는다.

56) 李道學, 「伯濟國의 成長과 소금 交易網의 確保」 『百濟硏究』 23, 1992 ; 『백제 고대국가 연구』, 1995, p.154.

복 지역의 확대에 따라 그 영역과 주민은 계속 확장되어 갔다. 「능비문」에 보이는 舊民과 신래한예가 그들이라고 하겠다. 「능비문」의 구민이 고구려 주민으로 편제된 시기에 관해서는 광개토왕 이전으로 지목하고 있다.[57] 구민의 출신지인 南蘇城이 4세기 중반경에 모용선비의 소유가 되었다.[58] 이 점을 고려할 때 그 후 어느 때 남소성은 다시금 고구려의 소유가 되었으므로 구민과 신래한예의 분기점은 역시 광개토왕 즉위년이라고 보겠다. 요컨대 고구려는 5部民 → 舊民 → 新來韓穢 등으로 주민 구성이 확대되어 갔다. 구민과 신래한예의 分岐點이 되었던 사건은 광개토왕의 즉위와 그로 인한 정복전쟁의 승리를 꼽을 수 있다.

그런데 국연과 간연은 구민과 신래한예 모두에 공통적으로 존재하고 있다. 여기서 구민이든 신래한예든 고구려에 복속된 시기의 차이일 뿐 본질적인 차이는 있을 수 없다. 즉 5部民을 근간으로 한 고구려의 피정복 지역세력에 대한 편제 방식에는 근본적인 차이가 있을 수 없다고 판단된다. 다만 피정복 지역의 지배층은 國都로 사거시켰기에 국연이라 일컬어졌다. 그러나 이들은 5部民으로는 편제되지 않았기에 여전히 △△城 國烟으로 표기되었던 것으로 보겠다. 이들은 비록 國都에 거주하였지만 原高句麗民인 5部民과는 뚜렷이 구분되는 존재였다. 국연층은 피정복민이기는 하였지만 그 지배층 출신의 신분적 이유로 인해 비록 국도에 거주하는 특전을 입었다. 그러나 그 출신 지역에 거주하는 간연과 더불어 여전히 △△城 출신으로서 그와 관련된 國役의 대상으로 남아 있었다. 물론 국연층의 國都 이주는 일종의 특전이라고 할 수 있겠다. 그렇지만 고구려의 입장에서 볼 때 이는 피정복 지역의 지배 세력을 토착 기반과 유리시키는 동시에, 해당 지역에 대한 통제 수단의 일환이었던 것이다. 이렇듯 고구려는 5部民을 제외한 피정복지의 주민들을 國烟과 看烟으로 구분했었다.

요컨대 「능비문」에서 수묘인의 차출 지역 및 烟戶數와 더불어 國烟·看烟으

57) 今西龍, 「廣開土境好太王陵碑に就て」 『朝鮮古史の研究』 1937, p.471.
金賢淑, 앞논문, 1989, p.29, 註75.

58) 『資治通鑑』 권97, 永和 원년 10월 조.

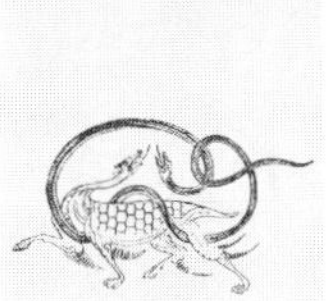



로 상세하게 기록하였다.[59] 그 이유는 고구려의 피정복민에 대한 지배 방식이 國都 徙居層과 출신 지역 거주층으로 이원화되어 있었기에, 守墓 과정에서 뒤섞이는 혼란이 발생하는 것을 차단하기 위해 낱낱이 기록했다고 본다. 1개 城을 기준으로 해서 국연과 간연으로 구분된다는 것은 신분이나 직능의 차이만을 가리키는 것으로만 간주할 수 없다. 그 본질은 고구려의 피정복 시책과 관련한 거주지의 차이를 가지고 구분한 호칭이었다.[60]

## Ⅴ. 맺음말

「능비문」의 國烟과 看烟의 성격에 대해서는 많은 논의가 있어 왔다. 이 문제에 관해 지금까지 검토해 본 내용을 요약해 보면 다음과 같다.

「능비문」에는 守墓人 烟戶를 배치하게 된 동기와 그 운영에 관한 구절에서 '祖王先王' 혹은 '祖先王'을 언급하고 있다. 이들을 막연히 祖上王 전체를 가리키는 호칭으로 파악하는 견해가 많았다. 그러나 이는 광개토왕을 기준으로 한 祖王과 先王으로서 고국원왕과 고국양왕을 각각 가리키는 견해가 맞는 것으로 밝혀졌다.

고국원왕과 고국양왕 그리고 광개토왕(國罡上廣開土境平安好太王)에 이르는 3대의 능묘는 모두 國罡上에 소재하였다는 공통점을 지니고 있다. 즉 고국원왕릉은 태왕릉에, 고국양왕릉은 임강총에, 광개토왕릉은 장군총에 비정되었다. 능비는 태왕릉에 가까운 반면 오히려 장군총과는 멀리 떨어져 있다. 그 이유는

59) 수묘인의 차출 지역과 연호수를 비문에 장황하게 기록한 것은 납득이 되지 않는다는 견해도 있다(임기환, 앞논문, p.194).

60) 주지하듯이 수묘인으로 나오는 국연은 특정 지역의 지배 세력을 볼모로 잡아두기 위한 정치적 목적에서 국내성으로 徙居시킨 烟戶이다. 다만 그 지배 세력 가운데 고분고분하지 않은 자들을 수묘역으로 차출한 것으로 간주된다. 그렇기 때문에 수묘역은 그들의 반감을 키운다기보다는 馴致시키는 효과도 고려한 조치로 보인다.

능비의 수묘인에 관한 내용이 광개토왕릉 뿐 아니라 그 祖王陵과 先王陵을 모두 포괄하고 있었기 때문이다. 「능비문」에 적혀 있는 수묘인 연호 330家는 광개토왕릉 뿐 아니라 고국원왕릉과 고국양왕릉에 각각 110家씩 배당된 것으로 파악되었다.

國烟은 '國都의 烟' 이라는 의미로 밝혀 보았다. 반면 看烟은 國烟과 대응 관계에 있는 '지방의 烟' 을 가리키는 개념으로 간주되었다. 看烟은 字意上 見戶와 동일한 뜻을 지녔다. 그러므로 見戶의 개념을 원용할 필요가 있었다. 見戶는 '현재 거주하는 그곳의 戶口' 를 가리키고 있다. 이와 관련해 「능비문」에는 수묘인 연호를 "△△城 國烟△ 看烟△"라고 기재한 사실을 주목하였다. 여기서 동일한 지역에서 국연과 간연이 한꺼번에 차출되고 있다. 이에 따라 국연은 고구려가 정복한 지역민 가운데 國都로 이주시킨 戶이고, 간연은 원래 지역에 그대로 거주하고 있는 戶를 가리킨다고 볼 수 있었다. 國烟과 看烟은 현상적으로는 피정복민의 거주 지역의 차이를 뜻하지만, 본질적으로는 그 신분적 관계를 암시하고 있다.

國都로 이주시킨 國烟은 고구려의 피정복 지역에서 지배층이었다. 이러한 사실은 고구려의 피정복 지역에 대한 지배 방식의 일단을 확인시켜주는 것이다. 그런데 國都로 徙居된 國烟層은 5部民과 구분되는 동시에, 그 출신 지역에 거주하는 看烟과 더불어 여전히 △△城 출신으로서 그와 관련된 國役의 대상이었다. 요컨대 5세기대까지 고구려의 피정복민에 대한 지배 방식은 國都로의 徙居層과 출신 지역 거주층으로 이원화되었음을 알 수 있었다.

# 太王陵과 將軍塚의 被葬者 問題 - 광개토왕릉의 확인

## Ⅰ. 머리말

고구려 수도였던 중국 길림성 集安에는 고구려 고분군들이 散在되어 있다. 이들 고분군 중에는 고구려 왕릉이 포함되어 있다. 그럼에도 불구하고 고구려 왕릉으로 비정할 수 있는 고분은 많지 않다. 더욱이 특정 고구려 왕릉으로 명확하게 지목할 수 있는 고분은 거의 없다. 그러한 이유 가운데 하나가 피장자의 신원을 알려주는 비석이 없다는 데 있다. 물론 고구려왕들의 諡號는 葬地名에서 유래했으므로[1] 일단 그 諡號를 통한 葬地 추정이 어느 정도 가능하다. 葬地名 諡號는 능이 소재한 입지적인 여건을 짐작하게 해준다. 그러나 이는 구체적인 위치 확인의 關鍵이 되지는 않는다. 그런데 엄연히 陵碑가 존재함에도 왕릉의 위치에 대한 논의가 끊임없이 제기된 경우가 있다.

광개토왕릉비(이후 '陵碑'로 略稱한다)는 광개토왕릉과 짝하여 세워진 능비이다. 그럼에도 광개토왕릉의 위치에 대해서는 능비 부근의 왕릉급 고분인 太王陵과 將軍塚으로 학설이 兩分되어 있다.[2] 이와 관련한 기존의 중국과 일본 학자들의 견해를 소개하면 다음과 같다. 태왕릉은 한 변이 66m인 正方形 積石塚이고, 현재 높이는 14.8m이며, 정상부에는 강돌을 덮었다. 태왕릉 각 邊에는 5개의 호석을 배치하였다. 上段에는 석실이 축조되어 있는데, 玄室은 東西 2.8m, 남북 3.2m에 연도가 딸려 있다. 현실 내에서는 扁平한 切石으로 축조한 家形의 특이한 石槨 구조가 확인되었다. 將軍塚은 方壇階段 積石塚인데, 한 邊

1) 李道學, 「高句麗 初期 王系의 復元을 위한 檢討」『韓國學論集』20, 1992, pp.193~195.

31.58m, 높이 12.5m이고, 현실은 각 邊 5m, 높이 5.5m에 연도가 딸려 있다. 그 玄室 안에는 2개의 棺臺가 배치되었다.[3)]

필자는 줄곧 장군총을 광개토왕릉으로 지목해 왔다.[4)] 사실 광개토왕릉으로는 일찍부터 장군총이 유력하게 지목되어 왔었다. 가령 "이 太王陵을 廣開土王의 陵으로 보려는 견해도 있으나, 현재의 지배적인 생각은 廣開土王陵碑의 후방 약 1킬로미터 지점에 있는 將軍塚을 同 大王의 陵으로 보고 있다"[5)]라는 문

2) 이와 관련한 기존의 일본과 중국 학자들의 견해를 소개하면 다음과 같다.

| | 태왕릉 | 장군총 | | 태왕릉 | 장군총 |
|---|---|---|---|---|---|
| 酒勾景信 | 광개토왕 | | 三上次男 | 광개토왕 | 장수왕 |
| 橫田忠直 | | | 永島暉臣愼 | 고국양왕 · 소수림왕 · 고국원왕 | 광개토왕 |
| 鳥居龍藏 | 광개토왕 | | 田村晃一 | | 광개토왕 |
| 關野貞 | | 광개토왕 | 方起東 | 광개토왕 | 장수왕 |
| 池內宏 | 광개토왕 | 산상왕 | 浜田耕策 | 광개토왕 | 고국원왕 |
| 藤田亮策 | 광개토왕 | | 耿鐵華 | 광개토왕 | 장수왕 |
| 梅原末治 | | 광개토왕 | | | |

이상의 정리는 魏存成, 「集安高句麗王陵硏究」 『高句麗硏究』 2, 1996, p.563에 의하였다.

3) 東潮 · 田中俊明, 『高句麗歷史と遺跡』 1995, pp.184~188.

4) 장군총을 광개토왕릉으로 비정하는 선학들의 견해는 본문의 논지 전개 과정에서 소개하기로 한다. 이와 관련해 장군총을 광개토왕릉으로 지목했던 필자의 대표적인 언급과 서술을 소개하면 다음과 같다.

李道學, 『꿈이 담긴 한국고대사 노트』 상, 1996, pp.189 208 ; 같은책, 하, 1996, pp.78~81.

李道學, 『한국 고대사, 그 의문과 진실』 2001, pp.120~122.

李道學, 「광개토왕릉비문의 國烟과 看烟의 性格에 대한 再檢討」 『한국고대사연구』 28, 2002, pp.87~91.

李道學, 「광개토왕릉비의 건립 배경-평양성 천도와 관련해서」 『白山學報』 65, 2002, pp.59~62.

5) 李基白 · 李基東, 『韓國史 講座』 I(古代篇), 1982, pp.270.

그러나 이와 관련해 다음과 같은 李丙燾의 서술을 통해 그러한 고민을 읽을 수는 있다. "이 두 說中 어느 것을 좇을지, 아직 이 方面의 實地調査를 하지 못한 나로서는 갑자기 斷定하기 어려우나, 前者의 太王陵說이 더욱 合理한 양으로 생각된다(李丙燾, 『韓國史(古代篇)』 1959, 419쪽)" "이 두 說中의 어느 것을 옳다고 할는지? 나는 아직 이 方面의 實地踏査를 행한 일이 없기 때문에 말할 資格이 없으나, '國岡上' 이라고 한 것을 보면 將軍塚說이 그럴 듯 하다(李丙燾, 『韓國古代史硏究』 1976, p.390)" "이 두 說中의 어느 것을 좇을지? 나는 아직 이 방면에 조사는 하지 못하여 말할 자격이 없지만, 後者의 將軍塚說을 아직 좇는다(李丙燾, 『國譯 三國史記』 1977, p.285)"

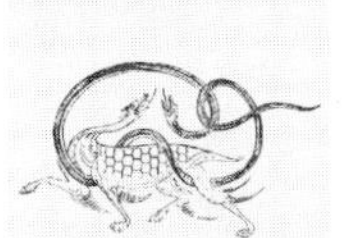



구가 그것을 잘 웅변해 주고 있다. 그런데 그간 광개토왕릉을 장군총으로 지목해 왔던 지배적인 견해는 현재 소수설이 되다시피 하였다. 근자에는 특별히 발전된 논거없이 태왕릉을 광개토왕으로 지목하는 견해가 널려 퍼져 있었다. 굳이 그 이유를 든다면 太王陵과 능비가 일단 가깝다는 점과 太王陵의 규모가 광개토왕의 업적에 필적할 만큼 宏大하다는 점이다. 그러던 중 최근에 중국이 세계문화유산으로 고구려 수도가 있던 集安 일대의 고구려 유적을 등재하려는 움직임 속에서 대대적인 발굴과 整備가 이루어졌다. 그러는 가운데 태왕릉과 장군총의 동쪽이나 동북쪽에서 祭臺가 각각 확인되었다고 한다. 그럼에 따라 태왕릉=광개토왕릉설의 최대 걸림돌이었던 능의 正面이 그 반대 방향으로 새롭게 드러났다는 것이다. 나아가 태왕릉을 광개토왕릉으로, 장군총을 장수왕릉으로 비정했던 견해가 이제 사실로 확정된 것처럼 일각에서 주장되었다. 물론 그러한 유구가 祭臺임으로써 능의 正面이 새롭게 밝혀졌다면 다행일 것이다. 그러나 기실은 그러하지 않았음에도 마치 확정된 양 주장하는 것으로 판단되었다. 본고는 그 것을 재검토하고 검증하는 차원에서 작성했으며, 장군총 壽陵說 등의 허구성을 지적하고자 한다. 나아가 문헌과 考古物證을 통한 검토로써 태왕릉과 장군총의 被葬者를 확정 짓고, 능비와 이들 분묘의 입지적 여건이 지닌 의미를 정치적 배경과 결부지어 구명하고자 했다.

이와 관련해 최근에 간행된 吉林省文物考古研究所·集安市博物館 編著, 『集安高句麗王陵-1990~2003年集安高句麗王陵調査報告』(2004, 文物出版社)의 내용을 본고의 논지 전개와 관련해 재검토해 보려고 한다. 참고로 본고는 同 報告書 配布 직전에 출간된 필자의 「太王陵과 將軍塚의 被葬者 問題」 『白山學報』 69집, 2004의 내용을 보완했음을 밝혀둔다.

## II. 太王陵

능비는 광개토왕릉의 소재지를 알려주는 결정적인 기준이 된다. 능비 인근에

광개토왕릉이 소재한 것은 분명하기 때문이다. 능비는 광개토왕의 謚號를 '國罡上廣開土境平安好太王' 이라고 하였다. '國罡上' 은 광개토왕릉이 소재한 장지명을 가리킨다. 광개토왕릉은 '國罡上' 에 소재하고 있으며, 능비가 소재한 주변 일대가 '國罡上' 임을 알려준다. 그러한 국강상에 소재한 능으로서는 능비를 기준으로 할 때 우선 태왕릉과 장군총을 지목할 수 있다. 태왕릉과 장군총 가운데 1基가 광개토왕릉에 해당된다. 이와 더불어 '國罡上' 에 소재한 능으로서는 일명 '國罡上王' 이라고 하였던 고국원왕[6]의 능을 지목할 수 있다. 故國壤王陵도 그 謚號를 놓고 볼 때 국강상에 소재한 것으로 간주된다.[7] 이와

태왕릉

6) 『三國史記』 권18, 고국원왕 즉위년 조. "故國原王 一云 國罡上王"
『三國史記』 권24, 근구수왕 즉위년 조에서도 고국원왕을 '國罡王 斯由' 라고 하여 역시 '國罡王' 이라고 한 바 있다.

7) 浜田耕策, 「高句麗 廣開土王陵墓比定の再檢討」 『朝鮮學報』 119 · 120合輯, 1986, p.105.

관련해 고국양왕릉을 태왕릉이나 장군총으로 비정한 견해는 없었다. 이는 兩者가 문헌이나 고고학적으로 볼 때 전혀 연결되지 않는다는 것을 뜻한다. 따라서 광개토왕릉과 고국원왕릉이 태왕릉과 장군총 가운데 하나로 각각 비정될 수 있다. 여기서 故國原王과 廣開土王은 祖孫間이며, 故國壤王은 광개토왕의 父가 된다. 그러므로 故國原王 · 故國壤王 · 廣開土王 3대에 걸친 능이 국강상에 소재하였다.[8)]

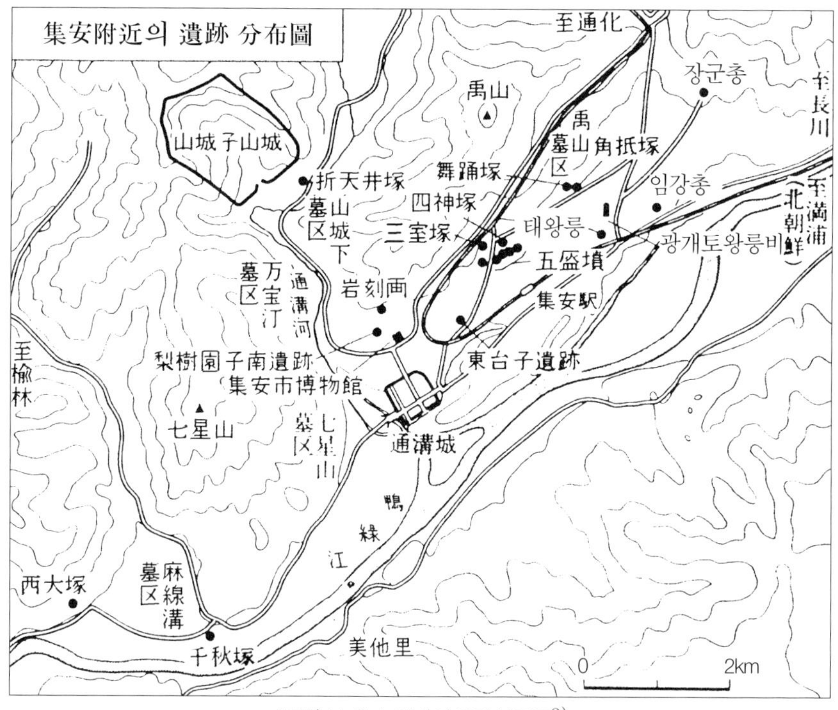


〈도면 1〉 集安 일대의 유적 분포도[9)]

8) 浜田耕策, 앞논문, p.105.
李道學, 「광개토왕릉비문의 國烟과 看烟의 性格에 대한 再檢討」 p.86.
9) 東潮 · 田中俊明, 앞책, p.91.

## 1. 태왕릉 = 광개토왕릉설의 문제점

광개토왕릉의 위치를 결정해 주는 능비를 기준으로 태왕릉과 장군총까지의 거리를 살펴 본다. 일단 능비에서 가까운 분묘가 광개토왕릉일 가능성이 높다. 여기서 능비를 기준으로 할 때 태왕릉은 360m, 장군총은 1,650m 정도 떨어져 있는 것으로[10] 알려졌다. 그렇다고 할 때 태왕릉은 일단 광개토왕릉일 가능성이 높아진다. 더구나 태왕릉에서는 "願太王陵安如山固如岳" 이라는 銘文塼이 출토됨에 따라 태왕릉으로 命名하였다. 동시에 그 銘文塼의 '太王' 이라는 호칭은 '國罡上廣開土境平安好太王' 혹은 '永樂太王' 이라고 일컬어졌던 광개토왕의 '태왕' 과 연결됨으로써 선뜻 광개토왕릉으로 지목하게 되었다. 이와 관련해 태왕릉을 광개토왕릉으로 비정하는 근자의 다음과 같은 논거를 인용해 본다.

> 집안 일대 대형 돌각담 무덤 중에서 주인공을 비교적 정확히 비정할 수 있는 무덤은 태왕릉이며 태왕릉을 광개토왕(391~412)의 무덤으로 보는 것은 학계에서 거의나 락착된 문제이다. 장군 무덤이 론의의 대상으로 된적도 있으나 광개토왕의 무덤으로서는 여러 모로 적합치 못하다.
>
> 태왕릉이 광개토왕의 무덤이라는 가장 유력한 근거는 태왕릉에서 나온 벽돌에 '원태왕릉여산여고여악' (태왕의 무덤이 산과 같이 안전하고 뫼와 같이 견고하기를 바란다)이라는 글자가 새겨진 사실이다. 광개토왕은 일명 '호태왕', '영락대왕' 이라고 불리웠으며 고구려의 왕들 가운데서 '태왕' 이라는 명칭이 들어 있는 호를 가진 왕은 오직 광개토왕뿐 이다. 따라서 이것은 태왕릉이 광개토왕의 무덤이라는 것을 말해주는 가장 중요한 근거로 된다.
>
> 다음으로 태왕릉은 고구려 무덤들 가운데서 가장 큰 무덤의 하나로서 고구려의 령토확장과 국력강화에서 특출한 업적을 남긴 광개토왕의 무덤에 잘 어울린다. 태왕릉은 한변의 길이가 66m에 달하고 평면 면적이 장군 무덤의 4배에 달하는 거대한 무덤으로서 광개토왕비의 가장 가까이에 축조된 왕릉급 무덤이다.[11]

10) 東潮 · 田中俊明, 앞책, pp.185 188. 吉林省文物考古研究所 · 集安市博物館 編著, 『集安高句麗王陵』 2004, p.262에서 태왕릉과 능비와의 거리를 360m라고 하였다.

그런데 위의 인용문을 포함해서 태왕릉을 광개토왕릉으로 지목하는 지금까지의 견해에는 다음과 같은 문제점이 제기된다.

① 太王은 다수의 금석문에서 그 존재가 확인된다. 가령 「모두루묘지」에서 광개토왕의 祖인 고국원왕이 통치하는 시기를 가리키는 '聖太王之世' 라는 구절에[12] '太王' 이 보이고 있다. 그리고 「중원고구려비문」에 보이는 太王은 장수왕을 가리킨다. 그러한 太王은 경주 서봉총 출토 銀盒 명문에도 보일 뿐 아니라, 신라 진흥왕의 경우도 太王을 일컬었다. 따라서 太王 자체는 대왕권체제를 구축한 삼국 왕들의 보편적인 호칭으로서 사용된 것일 뿐[13] 특정 왕에 대한 지칭만은 아니었다.[14]

② 태왕릉의 연도와 현실은 西向이다. 능비는 이같은 태왕릉 정면의 반대편인 동북쪽에 소재하였다. 능비는 태왕릉의 뒷편에 서 있는 게 된다. 즉 능비와 태왕릉은 방향이 서로 등지고 있다. 만약 능비가 태왕릉에 속한 것이라면 그러한 지점에 세워진 이유를 설명하기 어렵다. 이러한 정황은 태왕릉과 능비 사이에는 서로 관련이 없음을 암시해 준다. 요컨대 능비와 태왕릉은 방향이 서로 矛盾되므로 연결시킬 수 없게 된다.[15] 그런데 태왕릉은 玄室이 西向이고 장군총은 현실이 西南向이므로, 태왕릉이나 장군총은 그 방위상 능비와는 필연적인 관계가 보이지 않는다고 했다.[16] 그러나 이 견해는 參道의 존재를 설정하지 않았다.

11) 손수호, 『고구려고분연구』 사회과학출판사, 2001, p.44.

12) 朴眞奭, 「好太王陵에 대한 고증」 『中國境內 高句麗遺蹟硏究』 1995, p.234.

13) 李道學, 「한국사에서의 天下觀과 皇帝體制」 『전통문화논총』 창간호, 2003, pp.82~83.

14) 太王은 美稱이기 때문에 고구려의 어느 왕도 사용할 수 있다고 간주하면서 大祖大王 · 次大王 · 新大王과 같은 '大王' 으로 호칭된 실례를 제시하면서 "願太王陵" 구절은 반드시 광개토왕만을 가리키는 것은 아니라고 한다(高靑, 「高句麗古都國內城遊觀記」 『朝光』 1938, 9월호, p.310).

15) 關野貞, 「滿洲輯安縣及び平壤附近に於ける高句麗時代の遺蹟(二)」 『考古學雜誌』 第五卷, 第四號, 1914, p.3.
朴眞奭, 앞논문, p.224.

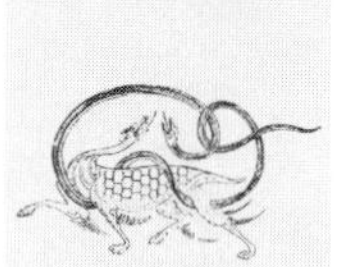



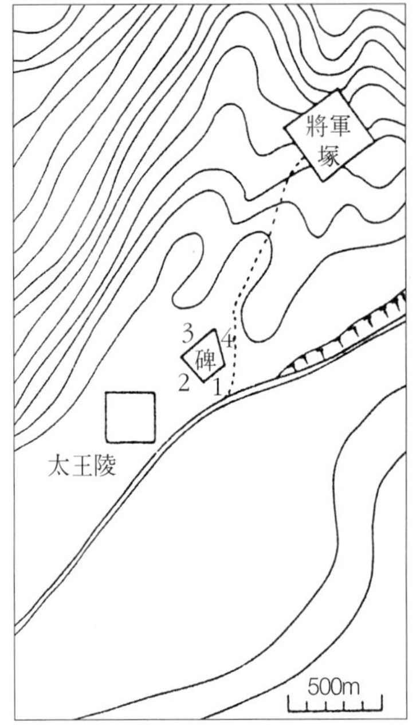


〈도면 2〉 광개토왕릉비와 장군총 그리고 태왕릉의 위치를 보여주는 略圖 (위치 관계를 보여주기 위해 능비와 장군총 그리고 태왕릉의 규모는 무시하였다.)[17]

기본적으로 이는 태왕릉=광개토왕릉설의 최대 약점인 능비와 태왕릉 정면이 일치하지 않는 약점을 덮기 위한 발상에 불과할 따름이다. 주지하듯이 태왕릉과 능비 그리고 장군총은 거의 일직선상에 배치되어 있다. 이들 2기의 분묘와 능비가 서로 연계되어 의도적으로 세워졌음을 뜻한다. 그럼에도 태왕릉과 능비의 방향이 연결되지 않고 있다. 그것은 兩者간에는 일반적인 능과 능비의 관계로서는 직접적인 관련이 없음을 뜻하는 게 아닐까.

이와 더불어 〈도면 1〉에서 보듯이 왕이 常時 거처하는 국내성(통구성)이나 환도산성(산성자산성)을 출발하여 태왕릉을 참배하러 가는 경우를 한 번 상정해 보자. 이때 고구려왕은 먼저 태왕릉을 접한 후에야 그 뒷편의 능비를 볼 수 있다. 만약 태왕릉과 능비가 관련 있다면 능비는 태왕릉 서쪽이나 남쪽에 소재해야 마땅하다. 그래야만 고구려왕이 참배하러 왔을 때 먼저 능비를 접한 후에 태왕릉에 참배하는 게 가능하며, 또 그것이 지극히 자연스럽다. 그러나 태왕릉의 뒷편인 동북쪽에 능비가 세워졌으므로, 兩者는 서로 관련이 없다고 보아야 한다.

그런데 최근에 태왕릉과 장군총 그리고 禹山墓區 2100호와 같은 적석총의 동편쪽에서 祭臺로 간주되는 유구가 확인되었다고 한다. 즉 세계문화유산 등록

---

16) 魏存成, 『高句麗遺跡』 2002, pp.167~168.
17) 齋藤忠, 『古代朝鮮文化と日本』 1981, p.15.

을 위해 2003년에 태왕릉 주변 400호의 가옥을 철거하고 발굴한 결과 태왕릉 동쪽에 수십 m가 되는 제대가 나타났다는 것이다. 이와 같은 제대는 크기가 무덤 한 변에 해당하는 30~60m나 되는 대규모로 밝혀졌다고 한다. 종전에 이들 분묘의 정면으로 지목했던 面의 반대편에서 제대가 확인된 격이다. 이러한 제대는 해가 뜨는 동쪽(동북쪽)편에 소재하고 있으므로 당연히 분묘의 정면은 제대가 소재한 쪽이 되어야 한다고 한다. 더불어 종전에 그 정면으로 간주했던 面은 後面으로 드러났다는 것이다.

즉 "그런데 이번 발굴된 제단으로 인해 무덤의 동쪽(약간 동북쪽)이 앞이라는 것이 밝혀진 것이다. 제사를 무덤의 뒤에서 지낼 수 없기 때문에, 제사를 지내는 제단이 있는 곳이 앞이 될 수밖에 없는 것이다. 한 군데도 아니고 지금까지 왕릉에서 발굴된 세 군데 제단이 모두 동쪽에 있다는 것은 동쪽이 앞이라는 개연성을 확실하게 뒷받침해 준다. 따라서 해가 뜨는 동쪽이 앞이고 널방 입구는 주로 능 뒤쪽에다 낸다는 것을 알 수 있다. 이렇게 해석하면 자연히 광개토왕릉비도 태왕릉 앞에 서 있는 능비가 되는 것이고 장수왕릉(장군총 : 필자)이 광개토왕릉이라는 설은 자리를 잃는 것이다"[18]고 단정했다.

그러나 七星山 871호묘와 七星山 211호묘 그리고 麻線溝 626호묘의 경우는 소위 제대 유구가 그 북쪽에 나타나고 있다.[19] 게다가 상식적으로 볼 때 玄室로 들어가는 입구 쪽이 정면이 되는 것이다. 그 前面에 床石과 같은 祭臺가 설치되어 있다. 지금까지 古今의 어떤 분묘를 보더라도 이러한 범주에서 벗어난 경우는 찾기 힘들다. 즉 분묘의 정면은 제대 추정 유구가 동쪽에 있다는 게 중요한 게 아니다. 연도와 현실의 방향이 정면을 결정해 준다고 보아야 한다. 그런데 소위 제대 유구가 소재한 동북쪽이 정면이라고 한다면 장군총의 입지 여건상 문제점이 따르게 된다. 장군총은 무덤의 정면이요 前面에 해당하며 통구 평야를 眺望할 수 있는 서남쪽을 제외하고는 3면이 매우 가까운 거리에 소재한 土

18) 서길수, 『세계유산 고구려 특별전』 2004, p.26.

19) 吉林省文物考古研究所・集安市博物館 編著, 앞책, p.40, p.85, p.31.

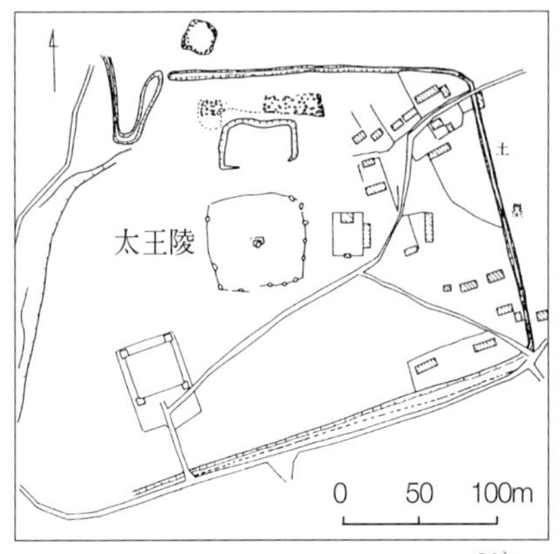

〈도면 3-1〉 태왕릉과 그 주변의 평면도[20]

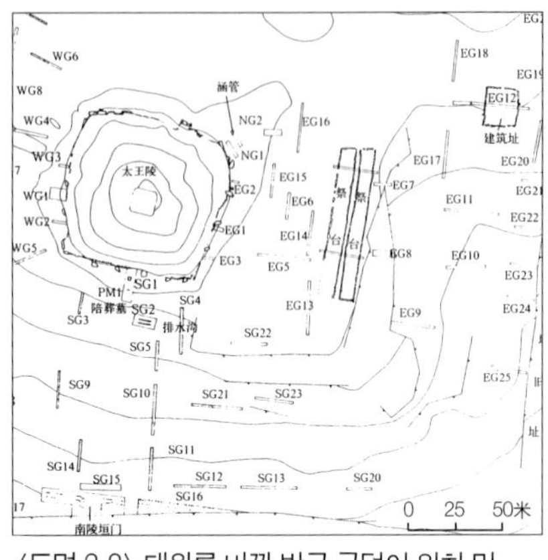

〈도면 3-2〉 태왕릉 바깥 발굴 구덩이 위치 및 유적 분포도[21]

* 그런데 양쪽 도면을 보면 태왕릉을 중심한 유적 위치에 현저한 차이가 나타나고 있다. 이 점에 대한 면밀한 검토가 필요할 것 같다. 특히 陪塚에 대한 발굴이 제대로 이루어지지 않았다는 게 이상하다.

口子山으로 에워싸여 있다. 그런데 장군총의 동북쪽을 분묘의 정면으로 잡는다면 至近 거리에서 답답하게 산과 턱 마주 치는 형세가 된다. 이러한 지세를 놓고 볼 때 소위 제대 유구가 있는 방향은 정면으로서는 부적절하다.

이 같은 점을 염두에 두면서 소위 제대 유구라는 것을 검토해 보았다. 첫째 4~5m 정도의 폭을 가진 태왕릉 곁의 소위 제대 유구는 중간에 2m 가량의 공간을 두고 다시금 돌을 깐 동일한 폭의 유구가 나타나고 있다. 즉 2줄로 된 돌밭 유구가 60여 m 가량 길게 확인되었다.[22] 그런데 이러한 유구가 지금까지 제대로 확인된 사례가 없다. 더구나 폭이 좁으면서 길게 뻗어나간 제대, 그것도 2줄로 된 유구는 선뜻 제대로 동의하는 것을 망설이게 한다. 소위 제대 유구는 그 외형상으로 볼 때 고이산성에서 확인된 강돌로 포장된 도로 유구와[23] 흡사하

20) 東潮 · 田中俊明, 앞책, p.185.
21) 吉林省文物考古研究所 · 集安市博物館 編著, 앞책, p.255.
22) 서길수, 앞책, p.27.

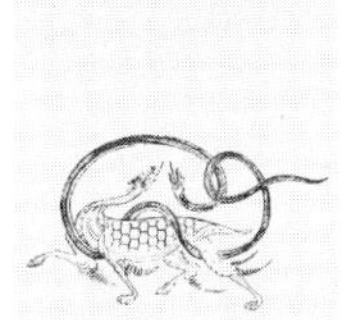



다. 그렇다면 소위 제대 유구는 능에 이르는 參道의 일부였을 가능성마저 엿보여준다. 그러나 그것은 계속 이어지지 않고 끊어져 있기 때문에 단정하기 어렵다. 그런데 〈도면 3-1〉을 보면 태왕릉 북쪽에도 소위 제대 유구와 동일한 것이 확인된다. 이 유구는 허물어져 돌무지만 남아 있는 5~6기의 배총으로 추정되지만[24] 그 성격이 확실하지 않다. 태왕릉 북쪽의 이 유구는 〈도면 4-1〉에 보이는 장군총의 '陪塚群遺基'와 동일할 수 있다. 그런데 장군총의 '陪塚群遺基'는 〈도면 4-2〉의 소위 제대 유구와 겹치고 있다. 그렇다면 태왕릉 동편에 소재한 소위 제대 유구의 방향이라는 것은 의미가 없게 된다. 게다가 앞서 언급한 바 있듯이 七星山 고분 등에서는 소위 제대 유구가 분묘의 북쪽에서 나타나기 때문이다.

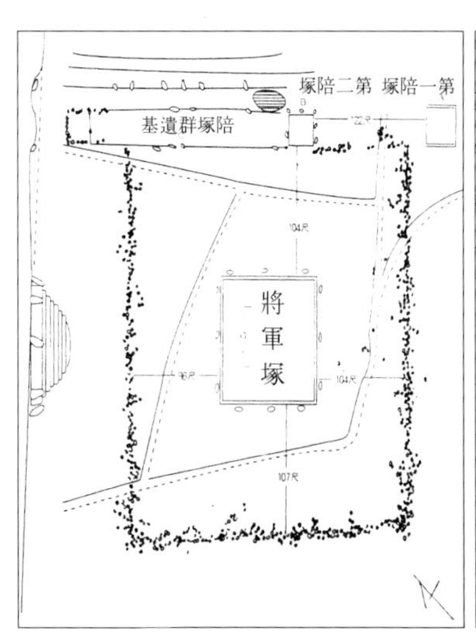


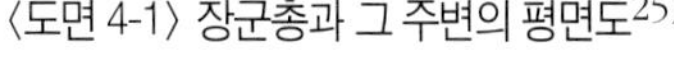
〈도면 4-1〉 장군총과 그 주변의 평면도[25]

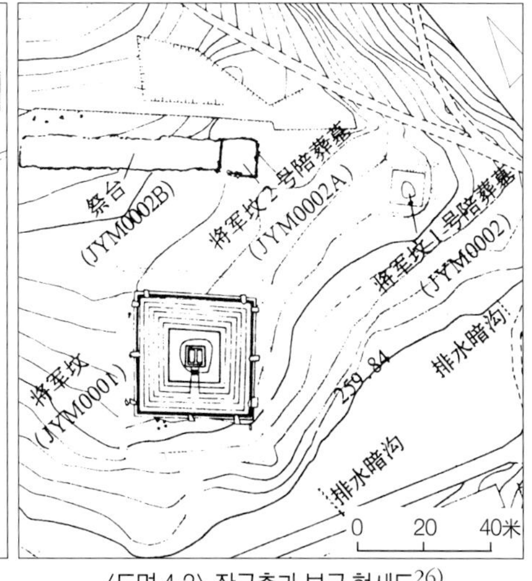


〈도면 4-2〉 장군총과 부근 형세도[26]

23) 서길수, 「鴨綠江 以北의 高句麗遺蹟과 遺物」 『高句麗硏究』 12, 2001, pp.28~29.
24) 박진욱 · 손량구 · 최택선, 『조선고고학전서 중세편1(고구려)』 1991, p.69.
25) 池內宏, 『通溝』 上, 1938, p.54.
26) 吉林省文物考古硏究所 · 集安市博物館 編著, 앞책, p.336.

태왕릉 동쪽의 소위 제대 유구.
태왕릉의 2줄짜리 소위 제대 유구 가운데 동쪽(오른쪽) 것은 장군총의 그것과 구조적으로 연결된다.
그러나 그 서쪽 유구는 부석 시설과 같은 형태이다.

장군총 뒷편의 소위 제대 유구.
이는 부석시설과 같은 여타 왕릉급 고분의 그것과는 구조가 다르다.
이 것은 당초 소재했던 배총 기단부의 잔존 유구가 분명하다.

이 문제를 다시 검토해 본다. 〈도면 4-1〉에서 알 수 있듯이 장군총 정면의 뒷편 즉 소위 제대 유구가 소재한 구간에 '陪塚群遺基'가 길게 나타나고 있다.[27] 따라서 양자는 동일한 유구임을 짐작할 수 있게 된다. '陪塚群遺基'의 오른편에는 '第二陪塚'이 그것과 딱 붙어서 나타난다. 이러한 '陪塚群遺基'는 장군총 兆域의 북쪽 모서리 윗쪽에서부터 나타나고 있다. 그런데 川石을 깔아 놓은 '陪塚群遺基'는 중앙의 장군총 뒷편으로 30m 가량 떨어진 곳에 方形의 外廓을 川石으로 구획해 놓은 兆域 표시와[28] 붙어 있다. 장군총 주위에는 방형 담장을 쌓았던 것이다.[29] 그런데 장군총 동북면의 兆域이 소위 제대 유구(陪塚群遺基)와 붙어 있는 것이다. 게다가 〈도면 4-1〉의 평면도에서 보듯이 소위 제대 유구는 장군총의 정면으로 새롭게 본다는 동북쪽 면의 前面에 배치된 게 아니다. 즉 兆域 동북쪽 외곽으로 크게 벗어나 있다. 실제 최근에 작성된 상기한 〈도면 4-2〉를 보더라도 제대는 으레 무덤의 전면에 맞춰서 바르게 위치해야 함에도 불구하고 장군총의 소위 제대는 그 절반 이상이 장군총을 비켜나 있다. 이는 소위 제대 유구가 장군총에 맞춰서 설치되지 않았음을 반증해 준다. 게다가 소위 제대 유구는 석재가 일렬로 뻗어 나간 게 아니라 구간별로 끊어져서 나타난다. 소위 제대 구간에는 당초 독립된 유구들이 인접하여 각각 소재하고 있었다는 사실을 알려준다. 따라서 이 유구는 제대가 될 수 없다는 사실이 드러난다. 나아가 소위 제대 유구의 존재를 통한 태왕릉과 장군총의 정면을 새롭게 전환하려는 시도는 무의미하게 된다.

오히려 장군총과 태왕릉 남쪽에서 확인된 건축물을 제사 유구와 관련짓는 게 온당하지 않을까 생각된다. 즉 장군총의 남쪽 흙더미 속에서 鐵鏈과 軒丸瓦·平瓦가 출토되었다고 한다. 태왕릉 남쪽 밭에서도 瓦와 塼이 출토되었고, 기와 散布地에서는 八角臺座 礎石이 발견되었다. 이러한 一大 建築物은 태왕릉과

27) 池內宏, 앞책, p.54.
28) 池內宏, 앞책, pp.54~55.
29) 사회과학원 고고학연구소, 『조선고고학개요』 1977, p.230.

관계가 있다.30) 즉 이 유구는 태왕릉에 제사를 지내거나 守陵과 관련한 건물터로 추정된다.31) 만약 이 건물이 제사 유구라면 소위 제대 유구는 의미를 상실하게 된다. 따라서 태왕릉의 正面은 예전에 간주했던 서쪽 면이 타당해 진다.

소위 祭臺 유구에 대한 검토를 다시금 보충하여 시도해 본다. 먼저 제대가 무덤의 동쪽에서 나타나고 있으므로 분묘의 정면은 동쪽이라는 논리에 대한 검토이다. 그런데 현실 안의 頭向이 북동향인 고분으로는 장군총과 모두루총 · 환문총이다. 정동향은 태왕릉이었고, 북서향은 오회분 오호묘 · 무용총 · 각저총 · 사신총 · 형총 등을 꼽을 수 있다.32) 바로 이러한 頭向과 소위 祭臺 방향의 연관관계를 검토하는 게 선결되어야 할 것이다. 지금까지 우리가 알고 있는 무덤의 정면이라는 것은 연도가 있는 쪽 그러니까 관이 들어가는 방향을 가리킨다. 이것과 틀린 사례가 발견된 예는 集安 고구려 적석총에서의 소위 제대라는 게 처음인 것 같다.33) 그런데 이것을 가리켜 "중국적 장묘 문화의 공간 구조상 墓道 앞에 墓碑가 위치되어야 한다는 통념과 반대되는 위치 때문에"라는 견해도 있다. 그러나 이것은 중국적 장묘 문화뿐 아니라 우리 나라에서도 마찬 가지로 횡혈식 무덤 구조에서 棺이 들어가는 쪽 즉, 墓道가 있는 쪽 전면에 墓碑나 제대가 위치하는 게 일반적인 사례였다. 또 그 墓道 전면은 앞이 확트여 전망이 좋은 쪽이다. 그러면 만주 지역의 적석총을 제외하고 삼국시대 고분 가운데 墓道 뒷편에 해당하는 쪽에 제대가 설치된 경우가 있는지 묻고 싶다. 고구려 왕릉임

30) 東潮 · 田中俊明, 앞책, pp.185~188.

31) 박진욱 · 손량구 · 최택선, 앞책, p.69.

32) 李道學, 『中國 東北地方 踏査記－우리 熱情의 한 勝利가 具顯되는 순간』 p.21. 1994, 7.16일 초고 탈고, 1994. 12. 22일 인쇄(私刊).

33) 吉林省文物考古硏究所 · 集安市博物館 編著, 앞책, p.376에서는 초산군 운평리 적석총에서 제대가 확인되었다고 했다. 그러나 이 유구는 4지구 6호분인 무기단식 적석총을 가리키는데, 분구 서쪽 편에 方形의 제단과 같은 시설물이 덧 붙여진 것을 가리키는 것이다(리정남, 「운평리 고구려 무덤떼 제4지구 돌각담 무덤 발굴 보고」 『조선고고연구』 1990-1, pp.35~37). 이 고분은 항간에 일본의 前方後圓墳의 원형으로 말해지고 있듯이 墳丘와 붙어 있는 봉분의 일부일 뿐 소위 제대와는 형태와 구조 및 성격이 어느모로 보나 틀리다. 따라서 서로 연결시킬 수 없다.

이 분명한 소위 동명왕릉의 경우도 墓道 쪽이 바로 정면이 아닌가? 동명왕릉 앞에 陵閣이 소재하였고, 또 그 앞에 정릉사가 소재하고 있다.[34] 그리고 만약 이러한 방향에 소재한 유구가 祭臺라면 그러한 전통이 왜 다른 지역에서는 확인되지도 않았고, 또 계승되지도 않았는지 묻고 싶다. 적석총의 그러한 제대 전통이 석실봉토분 조성시에는 어떻게 위치하는지까지 검토되어야 논지의 설득력 내지는 공감을 얻을 수 있지 않을까 한다. 더구나 제대라는 것이 왕릉에서만 조성되어야 될 당위성이 있는 것도 아니지 않는가?

중국에서 금번에 간행된 吉林省文物考古硏究所 · 集安市博物館 編著, 同 報告書에서는 고구려 왕릉의 葬地 선정이 풍수설에 입각했다고 하였다.[35] 그렇다면 장군총의 경우 통구 평야를 바라보는 쪽인 감실이 있는 墓道쪽 반대편의 산으로 막힌 쪽에 굳이 祭臺를 설치했어야 할 이유가 무엇인지 궁금하다. 이런게 풍수설에 입각한 墓向인 것인가? 더구나 장군총의 경우 소위 祭臺 앞쪽은 턱이졌으므로 사람이 운집하여 그 앞에서 제사를 올릴 수도 없다. 이러한 유구가 제대로 인정받으려면 일단 壇이 없다시피한 敷石 施設과 같은 제단의 전통이랄까 계통을 확인해야만 할 것 같다. 또 이 유구가 제대라면 태왕릉이나 장군총 주변에 강자갈을 깔아놓은 敷石 施設과 어떤

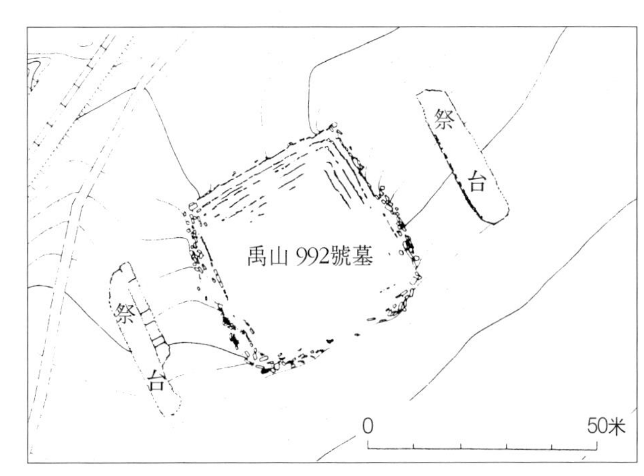


〈도면 5〉 禹山 992號墓 附近 形勢圖

34) 전제헌, 『동명왕릉에 관한 연구』 1994, pp.59~60.

35) 吉林省文物考古硏究所 · 集安市博物館 編著, 앞책, p.4.

차이가 있는지 먼저 구명되어야 할 것이다. 그리고 태왕릉의 소위 제대와 장군총의 그것은 형태가 다르다. 전자가 잔돌을 깔아놓은 부석 시설같다면 후자는 지상 건조물의 잔존 유구 같은 느낌을 주기 때문이다. 게다가 禹山墓區 992號墓의 경우 앞에서와 같이(도면 5) 東·西로 각각 소위 제대가 나타나고 있다.[36)]

무덤 앞뒤로 모두 2개의 祭臺가 나타나는 사례가 있는지 묻고 싶다. 오히려 이것은 제대가 아닐 가능성을 제기해 주는 근거로 이용될 수도 있다. 그리고 이것이 제대라면 그 用途랄까 기능에 대한 설명이 뒷받침되어야 할 것이다. 그리고 태왕릉의 제대가 다른 곳과는 달리 2줄인 이유도 설명되어야 한다. 그 밖에 앞에서 언급한 바 있지만 〈도면 4-2〉에서 보듯이 장군총의 경우 제2陪塚과 제대 유구라는 게 딱 붙어서 나타나고 있다. 이것을 上記한 중국의 同 報告書에서는 復古風이라고 설명하고 있지만[37)] 누가 보더라도 궁색한 해석에 불과한 것이다.[38)] 요컨대 소위 제대 유구에서는 정형성을 찾아보기 어렵다.

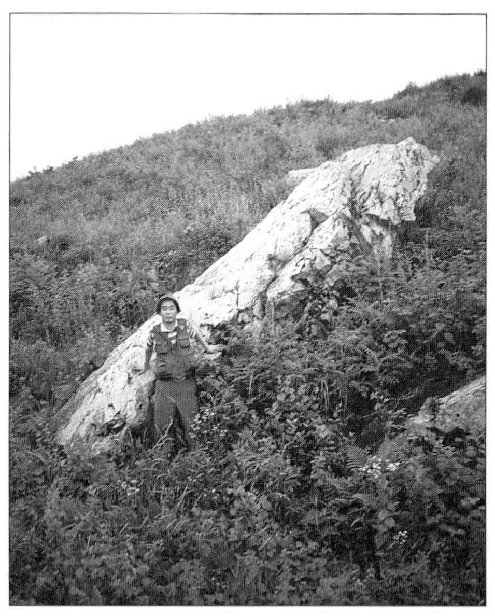

태왕릉 호석

③ 2003년 5월 21일 태왕릉 주변 정리 과정에서 태왕릉 남쪽 오른쪽 모서리 2번째 호석

36) 吉林省文物考古硏究所·集安市博物館 編著, 앞책, p.119.
37) 吉林省文物考古硏究所 集安市博物館 編著, 앞책, p.362.
38) 이상의 논지는 李道學, 「조법종, 광개토왕릉 수묘인 구성과 능원체계」 토론문, 제83회 한국고대사학회 월례발표회, 2004. 11. 13에 의하였다. 한국고대사학회 홈페이지에 게시되어 있다.

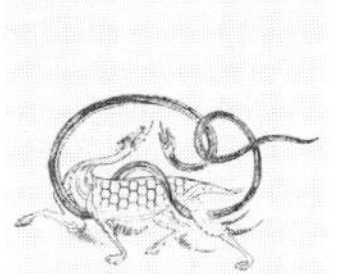



주변 돌 밑에 청동제 부뚜막과 같은 30여 점의 유물이 일괄로 매장된 상태로 발굴되었다고 한다. 중국 학자들은 이들 유물이 오래 전에 태왕릉에서 도굴되어 남쪽 호석 밑에 은닉한 후 여러 사정에 의해 회수되지 못한 채 방치되다가 발견된 것으로 추정하였다.[39] 이러한 주장의 신빙성은 차치하고서라도 태왕릉 부지에서 출토되었다는 청동방울은 매장 상태로 볼 때 供伴 유물없이 그것 1개만 달랑 출토되었다.[40] 따라서 그 부장품의 출토지에 대해 미심쩍은 구석이 없지 않다. 그리고 이 청동방울에는 3행씩 총 12자를 새긴 명문이 확인되었다는 것

39) 趙法鍾, 「중국 집안 박물관 호태왕 명문 방울」 『한국고대사연구』 33, 2004, p.371. 아울러 같은 쪽에서 "집안 박물관의 전문 유물 안내원이 관련 내용을 소개하였다" 라고 했다.
그런데 필자는 2004년 5월에 해당 유적을 답사한 바 있는 西谷正으로부터 2004년 6월 11일에 다음과 같은 이야기를 聽取할 수 있었다. 즉 氏가 집안 박물관 직원에게 들은 말에 따르면 이들 유물은 태왕릉 현실 앞쪽 積石 墳丘上에서 출토되었다고 한다. 이들 유물이 출토되었다고 말해지는 해당 護石의 경우는 발굴한 흔적도 없을 뿐 아니라 또 이들 유물은 墳丘上에서 깊이 묻힌 것은 아니라는 말을 들었다. 그리고 2005년 8월 22일과 23일에도 西谷正으로부터 다음과 같은 요지의 말을 청취하였다. 태왕릉의 부장품은 발굴 상황이 확인된 게 아니므로 검증이 필요하다. 그리고 보고서에서도 출토 상태를 정확히 기록하지 않아 의심이 든다고 했다.
만약 청동방울 등의 유물이 태왕릉에서 도굴되었다고 하자. 그렇다면 일단 범죄 현장을 빨리 벗어난 후 유물을 隱匿하는 게 범죄의 기본 심리에 해당된다. 그럼에도 도굴한 태왕릉의 그것도 한두 사람의 힘만으로는 들기 어려운 몇 톤 무게의 무거운 호석을 들고서 그 현장에 埋納했다는 것은 일반적인 '범죄심리' 에도 부합되지 않는 등 많은 의문점이 제기된다. 만약 도굴품을 호석 밑에 묻는다면 많은 인원과 관련 기계들이 동원되어야 가능한 사안이다. 그러나 도굴꾼들이 이처럼 사람들 눈에 띠는 무모한 짓을 했다고 보기는 어렵다. 더구나 태왕릉에서 도굴한 유물을 곧바로 반출하지도 못하고 호석 밑에 두었다고 했을 정도로 소심한 이들이라고 할 때 더욱 그러한 것이다. 게다가 당시 태왕릉을 광개토왕릉으로 비정하는 견해가 다수였다. 그러므로 '광개토왕어보' 는 광개토왕릉임을 입증하는 증거물이라기보다는 당초 태왕릉에 부장된 유물이었기에 그렇게 불리었다고 보겠다. 이와 관련해 民國 元年(1912) 경에 중국인 程家檉이 '廣開土王御寶' 라는 것을 소장하였고, 또 그것을 중국에서 망명 생활하던 申睨觀(申奎植)이 확인했다는 사실이 상기된다(『호암 문일평 전집』 수필 · 기행편, 2001, pp.1~2). 이로써 1910년대나 그 이전에 이미 태왕릉이나 장군총 등에 관한 도굴이 대대적으로 이루어졌고, 또 도굴품이 거래되고 있음을 알 수 있다. 이러한 정황에 비추어 보더라도 태왕릉 도굴품을 매매하지 않고 그것도 장구한 기간 동안 그 호석 밑에 은닉했다는 것은 쉽게 납득이 되지 않는다.

40) 吉林省文物考古研究所 · 集安市博物館 編著, 앞책, p.232.

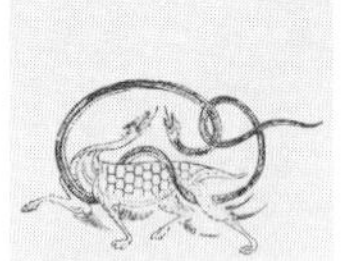



이다. 그 명문 중에는 '辛卯年 好大王' 이라는 글귀가 확인되었다고 한다.

여기서 好大王 즉 好太王은 「능비문」에서 '국강상광개토경평안호태왕', 「호우명문」에서 '국강상광개토지호태왕', 「모두루묘지」에서 '국강상대개토지호태성왕' 이라고 하였듯이, "(호태왕은) 광개토왕만을 지칭하는 고유명사적 표현이었다고 생각된다"[41]는 견해가 제기되었다. 즉 " '국강 위에 (무덤이) 있는 (나라의) 영토를 넓히시고 (백성을) 평안하게 하신 큰 것을 좋아하시는 왕' 으로 파악된다. 이렇게 해석할 경우 '호태왕' 은 태왕호에 대한 극존칭이라기 보다는 왕의 실제 성향을 지칭한 것일 가능성이 높다. 이는 광개토왕에 대한 『삼국사기』 기록에 나타난 왕의 개인적 특성을 표현한 '生而雄偉 有倜儻之志' (태어나시매 (몸이) 크고 뛰어나시며 대범하고 빼어난 뜻을 갖고 계시다)' 라는 표현에서 큰 것을 좋아한다는 개인적 성향과 특성이 잘 나타나고 있다고 생각된다. 즉 광개토왕의 명칭에 나타나고 있는 맨 마지막 '호태왕' 은 생존시에 이미 왕의 개인적인 특성을 반영한 명칭으로 사용되었던 표현일 가능성이 높다고 생각된다" 라고 했다. 백제 무녕왕의 이름인 斯麻王의 경우 섬[島]에서 출생했으므로 얻어진 이름이므로 역시 왕의 개인적 특성을 나타낸다고 주장할 수 있다. 그러나 이러한 '斯麻王' 에 견줄만한 광개토왕의 이름은 '談德' 이며, '국강상광개토경평안호태왕' 은 이와는 성격이 다른 諡號라는 점이다. 게다가 이 諡號에서 왕의 개인적 특성은 治績을 적은 '廣開土境平安' 에 나타나고 있다. 그리고 '好' 는 존칭인 '太王' 을 수식하는 글자에 불과하다. 好太王의 '好' 에는 '매우' 의 뜻이 있으므로 '大太王' 의 의미로 해석할 수 있다. 그럼에도 불구하고 당초 태왕릉에서 출토되었다는 호대왕 명문 방울을 통해 태왕릉이 곧 광개토왕릉이라는 결론을 도출하려고 했다. 게다가 '辛卯年 好大王' 이라는 글자는 「능비문」이나 「호우명문」과 동일한 서체라고 하면서, 역시 논지를 보강하는 근거로서 원용하였다.

41) 趙法鍾, 앞글, p.376.

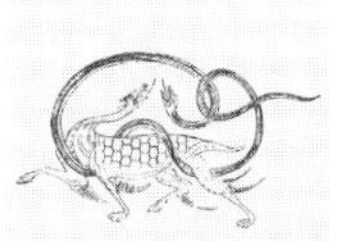



그런데『삼국사기』에 의하면 고구려 미천왕은 '好壤王', 문자명왕은 '明治好王', 양원왕은 '陽崗上好王', 평원왕은 '平崗上好王'이라고 하였다. 광개토왕 이외에도 역시 '好王'이 보이고 있다. 고구려왕은 당시 '太王'이었던 만큼, '陽崗上好王'은 '陽崗上好太王'으로 일컬어졌을 것이다. 이처럼 好太王 용례는 광개토왕 이전의 미천왕에게도 부여되었을 뿐 아니라 그 이후 왕들에서도 확인되었다. 따라서 호태왕을 광개토왕만을 가리키는 고유명사적 표현이었다는 견해는 재고가 필요하다. 실제로 "9세기 초의『新撰姓氏錄』에는 '王好臺'·'好臺王'의 후손을 칭하는 씨족이 보이는데 이 '好臺王'의 美稱은 고구려 제19대 왕인 광개토왕만이 아니라 고구려왕의 美稱으로 가끔 쓰여져 있음을 생각하면 이 '王好臺'니 '好臺王'은 광개토왕의 의미로서 결코 한 사람의 특정된 왕으로 정해진 것은 아닐 것이다"라고 했다.[42] 그 뿐 아니라 1907년 프랑스인 샤반느의 견문과 1930년대에 장군총을 日人들이 조사할 당시에 당초 將軍塚 玄室 내에 안치된 木位에 "供奉前朝好太王之神位"라는 墨書가 있었다. 그런데 반해 태왕릉 곁의 小石祠의 木位에는 단순히 "太王之位"라고만 쓰여져 있었다는[43] 사실이다. 여기서 '前朝'는 고구려를 가리키므로, 고구려 다음 왕조인 발해나 그 이후 어느 때에 쓴 글씨라고 판단된다.[44] 이 사실은 현지인들이 오랜 기간에 걸쳐 장군총을 '好太王'의 분묘로 인식했음을 알려준다. 그러므로 태왕릉에만 국한되지도 않는 '好太王' 호칭에 근거한 태왕릉 = 광개토왕릉설은 이제 더 이상의 의미를 찾기는 어렵게 되었다.

42) 浜田耕策,「일본 고대 문헌에 나타난 고구려상」『白山學報』67, 2003, p.440.

43) 關野貞, 앞논문, p.5.

44) 이와 관련해 최근 한규철에 의하면 천추총과 서대묘 등지에서 출토된 손끝 무늬 기와는 발해 기와라고 한다. 이는 발해가 고구려 왕릉을 補修·管理해 주었다는 증거이며, 나아가 고구려와 발해로 이어지는 계승성을 뜻하는 증거로 말해지고 있다. 이 견해가 맞다면 '前朝'는 발해인들이 고구려를 가리키는 호칭이 분명해지며, 장군총 현실에서 발견된 位牌 역시 발해인들의 守墓와 관련 짓는 게 가능하다. 또 그렇다면 장군총의 피장자를 가리키는 '好太王之神位'는 이 능을 관리했던 발해인들의 인식이 되므로 몹시 중요한 정보가 된다.

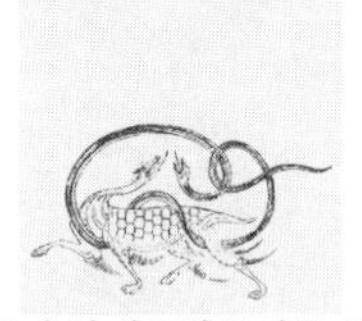

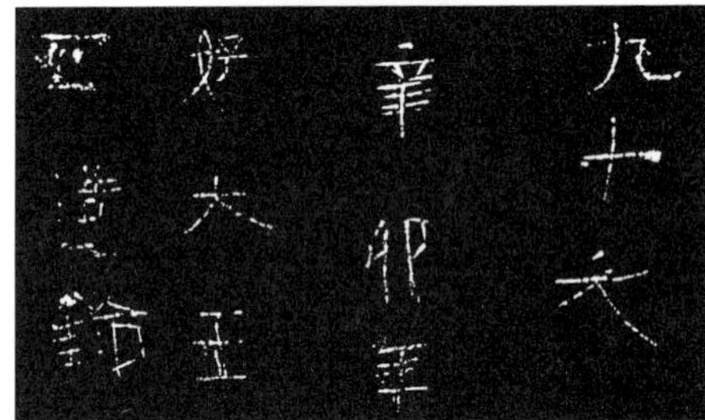

〈도면 6〉 청동방울(上) 청동 방울 명문(中)과 「능비문」(下右) 및 「호우총명문」(下左)

그 밖에 청동방울에 새겨진 '辛卯年 好大王' 이라는 글자는 동일한 서체라는 「능비문」이나 「호우총명문」의 그것과는 〈도면 6〉에서 보듯이 실제 동일하지도 않다. 일례로 청동방울의 '辛' 字가 正字인 것과는 달리 「능비문」에는 그것을 異體字로 표기하였다. '好' 字의 경우도 서체가 서로 동일하지 않기 때문이다. 가령 청동방울의 경우 '好' 字의 우측 '子' 邊이 '女' 字보다 훨씬 작지만 「능비문」이나 「호우총명문」에서는 '女' 와 '子' 가 서로 비슷하게 혹은 '子' 邊이 조금 크게 붙어 있다. '十' 字의 경우도 청동 방울은 '丨' 劃이 왼쪽으로 치우쳐 있는데 반해, 「능비문」이나 「호우총명문」은 모두 오른쪽으로 치우쳐 있다. 그리고 同 보고서에는 '九十六' 으로 판독했지만[45] '六' 은 〈도면 6〉에 보이는 「능비문」의 그것과 비교해 보더라도 도저히 '六' 字로 판독하

45) 吉林省文物考古硏究所 · 集安市博物館 編著, 앞책, p.272.

기 어렵다.[46] 더욱이 上段의 청동방울 사진을 보면 '亠' 邊에서 '丶' 劃은 분명히 없다. 이와 더불어 근본적인 문제점은 청동방울의 書體가 왕과 관련한 국가 기관의 작품치고는 너무나 치졸하다는 것이다.[47] 그 밖에 5.2cm 밖에 안 되는 작은 방울에 길상구도 아닌 그것도 10여 자나 되는 명문이 새겨진 사례는 없다. 그리고 청동방울의 왜소한 크기는 국왕과 연계된 위신재로서의 성격을 희박하

46) 청동방울처럼 동일한 금속기에 새긴 장군총 출토 쇠사슬[鐵鋌] 명문에서도 '六' 字의 밑 劃인 '八' 자가 '亠' 邊에서 떨어져 있다(吉林省文物考古硏究所・集安市博物館 編著, 앞책, p.352).

47) 이 점에 대해서는 徐榮洙도 동일한 견해를 피력한 바 있다. 즉 "명문의 서체는 광개토왕비나 경주 호우총에서 발견된 호우의 장중한 예서체와는 달리 품격이 없어 보인다. 광개토왕릉비문의 경우 異體字가 많은데 이미 이도학 교수가 지적한 바와 같이 '辛卯年'의 辛자는 비문의 서체와는 거리가 먼 것처럼 보인다(徐榮洙, 「廣開土太王碑 新釋文과 '好太王' 銘 銅鈴」『桓仁 集安 지역 고구려유적 발굴성과의 검토』 고구려연구회 2004년 추계학술대회, 2004, 11. 27. p.186)"라고 하였던 것이다. 그럼에도 2004년 11월 27일 오후 5시 30분 경 동일한 장소에서 박찬규의 토론자로 나온 손환일은 청동방울의 '辛' 자는 「능비문」과 같은 異體 '辛' 字라고 주장하면서 서로 서체가 동일하다고 했다. 그리고 청동방울의 '大' 字는 '太' 字로 읽어야 된다고 거듭 강조했다. 또 '十' 字의 기둥인 'ㅣ' 의 위치는 자세히 보려고 노력했지만 의미가 없다고 주장하였다. 결 론으로 氏는 "청동방울의 명문은 엘리트급 서체"라고 하면서 "당대 최고의 전문가가 쓴 것이다"라고 했다. 청동방울 서체의 치졸성이 지적되고 있다. 그러나 氏는 역으로 그것을 당대 최고의 엘리트가 쓴 것이라고 추켜 세웠다. 그렇다면 「능비문」이나 호우총 명문은 당대가 아니라 고구려 전시대의 최고 엘리트가 썼다고 말해야 할까? 게다가 서체상으로 엄연히 서로 다른 글자인 '大' 字와 '太' 字가 어떻게 동일할 수 있으며, 누가 보더라도 相異한 '辛' 字가 「능비문」과 동일한 異體字일 수 있을까? 太王을 '大王' 으로 새긴 것은 얼핏 사소한 차이처럼 보이지만 근본적인 문제점을 노정시키고 있으므로 오히려 수상한 느낌마저 주고 있다. 이와 관련해 동일한 시기에는 유행하는 서체가 있게 마련이고, 또 이것을 기준으로 僞作 여부를 가늠하기도 한다. 이러한 맥락에서 볼 때 '十' 字의 기둥인 'ㅣ' 의 위치는 그것에 관한 중요한 시사를 던져 주는 關鍵이라고 보겠다. 즉 청동방울에는 한 시대의 서체 흐름이 반영되어 있지 않다는 것이다.

실제 이에 관해서 논고를 작성한 바 있는 徐榮洙는 "청동방울 명문이 후대에 가획되거나 진위 여부가 불투명한 상태에서 제작 시기를 논하는 것은 이론의 여지가 있지만 일단 현 상태를 인정하고 그 시기를 살펴 보기로 한다(앞논문, pp.187~188)"라고 하면서 청동방울의 僞作 가능성을 부정하지 않았다. 아울러 "청동방울이 발굴품이 아니라 도굴된 수집품인 까닭에 이를 태왕릉의 피장자 문제와 바로 직결시키는 것은 보다 신중한 검토가 필요할 것으로 보인다(p.189)"라고 한 바 있다. 중요한 지적이라고 아니 할 수 없다.

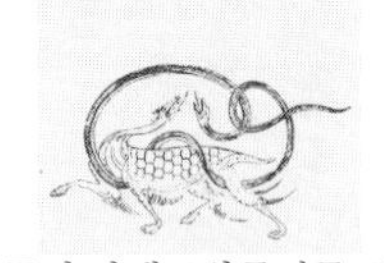



게 한다.

④ 능비와 태왕릉 사이에는 4~5기의 적석총이 소재하고 있다. 설령 순장이라고 하더라도 능과 능비 사이에 이같은 무덤을 조성할 리 없다. 이것은 兩者가 서로 관계 없음을 입증해 준다.[48] 吉林省文物考古硏究所 · 集安市博物館 編著, 同 報告書에서는 태왕릉 배총의 존재가 1기만 확인되었을 뿐이다. 이러한 맥락에서 볼 때 태왕릉 부근에서 출토되었다는 유물은 기실 배총 출토 가능성도 배제할 수 없다. 따라서 태왕릉 부근 출토 유물의 副葬處를 태왕릉 자체로만 결부짓는 데는 세심한 주의가 필요하다고 본다. 부차적으로 「능비문」에서 광개토왕릉을 '山陵'이라고 하였다. 물론 山陵은 본시 帝王의 무덤을 가리키는 말이지만, 이 역시 장군총의 입지 조건이 標高 256m에 소재한[49] 사실과도 잘 연결되고 있다. 요컨대 어떠한 경우라도 장군총은 광개토왕릉에 해당될 수 있다는 것이다. 물론 이같은 입지 조건과 결부지어 장군총을 山上王陵으로 비정하는 견해가 있었다. 그러나 오히려 이는 山陵에 조영했다는 광개토왕릉의 입지 조건과도 잘 부합된다.

⑤ 〈도면 1〉에서 보듯이 고구려 왕성인 환도산성(산성자산성)이나 국내성(통구성)에서 고구려 국왕 일행이 태왕릉으로 參拜하러 가는 경우를 상정해 보자. 그렇다면 이들은 태왕릉에 먼저 이른 후에야 그 뒷편에 무려 360m나 떨어져서 세워진 광개토왕릉비를 보게 된다. 이는 왕릉 前面에 능비가 세워진 일반적인 능묘제와는 모순이 되는 것이다. 이 사실은 곧 태왕릉과 능비가 서로 아무런 관련이 없음을 뜻한다. 따라서 태왕릉은 광개토왕릉이 될 수 없다고 하겠다.

## 2. 태왕릉의 被葬者 문제

태왕릉이 광개토왕릉이 아닐 가능성이 높아졌다. 그렇다면 태왕릉은 처음 前

48) 關野貞, 앞논문, pp.3~4.

49) 東潮 · 田中俊明, 앞책, p.184.

提했던 것처럼 고국원왕릉일 가능성이 크다. 이 문제에 대한 검증이 필요하다. 태왕릉이 고국원왕릉일 근거는 다음과 같다.

① 태왕릉은 집안 일대에 소재한 1만여 基에 달하는 고구려 고분 가운데 규모가 제일 큰 것 가운데 하나로서 왕릉이 분명하다. ②「모두루묘지」에서 고국원왕의 통치 시기를 가리킨 '聖太王之世'의 '太王'은 태왕릉 출토 塼銘 '太王'과 부합된다. ③ 능비에서 가장

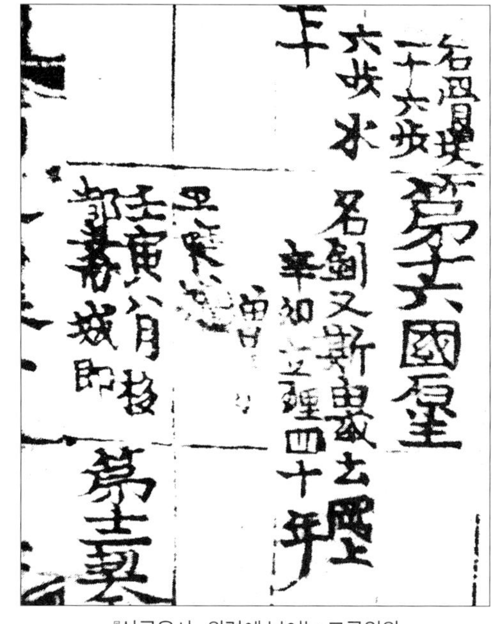

第十六國原王
名釗又斯由
辛卯立理四十年
壬寅八月移
都安市城即
第十七

『삼국유사』 왕력에 보이는 고국원왕

가까운 거리에 소재한 태왕릉은 능비에 적혀 있는 '國罡上'이 분명하다. 그러한 태왕릉의 소재지는 '國罡上王'이라고 일컬어졌던 고국원왕의 그것과 정확히 부합된다. ④ 태왕릉과 같은 유형의 계단식 석실 적석총은 장군총 보다 조금 이른 양식이다. 그러한 태왕릉의 축조 연대와 고국원왕의 재위 기간(331~371)이 서로 연결되고 있다.[50] ⑤ 태왕릉은 장군총에 비해 4배에 해당하는 큰 무덤이다. 그럼에도 정작 태왕릉 현실은 장군총의 4분의 1에 불과할 뿐 아니라 棺臺가 작다.[51] 이는 체격이 컸다는 광개토왕의[52] 棺臺로서는 적합하지 않다. 장군총의 관대는 길이가 약 3.25m였다.[53] 태왕릉이 외적 규모에 비해 현실 자체가 이

50) 이상의 서술은 朴眞奭, 앞책, pp.233~235에 의하였다.

51) 高靑 즉, 高裕燮은 앞글, p.311에서 "이(장군총 : 필자) 玄室의 偉壯한 品은 外容만 커다란 太王陵에 미칠 바 아니니다"라고 한 바 있다.

처럼 몹시 작다는 것은 매장 자체가 의례적인 성격을 띠었을 가능성을 생각하게 한다. 그러한 요인은 고국원왕의 시신을 제대로 확보하지 못한데서 찾을 수 있을 것 같다. 이와 관련해 고국원왕의 사망에 관한 검토가 필요해진다. 고국원왕의 사망에 관해서는 다음과 같이 보인다.

A. 10월에 백제왕이 군사 3만 명을 거느리고 침입하여 평양성을 공격하므로, 왕은 군사를 거느리고 나가서 이를 막다가 流矢에 맞아 이 달 23일에 돌아가시므로 故國原에 장사하였다. (『三國史記』권18, 故國原王 41년 조)
B. 겨울에 왕은 태자와 더불어 精兵 3만 명을 거느리고 고구려로 침입하여 평양성을 공격하자 고구려왕 斯由가 이를 막아 싸우다가 流矢에 맞아 전사하였다. 이에 왕은 군사를 이끌고 돌아왔다. (『三國史記』권24, 近肖古王 26년 조)
C. 釗는 뒤에 백제에 살해된 바 되었다. (『魏書』권100, 高句麗傳)
D. 臣은 고구려와 함께 근원이 부여에서 나왔습니다. 先世에는 우의를 매우 돈독히 하였는데 그들의 선조인 釗가 이웃간의 우호를 가볍게 깨뜨리고 몸소 군사를 거느리고 臣의 境內를 짓밟았습니다. 臣의 선조인 須가 군사를 정돈하고 번개처럼 달려가서 기회를 보아 빠르게 공격하여 矢石이 잠시 오가자 釗의 머리를 베어 높이 매달았습니다. 그 이후부터는 감히 남쪽을 돌아 보지 못하였습니다. (『魏書』권100, 百濟傳)

A · B에 의하면 고구려 고국원왕은 백제군과 싸우다가 流矢에 맞아 전사한 게 된다. 그리고 A에 보면 "왕은 군사를 거느리고 나가서 이를 막다가"라고 하였다. 그러므로 평양성 바깥에서 고구려군과 백제군이 교전을 벌이다가 고국원왕이 살해되었음을 알 수 있다. 고국원왕의 死因은 "流矢所中"인데, 그 시신

52) 『三國史記』권18, 광개토왕 즉위년 조. "生而雄偉". 여기서 雄偉는 '高大雄壯'의 뜻으로도 사용된다. 즉 『三國史記』권16, 고국천왕 즉위년 조의 "王身長九尺 姿表雄偉"와 『晋書』권127, 慕容德傳의 "年未弱冠 身長八尺二寸 姿貌雄偉"라고 한 사례가 그것이다.
53) 魏存成, 앞논문, p.559에서는 장군총의 관대를 3.7m라고 하였다. 그러나 최근에 조사된 吉林省文物考古研究所 · 集安市博物館 編著, 앞책, p.338에 의하면 왕의 棺臺는 3.25m로 밝혀졌다.

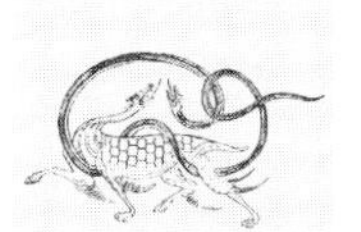



의 신병 확보 문제가 관심사이다. 일단 "流矢所中"이라면 고국원왕의 시신을 고구려측에서 확보했을 가능성이 높다. 그러나 D에 보면 "梟斬釗首" 즉, 고국원왕의 머리를 베어서 높이 매달았다고 했다. 백제측에서 고국원왕의 시신을 확보했음을 알려준다. 문제는 D 기사의 신빙성에 관한 문제이다. 『삼국사기』 撰者는 이 기사를 "백제 개로왕이 魏에 보낸 表에서 釗의 머리를 베어 달았다고 한 것은 지나친 말이다"[54]라고 하여 신뢰하지 않았다. 그러나 이 글은 국서에 적혀 있는 내용이므로 일방적인 과장이나 허위로 간주하기 어려운 측면이 많다. 그리고 B는 A의 고구려측 사료에 근거하여 백제본기에 안배한 기사로 보인다. 그 내용이 본질적으로 서로 동일하기 때문이다. 그렇다고 할 때 백제측 所傳은 D라고 할 수 있다. 고국원왕을 살해한 백제인들이 구체적인 기록을 남긴 것이라고 하겠다. 이러한 맥락에서 볼 때 "流矢所中"은 의례적인 표현일 가능성이 높다고 본다.

이와 관련해 삼국시대 국왕 중 전사한 경우를 원용하는 게 필요하다. 백제 성왕의 경우 『삼국사기』와 『일본서기』에서 다음과 같이 각각 기록하였다.

E. … 交戰하게 되자 裨將인 三年山郡의 高干 都刀가 급히 습격하여 백제왕을 살해하였다. 이에 諸軍이 이긴 것을 타고 크게 쳐 이겼다. 좌평 4명과 사졸 2만 9천 6백여 명을 베어 죽이니 匹馬도 돌아간 것이 없었다. (『三國史記』 권4, 眞興王 15년 조)

F. 7월에 왕이 신라를 侵襲하려하여 친히 步騎 50을 이끌고 밤에 狗川에 이르렀다. 신라의 伏兵이 발하여 함께 싸우다가 亂兵에게 害를 입고 돌아가셨다. 시호를 聖이라 하였다. (『三國史記』 권26, 聖王 32년 조)

G. … 苦都가 明王을 붙잡아 再拜하고는 말하기를 "왕의 머리를 베기를 청합니다". 明王이 대답하여 말하기를 "왕의 머리를 종의 손에 맡기는 것은 맞지 않다." …苦都가 머리를 베어 죽이고는 구덩이를 파서 묻었다〔어떤 책에서는 말하기를 신라는 明王의 頭骨을 머물러 두게 하고는 禮로써 나머지 뼈를 백제에 보냈다. 지금 신라왕이 明王의 骨을 北廳 계단 밑에 묻었다. 이 廳을 都堂이라고 이름한다〕. (『日

54) 『三國史記』 권18, 故國原王 41년 조. "百濟蓋鹵王 表魏曰 梟斬釗首 過辭也"

本書紀』권19, 欽明 15년 조)

위의 기사를 통해 성왕이 신라군의 기습 공격으로 전사했음을 알 수 있다. 그런데 G에 의하면 『삼국사기』 기록과는 달리 신라측에서 성왕을 살해한 데서 그치지 않고 그 시신까지 확보했음을 알려준다. 그 밖에 백제 개로왕이 고구려군에 생포되어 전사한 적이 있다. 역시 고구려측에서 개로왕의 시신을 확보한 것이다. 이러한 정황들과 고국원왕의 전사 기사를 맞추어 볼 때 고국원왕의 시신을 고구려측이 확보하지 못했거나 아니면 그 일부만 수습했을 가능성이 농후하다고 본다.

1994년 6월 당시 태왕릉 현실 내에서는 관대 외의 시설은 없었다. 그리고 棺臺의 크기도 몹시 작았다. 1993년까지는 태왕릉 내부에 대한 접근이 허용되지 않았다고 한다. 그런데 현재는 "그리고 최근의 정리 결과를 보면 석실 내에서는 또 石槨을 발견하게 되었다. 이 곽문은 서쪽 벽으로 열려 있고 墓門과 墓道를 마주하고 있었다. 곽내에서는 동서 방향으로 2 개의 石棺座가 놓여 있었다. 이 무덤을 정리할 때에 석곽 윗 부분은 이미 허물어져 있었는데 지금은 원래대로 복원해 놓았다"[55]고 하여 '또 石槨' 이 발견되었다고 했다. 吉林省文物考古研究所 · 集安市博物館 編著, 同 보고서에서는 "1990년 墓室內 2m 두께의 자갈과 흙이 쌓인 밑을 정리하면서 발견하였다"[56]고 한다. 혹은 "1990년 가을, 길림성문물고고연구소와 집안시문물관리소에서는 호태왕릉묘(태왕릉을 가리킴 : 필자)에 대하여 정리를 진행하는 과정에 묘실 내에서 가지런히 놓은 2개의 석관침대를 발견하였는데, 위에는 兩坡水硬山式 石槨 하나가 놓여 있었고 발견할 때는 넘어져 있었으며 보수를 거쳐 대부분은 完整하였다"[57]라는 기록도 있다. 이는 믿기지 않는 일이지만, 그렇다면 이것은 태왕릉 내부의 서로 다른 2 個所

55) 魏存成, 앞논문, pp.559~560.
56) 吉林省文物考古研究所 集安市博物館 編著, 앞책, p.236.
57) 耿鐵華 著 · 朴倉培 譯, 『중국인이 쓴 고구려사』上, 2004, pp.320~321.

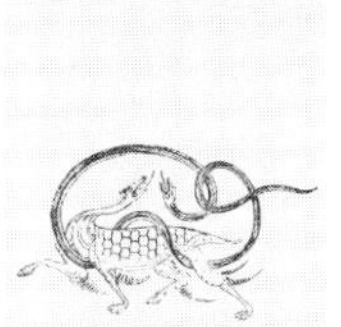



에 각각 棺臺가 존재했음을 상정해야만 한다. 역시 이해되지 않은 일이다. 현재는 새로 확인되었다는 石槨이 공개된 것이다. 그러면 과거에 현실 안에 소재하였던 2개의 棺臺는 어디로 간 것인가? 필자가 1994년 6월에 태왕릉 안에 들어갔을 때는 분명히 이 石槨은 존재하지 않았었다. 그리고 새로 발견되었다는 石槨 안의 棺臺는 2.2m에 불과한 것으로서[58] 장군총의 3.25m와 비교하면 역시 크지 않은 규모이다.[59] 참고로 무녕왕릉의 관대는 3.16m 가량에, 왕의 관은 2.62m, 왕비의 관은 2.4m로 복원되었다.[60] 어쨌든 태왕릉의 당초 관대와 새로 발견되었다는 관대와의 관계, 그리고 당초의 관대의 행방에 대한 차후의 구명이 긴요하다고 본다. 그러나 어쨌든 이 역시 태왕릉이 고국원왕릉일 가능성을 높여주는 사례라고 하겠다.

⑥ 태왕릉 호석 밑에서 발굴되었다는 신묘년 명문 청동방울은 당초의 副葬處가 명확하지 못하다. 그러나 그 부장처를 기존의 주장대로 태왕릉이라고 한다면 관심을 모을 수 있다. 그런데 지금까지는 이 청동방울 명문의 신묘년을 391년과 451년으로 비정하는 주장이 대세를 이루었다. 특히 신묘년을 광개토왕 즉위 원년인 391년으로 지목하는 주장은 태왕릉 = 광개토왕릉설의 새로운 근거로서 이 자료를 이용하고는 했다. 그러나 신묘년을 331년으로 지목한다면 고국원왕 즉위 원년이 된다.[61] 이 사실은 태왕릉 = 광개토왕릉이라는 주장과는 달리,

58) 吉林省文物考古研究所 · 集安市博物館 編著, 앞책, p.248.

59) 이 棺臺에 대한 실측 도면은 다음의 자료에 이미 수록된 바 있었다. The State Administration of Cultural Heritage of the People's Republic of China, "Capital Cities, Imperial Tombs and Noble's Tombs of Koguryo" 2004.

60) 忠淸南道 · 公州大學校百濟文化硏究所, 『百濟武寧王陵』 1991, p.116. pp.329~330.

61) 趙法鍾도 "331년은 미천왕이 죽고 고국원왕이 즉위하는 해로서(趙法鍾, 앞글, 378쪽)" 라고하여 이 점을 인정하고 있다. 徐榮洙는 종전의 연대관에 있어서 청동방울의 문장 구조상의 문제점을 지적한 후 고구려에서 연호를 사용하기 전인 신묘년에 해당하는 331년 즉 고국원왕 원년으로 지목하였다. 물론 徐榮洙는 이 청동방울과 관련해 "청동방울 명문이 후대에 가획되거나 진위 여부가 불투명한 상태에서 제작 시기를 논하는 것은 이론의 여지가 있지만 일단 현 상태를 인정하고 그 시기를 살펴 보기로 한다"는 전제하에서 331년설을 제시하였다(徐榮洙, 앞논문, pp.187~188).

오히려 지금까지 제시한 논거들과 더불어 태왕릉=고국원왕릉설과는 너무나 잘 연결되고 있다.

⑦ 國罡上에 소재한 왕릉은 광개토왕릉과 고국원왕릉밖에는 없다는 것이다. 이와 관련해 平原王을 '平崗上好王'[62]으로 陽原王을 '陽崗上好王'[63]으로 그리고 安原王을 '香岡上王'[64]이라고 하였다. 여기서 고구려왕들의 시호 가운데 '原'과 관련해 '崗(岡)上'이 서로 대응되고 있음을 알 수 있다. 그렇다고 할 때 國罡上의 '國'은 왕릉의 소재지와 관련해서는 단순한 王都의 뜻이라기보다는 지역명으로 사용되고 있음을 발견할 수 있다. 즉 '國罡上'·'平罡上'·'陽罡上'·'安(香)罡上'은 문자 그대로 모두 岡上에 소재하고 있는 공통점을 지니고 있지만, 각각 서로 다른 지역에 소재하고 있다는 것이다. 「능비문」에서도 '國罡上' 외에 鄒牟王이 昇天한 '東罡'의 존재가 확인되고 있다. 이러한 맥락에서 볼 때 '國罡上'에 소재한 왕릉은 '國罡上王'이라고 했던 故國原王의 陵과 廣開土王陵을 지목할 수밖에 없다. 이와 관련해 태왕릉을 고국양왕릉으로 지목하기도 한다. 그러나 고국양왕릉은 그 시호를 '國壤王'이라고 했던 故國川王의 陵처럼 川과 인접한 곳에 소재하여야 마땅하다. 그러나 태왕릉은 川과 연계되지 않고 언덕 즉 '岡(罡)'에 소재하였으므로 고국양왕릉으로 비정하기는 어렵다.

비록 지난 20세기에 부여된 이름이기는 하지만 臨江塚의 경우는 '罡'에 소재하였지만 압록강과 가장 근접한 왕릉인 관계로 '(故)國壤王'이라는 시호가 붙여진 것 같다. '國罡'의 川邊에 소재하였기에 '(故)國'과 '壤'이라는 시호가 부여된 것이라고 하겠다. 한편 集安의 왕릉급 고분에서 출토된 와당을 놓고 볼 때 고분의 축조 시기를 임강총 → 태왕릉 → 장군총의 순으로 설정해 놓고 그에 맞추어 왕릉을 비정하기도 한다. 그런데 371년에 사망한 고국원왕과 390년 경에

62) 『三國史記』 권19, 平原王 즉위년 조.

63) 『三國史記』 권19, 陽原王 즉위년 조.

64) 『일본서기』 권19, 欽明 6년 조. 여기서 香岡上王의 '香'은 字形이 비슷한 '安'字의 誤記인 것으로 보인다. 香岡上王은 安原王을 가리키는 安岡上王의 잘못된 표기라고 하겠다.

사망한 고국양왕은 시차가 1세대도 아닌 20년에 불과하다. 그러므로 와당 편년을 놓고서 능묘의 조영 시기를 논의하기에는 시간적 폭이 너무 좁다는 인상을 지울 수 없다. 설령 이러한 고분 편년안을 수용한다고 하자. 그렇더라도 시신의 수습이 명확하지 못한 고국원왕의 능묘의 경우는 고국양왕릉보다 오히려 후대에 조영될 수도 있다는 것이다. 태왕릉 관대가 2個所 이상에서 확인되고 있는 사실은 태왕릉의 改築 가능성을 엿보여 줄 수 있는 물증이 될 수 있다. 그렇다면 임강총(고국양왕릉) → 태왕릉(고국원왕릉) → 장군총(광개토왕릉)라는 견해는 여전히 움직일 수 없다고 본다.

요컨대 지금까지의 검토를 통해 태왕릉을 고국원왕릉으로 비정하는 게 온당하다고 판단되었다.

## Ⅲ. 將軍塚, 장군총 = 장수왕릉설의 검토

將軍塚의 被葬者에 대해서는 지금까지 여러 說이 제기되어 왔었다. 이와 관련해 吉林省文物考古硏究所 集安市博物館 編著, 同 보고서에서는 그것을 소개하면서 "1. 始祖 東明王說, 2. 山上王說, 3. 太王陵說, 4. 長壽王陵說"라고 적어놓았다. 그리고 "또 將軍墳이 太王陵이라는 說을 제출하였다"[65]라는 말이 되지 않는 서술마저 보인다. 將軍墳 즉 將軍塚이 太王의 陵이라는 說을 이렇게 표시한 것이다. 太王이 광개토왕만을 가리키는 것은 아님에도 굳이 이러한 표현을 사용한 목적은 의아스럽기 이를 데 없다. 廣開土王陵으로서 將軍塚을 연결짓는 견해를 의식적으로 은폐하고 있음을 어렵지 않게 눈치 챌 수 있게 되는 것이다. 요컨대 이는 그 底意를 의심하지 않을 수 없게 한다. 同 報告書의 논지가 태왕릉 = 광개토왕릉으로 미리 못박아 놓고 그 쪽으로 논지와 물적 증거를 몰고 가는 듯한 인상을 받지 않을 수 없기 때문이다.

65) 吉林省文物考古硏究所 · 集安市博物館 編著, 앞책, p.362.

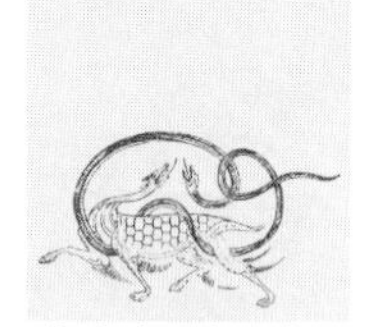



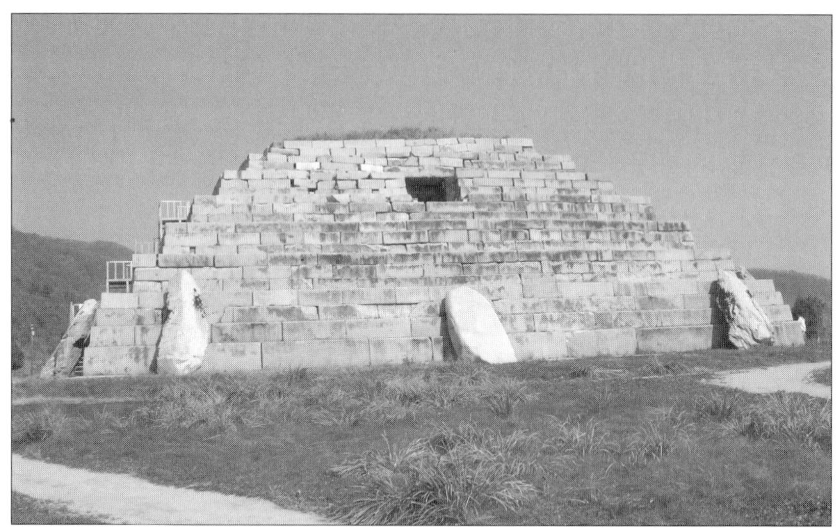

장군총 정면

앞서의 검토를 통해 태왕릉을 고국원왕릉으로 비정하였다. 그럼에 따라 玄室에 '好太王之神位' 라는 位牌까지[66] 안치되어 있던 장군총이 광개토왕릉일 가능성이 거의 확정적이다. 그렇지만 지금까지 장군총 = 장수왕릉설이 중국과 북한 그리고 일본과 남한의 일부 연구자들에게는 확고하게 주장되고 있다. 그러니 이 문제를 전면적으로 검토해 보지 않을 수 없다.

장수왕은 427년에 평양성으로 천도를 단행한 군주이다. 그러한 장수왕의 능이 국내성인 집안에 조영된 배경으로서는 歸葬되었다는 견해가 있다.[67] 장군총을 장수왕릉으로 비정하고 있는 것이다.[68] 그런데 귀장설을 내세운 논자 가운데 한 사람인 齋藤忠은 오히려 태왕릉을 다음과 같은 논거로써 장수왕릉으로 지목하였다.

66) 이 位牌에 대해서는 註 43을참조하기 바란다.
67) 이러한 견해는 浜田耕策, 앞논문, pp.86~87에 소개되어 있다.
68) 三上次男, 「古代朝鮮の歷史的推移と墳墓の變遷」『日本の考古學』IV(古墳時代-上), 1966.

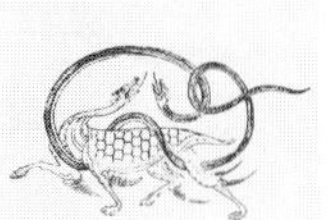



> 만약, 장군총을 광개토왕릉이라고 한다면 태왕릉은 어느 왕의 능이었을까? 이 경우 池內宏 博士처럼 약 2세기나 거슬러 올라가는 산상왕을 그 擬定의 대상으로 삼을 수는 없다. 이 두 개는 형식상으로 봐서는 가장 접근하고 있는 것이다. 나는 평양에 도읍을 옮긴 다음 왕인 장수왕이 歸葬해서 여기에 造營된 것이 아닌가 하고도 생각하고 있다. 평양에 도읍을 옮기고 半島로의 강력한 地盤을 구축한 장수왕은 그 父王인 광개토왕과 더불어 고구려의 英王으로서 讚仰된 왕인 것이다. 歸葬해서 여기에 壯大한 적석총이 조영된 것이라 생각할 수 있다. 허기는 앞에서도 언급한 바와 같이 이 時期의 커다란 묘제의 흐름은 적석총으로부터 盛土塚으로 移行해 가고 있었다. 두 개의 陵은 中興의 英王으로서 고구려 고유의 적석총의 전통에 따라서 復古的으로 조영된 것이라고 생각할 수 있을 것이다.69)

그런데 장수왕이 사망하는 491년 경에 적석총은 고구려 영역에서는 사실상 소멸되었다. 때문에 歸葬된 장수왕릉은 적석총이 되기 어렵다. 이와 관련해 태왕릉이 장군총보다는 선행 양식의 분묘임은 재론할 필요가 없다. 그러므로 태왕릉보다 후행 양식인 장군총을 광개토왕릉으로 지목하면서도 태왕릉을 광개토왕의 子인 장수왕의 능으로 간주하는 견해는 수긍하기 어렵다. 아울러 장수왕릉 = 장군총설이나 광개토왕릉 = 태왕릉설 모두 문제가 따르기 때문에 새롭게 제기된 설이 장군총 壽陵說이다. 그 一例를 인용하면 다음과 같다.

> 장수왕은 412년에 즉위하여 491년에 죽을 때까지 근 80년 동안 재위하였는데, 그 동안에 평양에 도읍한 시기가 집안보다 오래되었다. 장군총이 장수왕의 능묘라면 장수왕은 죽은 이후에 '故國'에 돌아가 매장되었다는 것을 인정한 것이다. 이는 가능성만 존재하는 것으로 문헌에는 명확한 기록이 없다. 다음으로 또 한가지의 가능성은 장수왕이 즉위한 이후에 集安에 장군총을 축조하여 놓았는데, 평양으로 천도해서 몇 십년 후 죽은 다음에는 평양에서 장례를 치르게 되었다. 장군총은 사용하지 않았다는 것이다. 이러한 사례는 역사상 결코 없는 게 아니다. 北魏 孝文帝가 平城에 도읍했을 때에

69) 齋藤忠, 앞책, p.18.

> 일찍이 大同의 북쪽 方山에 있는 祖母인 文明太后 馮氏의 永固陵 북쪽에 자신을 위한 壽宮을 修築하였다. 후에 그는 洛陽에 천도하여 죽게 되자 洛陽 北邙山의 長陵에 장사 지내게 되어 方山의 壽宮은 곧 虛宮으로 바뀌었다. 만약 정말로 이렇다면 장군총이 또 하나의 장수왕의 虛宮이 되는 것이다. 그러면 평양에 장례지낸 장수왕의 능은 어느 것이겠는가? 유형으로 볼 때 적석총이 아니고 대형 封土石室壁畵墳일 것이다. 日本人 永島暉臣愼은 평양의 동명왕릉으로 추측하고 있는데 이는 맞는 생각이며 무덤의 시대와 규모로 보아서도 역시 서로 부합하고 있다.[70]

위의 인용과 관련해 효문제가 평성에 조영한 자신의 壽宮은 萬年堂이었다. 낙양 천도 후에 효문제가 조영하여 묻힌 곳이 長陵이었다.[71] 문제는 장수왕 재위 당시 集安에 장수왕릉의 조영 여부와 더불어 歸葬 내지는 장군총 虛陵 여부에 대한 검토이다. 그러한 주장의 논거는 구체적으로 다음과 같다.

① 국내성에서 즉위한 장수왕은 중국 황제들의 壽陵과 마찬 가지로 생전에 자신의 분묘를 조영하였다. 평양성으로 천도한 후에는 先王들의 능이 있는 集安으로 歸葬하였다는 것이다. 그런데 이러한 주장은 실증적인 근거를 제시하지 못하였다. 다만 무녕왕릉에서 출토된 '壬辰年作' 銘文 塼을 통해 523년에 사망한 무녕왕이 생전인 임진년 즉 512년에 자신의 능을 조영했다는 것을 알 수 있다고 한다.[72] 또 이것은 고구려 왕릉의 경우도 마찬 가지 일 것이므로 장수왕 생전에 集安에 장수왕릉이 조영되었을 것이라고 했다. 여기서 정황적 근거가 되는 '壬辰年作' 銘文塼은 무녕왕릉의 통로인 연도 閉鎖塼에서 상단이 부러진 채로 발견되었다.[73] 문제는 이 塼이 현실 내부가 아니라 무녕왕릉을 마지막으

70) 魏存成, 앞논문, pp.564~565.
魏存成, 앞책, p.167.
71) 『魏書』 권13, 文成文明皇后傳.
72) 백제문화개발연구원, 『百濟瓦塼圖錄』 1983, p.423.
73) 백제문화개발연구원, 앞책, p.423.

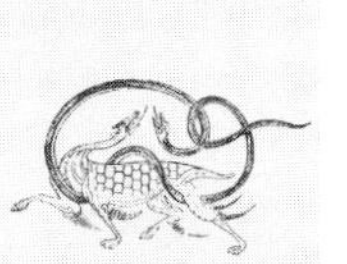



로 폐쇄하는 塼 가운데 하나라는 것이다. 그리고 이 塼의 상단이 부러져 있었다는 것은 다른 廢墳에서 빼온 塼일 가능성을 제기해 준다. 이와 관련해 송산리 6호분의 경우 연도 입구 부분에서는 塼이 모자라 교촌리 폐분의 塼을 가져다가 사용한 것으로 밝혀졌다.[74] 그러므로 무녕왕릉의 조영과는 직접 관련이 없을 수도 있는 '壬辰年作' 과 같은 銘文塼에 근거하여 무녕왕릉 壽陵說을 제기하고, 나아가 장수왕릉도 壽陵이라는 주장은 지나친 비약임을 알 수 있다.

② 장수왕이 集安에 자신의 능을 조영했다면 그 시기는 즉위년부터 평양성 천도 이전인 412년~427년 사이라고 할 수 있다. 장수왕은 19세에 즉위하여 98세까지 거의 한 세기를 살았던 군왕이었다. 문제는 이처럼 젊은 연령임에도 불구하고 장수왕이 즉위와 동시에 사후의 유택 조영에 착수했을까 하는 점이다. 물론 고구려에서는 결혼과 동시에 죽을 때 입을 壽衣를 미리 만들었을 정도로 死後에 대한 준비를 했었다. 그러한 선상에서 자신의 분묘를 생전에 조영할 수는 있다. 또 그러한 맥락에서 '壬辰年作' 의 연대를 받아들이기도 한다. 설령 그렇다고 하더라도 '壬辰年' 은 무녕왕이 50세에 해당되는 해이다. 이 사실은 무녕왕이 晩年이나 末年에 자신의 분묘를 조영했다는 것이 된다. 이러한 정황은 장수왕이 국내성에 도읍하던 시기인 30세 이전에 분묘를 조영했으리라는 정황과는 부합되지 않는다. 이 점은 고구려와 인접했던 북위의 문명태후 수릉 조영 시점을 통해서도 방증이 된다. 49세인 490년에 사망한 문명태후가 수릉인 永固陵을 조영하기 시작한 시기는 481년(太和 5)부터 484년(太和 8)까지였다.[75] 문명태후는 40세에 수릉 조영을 시작한 것이다. 이러한 정황에 비추어 보더라도 19세에 즉위한 장수왕이 국내성 지역에 수릉을 조영했을 가능성은 희박해진다.

만약 장수왕이 장군총을 수릉으로 삼고 평양성 일대에 새로운 능을 조영했다면[76] 장군총 주변에 陪塚이 조영되기는 어렵다. 그러나 장군총 주변에 陪塚이 조영되었다는 것은 실제 능으로 기능했음을 뜻한다. 최근의 조사 결과 장군총

74) 金元龍, 『한국의 고분』 1974, p.111.
75) 『魏書』 권13, 文成文明皇后傳.

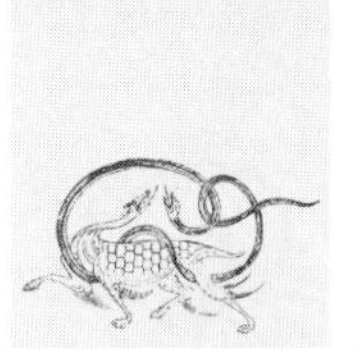

장군총에서 바라 본 제1배총

의 1호 배총과 2호 배총에서 각각 鐵釘이 출토된 사실이 확인되었다.[77] 이 鐵釘은 棺釘이 분명한 만큼 이들 배총에 木棺이 안치되었고, 실제 능으로 기능했음을 더욱 분명하게 확인시켜 주고 있다. 이와 관련해 북위 효문제의 수릉인 평성의 만년당은 봉분 하나만 있을 뿐 석조물을 비롯한 어떠한 시설물도 그 인근에 존재하지 않는다. 그러나 효문제가 실제 묻힌 낙양 長陵의 경우에는 관직 서열에 따라 엄격하게 長陵을 중심으로 일목요연하게 陪塚이 배치되어 있다.[78] 이러한 정황에 비추어 볼 때 陪塚이 5~8기나 배치된 장군총의 경우는[79] 도저히 虛陵이라고 단정할 수 없게 된다. 장군총이 허릉이라면 소위 祭臺와 같은 시설

76) 吉林省文物考古硏究所 · 集安市博物館 編著, 앞책, p.377에서는 진파리 1호분을 장수왕릉으로 추정하였다.

77) 吉林省文物考古硏究所 · 集安市博物館 編著, 앞책, p.351. p.359.

78) 朴漢濟, 앞책, pp.113~114.

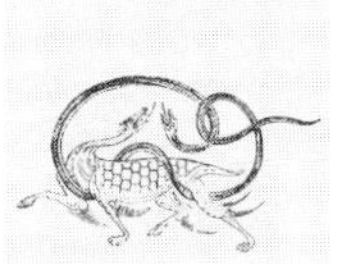



을 비롯해서 무덤 위에 기와를 이은 건물이 존재하기는 더욱 어려웠을 것이다. 무엇보다도 主塚인 장군총에 왕의 시신이 안치되지도 않았는데 陪塚에는 시신이 묻힌다는 것은 상상하기 어렵다.

③ 장수왕이 즉위했을 때는 평양성으로의 천도가 착실히 진행되고 있는 상황이었다. 평양성 천도는 고국원왕 · 고국양왕 · 광개토왕, 3대에 걸쳐 꾸준히 진행되어 왔던 고구려 왕실의 숙원 사업이었다.80) 평양성 천도를 추진하는 떠들석한 분위기에서 자신의 분묘를 국내성에 조영한다는 것은 자연스럽지 못하다. 더구나 평양성에서는 천도 준비와 관련한 다대한 인력을 동원한 대규모 토목공사를 벌이는 상황이었다. 이는 젊은 장수왕의 수릉 조영에 적합한 정황이 되기는 어렵다. 국내성 귀족들의 반대를 무릅쓰고 또 이들을 제압해 가면서 평양성으로의 천도를 추진하고 있는 장수왕이 평양성의 토목 공사에 투입시켜도 시원찮을 막대한 노동력을, 정작 자신의 不要不急한 幽宅 조영에, 그것도 국내성 지역에 조영한다는 것은 설득력이 없다.

④ 천도를 단행한 국왕의 능은 새로운 수도에 조영되었다. 충청남도 부여의 능산리 절터에서 출토된 목탑 사리감과 그 명문을 통해서 사비성 천도를 단행한 백제 성왕이 새로운 수도에 묻힌 게 확인되었다.81) 익산 천도를 추진했던 무왕의 능은 익산 쌍릉(대왕묘)으로 지목하는 데82) 이견이 없다. 수원성을 축조했던 正祖와 그 父인 사도세자의 능이 수원에 조영된 사실도 그 방증이 된다. 平城에서 洛陽으로의 천도를 단행한 北魏 효문제의 능인 長陵도 새로운 수도인

79) 東潮 · 田中俊明, 앞책, p.185.
그리고 李殿福 著 · 車勇杰 譯, 『中國內의 高句麗遺蹟』 1994, p.237에서 "장군총의 北面에는 본래 5기의 배총이 동서 一字로 배열되어 있었으나"라고 하였다.

80) 李道學, 「광개토왕릉비의 건립 배경-평양성 천도와 관련해서」 p.62.

81) 李道學, 「부여 능산리 고분군 출토 사리감 銘文의 意義」 『서울新聞』 1995.11.6 ; [최근 부여에서 출토된 사리감 명문은 무엇을 말하고 있나] 『꿈이 담긴 한국 고대사 노트』 하, 1996, p.78.

82) 李南奭, 『百濟墓制의 硏究』 2002, pp.271~273 ; 崔完奎, 「益山 雙陵의 再檢討」 『益山의 先史와 古代文化』 2003, pp.331~347.

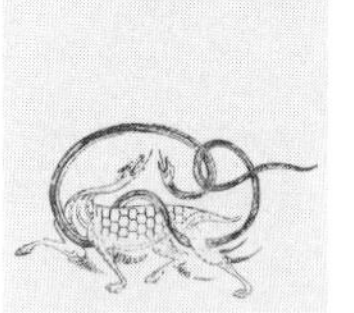

평양의 이른바 동명왕릉과 정릉사 모형. 동명왕릉은 기실 장수왕릉으로 추정된다.

낙양 북망산에 조영되었다. 따라서 장수왕릉은 역대 왕들의 능묘가 소재한 국내성 지역이 아니라, 평양성 일원에 조영된 것으로 보아야 한다.

한편 장군총을 산상왕릉으로 간주하는 견해가 있다. 장군총 = 산상왕릉설은 예전에도 제기된 바 있었다. 池內宏 등이 그 대표적인 論者가 된다.[83] 이 견해는 취신하기 어려운 내용이지만 최근에도 제기된 장군총 = 산상왕릉설을 참고로 다음과 같이 인용해서 소개해 본다.

> 장군 무덤을 산산왕의 무덤으로 보게 되는 근거는 다음으로 장군 무덤의 뒤에 달린 배총을 들어 말할 수 있다. 이 무덤은 길이 10m, 높이 5m에 달하는 큰 무덤으로서 잘 가공한 커다란 판석으로 축조되었다. 그런데 『삼국사기』의 기록에 의하면 태후 우씨

83) 이에 대한 소개는 齋藤忠, 앞책, p.18과 浜田耕策, 앞논문, p.76을 참조하기 바란다. 그리고 金得榥, 「丸都의 回想」 『白山學報』1, 1966, pp.192~193에 보면 현지의 韓人 古老들의 말을 소개하고 있으며, 장군총의 입지적 조건이 山上에 있다는 점을 언급하고 있다.

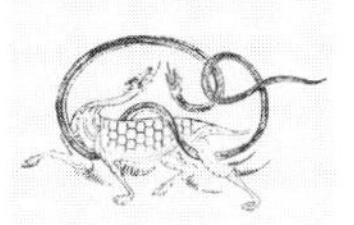



가 죽으면서 자기를 본 남편인 고국천왕의 무덤이 아니라 산상왕릉 옆에 묻어 달라는 유언을 남겼고 그 유언대로 우씨를 산상왕릉 옆에 장사했다고 한다. 장군 무덤의 안칸에는 관대가 두 개 있는데 왕과 왕비를 안치했을 것으로 인정된다. 산상왕은 처음에 형의 처인 우씨를 안해로 맞아 들였고 후에 주통촌 녀자(후녀)를 소후로 맞아 들여 태자를 본 것만큼 둘 중의 한 명만이 왕과 같이 묻혔을 것이며 소후의 아들인 동천왕이 자기 어머니를 왕릉에 안치했을 것은 명백한 사실이다. 그러므로 장군 무덤 뒤에 잘 축조된 무덤을 태후 우씨의 무덤으로 보면 장군 무덤을 산상왕의 릉으로 비정해 보는 것이 그 중 자연스러워진다.[84]

위의 논리는 기발하기는 하지만 장군총의 편년은 5세기 초엽으로 내려올 뿐 아니라, 장군총 주변에 5기 이상의 배총이 확인된 바 있으므로 수긍하기 어렵다. 한편 장군총을 고국원왕릉으로 비정하기도 한다.[85] 그러나 浜田耕策 본인도 말하고 있듯이 장군총은 태왕릉보다 발달된 기술로 축조되었다.[86] 장군총은 고구려 적석총의 완성된 마지막 양식인 것이다. 그러한 장군총의 피장자가 광개토왕의 祖王인 고국원왕이 될 수는 없다.

요컨대 지금까지 검토해서 導出해 낸 사안들은 이들 분묘에서 출토된 瓦當의 문양에 근거한 編年과도 잘 부합된다. 즉 태왕릉 조영은 4세기 중엽까지 소급될 수 있으므로 도저히 광개토왕릉이 될 수는 없다. 반면 5세기 초기로 와당이 편년되는 장군총은 광개토왕릉일 가능성이 높다는 것이다.[87] 이와 더불어 장군총과 능비는 비록 떨어져 있지만 고대 중국의 황제능의 경우와 견주어 볼 때 생소한 상황은 아니다. 더구나 무려 330여 家가 국강상에 소재한 3 왕릉, 즉 고국원왕릉—고국양왕릉[88]—광개토왕릉의 守墓와 관련하여 집단적으로 거주했다는 사실을 상기해 보자.[89] 그렇다면 광개토왕릉과 능비 사이가 1.65km나 떨

84) 손수호, 앞책, p.45.
85) 浜田耕策, 앞논문, p.108.
86) 浜田耕策, 앞논문, p.83.
87) 田村晃一,『樂浪と高句麗の考古學』2001, p.324.

어져 있는 장대한 陵域의 존재를 상정하는 게 결코 무리는 아닐 것이다. 더구나 장군총과 능비 사이에는 視野를 차단하는 고분과 같은 사물이 없기 때문이다.[90)]

이와 관련해 "이 碑의 第一面을 左手로 잡고 서서 前面을 내다 보면 멀리 土口子山麓 高崗 위에 偉大한 將軍塚이 바로 正向하여 보인다"[91)]고 하였다. 그리고 "이 廣漠한 地帶에 이 陵(장군총 : 필자)에 관계되는 陪塚 구역이 陵 北에 있을 뿐 雜塚이란 하나도 볼 수 없고 高低된 구릉을 따라 土民의 黍穀 耕作이 있을 뿐이다. 可謂 '國岡' 이라 부를 수 있는 適切한 地帶이니 太王陵의 周圍와 隣接의 雜然된 풍경과는 비교도 안된다"[92)]는 관찰이야 말로 炯眼이라는 생각이 절로 든다.

⑤ 참고로 최근에 제기된 능비의 神道碑說을 검토해 본다. 이 說은 "동남쪽에 神道를 만들고 그곳에 碑를 세웠기 때문에 신도비라 이름했다"는 근거를 토대로 "능비는 장군총의 墓道를 기준으로하여 보면 정확히 동남쪽에 위치하고 있다. 이는 414년 당시 고구려인들이 능비를 세울 때 신도비로서의 능비 성격을 감안하여 위치 설정을 한 다음 비를 세웠음을 알 수 있다"[93)]고 주장했다. 그런

88) 고국양왕릉은 臨江塚으로 비정된다(浜田耕策, 앞논문, p.105). 한편 吉林省文物考古研究所 · 集安市博物館 編著, 앞책, p.216에서는 千秋塚을 고국양왕릉으로 비정하고 있다. 그러나 천추총은 태왕릉에서 서남쪽으로 무려 8km나 떨어져 있기 때문에 '國罡上' 의 범위에서 크게 벗어나 있으므로 故 '國壤' 王陵의 소재지로서는 적합하지 않다. 한편 '故國' 과 관련지어 본다면 신대왕릉이 故國谷에 소재하였지만 이른 시기의 적석총이 되는 관계로 구명이 용이하지 않다. 고국천왕릉은 故國川原에 소재하였는데, 우산 2110호로 비정하기도 한다. 서천왕릉은 故國原에 소재하였지만 도굴로 인해 '西川' 으로 移葬된 것으로 보인다. 우산 992호분을 당초의 서천왕릉으로 추정하기도 한다.

89) 李道學, 「광개토왕릉비문의 國烟과 看烟의 性格에 대한 再檢討」 pp.103~104.

90) 浜田耕策, 앞논문, p.71.

91) 高青, 앞글, p.310.

92) 高青, 앞글, p.311.

93) 白承玉, 「中國 集安地域 高句麗王陵의 피장자 문제－太王陵 · 將軍塚을 중심으로」 한국고대사학회하계세미나, 2005. 8. 4.

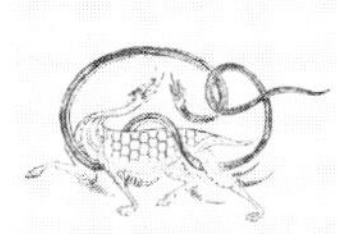

광개토왕릉비에서 바라본 장군총

데 〈도면 2〉에서 보듯이 장군총 자체가 중국의 일반 능묘처럼 北→南向이 아니라 墓道를 기준으로 할 때 西南向인 것이다. 게다가 장군총 墓道를 기준으로 할 때 능비는 동남쪽으로 각도가 벌어지지 않았다. 실제 1.65km 떨어진 兩者가 거의 일직선상에 위치하고 있으므로 '동남쪽'을 云謂하기는 어렵다. 그 밖에 장군총 묘도를 기준으로 할 때 그 좌측편에 소재한 능비는 그것이 神道碑라면 제2면이 정면이 되어야 한다. 그러나 능비는 일반적인 신도비의 정면에 해당하는 제2면이 아니라 제1면을 정면으로 삼았다. 그 뿐 아니라 神道에는 능에 이르는 큰길 양쪽에 石馬와 같은 石刻이 배열되어 있다.[94] 그러나 장군총 주변이나 그곳에 이르는 도로에는 石刻 등과 같은 흔적이 전혀 확인되지 않았다. 그러므로 중국의 능묘를 기준으로 한 神道碑說은 성립되지 않는다. 즉 장군총의 陵園制

94) 楊寬, 『中國皇帝陵の起源と變遷』 1981, pp.108~110.

는 중국의 능묘제와는 차이가 있으므로 그것에 근거한 능비의 신도비설은 성립되지 않는다고 하겠다.

## IV. 능비 위치의 정치적 배경

태왕릉과 장군총이 조영되고 나서 능비가 건립되었다. 즉 고국원왕릉과 광개토왕릉이 조영된 후인 414년에 능비가 건립된 것이다. 여기서 능비를 건립할 때 그 소재지를 놓고 고심했으리라고 판단된다. 그것은 능비가 광개토왕릉인 장군총에서 멀리 떨어진 곳에 선정되었을 뿐 아니라 태왕릉과는 가깝기는 하지만 등지고 있는 위치이기 때문이다. 능비는 광개토왕릉비임에도 불구하고 광개토왕릉과는 떨어져 있고, 태왕릉과는 가깝기는 하지만 등지고 있는 기묘한 위치에 소재하였다. 그런데 분명한 것은 태왕릉과 능비 그리고 장군총이 거의 일직선상에 배치되어 있다는 사실이다. 이러한 배치 구조는 능비가 장군총 뿐 아니라 태왕릉과도 연관되어 있음을 암시해 준다. 능비가 고국원왕릉과 광개토왕릉 모두에 해당된다는 정치적인 고려에서 기인한 배치라고 할 수 있다. 또 이는 祖孫間인 고국원왕과 광개토왕간의 정치적인 관련성을 암시해 주는지도 모른다.

고국원왕과 광개토왕은 정치적인 관계에서 일종의 공통점을 지닌 사안이 있다. 대외 관계에서 고국원왕은 前燕과의 전투에서 참패하여 선왕의 시신과 왕모 및 왕비까지 납치당하는 시련을 겪었다. 반면 광개토왕은 前燕의 후신인 後燕을 크게 격파하여 설욕했다. 고국원왕과 광개토왕은 慕容鮮卑와 전쟁을 치렀다는 공통점이 있다. 앞에서 고국원왕릉과 광개토왕릉의 연결 媒體를 능비라고 하였는데, 정작 「능비문」에는 對後燕戰이 보이지 않는다.[95] 따라서 對後

95) 박시형, 『광개토왕릉비』 1966, pp.79~80.

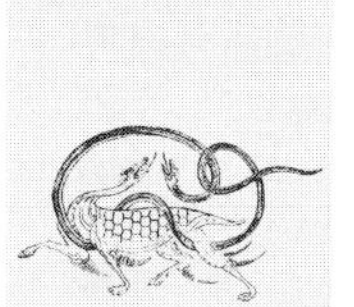



燕戰으로써는 양자를 연결시켜 의미를 부여하기는 어렵게 되었다. 그렇다면 고국원왕과 광개토왕을 연결시켜주는 공통점은 무엇일까? 그것은 두 말할 나위없이 對百濟戰이다. 이와 관련해 고국원왕대의 백제와의 전쟁 기사를 『삼국사기』에서 인용해 보면 다음과 같다.

369년 : * 9월에 왕이 군사 2만을 이끌고 남으로 백제를 정벌하여 雉壤에서 싸우다가 패하였다(故國原王 39년 조).

* 9월에 고구려왕 斯由가 보병과 기병 2만을 거느리고 와서 雉壤에 駐屯하고 군사를 나누어 民家를 침탈하였다. 왕이 태자로 하여금 군사를 거느리고 곧장 雉壤에 이르러 고구려군을 급히 쳐서 깨뜨리고 5천여 級을 베었다. 그 虜獲은 將士에게 나누어 주었다(近肖古王 24년 조).

* 앞서 고구려의 國罡王 사유가 친히 來侵하므로 근초고왕이 태자를 보내어 이를 막게 하였는데, 반걸양에 이르러 장차 싸우려 하였다. 고구려인 斯紀는 본래 백제인으로서 잘못하여 국용마의 발굽을 상하게 하자 죄줄까 두려워서 고구려로 도망하였는데, 이때 다시 돌아와서 태자에게 이르기를 "저 군사가 비록 많기는 하지만 모두 數만을 채운 疑兵일 뿐입니다. 날래고 용감한 자들은 오직 赤旗뿐 이니 만일 먼저 이를 깨뜨리면 나머지는 치지 않더라도 저절로 무너질 것입니다"라고 하였다. 태자가 이에 좇아 진격하여 크게 적을 깨뜨리고 도망치는 것을 뒤따라 북으로 쫓아 水谷城 서북에까지 이르렀다. 장군 막고해가 諫하기를 "일찍이 道家의 말을 들으니 '足할줄 알면 辱되지 않고 그칠 줄 알면 위태롭지 않다' 고 하였습니다." 태자가 이 말을 옳게 여겨 (추격하기를) 그만 두고 즉시 그 곳에 돌을 쌓아 標識를 만들고 그 위에 올라가 좌우를 돌아 보면서 말하기를 "이 다음 날에 누가 다시 이곳까지 이를 수 있겠느냐" 고 하였다. 그 곳에 말발굽같이 생긴 바위돌 틈이 있는데, 사람들은 지금까지도 태자의 말자국이라고 부른다(近仇首王 즉위년 조).

371년 : * 고구려가 군사를 일으켜 오므로 왕이 듣고 浿河 가에 군사를 매복시켰다가 그 옴을 기다려 急擊하자 고구려병이 패배하였다(近肖古王 26년 조).

* 10월에 백제왕이 군사 3만 명을 거느리고 침입하여 평양성을 공격하므로, 왕은 군사를 거느리고 나가서 이를 막다가 流矢에 맞아 이 달 23일에 돌아

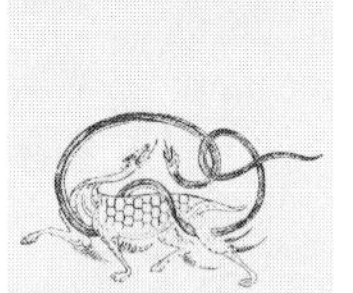



가시므로 故國原에 장사하였다(故國原王 41년 조).

* 겨울에 왕은 태자와 더불어 精兵 3만 명을 거느리고 고구려로 침입하여 평양성을 공격하자 고구려왕 斯由가 이를 막아 싸우다가 流矢에 맞아 전사하였다. 이에 왕은 군사를 이끌고 돌아왔다(近肖古王 26년 조).

위의 기사를 통해 고국원왕 말년인 369년과 371년에 고구려는 對百濟戰에서 항시 선제 공격을 시도했지만 언제나 패배했음을 알 수 있다. 급기야 371년 10월에 이제는 고구려가 백제의 선제 공격을 받아 평양성 전투에서 고국원왕이 전사하기까지 했다. 반면 『삼국사기』에 보이는 광개토왕대의 對百濟戰 기사는 다음과 같다.

391년 : * 7월에 남쪽으로 백제를 쳐서 10城을 빼앗았다(廣開土王 2년 조).

* 7월에 고구려왕 담덕이 병사 4만을 거느리고 와서 北邊을 쳐 石峴 등 10여 城을 함락시켰다. 왕은 담덕이 用兵에 능하다는 말을 듣고 나가 막지 못하니, 漢水 이북의 여러 부락이 많이 함락되었다(辰斯王 8년 조).

* 10월에 백제의 關彌城을 攻陷하였다. 그 城은 四面으로 絶하고 海水로 둘려 있는데 왕이 군사를 7道로 나누어 공격하여 20일만에 함락하였다(廣開土王 2년 조).

* 10월에 고구려가 關彌城을 쳐서 함락시켰다(辰斯王 8년 조).

392년 : * 8월에 백제가 南邊을 침공하므로 장수를 시켜 막게 하였다(廣開土王 3년 조).

* 8월에 왕이 武에게 이르기를 "關彌城은 우리 北邊의 要害地인데 지금은 고구려의 소유가 되었으니 이는 寡人의 痛惜하는 바이다. 卿은 마땅히 마음을 써서 雪辱하라" 고 하였다. 드디어 병사 1만을 거느리고 고구려의 南境을 칠 것을 계획하고, 武가 몸소 士卒에 앞장서서 矢石을 무릅쓰고 石峴 등 5城을 회복하려 하여 먼저 關彌城을 에워쌌으나 고구려인이 城을 굳게 지켰다. 武는 糧道가 이어지지 못하므로 군사를 이끌고 돌아 왔다(阿莘王 2년 조).

393년 : * 7월에 백제가 來侵하므로 왕이 精騎 5천을 거느리고 맞아 격파하자 남은 적들이 밤에 달아났다(廣開土王 4년 조).

* 7월에 고구려와 水谷城 밑에서 싸워 패배하였다(阿莘王 3년 조).

* 8월에 國南에 7城을 쌓아 백제의 入寇를 방비하였다(廣開土王 4년 조).

394년 : * 8월에 왕이 浿水 가에서 백제와 싸워 크게 격파하고 8천여 級을 베었다(廣開土王 5년 조).

* 8월에 왕이 左將 眞武 등을 명하여 고구려를 치게 하였는데, 고구려왕 담덕이 몸소 군사 7천을 이끌고 浿水 가에 陣을 치고 항거하니, 아군이 크게 패하여 죽은 이가 8천 인이었다(阿莘王 4년 조).

* 11월에 왕이 浿水戰을 보복하려고하여 몸소 군사 7천을 거느리고 漢水를 건너 청목령 밑에 이르렀으나 大雪을 만나 士卒이 많이 凍死하므로 회군하여 漢山城에 이르러 군사를 위로하였다(阿莘王 4년 조).

위의 인용에서 보듯이 광개토왕대의 對百濟戰은 고구려의 일방적인 압승으로 기록되어 있다. 「능비문」의 경우도 주된 골자는 백제와의 戰勝으로 압축되었다. 고구려의 백제 정벌은 영락 6년에 시작되어 영락 17년에 매듭지어 진다. 그런데 영락 5년과 영락 20년의 정벌기사라는 外皮를 벗기면 오로지 백제 내지는 그 영향권 세력과의 전쟁이었다. 즉 영락 6년에 백제의 왕성 공격,[96] 영락 10년에 백제가 맹세를 어기고 왜와 화통한 관계로 신라에 쳐 들어온 왜를 격퇴하기 위한 출병, 영락 14년의 백제와 연계된 왜군과의 전투, 영락 17년에 步騎 5만 명을 동원한 백제와의 전투가 그것이다. 이들 전투는 전쟁 과정이 명백하게 기재되어 있다. 특히 백제와의 첫번째 전투로 기재된 영락 6년 조와 그 마지막 전투인 17년 조의 戰果인 64城을 광개토왕 일대의 정복사업에 대한 총결산인양 城名을 낱낱이 하였다.[97]

게다가 그러한 고구려와 백제의 전쟁 기사에는 전쟁 상황이 구체적으로 서술되어 있다. 가령 "倭寇가 潰敗하였으며 斬煞한 것이 무수히 많았다(영락 14년 조)" · "모조리 斬煞하여 蕩盡시켰으며 노획한 갑옷이 1만 여벌이며, 軍資器械

96) 이 구절은 辛卯年 條와 관련 있는 대목인데, 이에 대한 새로운 推讀과 해석으로는 耿鐵華 著 · 李道學 譯, 「廣開土王碑 '辛卯年' 句節의 考證과 解釋」『韓國上古史學報』14, 1993, pp.435~436에 게재된 李道學의 글이 참고될 수 있다.

97) 李道學, 「'廣開土王陵碑文' 에 보이는 戰爭 記事의 分析」『高句麗硏究』2, 1996, p.763.

는 수를 헤아릴 수 없을 정도였다(영락 17년 조)"라고 하는 문구가 그것이다. 당시 고구려의 主敵은 '百殘'이라는 멸칭으로 「능비문」에 보이는 백제였다. 「능비문」에 요란하게 적혀 있는 전쟁 기사의 본질은 백제 制壓에 대한 宣傳이었다.

고국원왕과 광개토왕대의 對百濟戰에서 전자는 일방적인 패배에다가 결국 전사했을 정도로 비극적이었다. 반면 광개토왕은 壓勝을 기록했고, 영락 6년에는 親征을 통해 백제 아신왕의 항복을 받아냈다. 「능비문」에는 "而殘主困逼 獻出男女生口一千人 細布千匹 跪王自誓 從今以後 永爲奴客 太王恩赦△迷之愆錄其後順之誠 於是得五十八城村七百 將殘主弟幷大臣十人 旋師還都"라는 기록적인 일대 전과를 기록한 것으로 宣傳되었다. 즉 광개토왕은 "왕에게 무릎을 꿇고 지금 이후로부터 영원히 奴客이 되겠다"는 백제 아신왕의 항복을 받아낸 후 '恩赦' 즉 은혜로써 용서하였다. 그 직후 "그 後에 (고구려의 王道에) 順從하는 (백제의) 정성을 기록하니, 이에 58성 700촌을 얻었고, 백제왕의 아우와 더불어 大臣 10인을 거느리고 군대를 돌려 수도로 돌아왔다"라고 선전하였다.[98)]

祖孫間인 고국원왕과 광개토왕은 對百濟戰을 치렀다. 전자는 백제와의 싸움에서 거듭 패하다가 전사했고, 후자는 백제를 제압하였다. 兩者는 對百濟戰에서 정확히 對蹠되는 결과를 지녔다. 「능비문」에는 광개토왕대에 고구려가 백제를 제압한 눈부신 戰果가 가득 수록되어 있고, 백제왕의 항복과 '潰敗' 같은 압승에 대한 기사, '百殘'과 '殘主' 등 백제를 얕잡는 표현으로 그득 차 있다. 이러한 「능비문」의 작성 배경과[99)] 建碑 목적은 "勳績을 銘記하여 後世에 보이노라"라는 구절에 잘 집약되어 있다. 이렇듯이 능비는 勳績碑인 것이다. '勳績'은 말할 나위없이 '큰 功業'을 뜻한다. 이는 「능비문」 전체를 壓倒할 정도로 절

---

98) 李道學, 「廣開土王陵碑文에 보이는 地名 比定의 再檢討」 『廣開土王陵碑의 新硏究』 1999, p.184.

99) 이에 대해서는 李道學, 「'廣開土王陵碑文'의 思想的 背景」 『韓國學報』 106, 2002, pp.2~21을 참고하기 바란다.

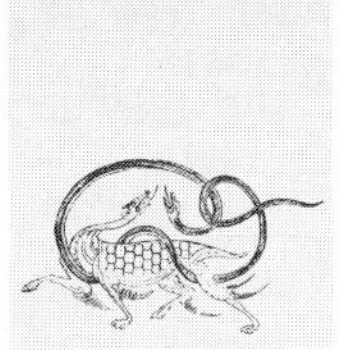



대적 비중을 점하는 정복 전쟁의 성과 가운데서도 광개토왕이 백제를 제압한 武勳을 과시하기 위한 데 있었다.[100)]

이러한 광개토왕의 勳績은 백제 정벌인 南征에 주력했지만 시종 敗戰을 면치 못하다가 끝내 전사한 고국원왕의 宿憤과 연계된 사안이라는 느낌을 받을 수 있다. 즉 百濟 제압이라는 광개토왕의 武勳은 무엇보다도 고국원왕의 宿憤을 풀어 주는 사안이었다. 그러한 목적의 勳績碑이다 보니까 능비가 의도적으로 광개토왕릉에서 떨어져 고국원왕릉인 태왕릉 인근에 세워진 것으로 보인다. 고국원왕릉과 능비 그리고 광개토왕릉이 거의 일직선상에 배치된 것은 이러한 정치적 배경에서 비롯된 것이었다. 고국원왕의 시신을 제대로 확보하지 못한 것으로 보이고 또 태왕릉의 玄室이 초라하기 이를 데 없다. 그럼에도 태왕릉의 외적 규모는 장군총을 압도하는 宏大한 규모를 자랑하고 있다. 그것은 고국원왕의 殉國과 관련하여 그의 존재를 부각시키려는 의도로 생각된다. 즉 고구려 왕실과 주민들은 국가를 위해 장렬히 순국한 고국원왕의 존재를 의식하지 않을 수 없었다. 또 그러한 의식은 백제에 대한 보복으로 이어지게 되는 정신적 결집을 유발하였을 것이다. 『삼국사기』에서 국왕의 사망 날짜까지 명시된 것은 고국원왕이 유일하다. 371년 10월 23일이라는 忌日이 史書에 남겨지게 된 데는 아마도 國忌日로서 고국원왕의 戰死가 지닌 의미가 각별하였기 때문일 것이다.

끝으로 무덤 전면 가까이에 세워진 일반 墓碑와는 달리 陵碑는 광개토왕릉인 장군총에서 멀리 떨어진 곳에 건립되었다. 그런데 「능비문」에는 국왕인 광개토왕의 즉위 배경과 연계된 가장 중요한 사안인 血系 즉 直系 父祖에 관한 언급이 일체 없다. 게다가 광개토왕의 품성을 비롯해서 전쟁을 제외한 일반 治績에 관한 언급도 찾아 볼 수 없다. 이 사실은 능비가 왕릉과 연결된 일반 墓碑와는 성격이 전혀 다름을 암시해 주는 것이다. 陵碑의 건립 배경을 守墓制 정비와 관련 짓기도 하지만 그것은 어디까지나 결과론적인 평가로 간주되어진다. 陵碑를

100) 李道學, 「廣開土王陵碑文에 보이는 地名 比定의 再檢討」 p.175.

세운 근본 목적은 「능비문」에서 분명히 "銘記勳績"이라고 한 데서 찾아야 할 것 같다. 이와 관련해 상기되는 게 七支刀라고 할 수 있다. 七支刀는 刀劍의 양식상으로는 분명 '七支劍'이 맞으므로 '七支劍'으로 불러야 된다고 한다. 그러나 七支刀 銘文에서 스스로의 이름을 '七支刀'라고 하였으므로 이것을 따르고 있다. 마찬 가지로 「능비문」에서 陵碑의 성격을 勳績碑라고 明示하였다. 따라서 이 점을 取하는 게 온당하다. 광개토왕릉에서 멀리 떨어진 곳에 陵碑가 건립될 수 있었던 요인은 비석의 성격이 勳績碑인데서 찾을 수 있었다.

## V. 맺음말

이상과 같은 검토를 통해서 다음과 같은 정리가 가능하였다. 광개토왕릉비가 엄연히 존재함에도 불구하고 광개토왕릉으로서는 태왕릉과 장군총이 각각 지목되어 왔었다. 그런데 최근에는 중국의 東北工程과 관련한 발굴 조사에 힘입어 태왕릉이 광개토왕릉으로 거의 확정된 듯한 주장들이 제기되어 왔다. 가령 이른바 祭臺의 발견을 언급하며 이러한 祭臺가 종전에 분묘의 후면으로 간주했던 곳에 소재하고 있는데, 바로 그곳이 正面이라는 주장이다. 그러나 소위 祭臺 유구는 祭臺가 아닐 가능성이 높은 것으로 밝혀졌다. 소위 祭臺 유구를 서로 검토해 보면 기본적으로 방향이나 크기와 배치 상태에 있어서 定型性을 발견하기 어려웠다. 그리고 태왕릉 광개토왕릉설의 결정적인 근거라고 새롭게 내세운 辛卯年 銘 청동방울도 재검토해 보았다. 그 결과 이 청동방울은 오히려 태왕릉 = 고국원왕릉설의 근거로 새롭게 이용될 수 있음을 지적하였다. 그 밖에 태왕릉 棺臺가 지닌 몇 가지 의문점에 대한 접근을 시도한 후 그 棺臺는 고국원왕릉의 것임을 방증해 준다고 판단하였다. 요컨대 이같은 문헌과 고고학적인 검토를 통해 태왕릉은 오히려 광개토왕릉이 될 수 없다는 사실을 환기시켜 주었다. 태왕릉은 백제와의 전투에서 殉國하여 고구려인들을 정신적으로 결집시켰던 고국원왕의 능으로 지목한 견해의 타당성을 입증할 수 있었다.

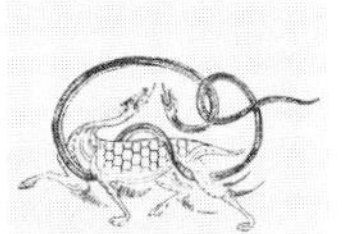



장군총에 대해서는 장수왕릉 혹은 장수왕 壽陵에 의한 虛陵說이 제기되어 왔다. 그러나 모두 근거 없는 주장임을 논증하였다. 오히려 장군총은 광개토왕릉이 확실하다는 결론을 이끌어 낼 수 있었다. 나아가 고국원왕릉인 태왕릉과 광개토왕릉인 장군총 조영에 이어서 거의 그 일직선상에 陵碑가 건립되었다. 그러한 능비의 위치가 고국원왕릉과 가깝다는 것은 의도적인 배치였다. 「능비문」의 내용은 궁극적으로 백제에 대한 戰勝 그것도 壓勝으로 귀결되고 있다. 이는 고국원왕 통치기의 對百濟戰에서 거듭된 패전과 對蹠되는 모습인 것이다. 능비가 단순한 제왕의 事蹟을 수록한 일상의 '능비'가 아니라 勳績碑였던 사실은 이러한 데서 연유한 것이었다. 고국원왕의 孫子인 광개토왕이 祖王의 宿憤을 풀었음을 對內外에 闡明함으로써 南進의 성과와 곧 단행할 장수왕의 평양성 천도에 대한 기대감을 유발하는 정치적 효과까지도 겨냥하였다.

그러나 능비의 입지 등이 깔고 있는 이러한 역사적 배경을 이해하지 못하였기에 능비에서 가까운 곳에 소재한 태왕릉을 광개토왕릉으로 선뜻 단정하게 되었다. 또 이것이 오랜 시일에 걸쳐 매듭지어지지 않은 태왕릉과 장군총의 被葬者 논쟁을 誘發해 온 所以라고 할 수 있다.

제 3 장

# 고구려의 남진경영

永樂 6年 廣開土王의 南征과 國原城 / 高句麗史에서의 國原城 / 高句麗의 洛東江 流域 進出과 新羅·加耶經營 / 高句麗와 加羅聯盟 / 中原高句麗碑의 建立 目的 / 漢城 陷落 以後 高句麗와 百濟의 關係

# 永樂 6年 廣開土王의 南征과 國原城

## Ⅰ. 머리말

「廣開土王陵碑文」[1]에서 더욱 생동감 있게 표출되고 있듯이 고구려는 4세기 후반에서 5세기에 걸쳐 비약적으로 南進經營을 추진하였다. 그것은 곧 고구려의 國家的 發展에는 물론이고, 당시 한반도를 중심으로 하는 東아시아의 정치적 상황에도 지대한 영향을 미치는 것이었다. 그런 관계로 고구려의 南進經營에 관해서는 많은 연구가 이루어져 왔다.[2] 그 가운데서도 특히 58城 700村을 攻取하였다는 「陵碑文」 永樂 6년 條의 백제 공략에 관한 내용[3]은 주된 검토의 대상이 되어왔다.

그러나 돌이켜볼 때 종래 學界에서는 「능비문」 영락 6년 조의 내용을 대체로 文面 그대로 단순히 백제와의 交戰이라는 시각에서만 해석하는 경향이 지배적이었다. 다시말하자면 당시 고구려의 南進의 궁극적인 목표가 직접 상대국인 백제는 물론 그를 넘어 신라 · 가야 그리고 나아가서는 倭 또한 영향력 속에 포괄하고자 하는 것이었음을 忽視한 감이 없지 않았다. 이로 인하여 위에 적은 58城의 위치 또한 당시 고구려로부터 백제의 王都 漢城에 이르는 예성강 以南에서 한강 以北 지역에 비정하고자 하는 경향을 보여 왔다.

1) 「광개토왕릉비문」에는 여러 釋文이 있으나, 인용한 釋文은 그때마다 出典을 명시하였다. 그리고 「광개토왕릉비문」은 이후 「능비문」으로 略稱한다.

2) 이에 관해서는 李亨求, 「廣開土大王陵碑研究 百年史」『廣開土大王碑新研究』 1986, pp.315~329에 잘 정리되어 있다.

3) 「능비문」 영락 6년 조는 본문 II장에 전재되어 있다.

이에 本稿에서는 「능비문」 영락 6년 조의 내용을 다시 對신라 · 가야 지역으로의 交通路 확보라는 또 다른 시각을 포함하여 재검토함으로 써 當年의 攻取 지역이 南漢江 上流 지역을 포함하고 있으며, 그 결과 새로운 南進의 교두보로 國原城이 설치되었을 개연성을 밝혀보고자 하는 것이다. 실제 이러한 예상은 고구려의 신라에 대한 영향력이 이미 奈勿麻立干代에는 人質을 요구할 정도로 강화되고 있으며,[4] 백제 攻略 前年인 「능비문」 영락 5년 조의 기사에서 "百殘新羅舊是屬民"云云한 구절이 있는 점과, 당시 백제 공략이 주로 水軍에 의한 漢江 水域에 대한 작전이었다는 점에 근거한다면 가능할 수 있다. 더욱이 고구려는 그 가운데 남한강 상류인 忠州 지역에 國原城을 설치하고 있다는 점과 「능비문」에 전하듯이 그 4년 뒤에는 5萬이라는 고구려의 大軍이 쉽게 신라 · 가야 지역으로 出兵하고 있다는 점 등을 연결지어 볼 때 쉽게 납득될 수 있다고 하겠다. 따라서 우선 「능비문」 영락 6년 조의 기사 가운데 同年에 攻取된 城을 분간하여 그 일부의 위치가 南漢江 상류 지역에 비정될 수 있음을 밝혀 보고, 다시 國原城의 명칭을 통하여 그 설치가 곧 위의 작전의 결과로서 이루어진 것임을 살펴보기로 하였다.

## II. 「陵碑文」 永樂 6年 條의 檢討

광개토왕대 고구려의 남한강 상류 지역 진출 여부는 「능비문」 영락 6년 조의 검토를 통해서 밝혀질 수 있다. 그런데 「능비문」 영락 6년 조를 검토함에는 최근 적외선 기기 등을 이용하여 종래 판독할 수 없었던 글자들을 새로이 확인했다는 王健群의 釋文[5]이 발표되어 많은 도움을 주고 있다. 다음은 「능비문」 영락 6년 조의 釋文을 王健群의 釋文과 對校하여 본 것이다.

4) 『三國史記』 권3, 奈勿尼師今 37년 조.
5) 王健群, 『好太王碑の研究』 1984, pp.160~163.

以六年丙申 王躬率△(水)軍 討滅(伐)殘國 軍△(至)△(窠)首(南) 攻取壹(寧)八城(中略) △(逼)其國城 殘下服義敢出△(迎)戰 王威赫怒渡阿利水 遣刺迫城 横(殘)△(兵)△(歸) △(穴)△(就)便△(圍)城 而殘主困逼 獻△(出)男女生口一千人 細布千匹△(跪)王自誓 從今以後 永爲奴客 太王恩赦先(始)迷之愆 錄其後順之誠 於是△(得)五十八城 村七百 將殘主弟幷大臣十人 旋師還都

(原文은 水谷悌二郎의 釋文(『書品』 第100號 1959 所收). ( )는 水谷悌二郎의 釋文과 차이 나는 王健群의 釋文).

위의 「능비문」 영락 6년 조는 주지하듯 고구려가 백제로부터 58城 700村을 공취한 과정을 기록하고 있다. 그런데, 영락 6년 조에 보이는 고구려의 백제 정벌 배경을 구명하기 위해서는 먼저 백제 정벌의 決算格인 58城의 소재지가 밝혀져야만 한다. 종래 58城의 소재지에 관해서는 이견이 있어 왔지만 대체로 임진강 연변 및 한강 이북에서 찾고 있는 설이 현재 대세를 점하고 있다.[6] 이 설의 중핵은 『三國史記』 辰斯王 8년 조에서 "漢水 以北의 여러 部落이 많이 함몰되었다"는 기사와 58城 가운데 閣彌城과 阿旦城이 보이는 데 있다. 이같은 58城의 한강 이북 소재설에 입각하여 영락 6년 조를 해석하게 되면 "대동강을 출발한 고구려 水軍이 한강에 집입한 후 한강 이북 지역에 상륙하여 58城을 일시에 공취한 다음 다시 한강을 건너 백제의 王城에 육박했다"는 식이 될 수밖에 없다. 그런데 이같은 「능비문」 영락 6년 조의 해석은 심히 부자연스러운 것이 된다. 아무래도 그 원인은 58城의 소재지 비정에 문제가 있기 때문이다. 여기에서 「능비문」 영락 6년 조를 다시 음미해 볼 필요가 있다.

영락 6년 조는 앞서도 언급했지만 문맥대로 해석하면 광개토왕이 親率하는 고구려 수군이 백제를 공격하여 58城을 공취한 다음 阿利水를 건너 백제 王城에 육박하여 阿莘王의 항복을 받아냄으로써 백제 정벌을 마무리한 것이 된다. 「능비문」에 의하면 백제 왕성 공격에 앞서 고구려는 모두 水軍作戰으로 58城을

6) 李丙燾, 『韓國古代史研究』 1976, p.382.

공취한 것이 된다. 그러나 「능비문」의 영락 6년 조를 이같이 해석하게 되면 많은 의문이 제기된다. 우선 水軍작전만으로 내륙의 거점에 대부분 소재하였을 무려 58개나 되는 城을 공취하기에는 한계가 있다는 점이다. 그리고, 58城의 대부분이 임진강 및 한강 이북에 소재하였을지도 의문이지만[7] 설령 그렇다고 하더라도 이 지역은 전략상 수군작전이 필요하지 않기 때문이다. 사실 고구려가 기왕의 수군작전을 전개하였다면 곧바로 한강을 건너 백제의 왕성을 공격하는 것이 전략적 손실도 덜뿐 아니라 승부를 손쉽게 결정짓는 방법이었을 것이다. 그럼에도 불구하고 58城을 공취한 연후에야 고구려가 백제의 왕성을 공략했다는 것은 합리적이지 못하다. 이와 관련해 필자는 광개토왕 재위기간 고구려와 백제의 전투가 예성강선 이하로 크게 내려오지 않고 있는 『삼국사기』 기록에 대한 응분의 배려가 필요하다고 생각한다. 광개토왕 재위 기간 고구려와 백제의 전투 지역은 『삼국사기』에서 다음과 같이 摘記할 수 있다.

392年 : 石峴 등 10餘 城 · 關彌城
393年 : 關彌城
394年 : 水谷城
395年 : 浿水 · 靑木嶺

이들 지명 가운데 『삼국사기』 문무왕 15년 조에 의하면, 石峴城은 唐軍과의 전투 장소가 되고 있는데,[8] 당시 唐軍과 신라군과의 전투 지역을 감안한다면 적어도 임진강 이북이 된다. 그러므로 석현성의 위치를 개풍군 청석동으로 비

7) 58城을 700개의 村과 관련을 맺고 있는 '지역단위로서의 城'으로 파악하는 견해가 있다(盧重國, 「漢城時代 百濟의 地方統治體制」『邊太燮博士 華甲紀念論叢』 1986, p.142). 그렇다고 할 때 4세기 후반에 과연 예성강에서 한강 이북의 좁은 범위 내에 무려 58城이나 존재하였을까 의심된다. 정연한 지방지배 방식인 方 · 郡 · 城 체제하의 사비시대 백제 전역에 '지역단위로서의 城' 格인 縣城이 200개에 지나지 않았기 때문이다.

8) 『삼국사기』 문무왕 15년 조의 신라군과 唐 · 契丹 · 靺鞨 聯合軍과의 일련의 전투 장소는 石峴城 외에 七重城(積城)과 赤木城(淮陽)이 있다.

정하는 설은 상당히 타당하다고 생각된다. 또한, 관미성은 뒤에서 상세히 고증하겠지만 예성강 南岸에 소재한 것으로 비정한다. 이밖에 水谷城은 황해도 新溪로, 浿水는 예성강으로, 靑木嶺은 개풍군 靑石洞으로 각각 비정되고 있다.[9] 따라서 『삼국사기』에 나타나는 광개토왕대의 고구려와 백제의 주전선은 예성강 연변에 형성되었음을 알 수 있다. 여기에서 예성강이 근초고왕 이래 백제의 北境인 점을 감안해 본다면 광개토왕의 부단한 침공에도 불구하고 백제의 北境에는 별다른 변동이 없었음을 알려준다. 그러면 『삼국사기』 진사왕 8년(392) 조의 '漢水 以北' 상실 기사는 어떻게 받아들여야 하는 것일까? 이와 관련해 그 3년 뒤인 아신왕 4년에 백제군은 浿水戰을 보복하기 위해 漢水 건너 지금의 개성 부근인 靑木嶺까지 진군하고 있는 기사가 주목된다. 시종 밀리는 형세였던 백제군이 청목령까지 진군했다는 기사에 비추어 볼때, 진사왕 8년 조의 '한수 이북' 상실 기사는 액면대로 믿을 수 없다고 하겠다. 그렇기 때문에 이병도도 이 기사의 '한수 이북'을 임진강 이북의 잘못이라고까지 했다.[10]

한편 『삼국사기』에 보이는 고구려와 백제의 예성강선 전투는 영락 6년 이전의 일이고, 「능비문」에 보이는 한강 이북 58城의 공취는 영락 6년의 사건이기 때문에 상호 무관하다고 볼 수도 있다. 그렇지만 392년에 고구려가 함락시킨 백제의 關彌城이 「능비문」 영락 6년 조의 閣彌城이 분명한만큼, 392~395년 사이의 전투가 「능비문」 영락 6년 조의 58城 공취와 무관하다고 할 수는 없다. 이 문제는 뒤에서 상론하겠지만 그보다 「능비문」 영락 6년 조의 58城 가운데 문헌에서 소재지를 확인할 수 있는 城들을 통해 58城 소재지의 일단이 드러나게 될 것으로 기대된다. 그런데 58城 소재지 파악의 전제로서 필자는 音似에 따른 지명 고증에 비중을 두지 않음을 밝혀둔다. 「능비문」의 58城과 문헌 기사가 명료하게 부합된다고 인정되고 있는 城만을 대상으로 소재지를 검토할 예정이다.

9) 李丙燾, 앞책, pp.379~380. 관미성과 아단성의 위치만 제외하고 『삼국사기』에 보이는 여타 관련 지명은 氏의 고증에 따랐다.

10) 李丙燾, 앞책, p.379.

그 이유는 어휘 자체가 단순했던 고대 지명에는 유사 지명이 많은 관계로, 音似에 기초한 지명 고증에는 많은 무리가 따르기 때문이다. 일례로 58城 가운데 古利城은 경기도 楊州郡 棒接面의 고구려 때 이름인 骨衣奴에 비정할 수도 있겠지만,[11] 지금의 충북 沃川인 管山城의 一名인 古利山城에 더욱 근사할 수도 있다.[12] 「능비문」 영락 6년 조의 백제 정벌 기사에 대한 정밀한 검토 없이 오로지 音似에 기초한 지명 고증의 난맥상은 동일한 58城을 임진강 및 한강유역으로 비정하는 견해 외에, 충남의 내륙으로 비정하는 등의 극단적인 고증을 통해서도 잘 드러나고 있다.[13] 「능비문」과 문헌의 對校에 따른 이같은 지명 고증의 난맥상은 어쩔 수 없다고 하더라도 「능비문」 자체에서도 城名의 표기가 통일되지 않은 경우가 산견된다. 가령 영락 6년 조의 58城과 守墓人 烟戶로 差出된 31城 5지역[14] 가운데는 서로 부합되는 城名이 보일 수밖에 없는데도 就鄒城이 就咨城으로, 農賣城이 婁賣城으로 동일한 城名조차 약간씩 달리 표기되고 있다.[15] 그뿐 아니라 58城 자체에서도 牟盧城과 牟婁城, 古牟婁城과 古模耶羅城 등에서 보듯이 극히 서로 音似한 城名이 보이고 있다. 만약, 이들 城名이 각기 所傳을 달리하였다면 필시 同一城으로 간주하였을 것이다. 따라서 音似에 기초한 지명 고증의 한계를 실감할 수 있다.

문헌과 명확하게 일치시킬 수 있는 「능비문」의 58城은 閣彌城·彌鄒城·阿

11) 李丙燾, 『國譯 三國史記』 1977, p.537.

12) 『三國史記』 권43, 金庾信傳(下)의 "옛날 백제의 明穠王이 古利山에서 우리나라를 치려고 꾀하였을 때 庾信의 祖父 武力角干이 장수가 되어 이를 邀擊하여 이긴 것을 타고 王 및 宰相 4人과 士卒들을 사로잡아 그 세력을 꺾었다."의 古利山은 管山을 가리킨다. 古利의 漢譯이 '管'이다. 이 古利山이 管山을 가리킴은 『三國史記』 권4, 眞興王 15년 조에 잘 나타나고 있다.

13) 58城의 소재지를 충남의 내륙 지역으로 비정하는 견해는 酒井改藏, 「好太王碑面の地名について」 『朝鮮學報』 8, 1955, pp.57~60.

14) 朴時亨은 37지방으로 보고 있다(朴時亨, 『광개토왕릉비』 1966, p.220). 광개토왕릉의 守墓人으로 差出된 31城 5지역 주민 가운데, 5지역은 城字가 붙지 않은 豆比鴨岑韓·句牟客頭·求底韓·客賢韓·百殘南居韓을 가리킨다. 31城과 5지역을 합하면 모두 36지방이 된다.

15) 朴時亨도 이들 城名을 同一한 城으로 추정하였다(朴時亨, 앞책, p.221).

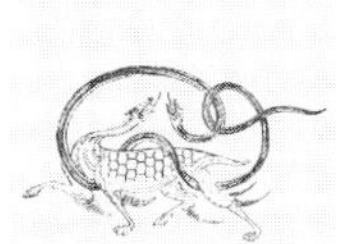



旦城밖에 없다. 이들 3城 가운데 仁川으로 비정되는 彌鄒城을 제외한, 閣彌城과 阿旦城의 소재지에는 이론이 있다. 閣彌城 즉 關彌城에 관한 기록은 『삼국사기』에서 찾아볼 수 있다. 『삼국사기』 광개토왕 즉위년 조에 보면 "그 城은 四面으로 峭絶하고 海水로 둘러 있다"[16]고 하여 관미성이 천연의 요새임을 말해주고 있다. 바로 이 기사에 주목한 이병도는 관미성을 강화 喬桐島의 華蓋山城으로 비정하였다.[17] 그러나 氏의 비정에는 문제점이 제기된다. 우선 관미성이 교동도에 소재하였다면 海島에 소재한 城으로 기록할 것이지 굳이 소재지 묘사가 필요했을까 하는 생각이 든다. 관미성이 "海水로 둘러 있다"고 特記했다는 것은 오히려 海島에 소재하지 않았음을 반증할 수 있다. 그리고 광개토왕이 군대를 7道로 나누어 관미성을 공격했다는 것과, 水軍作戰에 관한 언급이 없었던 것도 관미성을 교동도로 비정할 수 없는 근거가 될 수 있다. 아울러 백제의 左將 眞武가 개성 근처에 소재한 石峴 등 5城을 탈환하기에 앞서 관미성을 포위했다는[18] 기사를 통해 볼 때, 관미성 역시 石峴城과 멀지 않은 곳에 소재했음을 알 수 있다. 더욱이 이병도가 관미성의 소재지로 비정한 강화 교동도는 당시 백제인들의 지리 관념과도 부합되지 않고 있다. 『삼국사기』 辰斯王 7년 조에 보면 강화도로 유력시되는 섬을 '國西大島'라고 하였는데[19] 반해, 관미성은 "我北鄙之襟要"라고 하여 백제 北邊에 소재한 城으로 인식하고 있기 때문이다. 이와 관련해 필자는 관미성을 예성강 南岸으로 비정하는 박시형의 견해를 주목하고자 한다.[20] 다음은 氏의 입론에 필자의 견해를 약간 추가한 관미성의 예성강

---

16) 『三國史記』 권6, 廣開土王 즉위년 조. "冬十月 攻陷百濟關彌城 其城四面峭絶 海水環繞 王分軍七道 攻擊二十日乃拔"

17) 李丙燾, 앞책, p.283, 주 4.

18) 『三國史記』 권25, 阿莘王 2년 조. "秋八月 王謂武曰 關彌城者我北鄙之襟要也 今爲高句麗所有 此寡人之所痛惜 而卿之所宜用心而雪恥也 遂謀將兵一萬伐高句麗南鄙 武身先士卒以冒矢石 意復石峴等五城 先圍關彌城麗人嬰城固守 武以糧道不繼 引而歸"

19) 『三國史記』 권24, 辰斯王 7년 조. "秋七月 獵國西大島 王親射鹿"

20) 朴時亨, 앞책, pp.174~175.

南岸 소재설이다.

관미성은 關彌嶺과 관련있는 이름이라고 생각되는 만큼 먼저 관미령의 위치 확인이 필요하다. 관미령의 위치에 관해서는 온조왕 10년에 말갈군을 昆彌川에서 방어하다 패한 백제군이 靑木山으로 후퇴한 기록에서 실마리를 얻을 수 있다. 『신증동국여지승람』에서는 청목산을 개성 송악산이라 했다. 이는 백제 초기의 영토 상태로 보아 근사하다고 볼 수 있지만, 오히려 송악산 수십리 북쪽에 있는 靑石洞을 청목산으로 비정하는 것이 더욱 적합하다. 청석동은 역사적으로 남북교통로요, 오래된 關防 시설이 있는 곳이기 때문이다. 여기서 청목산 혹은 청목령을 청석동으로 비정한다면 곤미천은 예성강이 된다. 그렇다면 七重城과 七重河의 관계처럼 관미령 역시 곤미천과 관련있는 지명으로 보이므로, 개성 근처의 고개가 된다. 이 관미령에 백제의 북변 요새지인 관미성이 있었던 것으로 보인다. 그런데 관미성은 四面이 강파르고 바닷물로 둘러진 데 자리잡았다고 하였으므로 예성강 南岸 부근에 위치한 것이 된다.

한편 예성강 北岸인 현재의 金川郡 西北面 助邑浦의 脫彌城을 관미성으로 비정하기도 하는데[21] 주목할만한 견해이다. 이렇듯 관미성을 예성강 연변에 소재하였던 것으로 본다면 『삼국사기』에서 광개토왕대 고구려와 백제의 주전선이 예성강 방면에서 형성된 기록과도 합리적으로 연결이 된다고 하겠다. 다음으로 문제되는 것은 阿旦城의 소재지이다. 阿旦城의 위치 구명이야말로 고구려의 한강 이북 지역 진출 여부를 가늠해주는 최대의 관건이 된다.

阿旦城의 소재지는 현재의 서울시 광진구 광장동의 아차산성으로 비정하는 견해[22]가 거의 정설이 되다시피 하고 있다. 그러나 이같은 견해에는 중대한 문제점이 제기된다. 만약 고구려가 아차산성을 점령했다면 백제의 왕성 눈 앞에 고구려성이 버티고산 상황이 되기 때문에 백제로서는 천도가 불가피해진다. 몽촌토성이나 풍납동토성 일대에 백제의 왕성이 소재할 수 없게 되는 것이다.

21) 金聖昊, 『沸流百濟와 日本의 國家起源』 1982, pp.84~86.
22) 그 대표적인 論者로서는 李丙燾를 꼽을 수 있다(李丙燾, 앞책, p.381).

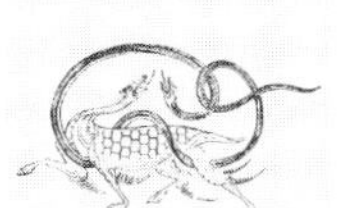

1930년대의 아차산성 원경

아차산성 성벽

이같은 이유로 신채호는 이때 백제가 충남 천안의 직산으로 천도하여 新慰禮城이라 칭했다고 보았다.[23] 그러나 신채호의 견해처럼 고구려의 압력을 피해 백제가 천도했다는 기록이나 명증은 없다. 다만 아단성을 아차산성으로 지목하게 되면 감당하기 어려운 복잡한 문제에 직면하게 된다는 사실을 인식시켜 줄 뿐이다. 때문에 阿旦城을 고구려의 阿珍含縣이었던 강원도 安峽로 비정하기도 한다.[24] 『삼국사기』 素那傳에 보이는 阿達城을 阿珍含縣으로도 간주하고 있는데, 이 阿達城은 阿旦城과 音似하기 때문이다.

이렇듯 종래 58城 한강 이북 소재설의 유력한 근거였던 관미성과 아단성의 소재지에 異論이 제기될 뿐만 아니라 58城 한강 이북 소재설을 뒷받침할만한 방증도 확보할 수 없었다. 물론 고구려의 58城 공취가 일시적인 것으로서 58城을 곧 백제측에 반환하였을 경우[25]에 고구려의 한강 이북 지역 진출도 전혀 無望한 일만은 아니다. 그렇지만, 광개토왕대의 고구려는 對백제전에서 시종 우위를 견지하는 입장이었기 때문에 일단 공취한 58城을 고구려가 백제에 상실했을 가능성은 희박하다. 이와 관련해 주목되는 사실은 그 이듬해인 397년에 백제는 고구려와의 약속을 어기고 倭와 和通했다는 점이다.[26] 백제가 전력의 열세에도 불구하고 倭兵의 동원을 통해 고구려에 대한 보복전을 준비했다는 사실은, 백제가 58城을 여전히 상실한 상황에서 나온 조치라고 할 것이다. 이같은 견해를 보강해 주는 것으로 광개토왕이 생전에 "내 생각에 舊民은 점점 약해질까 걱정이니 내가 죽은 뒤에는 내가 몸소 略取하여 온 韓穢들만을 데려다가 守墓人으로 하라"고 敎言한 점이 주목된다.[27] 이 敎言에 의하면 阿旦城民을 포함한 '新來韓穢' 31城 5지역 民은 단순한 포로가 아니라 고구려에 새로 정복된 영

23) 丹齋 申采浩先生紀念事業會, 「朝鮮上古史」『改訂版 丹齋申采浩全集』上卷, 1977, p. 209.

24) 佐伯有清, 『七支刀と廣開土王碑』 1977, p.69. p.84 및 井上秀雄, 『古代朝鮮』 1978, p.78.

25) 李丙燾, 앞책, p.382.

26) 『三國史記』 권25, 阿莘王 6年 條. "夏五月 王與倭國結好 以太子腆支爲質" 이 기사는 비록 연대 차이는 있지만, 「능비문」 영락 9년 조의 "九年己亥 百殘違誓 與倭和通"과 동일한 事案으로 파악되고 있다.

토의 주민이었음을 알려준다. 왜냐하면 광개토왕이 생전에 守墓人 차출에 관한 教言을 남겼던 목적은 영토의 확대로 인해 피정복민인 이른바 新民의 비중이 증대된 데 따른 고구려 왕권의 적극적인 포용 의지의 발현이었기 때문이다.[28] 따라서 고구려가 58城을 백제에 반환했을 가능성 또한 희박하다.

이와 관련해 이제는 『삼국사기』와 「능비문」 사이의 紀年에 대한 정리가 필요하다. 두루 알려져 있듯이 『삼국사기』와 「능비문」을 대조해 보면 동일 사건에 관한 紀年이 전혀 일치되지 않고 있다. 가령 「능비문」에는 고구려군의 契丹(稗麗) 원정을 영락 5년(395) 조에서 기술하고 있으나, 『삼국사기』에 의하면 이는 392년 9월에 단행되었다. 두 자료 사이에는 3년간의 時差가 생기고 있다. 그리고 「능비문」에는 백제가 왜와 和通한 것을 영락 9년(399) 조에서 기술하고 있으나, 『삼국사기』에 의하면 백제가 軍事外交의 일환으로 倭國에 太子 腆支를 볼모로 보낸 것이 397년 5월의 일이었다. 두 자료 사이의 이같은 紀年의 차이를 생각할 때, 「능비문」이 당대의 金石文이라는 점에만 비중을 두어 『삼국사기』를 일방적으로 무시할 근거도 없다. 능비가 勳績碑的인 성격이 강하다는 사실은 그만큼 객관성을 깎아내리는 요인이 됨으로, 오히려 「능비문」에 문제의 소지가 있을 수 있기 때문이다.[29] 따라서 紀年에 대한 『삼국사기』와 「능비문」의 차이를 구명하지 않고는 영락 6년 조에 대한 합리적인 해석이 불가능하다고 하겠다.

일례로 『삼국사기』에는 「능비문」 영락 6년 조와 같은 중요한 사건이 기록되어 있지 않다. 그 이유를 史料의 누락으로 볼 수도 있겠지만, 『삼국사기』에 기록된 영락 6년 이전인 392 · 393 · 394 · 395년에 걸친 고구려와 백제의 交戰 기

27) 「능비문」 "國罡上廣開土境好太王存時教言 祖王先王 但教取遠近舊民 守墓洒掃 吾慮舊民轉當贏劣 若吾萬年之後 安守墓者 但取吾躬巡所略來韓穢 令備洒掃 言教如此"(王健群의 釋文).

28) 능비문에 의하면 舊民 110家와 더불어 新民인 '韓穢' 31城 5지역 주민 가운데 220家가 守墓人으로 差出되고 있다. 이를 보더라도 '新來韓穢' 31城 5지역과 그 주민은 고구려의 영토와 주민으로 편제되었음을 알게 된다.

29) 이에 관한 李基東의 정리가 참고된다(李基東, 「廣開土王陵碑文에 보이는 百濟關係 記事의 檢討」『百濟研究』17, 1986, p.44).

록이 반대로 「능비문」에 전혀 보이지 않는 이유를 설명할 수 없게 한다. 이와 관련해 영락 6년에 고구려가 점령한 것으로 「능비문」에 기록된 관미성을 『삼국사기』에는 광개토왕 즉위년 조(392)의 일[30]로 기재한 점이 주목된다. 즉 관미성의 함락 시기에 관해 「능비문」과 『삼국사기』는 4년의 차이를 보이고 있다. 동일한 城에 관한 이같은 점령 시기의 차이를 어떻게 받아들여야 할까? 필자는 武田幸男의 견해[31]처럼 여러 시기의 백제 공격 사실을 영락 6년 조에 일괄 기재한 것으로 보고 싶다. 이 견해를 취할 경우 고구려가 여러 시기에 걸친 백제의 58城 공취 사실을 「능비문」의 영락 6년 조에 집약한 이유를 생각해 보아야만 한다. 영락 6년에 광개토왕은 親征으로 백제 아신왕의 항복을 받아냄으로써 백제 공략의 大尾를 장식한 관계로, 영락 원년에서 5년까지 공취한 백제 성들의 숫자까지도 광개토왕의 親征年인 영락 6년 조에 일괄 기재하여 광개토왕의 업적을 돋보이게 하려고 한 것이 아닐까 생각된다. 더욱이 「능비문」은 征討 명분을 앞세우고 있는 치밀한 構造文이기 때문에 산발적인 백제와의 전투 사실까지 일일이 年代記式으로 기재할 수 없는 성격이기 때문이다. 따라서 「능비문」 영락 6년 조의 58城에는 고구려가 영락 6년 이전에 공취한 성들과 영락 6년에 공취한 성들이 일괄 기재된 것으로 보여진다. 그런데 58城 가운데 영락 6년에 광개토왕이 親征으로 공취한 城들이 가장 큰 비중을 차지했을 것이다. 이 사실은 「능비문」상의 광개토왕의 친정 기록과 守墓人 烟戶의 성격을 검토함에 따라 밝혀질 것이다.

「능비문」 상의 광개토왕의 親征은 영락 6년 외에 영락 5년의 稗麗 정벌, 영락 20년의 東夫餘 정벌에 한정되고 있다.[32] 「능비문」에 보이는 3건의 친정 기록[33]

30) 광개토왕의 즉위년은 『三國史記』에 의하면 392년이지만, 「능비문」에 따른다면 391년이 된다. 이처럼 兩者간의 紀年에는 1年의 차이가 있는데, 이 가운데 「능비문」 쪽이 옳다고 생각된다(今西龍, 「廣開土境好太王陵碑に就て」 『朝鮮古史の硏究』 1937, p.464).

31) 武田幸男, 「廣開土王碑文辛卯年條の再吟味」 『古代史論叢』上, 1978, pp.50~84.
武田幸男, 「高句麗廣開土王紀の對外關係記事」 『三上次男博士頌壽記念東洋史考古學論集』 1979, pp.266~271.

가운데 城을 공취한 것은 영락 6년 뿐이다. 영락 5년의 稗麗 정벌은 鹽水上에서 3部落 6 · 7百營을 공파한 戰果밖에는 없다. 그리고, 영락 20년의 동부여 정벌은 점령 대상이 명시되어 있지 않다. 그런데 攻破 城名에 대한 언급이 없다 해서 광개토왕의 친정 때 城 점령이 없었다고 단정할 수는 없다. 이 문제는 親征이 아닌 敎遣의 형태인 다음과 같은 「능비문」 영락 17년 조에 대한 검토를 통해 밝혀지게 될 것이다.

> 一七年丁未 教遣步騎五萬△△△△△△△△△王師四方合戰 斬煞蕩盡 所獲鎧鉀一萬餘領 軍資器械 不可稱數 還破沙溝城 · 婁城 · 牛由城 · △城 · △△△△△△城(王健群의 釋文).

이 영락 17년 조는 「능비문」의 일부가 마멸된 관계로 종래 征討의 대상에 관한 추측이 구구하다. 그런데, 이 문구의 冒頭에 출정의 명분이 보이지 않고 있는 이유를 최근 왕건군은 영락 14년 甲辰 條 기사의 첫머리에서 거론했기 때문이라고 했다. 甲辰 條는 백제 · 왜의 동맹군과 고구려와의 전투 기록이라고 한다. 그렇다면, 영락 17년 조는 백제와의 전쟁인 셈이다. 이 점을 명확히 해주는 것은 고구려에 攻破된 沙溝城 · 婁城 등의 성 이름이다. 즉 婁城은 백제의 58城

32) 「능비문」 "永樂五年 歲在乙未 王以碑麗不歸△人 躬率住(往)討 過富山負山至鹽水上 破其三部洛(落)六七百營 牛馬群羊 不可稱數" "廿年庚戌 東夫餘 舊是鄒牟王屬民 中叛不貢 王躬率住(往)討 軍到餘城 而餘擧國駭 獻出△△△△△△△王恩普覆 於是旋還"(王健群의 釋文).

33) 「능비문」 영락 14년 조에 의하면 王의 군대를 뜻하는 '王幢' 이 帶方界 전투에서 倭寇를 潰敗시킨 문구가 있다. 이로 보아 帶方界 전투는 광개토왕의 親征일 수 있다. 더욱이 王健群의 이 구절 釋文에는 "王躬率" 이라는 글자를 새롭게 판독하고 있기 때문이다. 그러나 "王躬率" 은 氏의 탁본에서 거의 확인되지 않고 있는 실정이다. 그리고 영락 17년 조에 대한 氏의 釋文에도 '王幢' 과 동일한 뜻인 '王師' 라는 글자가 판독되고 있지만 앞에 '教遣' 이라는 글자가 있는 것으로 보아, 광개토왕의 親征이 아님을 알 수 있다. 즉 '王幢' 및 '王師' 라는 글자가 보인다고 해서 모두 王의 親征을 뜻하는 것으로 확대 해석해서는 안될 것이다. 설령 영락 14년 조의 전투를 광개토왕의 親征으로 간주한다고 해도, 이 전투는 어디까지나 고구려 본토를 主戰場으로 하고 있기 때문에 영역 지배를 수반하는 정복전쟁의 범주에 포함시킬 수는 없다.

의 牟婁城 · 古牟婁城 · △婁城 · 燕婁城 등 이른바 婁字 계통의 성 이름과 관련을 시사해 주고 있기 때문이다. 한편, 고구려군이 공파한 沙溝城 · 婁城 · 牛由城 · △城 등 4개의 城에다가 결락된 부분에 기재되었을 2개의 성 이름을 합하면 도합 6城이 된다. 그렇다고 할 때 영락 6년 조의 58城에 17년 조의 6城을 합하면 모두 64城이 된다. 이는 「능비문」에서 "凡所攻破城六十四"라고 한 광개토왕 1代에 점령한 城의 수와 일치되고 있다.[34] 이로써 고구려는 오로지 백제와의 전투에서 64城을 공취했음을 알 수 있다. 「능비문」 상에는 그밖의 대상으로부터 고구려가 공취한 城이 없었던 것이 된다.

이렇듯 「능비문」 상에서 광개토왕이 친정으로 城을 공취한 것은 영락 6년 조가 유일한 예에 속한다. 그러면, 이와 관련해 광개토왕 死後 守墓人으로 差出된 '新來韓穢' 31城 5지역의 존재를 주목하고자 한다. 왜냐하면 「능비문」의 "但取吾躬巡所略來韓穢"라는 문구에서 보듯이 '新來韓穢' 31城 5지역은 광개토왕 생전의 親征의 산물이었기 때문이다. 특히 '新來韓穢' 31城 가운데는 영락 6년 조의 58城에 보이는 城名들이 있기 때문에 兩者間에는 불가분의 어떤 관련이 있음을 느끼게 한다. 이 문제를 구명하기 위해 일단 「능비문」 영락 6년 조의 58 城名을 다음과 같이 적어보았다.

壹八城 臼模盧城 各模盧城 幹氐利△ △△城 閣彌城 牟盧城 彌沙城 △舍蔦城 阿旦城 古利城 △利城 雜珍城 奧利城 勾牟城 古模耶羅城 莫△△△△城 △而耶羅△ 瑑城 △ △城△△△豆奴城 沸△ △利城 彌鄒城 也利城 太山韓城 掃加城 敦拔城 △△△城 婁賣城 散那城 [那]旦城 細城 牟婁城 于婁城 蘇灰城 燕婁城 析支利城 巖門△城 林城 △ △△△△△△利城 就鄒城 △拔城 古牟婁城 閏奴城 貫奴城 彡穰城 △△城 △△盧城 仇天城 △△△△△(其國城)

34) 이 부분의 해석은 王健群, 앞책, pp.205~207에 따랐음을 밝혀둔다. 이와같은 견해로는 浜田耕策, 「高句麗廣開土王碑文の研究」『朝鮮史研究會論文集』11, 1974, pp.14~15가 참고 된다.

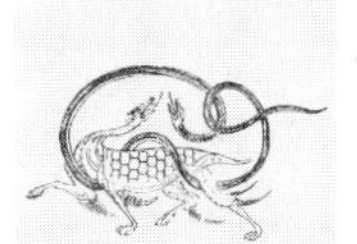



아울러 광개토왕릉의 守墓人 烟戶로 差出된 '新來韓穢' 31城 5지역의 이름을 다음과 같이 순서대로 적어 보았다.

> 沙水城 牟婁城 豆比鴨岑韓 勾牟客頭 求底韓 舍蔦城韓穢 古△耶羅城 炅古城 客賢韓 阿旦城 雜珍城 巴奴城韓 臼模盧城 各模盧城 牟水城 幹氐利城 彌鄒城 也利城 豆奴城 奧利城 須鄒城 百殘南居韓 太山韓城 農賣城 閏奴城 古牟婁城 瑑城 味城 就咨城 彡穰城 散那城 那旦城 勾牟城 於利城 比利城 細城
>
> (이 釋文은 水谷悌二郎에 의함. 그리고 •은 王健群의 탁본 가운데 명확하게 판독된 글자를 필자가 水谷悌二郎의 釋文에 補入한 것임.)

여기서 영락 6년 조의 58城과 '新來韓穢' 31城 가운데 상호 완전히 일치되는 城名은 牟婁城 · 阿旦城 · 雜珍城 · 各模盧城 · 幹氐利城 · 也利城 · 豆奴城 · 彌鄒城 · 奧利城 · 大山韓城 · 閏奴城 · 古牟婁城 · 瑑城 · 彡穰城 · 散那城 · 那旦城 · 勾牟城 · 細城 등 19城이다. 그리고 婁賣城 · 就鄒城 등 2개 城은 農賣城과 就咨城에 각각 해당될 것이다.[35] 그밖에 △舍蔦城은 舍蔦城韓穢에, 古模耶羅城은 古△耶羅城에, △利城은 於利城이나 比利城에 해당될 것이다. 따라서 58城 이름과 31城 이름 사이에 城名이 완전히 일치되는 것은 19城, 音似로 연결되는 건은 2城, 필자가 추정한 성 이름 3城이다. 이것을 모두 합하면 24城이 된다. '新來韓穢' 31城 가운데 24城이 영락 6년 조의 58城에 포함되어 있는 것이다. 그렇다고 할 때 그 나머지 7城도 58城名의 缺落字 가운데 포함된 것이 분명하다. 그런데 '新來韓穢' 31城 5지역 가운데 豆比鴨岑韓 · 句牟客頭 · 求底韓 · 客賢韓 · 百殘南居韓 등과 같은 5 지역은 「능비문」 영락 6년 조의 58城名에 포함되지 않았을 것으로 생각된다. 왜냐하면 각 58城名 사이에는 豆比鴨岑韓이나 百殘南居韓이 들어갈만한 5字 이상의 연속된 결락 공간이 없기 때문이다. 城字가 붙지 않은 이들 5지역은 城과는 구별되는 백제의 특정 지역 이름으로 看取

35) 朴時亨, 앞책, p.221.

된다.

그러면 '新來韓穢' 31城 5지역 가운데 31城이 「능비문」 영락 6년 조의 58城에 포함되었다는 사실이 의미하는 것은 무엇일까? 아마도 이는 58城 가운데 '新來韓穢' 에 속한 31城과 그 밖의 27城이 각기 공취 시기와 성격에 차이가 남을 뜻한다고 하겠다. 즉 광개토왕의 親征의 산물인 '新來韓穢' 31城 5개 지역 공취는 역시 친정이 있던 영락 6년 때임이 분명하다. 반면 관미성을 고구려가 공취한 시기에서 알 수 있듯이, 392년에서 395년에 걸친 對백제 전투의 戰果가 「능비문」 영락 6년 조에 일괄 기록되었다. 이 점을 상기할 때 58城 가운데 31城을 제외한 나머지 27城의 공취는 영락 6년 이전의 사건이 된다.

## III. 永樂 6年 高句麗의 南漢江 上流 地域 進出

고구려 水軍이 영락 6년에 공취한 '新來韓穢' 31城 5지역의 소재지를 구명하게 되면 광개토왕의 백제 친정의 배경이 밝혀지게 될 것이다. 이와 관련해 왕건군의 「능비문」 釋文이 많은 시사를 해준다. 왕건군은 종래 "討科殘國軍△△首攻取壹八城" 으로 판독하고 있던 「능비문」 영락 6년 조의 문구를 "討伐殘國軍至窠南攻取寧八城" 으로 새롭게 판독하고 있다. 왕건군의 이 釋文은 문맥상 별다른 무리가 없다. 왜냐하면 氏가 지적했듯이 종래처럼 "首攻取壹八城" 으로 판독하게 되면 뒷 문구에 반드시 '次下' 또는 '再次' 등의 글자가 이어져야만 했기 때문이다.[36] 즉 먼저 壹(寧)八城을 공취하고 다음에 어떤 城을 공취했다고 하여야만 문맥이 정연해지는 것이다. 따라서 '首' 자는 분명히 새롭게 판독이 되어야만 했다. 그런데 왕건군은 '首' 자를 '南' 자로 판독하고 있다. 이같은 왕건군의 釋文은 탁본을 놓고 볼 때 字形上 미심쩍은 데가 전혀 없는 것은 아니

36) 王健群, 앞책, p.186.

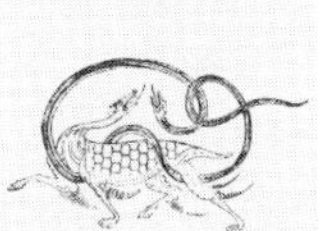



다. 그렇지만 '首'를 '南'으로 판독하게 되면 뒤에서 구명할 '新來韓穢' 31城 5지역의 비정 소재지와 전후 연결이 잘 맞아 떨어진다. 따라서 필자는 왕건군의 석문을 취하여서 논지를 전개할 계획이다. 한편 왕건군이 새로 판독한 '南'字 앞의 '窠'字는 종래 판독이 안되었지만 이번 氏의 탁본에서는 字形이 뚜렷하기 때문에 그대로 취할 수 있다. 이 '窠'는 '窠窟' 즉 근거지를 가리킨다. 그리고 이는 왕건군이 새로 판독한 "殘兵歸穴就便圍城而殘主困逼"에서 王城을 가리키는 '穴'과도 맥이 닿는 글자이다. 즉 '窠'는 백제 王城의 卑稱이라고 할 것이다. 그렇다고 할 때 "軍至窠南"은 고구려 수군이 백제 왕성 남쪽 지역까지 진출했음을 뜻하는 문구라고 하겠다.[37] 왕성 남쪽은 백제의 왕성이 있던 현재의 서울시 송파구 이남 지역을 가리킨다. 그런데 왕성 남쪽의 최대 범위는 한강 하류로 진입한 고구려 수군작전과 관련지어 볼 때 남한강 상류 지역까지 미칠 수 있다고 본다. 이와 관련해 「능비문」 영락 6년 조의 58城과 '新來韓穢' 31城에 모두 포함되고 있는 古牟婁城의 존재가 주목된다. 고구려와 신라의 관계를 주된 내용으로 하는 「중원고구려비문」에 다시금 등장하고 있는 古牟婁城은 충주 지역과 내륙으로 연결되고 있던 고구려 남진경영의 거점으로 유력하게 추정되고 있다.[38] 이렇듯 고모루성의 소재지를 남한강 상류 지역으로 비정할 수 있다면, 영락 6년의 고구려 친정군이 점령한 '新來韓穢' 31城 5지역의 소재지 구명을 위한 단서가 될 수 있을 것이다.

그렇다고 할 때 58城의 남한강 이북 소재설의 유력한 근거일 뿐만 아니라, '新來韓穢'에도 속한 阿旦城의 소재지에 대한 재검토가 요망된다. 앞서 필자는 阿旦城을 서울시 광진구 광장동 소재 아차산성으로 비정했을 때 파급되는 난맥상에 관해 지적한 바 있다. 필자는 그 대안으로 아단성을 남한강 상류인 단양군

37) 그러나 王健群은 이 문구를 고구려 군대가 百濟 國境의 南側에 도착했다는 의미로 받아들이고 있다. 즉 氏는 漢江 河口에 진입한 고구려 水軍의 漢江 이북 지역에서 일시에 58城을 공취한 후, 최후에 한강을 건너 백제의 王城에 육박한 것으로 해석하고 있다(王健群, 앞책, p.186).

38) 「中原高句麗碑學術座談會」『史學志』13, 1979, p.133, 변태섭의 발언.

영춘면에 소재했다고 본다. 그러한 근거로서 영춘면의 고구려 때 지명인 乙阿旦縣의 '乙' 은 '웃' 즉 '上' 의 뜻이고, '阿' 는 한강을 가리키는 '阿利水' 의 '阿利' 의 縮音이 되며, '旦' 은 '城谷' 의 뜻으로 밝혀지고 있기 때문이다. 곧 乙阿旦은 '한강 상류의 城谷' 이라는 의미가 되는 동시에 한강하류의 '阿旦' 에 대응하여 생겨난 지명임을 알 수 있다. 즉 阿旦城은 한강 상 · 하류 두 곳에 있었는데, 이들을 서로 구별하기 위해 한강 상류의 阿旦城을 乙阿旦城으로 일컬었으리라는 추측이 가능해진다. 사실, 이들 두 곳의 阿旦城은 모두 한강 연변에 소재하였다는 공통점을 지니고도 있다. 이렇듯 阿旦城은 서울시 광장동과 단양군 영춘면의 두 곳에 소재하였는데 편의상 영춘면의 阿旦城을 乙阿旦城으로 일컫는 경우도 있었다고 생각된다. 이같은 추정은 고구려 장군 溫達이 전사한 阿旦城이 영춘면에 소재하였던 것으로 밝혀지게 된다면 더욱 분명해 질 것이다.

영양왕(590~618) 초에 고구려 장군 온달은 계립현과 죽령 以西 지역의 失地회복을 표방하면서 출정하였는데,[39] 阿旦城 전투에서 신라군의 流矢에 맞아

단양군 영춘면 온달성

전사한 것으로 되어 있다. 이때 온달이 전사한 阿旦城의 소재지가 문제된다. 그런데 온달이 출정할 때 실지 회복을 겨냥한 지역이 "계립현과 죽령의 以西 지역"임을 감안한다면, 온달은 한강 하류보다는 남한강 상류쪽으로 공격 목표를 설정했을 가능성이 높다고 하겠다. 당시 한강 하류 지역은 신라 영토 내에서 전략적 비중이 가장 컸기 때문에 新州亭을 설치하여 고구려군의 공격을 견고하게 방비하고 있던 터였다. 그러므로 고구려군이 신라군의 방위망을 뚫고 서울시 광장동의 아차산성까지 진출하기 어려운 상황이었다고 판단된다. 반면 온달이 전사한 뒤인 629년에 고구려군은 충북 청원군의 낭비성까지 진출하고 있다.[40] 이 사실은 남한강 상류 지역을 통한 고구려군의 南下路의 개척 과정을 알려주는 동시에 온달이 전사한 阿旦城이 영춘면임을 시사해 주는 것이다. 그런데 영춘면에서 阿旦城으로 지목할 만한 곳은 溫達城을 제외하고는 없다.[41] 阿旦城을 현지에서 온달성이라 일컫게 된 배경도 이곳이 온달이 전사한 바로 그 阿旦城인데서 기인한다고 생각된다.

영춘면의 溫達城이 阿旦城인지의 여부를 확인하기 위해서는 城 자체의 입지적 여건에 대한 검토가 필요하다. 왜냐하면 종래 온달성을 축조한 나라에 관해

39) 溫達의 出征시기를 『三國史記』 溫達傳에는 陽岡王代로 기록하고 있다. 그러나 陽岡(陽原)王은 平岡(平原)王의 父王에 해당된다. 그러므로 陽岡王은 平岡王의 長子인 嬰陽王으로 고쳐 보아야 한다(李丙燾, 『國譯三國史記』 p.673). 그렇다면 溫達의 出征 시기는 6세기 후반에 해당된다.

한편 고구려군이 北漢山城을 침범한 이듬해인 604년에 신라는 利川에 두었던 南川州를 폐지하고 北漢山州를 설치하고 있다. 이는 한강 하류 지역에 대한 신라의 적극적인 방어책에서 나왔다고 하겠는데, 신라의 州는 전장의 변화 내지는 비중에 따라 신축성있게 이동해 가고 있었다. 그런데 신라는 568년부터 603년까지 南川州를 利川에 설치한 바 있다. 이는 이 시기 고구려군의 주된 공격 지역이 한강 하류가 아니라 남한강 상류쪽임을 시사해준다. 그럼에도 신라는 한강 하류 지역의 전략적 비중 때문에, 新州停을 남한강 상류쪽으로 크게 이동시키지 못했던 것 같다. 그렇다고 할 때 온달의 전사 지역은 영춘임을 알 수 있다.

40) 『三國史記』 권4, 眞平王 51년 조 및 『三國史記』 권20, 榮留王 12년 조.

41) 영춘면에는 온달성과 南川里城이 있다. 그런데 南川里城은 입지적 여건이라든지, 협소한 규모 등을 감안해 볼 때 영춘면의 治所城으로는 부적합하다.

서는 논란이 있었기 때문이다. 현재 단양읍에서 남한강을 거슬러 올라가면 소백산맥의 봉우리들이 중첩한 영춘면이 나오는데, 영춘면 소재지 못미쳐 오른쪽으로 거의 절벽에 가까운 해발 400m의 산 정상을 둘러싼 石城이 온달성이다. 이 온달성은 북쪽의 下里 渡船場에서 바라보면, 城 안의 동정이 훤하게 들여다 보이기 때문에 애초 남쪽을 방비하기 위해 고구려가 축조한 城으로 간주할 수 있다. 그러나 門址가 동쪽과 남쪽에 있고, 강에 잇닿은 북쪽과 서쪽은 거의 절벽에 가까우며, 옆 산등성이와 완만하게 이어지고 있는 서남쪽은 가장 성벽이 낮은 동시에, 그 일부에 성벽의 흔적이 보이지 않고 있다. 더욱이 적군이 서남 방향인 소백산 국망봉을 넘어 栢子里쪽에서 공격해 온다고 가정하면, 성 안에는 이같은 상황을 알 길이 없는 위치이다. 따라서 이러한 입지적 여건을 놓고 볼 때 온달성은 북서쪽을 방비할 목적으로 축조한 것이 분명한 만큼, 적어도 고구려가 축조하지는 않았던 것 같다. 반면 신라의 축조 가능성도 생각할 수 있지만, 영춘면이 애초 백제 영역이었다는 사실과 함께 城 안에서 백제계의 토기편이 발견되고 있는 것을 볼 때,[42] 백제의 始築이 분명한 것 같다. 즉 백제가 북서쪽의 고구려를 방비하기 위해 축조한 城이라고 하겠다. 그런데 온달성의 外觀이나 築城 技法面으로는 5세기 후반에 축조된 신라성의 전형인 보은의 三年山城과 흡사하다. 이는 애초 土城이었던 온달성이 신라의 소유가 된 후, 石城으로 改築된 데 따른 현상으로 추측된다. 요컨대 이와 같이 해서 고구려의 乙阿旦縣이었던 온달성은 당초 백제의 築城으로 구명되었으며, 이 온달성이 곧 「능비문」의 阿旦城으로 밝혀지게 된다. 따라서 「능비문」의 古牟婁城과 阿旦城의 소재지 검토를 통해 영락 6년에 충주를 비롯한 남한강 상류 지역이 고구려에 점령되었음을 알게 되었다.

이 밖에 「능비문」 영락 6년 조의 58城과 '新來韓穢' 31城의 하나인 '舍蔦城

42) 忠淸北道, 『文化財誌』 1982, p.310. 한편 온달성과 근접한 단양 赤城에서도 백제계 土器片이 수습되고 있다(金元龍, 「丹陽 赤城의 歷史 · 地理的 性格」 『史學志』 12, 1978, pp.8~10). 이는 곧 남한강 상류 지역이 백제의 영향권임을 뜻한다.

韓穢' 의 舍蔦城이 韓人과 東穢人의 混居로 이루어진 城邑이라는 이병도의 견해를 통해서도 고구려의 남한강 상류 지역 진출을 시사받을 수 있다. 씨는 「능비문」 영락 6년 조에 기재된 58城 가운데 舍蔦城이 阿旦城과 並記되고 있는 것을 주목하여 舍蔦城의 위치를 阿旦城 부근으로 추정하였다.[43] 그런데 서울시 광장동의 아차산성 부근에 韓人과 東穢人의 混居로 이루어진 城邑이 존재할 수 없는 형편이다. 다만 舍蔦城이 韓人과 東穢人의 混居로 이루어진 城邑이라는 이병도의 견해가 옳다면, 舍蔦城과 並記된 阿旦城 역시 단양군 영춘면의 乙阿旦縣城(온달성)으로 비정하는 것이 타당하다. 왜냐하면 충북과 강원도의 경계인 남한강 상류지역은 韓人과 東穢人의 接境 내지는 混居 지역이라는 견해가 있기 때문이다.[44] 실제 三韓 諸國의 위치 비정만큼 여러 說이 구구한 경우도 드문데 반해, 정작 축북 지역에 비정되는 三韓 諸國은 거의 없는 실정이다. 이 사실은 곧 충북 지역의 일부가 東穢人들의 거주 반경에 해당됨을 시사해 준다.[45]

한편 영락 6년 광개토왕의 친정 대상이었던 '新來韓穢' 의 '韓穢' 는 韓人과 穢人으로 나누어보는 것이 옳다고 한다.[46] 그렇다고 하면 고구려 수군이 '韓穢' 의 백제 城 · 民을 동시에 공취할 수 있는 지역은 아무래도 韓人과 穢人의 接境 내지는 混居 지역인 남한강 상류 지역 뿐이다.[47] 물론 백제 영내에 있던 '新來韓穢' 의 31城 5지역이 모두 남한강 상류 지역에 소재할 수는 없다. 가령 미추성의 경우는 仁川이 거의 확실하기 때문이다. 그러나 古牟婁城과 阿旦城 및 舍蔦城의 소재지를 감안해 볼 때 '新來韓穢' 의 31城 5지역의 주된 소재지는 남한강 상류 지역이 분명하다. 이때 충주도 이들 31城 5지역에 포함되었겠지만 당시 地名을 우리가 알지 못할 따름이다.

이와 관련해 450년에 何瑟羅 城主가 悉直原(三陟)에서 고구려 邊將을 살해하

43) 李丙燾, 앞책, p.267.

44) 千寬宇, 「馬韓諸國의 位置試論」 『東洋學』 9, 1979, p.9. 동해안을 따라 내려온 東濊人의 거주 南端은 경북 영일군에 이르고 있다(梅原末治, 「普率善穢伯長銅印」 『考古美術』 8의 1, 1967, pp.263~264).

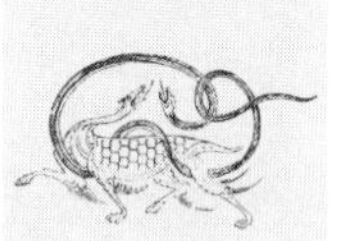



는 사건과 그 대응 기사가 주목된다. 이 때 고구려 군대가 보복 차원에서 신라를 쳐 들어 왔다. 신라에서는 고구려군이 침공해 온 방향을 '我西邊' 이라고 하였다.[48] 이는 고구려가 충주 이남 지역을 지배하고 있었기에, 경주를 왕도로 한 신라의 '西邊' 을 공격할 수 있었다고 본다. 달리 말한다면 475년 이전에 고구려는 이미 충주 이남 지역을 지배하고 있었음을 뜻한다. 나아가 이는 고구려가 396년에 충주를 지배한 사실을 반증해 준다.

그러면 영락 6년에 고구려 수군이 남한강 상류 지역에 진출한 목적은 어디에

---

45) 이와 관련해 백제와 근접한 지역에 貊國이 존재하였다는 다음의 史料가 주목된다. "百濟自西行三日 至貊國云"(『隋書』 百濟 條). "百濟西行三日 至貊國千餘里云"(『北史』 百濟 條). 그런데 이 기사는 『隋書』 이전 中國 史書에서는 보이지 않고 있기 때문에 『隋書』가 찬술되는 7세기 초의 중국인들의 貊國에 대한 인식을 반영한다고 볼 수 있다. 실제, 이 기사 앞의 躭牟羅國 즉 제주도가 백제에 附庸되었다는 기사가 있는 것을 생각할 때, 이 기록은 제주도가 백제에 복속된 웅진시대를 上限으로 하고 있다. 그런데 "백제에서 西쪽으로 3日을 가면 貊國에 이른다"는 이 기사의 西쪽은 東쪽의 잘못인듯 하다. 왜냐하면 웅진 · 사비성 도읍기 백제의 西境은 西海가 될 뿐만 아니라, 그 西部 지역에 貊國이 존재하였다는 근거가 없기 때문이다. 한편 같은 책 백제 조에 보면 "其南海行三日 有躭牟羅國 南北千餘里 東西數百里 土多麞鹿附庸於百濟"라고 하여, 제주도의 너비에 대한 方位가 실제와 뒤바뀌어진 사실이 주목된다. 이를 통해 볼 때 貊國의 위치를 백제의 서쪽으로 기록한 것 역시 『隋書』撰者의 方位觀의 착오에 기인한 것임을 알 수 있다. 그렇다고 하면 백제에서 東쪽으로 3日 旅程의 종착지인 貊國은 7세기 초 백제의 北東界로서 강원도 지역에 가장 근접한 청주 · 대덕선을 기준으로 한다고 해도 충주 · 제천선부터 그 범위에 들어간다고 하겠다. 당시 왕도였던 부여를 기준한다면 貊國의 西界는 충주 西南편까지 확대될 여지도 있다. 그런데 貊國은 7세기 초에는 이미 존재하지 않은 터이기에, 이는 貊族을 가리키겠지만, 여기서는 그 거주반경으로 보아 濊族으로 생각된다. 중국인들은 濊와 貊에 대한 뚜렷한 구별없이 흔히 混記하고 있기 때문이다. 어쨌든 東濊人이 남한강 상류지역에 거주한 사실은 이로써 다시금 입증된 셈이다.

46) 기존 견해의 대부분이 韓穢를 분리하여 해석하고 있다. 혹 韓穢를 連稱으로 간주하여, 백제와 가야인들에 대한 貶稱이라는 견해도 있지만(朴時亨, 앞책, p.215), 이는 穢人의 해석에 고심한 데서 비롯된 견해이다.

47) '新來韓穢' 지역명의 하나인 '百殘南居韓' 을 "한강 이남에 거주하고 있는 韓穢"라는 견해(李亨求, 『廣開土王陵碑文의 新硏究』 1985, p.106), 역시 같은 맥락에서 파악할 수 있다. 다만, 氏가 '百殘南居韓' 자체를 주민으로 간주한 것은 재고되어야만 할 것 같다. 왜냐하면 '百殘南居韓' 출신의 주민이 守墓人 烟戶인 國烟과 看烟에 각각 差出되고 있기 때문이다.

48) 『三國史記』 권3, 눌지마립간 34년 조.

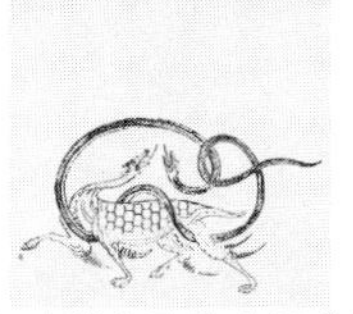



있었을까?「능비문」 영락 6년 조를 검토해 보면 이 문제는 자연 풀리게 된다. 「능비문」 영락 6년 조는 광개토왕이 親率하는 고구려 수군이 백제를 공격해서 58城을 공취한 다음 한강을 건너 백제 왕성을 공격하여 아신왕의 항복을 받아낸 내용이다. 앞서 누차 언급했지만 영락 6년 조를 액면대로 취하게 되면 이해되지 않는 부분이 생긴다. 그러므로 영락 6년 조가 集約文이라는 점을 감안해서 해석을 시도해야 한다. 즉 영락 6년 조에서 고구려가 백제로부터 공취했다는 58城 가운데 기실 영락 6년에 고구려가 공취한 城은 31城에 지나지 않으며, 이 31城은 경기만 일부[49]와 남한강 상류 지역에 주로 소재하였다. 그 밖의 나머지 27城은 고구려가 영락 6년 이전에 공취한 城들로서 주로 예성강과 임진강 사이에 소재하였던 것이다.[50] 다만, 이들 27城은 광개토왕의 백제 정벌의 大尾를 장식하는 영락 6년 조에 31城과 함께 일괄 기재되었을 뿐이다. 그러므로「능비문」 영락 6년 조의 攻取城을 남한강 상류 지역에 소재한 성으로 상정하고 同年 條를 해석해야만 한다. 그러면 영락 6년 조는 고구려 수군이 남한강 상류 지역까지 거슬러 올라가 다수의 城을 공취한 뒤 회군하여 백제 왕성을 공격한 것이 된다. 이는 납득하기 어려운 상황 전개 과정이기 때문에 합리적 문구 해석이 필요하다. 대동강을 출발한 고구려 수군은 한강에 진입하여 기습적인 渡河 작전으로 백제 왕성을 포위한 뒤 아신왕의 항복을 받게 된다. 그런 다음 여세를 몰아 고구려 수군은 남한강 상류지역까지 진출하여 마음놓고 城을 공취한 것으로 보아야만 영락 6년조의 해석이 순조로와진다. 한편 講和의 조건으로 남한강 상류 지역의 城村을 백제로부터 할양받았을 가능성도 배제할 수 없다. 그러면

49) 고구려 수군이 경기만 일부를 공취하게 된 배경은 다음과 같이 추정된다. 고구려 수군이 한강에 진입하거나 작전을 마치고 回軍할 때 軍巷인 彌鄒城(仁川)에서 發進한 백제 船團이 그 배후를 급습하거나 한강 河口를 차단할 수 있으므로, 한강 진입에 앞서 仁川巷을 강타하여 백제 船團의 발을 묶는 데 있었다.

50) 58城의 하나로서 예성강 南岸에 소재한 閣彌城은 '新來韓穢' 31城에 포함되지 않고 있다. 이는 고구려가 점령한 백제의 關(閣)彌城 등이 '新來韓穢' 31城과는 攻取 시기와 성격에서 차이가 남을 시사해 준다.

고구려 수군이 백제 왕성 공략에 성공한 즉시 남한강 상류 지역 진출에 시선을 돌린 배경을 살펴보고자 한다.

남한강 상류 지역은 고구려가 백제를 배후에서 압박할 수 있는 전략적 위치에 있을 뿐만 아니라 소백산맥 이남으로 진출할 수 있는 교두보가 된다는 사실을 주목할 필요가 있다. 종래 고구려와 신라의 교섭은 동해안로를 이용하였으나[51] 신라·가야 지역으로의 본격적인 진출을 위해서는 내륙 지역을 관통하는 광활한 보급·수송로의 확보가 긴요하였기 때문일 것이다. 고구려가 남한강 상류 지역에 진출한 지 4년 뒤인 庚子年에 5萬의 대병력이 신라·가야 지역으로 출병할 수 있었던 배경도 이러한 내륙 교통로의 확보와 관련 있다고 생각된다.[52] 이렇듯 영락 6년에 고구려가 남한강 상류 지역에 진출하게 됨에 따라 낙동강유역까지 영향력을 미칠 수 있는 토대를 구축하게 되었다.

## Ⅳ. 國原城의 名稱과 設置

영락 6년에 남한강 상류 지역에 진출한 고구려는 충주에 國原城이라는 지명을 남겼다.[53] 국원성이라는 지명은 고구려의 일반 郡縣名과는 쉽게 구별이 되고 있다. 가령 冬比忽이니 鳥斯含達縣이니 하는 토속적인 지명이 아니기 때문에 국원성은 그 자체 특수 행정 구역일 가능성을 시사해 주고 있다.[54] 이처럼

51) 末松保和,「高句麗との關係」『新羅史の諸問題』1954, p.139.

52) 영락 6년에 개척한 고구려군의 南下通路는 평양 → 수안 → 신계 → 화천 → 춘천 → 원주 → 충주 → 단양 → 죽령으로 이어지는 선으로 추정된다.

53)『三國史記』권34, 地理(2), "中原京 本高句麗 國原城 新羅平之 眞興王置小京"

54) 신라의 北原小京인 原州는 고구려의 平原郡이었다. 平原郡이라는 행정지명은 고구려의 보편적인 지명과는 차이가 난다. 오히려 平原郡은 國原城과 맥이 닿는 지명임을 느낄 수 있다. 그렇다고 할 때 平原郡은 신라의 北原小京 설치 이전부터 고구려의 지방통치의 중심 거점이었음을 시사해 준다.

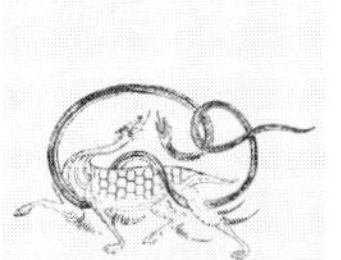



국원성이라는 지명이 토속적인 지명에서 유래한 것이 아니라고 할 때 필시 '國原' 이라는 지명에는 국원성의 역할과 관계된 의미가 내재되었을 가능성이 크다고 하겠다. 종래 '國原' 의 뜻을 '나라의 중심지' 라는 의미로 받아들이기도 하였다.[55] 그러나 이같은 풀이는 통일신라가 충주에 中原小京을 설치한 데 따른 선입견에서 비롯된 것이다. 국원성은 고구려의 변경 지역인 관계로 '나라의 중심지' 라는 해석은 적합하지 않다. 반면 '國原' 의 기존 용례에 주목하는 것이 보다 정확한 의미를 발견하는 길이 될 것이다.

國原城의 '國原' 은 『三國遺事』王曆에서 '國原王' 으로 기재하고 있는 고구려 제 17대 故國原王의 諡號와 부합되고 있다. 한편 故國原王 즉 國原王을 一名 '國岡上王' 으로도 『삼국사기』에는 기재되어 있다. 여기서 '國原' 과 '國岡' 은 서로 의미가 통하는 문자임을 알 수 있다. 실제, 陽原王을 陽崗上好王으로, 平原王을 平崗上好王으로, 安原王을 安(香)崗上好王으로 『삼국사기』와 『일본서기』에 각각 기재된 것만 보더라도 '原' 과 '岡(崗)' 이 같은 뜻임을 거듭 확인할 수 있다. 이렇듯 동일한 뜻의 '國岡' 과 '國原' 의 용례는 「능비문」에서도 찾아진다. 광개토왕의 公式 시호명인 '國罡上廣開土境平安好太王' 의 '國岡(罡)' 이 그것이다. 이 '國岡' 이 광개토왕릉의 소재지를 가리키는 것임은 분명하지만, 고유지명일 가능성을 배제할 수 없다. 왜냐하면 '國岡' 과 의미가 통하는 '國原' 의 경우 고구려왕의 시호인 東川 · 中川 · 西川 · 美川 등과 같이 고유지명으로 간주할 수도 있기 때문이다. 그러나 고구려 제 16대 왕인 斯由의 시호를 故國原王과 國原王으로 각각 달리 기재하고 있는 이유를 고려해 볼 때, 고유지명으로만 생각할 수 없을 것 같다.

이 문제의 구명을 위해서는 우선 '國' 자체의 의미를 상고해 보는 것이 필요하다. 주지하다시피 '國' 에는 '나라' 의 의미도 있지만, '서울(首都)' 의 뜻도 포함되어 있다. 『禮記』 禮運編 "國有學" 의 疏에 "國謂天子所都" 라고 한 것이나,

55) 邊太燮, 「中原文化의 歷史的 背景」 『考古美術』160, 1983, p.43.

『孟子』萬章下編 "在國口市井之民"의 注에 "國謂都邑也"라고 한 데서 알 수 있다. '國'이 '國都'의 의미로 사용된 예는 史書에서도 散見된다. 가령『三國志』東夷傳, 夫餘 條의 妬忌罪에 관한 기록에 등장하는 '國南山上'을 '서울 남쪽 산 위'로 해석하고 있는 점이나[56]『三國志』高句麗 條의 "國東有大穴 名隧穴"이란 구절을『舊唐書』에서 "國城東有大穴 名神隧"로 轉載한 데서도 살펴진다. 이처럼 '國'에는 '國都'의 의미가 있다는 점을 염두에 둘 때 故國原과 國原의 '國' 역시 '國都'의 의미로 해석을 하는 것이 옳다고 본다. 즉 고구려가 國內城에서 평양성으로 천도함에 따라 國內城은 자연 '옛 서울'이 될 수밖에 없었을 것이므로 葬地名式 시호인 '國原'에 '故'자가 추가되었다고 생각된다. 따라서 '故國原'은 애초부터 고유지명이라기 보다는 '國都'의 뜻에서 비롯되었으며, 「능비문」의 '國岡' 역시 당시 國都였던 國內城을 가리킨다고 할 것이다. 더욱이 國內城의 異稱으로 추정되는 丸都城[57] 그 자체에 首都의 뜻이 내재된 것을 보더라도, 國內城의 '國' 역시 '서울'의 뜻임을 재삼 확인할 수 있다.

國原城의 '原'은 '國岡'의 '岡'과 같이 '들'·'벌판'·'언덕' 등의 뜻을 지니고 있는 데, 모두 土地와 관련있는 일정한 지역을 가리킨다고 볼 수 있다. 고구려어에서 土地인 '土' 및 '壤'을 뜻하는 말로서 '內'·'奴'·'惱'·'那' 등이 있다고 한다.[58] 그렇다고 할 때 '原'과 '岡'은 토양을 가리키는 고구려말의 漢譯임을 알 수 있다. 한편 今西龍은 '內'에는 '國'이나 '川'이라는 뜻 외에 '地方'의 의미도 포함되어 있다고 했다.[59] 이러한 氏의 견해를 취한다면, 國內城의 '國內'는 '國岡'이나 '國原'과 마찬가지로 '京土' 내지는 '都城 지역'이라는

56) 李基白,『韓國史新論』1976, pp.46~47.

57) 池內宏,『滿鮮史研究』上世篇 第 1冊, 1951, p.259.

58) 李基文,『國語史概說』1986, p.34.
실제로 서울시 구로구 시흥동 虎巖山 古城의 한 우물에서 출토된 청동제 수저의 '仍伐內'라는 지명은 始興의 고구려 때 지명인 '仍伐奴'를 가리킨다. 여기서 '內'와 '奴'는 서로 연결됨을 알 수 있다.

59) 今西龍,『新羅史研究』1933, p.487.

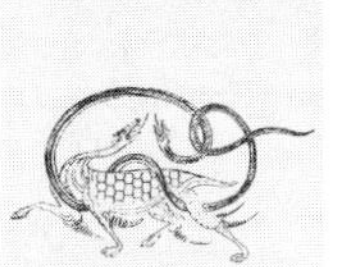



의미가 내포되었음을 알게 된다. 다시말해 國內·國岡·國原은 본질적으로 동일한 단어로 밝혀지게 되었다. 이렇듯 國原城에 '都城'의 뜻이 내재되었다는 것은 곧 이 행정 지명이 고구려의 南進經營의 구도 속에 설정되었음을 뜻한다.

三國은 정복전쟁의 산물인 확대된 영토와 증가된 주민을 효율적으로 통치하기 위해 別都를 설치한 바 있다. 고구려의 경우 수도인 평양성과 함께 通溝의 國內城과 載寧의 漢城은 3京이라 불려졌다.[60] 이같은 3京制는 고구려 후기의 상황을 반영하고 있는 것이지만 고구려는 이미 國內城 도읍기에 평양성을 중시하고 있었다. 고구려의 故國原王이 평양성에서 백제군을 맞아 싸우다가 전사하고 있다.[61] 이는 故國原王이 巡住하였을 정도로 평양성이 남진경영의 本營으로 기능하였음을 시사해 준다. 이같은 평양성의 중요성은 광개토왕의 업적을 기록한 「능비문」에 잘 나타나 있다. 「능비문」 영락 9년(399) 조에 의하면 백제가 맹세를 어기고 倭와 和通함으로 백제를 공격하기 위한 준비차 광개토왕은 국내성을 떠나 평양성에 행차하였다. 광개토왕은 평양성에서 신라의 請兵使臣을 맞이하고 있는데, 이를 통해 평양성은 남진경영의 本營이었음을 알 수 있다. 특히 평양성이 역사적으로 古朝鮮의 수도였다는 점과 영락 9년에서 30년이 채 안되어 천도한 곳임을 생각할 때, 적어도 광개토왕대에는 단순한 군사도시가 아닌 수도의 기능을 보완해 주는 別都로서 기능했다고 생각된다.

그런데 5세기에 접어들자 고구려는 遷都 이전부터 중시해 온 평양성만으로는 한반도의 중심부로까지 급속히 확대되는 남진경영을 극대화시킬 수 없었다. 396년에 이미 고구려는 남한강 상류 지역까지 진출한 상황이었기 때문이다. 따라서 평양성이 지리적 여건상 對백제 경영과 전체 남진경영을 총괄할 수 있는 위치에 있었던 반면, 고구려로서는 남한강 상류 지역을 교두보로 한, 소백산맥 이남의 신라경영만을 전담할 또 다른 別都를 필요로 하고 있었다. 400년의 庚子年出兵 이후 고구려의 정치적 영향력과 영토는 신라 지역과 낙동강 하

60) 『隋書』 권81, 東夷傳, 高麗 條.
61) 『三國史記』 권18, 故國原王 41년 조.

류 일대까지 깊숙이 미치고 있었기 때문이다.[62] 바로 이 같은 시점에서 고구려의 別都가 충주에 설치되었을 개연성은 높다고 하겠지만, 국원성이라는 행정지명이 설치된 시점을 정확히 구명하기는 어렵다. 다만 고구려가 475년에 새로 점령한 백제의 北漢山城에 당시 수도인 평양성이란 지명을 그대로 옮겨 南平壤이라고 한 사실이 시사를 준다. 즉 평양이 '서울'의 뜻이고,[63] 국내성 또한 '서울'의 漢譯에 지나지 않는다고 할 때, 別都 역시 본질적으로 都城의 하나였던 만큼 당시 首都의 이름을 別都에도 동일하게 적용하였으리라는 가정을 해 볼 수 있다. 그렇다고 하면 國內城과 본질적으로 동일한 지명인 國原城 역시, 고구려의 首都가 국내성이었을 때 설치된 것으로 추정된다.

고구려는 충주의 문화 · 지리 · 경제적인 기반을 감안한 결과, 이 지역에 신라 경영을 위한 別都를 설치했다고 본다. 실제 충주는 신라의 진흥왕이 國原小京을, 통일 후에는 5小京의 하나인 中原小京이 설치될 정도로 비중있는 지역이었다. 정인지의 「慶迎樓記」[64]는 충주의 역사적 비중을 잘 집약해 주고 있다.

충주는 先史時代 이래 문화의 중심지로서 두터운 기반을 축적하였음이 고고학적으로 확인된 바 있다.[65] 國原城 설치 후 충주는 신라 지역에 고구려의 문화를 전파하는 데 지대한 공헌을 하였을 것이다. 특히 불교문화는 이 지역을 매개로 하여, 신라 북부의 민간에 포교되어 나갔을 것이다. 지리적인 면에서 충주는 소백산맥 南北의 내륙 교통로인 계립령로와 죽령로를 남한강의 水運과 연결시켜 줄 뿐만 아니라, 남한강과 낙동강을 잇는 거대한 水運路를 확보하는 데 필요한 전략적 요지였다. 경제적인 측면에서 충주는 고대국가의 잠재적 국력의 척

---

62) 이에 관해서는 別稿에서 충분히 거론할 계획이다.
『세종실록 지리지』와 『신증동국여지승람』 등에 의하면 竹嶺 東南의 경북 일부 지역을 고구려가 한때 지배한 것으로 되어 있는데, 그 지배 시기를 庚子年出兵과 관련지어 밝힐 예정이다.

63) 丹齋 申采浩先生紀念事業會, 「朝鮮史硏究艸」『改訂版 丹齋 申采浩全集』中卷, 1987, p.47.

64) 『新增東國輿地勝覽』권14, 忠州牧, 樓亭 條.

65) 忠北大學校 博物館, 『충주댐 수몰지역 지표조사 보고서』 1980.
黃龍渾, 「中原地區文化의 考古學的 考察」『考古美術』160, 1983, pp.10~42.

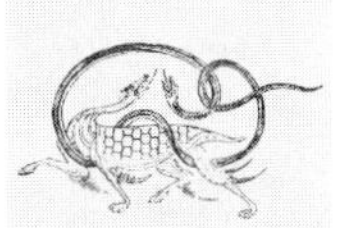



도인 양질의 鐵이 다량으로 산출되고 있는 지역이었다.[66] 특히 충주 鐵場은 陸路와 水路를 이어주는 내륙교통의 요지에 위치한 관계로 철 생산지와 공급지를 겸한 鐵場으로서 가장 적합한 조건을 갖추고 있었다.

이렇듯 충주는 고구려의 남진경영을 극대화시킬 수 있는 여러 가지 여건을 고루 구비했기에 別都가 설치될 수 있었을 것이다. 國原城의 治址는 중원고구려비와 직근 거리에 있는 長尾山城으로 추정된다.[67]

## Ⅴ. 맺음말

평양성 천도 이전부터 한반도의 정세에 깊은 영향력을 행사해 온 고구려는 4세기 후반경에 신라와 宗主·屬民관계를 설정하게 된 것을 계기로 신라경영을 구상해 나갔다. 그런데 고구려와 신라의 교섭은 종래 좁은 동해안로를 이용하고 있었기 때문에, 이로써는 신라경영을 적극적으로 추진할 수가 없었다. 이에 고구려는 신라경영에 필요한 내륙의 광활한 교통로를 확보하려고 하였다.

이와 관련해 「능비문」 영락 6년 조의 고구려의 水軍作戰 및 백제로부터 공취한 58城의 소재지에 관한 검토가 필요했다. 그 결과 영락 6년(396)은 광개토왕이 親征으로 아신왕의 항복을 받아냄으로써 백제 공략의 大尾를 장식한 기념비적인 해였으므로, 즉위 원년에서 5년에 걸친 對백제전의 戰果까지도 영락 6년 조에 일괄 기재하였다는 사실을 발견하게 되었다. 즉 58城 가운데 영락 원년에서 5년에 걸친 對백제전의 戰果는 27城인데, 이들 城은 예성강과 임진강 사이에 소재하였다. 이에 반해 영락 6년에 광개토왕이 親征으로 공취하여 자신의 守墓

66) 충주의 철 생산과 관련된 문헌자료는 『高麗史』권28, 忠烈王 3년 조. 『世宗實錄地理志』 忠州牧 條. 『新增東國輿地勝覽』권14, 忠州牧 土産 條를 꼽을 수 있다. 그 밖에 松秀山 銅店에서 銅이 산출되었다는 俗傳과 충주 이류면 본리에서 확인된 溶鑛爐址 등을 제시할 수 있다.

67) 國原城의 治址를 長尾山城으로 비정하는 견해에 대한 소개는 張俊植, 「高句麗 國原城 治址에 관한 硏究」 檀國大學校碩士學位 請求論文, 1981, p.90을 참조하기 바란다.

人으로 差出한 '新來韓穢' 31城 5 지역의 대부분은 남한강 상류 지역에 소재하였다. 이 같은 사실은 關(閣)彌城 및 阿旦城 · 古牟婁城 · 舍蔦城 등의 소재지 검토를 통해 밝혀지게 된 것이다.

이처럼 영락 6년 고구려 친정군의 점령 범위에 남한강 상류 지역이 포함되었다고 전제할 때, 다음과 같이 同 條를 해석해야만 무리가 없게 된다. 즉 영락 6년에 광개토왕은 水軍작전으로 백제의 王城을 공략하여 아신왕의 항복을 받아냄으로써 누대에 걸친 백제와의 공방전에 있어 일단의 결산을 보게 되었다. 이에 고구려 수군은 여세를 몰아 소백산맥 以南지역으로의 진출 통로를 확보할 목적으로, '新來韓穢' 의 거주 지역이며, 백제 영내인 남한강 상류 지역으로 공격의 방향을 돌리게 되었다.

庚子年(400)出兵 이후 소백산맥 이남의 신라경영이 진척됨에 따라, 고구려는 남진경영의 중심축을 평양성 외에 지금의 충주 지역에 다시금 설정하게 되었다. 이는 당시 고구려의 수도였던 國內城처럼 都城의 의미가 내포된 國原城이라는 행정 지명을 충주에 부여한 사실에서 알 수 있었다. 國原城은 평양성 천도 이전부터 고구려의 別都로서 기능하였다. 이곳에 別都가 설치된 배경에는 문화 · 지리 · 경제적인 측면이 충분히 고려된 결과였다.

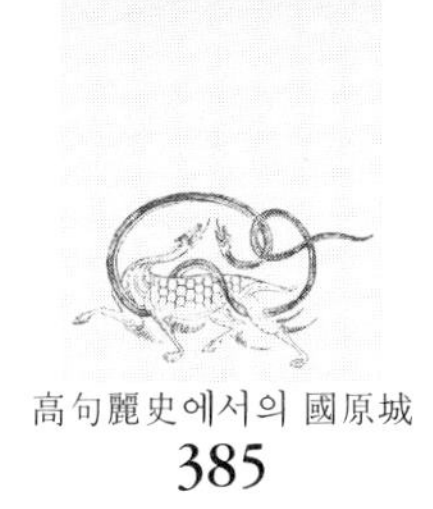



# 高句麗史에서의 國原城

## Ⅰ. 머리말

정치·문화·경제·교통의 요지에 소재한 忠州는 고구려 南進經營과 관련해 周邊部가 아닌 中心部로서 그 雄姿를 역사의 전면에 輝煌하게 드러내었다. 國原城이라는 예사롭지 않은 고구려의 행정 지명이 그것을 암시해 주고도 남는다.

본고에서는 충주가 고구려 영역으로 편제된 시점과 그 배경, 그 정치적 위상과 통치 거점인 治所, 中原高句麗碑의 건립 연대와 그 배경, 그리고 고구려사에서 충주가 빠져나가게 된 시점 등을 고찰하고자 하였다. 그럼으로써 忠州의 정체성은 물론이고, 충주를 중심으로 한 中原文化圈의 성격 究明에 一助할 수 있을 것으로 본다.

## Ⅱ. 忠州의 高句麗史 進入

충주는 소백산맥 남북을 연결하는 양대 교통로와 합치는 곳에 소재한 전략적으로 중요한 지역이었다. 남한강 상류의 중심 문화권이었던 충주는 당초 백제 영역이었던 것으로 보인다. 충주 가금면 장미산성에서 백제와 연관된 鳥足文土器가 출토된 바 있다.[1)] 장미산성에서 출토된 조족문 토기는 그 축조 국가를 암시하기 이전에 그 일대가 한 때 백제 영역이었음을 뜻하는 물증이 된다. 다시

1) 忠北大學校 博物館, 『中原 薔薇山城』 1992, p.172.

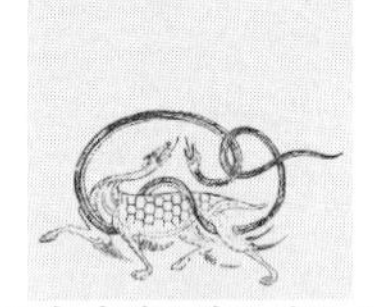



말해 고구려 이전에 백제가 장미산성을 중심으로 한 충주 일원을 지배했음을 알려준다.[2)] 그러한 충주가 고구려사에 편제되는 계기는 다음과 같은 「광개토왕릉비문」(이후 「능비문」으로 略稱) 영락 6년 조에서 찾을 수 있다.

> 百殘新羅舊是屬民由來朝貢 而倭以辛卯年 來渡△破百殘△△[新]羅以爲臣民 以六年丙申 王躬率水軍 討伐殘國 軍△△[首]攻取寧八城 臼模盧城 各模盧城 幹氐利[城] △△城 閣彌城 牟盧城 彌沙城 △舍蔦城 阿旦城 古利城 △利城 雜珍城 奧利城 勾牟城 古[模]耶羅城 [頁]△△△△城 △而耶羅[城] [瑑]城 於[利]城 △△城 豆奴城 沸△△利城 彌鄒城 也利城 太山韓城 掃加城 敦拔城 △△△城 婁賣城 散[那]城 [那]旦城 細城 牟婁城 于婁城 蘇灰城 燕婁城 析支利城 巖門△城 林城 △△△△△△△[利]城 就鄒城 △拔城 古牟婁城 閏奴城 貫奴城 彡穰城 [曾]△[城] △△盧城 仇天城 △△△△ △其國城 殘不服義 敢出百戰 王威赫怒 渡阿利水 遣刺迫城 △△[歸穴]△便[圍]城 而殘主困逼 獻出男女生口一千人 細布千匹 跪王自誓 從今以後 永爲奴客 太王恩赦△迷之愆 錄其後順之誠 於是得五十八城村七百 將殘主弟幷大臣十人 旋師還都[3)]

영락 6년(396) 조는 고구려 광개토왕이 수군 작전을 통해 백제왕의 항복을 받아내고 백제의 58城과 700개 村을 점령했다는 戰勝 기사이다. 영락 6년에 대한 전쟁 과정은 광개토왕이 직접 이끈 수군 작전에 의해 지금의 한강인 아리수를 건너 백제 왕성을 급습·항복을 받아낸 것으로 적혀 있다. 이때 백제왕은 광개토왕에게 奴客의 맹세를 하고 남녀 生口 1천 명과 細布 1천 필, 그리고 王弟와 大臣 10 명을 볼모로 바쳤다.[4)]

이때 고구려가 백제로부터 노획한 58성의 소재지는 영락 6년에 단행된 광개

---

2) 혹은 백제와 신라의 연합으로 한강유역을 회복한 551년에 일시 점령한 상황에서 조족문토기가 남겨지게 된 것으로 간주할 수도 있다. 그러나 남한강 상류 지역인 충주는 신라가 장악하였으므로 백제와는 연결짓기 어렵다.

3) 韓國古代社會硏究所, 『譯註 韓國古代金石文』I, 1992에 의하였다. 다만 '△軍' 은 '水軍' 으로 釋文한 것을 취했다.

4) 李道學, 「廣開土王陵碑文에 보이는 戰爭 記事의 分析」 『高句麗硏究』2, 1996, pp.753~757.

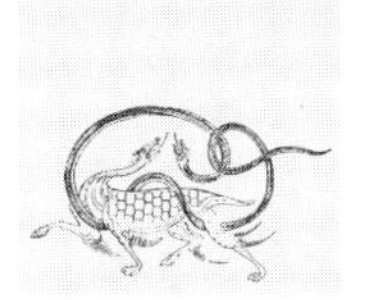



토왕 親征의 성격 내지는 고구려 정복의 방향을 암시해 준다. 이와 관련해 「능비문」은 사실을 기록하는 데 목적을 두고 있는 단순한 역사 기록물이기 보다는 정치 선전문으로서의 성격이 농후한 勳績碑였음을 想起하지 않을 수 없다.[5] 게다가 「능비문」은 征討의 명분을 앞세우고 있는 치밀한 구조문이므로 산발적인 백제와의 전투 사실까지 일일이 연대기식으로 기재하지 않았다. 영락 6년조는 영락 원년에서 6년에 걸친 백제 공격의 성과를 一括 기록한 것이었다. 영락 6년은 광개토왕이 친정으로써 백제 아신왕의 항복을 받아냄으로써 백제 공격의 大尾를 장식한 기념비적인 해였다. 그러한 연유로 인해 영락 원년에서 5년에 걸쳐 공취한 백제의 城 숫자까지도 광개토왕의 親征年인 영락 6년 조에 일괄 기재하여 광개토왕의 업적을 돋보이게 하려 한 것이었다.[6]

이러한 사실을 염두에 두고 검토한 결과, 58城 가운데 영락 원년에서 5년에 걸친 對百濟戰의 戰果는 27城이었고, 그 소재지는 대략 예성강에서 임진강선으로 비정되어졌다. 나머지 31城의 점령 과정은 여러 가지 추리가 가능하지만 虛를 찌르는 일종의 기습전으로 백제 왕성을 전격적으로 함락시켰던 것 같다. 이때 점령한 城들의 소재지는 백제 왕성의 북쪽이 아니라 그 동남부의 깊숙한 內地로 비정되었다. 요컨대 31城은 영락 6년 광개토왕 親征의 결과로서 아신왕에게 항복의 대가로 받아낸 성들로 보여진다. 이와 관련해 韓人과 穢人이 混居하는 新來韓穢 지역에 소재한 舍蔦城, 그리고 阿旦城과 중원고구려비에서 고구려가 守事를 파견하여 관할했던 古牟婁城의 소재지를 검토해 보았다. 그 결과 지금의 인천인 彌鄒城과 같은 경기만 일부 지역도 포함되었지만 대부분 남한강 상류 지역으로 소재지를 비정할 수 있었다.[7]

미추성을 포함한 경기만 지역은 전략적 측면에서 본다면 한강 하구로 진입하

5) 「능비문」의 성격에 대해서는 李道學, 「廣開土王陵碑文의 思想的 背景」 『韓國學報』 106, 2002, pp.2~21을 참조하기 바란다.

6) 李道學, 「永樂 6年 廣開土王의 南征과 國原城」 『孫寶基博士停年紀念韓國史學論叢』 1988, p.94.

7) 李道學, 앞논문, pp.88~102.

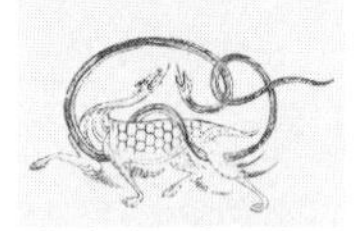



려는 고구려 선단의 後尾를 차단할 수 있는 백제 軍港의 강타라는 측면과, 백제 왕실 직영 소금산지의 장악을 통해 백제에 대한 압박을 강화하기 위한 담보물로서의 성격을 지녔다.[8] 그런데 중요한 것은 31성 가운데 대부분을 점하고 있는 남한강 상류 지역은 신라·가야 경영 문제와 연계되어 있다. 즉 고구려가 소백산맥 이남으로의 진출 통로를 확보할 목적으로 광활한 보급·수송 루트인 그 이북의 충주와 단양·제천을 비롯한 강원도 내륙 지역을 장악한 것으로 보겠다. 그렇다면 이러한 31성 가운데 충주도 응당 포함되었겠지만, 당시 충주의 지명을 알지 못하고 있을 뿐이다.

396년에 남한강 상류 지역에 진출한 고구려에 의해 충주가 점령되었음은 그 행정 지명을 통해서 짐작할 수 있다. 고구려는 國原城이라는 행정 지명을 충주에 부여하였다.[9] 國原城이라는 행정 지명은 고구려의 여느 지명과는 구분되는 것으로서, 특수 행정 구역일 가능성을 시사하고 있다. 國原城의 '國'은 國都를, '原'은 고구려어에서 土地를 가리키는 말인 內·奴·那·壤·洛·惱의 譯語인 것이다. 그러므로 국원성은 '國都 지역'이라는 의미가 담겨 있다. 고구려 국도인 國內城의 '國'이 國都의 의미를, '內'는 土地를 가리키는 '奴'와 연결된다.[10] 國內城 역시 '國都 地域'이라는 의미가 된다. 따라서 國原城과 國內城은 동일한 의미를 지닌 행정 지명임을 알 수 있다.[11]

그러면 고구려가 국내성과 동일한 國都 성격의 국원성이라는 행정 지명을 충주에 부여한 목적은 무엇이었을까? 그것은 일단 고구려가 또 하나의 都邑 즉 別都의 기능을 충주에 부여했음을 뜻한다. 충주가 고구려의 別都가 된 시기는 문

8) 李道學, 「伯濟國의 성장과 소금 交易網의 확보」『百濟硏究』23, 1992, pp.10~11.

9) 『三國史記』 권35, 地理2, "中原京 本高句麗國原城 新羅平之 眞興王置小京"

10) '內'와 '奴'는 土地를 가리키는 말로서 서로 연결되고 있다. 고구려 仍伐奴縣 管內였던 관악산 호암산성 한우물에서 출토된 숟가락에 새겨진 '仍伐內'라는 지명을 통해서 확인되어진다. 儒城을 『大東地志』에서 "本百濟 奴斯只 奴一作內"라고 한 데서도 '奴'와 '內'가 연결됨을 알 수 있다.

11) 李道學, 「永樂6年 廣開土王의 南征과 國原城」 pp.103~104.

헌에서 詳考할 수 없다. 그러나 이와 관련해 475년에 고구려가 지금의 서울 북부 지역인 北漢山城을 장악한 후에 南平壤城이라는 별도를 설치한 사실이 想起된다. 南平壤城이라는 이름은 고구려 당시 國都 이름인 平壤城에서 연유한 것이다. 이러한 맥락에서 볼 때 國原城이라는 別都 이름은 고구려가 國內城에 도읍하던 시기에 命名한 것으로 볼 수 있다. 충주가 고구려에 점령된 시기는 396년이고, 국내성 도읍기의 下限은 427년이다. 그러므로 고구려는 396년~427년 사이 어느 때 당시 國都였던 국내성에서 취하여 국원성이라는 행정 지명을 부여한 것으로 볼 수 있다.[12] 신라가 충주 지역을 지배한 후에는 國原小京을 설치하고 통일 후에는 中原小京을 삼았다. 이러한 충주 지역의 정치적 위상을 逆으로 고려할 때 고구려의 별도 설치는 결코 우연이 아니라고 하겠다.

## III. 國原城 설치의 배경과 그 역할

### 1. 國原城 설치 배경

충주에 國原城이라는 고구려의 別都가 설치된 배경은 무엇일까? 일단 고구려는 4세기 중반경에 백제를 비롯한 전체 남진경영을 총괄하기 위해 평양성에 별도를 설치한 바 있다. 5세기에 접어들어 고구려는 평양성만으로는 한반도의 중심부까지 급속히 확대되는 남진경영을 극대화시킬 수 없었다. 396년에 고구려는 이미 남한강 상류 지역까지 진출한 상황이었다. 400년에는 신라 구원을 명분삼아 5만의 고구려 步騎가 出兵한 이후 그 정치적 영향력과 영토는 신라 지역과 낙동강 하류까지 깊숙이 미치고 있었다.[13] 그로 인해 고구려로서는 남

12) 李道學, 앞논문, p.105.
13) 400년에 해당하는 「능비문」 영락 10년 조의 성격에 대해서는 李道學, 「加羅聯盟과 高句麗」 『加耶와 廣開土大王』 제9회 가야사 국제학술회의, 2003, pp.1~15을 참조하기 바란다.

장미산성

한강 상류 지역을 교두보로 한 소백산맥 이남의 신라경영만을 전담할 또 다른 별도의 필요성을 느끼게 되었다.

고구려가 충주에 별도를 설치한 직접적인 배경은 몇 가지로 나누어서 살필 수 있다. 우선 鄭麟趾의 다음과 같은 「慶迎樓記」를 통해 충주 지역의 위상을 시사 받게 된다.

> 忠州는 南方의 咽喉를 질러 막은 곳에 자리잡았다. 지역이 넓고 戶口가 많다. 이 때문에 公文書가 구름처럼 쌓이고 賓客이 모여 들어 참으로 밝고 지혜로움이 남보다 뛰어난 人材가 아니면 그 번잡한 것을 다스려 낼 수가 없다.… 이 고을의 세워진 것이 가장 오래되어 三韓의 다투는 땅이 되었다.[14]

14) 『新增東國輿地勝覽』 권14, 忠州牧, 樓亭 條.

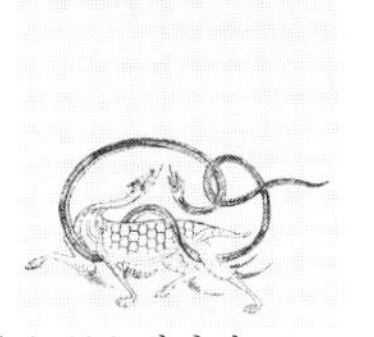



실제 지리적인 측에서 볼 때 충주는 교통의 要地라는 전략적 중요성을 지니고 있었다. 즉, 충주는 소백산맥 남북을 잇는 양대 교통로인 계립령과는 직접 통할 뿐 아니라 죽령과도 연결되어 있다. 더욱이 충주는 이러한 내륙 교통로를 다시금 남한강을 이용한 水運으로 연결시켜 주는 위치에 있었다. 고려의 12漕倉의 하나인 德興倉과 조선의 可興倉이 있던 충주는 경상도 북부 지역과 충청북도 전역에 걸친 稅穀을 모았다가 남한강의 水運을 이용해서 개성 및 서울의 京倉으로 운반하는 역할을 맡은 바 있었기 때문이다. 그리고 고구려가 충주에서 계립령을 넘어 문경 방면으로 진출하게 되면 대동강에서부터 한강과 낙동강을 잇는 거대한 戰略 水路를 확보할 수 있게 된다. 이러한 戰略 水路는 평양성에서 남평양성과 국원성 그리고 낙동강 하구의 狗邪國 지역을 잇는 最短 코스로서, 그 중간 거점이 충주가 되는 것이다.[15]

경제적인 측면에서 볼 때 충주는 비상하게 주목을 요하는 都會였다. 남한강과 넓은 충적 평야를 끼고 있는 충주는 거주에 적합한 조건을 갖추고 있었던 관계로 인구 조밀 지역이었다. 따라서 자연 생산 활동도 활발하여 잉여 농산물 또한 풍부하게 집적되어 있었다. 아울러 교통의 要地인 관계로 충주는 내륙 경제의 중심지로서 번성하였다. 그런데 충주의 경제적 기반과 관련해 忽視할 수 없는 사실은 고대국가의 잠재적 국력의 척도이기도 한 鐵과 銅이 다량으로 산출되었다는 점이다. 이와 관련된 자료는 다음과 같다.

고려 충렬왕 3년, 元나라의 요구로 충주에서 環刀 千 자루 제작[16]
多仁 鐵所와 末訖金의 鐵場[17]
周連里의 鐵 産出[18]
이류면 본리의 鎔鑛爐址[19]

15) 李道學, 「高句麗의 洛東江流域 進出과 新羅 · 伽倻經營」 『國學硏究』 2, 1988, pp.97~101.
16) 『高麗史』 권28, 충렬왕 3년 조.
17) 『世宗實錄地理志』 권153, 忠州牧 條.
18) 『新增東國輿地勝覽』 권14, 忠州牧 土産 條.

松秀山 銅店의 銅 産出[20]

이류면 완오리의 製鐵 유적[21]

위의 자료와 더불어 「三都賦」의 다음과 같은 기사도 충주 지역 鐵場의 비중을 躍如하게 시사해 주고 있다.

中原과 大寧은 鐵이 이곳에서 生産되는데, 빈철 · 납 · 강철 · 연철이다. 돌을 뚫지 않아도 산의 骨髓처럼 철광석이 흘러나오니, 뿌리와 그루를 찍고 파내도 끝이 없네. 洪爐에 녹여 부으니 녹은 쇠가 물러, 물이 되어 火焰에 달군 陽紋, 물에 담은 陰紋을 대장장이 망치 잡아 백번 천번 鍛鍊하니 큰 살촉, 작은 살촉, 矛도 되고 갑옷도 되며, 칼도 되고, 긴창도 되며, 화로도 되고, 백철도 되며, 호미도 되고, 鎛이 되며, 솥도 되고, 물통도 되니, 그릇으로는 집안에 쓰고, 兵器로는 전쟁에 쓰네.[22]

위에서 中原은 忠州를[23], 大寧은 海州의 別號이다. 위의 기록은 고려시대에도 露鐵 鑛山이 소재한 충주가 철산지로서 명성을 얻었음을 뜻한다. 요컨대 이상의 자료들을 놓고 볼 때, 삼국기 충주에서 다량의 철 생산 가능성을 충분히 엿볼 수 있다. 농업생산력의 증대와 국가 형성에 중요한 역할을 해 온 것이 鐵이었다. 「高麗記」를 인용한 『翰苑』에서 "銀山은 安市의 동북쪽 100여 里에 있다. 수백 家戶가 있어서 銀을 채취하여 國用으로 바친다"라고 했다. 이처럼 국가적인 사업으로 철광 개발에 열을 올렸던 고구려가 충주 지역의 철광을 간과했을 리 없다. 고대에는 교통이 편리한 지역에 양질의 노천 광맥만 발견하여 採掘했다고 한다.[24] 이러한 점에서 볼 때 육로와 수로를 함께 이어주는 교통의 요

19) 藥城同好會, 『藥城文化』6, 1984, pp.190.
20) 鄭永鎬, 「中原高句麗碑의 發見 調査와 硏究 展望」 『史學志』13, 1979, pp.17.
21) 충주박물관, 『충주 완오리 야철유적』 1998.
22) 『東文選』 권2, 賦, 三都賦.
23) 『輿地圖書』 忠淸道 忠原, 郡名 條.
24) 文暻鉉, 『新羅史硏究』 1983, p.160.

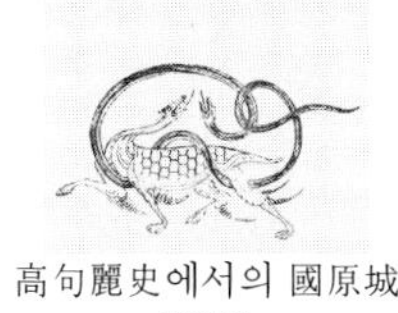



지였던 충주는 鐵産地와 供給地로서 가장 적합한 입지적 조건을 갖춘 셈이었다. 이같은 충주 지역의 鐵 산출은 고구려의 생산력과 무력 증강에 이바지하였을 것이다. 그 대부분은 철광의 입지적 여건상 남진경영과 관련하여 所用되었다고 보겠다. 이러한 충주 지역에서의 철광 개발은 노동력의 집중을 초래하여 국원성의 인구를 증가시키는 요인이 되었을 것이다. 아울러 제철을 원료로 하는 각종 산업의 발달을 가져와 국원성은 번성하는 도시의 면모를 갖추게 되었던 것 같다.

## 2. 新羅 經營의 軸으로서 國原城

國原城의 治址는 薔薇山城이나 탑평리 방면으로 비정하고 있다.[25] 당시 治所는 산성이었던 만큼 중원고구려비를 중심으로 한 반경내에서 찾아 볼 때 장미산성으로 비정되어진다. 薔薇山城의 '薔薇'는 '長尾'로도 표기되고 있다. 여기서 附會나 雅化 가능성이 높은, 꽃 이름 '薔薇' 보다는 아무래도 '長尾' 표기가 당초의 城名에 근사하다고 보여진다. 실제 장미산성이 소재한 長川里라는 지명도 이와 연계될 수 있다. 게다가 삼국시대 때 충주를 託長城 혹은 薍長城이라고 한[26] 그 '長'과도 무관하지 않을 것 같기 때문이다. 이와 관련해 국원성을 "一名 未乙省"[27] 이라고 한 점을 주목하지 않을 수 없다. 주지하듯이 未乙은 '龍' 또는 '長(긴 것)'을 가리키는 관계로 '長尾'와 무관하지 않기 때문이다.

그런데 국원성의 別稱인 未乙省 지명의 유래와 관련해 이와 다른 해석이 가능하다. 삼국시대 지명 가운데 未乙省과 대응되는 지명으로서 達乙省의 존재가 주목된다. 達乙省은 고구려 통치기에 지금의 경기도 고양군 관내에 설치된 縣 단위의 행정 구역으로서 신라 경덕왕 때 高烽縣으로 개칭되었다. 여기서 達乙省의 達乙에 대한 뜻 옮김은 '高'이고, '省'에 대한 뜻 옮김은 '烽·峰' 즉,

25) 이에 관해서는 張俊植, 『新羅中原京硏究』 2001, p.105을 참조하기 바란다.
26) 『三國史記』 권37, 地理 4. ; 『三國史記』 권7, 文武王 13년 9월 조.
27) 『三國史記』 권 37, 地理 4.

'수루(봉우리의 뜻)' 에 해당된다고 한다. 여기서 '수루' 는 '봉우리' 에서 신호를 위해 피우는 '烽火' 를 뜻하는 것으로 풀이되고 있다. 그렇다고 할 때 '達乙省' = '高烽' 은 봉수 체계의 확립과 결부지어 살펴 볼 수 있는 지명이 된다. 실제 달을성현의 관내인 지금의 高陽市 일산구에서 '高峰城山烽燧' 가 확인되었다. '高烽' 의 지명 유래를 "漢氏 美女가 높은 산마루에서 봉화를 피우고 안장왕을 맞이한 곳이라 하여 뒤에 高烽이라 하였다"[28]는 기록을 통해서도 이같은 추정을 가능하게 해 준다. 그러므로 高烽 지명과 관련한 烽燧의 연원은 삼국시대까지 소급될 수 있다.

이와 관련해 未乙省은 達乙省과는 대응되는 면을 보이고 있다. '達乙' 이 '高' 의 뜻을 지녔다면, '未乙' 은 '밑' 즉 '底' 의 뜻으로 풀이할 수 있기 때문이다. 그러므로 未乙省은 '底烽' 의 뜻이 된다. 이러한 맥락에서 볼 때 남한강 상류의 충주 지역을 가리키는 미을성은 한강 수계를 따라 그 河口 부근의 고양 지역과 연결되어 있다는 사실이다. 그러므로 이러한 지명은 烽燧 體系線上에서 달을성은 그 首點에, 미을성은 그 終點에 소재한데서 유래한 것으로 추정할 수 있다.[29] 고구려 別都인 南平壤城 서북편에서 작동된 烽燧가 또 하나의 別都인 國原城에서 마무리되는 거대한 通信網인 烽燧 體系의 면면이 드러난 것이라고 하겠다.[30] 이러한 봉수 체계는 백제의 그것을 계승했다고 볼 수도 있다.

別都인 國原城에는 王都와 동일한 도시 구획이 이루어졌던 것 같다. 충주시 노은면에서 출토된 建興銘 금동불상 광배명에서 그 造像者를 '佛弟子 淸信女 上部 兒奄' 라고 하였다. 여기서 '上部' 는 國原城의 도시 구획의 하나로 짐작된다. 이와 관련해 고구려 후기 3京의 하나였던 漢城이나 別都였던 남평양성에서

28) 『三國史記』 권 37, 地理 4.

29) 충주에서 烽燧는 周井山 大林山 心項山 馬山 望耳山 등에서 확인되고 있다. 이러한 烽燧址가 모두 삼국시대 특히 고구려 당시에 사용되었는지는 알 수 없다. 그러나 적어도 몇 개 烽燧址는 그러하였을 개연성을 부정하기는 어렵다.

30) 李道學, 「고대 · 중세의 역사」 『일산 새도시 개발지역 학술조사보고』 2, 1992, pp.13~14.

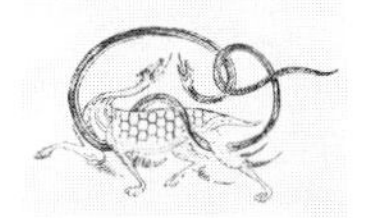



도 도시 구획 구간의 하나인 '後部'의 존재가 확인된 바 있다.[31] 이렇듯 '上部' 銘은 別都로서 국원성의 위용과 격조를 시사해 준다. 그리고 장미산성과 연접한 山頂에 소재한 鳳凰城의 '鳳凰', 중원고구려비가 소재한 龍田里의 '龍田', 그리고 陵巖里의 '陵巖' 등과 같은 지명은 고구려의 別都다운 분위기를 엿보여 주고 있다.[32]

고구려는 충주 지역에 별도를 설치한 것을 계기로 그 궁극적 목적인 소백산맥 이남의 신라 지역을 경영하였다. 고구려의 행정 통치가 직접 미친 곳은 영주 · 봉화 · 예안 · 청송 · 청하 · 영해 · 영덕에 이르는 구간이었다.[33] 이들 구간은 고구려 군대의 주요한 남하 통로인 죽령의 동남 지역에 해당한다. 즉, 죽령을 통한 400년 고구려 군대의 남하로에 위치한 지역으로서, 군량미 조달이나 輸送 등과 관련하여 1次的으로 고구려와 관련을 맺게 된 것을 기화로, 점진적으로는 이 지역을 발판으로 동해안 방면으로 영토를 넓혀 나간 것으로 보인다. 요컨대 고구려의 남부 교통로는 평양성을 기점으로 할 때, 평양 → 곡산 → 원산 → 강릉 → 울진 → 청하 → 경주에 이르는 것과, 평양 → 수안 → 신계 → 안협 → 평강 → 춘천 → 원주 → 제천 → 충주 → 단양 → 영주 → 임하 → 청송 → 영일만 → 경주에 이르는 교통로가 개척되었다.[34]

427년 평양성 천도 이후 고구려는 남진경영을 활기 있게 추진해 가면서 도로망 또한 정비 · 확대시켰다. 이러한 선상에서 평양을 軸으로 하여 남으로 이어지는 북 → 남 교통로의 확장을 가져왔다. 집안 혹은 평양에서 남쪽으로 뻗은 도로의 한 갈래는 평강의 분수령을 넘고 남쪽으로 충청도 지방을 지나 경상도 동북방의 여러 郡縣들을 연결하였다.[35] 게다가 475년에 백제의 수도인 한성 공

31) 李道學, 「아차산 堡壘와 그 출토 유물을 통한 몇 가지 새로운 해석」『고대문화산책』1999, pp.24~25.

32) 李道學, 「高句麗의 洛東江流域 進出과 新羅 · 伽倻經營」p.103.

33) 李道學, 앞논문, pp.94~95.

34) 李道學, 「古代國家의 成長과 交通路」『國史館論叢』74, 1997, p.161.

35) 장국종, 「고구려에서의 도로 발전」『력사과학』1985-2, p.12.

략에 성공한 후 이곳에 南平壤城을, 그 후에는 황해도 재령(지금의 신원)에 漢城을 설치하여 이곳을 중간 거점으로 하였다. 동시에 고구려는 각 지방 행정단위들을 연결하면서 그 관하의 촌락들을 통제하여 중앙 집권력을 강화시킬 수 있는 교통망을 사방으로 확대시켜 나갔다.[36)]

고구려는 한반도의 지형 조건상 개척이 비교적 용이한 西北-東南 방향의 교통로에 대한 일단의 완결을 지었다. 즉 국내성(집안) → 의주 → 평양성 → 개성 → 남평양성(서울) → 국원성(충주) → 죽령 → 영주 → 안동 → 의성 → 영천 → 경주에 이르는 路線이 되겠다. 東北 ↔ 西南 방향의 교통로는 옛 북옥저 방면에서 동해안을 타고 함흥 → 원산 → 추가령 구조곡 → 서울 → 천안 → 아산만에 이르는 路線을 개척하였다. 그럼에 따라 한반도 全域을 거의 X字型으로 관통하는 광대한 규모의 幹線道路網을 확보하게 되었다. 이러한 고구려의 남하 교통로는 戰線으로 군사력과 물자를 집중시킬 수 있는 교통로의 끊임없는 개척을 가져와 兩國 군대가 對峙한 최전방 군사 基地로까지 연속되었다.[37)]

## IV. 國原城과 中原高句麗碑

최근의 연구 성과와 새로운 판독을 토대로 「중원고구려비문」(이후 「비석」·「비문」으로 略稱)의 釋文을 다음과 같이 작성해 보았다.

(A) 五月中高麗太王祖王令△新羅寐錦世世爲願如兄如弟上下相和天守東來之

(B) 寐錦忌太子共前部太使者多亐桓奴主簿貴德△類△安△△去△△到至跪營

(C) 大太子共△向△上共看節賜太霍鄒△食在東夷寐錦之衣服建立處用者賜之隨△節△△奴客人△教諸位賜上下(衣)服

36) 장국종, 앞논문, p.14.
37) 李道學, 「古代國家의 成長과 交通路」 p.161.

(D) 教東夷寐錦遝還來節教賜寐錦土內諸(衆)人△△△太王國土大位諸位上下衣服來受教跪官之

(E) 十二月二十三日甲寅東夷寐錦上下至于伐城教來前部太使者多于桓奴主簿貴(德)△△境△募人三百新羅土內幢主下部拔位使者補奴△疏奴△△凶△盖盧共△募人新羅土內衆人△動△△△△△忠△△于伐城不△△村舍△△△△△△沙△△△△△△△△△△刺功△△射△△△△△節人刺△△△△△△△△(辛酉)△△△△△△△△△△太王國土△△人△△△△△△△△△△△黃△△△△△△△安△△△△△△△△△△△△上右△(辛酉)△△△△

(F) 東夷寐錦土△△△△△△△△相故△沙△斯色△太古鄒加共軍至于伐城去于△古牟婁城守事下部大兄耶△…前部大兄…部△△△泊…容…守自…

中原高句麗碑는 무엇 때문에, 그것도 충주 땅에 건립되었던 것일까? 이 문제는 비석의 건립 연대가 450년 경으로 비정된다고 할 때[38] 그 시대적 배경과 결부지어 살펴 보는 게 순리일 것 같다. 우선 「비문」의 冒頭는 고려 태왕인 장수왕이 비석이 세워진 장소에 온 목적을 명시하고 있는 구절이다. 그 목적은 '祖王令' 에 대한 언급에서 밝혀지고 있듯이 신라와의 關係 復元에 있었다. 장수왕은 자신이 국원성에 행차한 명분을 祖王의 令을 喚起하면서 그것을 履行하는데 두었다. 그런데 新羅 寐錦은 고구려의 태자를 위시하여 그 신료들이 跪營에 오는 것을 꺼려했다는 것이다. 여기서 跪營의 존재가 확인되어진다. 궤영은 일단 장수왕이 행차한 충주 지역 보다 남쪽에 설치된 고구려 군대가 주둔하고 있는 특별 구역으로 판단된다. 跪營의 성격은 불분명하다.[39] 그러나 '跪' 가 무릎을 꿇는 從屬 行爲를 뜻하는 것이고, 신라 지역에 설치된 고구려의 軍營임은 분

38) 李道學, 「中原高句麗碑의 建立 目的」『高句麗硏究』10, 2000, pp.274~279에서 비석의 건립연대에 대해 詳論하였다.

39) 궤영의 성격을 종전에는 고구려왕이 행차하여 머무는 行營으로 간주하는 견해(邊太燮, 「中原高句麗碑의 內容과 年代에 대한 檢討」『史學志』13, 1979, p.45)와 고구려가 남진을 위해 설치한 軍營으로 간주하는 견해(金昌鎬, 「中原高句麗碑의 再檢討」『韓國學報』47, 1987, p.148) 등이 있다.

탑평리 출토 고구려계 신라 와당

명하다는 점이다. 그렇다면 跪營은 '신라인들이 절하러 오는 고구려 군영'의 뜻을 내포하고 있는 것으로 보인다. 그러니까 신라인들이 宗主國인 고구려로부터 선물을 받는 등 고구려와 신라 兩國을 이어주는 일종의 연락소 격의 정치·경제적 성격을 띤 最一線 軍營에 대한 고구려인들의 호칭이었던 것으로 짐작되어진다.

신라 매금이 고구려 태자 등이 궤영에 오는 것을 꺼려 한(B) 것은, 臣屬儀禮를 거부하는 행위였던 것으로 판단된다. 신라 매금은 고구려가 압박을 가하는 것에 부담을 가졌던 것이다. 그러자 장수왕은 太霍鄒와 매금의 衣服을 하사하였다(C). 신라왕이 뒤 미쳐서 궤영에 오자 신라 영토 내의 그 신료들에게도 하사가 있었다. 동시에 고구려 국토의 귀족들도 이곳에 와서 의복을 받았다(D). 12월 23일에는 東夷 寐錦과 그 신료들이 伐城에 이르자 前部 太使者를 위시하여 신라 영토 내의 고구려 幢主와 衆人 등이 일제히 이곳으로 집결했다는 것이다(E).

「비문」의 左右側面과 後面은 글자의 剝落이 심해서 全貌를 살피기는 어렵다. 그러나 「비문」이 祖王의 令을 이행한다는 大前提下에 신라와의 관계 개선이 모색되고 있는 내용일 뿐 아니라, 伐城에 신라왕과 그 신료들이 오게 되었다. 그리고 신라 영역에 주둔하고 있던 고구려 高官들이 대거 그곳으로 오는 것을 볼 때, 「비문」 구조상 伐城에서 기념비적인 會同이 이루어졌을 것으로 짐작된다.[40] 또 「비문」은 그러한 내용으로 大尾를 장식하였을 것으로 파악되어진다. 이렇게 보아야만 「비문」 구조상 首尾가 맞아 떨어지게 되는 것이다. 그렇지 않다면 비석을 세울 하등의 이유가 없지 않았을까?

사실 고구려의 국력이 백제와 死活을 건 수십년 간에 걸친 전쟁에 집중된 틈을 타고 자체 역량을 착실히 다져나간 신라는 자국 영역에 구축된 고구려 세력

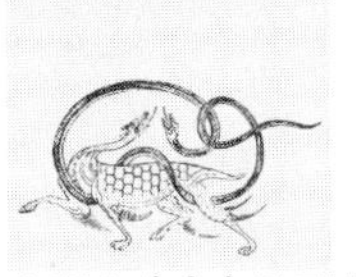



을 축출해 나갔다.[41] 450년에는 고구려 邊將을 살해하였고, 소백산맥 안에 주둔하고 있던 고구려군들을 축출하는 데 성공했다. 이러한 상황이었으므로 464년까지 신라 수도에 고구려군이 주둔했다는 설화적인 색채의 『일본서기』 기사, 적어도 그 年代에는 무게를 두기 어렵다. 게다가 신라는 서북 변경 지역에 대대적인 築城을 통해 지방 지배에 박차를 가하고 있었다. 즉 470년에서 490년에 걸쳐 축조된 산성들의 위치는 충북 보은·옥천·청원을 비롯하여 경북 군위·상주·의성에 걸쳐 있었다.[42] 전국적인 규모의 이같은 대대적인 築城은 강력한 내적 힘의 결집을 통해서만이 가능한 일이었다. 그러므로 5세기 중반 경에는 적어도 소백산맥 안에 구축된 고구려 세력권은 退縮 局面이었음이 분명하다. 이러한 위기적 상황에서 장수왕은 신라 지역에 확보된 거점을 계속 유지하는 동시에 아직까지는 비교적 느슨하다고 판단된 羅濟同盟을 해체시켜 백제를 견제·고립시키고자 했다. 고구려는 이탈해 나간 신라를 自國 영향권에 다시금 包括하기 위한 목적으로 형제관계를 云謂하면서 예전 관계로의 復歸를 呼訴하고 있다. 그러한 차원에서 장수왕은 신라왕과의 會同을 시도하였다. 비석은 이같은 선상에서 건립된 것으로 보여진다.[43]

중원고구려비가 건립된지 꼭 100년 되는 6세기 중엽 고구려는 국원성을 신라에 빼앗겼다. 고구려의 국원성 상실은 內紛을 틈탄[44] 신라 북진 경략의 結實이었다. 이때 신라군이 이용했던 교통로는 계립령로나 죽령로가 아닌 兩交通路

---

40) 申瀅植은 "5월에는 上下(兄弟) 關係의 會盟을 거부하였으나 12월에는 결국 고구려의 군사적 우위를 인정하는 선에서 衣服來受를 신라가 받아들였으며, 그 속에서 형식적인 互惠 관계를 인정하였다"고 했다(申瀅植, 「中原高句麗碑에 대한 一考察」『史學志』13, 1979, p.79). 이는 「비문」의 골자를 요령 있게 지적한 것으로 보겠다.

41) 「비문」의 '新羅土內'에 고구려인들이 주둔하였음은 申瀅植, 앞논문, p.79에서 보인다.

42) 李道學, 「新羅의 北進經略에 관한 新考察」『慶州史學』6, 1987, pp.25~26.

43) 이상의 중원고구려비에 대한 서술은 李道學, 「中原高句麗碑의 建立 目的」 pp.274~281에 근거하였다.

44) 6세기 중반 고구려의 內紛과 관련해 李道學, 「新浦市 寺址 出土 高句麗 金銅板 銘文의 檢討」『民族學硏究』1, 1995, pp.113~130도 참고된다.

의 중간에 소재한 이른바 赤城路였던 것 같다. 고구려는 적성로를 이용하여 단양에 진입한 신라군에게 국원성을 공취당한 것으로 추측되어진다.[45] 한편 신라가 소백산맥 이북으로 진출한 시기는 551년으로 알려져 있지만, 그 이전으로 소급할 수가 있다. 신라의 徙民策에 따라 적어도 551년 3월 이전에 大加耶 樂師 于勒이 국원성에 거주하였다. 이러한 복속 지역 주민에 대한 徙民策은 일단 국원성과 같은 신점령지에 대한 안정적인 확보가 이루어진 다음에 단행되기 마련이므로 그렇게 여겨지는 것이다.

게다가 『삼국사기』에서 진흥왕 12년(551)에 大阿湌이었던 比次夫가 「신라단양적성비문」에서는 그 보다 관등이 낮은 阿干으로 기록되어 있다. 이는 신라의 단양 지역 진출이 551년 이전임을 뜻하는 것이다.[46] 그러므로 『삼국사기』 진흥왕 12년 조와 거칠부전의 신라의 10군 공취 기사는 551년에 모두 경험한 일이 아니다. 이전부터 점령해 나갔던 '竹嶺 以外 高峴 以內' 10郡 점령을 매듭지었다는 뜻으로 해석된다. 또 그러한 견해가 타당하다. 『삼국사기』 지리지를 토대로 이때 신라가 공취한 10郡을 摘出하면 다음과 같다.[47]

國原城(충주), 鐵圓郡(철원), 夫如郡(김화), 奈吐郡(제천), 斤平郡(가평), 狌川郡(화천), 大楊菅郡(회양) 혹은 各連城郡(회양), 母城郡(김화), 冬斯忽郡(김화), 平原郡(원주)

신라가 소백산맥을 넘어 북진해서 점령한 고구려 영역의 10郡 가운데 국원성이 분명히 포함되었다고 본다. 충주 지역은 6세기 중반 이후 신라의 영토가 되었다. 이제 국원성은 신라사 속에서 國原小京·中原小京·中原京으로 불리면

45) 李道學, 「新羅의 北進經略에 관한 新考察」 pp.29~32.
李道學, 「醴泉의 上乙谷城考-新羅의 小白山脈 以北 進出 據點과 관련하여」 『慶州史學』 8, 1989, pp.14~15.

46) 邊太燮, 「丹陽 眞興王 拓境碑의 建立年代와 性格」 『史學志』 12, 1978, pp.33.

47) 李道學, 「新羅의 北進經略에 관한 新考察」 pp.33~35.

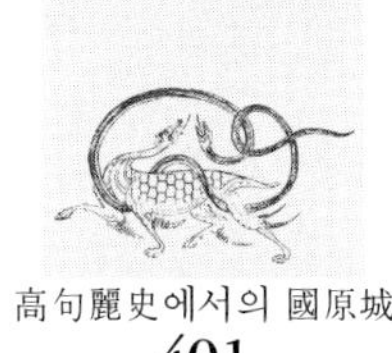



서 여전히 고구려 시절 이래 別都로서의 격조를 유지하였다. 그랬기에 忠州는 국토의 中央에 소재했다는 일종의 中原意識의 震源地가 되기도 했다.

## V. 맺음말

고구려사 속에 忠州가 편제되기 시작한 것은 광개토왕의 水軍 작전으로 백제로부터 남한강 상류 일원을 割壤 받은 396년부터 였다. 이후 충주는 고구려 國內城 도읍기의 마지막 시점인 427년 이전 어느 때 國原城이라는 행정 지명을 부여받아 別都로서 역할을 하게 되었다. 고구려가 충주에 별도를 설치하게 된 배경은 이곳의 정치 · 경제 · 문화 · 지리적 배경이 고려된 결과였다. 고구려는 국원성을 軸으로 해서 신라 지역으로 진출하여 소백산맥 이남 즉, 죽령의 동남 지역을 직접 지배하였다.

그러한 國原城의 治所는 당시 城 單位 중심의 통치 구조를 놓고 볼 때 中原高句麗碑에서 근거리에 소재한 장미산성으로 비정할 수밖에 없었다. 고구려가 한강유역을 완점하게 되는 475년 이후에 국원성은 교통로인 한강 水路를 따라 연결된 烽燧 體系의 終點에 해당하는 곳이기도 하였다. 이 사실은 고구려 국가의 심장부인 평양성을 기점으로 한 통신 체계의 完結點에 국원성이 소재하였음을 뜻한다. 요컨대 충주는 신라경영을 위한 모든 物流와 通信 그리고 인적 자원의 結集處였음을 雄辯하는 것이라고 하겠다.

國原城에 소재한 중원고구려비는 450년 경에 건립된 것으로 간주되었다. 「비문」 冒頭의 '祖王令' 은 소수림왕대 반포된 律令을 가리키는 것이었다. 장수왕은 율령에 명시된 신라와의 정치적 종속 관계를 상기시키면서 羅濟同盟으로써 고구려의 영향권에서 이탈해 간 신라를 물품의 下賜와 같은 施惠 형식으로써 회유하며 예전 관계로의 復歸를 호소하였다. 중원고구려비는 장수왕이 행차하여 기념비를 세운 별도로서 국원성의 비중을 다시금 喚起시켜주었다.

그러나 국원성은 6세기 중엽 고구려 내분을 틈탄 신라군의 북진으로 인해 失

陷되고 말았다. 당시 신라군은 계립령과 죽령 가운데 소재한 赤城路를 이용해서 단양을 점령한 후 국원성을 공취하였다. 그럼에 따라 무려 1世紀 半 以上에 걸친 고구려 영역으로서 국원성의 역사는 대단원의 幕을 내리게 되었다. 이로부터 半世紀가 채 지나지 않아 고구려 장군 溫達이 한강유역 회복을 위한 출정 명분으로서 "신라가 우리 漢北의 땅을 빼앗아 郡縣으로 삼았으므로 백성들이 痛恨하고 있습니다. 아직까지 부모의 나라를 잊지 않고 있사오니"[48]라고 하였다. 이는 의미심장한 말로서 국원성을 포함한 남한강 상류 지역 옛 고구려 주민들의 정서를 함축해 주고 있다. 즉 이 지역 주민들이 고구려 통치에 일정한 대우를 받았음을 암시해 준다. 바꿔 말해 이는 국원성이 고구려의 別都였던 사실과 무관하지 않는 것 같다. 요컨대 이같은 고구려로의 回歸 정서는 훗날 弓裔가 이 지역을 기반으로 고구려를 재건할 수 있는 動因으로 작용하였다.

48) 『三國史記』 권45, 溫達傳.

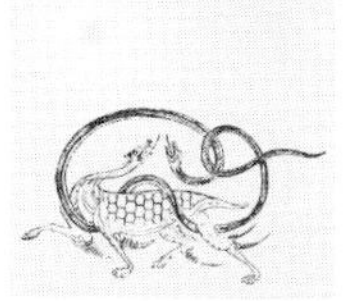



# 高句麗의 洛東江流域 進出과 新羅·加耶經營

## Ⅰ. 머리말

「광개토왕릉비문」[1]에 잘 나타나 있듯이 고구려는 4세기 후반에서 5세기에 걸쳐 비약적인 남진경영을 전개하였다. 이러한 고구려의 남진경영은 동북아시아의 정치적 상황에도 지대한 영향을 미치는 것이었으므로 그에 관한 많은 연구가 축적된 바 있다.[2]

그러나 돌이켜 볼 때 종래 학계에서는 고구려의 남진경영의 궁극적인 목표가 백제는 물론 그를 넘어 신라 · 가야 그리고 나아가서는 倭 또한 영향력속에 포괄하고자 하는 것이었음을 忽視한 감이 없지 않았다. 물론 중원고구려비의 발견을 계기로 고구려의 신라경영에 관한 연구는 활기를 띠었지만,[3] 그 경영을 체계적이고도 본질적으로 이해하기에는 미흡한 감이 있었다. 더욱이 고구려의 가야경영에 관해서는 「능비문」과 관련한 단편적인 고찰밖에는 없었다. 비록 考古學的인 측면에서 살핀 論考[4]는 있지만 이는 어디까지나 고구려 문화의 낙동강유역으로의 移入이라는 한 측면에서 고찰한 것에 불과할 뿐이었다. 이에 본

1) 이후 '陵碑文' 으로 略稱하여 사용한다. 본고 작성에 이용한 釋文은 水谷悌二郎, 「好太王碑考」『書品』 第100號, 1959임을 밝혀둔다.

2) 이에 관한 論考는 많은 관계로 일일이 거론하지 않는다.

3) 대표적인 논저가 「中原高句麗碑 特輯號」『史學志』13, 1979라고 할 수 있다.

4) 申敬澈, 「釜山市 福泉洞 古墳群遺蹟一次發掘調査概要와 意義」『釜山直轄市立博物館年報』第3輯, 1981.

申敬澈, 「古式鐙子考」『釜大史學』9, 1985.

崔鍾圭, 「中期古墳의 性格에 대한 약간의 考察」『釜大史學』7, 1983.

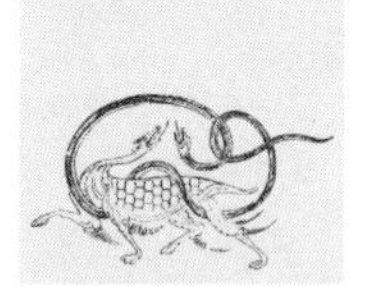



고에서는 종래 부진했던 고구려의 신라·가야경영 문제를 면밀히 검토하여, 그 남진경영의 성격 및 전개 과정을 살피는데 一助를 하고자 한다.

고구려의 신라·가야경영의 계기가 되는 사건은 「능비문」에 보이는 永樂 10年(400)의 庚子年出兵이다. 신라 救援을 名分으로 고구려군이 소백산맥을 넘어 낙동강유역까지 진출하게 됨에 따라, 본격적인 신라·가야경영의 토대를 구축할 수 있게 되었다. 이런 점에서 경자년출병은 고구려 남진경영의 한 획을 긋는 사건이라고 할 수 있을 것이다. 그러므로 경자년출병의 배경을 면밀히 고찰하면 고구려 남진경영의 기본 구상과 방향이 파악될 것으로 생각된다. 나아가 신라 지역에 대한 고구려의 지배과정 및 그 경영과 관련한 別都의 운영과 그 설치배경 까지도 구명되어 지리라 본다. 특히 본고의 주된 내용이 되는 고구려의 가야경영에 관해서는 의외로 활용 가능한 문헌 및 고고학적 자료가 많이 산견되었으므로 이를 토대로 고구려의 가야경영의 배경 및 그 전개 과정에 대해 심도 있는 접근이 가능하였다. 한편 고구려 남진경영의 종식과 관련한 문제는 別稿[5]에서 다룬 바 있다.

## II. 고구려의 신라경영

평양성 천도 이후 본격화된 고구려의 남진경영은 한반도를 중심한 동북아시아의 정치적 상황에 중대한 변화를 가져온 바 있다. 그렇지만 고구려는 평양 천도 이전부터 남진경영을 집요하게 추진하였다. 즉 4세기 후반경에 고구려는 帶方故地를 놓고 백제와 날카로운 각축전을 전개하였다. 그러는 한편 고구려는 멀리 소백산맥 이남에 소재한 신라를 그 영향권내에 묶어 두는 작업을 진행하였다. 고구려 사신을 따라 신라 사신이 377년과 382년에 前秦에 朝貢[6]한게 그

5) 李道學, 「新羅의 北進經略에 관한 新考察」『慶州史學』6, 1987.
6) 末松保和, 「高句麗との關係」『新羅史の諸問題』1954, pp.136~139.

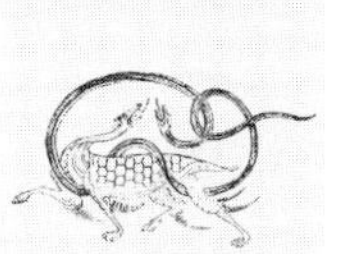



것이다. 이는 백제를 배후에서 견제하려는 고구려의 남진전략의 일환이었다. 이 후 신라에 대한 고구려의 영향력은 보다 확고해져 392년에는 인질까지 요구하고 있다. 이는 「능비문」 辛卯年 條에서 "百殘新羅舊是屬民由來朝貢"이라고 한데서 알수 있듯이 이른바 宗主·屬民의 관계로 발전했음을 뜻한다. 이같은 관계 설정을 계기로 고구려는 對신라 관계의 차원을 더욱 심화시켜 그 직접적인 경영을 구상했다. 그것은 영락 6년(396)에 광개토왕이 水軍作戰으로 백제의 王城 공략에 성공한 즉시 여세를 몰아 '新來韓穢' 의 거주 지역인 남한강 상류 지역의 城·村을 공취한 목적이 소백산맥 이남의 신라 지역 진출에 필요한 광활한 보급·수송로의 확보에 있었기 때문이다.[7] 실제 그로부터 4년 뒤인 경자년(400)에 步騎 5萬이라는 고구려의 대군이 신라 지역에 출병할 수 있었던 요인도, 앞서 영락 6년의 내륙 교통로의 확보와 불가분의 관련이 있다고 보여진다. 물론 「능비문」에 의하면 경자년출병이 영락 9년(399)에 왜군의 침공을 받은 신라의 구원 요청에 따른 것이라고 하지만, 이는 한낱 출병의 명분에 불과할 뿐이었다. 왜냐하면 신라출병에 앞서 그에 필요한 광활한 보급·수송로를 고구려가 미리 확보해 놓았던 사실을 상기할 때 그 출병이 결코 돌발적인 사건이 아니라, 일련의 용의주도한 계획의 결과임을 시사해 주기 때문이다. 이러한 추정은 신라출병 2년 전에 백제와 인접한 '帛愼土谷' 에서의 무력시위를 통해 영락 6년에 확보한 내륙 교통로의 안전을 고구려가 재점검하고 있는 데서도 입증된다. 즉 「능비문」 영락 8년 條에 보이는

> 八年戊戌 教遣遣偏師 觀帛愼土谷 因便抄得莫△羅城加太羅谷男女三百餘人 自此以來朝貢△事

라는 기사를 영락 6년 백제 정벌의 여파로 이해하는 동시에, '帛愼土谷' 을 백제

7) 李道學, 「永樂 6年 廣開土王의 南征과 國原城」 『孫寶基博士停年記念韓國史學論叢』 1988, pp.101~102.

와 인접한 강원도 지방의 '濊地' 로 간주하는 견해[8])를 취한다면 이곳에서의 무력 시위가 충분히 납득이 갈 수 있다. 왜냐하면 영락 6년에 고구려가 정벌한 남한강 상류 지역은 이른바 '新來韓穢' 지역으로서 濊人(帛愼人)도 거주하기 때문에, 반발의 소지가 큰 濊人을 견제해야만 내륙 교통로의 안전을 기할 수 있기 때문이었을 것이다.

이밖에 경자년출병이 왜군의 신라침공에서 비롯된 돌발적 사건이 아님은 몇 가지 점에서 확인되고 있다. 즉 399년에 신라 지역에 침공한 왜군의 규모나 성격이 명확하지는 않지만, 『三國史記』나 『日本書紀』에 보이는 왜군의 신라 침공 규모에 비추어 볼 때, 보기병 5만의 파견은 그 수나 비중에서 단순한 구원군의 차원을 넘어섰다고 판단되기 때문이다. 결과론일 수도 있겠지만 이때 고구려군의 征討 대상이 왜군 외에 백제 · 가야군까지 확대되었고 主戰場이 낙동강 하류 지역까지 미치는 국제전의 양상을 띠고 있기 때문이다. 특히 이와 관련해 주목해야 될 사실은 400년 2월 後燕王 慕容盛이 慕容熙를 前鋒으로 한 3만의 군대를 이끌고 고구려 西邊의 新城 · 南蘇城 등 700餘 里의 땅을 略取한 사건이다.[9)] 전후 사정으로 보아 이 사건은 고구려군 步騎 5만의 신라 지역 출병 직후 그 군사력의 공백을 틈타 발생한 것으로 판단된다. 곧 이 사실은 고구려의 신라 출병이 後燕의 침공을 유발하는 계기를 마련해 준 것이다. 또 그로 인해 700여 리의 땅을 일시에 略取당했다는 것은 고구려가 경자년출병에 얼마나 전력을 기울였는가를 실감시켜 준다. 따라서 「능비문」에 보이는 왜군의 신라 침공은 기실 高句麗 출병의 명분에 불과했음을 알 수 있다.

그러면 고구려의 신라출병의 궁극적인 목적은 어디에 있었을까? 경자년출병의 추이를 지켜볼 때 한반도의 정치적 상황에 변수로 작용해 온 가야 지역에 대한 지배권을 장악하여 백제를 배후에서 압박 · 고립시키는 한편 왜군의 진출을

8) 浜田耕策, 「高句麗廣開土王陵碑文の研究」 『古代朝鮮と日本』 1974, p.58
王健群, 『好太王碑の研究』 1984, p.148.

9) 『資治通鑑』 권111, 晋紀33, 隆安 4年 條 ; 『三國史記』 권18, 廣開土王 9年 條.

봉쇄하여 동북아시아에서의 새로운 정치적 관계의 정립에 있었다고 생각된다. 그러나 고구려의 애초 구상과는 달리 예기치 않은 후연의 기습 공격으로 인해 후방의 본토가 교란됨에 따라 낙동강 하류까지 진출했던 고구려군 주력부대의 회군이 불가피해졌을 것이다. 따라서 고구려의 가야원정은 그 다대한 전과에도 불구하고 결과적으로 실패로 돌아가고 말았다. 다만 고구려군 일부가 신라 보위를 명분으로 신라에 잔류하였을 것이다. 회군 후 고구려는 402년부터 406년까지 후연에 대한 보복전 및 상호 공방전에 여념이 없었으므로 신라 · 가야경영에 대한 관심은 일시 중단될 수밖에 없었다. 오히려 이 틈을 타서 백제와 연합한 왜군은 404년에 수군을 동원하여 고구려 영토인 帶方界를 급습하기까지 하였다.[10] 그러나 407년에 후연의 龍城(朝陽)에서 慕容熙가 피살되고 慕容寶의 양자로서 고구려 왕가의 分家 출신인 高雲이 즉위함에 따라 고구려와 후연은 곧 화해하게 되었다.[11] 비로소 고구려의 서방에 대한 위협이 해소된 것이다. 이에 고구려는 남진경영을 재개하여 407년에는 보기 5만을 파견하여 백제군과 합전한 결과

> 所獲鎧鉀一萬餘領 軍資器械 不可稱數[12]

라고 할 정도의 압승을 거두었다.

이렇듯 숙적인 백제를 제압함에 따라 고구려는 다시금 신라경영에 매진할 수 있게 되었다. 아울러 고구려와 신라 간에는 보다 실질적이고도 밀접한 관계가 형성되어 나갔다. 즉 고구려는 눌지마립간의 즉위 과정에 영향력을 행사할[13] 정도로 신라 내정에 깊숙이 개입하였다. 이와 같이 신라가 고구려에 예속된 사

---

10) 「능비문」 영락 14년 조.
11) 岡田英弘, 『倭國』 1977, p.134.
12) 「능비문」 영락 17년 조.
13) 『三國史記』 권3, 눌지마립간 즉위년 조 및 『三國遺事』 권1, 第十八實聖王 條.

실은 경주 壺杅塚에서 출토된 광개토왕에 대한 추념 명문이 있는 青銅盒[14]과 瑞鳳塚 출토의 고구려 延壽銘 銀盒[15]을 통해서도 확인된 바 있다. 그런데 고구려는 여기에 만족하지 않고 강대한 군사력을 배경으로 신라의 영토까지 지배해 나갔다. 이 사실은 다음의 기사에서 시사 받을 수 있다.

> 이로 말미암아 고려왕이 정병 百人을 보내 신라를 지키게 하였다. 그때 고려군사 한 명이 휴가를 얻어 그 나라로 돌아가게 되었는데 신라인을 典馬로 하였다. 그리고 돌아보며 그에게 말하기를 "너희 나라는 머지 않아 우리 나라에 격파될 것이다[一本에 의하면 너희 나라는 마침내 오래지 않아 우리 나라의 땅이 될 것이다]" 고 말했다. 典馬가 이말을 듣고는 "배가 아프다" 고 물러 나온 후에 나라로 도망해 들어 왔다. 그리고는 그가 말한 것을 알렸다. 이에 신라왕은 고려가 거짓으로 지켜주고 있는 것을 알고는 급히 사자를 국인에게 "사람들은 집안에서 기르는 수탉을 죽이라" 고 하였다. 국인이 그 뜻을 알고는 나라 안에 있는 고려인을 모두 죽였다. 오직 고려인 한 사람이 살아 남았는데 틈을 타서 탈출하여 자기 나라로 도망하여 모두 이야기했다. 고려왕이 즉시 筑足流域[或本에는 都久斯岐城]에 주둔하였다.[16]

그런데 위의 기사에서처럼 464년 경 고구려군의 신라주둔은 그 중심부에 국한되지만은 않았을 것이다. 왜냐하면 「중원고구려비문」에 의하면 신라 영토 안에 파견된 고구려의 幢主라는 뜻의 '新羅土內幢主' 라는 문구가 있기 때문이다. 한편 이 문구를 신라 영토인 충주 지역에 대한 고구려의 지배로 그 지역을 한정하여 보는 견해도 있다. 그러나 6세기 중반 이전 신라는 소백산맥 이북으로 진출한 바 없다. 그러므로 「중원고구려비문」에 보이는 고구려군의 신라주둔 지역은 소백산맥 이남이 될 수밖에 없다. 실제 『삼국사기』 지리지 및 『세종실록 지

14) 金載元, 『壺杅塚과 金鈴塚』 국립박물관, 1948.

15) 李丙燾, 「慶州瑞鳳塚出土銀合銘文考 - 特히 延壽 年號를 中心으로」 『Charles Haguenauer 기념 논문집』 프랑스대학 한국학연구소, 1979, pp.161~162.

16) 『日本書紀』 권14, 雄略 8년 조.

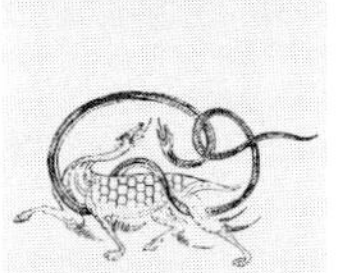



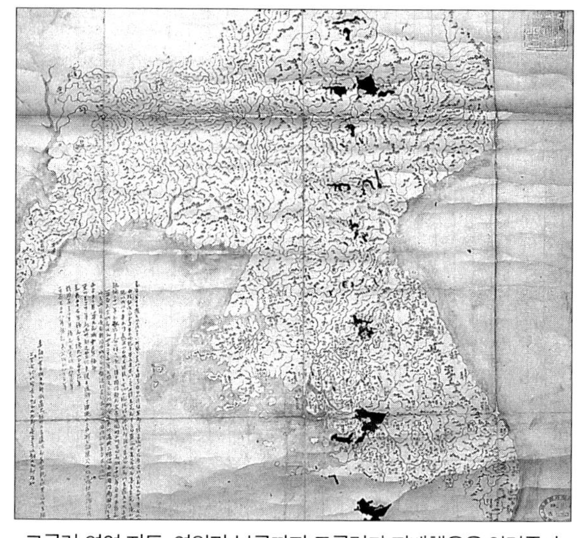
고구려 영역 지도. 영일만 부근까지 고구려가 지배했음을 알려준다

리지』와 『신승동국여지승람』 등에 의하면 고구려의 郡縣이 榮州·奉化·禮安·臨河·蔚珍·盈德·平海·寧海·淸河 등에 설치된 것으로 기록되어 있다.17) 이들 지리지의 기록을 놓고 볼 때 대략 죽령에서 영일만에 걸친 지역을 고구려가 한 때 지배했음을 알려 준다. 다만 고구려가 이 지역에 군현 통치와 같은 정연한 행정 지배를 과연 시행하였는지 단언할 수는 없다. 그렇지만 고구려 군현명의 문헌 採錄은 그 지배가 장기간에 걸쳤기 때문에 가능하였을 것이다.18) 어쨌든 신라에 대한 고구려의 영역지배가 엄연한 사실로 확인되었으므로 이제는 그 지배 과정을 살펴보고자 한다.

고구려의 신라 지역 지배과정은 그 군현이 죽령 동남 지역에 편재 설치된 사실과 관련 있을 것으로 생각된다. 즉 경자년출병시 정토 대상인 왜군의 집결지가 신라의 왕도인 경주 근처라고 할 때, 영주 → 임하 → 청송 → 영일로 이어지는 고구려군의 남하로와 관련지어 보고 싶다. 가령 正始 연간에 현도태수 王頎가 고구려 침공을 위해 부여 지역을 통과하면서 고구려와 적대 관계에 있던 부

17) 이들 지역에 대한 고구려의 郡縣名은 다음과 같다.
榮州(捺已郡), 奉化(古斯馬郡), 禮安(買谷縣), 臨河(屈火郡), 蔚珍(于珍也縣), 盈德(也尸忽郡), 靑松(靑已縣), 平海(斤乙於縣), 寧海(于尸郡), 淸河(阿兮縣).

여로부터 군량을 제공받았듯이,[19] 경자년출병 때 고구려군은 신라 지역에 진입하면서 남하로에 인접한 현지의 지방 세력들에게 강한 인상을 남겼을 것이다. 또 신라구원을 명분으로 출병한 만큼 이들로부터 군량과 노동력 차출 등을 위시한 여러 편의를 제공받았을 것으로 보인다. 이 후 고구려군 주력 부대는 계속 진군하여 낙동강 하류까지 진출하게 되었다. 그러나 죽령 이남의 교통의 요로마다에는 보급·수송을 위한 소단위 부대가 주둔하였을 것이며, 이를 계기로 지방세력과 일정한 유대를 맺어 나가기 시작했을 것이다. 당시 신라의 지방세력은 고분과 그 부장품을 통해 볼 때 상당한 지배력과 독립성을 유지하고 있었다.[20] 따라서 고구려는 신라 지방세력에 대한 강압적 지배보다는 중앙권력으로부터의 이탈을 먼저 책동했을 것으로 생각된다. 그러나 눌지마립간(417~459) 즉위 직후 영주 지역의 수장인 利伊村干 등이 신라왕의 招致에 응하고 있는 것을 볼 때[21] 적어도 417년경까지는 신라 중앙권력의 구심력이 연맹체의 말단까

18) 죽령 동남지역에 대한 고구려의 지배 시기를 종래 475년 이후로 간주하기도 했다. 이 견해는 백제의 한성을 함락시킨 후 아산만에서 계립령과 죽령선까지 남하했으리라 생각되는 고구려가 481년 3월에 狐鳴(靑松) 등 7城을 공취한 즉시 彌秩夫(興海)까지 진군한 기사에 근거한 것이다. 그러나 고구려의 彌秩夫 進軍은 일시적인 기습 공격에 불과하다. 왜냐하면 신라·백제·가야 연합군의 반격으로 고구려군은 泥河(강릉) 방면 서쪽까지 일시에 퇴각하고 있기 때문이다. 따라서 이 기사를 신라에 대한 고구려의 영역 지배의 근거로 삼을 수 없게 된다. 설령 죽령 동남 지역을 지배했다고 하더라도 이는 6년도 채 안되는 단기간이기 때문에 문헌에 고구려의 郡縣名이 채록되기를 기대하기는 어렵다. 정복전쟁이 치열했던 삼국 당시 국경의 변동이 워낙 무상하였기 때문이다. 더욱이 이것은 같은 기간에 해당되는 470년부터 488년 사이에 보은·상주 등 서북변경 지역에 신라가 대규모 築城 작업을 전개한 이유를 설명할 수 없게 한다. 왜냐하면 475년에서 481년 사이에 죽령 동남 지역에 고구려의 세력권이 형성되었다면 그 반대편 지역에 신라가 축성을 시작할 까닭이 없기 때문이다. 따라서 지리지에 보이는 이들 고구려의 군현명은 400년 이후 적어도 5세기 중엽에 걸친 고구려의 신라지배의 산물이라고 하겠다.

19) 『三國志』 권30, 東夷傳, 夫餘 條.

20) 토착세력의 존재를 반영하는 금동관 및 호화로운 부장품을 갖춘 신라 영역권내 대형 봉토고분은 대체로 5세기대로 편년되고 있다(李殷昌, 「加倻古墳의 編年硏究」 『韓國考古學報』 12, 1982, pp.188~195).

21) 『삼국사기』 권3, 눌지麻立干 2년 정월 조에 의하면 卜好가 고구려에서 귀환하고 있다. 따라서 3인의 지방 수장에 대한 눌지麻立干의 초치는 그 전년인 417년임을 알수 있다.

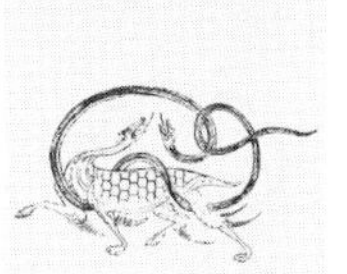



지 미쳤음을 알 수 있다. 따라서 417년 이후 어느 땐가 고구려는 신라의 지방세력을 그 중앙권력의 영향권에서 이탈시킨 다음, 이들 지방세력과 일정 기간 공존 관계를 유지한 채, 거점 지배를 강화해 나갔다고 보여진다. 고구려의 신라 지역 지배는 약 50년에 걸쳐 완만하게 진행되었던 것이다. 이로 인해 경북 일부 지역에서의 고구려 군현명이 지리지에 채록될 수 있었다고 본다.

## Ⅲ. 소백산맥 이북으로서의 退縮과 재진출 시도

경자년출병을 계기로 고구려는 강고한 지배를 신라에 着根시켜 나갔다. 그러나 고구려의 내정 간섭과 영역 지배가 강화되면 될수록 그 영향에서 벗어나야 할 필요성을 신라는 절감하게 되었을 것이다. 450년에 悉直原(三陟)에서 고구려 장수가 신라 재지세력에 의해 피살된 사건[22]은 이러한 노력 내지는 갈등의 한 표출인 셈이다.[23] 결국 5세기 중반 후엽경에 이르러 고구려는 소백산맥 이북으로 驅逐된다.

전성기인 장수왕대임에도 불구하고 고구려의 신라경영이 退縮 局面에 접어들게 된 배경은 신라 자체 역량의 성숙과 적절한 동맹관계의 형성에서 찾을 수 있다. 그러나 보다 근본적인 원인은 고구려가 숙적인 백제와의 전쟁에 총력을 경주했던 관계로 신라경영을 소홀히 한 데 있었다.[24] 이처럼 신라경영의 실패를 감내하면서도 백제와의 공방전에만 국력을 기울이던 고구려는 475년 백제

22) 『삼국사기』권3, 눌지麻立干 34년 조.
23) 『삼국사기』에 의하면 433년에 백제가 신라에 和를 청하여 交聘이 시작되고 있다. 그런데 종래 이 교빙의 의미를 과대 평가하여 동맹관계의 체결로까지 간주하였다. 그러나 이때의 교빙은 백제가 신라를 고구려의 세력권에서 이탈시키든지, 아니면 최소한 고구려와 신라를 이간시키기 위한 술책에서 나온 것에 불과하다고 판단된다. 따라서 433년에 고구려의 지배에서 신라가 벗어난 것으로 보아서는 안될 것이다.
24) 李道學, 「신라의 북진경략에 관한 신고찰」 p.25.

지금의 하늘재인 계립령. 충북과 경북의 道界이다.

의 왕도인 한성을 함락시킴에 따라 한수유역을 완점하게 되었다. 이후 고구려는 아산만까지 진출하는 등의 전과를 기록하여 대백제전에서 일단의 결산을 보게 되었다. 그럼에따라 고구려는 신라경영에 다시금 초점을 맞출 수 있었다. 이러한 영역적 판도하에서 고구려가 雞立嶺을 넘어 문경 방면으로 진출하게 되면 대동강에서부터 한강과 낙동강을 잇는 거대한 수운 교통로를 확보할 수 있게 된다. 이와 관련해 문경 지역의 지리적 배경을 언급하고자 한다. 현재의 충주시 上芼面에서 彌勒大院을 지나면 계립령이 나타나는데 이곳을 넘으면 문경이다. 문경은 낙동강과 한강이라는 2대 내륙 수로를 연결시켜주는 최단 거리 지역일 뿐 아니라, 대체로 구릉지인 까닭에 배수 조건이 좋고 도하 지점이 적어 복잡한 수송 체계를 피할 수 있는 전략적 요충지이다.[25] 전술적으로 수군을 잘

25) 崔永俊, 「조선시대의 영남로 연구 - 서울~상주의 경우 -」 『지리학』 11, 1975, pp.54~55.

이용했던 고구려가 남한강 상류와 낙동강 상류를 잇는 전략적 요지인 문경 지역으로의 진출을 간과하지는 않았을 것이다. 그렇다고 할 때 고구려의 주 진출 지역은 계립령로를 끼고 있는 문경으로 생각된다. 그러나 여러 지리지의 기록을 통해 볼 때 고구려가 계립령 이남으로 진출한 흔적은 없다. 그 원인은 『白江集』에 다음과 같이 기록한 것처럼 계립령과 문경 지역의 지리적 여건과 이를 이용한 신라측의 방비에 기인한 것으로 생각된다.

> 문경의 북쪽 鳥嶺의 동쪽에 한 산성이 있어 御留라 부르는데, 어느 때의 일인지 모르겠다. 혹 말하기를 고려 태조가 잠시 머문 곳이라고도 한다. 그 안의 넓이는 남한산성에 비해 10분의 9가 된다. 그렇지만 형세의 험고하기는 남한산성에 비할 바가 아니다. 동남쪽은 절벽이 만길이나 되어 새와 짐승도 넘지 못한다. 북쪽은 동남쪽에 비해 조금 낮지만 인력으로 도처에 城堞을 약간만 설치하면 안심할만하다. 서쪽에도 통할만한 길은 있지만 남한산성의 가장 험한 곳과 비교해 보아도 몇 곱절이나 된다. 성을 쌓은 곳은 불과 5 · 6백把이고 성안에는 샘이며 수목이 무진장하다. 자연적인 險固함은 실로 동남 지방의 제일이라 4 · 5만 병갑을 수용할만하니 만전한 곳은 이를 두고는 없을 것이다. 성 북쪽의 月巖과 그 동쪽의 鵲城 · 順興과 그 서쪽의 鳥嶺 · 曦陽山城과 그 남쪽의 姑母 · 兎遷은 그지없이 험한 산성이다. 혹은 사다리길이어서 난을 설치하여 약간의 군대를 머물러 둘 수 있어 聲援이 서로 닿고 號令을 서로 통할 수 있다. 따라서 湖嶺三道와 동북 畿甸을 역시 연락할 수 있기 때문에 서북에 일이 생기면 파천하여 머물 곳이 될 것이고 남방에 위급함이 있으면 방어할 곳이 될 것이다.[26)]

실제 계립령 주변에는 많은 關防 施設들이 布陣하고 있다. 계립령로에는 布巖山(961m)과 釜峯(925m) 연맥의 鞍部인 하늘재(530m)를 막아 쌓은 遮斷城 형태의 성벽 480m가 남아 있다. 이 성벽 주위에 신라계의 軟質 · 硬質의 土器片이 발견되는 것으로 보아 신라의 北進 거점 내지는 前哨 기지였음을 알 수 있다. 그밖에 계립령로 入口인 충주시 上芼面 石門里 앞 능선에서 시작하여 馬閉峯과

26) 『白江集』권7, 「請設御留山城疏」.

鳥嶺關門과 깃대峯으로 길게 연결된 3.5km의 長城 형태의 野門城 혹은 雞立城이라 불리는 石城이 버티고 있다.[27] 이 城이 곧 『백강집』에 보이는 御留城으로 추정되는데 그 입지적 여건이나 築城 양식 및 토기편 등을 고려해 볼때 신라의 축조로 생각된다.

이처럼 신라는 계립령의 방비를 위해 城들을 요소에 축조하였다. 그러나 설령 고구려가 계립령 이남으로 진출하더라도 문경 이남 지역으로의 진입은 용이하지 않다. 문경에는 교통의 要路에 자연 지세의 險固함을 이용한 성들이 곳곳에 布陣하고 있기 때문이다. 깍아지른 듯한 절벽 위에 자리잡은 麻姑城이 문경읍을 굽어보고 있다. 또 이곳에서 점촌 · 상주 방면으로 진출하기 위해서는 문경읍 남쪽 9km에 소재한 串岬遷[28]을 지나야만 한다. 문경 지역 3大 險阻處의 하나인 串岬遷은 묶어 놓은 듯한 兩 山峽의 가운데를 관류하는 河川인데, 이 河川 옆 벼랑에는 3km에 이르는 棧道가 나 있다. 더욱이 串岬遷 兩岸은 신라가 축조한 姑母城과 姑父城이 應對하고 있는 天險의 要鎭이라할 수 있다. 權近의 「犬灘阮記」[29] 및 魚變甲의 다음과 같은 詩는 串岬遷의 險阻함에 관해 잘 표현하고 있다.

> 방비한 시설은 函谷關같이 壯하고 가기 힘들기는 蜀나라 길처럼 險하다.[30]

이는 후일 高麗 太祖가 南征할 때 이곳에서 길을 잃어 苦戰했다는 俗傳[31]과 『懲毖錄』을 통해서도 확인된다. 이처럼 험준한 지세를 이용하여 신라가 계립령 및 문경 지역에 關防 施設을 설치함에 따라 충주를 축으로 한 고구려의 낙동강

---

27) 충청북도, 『文化財誌』 1982, pp.382~383 · p.393.

28) '遷' 은 신라 方言에서 '물언덕 돌길(水崖石路)' 에 대한 호칭이라고 한다(『新增東國輿地勝覽』 권6, 廣州牧, 山川 條).

29) 『新增東國輿地勝覽』 권29, 聞慶縣, 形勝條.

30) 『新增東國輿地勝覽』 권29, 聞慶縣, 形勝 條.

31) 『新增東國輿地勝覽』 권29, 聞慶縣 山川 條.

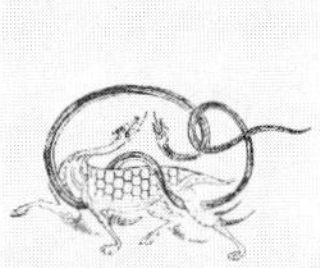



상류 지역 진출은 좌절되었다.[32] 다만 槐山郡 靑川을 戰場으로 하는 薩水原戰鬪[33](494)가 남한강의 支流인 靑川과 낙동강 상류를 잇는 통로 개척전이라고 보여지므로 迂廻戰術을 시도했음을 알 수 있다. 그러나 서북 국경 지역에 대한 신라의 대규모 山城 築造를 통한 對應으로 인해 이것 또한 성과가 없었다.

상주시 화북면 장암리에 소재한 견훤산성

32) 이와 관련해 유사했던 역사적 상황을 상기하는 것이 문경 지역의 전략적 비중을 살피는데 도움을 줄 것이다. 후삼국시기 후백제는 계립령을 비롯한 문경 일원에 兵力을 집중 배치하여 고려군의 남하를 저지하고 있었다. 물론 고려군은 죽령을 통해 경상도 북부 지역에 진출하고 있었다. 그러나 문경 지역을 장악하지 못한 관계로 경상도 지역에서 고려군의 활동은 한계가 그어질 수밖에 없었다. 그런데 문경 지역의 후백제계 호족인 高思葛伊城 城主 興達이 뜻밖에 고려에 歸附함에 따라 (『高麗史』 권1, 太祖 10년 8월 조), 고려군은 한강과 낙동강을 잇는 거대한 水運路를 확보할 수 있게 되었다. 興達이 귀부했을 때 왕건이 홍달과 3명의 그 아들들에게 모두 祿을 하사하는 등 파격적인 예우를 하고 있다. 이것을 볼 때 문경지역의 전략적 비중을 실감할 수 있게 된다. 실제 홍달의 귀부로부터 3년이 지난 후 후삼국의 진운을 결정지운 후백제와의 古昌(安東) 병산전투를 고려가 승리로 이끌 수 있었던 요인도 문경 지역의 장악에서 비롯된 水運交通路의 확보에 힘입었다고 생각된다.

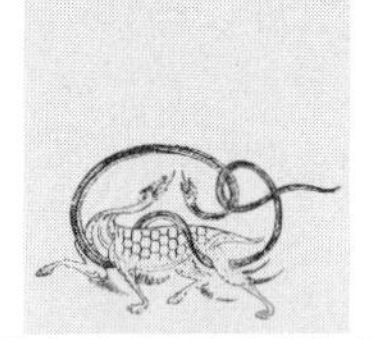



## IV. 別都인 國原城의 設置

國內城 도읍기의 고구려는 남진경영을 효율적으로 전개할 목적으로 別都를 설치하고 있다. 4세기 중반경에 백제경영을 비롯한 남진경영을 총괄하기 위해 고구려는 平壤城에 別都를 설치하였다. 그런데 5세기에 접어들자 고구려는 평양성만으로는 한반도의 중심부까지 급속히 확대되는 남진경영을 극대화시킬 수 없었다. 396년에 이미 고구려는 남한강 상류 지역까지 진출한 상황이었으며, 400년의 庚子年出兵 이후 그 정치적 영향력과 영토는 신라 지역과 낙동강 하류까지 깊숙이 미치고 있었기 때문이다. 그런만큼 고구려는 남한강 상류 지역을 교두보로 한 소백산맥 이남의 신라경영만을 전담할 또다른 別都를 필요로 하게 되었다. 그 결과 400~427년 사이 어느 때에 당시 고구려 수도였던 國內城과 같이 '都城'의 의미가 내포된 國原城이라는 행정 지명을 충주에 부여하여 이곳에 別都를 설치하였다.[34] 고구려가 忠州에 別都[35]를 설치한 배경은 다음과 같은 정인지의 「慶迎樓記」에서 시사받을 수 있다.

> 충주는 南方의 咽喉을 질러 막은 곳에 자리잡았다. 지역이 넓고 戶口가 많다. 이 때문에 公文書가 구름처럼 쌓이고 賓客이 모여들어 참으로 밝고 지혜로움이 남보다 뛰어

33) 『三國史記』권3, 照知麻立干 16년 조 및 『三國史記』 권26 東城王 17년 조에 의하면 薩水原 전투에서 패한 신라군이 犬牙城으로 후퇴하자 고구려군이 계속 추격·포위하고 있다. 여기서 犬牙城을 문경 서쪽으로 추정하는 견해를 취한다면 상주시 화북면 장암리에 소재한 속칭 甄萱山城으로 그 위치를 비정하고자 한다. 犬牙와 甄萱은 서로 音似하고 있는데 이는 犬牙城의 '犬牙'가 후일 이 지방 출신인 甄萱의 현재 호칭과 음이 닮은 관계로 甄萱城으로 부회된 게 아닐까 한다. 어떻든 고구려가 교통의 要路에 소재한 犬牙城을 점령하게 된다면, 상주를 지나 낙동강 상류에 이를 수 있게 된다.

34) 李道學, 「永樂6年 廣開土王의 南征과 國原城」 p.105.

35) 광의의 國原城의 범위는 현재의 忠州市를 모두 포함한다. 『世宗實錄 地理志』에서 忠州牧의 경계를 "동쪽으로는 淸風이 30里, 서쪽으로는 竹山이 90里, 남쪽으로는 陰城이 50里, 북쪽으로는 原州가 40里"로 나타내고 있다. 이는 과거의 중원군을 포함하고 있다. 따라서 본고에서의 忠州는 중원군을 포함한 지역임을 밝혀둔다.

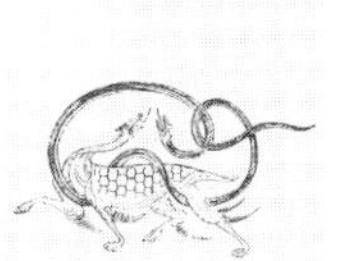



난 人材가 아니면 그 번잡한 것을 다스려 낼 수가 없다…. 이 고을의 세워진 것이 가장 오래되어 三韓의 다투는 땅이 되었다.[36]

실제 신라의 眞興王이 충주에 國原小京을 설치한 바 있고 통일 후에는 5小京의 하나인 中原小京이 되었다. 이 사실을 생각할 때 충주에 고구려의 別都 설치는 결코 우연한 일이 될 수 없을 것이다. 이점은 여러 측면에서 충주의 역사적 비중을 검토해 볼 때 보다 분명해진다.

먼저 문화적인 측면에서 살펴보면 충주를 비롯한 남한강 상류 지역은 구석기시대 이래 인간의 활동이 빈번했던 곳이었다. 선사유적 뿐 아니라 초기철기시대의 유적까지도 밀집되어 있는 충주 일원[37]은 인간의 거주 환경에 적합한 조건을 갖춘 관계로 남한강 상류 문화의 중심지였다. 특히 충주는 고구려의 別都가 설치된 후에는 南進 고구려 문화의 중심지로서 번성하였을 것이다. 충주 일원에 散在한 寺址와 같은 불교 유적을 고려해 볼 때[38] 고구려의 불교문화는 國原城을 매개로 신라 北部의 민간에 전래되어 가기 마련이다.

지리적인 측면에서 충주는 교통의 要地라는 전략적 중요성을 지니고 있다. 소백산맥 南北路를 잇는 양대 교통로인 계립령과 직접 통할 뿐 아니라 죽령과도 연결되어 있기 때문이다. 더욱이 충주는 이러한 내륙 교통로를 다시금 남한강을 이용한 水運으로 연결시켜 주는 위치에 있다. 고려의 12漕倉의 하나인 德興倉과 조선의 可興倉이 있던 충주는 경상도 북부지역과 충청북도 전역에 걸친 稅穀을 모았다가 남한강의 水運을 이용해서 개성 및 서울의 京倉으로 운반하는 역할을 맡은 바 있기 때문이다.[39]

그밖에 충주의 경제적 기반을 간과할 수 없다. 남한강과 넓은 충적 평야를 끼

36) 『新增東國輿地勝覽』 권14, 忠州牧, 樓亭 條.

37) 忠北大學校博物館, 『충주댐수몰지역 지표조사보고서』 1980.
黃龍渾, 「中原地區 文化의 考古學的 考察」 『考古美術』 160, 1983, pp.10~42.

38) 충주 가금면의 마애불군은 고구려 제작이거나 그 영향을 크게 받은 작품이라고 한다(鄭永鎬, 「中原鳳凰里磨崖半跏像과 佛菩薩群」 『考古美術』 146 · 147 합집, 1980, pp.16~24).

고 있는 충주는 거주에 적합한 조건을 갖추고 있던 관계로 인구 조밀 지역이었다. 따라서 자연 생산 활동도 활발하여 잉여 농산물 또한 풍부하게 집적되어 있었다. 아울러 교통의 要地인 관계로 충주는 내륙 경제의 중심지로도 번성하였다. 이러한 충주의 경제적 기반과 관련해서 가장 주목해야 될 사실은 고대 국가의 잠재적 국력의 척도이기도 한 鐵 및 銅이 다량으로 산출된다는 점이다. 이와 관련된 자료는 다음과 같다.

A. 고려 忠烈王 3년 元나라의 요구로 還刀 千자루를 충주에서 제작하였다.[40]
B. 多仁鐵所와 末訖金의 鐵場[41]
C. 周連里에서의 鐵 産出[42]
D. 충주 이류면 본리의 鎔鑛爐址[43]
E. 松秀山 銅店에서의 銅 産出[44]

비록 후대의 자료이기는 하지만 이상의 자료를 놓고 볼 때, 三國期 충주에서의 鐵 생산 가능성은 높다고 하겠다. 농업 생산력의 증대와 국가 형성에 각별히 중요한 역할을 해 온 것이 鐵이었던 만큼, 국가적인 사업으로 철광 개발에 열을 올렸던 고구려가 충주 지역의 鐵鑛을 간과하지 않았을 것이다. 古代에는 교통이 편리한 지역에서 양질의 노천 광맥만 발견하여 採掘하였다고 한다.[45] 그러므로 육로와 수로를 함께 이어 주는 교통의 요충지였던 충주는 鐵産地와 공급지로서 가장 적합한 입지적 요건을 갖춘 셈이다. 이같은 충주 지역의 鐵産出은

39) 『新增東國輿地勝覽』 권14, 忠州牧, 驛院 條.
北村秀人, 「高麗時代の漕倉制について」 『朝鮮歷史論集』 상권, 1979, pp.403~446.
40) 『高麗史』 권28, 忠烈王 3년 조.
41) 『世宗實錄 地理志』 권153, 忠州牧 條.
42) 『新增東國輿地勝覽』 권14, 忠州牧, 土産 條.
43) 蘂城同好會, 『蘂城文化』 6, 1984, p.190.
44) 鄭永鎬, 「中原高句麗碑의 發見調査와 硏究展望」 『史學志』 13, 1979, p.17.
45) 文暻鉉, 『新羅史硏究』 1983, p.160.

고구려의 생산력과 무력 증강에 이바지 하였을 것이데, 그 대부분은 남진경영과 관련하여 所用되었을 것이다. 한편 충주 지역에서의 철광 개발은 많은 노동력의 집중을 초래하여 國原城의 人口를 증가시키는 요인이 되었을 법하다. 아울러 제철을 원료로 하는 각종 산업의 발달을 가져와 國原城은 번성하는 도시의 면모를 갖추게 되었을 것이다.

이러한 國原城의 중심 治址는 중원고구려비와 직근 거리에 있는 長尾山城으로 추정된다.[46] 실제 長尾山城의 '長尾'는 國原城을 一名 '未乙省'이라고 한[47] 사실과도 통하기 때문이다. 즉 '未乙'은 '龍' 또는 '長[긴것]'을 가리키는 관계로[48] '長尾'로 표기될 수 있기 때문이다.[49] 國原城의 범위는 長尾山城 주변의 可金面 倉洞·樓岩·下九岩·鳳凰里 등지에서 塔坪里까지 형성된 古墳群을 포함한 지역일 것이다. 이 중 七谷 부락의 고분군은 고구려의 그것으로 알려지고 있다.[50]

한편 신라가 王都의 6部 조직을 小京에도 그대로 옮겨 시행했던 점[51]을 고려해 볼 때, 고구려의 別都인 國原城에도 王都와 동일한 도시 구획이 존재하였을 가능성이 높다. 충주시 노은면 출토의 建興銘 金銅佛像의 光背銘[52]에서 그 造像者를

佛弟子 淸信女 上部 兒奄

이라고 한 문구의 '上部'가 이것을 가리키는 것이 아닐까? 어떻든 長尾山城과

46) 閔德植, 「鎭川 大母山城의 分析的 研究」『韓國史研究』29, 1980, p.199.
47) 『三國史記』 권37, 地理4.
48) 『訓蒙字會』; 李丙燾, 「中原高句麗碑에 대하여」『史學志』13, 1979, p.21.
49) 『新增東國輿地勝覽』 권14, 忠州牧 山川 條에 의하면 '薔薇山城'으로 표기하고 있다. 그러나 이것은 '長尾'의 음이 특정 꽃 이름과 같기 때문에 附會내지 雅化된 것으로 생각된다.
50) 張俊植, 「高句麗 國原城治址에 관한 研究」『檀國大碩士學位請求論文』 1981, pp.41~47.
51) 藤田亮策, 「新羅九州五京考」『朝鮮學論考』 1963, pp.354~355.

봉황리 삼국시대 마애불군

연맥한 山頂에 소재한 鳳凰城의 '鳳凰'[53]이나 중원고구려비가 위치한 龍田里의 '龍田' 陵岩里의 '陵岩'과 같은 지명에서도 고구려의 別都다운 분위기를 맛

52) 1915년에 발견된 이 금동불상의 光背에는 '建興五年歲在丙辰' 이라는 年號와 干支가 있다. 종래 建興을 백제의 연호로 간주하여 왔으나 (黑板勝美, 「三國時代 朝鮮における唯一の金銅佛」 『考古學雜誌』15-6, 1925, p.359), 근래 고구려 연호로 재고되고 있다(黃壽永, 『韓國金石遺文』 1976, pp.239~240). 문제는 建興 5年의 실연대인데, 이에 관해 536년 · 396년 등의 설이 있으나 정설은 없는 형편이다. 한편 불상의 양식과 관련해서 연대를 추정하는 입장을 존중할 필요는 있을 것이다. 그러나 延嘉 7年銘 고구려 금동불상의 경우에서 보듯이 이 역시 심한 연대의 차이를 보이고 있기 때문에 추정치를 절대시 할 수는 없다. 오히려 '建興五年歲在丙辰' 자체에 초점을 맞추어 연대를 추정하는 것이 합당하지 않을까 한다.
「능비문」에 따르면 광개토왕은 壬子年인 412년에 사망한 것이 된다. 『三國史記』와 같이 즉위년 칭원법에 따라 이 해를 장수왕 즉위 원년으로 상정한다면 장수왕 5년은 丙辰年이 된다. 여기서 장수왕 5년 丙辰과 建興 5年 丙辰은 서로 맥이 닿고 있다. 따라서 필자는 建興은 고구려 장수왕대의 逸名年號인 동시에, 建興 5년은 416년으로 추정하는 바이다.

53) 충주시 가흥리 院洞에서 '鳳凰' 銘 平瓦가 발견되었다고 한다(張俊植, 앞논문, p.87). 이는 '鳳凰' 지명의 연원이 三國時代까지 올라갈 수 있음을 시사해 준다.

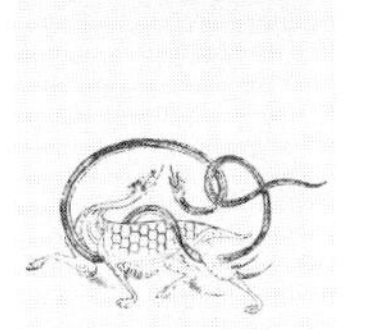



볼 수 있다.[54]

## Ⅴ. 고구려의 가야경영

낙동강과 그 유역의 넓은 충적 평야를 무대로 성장한 가야제국은 다른 지역에 비하여 발달한 농업 생산력과 鐵 생산을 기반으로 성장하였다. 加耶諸國의 맹주인 金海의 狗邪國는 철을 매개로 한 중계 무역지로 번성하였지만 4세기 중엽 이후 가야제국은 정치적으로 백제에 隷屬되었다.[55] 이후 가야제국은 그 지정학적 위치로 인해 백제와 倭의 동맹 관계 형성에 중요한 역할을 하였다.

한편 4세기 말에 접어 들어 백제와 치열한 공방전을 전개하던 고구려는 永樂 6년(396)에 백제 아신왕의 항복을 받아 내었다. 그러나 백제가 다시금 倭와 손잡고 고구려에 대항함에 따라 일시적 승리가 아닌 영속적으로 백제를 제압할 수 있는 방법을 모색하였을 것이다. 이 때 백제와 연결된 가야·왜의 삼각동맹체제를 와해시켜 백제를 고립시키는 방안을 고구려가 강구했을 가능성이 높다고 판단된다. 삼각동맹체제의 와해를 위해서는 한반도의 정치적 변화에 변수 역할을 해왔을 뿐 아니라 백제와 왜의 연결 窓口格인 가야제국에 대한 지배권 장악이 선행되어야만 했다. 이같은 고구려의 구상은 庚子年出兵으로 백제·가야·왜의 동맹군을 낙동강 하류까지 추격하여 섬멸함에 따라 구현되는듯 하였다. 그러나 後燕의 고구려 본토 침공으로 인해 고구려군 주력 부대의 회군이 불가피해진 관계로 가야제국에 대한 지배권 장악이라는 애초의 계획을 완결짓지 못하였다. 더욱이 이후 수년에 걸친 고구려와 後燕 사이의 國運을 건 전쟁이 계

54) 충주는 漢城도읍기 백제의 東境이었을 여주·음성·괴산과 근접한 관계로 백제의 침공에 대한 지리적 취약점을 안고 있었다. 그러나 당시 백제는 國都의 운명에 직접 영향을 미치는 예성강과 임진강선에서 고구려와 공방전을 전개하고 있었기 때문에 신라경영을 위해 설치된 國原城에 관심을 돌릴만한 여유가 없었다고 판단된다.

55) 千寬宇, 「復原伽倻史(中)」『文學과 知性』29, 1977, pp.915~918.

속되었으므로 가야제국에 대한 고구려의 관심은 일시 약화될 수 밖에 없었다.

그런데 庚子年 전투의 主戰場이 낙동강 하류까지 확대된 관계로 가장 극심한 타격을 입게 된 세력은 가야제국이었다. 무엇보다 金海의 狗邪國에서 高靈의 大加耶로 盟主가 교체되는 연맹체 내부의 질적인 변화의 계기가 되기도 하였다.[56] 狗邪國의 '狗邪'에서 연맹체 전체를 포괄하는 이름인 '加耶'가 기원했을 정도로 名實相符했던 金海세력의 퇴축은 각별한 의미를 지니고 있다. 그러나 이 문제는 본고의 논지 밖이기 때문에 더 이상 거론하지 않는다.

어떻든 後燕의 침공으로 고구려군 주력이 낙동강 방면에서 회군하긴 했지만, 고구려의 그 경영 계획이 전면 무산되거나 포기되지는 않았을 것이다. 고구려군이 신라 지역에 주둔한 사실을 감안해 볼 때[57] 고구려는 가야경영을 위한 교두보를 신라 지역 어디엔가 구축했을 가능성이 있다. 실제 庚子年出兵 이후 약 1세기 반에 걸쳐 고구려군이 낙동강 하류 지역 인근에 세력 기반을 구축한 흔적이 산견되기 때문이다. 이와 관련해 『三國史記』 朴堤上傳의 다음과 같은 기사를 주목하고자 한다.

> 백제인이 앞서 倭에 들어가 참소하기를 "신라가 고구려와 더불어 왕의 나라를 침공하려고 꾀한다"고 하였다. 이에 倭가 군사를 보내어 신라 국경 밖에서 巡廻偵察케 하였다. 마침 고구려가 와서 倭의 巡邏軍을 모두 잡아 죽이므로 왜왕은 백제인의 말을 사실로 여겼다.

이 기사의 전후 문맥을 통해 볼 때 倭軍이 巡廻偵察한 '신라 국경 밖'은 평소 倭軍의 침입 지점인 동해안 밖의 海上이 될 수 없다.[58] 그러므로 자연 倭와 군사적 통로를 확보하고 있던 가야 변경 지역으로 비정할 수밖에 없다. 즉 倭의

---

56) 가야제국 맹주권의 교체 시기를 고구려의 庚子年出兵 이후로 상정하는 견해는 金泰植, 「5세기 후반 大伽倻의 발전에 대한 研究」 『韓國史論』 12, 1985, p.43. p.101. 참고.

57) 『日本書紀』 권14, 雄略 8년 조.

58) 이 기사상에는 海上戰과 관련한 흔적은 보이지 않고 있다.

巡邏軍이 고구려군에 捕殺된 지역은 낙동강 하류쯤에 해당된단. 아울러 이 기사는 눌지麻立干 즉위 후의 일을 기록한 관계로 庚子年 이후에도 고구려군 일부가 신라의 對가야 接境 지역에 殘留하면서 倭의 동태를 주시하였음을 뜻한다. 이는 544년 11월에 백제의 聖王이 발표한 다음과 같은 가야제국 보존 3策 중 2策에서도 확인된다.

> 南韓에 軍令 · 城主를 배치한 것은 어찌 天皇을 위배하여 貢調의 路를 차단하고자 함이겠는가? 오직 바라는 것은 多難를 이기고 强敵(고구려 : 필자)을 殲撲하는 것이다. 무릇 그 凶黨(신라 : 필자)은 누구(고구려 : 필자)에 붙으려 도모하고 있다. 北敵(고구려 : 필자)은 강대하고 우리(백제 : 필자)는 미약하므로 만약에 南韓지방에 郡令과 城主를 배치하여 修理防護하지 않으면 이 强敵을 막아낼 수 없고 신라마저 제압할 수 없다. 그런 까닭에 오히려 이를 배치하여 신라를 攻逼하고 任那를 撫存하려고 한다.[59)]

이같은 3策의 발표 배경을 살피는 것이 그 본질의 이해에 도움을 줄 것이다. 6세기에 접어들어 동맹 관계에 있던 백제와 신라는 가야제국을 매개로 날카로운 각축전을 이면에 전개하고 있었다. 532년에 김해의 南加羅 併合을 계기로 신라는 낙동강 西岸의 加耶諸國에 대한 적극적인 진출을 시도하고 있었다. 이에 대응할 목적으로 가야제국에 영향력을 행사해 오던 백제는 543년 이른바 '任那之下韓' 에 직접 군대를 파견하였다.[60)] 그런 이듬해에 이른바 임나보존 3策이 발표된 것이다. 이 중 2策에 보이는 '北敵' 이니 '强敵' 이니 하는 대상은 고구려가 분명하다. 그리고 南韓 지방은 가야의 南部인 南加羅(金海)에 진출한 신라의 前面에 해당하는 지역으로서, 이른바 '任那之下韓' 을 가리키는데 낙동강 하류 西岸 지역으로 추정된다. 그런데 이 가야보존책에서 백제가 동맹 관계

59) 『日本書紀』권19, 欽明 5년 11월 조. 聖王의 이른바 3策은 가야연맹에 영향력을 행사하려는 목적에서 나온 것인 만큼 과장된 文面도 있을 것이다.

60) 『日本書紀』권19, 欽明 4년 11월 조.

인 신라를 고구려와 관련지어 聲討하고 있는것을 볼 때 신라와 고구려간에 연결된 끈이 존재한 듯한 느낌을 받을 수 있다. 더욱이 2策중 백제가 낙동강 하류 西岸 지역에 군대를 파견하여 막아낼 일차적 상대가 신라가 아닌 '强敵'·'北敵' 등으로 표현된 고구려라는 점이다. 이것은 지리상으로 볼 때 고구려 세력을 실제 이상으로 과장한 무리한 변명이기 보다는, 고구려 세력이 어떠한 형태로든 낙동강유역에 영향력을 미쳤음을 뜻한다고 할 것이다. 이같은 추정은 앞서 언급한 朴堤上傳의 기사와도 맥이 닿고 있다.

그리고 종래 난해한 내용으로 생각했던 『日本書紀』 顯宗 3年(487) 條의

> (倭將) 紀生盤宿禰가 任那에 跨據하면서 高麗와 交通하여 장차 西쪽에서 三韓의 王이 되려하였다.

라는 기사도 가야 지역 인근에 고구려 세력의 존재를 상정할 때 비로소 이해가 되어진다. 그리고 『日本書紀』 欽明 5年 2月 條의 이른바 任那再建會議席上에서 백제 聖王이 倭의 河內直의 先祖가 紀生盤宿禰의 반란에 가담했다는 이유로 그에 대하여 통렬한 罵言을 퍼붓고 있다. 그런데 이 기사에서 가야와 고구려가 제휴한 일면을 검출할 수 있다고 한다.[61] 또한 『日本書紀』 欽明 9年 4月 條에 의하면 백제는 安羅와 日本府가 고구려를 선동하여 자기 나라를 공격한 形迹이 있다고 倭王에게 호소하고 있다.[62] 물론 이 기사에 보이는 '日本府' 라고 하는 것 등은 어디까지나 윤색에 불과하다. 어떻든 이같은 여러 기록을 통해 고구려가 의외로 가야 문제에 깊숙이 개입하고 있는 사실을 발견할 수 있다. 이것은 가야제국과 인접한 낙동강 하류 지역 어느 곳에 고구려세력의 존재를 상정할 때 비로소 이해될 수 있을 것이다. 이와 관련해 478년에 작성된 倭王 武의 對劉宋 上表文 중

61) 李弘稙, 「日本書紀 所載 高句麗關係記事考」 『韓國古代史의 硏究』 1971, p.151.
62) 李弘稙, 앞논문, p.150에서도 이 문제를 지적하고 있다.

고구려가 無道해서(우리 나라, 곧 倭 : 필자)를 삼키려 하여 邊隷를 掠抄합니다.[63]

라는 문구를 주목하고자 한다. 여기서 '邊隷'는 종래 백제를 가리키는 것으로 생각하여 왔지만, 최근 신라와 가야를 포함한 고구려세력이 침투한 지역으로 보는 견해[64]가 제기되었다. 이 견해는 '邊隷'의 대상 지역을 구체적으로 지적하지는 않았다. 그러나 신라 · 가야 · 고구려의 이해가 결부된 지역을 찾는다면 屢言한 바 있는 낙동강 하류 지역을 제외하고는 달리 비정할 곳이 없다.

지금까지의 자료 검토를 통해 400년 이후 6세기 중반까지 고구려세력의 엄연한 존재를 낙동강 하류 지역에서 확인하게 되었다. 그러면 가야문제에 개입하게된 고구려세력의 근거지는 어디였을까? 이와 관련해 경남 蔚山市 三南面 鵲洞里의 山峴에서 발견된 동아대학교박물관 소장의 大和 13年銘 三尊石佛像을 주목하고자 한다.[65] 상단부가 逸失된 이 석불상의 현존 높이는 39.5cm인데 背面 하단에는 다음과 같은 銘文이 있다.

△△大和十三歲在己巳九月△△朔十九日庚申…

우선 이 석불상의 제작 시기와 搬入주체를 살펴보아야만 되겠다. 종래 이 석불상을 통일신라의 작품으로 간주하기도 하였지만[66] 이는 그 소재지에서 비롯된 선입견에 불과하다. 왜냐하면 大和 즉 太和 年號는 여러 시기에 사용되었지만 통일신라에 해당되는 唐의 太和(827~835) 연호는 9년밖에 사용되지 않았기

63) 『宋書』권97, 夷蠻傳, 倭國 條.

64) 鈴木英夫, 「伽倻 · 百濟と倭-任那日本府論」『朝鮮史研究會論文集』24, 1987, p.74.

65) 이 삼존석불상은 1987년 4월 9일 동아대학교 박물관의 厚意로 實現한 바 있다. 아울러 동 박물관측으로부터 그 원소재지를 확인할 수 있었다. 한편 이 불상이 한국 불교 미술사에서 크게 다루어지지 않은 것은 중국 불상인데 말미암은 것일뿐 다른 이유를 찾기는 어렵다.

66) 李蘭英, 『韓國金石文追補』 1976, p.53.

때문이다. 반면 『三正綜覽』과 대조해 본 결과 太和 13年으로 己巳年이 되는 해는 北魏의 太和 13年인 489年밖에 없다. 뿐만 아니라 9月 19日의 日干支 또한 庚申으로 銘文과 부합되고 있다. 따라서 삼존석불상의 명문에 보이는 大和 13年이 北魏의 年號로 밝혀지게 되었다. 이는 불상의 양식과도 잘 부합된다.

그러면 北魏 石佛이 울산에 소재하게 된 배경은 어디에 있었을까? 여기에는 후대 반입 가능성을 전혀 배제할 수야 없다. 때문에 그 추정에는 한계가 따를 수 있다. 그렇긴 하지만 北魏 石佛을 울산에 반입한 주체는 적어도 그 소재지와 관련 있는 신라와는 무관한 것 같다. 왜냐하면 석불상의 제작 연대가 신라의 불교 공인 해인 528년보다 40년이나 앞서고 있을 뿐 아니라 정작 신라는 北魏와 전혀 通交한 적이 없기 때문이다. 따라서 불교 공인 후에도 그 반입 가능성은 없다. 물론 불교 공인 이전에 小乘佛教가 신라 북부 지역에 전래되었으리라는 견해도 있지만[67] 석불상 奉安은 寺院의 건립과 관련있을 뿐 아니라, 그 소재지가 신라 南端이기 때문에 그럴 가능성은 거의 희박하다. 대신 백제를 통해 석불상이 울산으로 반입되었을 가능성도 생각해 볼 수 있다. 그러나 백제는 延興 2年(472)에 北魏와 처음 通交한 후 곧 斷交했기 때문에 석불상과는 관련이 없다. 그리고 가야제국은 479년에 南齊와 通交한 것이 중국 왕조와의 처음이자 마지막 공식 접촉이었으므로 역시 관련 짓기 어렵다. 반면 고구려는 太和 年間에 北魏와 빈번한 교섭을 가진 바 있으므로 이 석불상은 北魏에서 고구려를 경유하여 울산에 반입된 것으로 보인다.[68] 지금까지의 추정이 허용된다면 이 석불상의 소재지를 중심한 근거리 반경내에 고구려 세력의 근거지가 존재하였을 가능성이 대단히 높다. 실제 석불상이 발견된 山峴 남쪽 약 2km 지점되는 熊村面 銀峴里에서 고구려계의 기단식 적석총이 확인된 바 있으므로[69] 확실하게 앞서

67) 許興植,「韓國 佛教의 宗教 形式에 대한 試論」『金哲埈博士華甲紀念史學論叢』 1983, p.282.
68) 大谷光男도 동일한 견해를 피력한 바 있다(大谷光男,『古代の暦日』 1978, p.64).
69) 蔚山文化院,『蔚山地名史』 1986, p.428. p.739의 사진. 적석총의 소재지에 고구려와 관련 깊은 熊村面의 '熊' 이라는 지명이 남겨진 것도 의미있다고 본다.

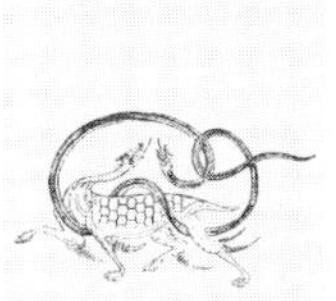

울산 은현리 적석총

의 추정을 뒷받침해주고 있다.

고구려와 백제·가야·왜의 쟁패 지역을 놓고 볼 때, 울산시 삼남면과 웅촌면을 중심한 고구려세력의 영향권은 역사적으로 신라의 가야 진출로인 낙동강 하류의 黃山津 근처까지 미쳤다고 판단된다. 이와 관련해 울산과 접하고 있으면서 黃山津과 근접한 지역인 東萊가 주목된다. 동래의 福泉洞 古墳群에서는 5세기로 편년되는 馬具와 甲胄類가 다량 출토된 바 있는데[70] 이들 副葬品은 신라 지역내에서 가장 고구려적인 색채를 강하게 띠고 있기 때문이다. 이는 동래가 가야 경영과 관련한 고구려의 영향권내에 있었음을 시사해 준다.

현지 토착 세력의 협조하에 고구려군이 울산·동래의 일부 지역에 주둔하였을 가능성은 歃良州干 朴堤上의 卜好 구출[71] 배경에서도 시사받을 수 있다. 주

70) 부산대학교박물관, 『東萊福泉洞 古墳群』I, 1983, pp.146~172.
71) 『三國史記』권45, 朴堤上傳 및 『三國遺事』권1, 奈勿王 金堤上 條.

지하듯이 눌지麻立干은 고구려에 볼모로 간 王弟 卜好 구출을 위해 고구려와의 주요 통로에 인접한 관계로 그 사정에 밝았을[72] 3人의 地方 首長을 招致하고 있다. 이 때 초치된 3人의 지방 수장들은 歃山(삽량주) 지역의 수장인 朴堤上을 그 적임자로 천거함에 따라 그는 볼모 구출 작업에 나서고 있다. 여기서 朴堤上이 卜好 구출에 발탁된 배경을 생각해 보아야만 하겠다. 그것은 단순히 그 개인의 능력이 감안된 결과라기보다 앞서 초치한 바 있는 3人의 지방 수장들의 근거지보다 歃山이 卜好 구출의 適地로 판단되었기 때문이 아닐까?[73] 이 같은 추측은 양산의 인접 지역에 고구려세력이 존재할 때 성립될 수 있다. 이는 앞서 울산·동래에 고구려군이 상주한 것으로 추정한 사실과 상호 잘 연결이 되고 있다. 즉 양산 지역은 울산·동래와 인접한 관계로 양산 지역의 수장인 朴堤上은 고구려인들과의 접촉을 통해 누구보다 그 내부 사정에 밝았으리라 판단되었기 때문에 볼모 구출 작업에 파견되었다고 하겠다. 실제 양산의 중심지인 北亭里 고분군 지역은 동래 지역과 10km 남짓 相距하고 있을 뿐이다.

그러면 고구려는 어떻게 신라 南端인 울산·동래의 일부 지역에 거점을 확보할 수 있었을까? 이 문제는 복잡다기한 당시 국제 관계의 미묘한 성격을 이해할 때 만이 비로소 풀리게 될 것이다. 가령 前述한 백제 聖王의 3策에서 살폈듯이 羅濟同盟관계임에도 불구하고 신라는 고구려와 일정한 유대 구축의 흔적이 보이고 있다. 그렇지만 나제동맹군은 후일 공동의 군사작전으로 고구려군을 축

72) 金哲埈, 「新羅上代社會의 Dual Organization(上)」『歷史學報』1, 1952, p.44. 여기서 氏는 一利村(星州)干은 추풍령로를 利伊村(榮州)干은 죽령로를 관장하였다고 보았다. 그러나 水酒村(醴泉)干의 관할 교통로에 관해서는 언급하지 않았다. 그런데, 필자는 水酒村干의 관할 교통로를 죽령 서편의 이른바 赤城路로 추정한 바 있다(李道學, 「新羅의 北進經略에 관한 新考察」 pp.30~31).

73) 종래 朴堤上의 발탁 배경을 對倭관계의 지식이 풍부한 데서 찾았다. 물론 朴堤上이 對倭 지식이 풍부했을 가능성은 있다. 그러나 이것이 卜好 구출의 배경이 될 수는 없을 것이다. 왜냐하면 朴堤上의 對倭 지식과 관련 짓는 未斯欣의 구출 작업은 어디까지나 그가 卜好 구출에 성공했기 때문에 관여할 수 있었기 때문이다. 따라서 애초 朴堤上이 볼모 구출 작업에 발탁된 배경을 對倭 문제에만 국한 지을 수 없음을 알게 된다.

출하고 한강유역에 진출하였다. 그러나 다시금 신라는 고구려와 密約을 통해 백제를 배신한다.[74] 이처럼 상호 利害관계에서 비롯된 당시의 국제 관계는 일면만으로 설명할 수 없는 복잡한 성격의 것이기 때문이다. 실리적 외교관계에서 비롯된 국제 관계의 이중성은 통일기 신라와 唐의 관계에서도 극명하게 표출된 바 있다.[75] 따라서 울산·동래에 고구려군이 주둔하게 된 배경 역시 고구려와 신라 상호간의 이해의 부합에 따른 결과였다고 판단된다. 즉 신라는 庚子年出兵으로 일시 낙동강 하류까지 진출한 바 있는 고구려군을 이용하여, 백제·가야·왜의 침공에 대한 방파제로 삼아, 이로 인해 덜어지는 국력을 내정정비로 전환하려고 했을 것이다. 때문에 고구려군 소단위 부대의 이곳 주둔을 묵인하였을 법하다. 반면 고구려로서는 宿敵인 백제의 견제를 위해서는 삼각동맹체제의 보루격인 가야제국에 대한 지배권 장악이 선행되어야만 했다. 그 지배권 장악을 위해서는 가야제국의 동태를 예의 주시할 수 있는 전략적 요지가 필요하였기 때문일 것이다. 한편 이로 인해 가야제국의 종주국인 백제의 국력을 북쪽과 멀리 낙동강유역의 동쪽으로 분산시키는 효과도 계산에 두었을 법하다.

그러면 한반도의 南端인 울산·동래 지역과 고구려 본토와의 연락은 어떠한 형태로 취해졌을까? 고구려 세력이 죽령을 넘어 영일만까지 미쳤던 5세기 중반까지는 울산·동래와 육로 교통이 가능하였을 것이다. 그러나 죽령 이북으로 驅逐된 481년 이후 고구려 본토와 울산·동래 지역 고구려군과의 연락은 동래가 港口이고, 大和銘 三尊石佛의 소재지가 신라의 對外關門인 울산항(栗浦)과 근거리임을 생각할 때 海路를 이용하였을 것이다. 즉 卜好가 고구려를 탈출할 때 船便으로 高城 해변에서 울산항으로 귀환하고 있는 것을 볼 때,[76] 울산·동

74) 盧泰敦, 「高句麗 漢水流域 喪失의 原因에 대하여」 『韓國史研究』 13, 1976, p.54.
李道學, 앞논문, pp.33~34.

75) 李道學, 「羅唐同盟의 性格과 蘇定方 被殺說」 『新羅文化』 2, 1985, pp.19~33.

76) 『三國遺事』 권1, 奈勿王 金堤上 條에 의한 추정. 이 때 朴堤上이 이용한 海路를 '北海之路'라고 하였는데 곧 『三國史記』 권37, 地理(4)의 '有名未詳地'에 보이는 '北海通'일 것이다.

래 거주 고구려군 역시 울산항을 이용했다고 판단된다.

이렇듯 고구려와 신라는 상호 이해에 근거하여 울산 및 동래의 일부 지역을 거점으로 지역적 共存의 길을 걷게 되었다. 그 기간은 庚子年出兵이 있던 400년부터 신라가 소백산맥 이북으로 진출하게 되는 6세기 중반경까지로 생각된다.

지금까지 논의된 사실 외에 몇가지 자료를 통해 고구려의 가야경영에 관한 蛇足을 달고자 한다. 『新增東國輿地勝覽』 昆陽郡 條에서

> 본래 고려(고구려 : 필자) 昆明縣이었다. 신라 때 칭호는 未詳이다. 顯宗 때 晋州에 속했다.[77]

는 기록이 주목된다. 곤양은 河東의 동남쪽인 현재의 泗川郡 昆陽面인데, 海岸가인 이곳이 한 때 고구려의 縣이었다는 기록은 무슨 착오인 듯한 인상을 준다. 그러나 곤양 남쪽의 昌善島가 본디 고구려의 有疾部曲이었다는 『高麗史』 地理志의 기록[78]과 관련지어 볼 때 착오는 아닌 것 같다.[79] 왜냐하면 바다를 격해 가장 근거리에 소재한 곤양과 昌善島 2곳에서나, 그것도 서로 다른 문헌에서 고구려 관련 행정 지명이 발견된다는 것은 결코 우연한 일로 돌리기는 어렵지 않을까 싶다. 첫 장에 서술한 고구려의 경북 지역 지배 사실은 오히려 諸 地理志 기록을 통해서만이 확인될 수 있을 정도로 그 史料的 가치는 각별하기 때문이다.

고구려의 곤양과 창선도의 지배 배경은 곤양의 지정학적 위치와 관련 있다고 생각된다. 즉 이곳이 백제의 가야 진출로인 섬진강 동편 要鎭인 동시에 倭와 근접한 한반도의 주요 교통로라는 점[80]에서 찾고자 한다. 아마도 울산 · 동래 주

77) 『新增東國輿地勝覽』 권31, 昆陽郡, 建置沿革 條.

78) 『高麗史』 권57, 地理志2, 晋州牧 條下.

79) 李弘植도 고구려의 폭 넓은 해상활동과 관련지어 볼 때 『高麗史』의 이 기록 내용이 전혀 불가능한 일은 아니라고 하였다(李弘植, 「高句麗 遺民에 관한 一 · 二의 史料」 『韓國古代史의 硏究』 1971, pp.281~282).

80) 阪本種夫 · 橋本郁夫, 『魏志倭人傳と古代帝年紀』 1963, p.7.

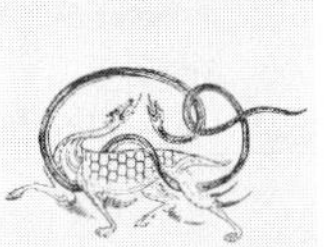



둔 고구려군의 활동 반경을 피해 백제와 倭의 교섭이 蟾津江口인 多沙津(河東)에서 빈번하게 전개되자, 이를 차단할 목적에서 고구려 水軍은 창선도를 점령한 후 이곳을 기항지로 하여, 곤양을 점령한게 아닐까? 논자에 따라서는 '任那之下韓'을 섬진강유역으로 비정한다.[81] 그렇다면 聖王이 발표한 3策 중 2策은 섬진강 동편의 가야 진출로를 고구려가 일시 장악한 데 따른 대응책으로 볼 여지도 있다. 이렇듯 가야 지역에 남겨진 고구려의 행정지명을 통해서도 그 경영의 한 단면을 숙지할 수 있게 된다.

이밖에 문화적인 측면을 통해서도 고구려의 가야 경영 사실을 확인할 수 있다. 동래의 복천동 고분군의 부장품이 고구려적인 색채가 강하다는 것은 주지의 사실이지만, 가야제국의 하나인 多羅國이 소재했던 경남 陜川郡의 玉田 古墳群에서도 고구려 문화의 영향을 받은 馬具·甲胄 등의 부장품이 출토되고 있다.[82] 이 사실은 경남 의령군 대의면에서 출토된 北魏佛의 양식을 충실하게 반영하고 있는 延嘉 7年銘 고구려 금동불상[83] 및 울산시 소재의 大和 13年銘 北魏三尊石佛과 관련지어 볼 때 그 의미를 찾을 수 있을것 같다. 즉 고구려와 지리적으로 가장 떨어진 낙동강유역에 유독 그 문화의 흔적이 散見된다는 사실은 庚子年出兵의 일시적 영향이라기 보다는 낙동강 하류 지역 인근에 고구려군이 장기간 상주한 데 따른 문화의 파급 효과로 보는 게 타당할 것 같다. 延嘉 7年을 479년이나 539년으로 추정되는 것도 이같은 배경을 염두에 둘 때 의미가 있지 않을까.

## VI. 맺음말

평양성 천도 이전부터 고구려는 백제경영에 주력한 바 있으나 한편으로 4세

81) 金延鶴, 『任那と日本』 1977, p.274.
82) 慶尙大學校博物館, 『陜川 玉田古墳群 1次發掘調査報告書』 1986, pp.24~29.
83) 이 금동불상의 제작 연대에 관해서는 479년·539년·599년 설이 있다. 479년은 손영종, 539년은 김원룡·윤무병, 599년은 황수영의 설이다.

기 후반에 隷屬시킨 신라와 나아가 가야제국에 대한 지배권을 장악하여 동북아시아의 정치적 관계를 재정립하고자 했다. 그 결과 396년 고구려는 水軍作戰으로 남한강 상류 지역을 장악하여 소백산맥 이남으로의 진출 통로를 확보하였다. 그 2년 후에 고구려는 남한강 상류 지역을 포함한 '帛愼土谷' 에서의 武力示威를 통해 내륙 교통로의 안전을 재점검하였다. 이처럼 신라·가야 지역 진출을 위한 주도면밀한 준비를 마친 고구려는 庚子年(400)에 신라 구원을 名分으로 出兵하게 되었다. 이때 고구려군은 낙동강 하류까지 진출하여 백제·가야·왜의 동맹군을 섬멸하는 압승을 거두었다. 그러나 이를 틈탄 後燕의 본토 침입으로 인해 고구려군 주력 부대의 回軍이 불가피해졌으므로 가야제국에 대한 지배권 확립이라는 애초의 구상은 실현되지 못하였다. 그러나 庚子年出兵을 계기로 고구려는 정치적으로 보다 강하게 신라를 예속시켰을 뿐 아니라 그 영역에 대한 지배까지 병행하여 나갔다. 대략 庚子年出兵 때 고구려군의 南下路에 인접한 竹嶺 동남편 지역들이 그 영향권에 들어오게 되었다. 그 지배 방식은 신라 지방세력과의 공존 관계 속에 정립된 거점 지배 형태였다.

5세기 중반 이래 고구려는 예성강과 임진강선에서 백제와 총력전을 전개하였던 관계로 고구려는 자연 신라경영에 소홀하였다. 이같은 이유와 함께 신라 자체 역량의 성숙으로 인해 竹嶺 동남 지역에 진출했던 고구려세력은 5세기 후반경에는 소백산맥 以北으로 후퇴하게 되었다. 그러나 고구려는 475년 백제의 王都인 漢城을 함락시키고 아산만까지 南進하게 됨에 따라 對백제전을 일단락 짓고 다시금 신라경영에 주력하게 되었다. 이 때 漢江水域을 완점하게 된 고구려는 대동강에서부터 한강과 낙동강을 잇는 거대한 水運路를 확보하기 위해 雞立嶺으로의 진출을 시도하였다. 그러나 險固한 地勢를 이용한 신라의 關防施設로 인해 그 진출은 좌절되었다.

이처럼 한반도의 중심부 以南으로까지 급속히 확대된 고구려 남진경영의 중간 거점은 忠州였다. 대략 400~427년 사이 어느 때 고구려는 충주에 國原城이라는 別都를 설치하여 6세기 중반까지 신라경영을 전담하게 하였다. 고구려의 別都가 충주에 설치된 요인은 그 문화·지리·경제적 기반이 충분히 고려된 결

과였다. 고구려 문화는 교통의 要地인 國原城을 매개로 하여 신라 지역에 파급되어 나갈 수 있었다.

이같은 신라경영 외에 고구려는 가야경영에도 힘을 기울였다. 백제와 왜의 연결 창구격인 가야제국에 대한 지배권을 장악하여 궁극적으로 宿敵인 백제를 고립시키고자 하였기 때문이다. 고구려의 이러한 구상은 庚子年出兵으로 표출되었지만 後燕의 돌연한 그 본토 침공으로 인해 무산되었다. 그렇지만 고구려는 낙동강 하류에 인접한 울산·동래의 일부 지역에 가야경영을 위한 교두보를 구축하여 가야 문제에 깊숙이 개입하였다. 신라 南端인 울산·동래 일부 지역에 고구려군이 주둔할 수 있었던 배경은 고구려와 신라 상호 이해의 부합에 따른 것이었다. 신라는 고구려세력을 백제·가야·왜의 침공에 대한 방파제로 이용하려 했던 반면, 고구려는 삼각동맹체제의 보루격인 가야제국에 대한 재진출 및 동태 파악을 통해 백제를 견제하려 했기 때문이었다. 울산·동래의 고구려군은 주로 海路를 통해 본토와 交通하면서 400년부터 6세기 중반까지 존속하였다. 이로 인해 낙동강유역에 고구려 문화가 파급될 수 있었다.

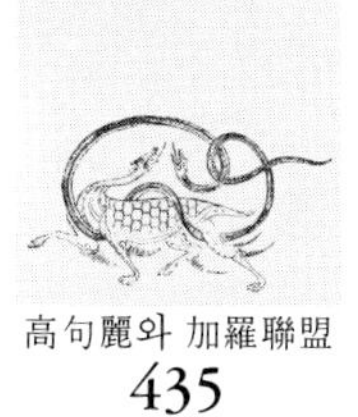



# 高句麗와 加羅聯盟

## Ⅰ. 머리말

가야사는 연구 업적이 꾸준히 蘊蓄된 관계로 근자에 이르러 괄목할만한 성과를 기록하였다. 특히 가야사에 있어서 중요한 시점은 4세기 후반과 5세기 전반이라고 하지 않을 수 없다. 가야 지역을 둘러싼 백제와 고구려 그리고 倭 등의 국제적인 이해 관계가 첨예하게 맞물리는 시점이었기 때문이다.

본고에서는 가야사의 이러한 시간적 범위를 대상으로 하면서, 그간의 연구 성과에도 불구하고 再考의 여지가 있는 몇몇 사안들을 재검토해야 될 사안으로 잡았다. 먼저 '加羅' 혹은 '加耶'가 포괄하는 범위를 검토함으로써, '加羅聯盟'의 시간적 · 공간적 범위를 새롭게 설정하고자 했다. 이와 더불어 「광개토왕릉비문」(이후 '능비문'으로 略稱한다)에 보이는 任那加羅의 소재지와 대상은 물론이고 그 國號의 성립과 변천 과정을 여타 문헌 사료와 결부지어 고찰할 계획이다. 그리고 「능비문」에서 고구려가 이른바 加耶諸國에 직접 영향력을 미치는 계기가 되었던 永樂 10년 조의 해석에 대한 재검토의 필요를 느꼈다. 4세기 전반 중국 군현의 소멸에 따라 파생된 남해안 沿岸의 交易 窓口의 變動 線上에서 狗邪國과 卓淳國의 경쟁, 백제의 낙동강유역 진출과 이를 둘러싼 고구려의 介入이 裏面에 복잡하게 얽힌 비상하게 중요한 문장이 영락 10년 조라고 생각된다. 이러한 영락 10년 조 해석의 關鍵이라고 할 수 있는 구절이 "安羅人戍兵"이다. 그런데 이 구절의 해석과 관련해 다양한 견해가 제기된 바 있지만, 정작 중요한 「능비문」의 본질 파악이 前提되지 않은 채 해석을 해 왔었다.

지금까지 언급한 이상과 같은 사안들을 본고에서 검토함으로써 加羅聯盟의 형태와 대상 및 범주가 밝혀질 수 있을 것이다. 나아가 영락 10년 고구려군의

낙동강유역 진출의 動機가 究明될 수 있으며, 그 出兵의 결과인 낙동강유역 諸國[1]의 정치적 판세의 변화를 파악할 수 있을 것으로 예상해 보았다.

## II. 任那加羅 聯盟體의 成立 前夜 – 南 · 北加羅의 존재

弁韓의 後身인 洛東江流域 諸國을 가리키는 汎稱이 加耶이다. 가야 국호에 관한 기록은『삼국유사』五伽耶 條에서 집중적으로 서술되어 있다. 이 기록에는 阿羅伽耶 · 星山伽耶 · 非火伽耶 등등의 국명이 보인다. 그런데 '△△伽耶'라는 국호들은 이들이 존재하던 당시의 이름이 아니고 신라말 · 고려초 이후의 호칭으로 밝혀졌다.[2] 그러면 낙동강유역을 무대로 하고 있는 이른바 加耶諸國의 이름은 당시에 어떻게 표기되었고, 또 불려지고 있었을까? 이와 관련해 다음과 같은 369년 백제의 낙동강유역 진출 기사가 4세기 후반 이들 諸國의 존재 형태를 알려 주는 자료로서 중요하다.

> A. … 그리고 比自㶱 · 南加羅 · 㖨國 · 安羅 · 多羅 · 卓淳 · 加羅의 7國을 평정하였다. 이에 군대를 옮겨 서쪽으로 돌아 古奚津에 이르러 南蠻의 忱彌多禮를 屠戮하여 백제에 賜하였다.…[3]

위의 기사에 보이는 백제의 낙동강유역 진출은 백제가 이 지역 세력들과 본격적으로 遭遇하게 되었고, 또 지속적으로 관계를 맺게 되는 일종의 큰 轉機가 되었다.[4] 神功 49년 조에 보면 낙동강유역에 포진하고 있는 일단의 諸國들의

---

1) 통념화된 '加耶'의 공간적 범위는 낙동강유역 뿐 아니라 서부 경남 지역까지 미치고 있다. 그러므로 '洛東江流域 諸國'은 적절한 용어가 될 수는 없다. 그러나 본고의 서술 대상인 이른바 加耶諸國의 범위가 낙동강유역이었으므로 그같은 개념을 사용하였다.

2) 金泰植, 「加耶의 社會發展段階」『한국 고대국가의 형성』1990, pp.55~56.

3)『日本書紀』권9, 神功 49년 조.

존재가 포착된다. 이 가운데 加羅라는 국호를 공유하고 있는 '南加羅' 와 '加羅' 의 존재가 눈에 띈다. 여기서 남가라는 지금의 김해를, 가라는 고령을 지목하는데 이견이 없다. 『삼국사기』 김유신전에도 "南加耶의 始祖 首露…"[5]라고 하여, 남가라는 김해를 가리킴을 명확히 해 준다. 따라서 神功 49년인 369년의 시점에서 처음 등장하는 남가라는 당시의 호칭이었음을 알 수 있다. 설령 一角의 견해처럼 南加羅·加羅라는 국호가 5세기대나 그 이후에 나왔다고 하자. 그렇더라도 369년 당시 김해와 고령 세력이 상호 '加羅' 라는 국호로 묶여져 있는 특수한 관계임을 부정할 수는 없게 한다. 이처럼 대외적으로 加羅라는 공통하는 이름으로 등장하는 2개의 정치체는 연맹 관계였음을 시사해준다.

이러한 추정은 于勒의 十二曲에 加羅를 공통으로 사용하는 '下加羅都' 와 '上加羅都' 의 존재를[6] 통해서도 뒷받침된다. 그러한 加羅의 용례는 『삼국사기』에서 김해와 고령 세력에만 국한되어 나타나고 있다.[7] 그러므로 下加羅는 많은 이들이 지목했듯이 김해를, 上加羅는 고령을 가리킨다고 보면 무난해 진다.[8] 요컨대 '下加羅都·上加羅都' 와 '南加羅' 라는 국호는, 加羅가 南北으로

---

4) 神功 49년 조 기사를 6세기대 전반 백제 성왕의 낙동강유역 諸國과의 관계가 투영된 것으로 간주하는 견해가 있다. 그런데 神功 49년 조에는 백제와 낙동강유역 諸國 뿐 아니라 馬韓과의 관계가 연속적으로 나타나고 있는 일련의 사건이 담겨 있다. 그러므로 백제와 낙동강유역 諸國과의 관계만 떼 내어서 후대 사실의 투영으로 간주하기는 어렵다.
한편 南加羅는 5세기 이후의 국호를 반영하고 있으며, 4세기 중후반 당시에는 加耶國(狗邪國)으로 불리었을 것이라는 견해가 있다. 그러나 音相似한 加耶나 狗邪를 동일한 國으로 지목했듯이 南加羅의 '加羅' 의 경우도 加耶 등과 音相似로 연결되는 국호이다. 그러므로 이러한 논거로써 南加羅 국호가 5세기대 이후에 생겨 났다고 볼 수는 없다.

5) 『三國史記』권41, 김유신전.

6) 『三國史記』권32, 雜志, 第1樂.
于勒 12曲에 해당하는 諸國들은 연맹 관계에 있었겠지만, 넓게 본다면 정치적 동질성을 지닌 1個國에 상응한다. 그러므로 맹주국인 고령의 上加羅와 이전의 맹주국인 김해의 下加羅를 都邑的인 성격으로 이해하였기에 '都' 를 붙인 게 아닐까 한다.

7) 白承忠,「于勒十二曲의 해석 문제」『韓國古代史論叢』3, 1992, p.468.
『삼국사기』지리지에 경상북도 함창을 가리키는 '古寧加耶' 라는 표기가 보이지만, 역시 후대에 생겨난 것이라고 한다(金泰植,「가야연맹의 諸槪念 硏究」『加耶諸國과 王權』 1997, pp.22~23).

고령 지산동의 대가야 고분군

각각 兩立하였음을 뜻한다. 南·北加羅의 지리적 위치 역시 김해와 고령으로 각각 지목한 앞서의 추정과 잘 부합된다. 『釋利貞傳』에서 고령과 김해 세력을 형제 관계로 설정하고 있는[9] 설화도 이러한 분위기를 잘 반영한다.

그런데 최근 『釋利貞傳』의 관련 설화를 후대의 조작으로 간주하는 견해가 있다. 물론 이 설화에는 후대에 附會된 부분이 있는 것은 부인할 수 없다. 그렇지만 그 골격은 지금까지 언급해 왔던 김해와 고령 세력을 가리키는 南·北加羅

8) 于勒 12곡의 성립 연대를 최소한 516년 이전으로 간주하면서, 12曲 작곡의 목적은 백제의 침입에 대하여 대가야 세력권의 결속을 강화하는데서 나왔다는 견해가 있다. 그리고 친백제적 경향이 강한 安羅는 12曲에서 제외되었다고 하면서, 신라가 어느 정도 세력을 구축했다고 간주한 김해 지역을 下加羅에서 제외하는 견해도 있다(白承忠, 앞논문, pp.474~476). 여기서 백제와 신라의 침공에 대한 결속 차원에서 12曲이 나왔다면 모르겠다. 그러나 백제의 침공만 관련 짓는 논리라면 친신라적인 김해 세력을 12曲에서 빼놓을 이유는 되지 않을 것 같다.

9) 『新增東國輿地勝覽』 권29, 高靈縣 建置沿革 條.

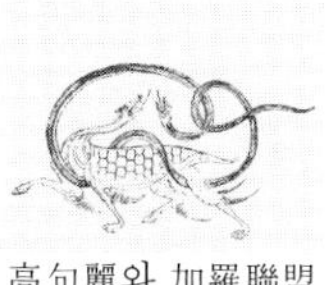



혹은 下·上加羅의 존재 형태와도 썩 부합되고 있다. 그러므로 비록 시점과 공간적 범위는 틀리더라도 『釋利貞傳』의 설화를 근거로 한 김해와 고령 세력간의 연맹설이[10] 오히려 타당하다는 느낌이 든다. 이러한 각도에서 南加羅와 加羅의 존재 형태를 상정해 볼 때 兩國은 '加羅' 聯盟을 결성했다고 보겠다.[11]

한편 南加羅라는 국호를 고령의 加羅 보다 세력이 미약해진 시기에 나온 것으로 간주하여 6세기대의 사실을 반영한다는 견해도 있다.[12] 그러나 고령의 대가야 중심의 于勒 十二曲에서도 대가야는 '加羅都'가 아닌 '上加羅都'라고 하였다. 그러므로 상대적 방위를 가리키는 '南加羅' 국호를 가지고서 세력의 劣勢를 나타내는 근거로 삼기는 어렵다. 더구나 이 論者는 神功 49년 조에 南加羅 등과 함께 등장하는 比自炑은 4세기대의 사실로 보아야 한다고 했지만[13] 이는 명백한 모순이 아닐 수 없다. 369년 백제의 낙동강유역 진출 기사에서 동일한 사건에 함께 보이는 國號 자체를 6세기대와 4세기대로 각각 구분한다는 자체가 語不成說이기 때문이다. 더구나 神功 49년 조의 7國은 그 쓰여진 순서에서도 알 수 있듯이 고령의 加羅 위주 내지는 그 시각에서 서술된 것도 아니다. 그러므로 神功 49년 조 백제의 낙동강유역 진출 자체가 허구가 아닌바에야 遠征을 통해 기록을 남긴 백제인들의 시각에서 볼 때 정치적 동질성을 지닌 2개의 國을 南加羅와 加羅로 각각 불렀거나 기재할 수 있다고 본다.[14] 특히 백제에서는 교역권의 이해가 충돌하는 김해 세력을 폄훼시켜 南加羅로 기재할 수 있었을 것이다.

남가라의 실제 국호는 狗邪國 등으로 불리어졌었고, 고령 세력의 당초 이름

10) 金泰植, 『加耶聯盟史』 1993, pp.108~110.

11) 이는 가야 전체를 단일 연맹체로 간주하는 입장에서 김해와 고령을 연맹으로 설정한 李丙燾의 견해와는 연맹 결성의 배경 뿐 아니라 규모도 다르다고 하겠다.

12) 盧重國, 「가야사 연구의 어제와 오늘」 『한국고대사 속의 가야』 2001, pp.64~65.

13) 盧重國, 앞논문, p.66.

14) 이미 지적되고 있듯이 A에 보이는 神功 49년 조의 '南蠻'이라는 표현은 백제 중심의 천하관의 산물이므로 그러한 추정을 뒷받침해 준다.

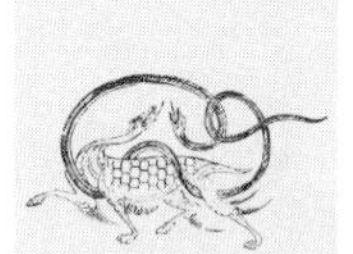



은 伴跛라고 했다.[15] 여기서 狗邪國과 加羅의 음운상의 유사성을 주목한다면 구야국의 구야에서 加羅라는 국호가 유래하였다. 또 그러한 국호를 양자가 연맹을 결성하면서 共有했던 것으로 보인다. 물론 4세기 후반 당시 연맹의 주도권은 김해 세력이 장악하고 있었으므로 狗邪國의 '狗邪' 에서 加羅라는 연맹 이름이 기원한[16] 것으로 해석되어 진다.

고령 세력은 自國이 존속할 당시에 '加耶' 라는 이름으로 불리었다. 신라 진흥왕이 고령 세력을 멸망시킨 기사에 의하면 "진흥대왕이 침공하여 이 곳을 멸망시키고 그 땅을 大加耶郡으로 삼았다"[17]고 했다. 이와 관련해 신라는 정복한 甘文國이나 沙伐國을 甘文郡이나 沙伐州로 각각 편제시켰다는 사실이다. 여기서 신라로 편제되기 전의 國號를 행정 단위 앞에 붙였음을 알 수 있다. 이러한 맥락에서 볼 때 진흥왕이 편제시킨 大加耶郡 역시 신라에 복속되기 전에는 大加耶國이었음을 알게 된다. 그런데 大加耶는 小加耶의 상대적인 호칭이다. 그렇다면 大加耶에 짝하는 小加耶는 5세기대 이후 세력 열세에 놓여 있던 김해 세력일 수밖에 없다. 이러한 大·小加耶 국호는 '加耶' 혹은 '加羅' 라는 이름을 공유하는 연맹의 존재가 전제되지 않고서는 나오기 어렵다.

그러면 해변의 김해 세력이 내륙의 고령 세력과 연맹을 결성하게 된 동기는 무엇이었을까? 양국은 일단 지리적으로 격절되어 있는 감을 준다. 그럼에도 연맹을 결성했을 때는 공유하는 이익이 전제되었기 때문으로 보인다. 우선 양국은 지리적으로 격절된 것 처럼 보이지만, 낙동강을 매개로 연결되고 있다. 낙동강 하구의 김해 세력과 낙동강 중류의 고령 세력은 낙동강을 水路로 하는 경제권을 공유하고 있었다. 그런데 4세기대에 접어들면서 낙동강을 매개로 하는 水路 공동체는 크나 큰 위기에 직면하게 되었다. 우선 313년과 314년에 낙랑군과

15) 金泰植, 앞책, p.78.
16) 金廷鶴,「任那日本府에 대하여」『韓國上古史硏究』1992, p.382.
李道學,「高句麗의 洛東江流域 進出과 新羅·伽倻經營」『國學硏究』2, 1988, pp.104~105.
17)『三國史記』권34, 地理, 康州 條.

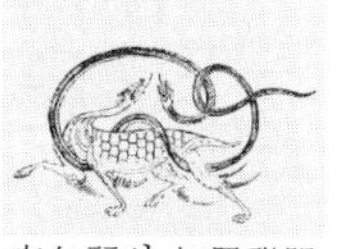



대방군이 한반도에서 각각 축출됨에 따라 이곳과의 主去來 窓口였던 김해 세력이 크게 타격을 입게 되었음은 널리 알려진 사실이다.

이와 관련해 교역 중개지로서 김해 세력의 비중과 결부지어 고대 해상교통로를 상기해 본다. 고조선이 멸망하고 중국군현이 설치된 후 황해 연안에서 한반도의 서남해안으로, 그리고 일본열도로 다시금 이어지는 線으로 하여 航路가 본격적으로 개척되면서 교섭도 일층 활기를 띠었다. 3세기 후반에 쓰여진 『삼국지』에 의하면 황해도에 설치된 대방군에서 왜에 이르기까지의 里程 기록을 "郡에서 倭에 이르기까지는 海岸을 돌아 水行하여 韓國을 지난다"[18]라고 하였다. 그러면서 교역선들이 해안선을 따라 沿岸航海를 하는 구절에 "到其北岸狗邪韓國"라는 문구를 덧붙여 중간 寄航地로서 김해 지역에 자리잡은 狗邪韓國의 존재를 特記하고 있다. 이러한 사실은 해상교통의 요지에 자리잡은 구야한국이 중개 무역지로서 번성하였음을 짐작하게 한다.[19] 그런데 중국군현을 매개로 한 중국 창구의 붕괴는 그것을 매개로 교역의 주도권을 쥐었던 김해 세력의 입지를 크게 약화시키고도 남았다.

구야국은 4세기 중후반경에 해변인 창원 지역에 소재한 卓淳國[20]의 대두로 對倭 교역로가 위협을 받게 되었다. 탁순국과 왜와의 交易 조짐이 포착되고 있었기 때문이다. 그러한 탁순국을 매개로 백제가 개입하여 일본열도로 이어지는 교역체계를 장악하려는 움직임마저 나타났다.[21] 364년에 백제는 일본열도와의 교섭을 시도할 목적으로 지금의 경남 남해안까지 사신을 파견했다. 그 결과 366년에 왜와 교섭하고 있던 卓淳國에 파견된 倭使를 백제로 초청하여 五色綵絹 각 1匹과 角弓箭 그리고 鐵鋌 40枚를 선물하였다. 이 때 백제는 "우리나라

18) 『三國志』 권30, 東夷傳, 倭人 條. "從郡至倭 循海岸水行 歷韓國"

19) 李道學, 「百濟의 交易網과 그 體系의 變遷」 『韓國學報』 63, 1991, p.70.

20) 今西龍, 『朝鮮古史の研究』 1937, p.351.

21) 이에 관한 논의는 李賢惠, 「加耶의 交易과 經濟」 『한국 고대사 속의 가야』 2001, pp.332~334이 참고된다.

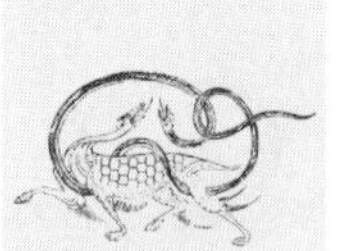



에는 진귀한 보물이 많다. 貴國에 貢上하려 생각하고 있으나 道路를 몰라 마음만 있을 뿐 실현하지 못하고 있다. 그러나 다시 이번 使者에 부탁하고 계속하여 貢物을 바치겠다"[22]라고 하여, 왜측의 강한 구매욕구를 촉발시키고 있다. 이 문구는 물론 과장되고 윤색된 『일본서기』의 기록이지만, 당시 양국간 교섭의 성격을 이해하는데 도움을 주는 자료라고 하겠다. 우선 백제가 왜 사신에게 내린 물품 가운데 견직물인 채견은 倭 지배세력의 豪奢品이었을 것이다. 그리고 기마전 무기인 角弓箭, 무력기반의 확대와 생산력 증대를 위한 철소재인 동시에 유통 수단이기도 하였던 鐵鋌 등은 왜측의 관심을 끌었음이 분명하다. 고고학적으로도 입증되고 있듯이 왜는 4세기대 이래로 중국과의 교섭이 두절된 상황이었다.[23] 그러므로 왜가 중국을 대신하여 교역 중심지로 부상한 백제와의 교역을 열망하고 있었음은 헤아리기 어렵지 않다. 때문에 양국간의 교역로 개척은 어렵지 않게 진행된 것으로 보인다.[24]

이같은 백제의 개입은 기존의 김해 세력 중심의 교역체계를 붕괴시킬 수 있었다. 김해 세력의 타격은 그에 의존하고 있던 내륙의 고령 세력 등에 연쇄적인 타격으로 이어지게 된다. 더구나 김해 세력의 입장에서 볼 때 백제가 내륙으로 낙동강유역에 진출하는 것을 저지하기 위해서는 소백산맥 西→東으로 이어지는 陸路上의 要地에 위치한 고령 세력의 도움이 필요하였다. 이러한 위기 의식이 양국간의 연맹 결성 動機라고 하겠다. 그러나 369년에 탁순국이 백제를 끌어들임에 따라 남가라와 가라 등 7국이 그에 정치적으로 예속되었고[25] 대외 교역권마저 빼앗겼던 것으로 보겠다. 그 결과 탁순국을 매개로 백제와 왜의 교섭이 전개될 수 있었다.

22) 『日本書紀』 권9, 神功 46년 조. "仍以五色綵絹各一匹 及角弓箭 并鐵鋌四十枚 幣爾波移 便復開寶藏 以示諸珍異曰 吾國多有是珍寶 欲貢貴國 不知道路 有志無從 然猶今付使者 尋貢獻耳"

23) 今井堯, 「古墳の樣相とその變遷」 『日本考古學』1, 1978, pp.248~251.

24) 李道學, 앞논문, pp.75~76.

25) 金鉉球, 「4세기 가야와 백제 · 야마토 왜의 관계」 『韓國古代史論叢』6, 1994, pp.116~121.

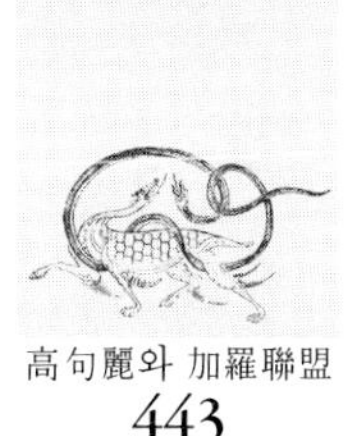



# III. 任那加羅와 고구려의 관계

## 1. 任那加羅의 성격

「광개토왕릉비문」에는 고구려와의 관계선상에서 낙동강유역 諸國 가운데 任那加羅의 존재가 언급되고 있다. 고구려의 입장에서 볼 때 4세기 후반에는 任那加羅의 존재가 擡頭하고 있었음을 뜻한다. 이러한 임나가라와 고구려가 관계를 맺게 되는 것은 일단 고구려가 낙랑군과 대방군의 축출을 기화로 군사적 압력과 정치적 영향력을 남쪽으로 지속적으로 확대시켜 가는 과정에서 찾을 수 있다. 고구려는 신라를 자국의 영향권에 넣으면서 이곳을 교두보로 소백산맥내의 낙동강유역에 대한 진출을 시도했다.[26] 그런데 고구려와 임나가라의 분명한 관계는 다음과 같은 「능비문」에서 확인된다.

B. 九年己亥 百殘違誓與倭和通 王巡下平穰 而新羅遣使白王云 倭人滿其國境 潰破城池 以奴客爲民 歸王請命太王[恩慈] 矜其忠[誠] △遣使還告以△計

C-1. 十年庚子 教遣步騎五萬 往救新羅 從男居城 至新羅城 倭滿其中 官軍方至 倭賊退 △△背急追至任那 加羅從拔城 城卽歸服 安羅人戍兵

2. △新[羅]城△城 倭[寇大]潰 城△△△盡△△△安羅人戍兵

3. [新]△△△△ [其]△△△△△△△△言△△△△△△△△△△△△△△△△△△△△△△△△△△△△△△辭△△△△△△△△△△△△△△△潰△△△△安羅人戍兵

4. 昔新羅寐錦未有身來[論事]△[國罡上廣]開土境好太王△△△△寐[錦]△△[僕]勾△△△△朝貢[27]

「능비문」의 내용을 놓고 볼 때 사건의 발단은 영락 9년인 399년에 신라 사신

26) 李道學,「高句麗의 洛東江流域 進出과 新羅·伽倻經營」p.104.

27) 본고의 「광개토왕릉비문」 釋文은 한국고대사회연구소,『譯註 韓國古代金石文』I, 1992, p.12에 의하였다. 이후 '능비문' 으로 略記한다.

이 광개토왕이 머무르고 있는 평양성으로 찾아와 아뢰었다는 데서부터 시작되고 있다. 내용인즉 왜인들이 신라 국경에 가득차 城池를 부수었고 "以奴客爲民 歸王請命"라고 했다는 것이다. 여기서 "以奴客爲民 歸王請命"에 관해서는 여러 가지 해석이 있지만, 문맥상 왜인들이 "潰破城池"한 결과로써 이해하는 게[28] 온당하다. 아울러 奴客의 주체는 「능비문」을 작성한 고구려인데, 그러한 고구려의 奴客을 倭가 民으로 삼았다는 것이다.[29]

그러한 영락 10년 조의 奴客은 신라왕이 아닌 신라의 일반 주민을 가리키는 것으로 간주하는 게 타당해 보인다.[30] 만약 이 奴客이 신라왕만을 가리킨다면 倭의 '民'이 아니라 '臣'으로 표기했을 것이다. 즉 "以奴客爲臣"으로 기재하는 게 합당하다. 만약 신라왕과 주민 전체가 倭에 복속되었다면 '臣民' 등으로 표기하는 게 온당할 것 같다. 더구나 신라왕이 왜의 노객이 되었다고 하면, 위의 문장 논리상 신라가 고구려에 사신을 보낼 수도 없었을 것이다. 왜군이 신라 영토에 침공해 와서 城池를 파괴하는 상황에서 신라왕이 "歸王請命"했다면 그 직전에 "노객으로서 民을 삼은" 주체는 왜가 된다. 왜의 民이 된 대상은 왜의 침공을 받은 신라 주민들이므로, 노객의 대상 역시 신라 주민을 가리킨다고 하겠다. 여기서 "以奴客爲民"에서 '以'는 수단을 가리키므로, 이 구절은 "고구려의 노객이었던 신라인들로써 왜의 民을 삼으니"라는 뜻이라고 보겠다.

영락 10년 조는 고구려 步騎 5만이 출병을 했는데, 남거성으로부터 신라성에 이르는 사이에 왜인들이 그득 찼다는 것이다. 주지하듯이 신라성은 수도인 경주를 가리키는데, 남거성의 위치는 명확하지 않다. 그러나 왜군들이 남거성부터 신라 수도인 신라성에 이르는 루트에 주둔했다는 것이다. 왜군들이 경주로

28) 王健群, 『好太王碑研究』 1984, pp.175~176.

29) 이러한 논법은 「능비문」 신묘년 조의 "百殘新羅 舊是屬民由來朝貢 而倭以辛卯年 來渡△破百殘△△[新]羅以爲臣民"라고 한 전통적인 釋文과 해석에서도 확인된다. 고구려의 속민을 倭가 쳐들어 와서 이제는 自國의 臣民으로 삼았다는 것이다. 이러한 논법의 수용 여부는 차치하고라도 영락 10년 조와는 동일하다는 것을 주목하지 않을 수 없다.

30) 浜田耕策, 「高句麗廣開土王陵碑文の研究」 『朝鮮史研究會論文集』 11, 1974, p.20.

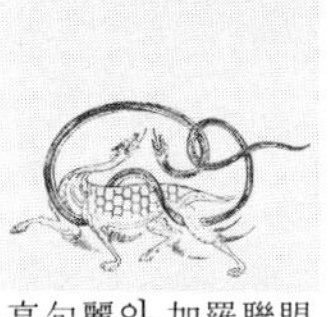



침공해 오는 통상적인 루트는 동해변의 감포로부터 이어지는 線上이었다. 그러므로 남거성은 동해가에 가까운 곳에 소재했다고 보겠다.

그러면 이 때 고구려군은 왜군을 어떤 방식으로 공격했을까? 고구려군이 바야흐로 이르자 왜군은 退走를 했다. 고구려군은 "背急追至任那加羅從拔城 城卽歸服"라고 하였듯이, 왜군을 임나가라 종발성까지 추격하여 이르렀다고 한다. 그 추격의 형태인 '背急' 은 왜군의 배후를 친 것으로서 그 퇴주로를 차단한 것으로 해석된다. 당시 죽령을 통해 남하해 온 고구려군은[31] 중간에 동해안로를 이용해서 감포쪽으로 내려와 서쪽의 경주 방면으로 꺾어짐에 따라 경주쪽으로 진격하고 있던 왜군을 배후에서 急襲한 게 된다. 아울러 영락 9년 조의 '△計' 를 '密計' 로 釋文한[32] 견해를 취해 본다. 그러면 이러한 背後 急襲 작전이라는 것은 광개토왕의 왜군 축출을 위한 계책 즉 '密計' 에서 비롯된 것이 아니었을까 한다. 요컨대 고구려군은 왜군의 배후를 급히 추격하여 임나가라 종발성까지 이르고 있다. 여기서 왜군이 정박 중인 동해변으로 퇴각하지 않고 임나가라 종발성으로 후퇴한 것은 배후의 退路를 차단당하였기 때문일 것이다. 그러므로 任那加羅와 연계해서 왜가 신라를 침공했다는 기존의 견해는 수긍하기 어려워진다. 한편 왜군이 임나가라 방면에서 신라를 침공해 왔을 수도 있다. 이 경우는 영락 10년 조의 '背急追' 즉, 고구려군이 배후에서 급히 왜군을 추격한 상황을 상정해야 한다. 그렇다고 할 때 배후를 급습당한 왜군이 출발 지역인 임나가라 쪽으로 퇴각할 수 없으므로 수긍하기 어려워진다. 이렇게 된다면 영락 10년 조에서처럼 任那加羅가 戰場이 될 수 없다.

그러면 이와 관련해 임나가라는 어느 곳에 소재하였을까? 그 소재지에 관해서는 고령을 비롯해서 김해 지역으로 비정하는 설이 있다. 그러나 고령은 경주 방면에서 너무 멀 뿐만 아니라 바다를 건너온 왜군이 퇴각하면서 멀리 내륙으

31) 李道學, 「永樂 6年 廣開土王의 南征과 國原城」『孫寶基博士停年紀念韓國史學論叢』1988, p.102.

32) 王健群, 앞책, p.173.

로 후퇴할 리는 없기 때문에 타당하지 않다. 임나가라는 해변을 끼고 있는 지금의 김해를 가리키는 게 온당하다. 김해 지역(구야국)은, 중국의 樂浪 · 帶方郡에서 한반도 서남해변을 돌아 일본열도로 이어지는 航路上, 對馬島에서 壹岐島를 지나 北九州로 이어지는 航路의 중간 寄港地였다. 그러므로 김해 지역은 왜군이 일본열도로 퇴각할 때 渡航하기 위해 집결할 수 있는 곳으로 유력하게 추정된다. 이는 훗날 후백제와 對馬島 간의 교섭이 김해(金州)를 매개로 했던 점에서도 방증되지 않을까 한다.[33)]

그러한 임나가 김해인 것은 「진경대사비문」에서 금관가야의 왕족 후예인 김유신(興武大王)과 '임나왕족'이 연결되고 있기 때문이다.[34)] 그러면 任那加羅는 한 개 國을 가리키는지, 아니면 任那와 加羅의 合稱일까? 적어도 倭와 지리적으로 근접한 낙동강유역 諸國의 실태를 파악하고 있었을 5세기 후반 왜왕의 上表에 보면 任那와 加羅는 별개의 세력으로 확인되고 있다. 물론 이 기록 자체의 신빙성 여부를 떠나 국가의 존재에 대한 인식을 반영하므로 언급하지 않을 수 없다. 즉 왜왕의 자칭에 "使持節 · 都督 · 倭 · 百濟 · 新羅 · 任那 · 加羅 · 秦韓 · 慕韓七國諸軍事 · 安東大將軍 · 倭國王"이나 "使持節 · 都督 · 倭 · 新羅 · 任那 · 加羅 · 秦韓 · 慕韓六國諸軍事 · 安東大將軍 · 倭王"[35)]라고 하였기 때문이다. 여기서 任那와 加羅가 각각 별개의 國으로 확인된다. 그리고 加羅는 고령을 가리키는 게 분명하므로, 任那는 김해 세력을 가리킨다고 보아야 한다. 이는 김해를 任那로 인식했던 「진경대사비문」의 그것과도 부합된다.[36)] 요컨대 김해 세력과

33) 李道學, 「廣開土王碑文에 보이는 地名 比定의 再檢討」『廣開土王碑文의 新研究』 1999, p.191. 李道學, 「後百濟의 加耶故地 進出에 대한 檢討」『白山學報』58, 2001, pp.56~58.

34) 임나를 '미마나'로 읽는데, 임나의 '임'과 미마나의 '밋'이 서로 넘나든다고 할 때, '밋나'는 '밑에 있는 땅'으로 해석된다. 이는 김해를 가리키는 南加羅나 下加羅와도 그 의미가 연결될 수 있다. 그러나 이와는 달리 미마나의 '미'는 '밑' 즉 '下'의 뜻으로, '마'는 '맏' 즉 '上'의 뜻으로, 그리고 '나'는 '土地'의 뜻으로 풀어 볼 수 있다. 그렇다면 任那의 訓讀인 미마나를 '下 · 上加羅'의 뜻으로 해석하면서, '南北' 혹은 '下上' 加羅 聯盟 자체를 의미하는 말로써 받아들일 수 있다.

35) 『宋書』권97, 夷蠻傳, 倭國 條.

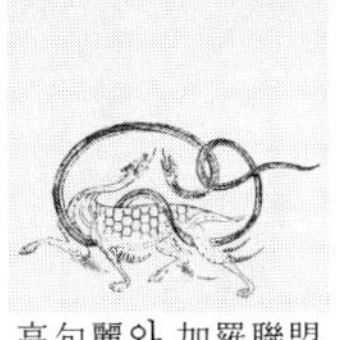



고령 세력은 南加羅(下加羅)와 北加羅(加羅 · 上加羅)로 각각 불리어졌었다. 이는 남가라와 가라의 연맹체를 뜻하는데다가, 그러한 남가라를 임나로 일컬었으므로, 任那加羅라는 합칭으로 불리어졌던 것으로 해석된다. 과거 東歐의 체코와 슬로바키아를 서로 합쳐서 체코슬로바키아라고 불렀던 사실이 연상된다. 그러나 다른 한편으로 任那의 訓讀인 '미마나' 가 註34에서 언급했던 것처럼 下加羅와 上加羅를 모두 포괄하는 호칭이 맞다면, 任那라는 국호 자체가 역시 2개 국의 연맹 사실을 함축해 준다. 아울러 김해 세력이 南 · 北加羅 혹은 下 · 上加羅 聯盟의 맹주였기에 역시 任那라고 불리었던 것은 아니었을까?

신라와 백제의 적대적인 위협 속에 김해와 고령 세력간에 가라연맹이 결성되었다. 당초에는 南加羅 · 北加羅, 혹은 下加羅 · 上加羅 연맹체였으며, 2국의 연맹을 포괄하는 合稱인 任那加羅로 호칭되었다. 그러나 400년 이후에는 任那加羅라는 連稱이 사용되지 않고 任那와 加羅로 각각 분리되어 표기되고 있다. 이는 任那加羅 연맹체의 해체를 암시한다고 하겠다.[37] 이후 "임나가 멸망했다. 통털어서 임나라고 하는데, 개별적으로는 加羅國 · 安羅國 · 斯二岐國 · 多羅國 · 卒麻國 · 古嵯國 · 子他國 · 散半下國 · 乞飡國 · 稔禮國 합해서 10國이다"[38]

---

36) 「진경대사비문」에 보이는 金庾信의 出系는 금관국의 傳承을 토대로 하였을 『개황록』에 근거하였을 것이므로 사료 가치가 있다. 『삼국사기』 김유신전은 김유신의 玄孫으로 신라의 執事郞인 金長淸이 지은 『金庾信行錄』 10권을 토대로 해서 내용을 줄여 놓은 것이기 때문에 가문의 내력에 관한 내용도 줄여졌을 가능성이 있다. 이 기록 역시 「진경대사비문」 撰述의 밑자료가 되었을 것이다.

37) 임나가라는 낙동강유역 諸國 전체에 대한 영향력이 지대했던 만큼 그 諸國 전체에 대한 대명사격으로 후대까지 인식되었던 것 같다. 강수의 출신을 '任那加良人' 이라고 한 것도 이러한 인식에 바탕을 두었던 것으로 보인다. 「능비문」 영락 10년 조에 보이는 '任那加羅從拔城' 의 종발성의 소속국이 어딘지 명확하지 않다는 지적도 있지만, 고구려의 입장에서 볼 때 任那와 加羅는 한 통속이었으므로 종발성의 국적을 굳이 명시한다는 것은 의미가 없다. 그리고 김해 세력의 위세가 강한 시기에 임나를 앞에 붙여서 任那加羅라고 했던 만큼, 종발성의 소속국은 임나로 간주하는 게 온당하다. 한편 任那加羅를 任那(창원)와 加羅(김해)의 合稱으로 간주하는 견해도 있다(金泰植, 「廣開土王陵碑文의 任那加羅와 '安羅人戍兵'」『韓國古代史論叢』6, 1994, p.86).

라는 기사에서 알 수 있듯이, 任那는 낙동강유역 諸國에 대한 總稱으로 사용되고 말았다.

## 2. "安羅人戍兵" 해석의 재검토

고구려의 낙동강유역 진출은 낙동강유역 諸國에 엄청난 파장을 야기했던 것으로 云謂되고 있다. 이와 관련된 기사가 C의 「능비문」 영락 10년 조이다. 영락 10년 조에서는 고구려군의 왜군 격퇴와 관련해 "安羅人戍兵"이라는 문구가 3번이나 나온다. 이 구절의 安羅人을 함안 安羅國人으로 조직된 수비병으로 해석하는 견해가 대부분이었다. 그러나 이러한 종전의 해석에 따른다면 문제가 제기된다. 먼저 C-1의 문구에 보이는 "城卽歸服" 구절 다음에는 고구려측의 어떤 조치가 뒷따라야 하는데 보이지 않는다. 그리고 安羅人戍兵을 안라인 수비병의 뜻으로 해석한다면, C-2에서 보듯이 '新[羅]城' 과 '△城' 을 어떻게하자 느닷없이 倭寇가 大潰했다는 것이 되므로 정황에 맞지도 않는다. 왜구와 安羅人戍兵이 싸워야 할 이유가 보이지 않기 때문이다. 나아가 "安羅人戍兵"과 관련한 전후 문맥을 놓고서 살펴 볼 때, 첫째는 "城卽歸服"의 결과로서 "安羅人戍兵"이 보이며(C-1), 두 번째는 "倭[寇大]潰 城△△△盡△△△安羅人戍兵"라고 하는 구절 가운데 '盡' 이 보인다. 이 '盡' 은 영락 17년 조에서 고구려군이 敵軍을 大敗시킬 때 사용한 文字이다. 이러한 '盡' 의 결과로서 "安羅人戍兵"이 나타나고 있다(C-2). 세 번째는 글자가 거의 남아 있지 않지만 '潰' 라는 글자가 보인다. 이것을 볼 때 역시 戰果의 마무리 작업으로서 "安羅人戍兵"이 나타나고 있다(C-3). C-3의 "安羅人戍兵"을 안라인 수비병으로 해석한다면 곧 바로 뒤에 나타나는 C-4의 "昔新羅寐錦未有身來…"하는 영락 10년 조의 총결산 기사와는 연결되지 않는다. 그러므로 "安羅人戍兵"은 전쟁 기사의 결산으로 이해해야 마땅하다. 요컨대 고구려측의 입장에서 볼 때 "安羅人戍兵"은 승전의 결과로써 기

38) 『日本書紀』 권19, 欽明 23년 조.

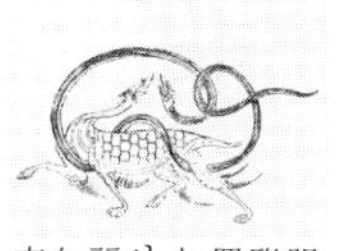



재하고 있는 것이다. 그러므로 "安羅人戍兵"은 주어나 명사는 아니라고 하겠다.

"安羅人戍兵"에 관한 기왕의 통념을 일거에 뒤엎은 新說은 '羅人'을 신라인으로 간주하여 "신라인을 안치하여 戍兵케 하였다"[39]는 해석이었다. 즉 고구려가 왜군을 토벌하고 빼앗은 성을 신라에게 돌려주어 수비하게 했다는 것이다. 여기서 "羅人戍兵"을 배치했다는 견해 자체는 탁견이라고 본다. '安'의 용례는 「능비문」 수묘인 연호 조에 2번이나 보이고 있다. 즉 "自上祖先王以來 墓上不安石碑"와 "安守墓者"가 그것이다. 여기서 '安'은 '居處'·'位置' 곧 '자리잡을'[40]이나 '安置'의 뜻으로 사용되고 있다. 이러한 용례를 "安羅人戍兵"에 적용하는 게 지극히 온당하다.

그러나 羅人에 대한 해석에는 비판이 제기되었다. 가령 「능비문」에는 新羅외에 任那加羅도 보이므로, 羅人만 놓고서는 新羅人인지 任那加羅人인지 식별이 되지 않기 때문이다.[41] 그 밖에 다른 논거로써 신설에 대한 비판도 있지만, 근본적으로 이 설은 전후 문맥에 대한 면밀한 검토가 선행되지 않았다는 한계를 지니고 있다. 한편 "安羅人戍兵"의 '羅人'을 "(고구려가) 邏人을 두어 수비케 하였다"[42]라고 해석하는 견해가 제기되었다. 그러나 이 견해는 羅人과 戍兵이 의미가 서로 겹치므로[43] 동조하기 어렵다.

그러면 "安羅人戍兵"을 어떻게 해석해야 할까? 이 구절의 시작인 C-1을 보면 고구려군은 왜군을 추격하여 임나가라 종발성까지 이르러서 歷勝을 거두었다. 그 다음 C-2의 "△新[羅]城△城 倭[寇大]潰 城△△△盡△△△安羅人戍兵"라는 구절에서 고구려군이 新[羅]城과 △城을 치자 倭寇가 大潰했고, 또 城의 △△을 모조리 격파해서 "安羅人戍兵"했다는 내용이다. 여기서 C-1의 "至任那加羅從

39) 王健群, 앞책, p.178.

40) 中華學術院, 앞책, 3, 1985, p.373.

41) 武田幸男, 『高句麗史と東アジア』 1989, p.120.

42) 高寬敏, 「永樂10年 高句麗廣開土王の新羅救援について」 『朝鮮史研究會論文集』 27, 1990, p.161.

43) 李容賢, 「가야의 대외 관계」 『한국 고대사 속의 가야』 2001, p.353.

拔城"과 관련한 문맥의 흐름을 놓고 볼 때 고구려군은 이제 임나가라 영역 안에 들어섰음을 알 수 있다. 그런데 C-2에서 돌연히 신라 수도를 가리키는 新[羅]城과 △城을 云謂한다는 것은 문맥상 사리에 맞지도 않는다. 더욱이 新[羅]城의 '羅' 字는 推讀에 불과하므로 무게를 실을 필요조차 없다. 요컨대 新△城과 △城은 임나가라 영역 안에 소재한 城으로 비정해야만 이곳으로 쫓겨온 倭寇를 고구려군이 大潰시킬 수 있는 상황이 된다.

그리고 3차례 등장하는 "安羅人戍兵"은 성격이 동일한 지역과 관련을 맺고 있었다고 보아야 한다. 缺落字가 많아 C-2와 C-3에 등장하는 "安羅人戍兵"과 연관된 지역을 쉽게 구명할 수는 없다. 그러나 첫 번째 C-1의 그것은 임나가라 지역이 분명하다. 그렇다고 할 때 동일한 年條에서 모두 3군데 등장하는 "安羅人戍兵"은 문장의 흐름상 대상이 각각 다르다기 보다는, 동일한 지역을 가리킨다고 보여진다. C-2의 문장에 "安羅人戍兵"이 보이지만, 이 구절에 國名이 새롭게 들어갈 공간은 아무리 보아도 없기 때문이다. 그러므로 그곳은 '신라나 임나가라' 도 아니고 모두 '임나가라' 지역에만 국한시켜 보아야할 것 같다. 그렇다면 이제는 '羅人' 이 과연 新羅人이 될 수 있을까? 고구려가 정벌했다는 임나가라 지역에 신라군을 배치했는지 與否에 대한 검토가 필요하다. 이와 관련해 王健群은 "安羅人戍兵拔新羅城"라고 釋文하였다. 그러나 이 釋文에 따른다면 신라인 戍兵이 자기 나라의 城인 신라성을 점령[拔]했다는 게 되어 모순이 된다.[44] 게다가 신라 영역도 아닌 임나가라 지역에 고구려인들이 自國人도 아닌 신라인들을 배치했다고 하자. 이 역시 정황에도 맞지 않은 어색한 추론이 되는 것이다. 그러므로 다음과 같은 이유로써 '羅人' 을 임나가라인으로 지목하고자 한다.

「능비문」에는 '夫餘城' 을 '餘城' (영락 20년 조)으로 略稱하듯이 국호를 末字로 略記하는 경우가 있다. 그리고 앞에서 한 번 사용한 名詞를 略記하는 경우가

44) 朴眞奭, 「好太王碑文의 일부 疑難文字들에 대한 考證」『中國 境內 高句麗遺蹟硏究』 1995, p.342.

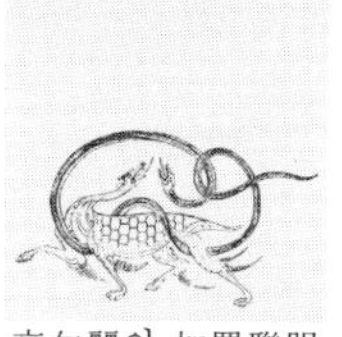

회현동 패총을 중심한 김해 일원

많다.[45] 이러한 맥락에서 "至任那加羅從拔城 城卽歸服 安羅人戍兵"라는 문구를 주목해 본다. 여기서 羅人의 '羅'는, 그 앞에 적혀 있는 '任那加羅'의 末字로서 略記했다고 보아야 한다. '安羅人戍兵'의 '羅'는 任那加羅 국호의 略稱일 가능성이 높다. 그렇지 않다면 제삼자가 분별할 수도 없는 略稱을 사용할 이유가 없다. 더욱이 이러한 영락 10년 조에는 고구려군이 임나가라군과 交戰한 내용이 일체 보이지 않는다. 고구려군이 임나가라를 격파하지 않았음을 알려준다. 고구려군은 임나가라로 퇴각한 왜군을 추격해서 격파했다. 더구나 「능비문」에서는 임나가라에 대한 蔑稱이나 적대적인 표현이 일체 보이지 않고 있다.

45) 가령 광개토왕에 관해 처음 언급한 구절에서는 "△至十七世孫國罡上廣開土境平安好太王二九登祚"라고 하여 공식 諡號를 모두 기재하였다. 그러나 영락 10년 조와 수묘인 연호 조에서는 '國罡上廣開土境好太王'라고만 기재하였다. '平安'이라는 문자가 생략된 것이다. 百殘國과 百殘主를 '殘國'과 '殘主'로, 수묘인과 관련한 문구에 보이는 '祖王先王'을 '祖先王'으로 각각 略記한 것도 마찬가지라고 하겠다.

이 역시 임나가라가 고구려의 打滅 대상이 아니었음을 뜻한다. 이와 관련해 C-1의 구절을 王健群은 왜인의 손에서 빼앗은 성을 신라에게 돌려 주어 수비시킨 것이라고 했었다.[46] 그러나 羅人의 '羅'는 新羅가 아니라 任那加羅의 略稱으로 확인되었다. 그러므로 왜인의 손에서 빼앗은 성을 任那加羅에 돌려주어 수비시켰다고 바꾸어 해석해야 한다. 요컨대 이 구절은 임나가라 영역 내의 고구려군이 왜군을 격파한 후 임나가라인 戍兵에게 지키게 했다는 내용으로 해석하는 게 온당하다.

이러한 해석은 임나가라와 왜가 동맹 관계였는데, 가능할 수 있는 논리냐는 의문을 유발할 수 있다. 그러나 당시 왜는 탁순국과 교류를 하고 있었다. 또 그에 대한 견제 차원에서 김해 세력은 고령 세력과 동맹을 결성했다고 언급한 바 있다. 그러나 무엇 보다도 본질적으로 「능비문」은 정치 선전문적인 성격이 강하다.[47] 그러므로 「능비문」에는 반드시 일정한 메시지가 담겨 있다고 보아야 한다. 그것은 역사적 사실 여부와는 다른 차원의 문제이다. 고구려군은 임나가라로 쫓겨간 왜군을 격파하고 또 이곳의 任那加羅 城들을 점거한 채 항거하는 왜군을 격파하였다. 그런 후에 고구려군은 임나가라인들을 배치하여 임나가라를 복구시켰다는 메시지가 담겨 있다.[48] 附言하자면 영락 10년 조는 왜군의 침공을 받아 구원을 요청한 신라 구원을 위해 고구려군이 출병했다. 이들은 신라와 임나가라 영토내의 왜군을 격파한 후 왜군으로 인해 戰禍를 입은 임나가라를 복구했다. 해서 「능비문」에서 고구려는 신라는 물론이고 임나가라까지 구했다는 메시지를 전하고 있다. 여기서 고구려군은 一進一退가 아닌 언제나 완벽하고도 일방적으로 壓勝하는 常勝軍으로서의 깔끔한 면모와, 密計로써 승리를

46) 王健群, 앞책, p.180.

47) 李道學, 「廣開土王陵碑文에 보이는 戰爭 記事의 分析」『高句麗硏究』2, 1996, p.756.

48) 戍兵은 邊境 즉, 국경을 지키는 군대라는 뜻을 지니고 있다(諸橋轍次, 『大漢和辭典』5, 1984, p.5). 그러한 "安羅人戍兵" 즉 任那加羅人 戍兵을 영락 10년 조에서 3차례나 그것도 국경에 배치했음을 언급한 것이다. 이는 그 자체의 사실 여부를 떠나 任那加羅 領域 밖으로 왜구의 소탕과 더불어 任那加羅의 완벽한 保衛와 복구를 뜻하는 문구라고 하겠다.

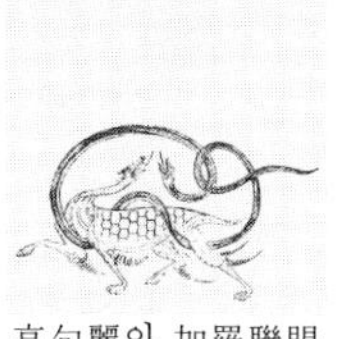



얻게 하는 걸출한 智謀와 恩慈의 代名詞이자 救援者인 광개토왕의 휘황하고도 無比한 능력을 한껏 과시하고 있다.

현실적으로 고구려는 백제와 왜 그리고 낙동강유역 諸國으로 이어지는 삼각동맹체제를 깨뜨리기 위해서, 그 삼각점에 위치하였을 뿐 아니라, 백제의 등장으로 교역상의 타격을 입고 있던 임나가라를 자국편으로 끌어들일 필요가 있었다. 그러한 배경을 깔고서 고구려군은 救援者의 모습으로 화려하게 서술되었던 것이다. 영락 10년 조에 보면 고구려는 신라 구원을 명분으로 출병해서 신라는 물론이고 임나가라까지 구원한 것으로 기재되어 있다. 이러한 서술은 「능비문」의 상투적인 서술 체재로서 王道政治思想과 결부지어 소멸 대상으로 설정한 '百殘'과 '倭賊'을[49] 포위하고 고립시키려는 전략적 차원에서 나왔다. 즉 고구려는 그 주변의 신라나 임나가라 등과 같은 군소 세력들을 광개토왕의 恩慈로써 포용한 것처럼 과시한 것이다. 「능비문」에 나타난 廣開土王像은 거침없는 征服君主가 아니라 恩赦와 恩慈의 표상인 따스한 德化君主의 모습이었다.

그러면 고구려군이 임나가라 지역으로까지 진출한 것은 우발적인 擴戰의 결과인가, 아니면 계획된 것인가? 이것은 우발적인 확전으로 보기 어려운 구석이 많다. 우선 구원군의 규모가 步騎 5만에 달하는 대규모였다. 게다가 임나가라 곳곳에 "安羅人戍兵"라고 했을 정도로 戰場의 규모가 크게 확대되었기 때문이다. 그런데 고구려 후방에 대한 後燕의 침공으로 인해 고구려군 주력이 퇴각했었다.[50] 만약 後燕의 침공이 없었더라면 고구려군의 낙동강유역에 대한 공략은 계속될 상황이었다. 또 「능비문」 영락 10년 조에서 분명 물질적 戰果가 명시되고도 남았을 것이다.

「능비문」의 B와 C-1에서 알 수 있듯이 신라 사신이 고구려에 찾아와 구원을 요청했으나, 정작 출병은 해를 넘긴 그 다음 해였다. 물론 신라 사신이 영락 9년 12월에 찾아 왔고, 영락 10년 정월에 출병이 단행되었을 수 있다. 설령 그게 사

49) 李道學, 「'廣開土王陵碑文'의 思想的 背景」『韓國學報』106, 2002, pp.14~19.
50) 李道學, 「高句麗의 洛東江流域 進出과 新羅 · 伽倻 經營」 pp.92~93.

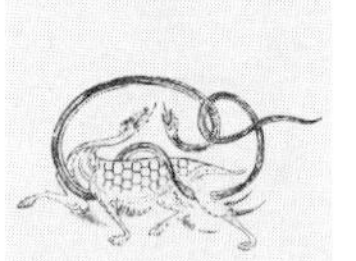



실이라 하더라도 어쨌든 이는 해를 넘긴 출병이 된다. 그런데 이러한 기술은 여러 해의 기사를 一括 기록하여 出兵의 명분과 戰果를 극대화시킨 「능비문」의 논법과는[51] 부합되지 않는 감이 있다. 요컨대 그 出兵 시점은 왜군의 침공으로 신라의 명운이 바야흐로 頃刻에 달린 것처럼 기록한 「능비문」의 緊張感과는 맞지 않는다. 「능비문」에 보이는 고구려군의 신라 구원과 임나가라 진출은 명분적인 성격이 강한 것으로서 역사적 사실과는 일정한 거리가 있다고 하겠다.

## IV. 맺음말

지금까지는 일반적으로 '가야연맹' 이라는 말을 사용하여 왔다. 그러나 '가야간' 의 연맹이라고 지칭할 수 있는 곳은 김해의 南加羅와 고령의 加羅간의 그것 밖에는 없었다. 그 밖의 나라들은 安羅 · 卓淳 · 比自炑 · 喙國 · 多羅 등 고유의 국호가 있었다. 그러므로 2개 국으로 구성된 연맹을 뜻하는 加羅라는 개념에는 여타 諸國 모두를 포괄하기에는 적합하지 않다. 김해와 고령 세력은 '南 · 北加羅' 혹은 '下 · 上加羅' 연맹체였었다. 그런데 이 연맹체는 卓淳國을 매개로 한 백제의 낙동강유역 진출에 대응하는 과정에서 결성되었다. 이같은 김해와 고령 세력간의 연맹체를 가리키는 合稱으로서 任那加羅로 불리어지기도 했었다. 이 때 연맹의 주도권은 김해 세력이 장악하고 있었다. 그러므로 任那加羅는 김해 세력을 가리키는 대명사격으로 사용되기도 하였다. 그런데 5세기대에 접어들어 任那加羅 연맹체는 해체되었다. 그랬기에 任那와 加羅로 각각 불리어지는 별개의 세력 내지는 汎稱으로 기록되고 말았다.

고구려는 신라를 교두보로 삼아 낙동강유역의 諸國들을 장악할 목적으로 영락 10년에 출병하였다. 그러나 後燕의 급습으로 본토의 후방이 교란됨에 따라

---

51) 李道學, 앞논문, pp.94~95.

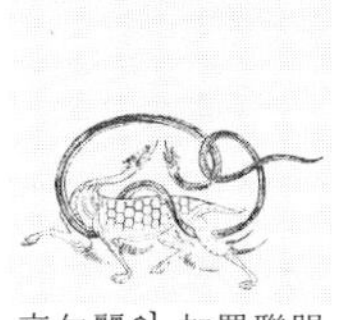



고구려군은 퇴각하고 말았다. 영역에 대한 지배없이 퇴각한 이 출병을, 「능비문」은 신라왕의 절박한 "歸王請命"에 대한 恩慈로써 결국 백제와 더불어 兩大惡의 세력인 倭를 축출하기 위해 구원군을 출병시켰다는 논리를 구사했다. 고구려군은 왜군을 潰敗시켜 신라를 구원했다. 또 왜군의 침탈로 인해 戰禍를 입은 任那加羅의 各城에 任那加羅人을 배치하여 회복해 주었음을 선전하였다. 「능비문」의 "安羅人戍兵"은 新羅나 고구려가 아니라 任那加羅人 戍兵을 배치한 사실을 말하고 있다.

「능비문」에서 전하고자하는 임나가라와 고구려의 관계는 일방적인 서술이었다. 광개토왕의 恩慈의 결과로써 출병하여 왜군을 축출하고 신라를 구원했으며, 임나가라를 회복해 주었다는 메시지였다. 이 메시지는 신라에 대한 고구려 지배권의 근거를 확인하는 데 일차적인 목적을 두었다. 그러나 기실 그 궁극적인 목적은 임나가라를 지렛대로 하여 백제 → 낙동강유역 諸國 → 倭로 이어지는 삼각동맹체제의 瓦解를 기하고자 한 데 있었다. 이렇듯 「능비문」의 내용은 역사적 사실과는 다른 차원의 문제라고 하겠다. 그러므로 그 메시지를 파악하는 작업이 선행되어야 할 것이다. 요컨대 「능비문」의 논리에 대한 이해가 緊要하다고 보겠다.

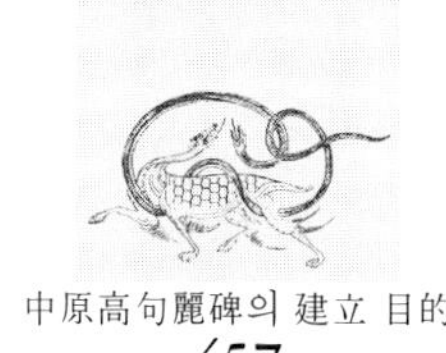



# 中原高句麗碑의 建立 目的

## Ⅰ. 머리말

1979년에 중원고구려비가 확인된 이래 그에 관한 연구 성과는 적지 않게 蘊蓄되었다. 최근 중원고구려비 확인 20주년을 기념하여 고구려연구회에서는 최신 機資材로써 그 명문을 전면적으로 재검토하였다. 그럼에 따라 새롭게 판독된 글자들이 적지 않았기에 「중원고구려비문」 연구에 획을 긋는 성과로 평가되고 있다.[1] 즉 새로 읽어낸 글자가 총 23자이고, 새로 읽어 추정한 글자가 12자, 논의가 되는 부분을 합의한 글자가 6자라고 한다. 요컨대 전체 글자 200 여자 가운데 10분의 1이 넘는 글자를 새로 판독했고, 논란이 되고 있던 부분을 포함해서 6자를 확정지음으로써 「비문」에 대한 새로운 해석이 가능해졌다고 한다. 더불어 비석은 4面碑라는 사실을 확정 짓는 성과를 올리기도 했다. 이러한 조사 성과는 결과적으로 관련 분야 학자들에게 새로운 자료를 제공해 준 것이었다.[2]

중원고구려비 전면

이에 힘입어 정작 중요하고도 근본적인 연구 대상인 비석의 건립 배경에 관한 재검토가 필요해졌다.[3] 물론 이러한 작업에는 비석의

1) 이후로는 중원고구려비를 '비석'으로, 「중원고구려비문」은 '비문'으로 略稱한다.
2) 고구려연구회, 「중원고구려비 새석문」 2000. 2. 6.

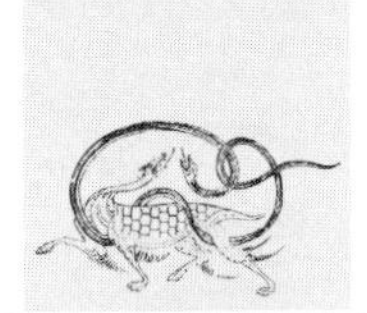



건립 시기를 비롯하여 구명되어야 할 여러 문제들이 가로놓여 있다. 본고에서는 「비문」의 용어 해석에 대한 검토를 비롯하여 「비문」 내용 분석과 비석의 건립 연대 구명을 시도할 계획이다. 이러한 작업을 토대로 비석을 건립하게 된 목적을 구명하고자 한다. 이 작업과 관련한 釋文은 고구려연구회의 것을 底本으로 하면서 몇 字 推讀을 加味하였다.

## II. 「비문」의 용어에 대한 재검토

「비문」 전체의 釋文을 다음과 같이 작성해 보았다.

(A) 五月中高麗太王祖王令△新羅寐錦世世爲願如兄如弟上下相和天守東來之

(B) 寐錦忌太子共前部太使者多亏桓奴主簿貴德△類△安△△去△△到至跪營

(C) 大太子共△向△上共看節賜太霍鄒△食在東夷寐錦之衣服建立處用者賜之隨△節△△奴客人△教諸位賜上下(衣)服

(D) 教東夷寐錦遝還來節教賜寐錦土內諸(衆)人△△△太王國土大位諸位上下衣服來受教跪官之

(E) 十二月二十三日甲寅東夷寐錦上下至于伐城教來前部太使者多于桓奴主簿貴(德)△△境△募人三百新羅土內幢主下部拔位使者補奴△疏奴△△凶△盖盧共△募人新羅土內衆人△動△△△△△忠△△于伐城不△△村舍△△△△△△沙△△△△△△△△△△刺功△△射△△△△△節人刺△△△△△△△△(辛酉)△△△△△△△△△△太王國土△△人△△△△△△△△△△黃△△△△△△△安△△△△△△△△△△△上右△(辛酉)△△△△

(F) 東夷寐錦土△△△△△△△相故△沙△斯色△太古鄒加共軍至于伐城去于△古牟

3) 기왕의 연구에서는 중원고구려비의 건립 배경을 고구려 太子 共이 신라와 싸워 우벌성을 되찾은 武勳을 세운 것을 기록한 것, 고구려 귀족 다우환노의 20년간에 걸친 功績을 기록한 것 등 다양한 견해가 있다. 이에 대한 검토는 한국고대사회연구소, 『譯註 韓國古代金石文』I, 1992, pp.41~42를 참조하기 바란다.

婁城守事下部大兄耶△…前部大兄…部△△△泊…容…守自…

위의「비문」해석과 관련해 먼저 용어에 대한 정리가 필요할 것 같다.「비문」에는 '上下'가 4차례 등장하고 있다. 그러면 上下는 무슨 뜻일까?『書經』周官條의 "治神人 和上下"라고 한 구절의 注에서 "上下 君臣也"라고 하였다. '上下'는 '君臣'을 가리키는 호칭으로 사용되었다. 그런데「비문」의 '上下相和'라는 문구의 '上下'는 문맥상 고구려와 신라를 가리키는 게 분명하다.[4] 이와는 달리 '上下衣服'의 '上下'는 '東夷寐錦之衣服'에 보이는 '寐錦'의 상대적 표현이므로 '신하'를 가리키는 것 같다. 그리고 "東夷寐錦上下至于伐城"라는 구절의 '상하' 역시 신하를 가리킴이 분명하다. 이 구절은 "東夷寐錦과 上下가…"라고 해석되는데, 매금을 수행한 上下는 신하이기 때문이다.[5] 또 '太王國土大位諸位上下衣服'라는 문구에 보이는 '上下衣服'의 범위에서, '大位'는 '上'에, '諸位'는 '下'의 개념에 들 수 있다. '大位'는 '顯貴之官位'를 가리키는 용어이므로[6] 고구려에서는 官人 신분의 上下 개념을 '大位'와 '諸位'라는 兩分體系로 설정했거나 인식했던 것 같다.[7]『禮記』曲禮 上의 "君臣上下…"라는 구절에 대한 疏에서 "上謂公卿大夫 下謂士也"라고 하였다. 이는 '上下'가 신분에 따라 2종류로 나뉘어졌던 사실과「비문」의 그것이 부합된다. 어쨌든 이로써도 '상하'는 신하에 대한 통칭으로 사용되었음을 알 수 있다.

그리고 '太子共'의 경우 대부분 '共'을 태자의 이름으로 간주하고 있지만[8]

---

4) 李基白,「中原高句麗碑의 몇가지 問題」『史學志』13, 1979, p.38.

5) 이 구절을 "동이 매금의 상하가 우벌성에 이르고 있다"고 해석하면서 "신라왕을 비롯한 君臣이 우벌성에 왔다는 것으로 풀이 된다"고 해석하기도 한다(邊太燮,「中原高句麗碑의 內容과 年代에 대한 檢討」『史學志』13, 1979, p.43). 그러나 '동이 매금의 상하'라면 신라왕의 신하가 우벌성에 이르렀다는 뜻이지 신라왕까지 왔다는 이야기가 되기는 어렵지 않을까 싶다.

6) 中華學術院,『中文大辭典』2, 1985, p.1447.

7) 이와 관련해 신라에서는 官位에 있는 者를 '在位者'(『三國史記』권5, 진덕왕 4년 조)라고 한 사실이 참고된다.

8) 한국고대사회연구소, 앞책, p.50.

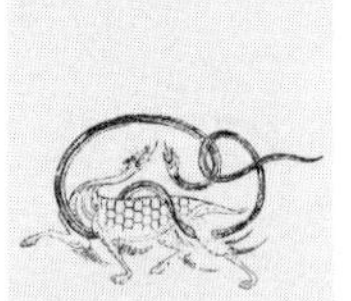



취하기 어렵다. 우선 '太子共'이 '古鄒加共'으로, 그것도 같은 「비문」에서 職名이 서로 다르게 나온다는 자체가 자연스럽지 않다. 설령 시간의 경과에 따라 태자에서 고추가가 되었다고 하더라도[9] 석연찮을 뿐 아니라 그것을 입증해 주는 근거가 분명하지 않다. 게다가 기존의 "古鄒加共軍至于伐城"라는 구절을 "고추가 공의 군대가 우벌성에 이르러"라고 한 해석은[10] 문리상 무리가 따른다.[11] 이러한 해석이 되기 위해서는 '率' 字 등이 반드시 삽입되어 있어야 한다. 그런데 '共'이라는 글자는 「비문」에서 '盖盧共'·'△上共'이라고 하여 등장하는데, '함께'의 뜻으로 해석하는 게 온당하다. 共을 人名으로 해석하기에는 부담이 크다는 것이다.[12] 太王과 寐錦의 이름을 일체 언급하지 않았는데 유독 왕자도 아닌 태자의 이름만 명시했다는 것은 부자연스럽기 때문이다.[13] 이러한 맥락에서 볼 때 太子나 古鄒加가 職名이듯이 盖盧·△上도 비슷한 유형의 것으로 간주해야 한다.

그밖에 '募人'은 '사람을 모집한다'는 뜻으로 해석하고 있다.[14] 만약 이같이 해석하려면 '募人三百'은 '募三百人'으로 표기해야 마땅할 것이다. '募人三百'은 '募人'이라는 특수한 역할을 하는 직종의 사람 300명을 가리킨다고 보아야 한다. 募人이 한 차례 더 나오기 때문에 그러한 추정이 가능하다고 본다. 즉 「비문」에 "境△募人三百新羅土內幢主下部拔位使者補奴△疏奴△△凶△盖盧

9) 金英夏·韓相俊, 「中原高句麗碑의 建立 年代에 對하여」『教育研究誌』25, 1983, p.9.

10) 한국고대사회연구소, 앞책, p.49.

11) 여기서 '于伐城'을 城名으로 간주하는 시각이 지배적이지만 혹은 '伐城'만을 지명으로 간주하기도 한다(李丙燾, 「중원고구려비에 대하여」『史學志』13, 1979, p.25). 즉 伐城을 徐羅伐에 비정하였던 것이다. 이러한 추론들의 타당성 여부를 떠나 「비문」에는 "去于△古牟婁城守事"라고 하여 '于'가 여전히 처소격으로 사용되고 있으므로 '우벌성'이 고유 명사일 가능성은 상대적으로 희박한 편이다.

12) 李道學, 「새로 쓰는 한국고대사 - 중원경은 고구려의 핵심 요지」『뉴스피플』422호, 2000, p.69.

13) 王子와 太子를 구분하였음은 『三國史記』 권18, 고국양왕 3년 조의 "立王子談德爲太子"라는 기사를 통해서도 알 수 있다. 두 말할 나위없이 太子는 王子 보다 격이 높았던 것이다.

14) 한국고대사회연구소, 앞책, p.49.

共△募人新羅土內衆人"라고 보이듯이, 募人과 幢主 그리고 拔位使者가 병렬적으로 기재되어 있다. 그리고는 다시금 募人과 衆人이 나란히 표기되었다. 문장의 이러한 전후 문맥을 놓고 볼 때 '募'가 '모은다'는 뜻의 동사로 보기는 어렵다. "新羅土內 衆人을 募人한다"는 식으로 해석해야만 되지만 그렇게 해석할 수는 없기 때문이다. 이와 관련해 「마운령진흥왕순수비문」에 보면 近侍隨駕人으로 '堂來客裏內客五十 外客五十'라고 하여 국왕 近衛 集團의 숫자로서 '五十'이 보인다.[15] 이러한 점들을 감안할 때 '募人三百'은 차라리 軍事 관련 集團일 가능성은 배제할 수 없다. 그러나 '사람 3백을 모았다'는 뜻일 가능성은 거의 없는 것 같다. 그리고 '新羅土內衆人'에 보이는 衆人은 '新羅土內幢主'와 견주어서 그 성격을 논해야 될 성 싶다. 또 '奴客人'의 '奴客'은 「광개토왕릉비문」에서, 그리고 '奴人'은 「울진봉평신라비문」에서 이미 확인되는 용어였다. 그러므로 이러한 맥락에서 募人의 성격에 접근해야 될 것 같다. 요컨대 「비문」에서 '衆人'·'節人'·'奴客人'이라는 특정한 신분층을 가리키는 호칭이 보이므로 募人이 고유한 職名일 가능성은 높다.[16] 이와 관련해 土木工事場 같은 데서 품팔이 하는 사람을 '募軍'이라고 한 사실이 상기된다.

## III. 비석의 건립 연대

「비문」의 첫째 문장을 종전에는 "五月에 고려 대왕의 相王公과 신라 매금은…"이라고 해석했다.[17] 이러한 해석에 따르면 '고려 대왕 예하의 상왕공' 혹은 '고려 대왕인 상왕공'이라는 뜻이다. 전자의 경우 「비문」의 주체가 고려 대왕이 아니라 상왕공이라는 것이 된다. 그러나 고려 대왕 예하의 상왕공이라는

15) 李道學, 「磨雲嶺 眞興王巡狩碑의 近侍隨駕人에 대한 檢討」『新羅文化』9, 1992, pp.8~11.
16) 李道學, 「새로 쓰는 한국고대사-중원경은 고구려의 핵심 요지」 p.69.
17) 한국고대사회연구소, 앞책, p.49. "五月中"高麗大王相王公新羅寐錦…"

해석은 어색하기 이를 데 없다. 그리고 양자는 적어도 同格으로 사용될 수 없는 용어이므로 후자의 해석도 문제가 있다. 이는 중국의 경우에 재상으로서 왕에 봉해지면 相王, 公으로 봉해지면 相公이라 한 것과는[18] 부합되지 않기 때문이다. 혹은 '고려 대왕과 상왕공'으로 해석하기도 한다. 그렇게 되면 從屬的인 위치의 신라 매금과 상대하는 고구려측의 주체가 그것도 2명이나 되는 셈이 되므로 따르기 어렵다. 이로써도 기존의 해당 釋文에 문제가 있음을 감지할 수 있다.

이 문장의 해석은 「비문」의 冒頭가 어디인가하는 문제와 직결되어 있다. '五月中'으로 비문의 첫 문장이 시작될 리는 없기 때문이다. 그러나 左右側面과 後面이 「비문」의 正面이 될 가능성도 희박한 것으로 밝혀지고 있다. 그러므로 현재의 前面을 正面으로 인식할 수밖에 없다. 그렇다고 할 때 이 문장은 冒頭에서 高麗 太王이 '祖王令'을 언급하는 게 된다.[19] 또 고구려왕과 신라왕이 兄弟와 같기를 바라고, 고구려(上)와 신라(下)가 서로 화목하기로 맹세(天守)하였다고 한다.[20] 그러한 선상에서 고려 태왕이 '東來之' 곧 비석이 세워진 장소인 충주 국원성에 행차했다는 것이다.[21] 여기서 '祖王令'은 '할아버지 왕의 令'으로 풀이하여 고려 태왕의 祖父로 인식할 수 있다. 그렇다면 고려 태

중원고구려비 뒷면

18) 한국고대사회연구소, 앞책, p.49.

19) 李丙燾도 '相王公'이 아니라 '祖王令'으로 釋文한 바 있다(李丙燾, 「중원고구려비에 대하여」 『史學志』13, 1979에 添附된 釋文).

20) '天守'를 약속의 뜻으로 해석한 金昌鎬, 「中原高句麗碑의 再檢討」 『韓國學報』47, 1987, p.148에 따른다.

21) 고구려왕이 중원고구려비가 소재한 국원성에 행차하였을 가능성은 變太燮, 앞논문, p.45에서 언급된 바 있다.

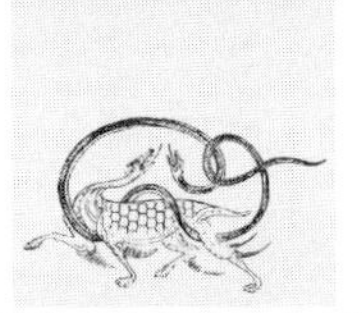



왕이 누군가하는 문제가 따르게 된다.

이 문제는 비석의 건립 연대와 직결된 것이다. 장수왕과 그 後嗣인 문자명왕이 父子關係가 아니라 祖孫關係임에 주목하여 고려 태왕을 문자명왕으로 지목하기도 한다.[22] 그렇다면 '祖王令'은 고구려의 대표적 정복군주인 장수왕의 令을 가리키는 것으로 볼 수도 있다. '祖王令'의 내용을 보면 고구려와 신라가 형제관계였음을 강조하고 있는 것이다. '형제관계'라는 것은 양국간 力學關係의 優劣에서 초기 단계의 모습을 보여주는 게 보편적 현상이다. '형제관계'는 優劣의 현저한 차이와 지배력의 강화에 따라 자연히 君臣關係로 再設定되기 마련이다. 신라 구원을 명분으로 출병하여 현지에 自國 군대를 주둔시켰던 광개토왕대에 이미 君臣關係가 構築되었음은 재론할 필요도 없다.[23] 그러므로 '祖王令'에 보이는 형제관계 云云하는 문구는 광개토왕대 이전 양국 관계의 모습을 언급하고 있는 것으로 보겠다. 교섭 초기에 고구려 사신을 따라 신라 사신이 前秦에 파견되던 당시의 양국 관계를 염두에 둔 서술로 보면 자연스럽지 않을까 한다. 이때는 377년과 382년으로서 소수림왕대였다.[24] 그리고 '令'이라고 하였으므로 어떤 법령을 가리킨다고 보겠다. 아마도 律令이 반포된 소수림왕대[25] 律令의 令을 想起한 것으로 보여진다.

그러면 소수림왕대에 신라와의 관계를 명시했던 율령을 이 시점에서 想起하여 再論하는 이유는 무엇일까? 이 문구에 보면 "상하가 서로 화목하기로(上下相和)"라고 하였다. 바꾸어 말한다면 현재는 화목하지 않음을 암시하는 문자가 아닐 수 없다. 이는 신라가 낙동강 西岸으로 진출하여 영향력을 행사하고 있을 때 위기 의식을 느낀 백제 성왕이 加耶의 旱岐들을 불러놓고 한 발언 가운데 근초

22) 李丙燾, 앞논문, p.24.

23) 이에 대해서는 李道學, 「高句麗의 洛東江流域 進出과 新羅·伽倻經營」『國學硏究』2, 1988, pp. 91~95 참조.

24) 李道學, 앞논문, p.91.

25) 『三國史記』 권18, 소수림왕 3년 조. "始頒律令"

고왕대에 형제관계를 설정했음을 환기시키면서 백제로부터의 이탈을 막고자 호소하는 상황을 연상시키기 때문이다.

주지하듯이 백제는 근초고왕대에 낙동강 유역의 加耶諸國에 진출하여 이 세력을 자국의 영향권내에 장악한 바 있다.[26] 이 사실을 백제 성왕은 "옛적에 우리 先祖이신 速古王과 貴首王의 治世에 安羅·加羅·卓淳의 旱岐 등이 처음으로 사신을 보내와 서로 통교하여 親好를 두터이 맺어 子弟의 나라로 삼아 더불어 융성하기를 바랐다"[27]고 하였다. 아울러 "옛적에 우리 先祖이신 速古王과 貴首王이 당시의 旱岐 등과 처음으로 화친을 맺고서 兄弟가 되었다"[28]라고 했다. 성왕은 근초고왕 父子가 가야제국에 진출한 369년의 시점에 화친을 맺고서 '兄弟'가 되었음을 상기시키고 있다. 그러나 '형제관계'를 云謂하는 시점에서 "신라에게 빼앗긴 南加羅·喙己呑을 빼앗아 그 전대로 任那에 옮기고… 대저 신라가 甘言으로 속이는 것은 천하가 다 아는 바이다"[29]라고 말하면서, 가야제국들이 신라와 內應하여 그 영향권에서 이탈하거나 傾度되고 있음을 밝히고 있다. 가야제국에서 백제의 입지가 좁아지고 있는 절박한 현실을 보여준다.

이러한 상황을 援用해 볼 때 「비문」의 祖王은 실제의 祖父王이기 보다는 祖上王(先祖王)을 가리킨다고 보아야겠다. 그러면 「비문」의 고려 태왕은 누구를 가리키는 것일까? 일단 소수림왕의 후손 왕이 되는 것은 분명하다. 따라서 광개토왕(391~412)과 장수왕(412~492) 그리고 문자명왕(492~519)을 지목할 수 있다. 이 가운데 광개토왕은 「광개토왕릉비문」의 성격과 결부지어 볼 때 그 가능성이 희박하다. 천상 장수왕과 문자명왕 가운데 한 사람이 된다. 그런데 「비문」에 보면 新羅土內에 고구려인들이 주둔하였던 사실이 확인되므로[30] 신라와의 관계가 아주 험악해진 문자명왕대일 가능성은 없다고 판단된다.

26) 千寬宇, 『加耶史研究』 1993, pp.23~26 ; 李道學, 『백제고대국가연구』 1995, p.192.
27) 『日本書紀』 권19, 欽明 2년 4월 조.
28) 『日本書紀』 권19, 欽明 2년 7월 조.
29) 『日本書紀』 권19, 欽明 2년 7월 조.
30) 李基白, 앞논문, p.39 ; 申瀅植, 「中原高句麗碑에 대한 一考察」 『史學志』 13, 1979, p.79.

500년 이전에 신라는 소백산맥 남쪽 기슭에 소재한 지금의 경북 영주 지역까지 확보하고 있었다.[31] 신라는 적어도 소백산맥이라는 지형구 안의 북부 지역은 죄다 지배한 상황이었다. 그러므로 문자명왕대에는 '新羅土內' 가 분명한 지금의 경상도 북부 지역에 고구려 군대가 더 이상 주둔할 수 있는 상황이 되지 못한다. 그렇다면 장수왕대를 지목할 수 있다. 그런데 장수왕은 재위 기간이 무려 80년이나 되므로 그 재위 기간의 신라관계를 한 마디로 뭉뚱거려 규정짓기는 어렵다. 이와 관련해 비석의 건립 연대를 구명할 수 있는 '十二月 二十三日 甲寅' 이라는 「비문」의 문자를 주목하지 않을 수 없다. 12월 23일이 갑인이 되는 해는 449년(장수왕 37)과 480년(장수왕 68)이다.[32]

먼저 비석의 건립 시기를 449년이나 그 이후 어느 때로 간주했을 경우를 검토해 본다.[33] 450년(장수왕 38)에 신라인들이 悉直原(삼척)에서 사냥하던 고구려 장수를 살해한 사건과 관련지어 살펴 보자. 이때 장수왕이 邊將의 살해 사건에 격노하여 군사를 보내어 신라를 치려고 하자 신라왕이 사신을 보내와 사죄했으므로 그만 두었다.[34] 이러한 시간적 배경은 비석 건립의 목적을 암시해 줄 수 있다. 즉 고려 태왕이 祖王의 令을 근거로 신라와의 우호관계를 상기하는 449년 5월의 이듬해인 450년에 신라가 고구려 邊將을 살해하여 우호관계가 돌연히 깨지게 되었다고 하자. 이는 양국 관계의 어떤 스토리 설정을 충분히 가능하게 하기 때문이다. 그러나 464년까지 신라 수도에 고구려 군대가 여전히 주둔한 기록이 보인다.[35] 이러한 상황이라면 449년에 "신라 매금이 태자와 함께(共) 전부 대사자 다혜환노 등이 궤영에 오는 것을 꺼려(忌)했다(B)"[36]는 「비문」의 문

31) 李道學, 「新羅의 北進經略에 관한 新考察」『慶州史學』6, 1987, p.27.

32) '12월 23일' 이 보이므로 비석의 건립 연대는 그 다음해로 간주하는 게 자연스러울 듯 싶다.

33) 비석의 건립 연대를 449년으로 추정하는 견해는 任昌淳, 「中原高句麗碑 小考」『史學志』13, 1979, p.57. ; 金貞培, 「中原高句麗碑의 몇 가지 問題點」『史學志』13, 1979, p.93을 꼽을 수 있다.

34) 『三國史記』 권18, 장수왕 28년 조.
이 사건을『三國史記』 신라본기에는 눌지왕 34년(450년) 조에 소상하게 적혀 있는데, 이 기록에 맞추어 450년인 장수왕 38년 조로 배정하는 게 통설이다.

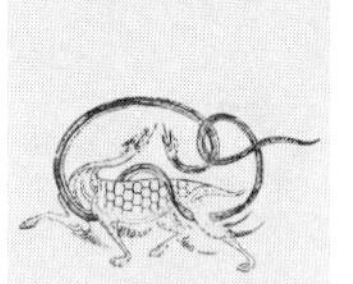



구가 나오기는 현실적으로 어렵다. 더욱이 신라측에서 고구려 邊將을 살해할 수도 없다. 요컨대 『일본서기』 기록을 믿는다면 신라왕이 고구려에 고분고분하지 않을 수 없었을 것이다.

그러면 비석의 건립 시기와 관련해 480년을 거론해 본다. 480년은 비석 좌측면에 쓰여졌다고 하는 '辛酉年' 이 481년에 해당된다는 점과 시간상 무리없이 연결될 수 있다. 만약 비석의 건립 시기를 481년으로 간주하게 된다면 고려 태왕 즉 장수왕이 국원성에 행차하여 祖王의 令을 상기하면서 신라와의 형제관계를 云謂해야 될 시간적 배경이 뒷받침되어야 한다. 고구려 장수왕은 475년에 백제의 漢城을 공격하여 陷落시켰을 뿐 아니라 백제 개로왕을 捕殺하여 장기간에 걸친 對百濟戰에서 일단의 決算을 보았다. 그 여세를 몰아 고구려 군대는 남진을 거듭하게 되었고 牙山灣 일대까지 領域을 확대시켰던 바 對百濟關係에서 단연 優位를 확보하게 되었다.[37] 바로 481년은 고구려가 백제를 몰아붙여서 기세등등한 시점이요, 백제와 동맹하여 구원군을 파견한 바 있는 신라에 대한 敵對感이 어느 때 보다 高潮되던 상황이었다. 그러므로 고구려가 「비문」에서 처

35) 『日本書紀』권14, 雄略 8년 조. "이로 말미암아 고려왕이 精兵 百人을 보내 신라를 지키게 하였다. 그 때 고려 군사 한 명이 휴가를 얻어 그 나라로 돌아 가게 되었는데 신라인을 典馬로 했다. 그리고 돌아 보며 그에게 말하기를 '너희 나라는 머지 않아 우리 나라에 격파될 것이다[一本에 의하면 '너희 나라는 마침내 오래지 않아 우리 나라의 땅이 될 것이다' ]고 말했다. 典馬가 이 말을 듣고는 '배가 아프다' 고 물러난 후에 나라로 도망해 들어 왔다. 그리고는 그가 말한 것을 알렸다. 이에 신라왕은 고려가 거짓으로 지켜주고 있는 것을 알고는 급히 使者를 보내어 國人에게 '사람들은 집안에서 기르는 수탉을 죽이라' 고 하였다. 國人이 그 뜻을 알고는 나라 안에 있는 고려인을 모두 죽였다. 오직 고려인 한 사람이 살아 남았는데 틈을 타서 탈출하여 자기 나라로 도망하여 죄다 이야기했다. 고려왕이 즉시 筑足流城[ 或本에는 都久斯岐城]에 주둔하였다."

36) 「비문」의 '忌' 에 관해서는 人名으로 간주하는 등 여러 가지 견해가 제기 되었다. 그러나 이는 『三國遺事』권1, 第十八 實聖王 條의 "王忌憚前王子訥祇有德望 將害之"라는 문구에 보이듯이 '꺼린다' 의 뜻으로 해석하는 게 온당할 듯 하다.

37) 李道學, 「漢城末 · 熊津時代 百濟 王位繼承과 王權의 性格」『韓國史硏究』50 · 51合輯, 1985, pp.10~12.
李道學, 「高句麗의 洛東江流域 進出과 新羅 · 伽倻經營」 p.97.

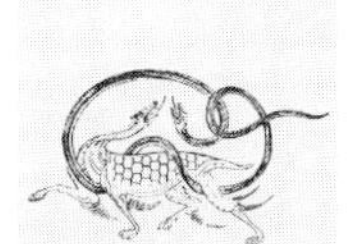



럼 신라에 대해 宥和的으로 나왔다는 것은 시대 상황에 맞지 않다.

비석의 481년 건립설은 기실 많은 문제점이 도사리고 있다. 『일본서기』에 보이는 464년까지 고구려군이 신라 수도에 주둔했다는 설화적 기사에 너무 拘束된 感이 들기 때문이다.[38] 그러므로 이 문제를 다른 자료와 결부지어서 살펴 보아야 할 것 같다. 우선 481년설의 근거가 되는 「비문」의 '辛酉年'은 2차례 등장한다고 하지만 최근의 고구려연구회 조사 결과 불분명한 것으로 밝혀졌다.[39] 그리고 신라가 고구려의 宿敵인 백제와 433년에 이른바 羅濟同盟을 맺었다는[40] 자체가 그 영향권에서 벗어났음을 웅변해준다.[41] 그랬기에 475년에 신라는 백제의 漢城이 함락되었을 때 구원군을 파견할 수 있었던 것이다. 게다가 5세기 후반경부터 신라는 서북 변경 지역에 대대적인 대규모 산성 축조를 단행했을 정도로 강력한 국력의 결집을 이루고 있었다.[42] 이러한 상황에 비추어 볼 때 481년에는 '新羅土內幢主'로 云謂되는 신라 영토내 고구려 세력의 존재 설정이 어렵다. 그러므로 비석의 481년 건립설 보다는 오히려 450년 무렵 건립설이 설득력 있다고 본다.[43]

사실 「비문」에 보이는 '형제관계'라는 것은 광개토왕대와 장수왕대 前半期인 430년대까지의 기세등등한 '군신관계'에서 크게 退步한 口號이다. 그 뿐 아니라 동일한 장수왕대에 양국 관계를 군신관계에서 갑자기 형제관계를 云謂하

38) 이 기사가 설화적 색채를 띠고 있음은 末松保和, 『新羅史の諸問題』 1954, p.145에서 언급된 바 있다. 물론 末松保和는 이 기사의 신뢰도에 비중을 두었다.

39) 그 釋文에는 당초부터 회의적인 견해가 제기된 바 있다(金貞培, 앞논문, p.92.).

40) 『三國史記』 권3, 눌지마립간 17년 조. ; 『三國史記』 권25, 비유왕 7년 조.

41) 433년의 羅濟同盟과 464년까지 고구려 군대의 경주 주둔 기록은 相衝되고 있다. 여기서 『日本書紀』의 그 주둔 기사는 인정할 수 있다. 그러나 여러 정황에 비추어 볼 때 464년이라는 연대 자체는 수긍하기 어렵다.

42) 李道學, 「新羅의 北進經略에 관한 新考察」 pp.25~26.

43) 申瀅植은 "5월에는 上下(兄弟)關係의 會盟을 거부하였으나 12월에는 결국 고구려의 군사적 우위를 인정하는 선에서 衣服來受를 신라가 받아 들였으며, 그 속에서 형식적인 互惠 관계를 인정하였다"고 했다(申瀅植, 앞논문, p.79). 이는 「비문」의 골자를 요령 있게 지적한 것으로 보겠다.

기에는 계면쩍은 감이 없지 않다. 그러므로 그 명분의 淵源을 신라와 최초의 관계가 설정된 소수림왕대의 율령에서 찾았던 것으로 보인다. 그나마 군신관계에서 형제관계를 운위할 수밖에 없다는 것은 작금의 兩國 關係가 그것마저 위협받는 절박한 실정이었음을 웅변해 주는 것은 아니었을까? 그랬기에 「비문」에는 물품 下賜에 관한 문구가 頻出한다고 보겠다.[44] 「광개토왕릉비문」이 威壓的인 勝戰 기사 일변도였던 것과는 달리 「비문」에는 전쟁 기사가 全無할 뿐 아니라[45] 유난히 下賜와 관련된 문구가 頻出하는 것은 「비문」의 성격이 懷柔와 包攝이라는 측면과 깊이 연계되었음을 생각하게 해준다.

## IV. 비석의 건립 목적

비석은 무엇 때문에, 그것도 충주 땅에 건립되었던 것일까? 이 문제는 비석의 건립 연대가 450년 경으로 비정된다고 할 때 그 시대적 배경과 결부지어 살펴보는 게 순리일 것 같다.

「비문」의 冒頭는 고려 태왕인 장수왕이 비석이 세워진 장소에 온 목적을 명시하고 있는 구절이다. 그 목적은 祖王令에 대한 언급에서 밝혀지고 있듯이 신라와의 關係 復元에 있었다. 장수왕은 자신이 국원성에 행차한 명분을 祖王의 令을 喚起하면서 그것을 履行하는 데 두었다. 그런데 신라 매금은 고구려의 태자를 위시하여 그 신료들이 跪營에 오는 것을 꺼려했다는 것이다. 여기서 跪營의 존재가 확인되어진다. 궤영은 일단 장수왕이 행차한 충주 지역 보다 남쪽에 설치된 고구려 군대가 주둔하고 있는 특별 구역으로 판단된다. 跪營의 성격은

44) 「비문」에는 '賜'라는 글자가 4번이나 등장하고 있다. '賜'의 내용물로는 衣服과 太霍鄒 등이 보이고 있다.

45) 「비문」에서 戰功 관련 내용을 찾아내는 견해도 있다. 그러나 「비문」을 「광개토왕릉비문」과 허심하게 비교해 볼 때 전쟁이나 戰功 관련 기사로 간주할 수 있는 대목이 존재한다고 보기는 어렵다. 설령 戰功 관련 내용이 있다고 하더라도 그 자체를 戰爭 기사로 간주할 수는 없다.

불분명하다.[46] 그러나 '跪'가 무릎을 꿇는 從屬 行爲를 뜻하는 것이고, 신라 지역에 설치된 고구려의 軍營임은 분명하다는 점이다. 그렇다면 跪營은 '신라인들이 절하러 오는 고구려 군영'의 뜻을 내포하고 있는 것으로 보인다. 그러니까 신라인들이 宗主國인 고구려로부터 선물을 받는 등 고구려와 신라 兩國을 이어주는 일종의 연락소 격의 정치·경제적 성격을 띤 最一線 軍營에 대한 고구려인들의 호칭이었던 것으로 짐작되어진다.

신라 매금이 고구려 태자 등이 궤영에 오는 것을 꺼려 한(B) 것은, 臣屬儀禮를 거부하는 행위였던 것으로 판단된다. 신라 매금은 고구려가 압박을 가하는 것에 부담을 가졌던 것이다. 그러자 장수왕은 太霍鄒와 매금의 衣服을 하사함으로써(C) 신라왕이 뒤 미쳐서 궤영에 오자 신라 영토 내의 그 신료들에게도 하사가 있었다. 동시에 고구려 국토의 귀족들도 이곳에 와서 의복을 받았다(D). 12월 23일에는 동이 매금과 그 신료들이 伐城에 이르자 前部 太使者를 위시하여 신라 영토 내의 고구려 幢主와 衆人 등이 일제히 이곳으로 집결했다는 것이다(E).

「비문」의 左右側面과 後面은 글자의 剝落이 심해서 全貌를 살피기는 어렵다. 그러나 「비문」이 祖王의 令을 이행한다는 大前提下에 신라와의 관계 개선이 모색되고 있는 내용일 뿐 아니라, 伐城에 신라왕과 그 신료들이 오게 되었고, 신라 영역에 주둔하고 있던 고구려의 고관들이 대거 그곳으로 오는 것을 볼 때, 「비문」 구조상 伐城에서 기념비적인 會同이 이루어졌을 것으로 짐작된다. 또 그러한 내용으로 大尾를 장식하였을 것으로 보이는 「비문」으로 파악되어진다. 이렇게 보아야만 「비문」 구조상 首尾가 맞아 떨어지게 되는 것이다. 그렇지 않다면 비석을 세울 하등의 이유가 없지 않았을까?

사실 고구려의 국력이 백제와 死活을 건 수십년간에 걸친 전쟁에 집중된 틈

---

46) 궤영의 성격을 종전에는 고구려왕이 행차하여 머무는 行營으로 간주하는 견해(邊太燮, 앞논문, p.45)와 고구려가 남진을 위해 설치한 軍營으로 간주하는 견해(金昌鎬, 앞논문, p.148) 등이 있다.

을 타고 자체 역량을 착실히 다져나간 신라는 자국 영역에 구축된 고구려 세력을 축출해 나갔다. 450년에는 고구려 邊將을 살해하였고, 소백산맥 안에 주둔하고 있던 고구려군들을 축출하는 데 성공했던 것이다. 이러한 상황이었으므로 464년까지 신라 수도에 고구려군이 주둔했다는 설화적인 색채의 『일본서기』기사에 무게를 두기는 어렵다. 게다가 신라는 서북 변경 지역에 대대적인 築城을 통해 지방 지배에 박차를 가하고 있었다. 즉 470년에서 490년에 걸쳐 축조된 산성들의 위치는 충북 보은 · 옥천 · 청원을 비롯하여 경북 군위 · 상주 · 의성에 걸쳐 있었다.[47] 전국적인 규모의 이같은 대대적인 築城은 강력한 내적 힘의 결집을 통해서만이 가능한 일이었다. 그러므로 5세기 중반 경에는 적어도 소백산맥 안에 구축된 고구려 세력권은 退縮 局面이었음이 분명하다. 이러한 위기적 상황에서 장수왕은 신라 지역에 확보된 거점을 계속 유지하는 동시에 아직까지는 비교적 느슨하다고 판단된 羅濟同盟을 해체시켜 백제를 견제 · 고립시키고자 했다. 고구려는 이탈해 나간 신라를 自國 영향권에 다시금 포괄하기 위한 목적으로 형제관계를 云謂하면서 예전 관계로의 復歸를 呼訴하고 있다. 그러한 차원에서 장수왕은 신라왕과의 會同을 시도하였다. 비석은 이같은 선상에서 건립된 것으로 보여진다.

그런데 일찍부터 지적되어 왔듯이 「비문」에는 고구려 우위의 天下觀이 표출되고 있다. 대표적인 사례가 고구려왕이 신라를 '東夷'라는 멸칭으로 일컫고 있는 사실이다. 이는 말할 나위없이 고구려 중심의 천하관이 확립되었음을 뜻한다. 고구려가 신라왕과 신료들에게 의복을 하사하는 것은 일종의 복속의례로 해석되고 있다.[48] 그럼으로써 고구려는 과거 宗主國으로서의 위세를 신라에 喚起시키는 한편 下賜와 같이 施惠가 따르는 예전 관계로의 復歸를 손짓하는 것이다. 아울러 「비문」에는 '國土' 관념이 유별나게 드러난다. '太王國土' 등의 용어는 고구려왕이 통치하는 구간에 대한 국토 관념이 확립되었음을 뜻한

47) 李道學, 「新羅의 北進經略에 관한 新考察」 pp.25~26.
48) 李基白, 앞논문, pp.37~38.

다. 그런데 반해 신라의 경우는 '東夷寐錦土' 혹은 '新羅土內'라고 하여 그것을 국토로 인정하지 않고 있다.[49]

이러한 '태왕국토'를 운용하는 최고의 통치법이 율령이었다. 바로 그 율령이 미치는 구간을 '국토'라고 하였다. 그러한 율령을 이행하려는 고려 태왕의 의지와 종국에는 그에 순응하는 신라왕의 자세를 통해 「비문」이 완결되는 것으로 본다. 당시 신라에는 율령이 반포되지 않았다. 율령이 지배하는 태왕의 국토에 대한 자부심과 더불어 그것과 구분되는 '土內'에 대한 차별 의식이 두드러진다. 「비문」에는 비록 和好的인 성격을 띠고 있지만 그러한 정서가 基底에 흐르고 있음은 부인하기 어렵다.

## Ⅴ. 맺음말

비석의 건립 연대는 450년 경으로 지목하였다. 이러한 건립 연대 추정은 「비문」의 干支를 비롯하여 당시 고구려와 신라 관계에 대한 분석을 통해 내린 결론이었다. 비석의 건립 목적은 새로 확정된 「비문」 冒頭의 '祖王令'에 근거하여 검토해 보았다. 여기서 '祖王'은 장수왕의 祖父王이 아니라 祖上王인 소수림왕을 가리키는 것이었다. '令'은 소수림왕대 반포된 律令으로 간주되었다. 소수림왕대 고구려와 신라는 '兄弟'와 '上下相和'라는 정치적 종속관계를 맺었다. 장수왕은 律令에 명시된 그러한 사실을 想起시키면서 羅濟同盟으로써 고구려 영향권에서 이탈해 나간 신라를 회유・포섭하여 예전 관계로의 復歸를 呼訴하였다. 비석은 장수왕의 그러한 정치적 意志의 산물이라고 하겠다.

「비문」은 결국 律令의 이행이라는 名分으로써 신라왕에 대한 會同을 시도하였고, 그에 순응하는 신라왕의 행위로써 그 내용이 완결된 것으로 살펴 보았다.

49) 武田幸男, 『高句麗史と東アジア』 1989, PP.259~260.

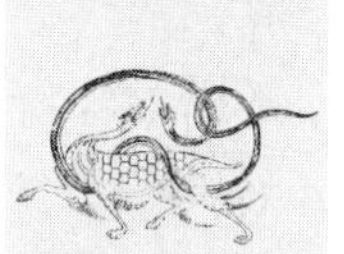



그러나 「비문」은 어떻게 보면 고구려측의 일방 통행적인 성격도 띠고 있다. 그러므로 과연 그것이 이해가 교차하는 복잡다기한 당시의 역사적 상황과 부합되는지 여부는 별개의 問題라고 하겠다. 이와 더불어 장수왕이 행차하여 기념비를 세운 國原城의 別都로서의 비중을 다시금 환기시켜 주었다.[50)]

그리고 「비문」의 용어를 재검토해서 다음과 같은 사실을 확인하게 되었다.

50) 참고로 이와 관련한 충주 지역의 비중은 다음과 같이 정리되어진다. 즉 5세기에 접어들자 고구려는 평양성만으로 한반도 중부권 이남으로 급속히 확대되는 남진경영을 극대화시킬 수 없었다. 400년 이후 고구려의 정치적 영향력과 영토는 신라 지역은 물론이고 낙동강 하류의 가야 제국들에게까지 미쳤다. 그러므로 고구려는 소백산맥 이남의 신라경영을 전담할 또 하나의 別都를 필요로 하였다. 고구려는 國內城에 도읍하던 중 400년~427년 경에 당시 수도 이름처럼 '都城' 의 의미가 내포된 國原城이라는 행정지명을 충주에 부여하였다.

『삼국사기』 지리지에 따르면 "中原京은 본래 고구려 국원성"이라고 하였다. 국내성의 '國' 은 國都의 의미를, '內' 는 고구려 말의 '那'·'奴'·'壤' 등과 같이 토지를 뜻하고 있다. 국원성의 '국' 또한 국도의 의미를, '원 '은 국내성의 ' 내' 에 對應되는 글자로서 그 飜譯이다. 고구려가 이처럼 충주에 별도를 설치하였던 배경은 다음과 같다. 첫째 충주는 구석기시대 이래로 남한강 상류 문화의 중심지였다. 신라 진흥왕이 國原小京을, 통일 후에는 中原小京을 설치했을 정도로 비중이 큰 도회였다. 둘째 지리적으로 충주는 소백산맥 남북을 잇는 兩大 교통로인 계립령과는 직접 통하고 죽령과도 연결되어 있다. 더욱이 이러한 내륙 교통로를 남한강이나 낙동강 水路와 연결시켜주는 역할을 하는 곳이 충주였다. 대동강을 출발한 고구려 水軍은 한강으로 들어와 충주 → 문경 지역만 통과하면 다시금 낙동강에 이르게 된다. 고구려는 일사천리로 가야 제국들이 포진한 경상남도 남해안 일대까지 이를 수 있다. 셋째 경제적으로 볼 때 충주를 중심으로 한 남한강 유역의 비옥한 충적평야는 농업 생산력을 증대시키는 동시에 인구 집중을 가져 왔다. 게다가 충주에서는 고대국가의 잠재적 국력의 척도가 되는 鐵과 銅의 생산이 활발하였다. 일례로 1277년에 環刀 1천 자루를 충주에서 제작하여 元나라에 바친 적이 있다. 강을 끼고 있는 충주는 철산지와 공급지로서 가장 적합한 입지 조건을 갖추고 있었다.

이러한 요인으로 인해 別都가 설치된 국원성의 통치 거점은 비석과 근접한 薔薇山城과 중앙탑이 소재한 탑평리 일대로 지목된다. 국원성에는 王都와 동일한 도시 구획이 이루어졌던 것 같다. 충주시 노은면에서 출토된 建興銘 금동불상 光背銘에서 그 불상을 만든 이를 '佛弟子 淸信女 上部 兒奄' 이라고 하였는데, '상부' 가 수도의 5部 체제를 갖춘 국원성의 도시 구획일 수도 있다. 그리고 장미산성과 연접한 산줄기에 소재한 鳳凰城의 '鳳凰', 비석이 소재한 龍田里의 '龍田', 陵巖里의 '陵巖' 등과 같은 지명은 고구려의 別都다운 분위기를 조성해 준다(李道學, 「永樂 6年 廣開土王의 南征과 國原城」『孫寶基博士停年紀念韓國史學論叢』 1988, pp.102~106. ; 李道學, 「高句麗의 洛東江流域 進出과 新羅·伽倻經營」 pp.100~103.).

「비문」에 보이는 '上下'는 고구려와 신라를 각각 가리키지만 그 나머지는 臣下에 대한 통칭으로 일컬어졌다. 고구려에서는 官人體系를 大位와 諸位로 二元化시켰거나 그렇게 인식했던 것 같다.

또 '太子共'이나 '古鄒加共'에 보이는 '共'은 人名으로 인식해 왔었다. 그러나 '盖盧共'과 '△上共'이라는 글자가 보이므로, 그와 같이 간주하기는 어려웠다. 그밖에 '募人'의 경우 '사람을 모집한다'는 뜻이 아니라, 「비문」에 보이는 '衆人'·'節人'·'奴客人'에서 유추되듯이 특정한 신분층을 가리키는 호칭으로 지목했다. 跪營의 경우는 고구려와 신라 兩國을 이어주는 연락소격으로서 '新羅土內'의 최일선에 설치된 정치·경제적 성격을 띤 軍營에 대한 호칭으로 해석하였다.

요컨대 중원고구려비의 건립 배경은 「비문」 내용에 전쟁 기사가 全無한 반면에 '賜'에 관한 기사가 頻出한데서 짐작되듯이, 신라에 대한 懷柔와 包攝을 통한 羅濟同盟의 解體에 있었다. 다시 말해 고구려의 宿敵인 백제를[51] 고립시키려는 전략적 차원에서 나온 것이었다.

51) 고구려와 백제의 관계에 대해서는 李道學, 「廣開土王陵碑文에 보이는 戰爭 記事의 分析」 『高句麗研究』2, 1996 ; 李道學, 「廣開土王碑文에 보이는 地名 比定의 再檢討」 『廣開土王碑文의 新研究』 1999에 상세히 언급되어 있다.

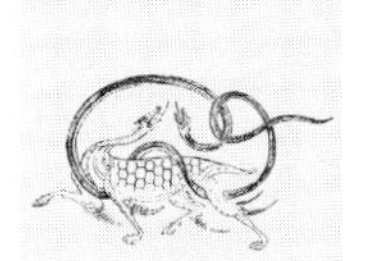



# 漢城 陷落 以後 高句麗와 百濟의 關係
## — 耽羅와의 관계를 중심으로

## Ⅰ. 머리말

475년에 고구려는 백제의 王都인 漢城을 기습적으로 공격해서 함락시키고 백제 개로왕을 捕殺한 바 있다. 이 때 백제는 국왕과 왕비 이하 다대한 수의 왕족과 귀족들이 몰살당하거나 생포되었다. 백제가 거의 한 번 망하다시피했을 정도로 백제사상 최대의 위기이기도 했던 것이다. 이후 백제는 웅진성으로 천도한 후 難局을 수습해 간 것으로 간주하기도 한다. 그러나 웅진성에 도읍하던 63년간은 국왕의 피살과 귀족의 반란이 연이어 터지는 혼란된 시국이기도 했다. 가령 문주왕과 동성왕의 피살을 비롯해서 13세에 즉위했다가 15세에 사망한 삼근왕, 병관좌평 해구와 가림성주 백가의 반란과 같은 정변이 거듭되었다.[1)]

문제는 그 어느 때보다 內紛이 격심했던 웅진성 도읍기의 대외 관계이다. 일반적으로 이 무렵을 대상으로 한 對外 관계는 신라와 왜를 비롯해서 중국과의 교섭에만 연구가 집중된 느낌을 준다. 정작 웅진성시기를 초래한 고구려와의 관계에 대해서는 밀도 있는 접근이 이루어지지 못하였다. 본고의 핵심은 內紛은 일단 대외관계가 안정되었을 때 가능하다고 판단되므로 이 것을 前提로, 이 무렵 고구려와 백제 관계에 대한 접근을 試圖해 보고자 하는 것이다. 주지하듯이 外侵을 받는 상황에서는 그 어느 때보다도 공동체간에 강한 결속이 이루어

1) 李道學, 「漢城末·熊津時代 百濟王位繼承과 王權의 性格」『韓國史研究』50·51合輯, 1985, pp.1~35.

지는 경향이 있다. 이와 관련해 고구려와 백제의 역학 관계에서 중요한 매개체로서 躭羅의 존재를 설정해 보았다.[2] 탐라의 정치적 향배를 통하여 해상권의 장악을 비롯한 이 무렵 양국의 정치적 관계를 살펴보고자 하는 것이다.

## II. 5세기대 躭羅의 존재

한성 함락 이후 고구려와 백제의 관계를 짐작할 수 있는 사료로서는 비록 6세기 초를 시대적 배경으로 하고 있지만, 다음과 같은 기사를 주목하지 않을 수 없다.

A. "小國이 帝庭에 誠款을 맺자 여러 代에 걸쳐 정성을 오로지하여 땅에서 나는 産物로 朝貢을 어긴 일이 없었습니다. 오직 黃金은 扶餘에서 나고 珂玉은 涉羅의 소산입니다. 이제 扶餘는 勿吉에게 쫓기고 涉羅는 百濟에 併合되었습니다. 두 가지 물건이 王府에 올리지 못하는 것은 실로 두 도적들 때문입니다"라고 하였다.[3]

B. 正始 연간에 世宗이 東堂에서 고구려 사신 芮悉弗을 引見하였다. 悉弗이 말하기를 "고려는 하늘과 같은 정성으로 여러 대에 걸쳐 충성하여 땅에서 나거나 거두어 들이는 것을 朝貢에 빠뜨리지 않았었습니다. 오직 黃金은 扶餘에서 나고 珂玉은 涉羅의 소산입니다. 이제 夫餘는 勿吉에게 쫓기고 涉羅는 百濟에 併合되었습니다. 國王인 臣 雲은 끊어진 나라를 잇는 의리를 생각하여 (부여와 섭라의 사람들을) 모두 저희 나라로 옮겨 살게 하였습니다. 두 가지 물건이 王府에 올리지 못하는 것은 실로 두 도적들 때문입니다"라고 하였다.[4]

2) 躭羅에 대한 근자의 획기적인 연구 성과로서는 康昌和, 「고대 탐라의 실체와 물자의 교류」『동아시아 역사상과 우리 문화의 형성』 2005, pp.85~149를 제시할 수 있다.

3) 『三國史記』권19, 文咨明王 13년 조. "十三年 夏四月 遣使入魏朝貢 世宗引見其使芮悉弗於東堂 悉弗進曰小國係誠天極 累葉純誠 地産土毛 無愆王貢 但黃金出自扶餘 珂則涉羅所産 扶餘爲勿吉所逐 涉羅爲百濟所幷二品所以不登王府 實兩賊是爲"

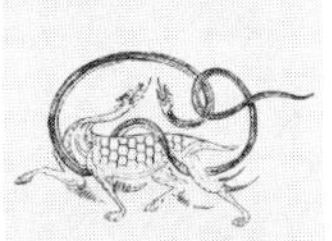



위의 기사는 正始 연간(504~507)에 고구려 사신 예실불이 北魏 世宗에게 조공품 가운데 黃金과 珂玉을 더 이상 北魏에 조공할 수 없는 이유를 밝힌 대목이다. 여기서 珂玉이 산출되는 涉羅를 '新羅' 로 간주하기도 한다. 물론 涉羅 국호가 斯盧 · 斯羅로도 일컬어졌던 新羅와 音相似한 것은 사실이다. 그러나 신라 국호가 확정되기 전까지 다양한 국호가 사용되었지만 '涉羅' 라고 일컬은 적은 그 어디에도 없다. 그리고 비록 조공을 하지 못한 관계로 변명에서 비롯된 거짓말이라는 견해도 있지만, 신라가 백제에 병합된 적도 없다. 게다가 B에 보면 夫餘와 涉羅 사람들이 고구려로 옮겨와 거주했다고 하였다. 실제로 부여왕과 그 일족들이 고구려로 와서 항복한 게 사실로 확인된다.[5] 그러므로 涉羅의 경우도 그러했다고 보는 게 자연스럽다. 그런데 이 涉羅가 新羅라면 백제에 병합된 관계로 신라 지배층이 고구려로 이주해 왔어야 하는 것이다. 아무리 貢物을 바치고 싶지 않은 상황에서 나온 거짓말이라고 해도 정도 문제가 아닐까. 그것도 국가간에 비상하게 중요한 관심사인 관계로 금방 탄로날 수 있는 '倂合' 을 들먹일 수 있는 성질은 전혀 아니다. 물론 涉羅가 백제에 병합되었다는 말은 그 臣屬 사실을 과장되게 표현한 것일 게다.[6] 게다가 珂는 瑪瑙를 가리키는데[7] 실제 瑪瑙는 제주도의 産物로 확인되고 있다.[8] 따라서 涉羅를 제주도로 비정하는 견해가 지극히 온당한 것이다. 단순히 音相似로 모든 것을 해결하려던 시기는 지난 것 같다. 차라리 동일한 논조라면 涉羅를 '淡羅' 의 誤寫로 간주하는 게

4) 『魏書』 권100, 高句麗傳. "正始中 世宗於東堂引見其使芮悉弗 悉弗進曰 高麗係誠天極 累葉純誠 地産土毛無愆王貢 但黃金出自夫餘 珂則涉羅所産 今夫餘爲勿吉所逐 涉羅爲百濟所幷 國王臣雲惟繼絶之義 悉遷于境內 二品所以不登王府 實兩賊是爲"

5) 『三國史記』 권19, 文咨明王 3년 조. "봄 정월에 사신을 魏에 보내 조공하였다. 2월에 부여왕과 처자가 나라를 들어 항복하여 왔다."

6) 李丙燾, 『國譯 三國史記』 1976, p.295.

7) 『大東韻府群玉』 권6, 下平聲. "瑪瑙, 貝大者珂"

8) 『大東韻府群玉』 권11, 上聲. "掘得瑪瑙, 濟州東一里許地名有高齡田 今治田者瑪瑙地 多瑪瑙" 『新增東國輿地勝覽』 권38, 濟州牧 古蹟 條에 보면 "지금도 밭을 가는 사람들이 혹 瑪瑙 등 보물을 파서 얻는다" 고 했다.

더욱 근사하지 않을까 싶을 정도이다. 그리고 涉羅=新羅說은 고구려의 水軍力과 해상 활동을 너무나 看過한데서 비롯된 발상으로 보인다.

요컨대 위의 기사를 통해 몇 가지 중요한 사실을 얻을 수 있다. 6세기 이전인 5세기말까지 고구려가 현재의 제주도를 장악한 사실이 확인된 것이다. 그러면 먼저 백제가 탐라를 장악한 시기를 살펴 보고자 한다. 이와 관련해 다음의 기사를 언급하지 않을 수 없다.

> C. 8월에 王은 躭羅가 貢賦를 바치지 않으므로 親征하여 武珍州에까지 이르렀다. 躭羅가 이를 듣고 사신을 보내어 罪를 청하므로 그만두었다[躭羅는 즉 躭牟羅이다].[9)]

탐라가 貢賦를 바치지 않자 498년에 동성왕이 무진주까지 이르자, 탐라가 사신을 보내와서 다시금 조공이 개시되었다는 이야기가 된다. 여기서 躭羅를 '躭牟羅'라고 註를 달았다. 躭牟羅는 "그(백제) 남쪽으로 바다로 3 개월을 가면 躭牟羅國이 있는데, 남북이 1천여 里이고, 동서가 수백 里이다. 땅에는 麞鹿이 많으며 백제에 附庸되었다. 백제로부터 서쪽으로 3일을 가면 貊國에 이른다고 한다"[10)]라는 기사에 보인다. 이 기사에서 맥국의 위치는 동쪽을 서쪽으로 잘못 기재하였듯이, 탐모라국의 남북과 동서 너비도 각각 倒置된 것으로 보아야 한다. 게다가 躭牟羅國에서 산출되는 麞鹿은 제주도에서만 산출된다고 했다.[11)] 따라서 탐모라국이 제주도임은 의심할 나위 없다.[12)]

498년에 백제에 다시금 歸附한 탐라는 지금의 제주도인 게 분명하다. 그렇다

9) 『三國史記』 권26, 東城王 20년 조. "八月 王以躭羅不修貢賦 親征至武珍州 躭羅聞之 遣使乞罪 乃止[躭羅卽躭牟羅]"

10) 『隋書』 권81, 東夷傳, 百濟 條. "其南海行三月 有躭牟羅國 南北千餘里 東西數百里 土多麞鹿 附庸於百濟 百濟自西行三日至貊國云"

11) 『新增東國輿地勝覽』 권38, 濟州牧 土産 條.

12) 『新增東國輿地勝覽』 권38, 濟州牧 郡名 條에서도 제주도의 여러 이름 가운데 '耽毛羅'가 보인다.

고 할 때 탐라는 498년에 백제에 귀속된 것이다. 그러면 탐라가 고구려에 귀속된 시기는 언제 쯤일까? 476년에 탐라국이 백제에 方物을 바치자 문주왕은 그 사자에게 제3관등인 恩率을 내려 주었다.[13] 이 사실은 탐라가 백제의 천하관에 편제되었음을 뜻한다.[14] 그렇다면 앞에서 인용한 기사에 보이듯이 탐라가 逆으로 고구려 세력권에 편제된 것은 한성 함락 이후인 476년부터 498년 사이 어느 때라고 할 수 있다. 그런데 B에서 "끊어진 나라를 잇는 의리" 云云하며 적혀 있다는 것이다. 그러므로 涉羅 왕족들의 고구려 이주를 사실로 받아들인다고 할 때 다음과 같은 추리가 제기될 수밖에 없을 것 같다.

498년에 백제 동성왕이 무진주까지 親征하면서 압박을 가하자 섭라 즉, 탐라는 백제에 다시금 臣屬됨으로써 생존을 모색하고자 했다. 물론 탐라는 당초 백제에 臣屬되었지만 고구려의 급속한 영향력 확산을 보자 정치적 입장을 親高句麗로 旋回했던 것으로 보인다. 그러한 탐라 왕족들은 다시금 상황이 역전되자 몹시 난처한 상황에 직면하게 되었다. 결국 이들은 거취를 고구려로 결정하게 되었다고 하겠다. "끊어진 나라를 잇는 의리" 云云하는 문구는 고구려의 입장에서 그것도 결과론적인 해석이 된다. 고구려는 동옥저 등지에서와 마찬 가지로 탐라에서도 독자적인 공동체적 질서를 인정해 주는 貢納的 지배를 단행하였다고 보아야 한다. 그러한 收取를 감독하고 관리하는 과정에서 고구려인들의 탐라 이주가 점진적으로 자연스럽게 이루어졌을 것이다. 그러나 이들은 탐라 왕족들이 고구려로 옮겨 감에 따라 초래된 권력 공백을 틈타 새로운 지배층으로 등장하였던 것으로 보인다. 이들은 백제와의 새로운 관계 정립인 臣屬關係를 지속하면서 存立을 모색한 것으로 생각된다.

13) 『三國史記』 권26, 文周王 2년 조.
14) 李道學, 「韓國史에서의 天下觀과 皇帝體制」, 『전통문화논총』 창간호, 2003, p.64.

## Ⅲ. 5세기 후반 고구려와 백제의 관계

그러면 한성 함락 이후 고구려와 백제의 영토는 어느 지역에서 대치하였을까? 이와 관련해 476년부터 484년과 494년에 각각 1회씩 신라를 지원하기 위해 출병한 것을 제외하고는 고구려와 백제간에는 서로간의 영역을 침탈하는 직접적인 전쟁 기록이 일체 없다. 476년부터 494년 사이의 삼국간 상호 관계에 대해서는 『三國史記』 백제 · 신라 · 고구려본기의 순서로 관련 기사를 다음과 같이 옮겨 보았다. 그런데 해당 시기의 백제본기는 당시의 백제 政情을 이해하는데 필요한 내용인 관계로 全文을 게재하였다.

D. 文周王 [혹은 汶洲라고도 씀]은 蓋鹵王의 아들이다. 처음 毗有王이 죽고 蓋鹵가 왕위를 잇자 문주는 그를 보필하여 지위가 上佐平에 이르렀다. 蓋鹵가 재위한 지 21년에 고구려가 쳐들어 와서 漢城을 에워쌌다. 蓋鹵는 성문을 닫고 스스로 굳게 지키면서 문주로 하여금 신라에 구원을 요청하게 하였다. 군사 1만 명을 얻어 돌아오니 고구려 군사는 비록 물러갔지만 성은 파괴되고 왕은 죽었으므로 드디어 왕위에 올랐다. (왕은) 성품이 부드럽고 결단력이 없었으나 또한 백성을 사랑하였으므로 백성들도 그를 사랑하였다. 겨울 10월에 都城을 熊津으로 옮겼다.

D-1. 2년 (476) 봄 2월에 大豆山城을 수리하고 漢北의 民戶들을 이주시켰다. 3월에 사신을 宋에 보내 조공하게 하였는데 고구려가 길을 막아 도달하지 못하고 되돌아왔다. 여름 4월에 耽羅國이 方物을 바치니 왕이 기뻐하여 사자를 恩率로 삼았다. 가을 8월에 解仇를 兵官佐平으로 삼았다.

D-2. 3년 (477) 봄 2월에 궁실을 고치고 重修하였다. 여름 4월에 왕의 동생 昆支를 內臣佐平으로 삼고, 맏아들 三斤을 封하여 태자로 삼았다. 5월에 검은 용이 熊津에 나타났다. 가을 7월에 내신좌평 곤지가 죽었다.

D-1. 4년 (478) 가을 8월에 병관좌평 解仇가 권세를 마음대로 휘두르고 법을 어지럽히며 임금을 무시하는 마음이 있었으나 왕이 능히 제어하지 못하였다. 9월에 왕이 사냥을 나가 밖에서 묵었는데 해구가 도적을 시켜 해치게 하여 드디어 죽었다.

E. 三斤王 [혹은 壬乞이라고도 함]은 문주왕의 맏아들이다. 문주왕이 죽자 왕위를 이었는데 나이가 13세였다. 군무와 정사 모두를 좌평 해구에게 위임하였다.

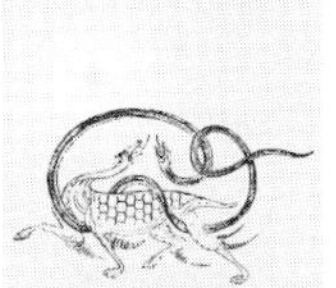



E-1. 2년 (478) 봄에 좌평 해구가 은솔 燕信과 더불어 무리를 모아 大豆城을 근거로 하여 반란을 일으켰다. 왕은 좌평 眞男에게 명령하여 군사 2천 명으로 토벌하게 하였으나 이기지 못하였다. 다시 德率 眞老에게 명령하여 정예 군사 500명을 거느리고 해구를 공격하여 죽였다. 연신이 고구려로 달아나자 그 처자를 잡아다가 웅진 저자에서 목을 베었다. 논하여 가로되 春秋의 법에 임금이 弑害를 당하였는데도 역적을 토벌하지 아니하면 이를 깊이 책망하여 臣子된 사람이 없다고 하였다. 해구가 문주를 시해하자 그 아들 三斤이 왕위를 이었는데도 그를 능히 죽이지 못하였을 뿐만 아니라 또 그에게 나라의 정사를 맡겼다가 한 성에 근거하여 반란을 일으킴에 이른 연후에야 두 번이나 큰 군사를 일으켜서 이겼다. 이른바 "서리를 밟으면서도 경계하지 않으면 굳은 얼음을 만들게 되고, 반짝거리는 불똥을 끄지 않으면 활활 타오르는 불꽃이 되는 것" 이니 그 말미암는 바는 점차적인 것이다. 唐 憲宗이 시해되었으나 3世 뒤에야 겨우 그 역적을 죽였다. 하물며 바다 모퉁이의 궁벽한 곳에 있는 삼근과 같은 어린아이야 또한 어찌 족히 말할 나위가 있으랴! 3월 초하루 기유에 일식이 있었다.

E-2. 3년 (479) 봄과 여름에 크게 가물었다. 가을 9월에 大豆城을 斗谷으로 옮겼다. 겨울 11월에 왕이 죽었다.

F. 東城王은 이름은 牟大 [혹은 摩牟라고도 씀]인데, 문주왕의 동생인 昆支의 아들이다. 담력이 남보다 뛰어나고 활을 잘 쏘아 백발백중이었다. 삼근왕이 죽자 왕위에 올랐다.

F-1. 4년 (482) 봄 정월에 眞老를 兵官佐平으로 삼고 內外의 兵馬事를 아울러 맡게 하였다. 가을 9월에 靺鞨이 漢山城을 습격하여 깨뜨리고 300여 家를 사로잡아 돌아갔다. 겨울 10월에 눈이 크게 내려 한 길 남짓이나 쌓였다.

F-2. 5년 (483) 봄에 왕이 사냥을 나가 漢山城에 이르러 군사와 백성을 위문하고 10일 만에 돌아왔다. 여름 4 월에 熊津 북쪽에서 사냥하여 신비로운 神鹿을 잡았다.

F-3. 6년 (484) 봄 2월에 왕은 南齊의 태조 蕭道成이 고구려왕 巨璉을 册封하여 驃騎大將軍으로 삼았다는 것을 듣고 사신을 보내 表를 올리고 內附하기를 청하자 허락하였다. 가을 7월에 內法佐平 沙若思를 남제에 보내 조공하였다. 若思는 서해에 이르러 고구려의 군사를 만나 가지 못하였다.

F-4. 7년 (485) 여름 5월에 사신을 신라에 보내 예방하였다.

F-5. 8년 (486) 봄 2월에 苩加를 衛士佐平으로 삼았다. 3월에 사신을 남제에 보내 조공하였다. 가을 7월에 궁실을 고치고 수리하였다. 牛頭城을 쌓았다. 겨울 10월에

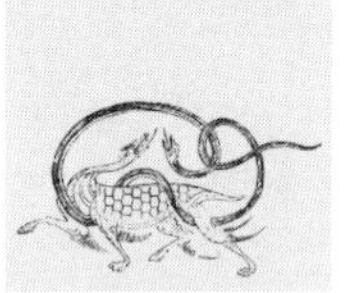



궁궐 남쪽에서 크게 사열하였다.

F-6. 10년 (488)에 魏가 군사를 보내 침공해 왔으나 우리에게 패하였다.

F-7. 11년 (489) 가을에 크게 풍년이 들었다. 나라 남쪽 海村人이 이삭이 합쳐 있는 벼를 바쳤다. 겨울 10월에 왕이 제단을 만들고 천지에 제사지냈다. 11월에 南堂에서 여러 신하에게 연회를 베풀었다.

F-8. 12년 (490) 가을 7월에 북부 사람으로 나이 15세 이상을 징발하여 沙峴城과 耳山城 두 성을 쌓았다. 9월에 왕은 나라 서쪽의 泗沘 벌판에서 사냥하였다. 燕突을 達率로 삼았다. 겨울 11월에 얼음이 얼지 않았다.

F-9. 13년 (491) 여름 6월에 熊川의 물이 넘쳐서 王都의 200여 家가 떠내려가거나 물에 잠겼다. 가을 7월에 백성들이 굶주려 신라로 도망해 들어간 자가 600여 家나 되었다.

F-10. 14년 (492) 봄 3월에 눈이 내렸다. 여름 4월에 바람이 크게 불어 나무가 뽑혔다. 겨울 10월에 왕은 牛鳴谷에서 사냥하여 손수 사슴을 쏘아 맞혔다.

F-11. 15년 (493) 봄 3월에 왕이 신라에 사신을 보내 혼인을 청하니 신라 왕은 이찬 比智의 딸을 시집보냈다.

F-12. 16년 (494) 가을 7월에 고구려와 신라가 薩水 벌판에서 싸웠다. 신라가 이기지 못하여 물러나 犬牙城을 지키자 고구려가 이를 포위하였다. 왕은 군사 3천 명을 보내 구원하여 포위를 풀어 주었다.

G-1. (소지마립간) 6년 (484) 가을 7월에 고구려가 북쪽 변경에 침입하였으므로 우리 군사가 백제와 함께 母山城 아래에서 공격하여 크게 깨뜨렸다.

G-2. 7년 (485) 5월에 백제가 사신을 보내와 예방하였다

G-3. 11년 (489) 봄 정월에 놀고 먹는 백성들을 몰아 농사일로 돌아가도록 하였다. 가을 9월에 고구려가 북쪽 변경을 갑자기 쳐들어와 戈峴에 이르렀고, 겨울 10월에 狐山城을 함락하였다.

G-4. 15년 (493) 봄 3월에 백제왕 牟大가 사신을 보내 혼인을 청하였으므로, 왕이 이벌찬 比智의 딸을 그에게 보냈다.

G-5. 16년 (494) 여름 4월에 홍수가 났다. 가을 7월에 장군 실죽 등이 고구려와 薩水의 들판에서 싸우다가 이기지 못하고 물러나 犬牙城을 지키고 있었는데, 고구려 군사가 그곳을 에워쌌다. 백제왕 牟大가 군사 3천 명을 보내 구원하니 포위를 풀었다.

H-1. (장수왕) 63년(475) 봄 2월에 사신을 魏에 보내 조공하였다. 가을 8월에 사신을 魏에 보내 조공하였다. 9월에 왕은 군사 3만 명을 거느리고 백제를 침략하여, 왕

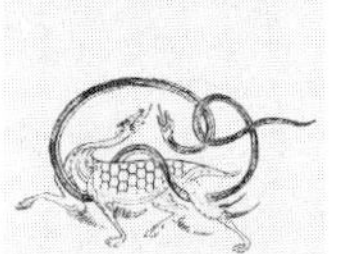



이 도읍한 漢城을 함락시키고, 그 왕 扶餘慶을 죽이고 남녀 8천 명을 사로잡아서 돌아왔다.

H-2. 66년 (478) 백제의 燕信이 항복해 왔다.

H-3. 77년 (489) 가을 9월에 군사를 보내 신라의 북쪽 변경을 침략하고 狐山城을 함락시켰다.

I-1. (문자명왕) 3년(494) 가을 7월에 우리 군사는 신라 사람들과 薩水 들판에서 싸웠다. 신라 사람들이 패하고 犬牙城을 지키자 우리 군사가 이를 포위하였으나, 백제가 군사 3천 명을 보내 신라를 구원했으므로 우리 군사가 후퇴하였다.

고구려와 백제가 상호 국경을 접하고 있는 지역에서 494년까지는 충돌한 기록이 보이지 않는다. 그럼에도 불구하고 고구려의 행정 지명은 아산만까지 미치고 있다. 『삼국사기』 지리지를 살펴보면 고구려의 남부 지역은 과거 백제 영역이었던 경기도 이천(南川縣)·여주(述川郡, 骨乃斤縣 楊根縣)·안성(奈兮忽, 沙伏忽/ 皆次山郡, 奴音竹縣)·수원(買忽郡)·화성(唐城郡, 上忽縣 釜山縣)·용인(駒城縣)과 충청남도 직산(蛇山縣)을 비롯해서 충청북도 제천(奈吐郡)·진천(今勿奴郡)·음성(仍忽縣)·괴산(仍斤內郡)·충주(國原城)에 이르고 있다.[15)]

충주에 건립된 중원고구려비의 존재도 고구려가 한강유역을 장악했음을 웅변해 준다. 진천의 大母山城의 경우도 고구려 토기를 비롯해서 고구려 귀고리 등이 출토되고 있어 고구려와의 관련성이 제기되었다.[16)] 청원의 남성골산성에서는 고구려 가마터의 존재가 확인된 바 있다.[17)] 유성의 월평동산성에서는 고구려군의 주둔 사실이 확인되었다.[18)] 이는 고구려군이 금강유역까지 진출했음을 알려주고 있다. 그러나 이러한 사실은 문헌에서는 확인되지 않는다. 그렇다

15) 『三國史記』 권35, 雜志, 地理 2.

16) 忠北大學校 湖西文化研究所, 『진천 대모산성』 1996.
李漢祥, 『황금의 나라 신라』 2004, pp.132~134.

17) 충북대학교 박물관, 『清原南城谷 高句麗遺蹟』 2004.

18) 忠清文化財研究院, 『大田 月坪洞山城』 2003, pp.155~156.

면 고구려는 전쟁 없이 금강유역까지 진출했다는 말인가? 이것은 일단 기사의 누락으로 간주할 수도 있다. 그러나 한 두 기사도 아니고 19년간에 걸쳐 직접적인 영역 쟁탈과 관련한 단 한 차례의 전쟁 기사도 없었다는 것은 누락만으로 설명하기 어렵다. 분명한 것은 이 무렵 백제는 고구려와 안정적 관계를 유지했다는 것이다.

그러면 백제가 對고구려 관계의 안정을 얻을 수 있었던 배경은 무엇일까? 웅진성 도읍 초기인 476년에 백제는 劉宋에 사신을 파견했지만 고구려 수군의 방해로 되돌아 왔다(D-1). 이로 인해 백제는 국제적으로 고립의 위기에 빠지게 되었다. 그럼에 따라 백제를 심각하게 압박할 수 있는 고구려와의 관계 설정이 백제 조정의 현안이 되었을 것으로 보인다. 이 때 한성 함락 이후 실추된 왕권을 안정시키려는 문주왕의 입장에서는 대외적인 면에서 고구려와의 和解가 시급했다. 그런 점에 있어서는 왕위를 넘보던 야심만만한 병관좌평 해구의[19] 경우도 마찬 가지였을 것이다. 이 점에 있어서 이해가 일치하는 문주왕이나 당시의 실권자인 해구가 채택할 수 있는 방법은 고구려에게 영역의 일부 할양과 공납을 통해 대외 관계의 안정을 얻으려 하지 않았을까 한다. 그러나 대외 관계의 안정은 결과적으로 백제 政情의 불안을 오히려 부추기는 요인이 되었을 것으로 본다. 어쨌든 백제를 압박하던 고구려가 군사적 압박을 거두고 백제의 존재를 용인할 수 있는 방법은 貢納을 통한 臣屬關係의 설정 밖에는 없었을 것이다. 실제로 고구려와 백제간에는 朝貢과 臣屬이 존재하였다. 다음과 같은 「광개토왕릉비문」의 기사를 통해 살필 수 있다.[20]

J-1. 百殘新羅 舊是屬民 由來朝貢 而倭以辛卯年 來渡△破百殘△△[新]羅以爲臣民

J-2. 以六年丙申 王躬率△軍 討伐殘國 軍△△[首]攻取寧八城 臼模盧城 各模盧城 幹利[城] △△城 閣彌城, 牟盧城 彌沙城 △舍蔦城 阿旦城 古利城 △利城 雜珍城 奧

19) 李道學, 앞논문, p.15.

20) 본 釋文은 韓國古代社會硏究所, 『譯註 韓國古代金石文』I, 1992, pp.7~16에 의하였다.

利城 勾牟城 古[模]耶羅城 [頁]△△△△城 △而耶羅[城] [瑑]城 於[利]城 △△城 豆奴城 沸△△利城 彌鄒城 也利城 太山韓城 掃加城敦拔城 △△△城 婁賣城 散[那]城 [那]旦城 細城 牟婁城 于婁城 蘇灰城 燕婁城 析支利城 巖門△城林城 △△△△△△△[利]城 就鄒城 △拔城 古牟婁城 閏奴城 貫奴城 彡穰城 [曾]△[城] △△盧城 仇天城 △△△△△其國城 殘不服義 敢出百戰 王威赫怒 渡阿利水 遣刺迫城 △△[歸穴]△便[圍]城 而殘主困逼 獻出男女生口一千人 細布千匹 跪王自誓 從今以後 永爲奴客 太王恩赦△迷之愆 錄其後順之誠 於是得五十八城村七百 將殘主弟幷大臣十人 旋師還都

J-3. 九年己亥 百殘違誓與倭和通…

위의 기사를 통해 백제와 신라는 고구려의 屬民이었기에 朝貢을 했다는 것이다. 영락 6년 조에는 급습을 받은 백제가 고구려에 "跪王自誓"라고 하였듯이 항복의 표지로 서약했다는 사실과 더불어 영락 9년 조에는 "百殘違誓"라고 하였듯이 서약에 대한 違背를 征討의 명분으로 부각시키고 있다. 그리고 전쟁 특히 패전과 관련한 반대 급부는 "獻出男女生口一千人 細布千匹 跪王自誓 從今以後 永爲奴客 太王恩赦△迷之愆 錄其後順之誠 於是得五十八城村七百 將殘主弟幷大臣十人 旋師還都"라고 하였듯이, 백제왕의 奴客의 誓와 같은 항복 의식과 더불어 男女 生口 1千人과 細布 千匹을 비롯해서 王弟와 大臣 10인이 고구려에 볼모로 끌려 간 것이다. 이 때 고구려는 백제의 58성을 지배하게 되었다. 그런데 고구려가 58성을 일거에 지배한 게 아니라 여러 해에 걸쳐 점령한 城의 숫자를 親征이 있던 영락 6년에 일괄 기재한 것이다. 이와 더불어 영락 6년에 백제왕으로부터 항복의 대가로 할양 받은 지역이 포함된 것으로 볼 수 있다. 고구려가 한강으로 진입하는 水軍作戰을 통한 不意의 急襲으로 백제의 王都인 한성을 함락시키고 백제왕의 항복을 받아 내었다.

그런데 58城 가운데는 남한강 상류 일원에 소재한 城의 존재가 확인되고 있다. 이 곳은 고구려가 소백산맥 이남으로 진출하기 위한 교통로의 확보와 관련되었으므로, 항복의 대가로 백제로부터 할양 받았을 가능성이 제기되었다.[21] 396년에 고구려는 백제로부터 항복의 대가로 영토 할양을 받았다는 사실이 확

인되었던 것이다.

다음은 475년의 한성 함락 이후 웅진성 초기에 걸쳐 일정 기간 동안 백제가 고구려에 공납했을 가능성을 뒷받침해 주는 사료이다.

> K. 陶隱居가 말하기를 "上黨郡은 冀州 西南쪽에 있다. 지금 魏國에서 바친 것은 형태가 길고 황색인데, 모습이 防風(미나리과 식물 : 필자)과 같다. 윤기가 많아 실하고 맛이 달다. 세속에서 쓸 때는 들여와 먹지 않고 백제 것만 重하게 여긴다. 백제 것은 모습이 가늘고 아주 흰데, 맛은 上黨郡의 것 보다 못하다. 그 다음으로는 고려 것을 쓴다. 高麗는 곧 遼東을 말한다. 형태는 크지만 속이 비고 물러서 백제 것만 못하다. 백제는 지금 高麗에 臣屬되어, 高麗가 바치는 것은 두 종류가 있다. 하지만 겨우 가려서 취하는 응할 뿐, 실제 쓰기에는 둘 다 上黨郡 것만 못하다"라고 했다.[22]

위의 기록은 南朝의 陶弘景(456~536)이 505년~525년 경에 저술한 『本草經集注』에 수록된 내용이다.[23] 즉 백제의 人蔘 품질이 주변 지역 가운데서는 가장 뛰어나지만 백제가 고려 즉, 고구려에 臣屬된 관계로 고구려의 조공을 통해서 백제 인삼을 중국 南朝에서 접할 수 있다고 했다. 이러한 기록은 당시의 실제 상황에 바탕을 둔 것이므로 사료 가치가 높다고 본다. 그렇다고 할 때 이 기록을 통해 백제의 남조 조공이 한 때 끊겼다는 사실을 확인할 수 있다. 그 시점은 476년 3월에 백제가 劉宋에 사신을 보냈으나 고구려의 방해로 돌아 온(D-1) 이후부터 일 것이다. 484년(동성왕 6) 2월에 백제는 사신을 南齊에 파견하여 內屬

---

21) 李道學, 「'廣開土王碑文' 에 보이는 地名 比定의 재검토」『廣開土王碑文의 新研究』1999, pp.184~185.

22) 宋 唐愼微 編著, 『重修政和經史證類本草』권6, 草部, 上品之上, 人蔘 條. "陶隱居云 上黨郡在冀州西南 今魏國所獻 卽是形長而黃 狀如防風 多潤實而甘 俗用不入服 乃重百濟者 形細而堅白 氣味薄於上黨 次用高麗 高麗卽是遼東 形大而虛軟 不及百濟 百濟今臣屬高麗 高麗所獻 兼有兩種 止應擇取之爾 實用並不及上黨者"(臺北 : 南天書局, 1976, p.146.)

23) 尹龍九, 「고대 중국의 東夷觀과 고구려」『역사와 현실』55, 2005, p.90.

을 청하였다. 그러나 그 해 7월에는 고구려 수군의 방해로 백제 사신이 그곳에 이를 수가 없었다. 그렇지만 486년 3월에는 남제에 사신을 보내어 조공할 수 있었다(F-5). 그러므로 K의 기록은 476년~484년 이전 어느 때의 사실을 전한다고 하겠다. 이 사실은 백제가 이 무렵 고구려에 臣屬되었으며, 臣屬의 代價는 영역의 일부 割壤과 朝貢이었을 것으로 본다. 한성 함락 이후 백제가 고구려와 전투를 치른 기록이 없다. 그럼에도 불구하고 적어도 고구려가 아산만 이북까지 점유한 것으로 『삼국사기』 지리지에 보이는 것은 할양 가능성을 높여 준다.

백제는 484년부터 南齊에 조공하는 기회를 얻었고, 485년에는 신라와 修交까지 하였다(F-4 · G-2). 484년에 백제가 신라를 지원한 적도 있다(G-1). 493년에는 동성왕이 신라 왕실과의 혼인동맹을 통해(F-11 · G-4) 고구려와의 臣屬 관계를 완전히 청산한 결과 494년에는 백제와 신라군이 함께 고구려군과 싸우는(F-12 · I-1) 상황이 조성될 수 있었다고 하겠다. 요컨대 백제는 476년부터 483년 무렵까지 고구려에 臣屬되었던 것은 분명하다고 판단된다. 이러한 정황을 알려주는 기록이 K의 기사라고 할 수 있다. 물론 『本草經集注』는 6세기 초에 저술되었다. 그러나 그것이 담고 있는 내용은 5세기 후반 갑작스런 人蔘 루트의 변화된 상황을 전한다. 요컨대 이로써 한성 함락 후 고구려와 백제간 상호 영토 확보와 관련한 전쟁 기록이 사라진 배경에 대한 의문이 어느 정도 해소될 수 있다.

지금까지의 검토를 통해 탐라는 백제에 貢賦를 바친 476년 이후 498년 사이 어느 때 고구려의 지배권에 편제되었음을 알 수 있었다. 498년에 동성왕은 "王은 躭羅가 貢賦를 바치지 않으므로 親征하여 武珍州에까지 이르렀다"[24]고 한 것을 볼 때 백제에 조공을 해 오다가 중단해 왔던 탐라를 응징하려는 것임을 알 수 있다. 이러한 사례는 「광개토왕릉비문」 영락 20년 조에서 "東夫餘舊是鄒牟王屬民"라고 하였지만 "中叛不貢"했다는 명분을 걸고 征討한 데서도 확인된다. 그러면 476년에 백제에 貢賦를 바쳤던 탐라가 조공을 중단하게 된 배경은

24) 『三國史記』 권26, 동성왕 20년 조.

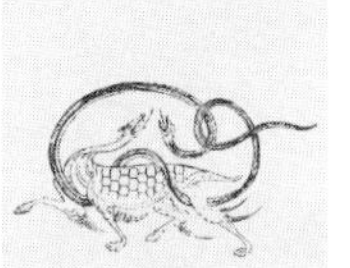



무엇일까? 그 이유는 A와 B 기사에서 시사받을 수 있듯이 고구려의 세력권에 탐라가 편제되었기 때문일 것이다. 탐라가 고구려에 貢賦를 바치는 상황은 백제가 고구려에 臣屬된 상황과 분리하기 어렵다. 그런데 백제가 고구려로부터의 臣屬關係에서 벗어난 후에는 상황이 달라졌다. 백제는 이탈해 간 지방 세력에 대한 회복 작업의 연장선상에서 498년에 탐라에 대한 정벌을 추진했던 것으로 볼 수 있다.

고구려가 한 때 탐라에 영향력을 행사했다면 탐라에는 고구려의 흔적이 남아 있을 수도 있다. 더욱이 涉羅의 지배층을 고구려로 데리고 갔다고 하므로, 고구려 세력이 탐라에 移植되는 일은 상대적으로 용이했을 것 같다. 이와 관련해 그러한 경우로 보이는 몇 가지 근거를 거론해 본다.

먼저 제주도의 혼인 풍속을 보면 "혼인을 구하는 자는 반드시 술과 고기를 갖춘다.…혼인 날 저녁에 사위가 술과 고기를 갖추어 신부의 부모를 뵙고 취한 후에야 방에 들어 갔다"[25]고 했다. 이러한 혼인 풍속은 고구려에서 "해가 저물 무렵에 신랑이 신부의 집문 밖에 이르러 자기의 이름을 밝히고 跪拜하면서, 신부와 잘 수 있도록 해달라고 애걸하는데, 이와 같이 두세 번 거듭하면, 여자의 부모는 그 때서야 小屋에 가서 자도록 허락하였다. (신랑이 가져온) 돈과 폐백은 (小屋) 곁에 쌓아 두고, 자식을 낳아 장성하면 (남편은) 아내를 데리고 (자기) 집으로 돌아간다"[26]라고 한 데릴사위혼의 도입부 기사를 연상시킨다. 그리고 이는 고구려 후기의 혼인 풍속에 대한 서술인 "남자의 집에서는 돼지 고기와 술을 보낼 뿐 재물을 보내는 예는 없다"[27]는 기사와도 무관하지 않아 보인다.

그리고 제주도의 특산인 濟州馬의 경우 일반적으로 몽고 간섭기에 유입된 것

25) 『新增東國輿地勝覽』 권38, 濟州牧 風俗 條. "求婚者必備酒肉 納采者亦然 婚婚婿備酒肉 謁婦之父母醉後 乃入房"

26) 『三國志』 권30, 東夷傳, 高句麗 條. "其俗作婚姻 言語已定 女家作小屋於大屋後 名壻屋 壻暮至女家戶外 自名跪拜 乞得就女宿 如是者再三 女父母乃聽使就小屋中宿 傍頓錢帛 至生子已長大 乃將婦歸家"

27) 『隋書』 권81, 東夷傳, 高麗 條. "男家送猪酒而已 無財聘之禮"

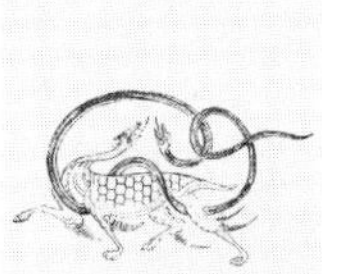



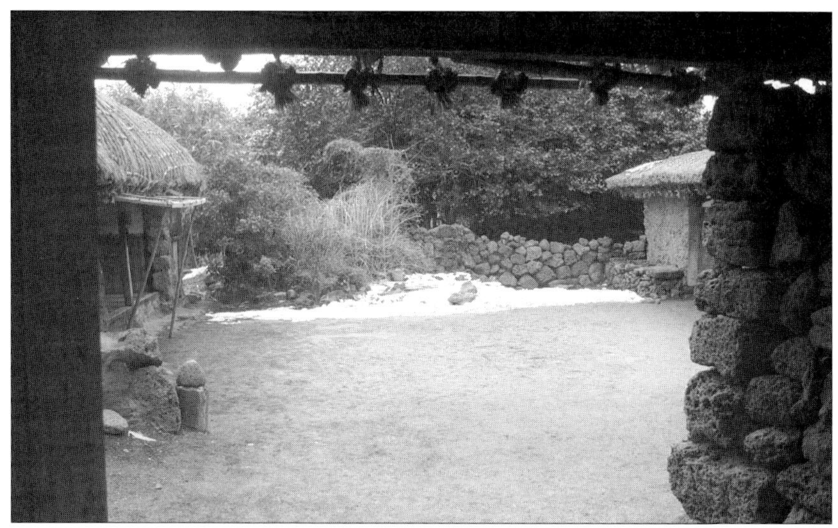

제주도 전통 민가

으로 간주하고 있다. 그러나 체구가 왜소한 제주마는 蒙古馬와 같은 胡馬와는 체형이나 성격이 다르다. 이와 관련해 東濊의 특산이었고, 뒤에 고구려의 특산으로까지 알려진 果下馬가 제주마의 원형이 아닐까 생각해 본다.[28] 제주마의 연원을 고구려의 과하마에서 찾고자 한다. 이러한 과하마에 대해서는 다음과 같은 기록이 보인다.

28) 南都泳,『濟州島牧場史』개정판, 2003, p.84에서는 "果下馬와 제주마는 거의 동일한 馬種이거나 아니면 제주마는 과하마 일종의 개량종 정도로 보아도 좋지 않을까 한다"라고 했다. 그는 제주도의 재래마는 果下馬(小型馬)라고 했지만 그 기원을 고구려와 결부 짓지는 않았다(南都泳, 앞 책, pp.80~84). 한편 제주도 곽지리 패총에서 3세기경의 작은 말뼈가 출토된 바 있다. 이는 탐라가 낙랑 등지와 교역한 사실이 있으므로 관련지어 볼 수 있는 사안이다. 그러나 과하마가 본격적으로 제주도에 유입된 것은 고구려가 지배하게 된 5세기대 후반 이후로 간주하는 게 온당할 듯하다.

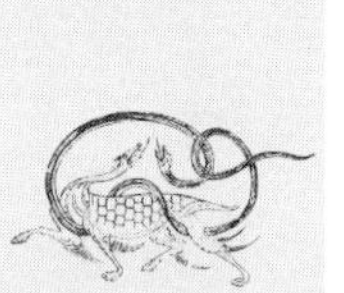

제주마

L-1. 그 나라의 말은 모두 몸이 작아서, 산에 오르기에 편리하다.[29)]

L-2. 과하마는 높이가 3척이므로 이것을 타고 果樹 밑으로도 갈 수 있는 까닭에 이것을 과하마라고 부른다. 博物志 魏都賦에서 볼 수 있다.[30)]

L-3. 키가 3자 정도 되는 말이 산출되는데, 옛날 주몽이 탔던 말이라고 한다. 그 말의 종자가 바로 果下馬이다.[31)]

이러한 과하마는 본시 한반도 중남부 지역에서 서식했다는 기록이 없다. 果下馬는 夫餘 · 高句麗 · 濊 등지에서 산출되었다.[32)] 그럼에도 621년(무왕 22)에 백제는 唐에 과하마를 조공하고 있다.[33)] 이 사실은 백제가 고구려 지역, 그것도

29) 『三國志』 권30, 東夷傳, 高句麗 條. "其馬皆小 便登山"
30) 『三國志』 권30, 東夷傳, 濊 條. "果下馬高三尺 乘之可於果樹下行 故謂之果下 見博物志魏都賦"
31) 『魏書』 권100, 高句麗傳. "出三尺馬 或本 朱蒙所乘 馬種卽果下也"
32) 南都泳, 앞책, p.72.

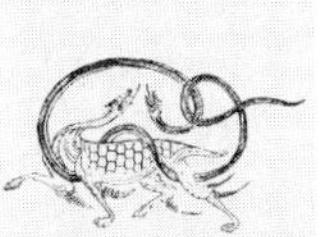



북방의 고구려 영역을 장악했을 때 가능한 일이다. 그러나 당시 백제의 영역을 놓고 볼 때 그것은 가능하지 않다. 그렇다면 백제가 탐라를 장악함에 따라 고구려를 통해 이곳에 서식된 과하마의 조공이 이루어졌다고 보는 게 자연스럽다. 요컨대 백제가 탐라를 장악함으로써 과하마도 장악할 수 있었다고 하겠다. 신라가 開元(713~741) 연간에 唐에 과하마를 바쳤다는[34] 사실도 탐라를 통해 확보한 것임을 암시해 준다. 신라 조정에서 734년에 唐에 '小馬'를 바쳤다고 했는데[35] 곧 唐側 기록에 보이는 과하마를 가리킬 것이다. 탐라에서 고려 조정에 진상한 제주마를 '名馬'라고 했는데[36] 역시 과하마를 가리킨다고 하겠다.[37]

그리고 제주도의 3대 土姓인 高氏와 梁(良)氏 그리고 夫氏는 공교로우리만치 고구려와 연관이 있다. 高氏는 고구려 王姓이었다. 梁氏는 발해 지배층 성씨로 나타나는데,[38] 기원적으로 볼 때 고구려 말기 무장인 梁(楊)萬春의 梁氏와의 연관성을 배제하기 어렵다.[39] 그리고 夫氏 역시 扶尉猷이나 扶芬奴를 비롯한 고구려 성씨에서 확인되고 있다. 夫餘와 扶餘가 倂記되듯이 '夫'와 '扶'字는 서로 넘나들기 때문이다. 게다가 高乙那 등의 '那'는 土地 등을 가리키는 고구려어라는 것이다.[40] 더욱 주목되는 사실은 연맹체 국가에서 출발한 고구려의 5部는 소노부(西部)·순노부(東部)·절노부(北部)·관노부(南部)·계루부(中部)로 구

33) 『三國史記』권27, 武王 22년 조. "冬十月 遣使入唐獻果下馬"
34) 『新唐書』권220, 東夷傳, 新羅 條. "玄宗開元中 數入朝獻果下馬"
35) 『三國史記』권8, 聖德王 33년 조. "先時遣王姪志廉謝恩獻小馬兩匹…"
36) 『高麗史』권9, 文宗 27년 조.
37) 南都泳, 앞책, p.84. 이 '名馬'를 대형이나 중형의 胡馬로 간주하는 견해도 있다(金日宇, 『高麗時代 耽羅史研究』 2000, p.185).
38) 『渤海國志』권2, 姓氏志에 의하면 발해의 성씨로 梁氏가 언급되어 있다. 아울러 滿洲에서 良氏가 존재함을 게재하였다.
39) 安市城主의 姓에 대해서는 '梁'과 '楊'의 2가지 표기가 보인다. 가령 『同春堂先生別集』권6, 經筵日記己酉(1669) 4월 26일 조에서는 '梁萬春'으로 기재되었다. 이 보다 후대 문헌인 『熱河日記』에서는 '楊萬春'으로 표기하였다.
40) 高句麗語 '奴'는 남퉁구스語와 同一語라고 했다. 그리고 고구려 세력의 南下에 의해 'na(奴)'系 지명이 한반도 중부까지 내려 왔다는 것이다(金芳漢, 『韓國語의 系統』 1983, p.120).

성되었다. 그런데 단재 신채호의 고찰에 따르면 東部를 Sunna, 南部를 Bulna, 西部를 Yolna, 北部를 Julna, 中部를 Kaurna라고 했다는 것이다. 즉 동부는 '순라', 남부는 '불라', 서부는 '연라', 북부는 '줄라', 중부는 '가우라'라고 불렀다는 것이다.[41] 이러한 고구려의 5部 名稱에 準據하면 中部 高乙那의 거주지인 一徒는 Kaurna, 良乙那의 거주지인 二徒는 Yolna, 夫乙那의 거주지인 三徒는 Bulna에 해당한다고 한다. 그럼에 따라 이 3者의 名稱 간에는 고구려 5部名과의 어떤 관련성이 있다고 생각할 수 있는 것이다. 따라서 탐라를 지배했던 高·良·夫 3姓氏 群은 고구려계 혹은 부여계로 볼 수 있다고 했다.[42] 고구려 5部의 방향에 대해서는 東(左) = 順奴, 西(右) = 消奴, 南(前) = 灌奴, 北(後) = 絶奴, 內(黃) = 桂婁로[43] 언급되고도 있다. 여기서 村山七郞은 西部를 消奴와 결부지었지만 丹齋의 고증처럼 板本에 따라 '涓奴'로 적혀 있는 표기가 음운상으로 오히려 타당하다. 그리고 南部와 北部를 絶奴와 灌奴로 각각 서로 바꾸는 게 맞다고 한다.[44] 어쨌든 탐라의 3姓은 고구려의 3部名과 연결되고 있음은 부인할 수 없다.

요컨대 지금까지의 고찰을 통해 제주도 지역에는 고구려 문화적 요소가 다분히 깔려 있었음을 알 수 있다. 차제에 차분히 이 문제에 대해 심도 있는 연구와 조사가 緊要하지 않을까 생각해 본다.

한편 결이 치밀하고 고와서 조각재로 사용되는 상록 교목인 樟木 즉 녹나무는 한반도에서는 주로 제주도에서 자생하고 있다.[45] 이와 관련해 일본 法隆寺에 봉안된 百濟觀音像은 녹나무로 제작한 것으로 알려져 있다. 물론 녹나무는 일본열도에 주로 자생하는 樹種인 관계로 녹나무로 제작된 백제관음상이 백제

---

41) 丹齋 申采浩先生紀念事業會, 『改訂版 丹齋 申采浩全集』上, 1987, p.163.

42) 濟州道, 『濟州道誌』 제1권, 1993, p.676.

43) 村山七郞, 『原始日本語と民族文化』 1979, pp.146~153.

44) 金芳漢, 앞책, pp.120~121.

45) 李昌福, 『新稿 樹木學』 鄕文社, 1999, p.181 ; 任慶彬, 『나무 百科(2)』 一志社, 1982, p.38.

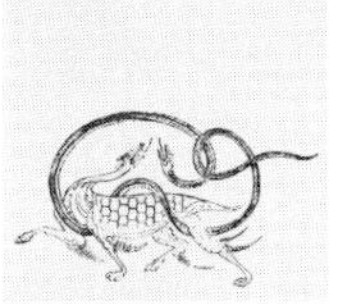



에서 전해졌다는 견해는 자료가 뒷받침되지 않는다는 평가를 받기까지 했다. 따라서 백제관음상의 제작지를 일본열도로 간주하기도 한다.[46] 그러나 백제관음상은 기록은 물론이고[47] 이름 그대로 백제에서 전해진 불상이다.[48] 그러므로 그 목재 역시 백제 영향권 내에서 찾는 게 자연스럽다. 그렇다고 할 때 백제관음상은 백제가 탐라를 장악한 후 공납받은 목재로 제작했을 것으로 추측된다. 더구나 航路를 이용한 交易에 비상하게 熱을 올렸던 백제가 造船 材料로 適格이었던 녹나무[49] 産地를 看過하지 않았을 것 같기 때문이다. 창녕의 송현동 7호분에서 출토된 구유형 목관의 棺材가 녹나무로 밝혀졌다. 이러한 맥락에서 볼 때 6세기 초에 조성된 이 고분의 棺材는 倭가 아니라 백제로부터 공급받았을 가능성과 더불어 백제와 가야제국간의 관계를 암시해 주는 단서가 될 수도 있다.

## Ⅳ. 맺음말

지금까지 살펴본 바를 중심으로 서술해 본다. 475년 고구려의 백제 한성 함락은 양국간의 역학 관계에 엄청난 변화를 초래했음은 물론이다. 즉 동북 아시아 전체의 세력 판도에도 지대한 영향을 미치는 일대 轉機가 되었다. 이와 관련해 사료에서 포착되는 사안 가운데 하나가 지금의 제주도인 涉羅를 고구려가 장악했다는 사실이다. 涉羅를 臣屬시킨 고구려는 이곳으로부터 珂玉을 확보하여 北魏에 보내는 조공품에 포함시켰다. 이와 더불어 고구려가 北魏에 보내는 조공품 가운데 하나가 백제의 人蔘으로 밝혀졌다. 고구려는 백제를 臣屬시켰고,

46) 金理那, 「고대 한일 미술교섭사」『韓國古代史硏究』27, 2002, p.270.

47) 東京國立博物館, 『特別展: 百濟觀音』 1988, p.95.

48) 『佛體數量記』에서 "百濟國에서 건너왔다"라고 적혀 있다고 한다(法隆寺, 『百濟觀音』 1993, p.50).

49) 任慶彬, 앞책, pp.40~41.

그러한 반대 급부로 조공받은 人蔘 등을 涉羅의 珂玉과 함께 다시금 對北魏 조공품에 포함시켰던 것이다.

고구려가 백제를 臣屬시킨 시기는 한성 함락 직후로 보인다. 당시 고구려의 기습적인 군사적 공격으로 인해 국왕이 피살되는 등 일대 국가 존망의 岐路에 선 백제 조정에서는 생존의 방법을 심각하게 모색하였다. 그 결과 「광개토왕릉비문」 영락 6년 조에서처럼 고구려가 무엇보다 가장 탐내는 대상이었던 영토에 대한 할양을 결정하게 되었던 것으로 보인다. 『삼국사기』 지리지를 보면 고구려의 행정지명이 아산만 이북까지 미치고 있다. 그럼에도 고구려와 백제가 이 무렵 국경을 맞대고 상호 공방전을 전개한 기록은 그 어디에서도 찾을 수 없다. 요컨대 이는 고구려가 백제로부터 아산만 이북의 영역을 할양받은 결과로 해석해야만 할 것이다. 또 그럼에 따라 백제는 자국을 거세게 몰아붙이는 고구려의 군사적 압박에서 일단 벗어날 수 있게 되었다. 당시 백제 조정의 현안은 한성 함락 이후 이탈해 간 지방세력의 흡수를 비롯한 귀족 세력의 제압과 新王都의 건설을 비롯한 懸案이 處處에 깔려 있는 상황이었다. 백제 국가 초유의 비상적인 상황에서는 일부 영역을 고구려에 할양해서라도 국가 회복을 모색하는 게 더욱 시급한 과제라고 판단했었기 때문이다.

백제는 그 이후 비슷한 정치적 상황을 겪었기에 이해가 일치되는 신라와의 결속을 통해 고구려에 대한 臣屬關係를 완전히 청산할 수 있었다. 493년에 맺어진 백제와 신라간의 혼인동맹은 고구려에 대한 시위적인 성격마저 지니고 있었던 것이다. 이러한 외적인 기반을 토대로 백제는 자국내 기존의 영향력 회복에 나선 결과 영산강유역까지 진출하였고, 나아가 涉羅를 다시금 臣屬시킬 수 있었다.

이러한 상황에서 親高句麗路線을 견지하였던 涉羅 즉 躭羅王과 그 일족들은 위기감을 느끼게 되었고, 결국 고구려로 이주하였다. 반면 고구려의 영향력이 미치던 시기에 섭라로 이주해 왔던 고구려계 지배층은 백제에 귀속되었다. 그런데 그 이전 고구려의 섭라 즉 제주도 경영은 몇 가지 점에서 근거를 찾을 수 있다. 우선 제주도의 土着 3姓 세력인 高乙那·梁乙那·夫乙那는 고구려의 5

部 가운데 3部名과 연결되는 것으로 밝혀졌다. 그리고 제주도의 特産으로서 체격이 왜소한 제주마는 고구려의 果下馬와 연결되는 馬種으로 추정할 수 있었다. 제주마의 연원을 고구려의 과하마에서 찾았다. 백제가 과하마를 唐에 조공할 수 있었던 것은 제주도에 고구려의 과하마가 棲息되었기에 가능한 일이었다. 그밖에 제주도의 혼인풍속이 고구려의 그것과 연결된다는 사실과 더불어, 백제가 倭에 보내어 현재 法隆寺에 봉안된 百濟觀音像의 목재인 녹나무와 경상남도 창녕 송현동 7호분의 관목인 녹나무 역시 제주도에서 공납받은 것으로 추측해 볼 수 있었다. 그럼에 따라 백제와 낙동강유역 加耶諸國과의 관계를 재점검해 보는 계기가 되었다.

제 4 장

# 보론

新浦市 寺址 出土 高句麗 金銅板 銘文의 檢討
抱川 半月山城 出土 '고구려 기와' 銘文의 再檢討
崔致遠의 高句麗 認識

# 新浦市 寺址 出土 高句麗 金銅板 銘文의 檢討

## Ⅰ. 머리말

1988년 6월에 함경남도 신포시 오매리의 이른바 절골유적에서 명문 금동판이 출토 되었다. 이 유물은 『조선유적유물도감』4(고구려편 2), 1990에 사진과 더불어 釋文까지 수록되어 소개 된 바 있다(이것을 앞으로 '금동판' 으로 略稱한다). 『조선유적유물도감』에 의하면 금동판은 고구려 문화층과 발해 문화층 등으로 이루어진 절골유적의 발해 문화층에서 출토되었다고 한다. 그리고 금동판의 뒷면에 못이 붙어 있는 것으로 보아 탑이나 건물 같은데 고정시켰던 유물로 추정하였다. 금동판의 앞부분은 깨어져 없어지고 뒷부분만 남아 있는데, 크기는 길이 41.5cm, 너비 18.5cm, 두께 0.3~0.5cm라고 한다.[1)]

금동판 명문은 오른쪽부터 내려썼는데 현재 확인되는 글은 12행이다. 이 가운데 판독이 용이한 글자는 113자이고 떨어지거나 마모되어 식별이 어려운 글자는 26자이다. 금동판 명문은 佛塔의 건립과 관련된 내용인데, 그 제작 연대와 명문의 성격은 검토의 대상으로 남아 있다.

필자가 금동판 명문을 접하게 된 것은 지난 1990년 9월에 한양대학교 박물관을 통해서였고, 즉시 금동판의 제작 연대와 성격에 관한 글을 집필하였다. 그러나 필자가 주안점을 두고 있던 여타의 논문 집필로 인해 本稿는 서랍 속에 묵혀 있게 되었다. 그 후 금동판 명문은 金貞淑에 의해 학계에 소개 되었고[2)] 『譯註

1) 조선유적유물도감편찬위원회, 『조선유적유물도감』4, 1990, p.281.
2) 金貞淑, 「高句麗銘文入金銅板의紹介」 『한국고대사연구회회보』23, 1991.11.30, pp.24~25.

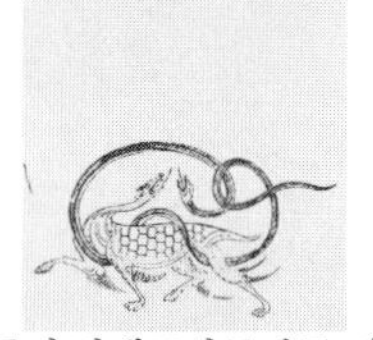

금동판

韓國古代金石文』에도 당연히 譯註文이 수록되었다.[3] 그러나 이들 논고에서는 금동판의 제작 연대와 성격은 후일의 연구 과제로 여전히 남겨 놓고 있었다. 그럼에 따라 금동판 명문에서 구명되지 못한 몇가지 문제를 필자의 '몫' 으로 인식하게 되었고 草稿를 꺼내어 脫稿하였다. 탈고 작업은 필자로 하여금 초고의 내용을 다시금 검토해 볼 수 있는 기회를 주었다. 그러나 논지상의 변화가 없었기에 오히려 자신을 얻기도 하였다.

필자는 본 금동판 명문을 검토함으로써 그 제작 연대와 관련 있는 年號의 성격과 고구려 정치사에 관한 몇가지 새로운 사실을 밝히고자 하였다.

## II. 금동판의 석문과 그 내용

『조선유적유물도감』에 수록된 금동판의 사진과 석문을 검토하였고 『譯註 韓國古代金石文』을 참조하여 다음과 같은 석문을 작성하였다.

3) 盧泰敦,「新浦市 절골터 金銅板 銘文」『譯註 韓國古代金石文』I, 1992, pp.143~146.

△△△△△[群]△△三輪垂世耳
△所階是故如來唱圓敎於金河
△神之妙宅 現闍維△△△△△
迎於後代 是以△△慧郎奉爲圓覺
大王 謹造玆塔 表刻五層 相輪相副
願王神昇兜率 査勤彌勒 天孫俱會
四生蒙慶 於是頌曰
聖智契眞 妙應群生 形言暉世
△育道成 迷△△△ 稟生死形
△神會性 則登聖名
△和三年 歲次丙寅 二月二十六日
△戌朔 記首

금동판 명문의 내용은 대략 4단락(1~4행, 5~7행, 8~10행, 11~12행)으로 나눌 수 있는데 이들 각각은 탑을 건조한 내력, 왕의 영혼에 대한 축원을 비는 문구, 頌詩, 작성 일시로 나눌 수 있게 된다.[4] 이러한 명문에 대한 기왕의 해석은 틀리지 않았다고 생각되므로 옮겨 보면 다음과 같다.[5]

… 三輪을 세상에 드리울 따름이다 … 단계로 삼는 바이다. 그래서 如來께서 圓敎를 金河에 제창하시니, 神의 妙宅을 … 하고 火葬(闍維)하는 … 을 드러내었다 … 後代에 받아들여져, 이 때문에 △△慧郎이 圓覺大王을 받들기 위해 삼가 이 탑을 만들었으니, 겉으로 5층을 새기고 相輪이 서로 부응한다. 원하옵건대 왕의 영혼이 兜率川으로 올라가 彌勒을 뵙고 天孫이 함께 만나며, 모든 생명(四生)이 경사스러움을 입으소서. 이에 頌하기를

성스러운 지혜는 진리에 契合하고,

4) 김정숙, 앞글, p.25.
5) 盧泰敦, 앞글, p.145.

뭇 생명에 오묘함을 부응하였으니,
모습과 말씀이 세상에 빛나, △가 자라고 道가 이루어졌도다.
迷惑 …, 生死의 形을 받아 태어났으되,
정신에 △하고 本性을 깨친 즉 성스러운 밝음에 올랐도다.

△和 3년 歲次 丙寅 2월 26일 △戌 朔에 요점만 기록하였다(記首).[6]

## Ⅲ. 금동판의 제작 연대

금동판의 제작 연대를 알려주는 명문은 左端의 2행이다. 즉 "△和三年歲次丙寅二月二十六日 △戌朔"이 되겠다. 여기서 △和는 연호가 분명한데, 연호의 첫 字의 오른쪽 획이 떨어져 있고, 朔日을 가리키는 첫 字가 일부 마모되어 명확하지 않다. 그런데 『조선유적유물도감』에서는 "太和 3년 丙寅年 2월 26일 초하루 甲戌日"로 판독하고 있다. 여기서 太和 연호는 고구려 양원왕(545~559)대에 사용된 것으로 추정하였다. 이러한 추정은 다른 나라의 연호에도 태화라는 연호가 있기는 하지만 태화 3년 2월 초하루가 갑술인 것은 없다는데 두고 있다. 따라서 금동판의 제작 연대는 546년 2월 26일이 분명하다는 것이다. 아울러 태화가 고구려의 독자적인 고유 연호들 가운데 하나임이 밝혀졌으며, 그 출토 상태로 보아 문화면에서 고구려의 계승자가 바로 발해였음을 말하여주는 가치있는 유물로 평가 하였다.

이처럼 금동판을 의미 깊은 유물로 평가한 것은 타당하다고 생각된다. 그러나 위와 같은 금동판의 제작 연대를 수용하기 위해서는 몇가지 검토가 선행되어야만 할 것 같다. 무엇보다 금동판의 연호가 불완전한 상태로 전하고 있기 때

6) '記首'의 풀이를 "기록한다"라는 동사로, 혹은 "금동판의 명문 제작을 책임졌던 이"라는 뜻의 명사일 가능성도 제기 되었다. 그런데 『書經』 秦誓 章에 의하면 '言之首'라는 글귀가 있는데 '말의 요점'이라는 뜻으로 풀이 되고 있다. 그러므로 필자는 이것을 원용하여 해석한 것이다.

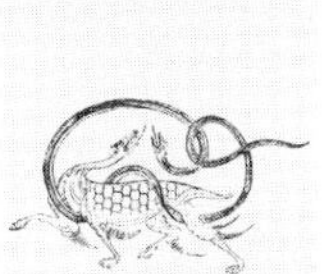



문이다. 그러면 금동판에서 앞 字가 결락된 연호를 우선 '太和'로 받아 들이는 입장에서 살펴 보도록 하겠다. 위의 책에서 금동판의 '태화'를 고구려 연호로 간주하였지만, 발해 문화층에서 출토되었던 만큼 발해와의 관련성을 생각해 볼 수 있다. 그러나 발해 연호 가운데 태화가 보이지 않으므로 관련 짓기는 어렵다. 오히려 태화 연호는 중국 역대 왕조들이 자주 사용하였으므로 그쪽 연호일 가능성도 배제하기 어렵다. 가령 발해가 존속하였던 10세기까지를 대상으로하여 태화 연호를 적출하여 보면, 魏(229~232), 後趙(328~329), 成(344~345), 前秦(366~370), 北魏(477~499), 唐(827~835)의 6번이다. 그러나 이러한 기간에 태화 3년의 干支가 丙寅인 경우는 어디에도 없다.

그러면 이제는 금동판의 연호를 '△和'로 규정하면서 해당되는 중국의 연호를 검토해 볼 순서인 것 같다. 『조선유적유물도감』에서 처럼 금동판의 연호를 선뜻 태화로 복원하여 사용하기는 무리라고 판단되므로, 이같이 다른 각도에서 가능성을 모색하지 않을 수 없다. 이와 관련한 중국의 연호로는 元和(84~86, 806~820)·章和(87~88)·永和(136~141, 345~356, 416~417, 433~439)·建和(147~149, 400~401)·光和(178~183)·咸和(326~334)·隆和(362)·義和(431~432)·延和(432~434)·興和(539~542)·天和(566~571)·中和(881~884)·統和(983~1011)·至和(1054~1055)·政和(1111~1117)·重和(1118)·宣和(1119~1125) 등이 있다. 그러나 이러한 연호의 3년째 되는 해의 간지가 丙寅이 되는 경우는 어디에도 없다.

따라서 금동판의 '△和'는 중국의 연호가 될 수 없는 반면 고구려의 독자적인 연호로 간주할 수밖에 없다. 문헌에는 고구려의 연호가 확인되지 않지만 금석문을 통해서 다수의 逸年號들이 명백하게 드러나고 있기 때문이다. 가령 「광개토왕릉비문」의 永樂과 金銅佛像 光背銘에 보이는 永康·延嘉·景·建興 등과 같은 연호가 그것들이라고 하겠다. 그러므로 금동판의 연호 또한 이러한 범주에 해당된다.

그러면 '△和'는 고구려 어느 왕대에 사용된 연호일까? 『조선유적유물도감』에는 546년(양원왕 2)으로 단정하고 있지만 간단하게 수긍할 수 있는 성질의 것은 아니다. 왜냐하면 546년의 年干支는 비록 丙寅이지만 『삼국사기』에서 취하

고 있는 卽位年稱元法에 의하면 달라 질 수 있기 때문이다. 즉 '△和三年'을 양원왕 2년으로 비정한다면, 양원왕이 즉위하여 제정하였을 연호보다 1년이나 앞서고 있음을 발견하게 된다. 다시 말하자면 新王이 즉위하여 제정하였을 연호가 재위 기간보다 1년이나 앞지르는 부자연스러운 현상이 눈에 띄는 것이다. 물론 前王인 안원왕 말년에 제정한 연호를 새로 즉위한 양원왕이 계승하여 사용하였을 가능성은 생각할 수 있다. 그러나 이러한 例는 거의 없거니와, 한 왕의 재위기간 동안 연호를 몇차례 바꾸는 사례까지 있었던[7] 점에 비추어 보더라도 쉽게 납득하기 어려운 일이다.

그러므로 이제는 踰年稱元法을 적용하여 '△和三年'이 양원왕 2년에 해당되는 지 살펴 보고자 한다. 유년칭원법에 의하면 안원왕 말년인 재위 16년은 545년이므로, 이듬해인 546년이 양원왕의 즉위 원년이 되지만 이는 '△和三年'과는 전혀 연관되지 않고 있다.

요컨대 즉위년칭원법이나 유년칭원법을 양원왕의 재위기간에 각각 적용하여 금동판의 연대와 결부지어 보았지만 부합되지 않았다. 그러면 금동판의 연대는 양원왕과 관련이 없다는 말인가? 그러나 이러한 검토는 당시의 칭원법이나 재위 기년에 대한 정확한 지견을 전제하지 않는다면 무의미할 수 있다. 또 대안적인 방법이 없는 것도 아니다. 「광개토왕릉비문」이 고구려 당시의 즉위 기년을 보증해주는 準據로서 유효하기 때문이다.

잘 알려져 있듯이 「광개토왕릉비문」에서 확인되는 광개토왕의 즉위년과 『삼국사기』의 그것은 1년의 차이가 있다. 즉 「광개토왕릉비문」에 의하면 광개토왕은 391년에 즉위하였지만 『삼국사기』에는 392년으로 적혀 있다. 두 기록 가운데 「광개토왕릉비문」의 기년이 정확한 것으로 밝혀졌으므로[8] 이에 준하여 『삼국사기』의 즉위 기년은 재조정되어 마땅할 것이다. 그러므로 일단 4세기 중반 이후의 왕부터 1년씩 상향하여 즉위 기년을 설정하는 것이 무리가 없다고 판단

7) 신라 진흥왕의 경우 '開國'·'太昌'·'鴻濟'라는 연호를 사용하였다.
8) 今西龍, 「廣開土境好太王陵碑に就て」 『朝鮮古史の研究』 1937, p.464.

되는 만큼, 양원왕의 즉위년은 『삼국사기』의 545년보다 1년 앞선 544년이 즉위년이 된다. 그렇다고 할 때 양원왕 '3년'은 546년이 되므로 '△和三年'과 부합되고 있다. 이는 '二月二十六日△戌朔'에 보이는 '△戌朔'이라는 글자가 546년 2월의 朔이 '甲戌'인 점과 어긋나지 않는데서도 뒷받침된다. 따라서 금동판은 △和 3년인 546년의 초하루가 甲戌인 2월의 26일에 제작된 것으로 보인다.

지금까지의 분석을 통해 금동판의 연호를 '太和'로 성큼 받아 들이기는 어려웠고 그 제작 月의 朔을 甲戌로 단정하는 것은 推讀에 불과하지만, 결과적으로 『조선유적유물도감』의 연대 추정이 어느 정도 타당성 있음이 인정되었다.

그럼에도 불구하고 연호는 자획이 떨어져나간 '△和' 상태로 남아 있고, 2월 朔의 干支 또한 불완전한 '△戌'로 전하고 있는 만큼, 금동판의 제작 연대에 대한 추정은 얼마든지 새롭게 제기될 수 있다. 이러한 맥락에서 丙寅年에 2월 朔의 간지가 '戌'로 끝나는 연대를 찾아 보면 a.426년(장수왕 14) 庚戌, b.486년(장수왕 74) 壬戌, c.606년(영양왕 17) 丙戌, d.666년(보장왕 25) 戊戌이 있다. 그런데 이러한 해에 금동판을 제작할만한 특기할 정도의 사실은 선뜻 확인되지도 않거니와—확인될 수도 없지만—오히려 이들 연대를 기준으로하여 그 2년 전에 '△和' 연호를 제정하게 된 시점을 주목하는 게 보다 의미 있다고 하겠다. 일반적으로 연호는 국왕이 즉위하면서 제정되지만 재위 기간 중에 改元되는 경우도 있는데, 정치적인 변화 등과 결부되어 나타나고 있다. (이 경우에 있어서도 즉위기년은 앞에서와 마찬가지로 「광개토왕릉비문」의 기년을 기준으로하여 1년씩 상향하여 재조정하고자 한다). 그렇다고 할 때 a의 △和 원년은 424년(장수왕 12)이 되는데, 그 전후하여 改元할 만한 정치적인 변화가 확인되지 않고 있다. 다만 427년(장수왕 15)의 平壤城 遷都는 커다란 정치적 변화이므로 改元할 수 있는 여건을 충분히 지니고 있지만 앞의 연호와는 시기적으로 연결되지 않고 있다.

b의 △和 원년은 484년(장수왕 72)으로서 "冬十月 遣使入魏朝貢 時魏人謂我方强 置諸國使邸 齊使第一 我使者次之"[9]라는 기록이 보이고 있다. 이 기록은 北魏에 파견된 고구려 사신의 숙소가 南齊에 이어 두번째를 배정 받은 유명한 내용이다. 때문에 5세기대 고구려의 강성한 국력을 객관적으로 알려주는 자료

로서 흔히 인용되고 있는데, 『册府元龜』 外臣部 强盛 條[10]에 소개될 정도이다. 이러한 점을 주목한다면 고구려는 이를 기념하여 改元하였을 가능성은 높지만, 시간적으로 보아 그 시기는 이듬해인 485년 정월부터라고 생각된다. 그렇다고 할 때 △和 3년은 487년(丁卯)이 되므로 역시 干支가 부합되지 않는다.

c의 △和 원년은 604년(영양왕 15)이 되는데 관련 기사는 확인되지 않고 있다. 그 前年에는 "王遣將軍高勝 攻新羅北漢山城 羅王率兵過漢水 城中鼓噪相應 勝以彼衆我寡 恐不克而退"[11]라고 하여 고구려 군대가 신라의 북한산성을 공격하였으나 이기지 못하고 후퇴한 기록이 보이고 있을 뿐이다. 이러한 사실이 改元과 연관 지을 수 있는 소재가 되지는 못할 것이다.

문제는 d의 경우가 된다. d의 △和 원년은 664년(보장왕 23)에 해당되는데, 『삼국사기』에는 어떠한 문자도 남아 있지 않다. 그러나 심층적으로 접근해 보면 改元이 가능한 충분한 조건을 갖추고 있다. 왜냐하면 국왕인 보장왕 위에 군림하면서 전제적 권력을 행사하던 淵蓋蘇文의 사망 시점과 연관지을 수 있기 때문이다.

연개소문의 사망년에 관해서는 몇 가지 상이한 기록이 전한다. 중국 문헌인 『구당서』에는 "乾封元年 … 其年 蓋蘇文死 其子男生代爲莫離支"[12]라고 적혀 있다. 『신당서』에도 이와 대동소이하게 기록하고 있다. 이것을 『삼국사기』의 보장왕 25년(666) 조에는 "蓋蘇文死 長子男生代爲莫離支"라고 하여 옮겨 적었다. 그리고 『자치통감』 乾封 원년 5월 조 기사에 "高麗泉蓋蘇文卒 長子男生代爲莫離支"[13]라고 적혀 있고, 『구당서』 건봉 원년 조에는 "六月壬寅 高麗莫離支蓋蘇文死 其子男生繼其父位"라고 되어 있다. 이들 기록을 연관지어 보면 연개소문은 건봉 원년인 666년 5월에 사망하였고, 남생은 그 6월에 막리지가 된 것

9) 『삼국사기』 권18, 장수왕 72년 조.
10) 『册府元龜』 권1000, 外臣部 强盛 條.
11) 『三國史記』 권20, 영양왕 14년 조.
12) 『舊唐書』 권199, 高麗 條.
13) 『자치통감』 권201, 乾封 원년 5월 조.

으로 해석할 수 있다. 그러나 일본측 문헌인 『일본서기』 天智 3년(664) 10월 조에 의하면 "是月 高麗大臣蓋金終於其國 遺言於兒等曰 汝等兄弟 和如魚水 勿爭爵位 若不如是 必爲隣咲"라고 하여 연개소문의 사망을 비교적 상세하게 기록하고 있다. 이 기록에 의하면 연개소문은 664년 10월에 사망한 것이 된다. 혹은 679년에 작성된 「泉男生墓誌銘」에서 男生이 "三十二 加太莫離支 摠錄軍國"이라고 한 기록을 중시하여, 그가 父인 연개소문의 직책인 태막리지에 오른 665년[14]을 연개소문의 사망년으로 간주하기도 한다. 그러나 이러한 추정은 가능성은 있지만 정곡을 찌르는 것으로 보기는 어렵다. 「천남생묘지명」의 태막리지 취임 기록을 『삼국사기』를 비롯한 중국 중국 사서에서 연개소문이 666년에 사망했다는 기록과 연관시킨다면, 남생은 연개소문이 생존해 있을 때 그 父의 직책을 계승한 격이 되어 취하기 어려운 점이 있다. 다만 남생이 太莫離支가 된 시기를 665년이라고 전제할 수는 있을지 모른다. 그렇다고 할 때 이는 『일본서기』에서 연개소문이 사망한 이듬해에 남생이 그 父의 직책을 계승한 것이 되어 전후 상황에 있어 무리가 보이지 않는다. 물론 연개소문이 사망한 직후 남생이 襲職하였을 가능성도 있지만 그 사망 시점이 10월이었던 만큼, 「천남생묘지명」에서는 의례적으로 그 이듬해로 기록할 수도 있다고 하겠다. 중국 사서와 「천남생묘지명」은 남생의 태막리지 취임 시점에 맞추어 연개소문의 사망을 언급하였다. 그런데 반해 연개소문의 사망 年月까지 구체적으로 함께 기록한 『일본서기』는 연개소문 사망 그 자체에 초점을 맞추어 서술한 것이라고 하겠다. 그런 점에서도 『일본서기』 기록에 신빙성이 커질 수밖에 없다.

연개소문의 사망년을 664년으로 비정한다면 금동판의 연대와도 연결될뿐 아니라 그 제작의 의의까지 드러날 수 있다. 게다가 금동판이 고구려 최말기에 제작되었다면 발해문화층에서 그것이 출토된 사실과 맥이 닿는 강점을 지니고 있다. 이와 관련해 다음과 같은 유추가 가능하지 않을까 한다. 즉 전제적 권력자

14) 「천남생묘지명」에 의하면 남생은 儀鳳 4년 즉 調露 원년(679) 정월 29일에 46세로 사망하였으므로 그가 32세가 되는 해는 665년이 된다.

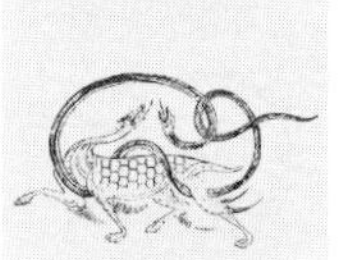



였던 연개소문이 664년 10월에 사망하자 보장왕은 절대권력의 일시적 공백 상태에서 왕권 회복을 노렸을 개연성이 높다. 그렇다고 할 때 보장왕은 분위기를 쇄신하고 왕권을 항속적으로 확보할 목적으로 연호를 제정하였거나 改元하였을 가능성을 생각해 볼 수 있다. 비록 성격이 동일한 경우는 아니지만 신라 진흥왕이 母太后의 攝政에서 벗어나자 親政 기념으로 改元한[15] 것과 비슷한 맥락에서 이해한다면 무리가 없지 않을까 한다.

이와 같은 추정은 금동판의 연대뿐 아니라 내용과도 연결될 수 있다. 금동판의 내용은 佛塔의 건립과 관련된 것인데, 이는 연개소문이 장려하였던 道敎의 배척이라는 차원에서도 받아들인다면 주목이 될 수 있는 사안이라고 하겠다. 또 이는 연개소문 사후 독자적 입지를 확보할 목적으로 建元이나 改元하였으리라고 추정한 보장왕의 정치적 입장과도 잘 부합될 수 있다. 이러한 추정은 금동판에 무엇 보다도 보장왕과의 관련을 생각하게 하여주는 문구가 있다는 점에서 뒷받침되지 않을까 한다. 즉 건탑 목적이 되는 "願王神昇兜率 査勤彌勒 天孫俱會 四生蒙慶"라는 구절이 되겠다. 이 구절은 "원하옵건대 王神 곧 왕의 영혼이 도솔천에 올라가 미륵을 뵙고 천손이 함께 만나며 모든 四生이 경사스러움을 입으소서"라고 해석이 되므로, 이 탑은 죽은 왕에 대한 願塔으로서의 성격이 짙다고 보겠다.

그렇다면 願塔의 대상인 '王神'은 누구를 가리키는 것일까? 왕신이 도솔천에 올라가 先王들을 가리키는 것으로 보이는 천손[16]들과 함께 만나기를 바라고 있으므로, 王神의 대상은 금동판이 제작되기 직전에 죽은 왕이든지 아니면 비극적으로 사망하여 '대접' 받지 못하고 있는 왕 가운데 하나일 것이다. 그런데 금동판의 제작 연대를 666년으로 비정한다면 전자에 해당되는 왕은 연결되지 않지만, 후자의 경우로는 榮留王을 떠올리지 않을 수 없다. 영류왕은 연개소문의 정변으로 인하여 "왕의 몸을 몇 동강이로 잘라서 구덩이 속에 버리었다"[17]

15) 李丙燾,「眞興大王의 偉業」『韓國古代史硏究』1976, p.669.
16) 盧泰敦, 앞글 p.146.

라고 할 정도로 비참하게 참살되었다. 그러한 관계로 연개소문의 집정기 동안 영류왕의 시신은 내팽개쳐진 상태였을 것이다. 그러므로 연개소문 사후 보장왕이 영류왕의 추복을 위하여 建塔하였다면 모순되지는 않으리라고 본다.

물론 연개소문은 사망하였지만 그의 아들 형제들이 여전히 실권을 쥐고 있었다. 그러므로 이같이 추정한 보장왕의 행적에 있어 걸림돌이 될 수도 있다. 그러나 666년은 연개소문 아들 형제간의 반목이 격화되는 상황이었으므로,[18] 이 틈을 이용하여 보장왕은 塔을 세웠을 개연성은 배제하기 어렵다. 물론 후술하겠지만 금동판의 형태와 관련지어 볼 때, 비록 塔을 새로 건립한 것은 아니지만 신포시 오매리의 寺刹에는 중앙 권력이 개입한 가시적인 조치가 있었음이 분명하다. 그렇기는 하지만 666년은 고구려가 신라와 당의 공격을 받고 있는 상황이었거니와 멸망하기 불과 2년 전이었다. 이러한 시점에서 보장왕이 건탑을 의미하는 조치를 취하였다는 것은 당시의 긴박한 정세와는 너무도 동떨어진 일이라고 하겠다. 물론 당시 신포시를 비롯한 동해변 일원은 나당군의 위협을 받지 않는 안전 지대였기에 이곳에다가 건탑 조치가 취하여졌을 가능성이 전혀 없는 것은 아니다. 그렇지만 함경남도 신포시 오매리 지역은 수도인 평양성과는 너무도 떨어져 있는 바, 특별히 이 곳에 영류왕의 원탑이 건립되어야할 이유가 구명되지 않는한 수용하기 어려운 추정이라고 하겠다. 따라서 금동판의 제작과 건탑 시기는 이와는 다른 데서 찾는 것이 더욱 설득력을 얻게 되리라고 본다.

지금까지의 검토를 통해 금동판의 제작 연대는 546년이 타당한 것으로 밝혀지게 되었다. 그러면 이제는 금동판에 적혀 있는 건탑의 배경을 살펴보고자 한다.

17) 『三國史記』 권49, 蓋蘇文傳. "馳入宮弑王 斷爲數段 棄之溝中"
18) 『三國史記』 권22, 보장왕 25년 조.

## Ⅳ. 금동판의 제작과 建塔의 배경

금동판의 뒷면에 못이 붙어 있어 있는 것을 보아 탑이나 건물 같은데 고정시켰음을 알 수 있다. 그런데 금동판의 문구에 5층탑을 건립한 내용이 적혀 있으므로, 탑에 부착시키는 塔誌的인 성격의 것이라고 하겠다.[19] 여기서 금동판이 제작된 546년이 건탑 시점이라는 데는 이견이 없겠는데, 그 성격은 '王神'의 追福을 위한 것임이 분명하다. 그러면 어떠한 목적을 지니고 신포시 오매리 지역에 건탑이 되었을까? 이는 546년이나 그 직전의 정치적인 정황과 더불어, 왕신이라고 하였으므로 왕의 靈魂 곧 그의 죽음이라는 문제와 연관지어 살피지 않을 수 없다. 이와 관련해 『일본서기』의 다음과 같은 기록을 주목하지 않을 수 없다.

A. 이해에 高麗에서 大亂이 일어나 주살당한 자가 많았다 [百濟本記에서 말하기를, 12월의 甲午에 高麗國의 細群과 麤群이 宮門에서 싸웠는데 북을 치며 싸웠다. 細群이 져서 포위를 풀지 않은 지 3일이나 되었다. 細群의 자손을 모두 잡아 죽였다. 戊戌에 狛國의 香岡上王이 薨하였다고 한다](欽明 6년(545) 조).

B. 이해에 高麗에 大亂이 있었다. 싸워서 죽은 자가 2천여 명이나 되었다 [百濟本記에서 말하기를 高麗는 正月 丙午에 中夫人의 아들을 세워 왕으로 삼았는데 나이 8세였다. 狛王에게는 세 부인이 있었는데 正夫人에게는 아들이 없었다. 中夫人이 世子를 낳았는데 그 舅氏가 麤群이다. 小夫人도 아들을 낳았는데 그 舅氏가 細群이다. 狛王의 病이 위독하게 되자 세군과 추군이 각 부인의 아들을 왕으로 세우고자 한 까닭에 세군의 죽은 자가 2천여 명이나 되었다고 한다](欽明 7년(546) 조).

위에 보이는 이른바 '高麗大亂'은 545년 12월에 안원왕의 외척세력간에 발생한 왕위계승 분쟁으로서 이듬해 정월 중부인의 아들이 즉위하면서 일단락 되

19) 박진욱, 「최근 년간 우리나라 동해안 일대에서 발굴된 발해유적들과 그 격에 대하여」 『연변대학 조선학국제학술토론회 론문집』 1989 ; 盧泰敦, 앞글 p.143.

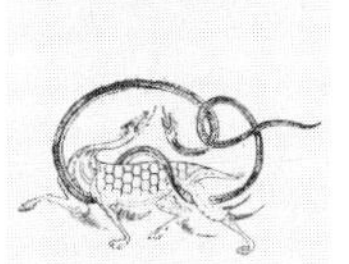



고 있다.[20] 여기의 干支를 『二十史朔閏表』와 맞춰보면 545년 12월 甲午日(20일)에 이른바 大亂이 발생하여 3일간의 격전을 치른 다음 날인 戊戌日(24일)에 狛王(안원왕)이 사망하고 있다. 그로부터 8일 후인 546년 정월 丙午日(3일)에 중부인의 아들인 양원왕이 즉위하였다. 이 내란의 결과 추군측이 승리하고 세군측이 몰락하였던 것이다. 여기서 추군과 세군이 각각 의미하는 바에 관해서는 알려진 바 없다. 다만 동물 이름에서 온 부족 이름이거나 아니면 단순히 大小家의 뜻일 것으로 추측하기도 하였다.[21] 혹은 공납품이나 변상품으로도 사용되었던 麤布·細布와 어떠한 관련이 있음직하다고 느껴진다.

어쨌든 이같은 내란의 진행 과정을 살펴볼 때 정세가 매우 긴박하게 전개되었고 그 와중에서 안원왕이 사망하고 있는데, 害를 입었을 가능성이 높은 것으로 간주된다.[22] 그리고 시기적으로 보아 이 사건이 546년 2월 26일에 제작된 금동판의 제작과 더불어 建塔과도 깊히 관련되었다고 보아 무리가 없다고 하겠다. 따라서 금동판에서 "願王神昇兜率 査勤彌勒 天孫俱會"라고 한 대상은 545년 12월 24일에 亂中에서 사망한 안원왕이라고 하겠다. 그리고 안원왕을 위한 願塔도 건립되었음을 알 수 있다. 문제는 안원왕을 위한 원탑이 당시 수도였던 평양이나 그 인근이 아니라 함경남도 신포시 오매리 지역에 건립된 배경이다. 이는 당연히 원탑을 건립한 주체 문제와도 관련있는데, 안원왕과도 연고가 있는 지역으로 간주된다.

안원왕의 원탑이 건립된 배경이 되었던 사건은 '高麗大亂'이었으므로 이와 관련해 살펴볼 필요가 있을 것 같다. 우선 『일본서기』에 보이는 亂에 가담한 세

20) 안원왕의 사망과 양원왕의 즉위 연대에 대해서는 의문을 제기하는 견해가 있다. 그러나 이와 관계된 『삼국사기』와 『일본서기』의 紀年이 일치되고 있으므로 문제 될 바는 없으리라고 본다. 즉 545년으로 각각 기록되어 있는데, 본고에서는 「광개토왕릉비문」의 기년을 준거로 삼았으므로, 544년이 양원왕의 즉위년이 된다. 그리고 이같은 내분 기록은 『삼국사기』에는 보이지 않지만 그 사실을 학계에서 거의 수용하는 입장이므로, 논지 전개의 걸림돌이 되지는 않는다.

21) 李弘稙, 「日本書紀所載 高句麗關係記事考」 『韓國古代史의 硏究』 1971, p.159.

22) 李弘稙, 앞책 p.158.

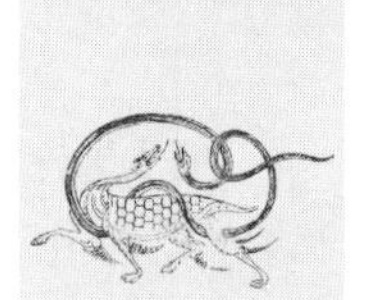



력인 추군과 세군 가운데 한 세력이 신포시의 오매리 지역과 연고가 있는 것으로 가정해 볼 수 있다. 안원왕이 이곳과 직접 관련이 있다기보다는 외척세력과 연관 짓는 것이 자연스럽기 때문이다. 이러한 추정이 허용된다면 승리한 추군측이 난중에 사망한 안원왕을 위하여 佛塔을 건립했다고는 생각되지 않는다. 추군측에서 원탑을 건립하였다면 수도인 평양이나 인근일 가능성이 높지 벽지의 그것도 과거에 동옥저가 있던 지역을 택했을 것 같지는 않다. 설령 추군의 출신지가 동옥저 지역이었다고해도 실권을 장악한 상태에서 先王의 원탑을 이곳에 건립할 것 같지는 않기 때문이다.

오히려 안원왕의 원탑은 세군측에서 건립하였을 가능성이 높다고 판단된다. 『일본서기』에 인용된 『백제본기』에 의하면 안원왕의 정부인에게는 아들이 없었지만 중부인과 소부인측은 각각 아들이 있었던 것으로 되어 있다. 그런데 안원왕이 병중에 있는 상황에서 後嗣를 놓고 중부인측과 소부인측이 격돌하게 된 것이다. 별다른 자료가 없는 한 이러한 분쟁의 발단을 단순히 외척간의 권력쟁탈전으로 돌릴 수도 있을지 모른다. 그러나 일반적인 현상에 비추어 이 경우를 생각한다면 왕의 後嗣는 중부인측의 왕자가 계승하게 마련이다. 그럼에도 불구하고 소부인측에서도 왕위계승문제에 개입하였다는 것은 필시 그럴만한 꼬투리가 존재하지 않았을까 생각하게 한다. 아마도 안원왕이 소부인측의 왕자에게 왕위를 잇게 하려한데 대하여 중부인측에서 반발하게 되었다. 결국 이것이 내란으로 비화되었고 그 와중에서 왕은 추군측에게 害를 입었을 가능성이다. 이러한 추정이 허용된다면 세군측이 자신들의 근거지에 안원왕을 위한 追福 塔을 건립하였을 개연성은 있다고 본다.

그런데 이무렵 왕의 배필로서 동옥저 지역 출신이 발탁될 수 있겠는가 하는 문제를 생각하지 않을 수 없다.[23] 물론 정부인의 경우는 결코 용이한 문제가 아니라고 하겠지만 그러나 后妃는 무망한 일만은 아니었던 것 같다. 왜냐하면 평원왕(559~590)의 사위가 평민 출신의 유명한 溫達이었던 점과 외국 출신의 무장들이 대거 권력의 핵심에 자리잡을 수 있었다고 할 정도로, 당시 국왕은 권력기반이 취약한 세력과의 연대를 통해 왕권을 강화시켜 나가고자 하였기 때문이

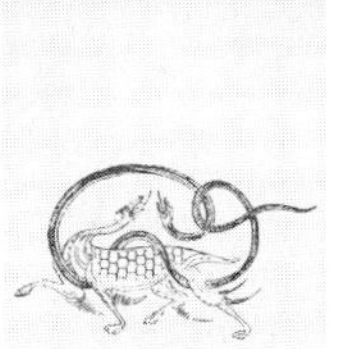



다.[24] 이러한 맥락에서 볼 때 앞서의 추론은 어느 정도 타당성을 얻으리라고 생각된다.

그러면 6세기대의 고구려 중앙정계에서 舊東沃沮 세력의 존재 형태가 궁금해진다. 잘 알려져 있듯이 동옥저는 1세기 중반 고구려에 복속된 후 과중한 수탈을 당하였다. 『삼국지』에 의하면 동옥저 주민들은 고구려에 租稅를 징수당하였거니와 貊布·魚·鹽·海草類 등을 천리나 되는 거리에서 져다날랐던 것이다. 게다가 "又送其美女 以爲婢妾 遇之如奴僕"[25]라고 하였듯이 동옥저의 미인을 고구려에 공납하는 貢女 관행이 존재하였다. 이러한 貢女 관행이 어느 시기까지 존속했는지는 알 수 없지만, 안장왕의 소부인으로서 舊東沃沮 출신의 등장은 이러한 연장선상에서 생각해 볼 수도 있겠다. 그러나 이보다는 6세기에 접어들어 舊東沃沮 지역의 비중이 증대된데 따른 현상으로 해석하는 게 타당하지 않을까 한다. 그러한 산물이 '고려대란' 이 있던 546년부터 불과 5년 후에 신라는 鐵嶺(高峴)까지 북진하여 장악한 것이 아니었겠는가 생각한다.[26] 즉 신라는 이때 고구려 영내에 소재한 과거 東濊 지역을 지배하게 된 것이다. 그리고 568년에는 황초령과 마운령에 진흥왕의 순수비가 각각 세워지게 되는데, 이곳은 舊東沃沮의 공간이었던 점을 유념할 필요가 있을 것 같다. 舊東沃沮 지역이 신라의 영토가 된 데에는 신라의 정복력만 가지고는 설명하기 어려운 점도 있

23) 한국 성씨의 근원을 찾는 글 가운데 세군을 '호소이무레' 라고 訓讀하고, '호소 = 夫租·沃沮' 라고 간주하면서 그 기반이 동옥저 지역이라는 짧은 언급이 있다(강경구, 『한국성씨의 뿌리를 찾아서』 1991, p.298). 필자는 이 견해가 타당하다면 본고의 논지를 보강해줄 수 있는 내용이라 판단하여 흥미를 가지면서 검증해 보았다. 그러나 추군의 훈독은 'ソグン' 이고 세군의 그것은 'サイグン' 일 뿐 어떠한 문헌에도 '호소이무레' 는 확인되지 않았다. 해서 필자는 氏에게 확인해 보았는데, 처음에는 어느어느 문헌에서 읽은 것 같다고 말하였으나 어떠한 곳에서도 그같은 훈독이 존재하지 않았음을 끝내 실토하였다. 따라서 氏의 주장은 논거 자체의 결함으로 인해 의미 없게 된 셈인 바, 아쉽고도 유감스럽게 생각한다.

24) 李基白, 「溫達傳의 檢討-고구려 귀족사회의 신분질서에 대한 瞥見」 『白山學報』3, 1967, pp.143~154. ; 李基白 外, 『韓國史講座-古代篇』 1982, pp.174~175.

25) 『삼국지』 권30, 동이전, 동옥저 조.

26) 李道學, 「新羅의 北進經略에 관한 新考察」 『慶州史學』6, 1987, pp.32~35.

다. 추측하건대 이는 546년의 왕위계승전에서 패배한 세군인 구동옥저 세력의 이탈이라는 측면에서 생각해 볼 수 있지 않을까 한다. 추군 세력과의 왕위계승 분쟁에서 2천여 명의 사망자를 내어 중앙에서 거의 기반을 상실하였을 세군 세력은, 원 기반이었던 함경남도 지역으로 퇴축하였으리라고 짐작된다. 그럼에 따라 추군의 정권 장악력은 보다 강화 될 수 있었을 것이다. 이같은 세군 세력은 중앙에서 퇴진하는 상황에서, 그 지역 기반이 대한 신라의 공세에 직면하였다. 그럼에 따라 추군이 집권하고 있는 중앙권력에 반발하는 입장에서 신라로 이탈하였을 공산이 크다고 본다. 그렇지 않고서는 동옥저 영역에 진흥왕의 순수비가 건립될 정도로 신라의 지배가 미치기는 어렵다고 생각되기 때문이다.

## Ⅴ. 맺음말

함경남도 신포시 오매리의 절골터에서 출토된 금동판의 명문에 대한 검토를 통하여 다음과 같은 사실들을 알게 되었다.

금동판은 546년 2월 26일에 제작된 것이 거의 확실하다고 판단되었다. 그리고 금동판은 그 前年인 545년 12월에 외척세력간에 발생한 왕위계승 분쟁의 와중에서 사망한 안원왕을 위한 追福 佛塔의 塔誌的인 것으로 밝혀졌다. 안원왕의 사망에서 금동판의 제작까지는 만 2個月에 불과하였던 바, 그러한 용도의 佛塔이 짧은 기간 내에 건립된 것으로 보기는 어렵다. 이 문제를 푸는 실마리는 금동판이 일반의 塔誌와는 달리 塔 내부에 안치되지 않고 탑에 부착되는 용도였다는 점이다. 그러므로 안원왕을 위한 追福文이 게재된 금동판은 기왕의 佛塔에 부착시켜졌던 것으로 믿어진다. 물론 금동판의 명문에는 "謹造玆塔 表刻五層"라고 하여 오층탑을 건립한 것처럼 되어 있지만, 그것을 부착시킨 佛塔의 奉獻 대상이 바뀐데 따른 의례적인 표현에 불과하다고 보겠다. 이 佛塔이 소재한 寺刹은 금동판의 제작 주체와 동일한 세력의 소관이라고 하겠는데, 왕위계승 분쟁에 패배한 細群側의 氏寺였던 것으로 추정된다.

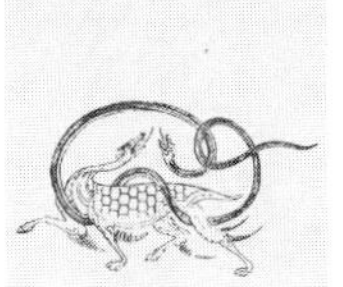



금동판을 제작하였고 불탑을 사망한 안원왕에게 봉헌한 세군측은 舊東沃沮 지역을 기반으로하고 있었다. 세군측은 동옥저 지역의 유력가문으로서 고구려 왕실과도 일정한 관계를 맺고 있었는데, 6세기대에는 안원왕의 소부인을 배출할 정도로 중앙정계에도 깊숙이 진출하였다. 이는 당시 고구려 왕권의 성격과도 관련되어 나타난 결과였지만, 왕위계승 분쟁에서 세군측이 패배함에 따라 중앙정계 일선에서 몰락했다. 세군측은 출신지였던 舊東沃沮 지역으로 퇴축하게 되었고, 그러한 가운데서 안원왕의 追福 佛塔이 마련되었다. 세군측이 안원왕을 위한 추념 의식이 있었다는 것은 양자간의 관계를 이해하는데 실마리가 될 수 있다. 그리고 세군 세력은 집권 세력인 추군측에 반발하는 입장에서 재지적인 일종의 할거 행태로서 존립하였던 것 같다. 이러한 맥락에서 6세기 중반 이후 세군의 세력 기반인 舊東沃沮 지역이 신라에 복속되는 상황을 생각해 볼 수 있으리라고 본다. 신라의 진흥왕순수비가 황초령과 마운령에 세워지게 된 배경은 세군 세력의 고구려로부터의 이탈이라는 문제와 깊숙이 연관된 것으로 짐작되어진다.

그런데 이와는 달리 금동판의 연대와 성격을 전제적 권력자인 연개소문의 사망과 연관 지어 볼 수도 있었다. 연개소문의 사망에 관하여는 몇가지 說이 있지만, 그렇다면 664년 10월이 타당성이 높은 것으로 간주된다. 또 금동판의 제작은 고구려의 최말기인 666년으로 판단되는데, 물론 이는 당시의 정황으로 미루어 해당되기 어려운 측면이 있다. 그러나 그것은 정황적인 한계일뿐 발해문화층에서 금동판이 출토된 점과 관련지어 본다면, 몇개의 연대관 가운데 강점을 지니고 있는 점을 간과해서는 않될 것 같다. 즉 고구려 보장왕은 연개소문에게 피살된 영류왕의 영혼을 위해 願塔을 세웠던 것이다. 그 願塔에 장착된 금동판으로 간주할 수도 있었다.

본고의 금동판 명문의 검토와 관련하여 佛像光背銘에 보이는 逸年號들 또한 연대관에 있어서 검토의 여지가 있는 것으로 보인다. 종전에 그 연대 구명과 관련하여 불상의 양식에 너무 얽매이는 듯한 인상을 주었는데, 중국에서 출토된 零星한 실물 자료의 비교에 토대를 두고 있는 만큼 전적으로 비중을 두기는 어

렵다는 느낌이 든다. 오히려 연호와 干支를 문헌의 국왕의 재위 기간과 연관지어 살피는 게 우선되어야하지 않을까 한다. 이러한 맥락에서 한가지 예를 들어 본다면 '延嘉七年歲在己未銘' 불상 광배명의 경우 479년설(장수왕 67)이 타당한 것 같다. 그러한 근거로서 기존의 539년(안원왕 9)이나 599년설(영양왕 10)은 즉위년칭원법이나 유년칭원법이든 또는 「광개토왕릉비문」에 의한 연대관에 의하든 재위 연수와 '七年' 이 부합되지 않고 있다. 그 반면에 『삼국사기』에 의하면 광개토왕은 재위 22년(413)에 사망하였는데, 「광개토왕릉비문」에 의한 즉위년을 1년씩 상향시킨다면 412년에 해당된다. 그러므로 장수왕 즉위 원년은 그 이듬해인 413년(癸丑)이 되는데, 그로부터 1周甲을 돈 후의 첫 해가 장수왕 61년(473)이다. 이는 改元할 수 있는 매우 좋은 시기라고 판단된다. 이는 延嘉가 '경사를 연장한다' 는 의미인데서도 뒷받침되어진다. 그렇다면 그로부터 7년은 己未年이 되어 延嘉7년명 광배명의 그것과 부합되기 때문이다.

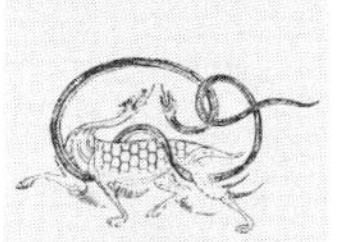



# 抱川 半月山城 出土 '고구려 기와' 銘文의 再檢討

## Ⅰ. 머리말

한국 고대사 연구에서 금석문이 점하는 비중은 새삼 거론할 필요도 없을 만큼 막중하다. 그러한 금석문의 종류는 다양한데, 건물의 지붕에 이었던 기와에서는 삼국시대부터 조선조에 이르기까지 銘文이 나타나는 경우가 실로 적지 않다. 이러한 기와 명문은 그 건물의 성격과 기능을 암시해 줄 뿐 아니라, 건축 유구 전체의 이름을 밝혀주는 구실을 하기도 한다. 가장 흔한 예를 든다면 寺名을 잃어버린 廢寺址의 이름을 찾게 해주는 동시에, 문헌에 나타나는 해당 寺名과 관련지어 그 寺刹의 역사를 복원하는데 절대적으로 기여하게 한다.

이와 관련해 비록 고구려의 경우이지만, 삼국 모두에 해당될 수 있는 사안이라고 판단되는 만큼 다음과 같은 기사가 주목된다.

> 주거는 반드시 山谷에 依據하고 있으며, 모두 茅草로써 집을 덮었는데, 오직 佛寺·神廟 및 王宮과 官府만이 기와를 쓴다.[1)]

즉 기와를 이었던 건축물은 宮室이나 祠廟, 寺刹 그밖에 官廳에 한정되고 있다. 그밖에 귀족들의 居所도 여기에 포함되었다고 보이므로, 기와가 출토되는 장소는 당시로서는 비중이 큰 거주 공간이었음을 시사해 준다.

본고에서는 고대의 기와 명문[2)]을 분석하는 작업 과정에서 특정 명문으로 그

1) 『舊唐書』권199, 東夷傳, 高麗 條.

범위를 제한하여 살펴 보고자 한다. 즉 山城에서는 어김없이 기와가 출토되고 있는데, 최근 경기도 포천군 반월산성에서 명문 기와가 출토되었다. 이 기와의 명문은 단국대학교 사학과와 포천군에서 간행한 『포천 반월산성 1차 발굴조사 보고서』에 사진과 더불어 수록되어 있다. 게다가 최근 그 명문에 관해 치밀하게 작성된 勞作이 발표되었는데[3] 현장에서 그것을 직접 발굴한 이의 論考이므로 각별히 유의하지 않을 수 없다.

그럼에도 불구하고 또, 전체 글자가 단 몇 字에 불과하지만 필자의 생각에는 일단 그 釋文上 誤讀이 보이는 것으로 판단되었다. 그러므로 본고에서는 그 釋文을 재검토해 보면서 문장의 의미를 찾아 내어, 그 기와가 출토된 城의 역할 내지는 당시의 防禦網이랄까 輸送體制에 대한 관념의 일단을 살필 수 있지 않을까 豫斷해 본다. 나아가 이 작업이 명문 기와에 대한 연구의 활성화를 위한 시금석이 되기를 바란다.

## II. 반월산성의 위치와 기와 명문의 판독

### 1. 반월산성의 위치

단국대학교 사학과에서는 1995년 7월 1일부터 10월 3일까지 95일간에 걸쳐 포천의 반월산성에 대한 발굴조사를 진행하였다고 한다.[4] 반월산성은 포천 시가지에서 2km 떨어진 군내면 구읍리 산 5-1번지의 해발 283.5m의 청성산 정상을 중심으로 7부에서 9부 능선상에 위치하고 있는 테뫼식 석축산성이다. 산성

2) 이후 본고에서의 반월산성 출토 명문기와의 명문에 대한 분석을 다룰 때는 '기와 명문'으로 표기한다.

3) 徐榮一, 「抱川 半月山城 出土 〈馬忽受解空口單〉銘 기와의 考察」 『史學志』29, 1996, pp.7~35.

4) 단국대학교 사학과 · 포천군, 『포천 반월산성 1차 발굴조사보고서』 1996, p.23.

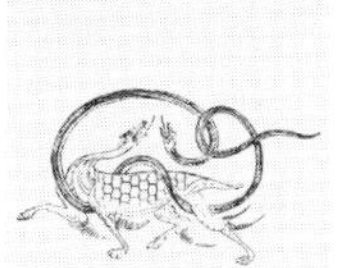



의 형태는 城名처럼 동·서를 장축으로 하는 반월형에 가까운 모습을 하고 있다. 즉 그 둘레는 1,080m, 동서 490m, 남북 150m 규모로 동서가 길쭉한 반월 형태이다. 지표조사 결과 성안에서 南·北門址와 雉城 4개소, 건물지 6개 지역, 우물지 및 水口址 각 2개소, 장대지 및 망대지가 각 2개소씩 확인되었다.5)

반월산성이 축조된 청성산 정상에 올라서면, 그 동쪽과 서쪽은 험준한 산맥으로 차단되었고, 남쪽에서 북쪽으로는 祝石嶺에서 시작된 교교천이 흘러나가고 있음이 눈에 띈다. 평야 가운데 우뚝 솟아 있는 산지에 축조된 반월성은 사방을 조망하기에 매우 유리한 지형적 조건을 갖추고 있다. 게다가 반월성이 소재한 포천은 조선시대에 서울에서 함흥으로 이어지는 關北路가 통과하는 길이었는데, 포천읍의 安奇驛이 그곳이었다. 다음과 같은 안기역에 대한 설명이 그것을 잘 함축하고 있다.

> 안기는 포천현의 宿驛으로서 고을 안에 있으며 서울과 거리는 백리 쯤이다. 서울에서 북쪽으로 오는 자는 양주를 지나서 반드시 여기에 유숙한다. 그러나 사신들의 큰 행차는 모두 고을에 들어가고 여기에 운집하는 자는 모두 사사로운 여행이며, 잡스런 빈객들이므로, 관장하는 자는 오직 눈앞에 닥쳐온 급무에만 힘쓴다.6)

이렇듯 반월산성은 교통의 요지에 소재하고 있어 남북으로 통하는 인마와 물자를 통제할 수 있는 요충지였다.7)

본고에서 다루고자 하는 '명문기와' 8)는 장대지에 구축된 예비군 참호의 단면을 정리하던 중 출토되었다고 한다. 기와가 발견된 장소는 반월산성에서는 가장 高地帶로서 발굴 결과 삼국시대부터 조선시대에 이르기까지 각각 시대를 달리하며 여러 차례 건물이 조성되었음이 확인되었다. 인근 마을 주민들의 傳

5) 단국대학교 사학과·포천군, 앞책, p.35.
6) 『新增東國輿地勝覽』 권11, 抱川縣, 驛院 條.
7) 단국대학교 사학과·포천군, 앞책, p.35.
8) 본고에서는 반월산성에서 출토된 명문 기와를 앞으로는 편의상 '명문기와' 로 표기하도록 한다.

言에 의하면 6.25 동란을 전후하여 미군이 이곳에 주둔하면서 군사시설 축조를 위해 장대지 일부를 불도저로 밀어내었다고 한다. 이때 밀어낸 흙을 장대지 서쪽의 경사면을 복토하는데 사용하였고, 후일에 다시금 예비군 참호가 구축되었다. 따라서 이 명문기와는 원래 건물이 조성되었던 장대지 중심부에 있었던 것으로 생각되며, 예비군 참호를 구축하면서 장대지 서쪽으로 밀려난 것으로 판단된다.9)

## 2. 기와 명문의 판독

이 명문기와는 모두 세 조각으로 구성되었는데, 크기와 두께는 35cm×21cm×2.5cm이며 굵은 모래가 섞인 점토를 태토로 사용한 연질로 된 기와의 등에 장방형의 액을 세로로 만든 후에 글자를 陽刻한 것이다.10) 보고서에서는 이 명문을 7자로 판독하여 다음과 같은 釋文을 작성하였다.

馬忽受解空口單11)

그런데 이 명문이 과연 타당한 지를 우선 검토해 보고자 한다. 기와명문 가운데 '馬忽受' 에 대해서는 판독에 이론이 없다. 그런데 보고서에서 '解空' 이라는 2글자로 판독한 釋文에 대해서는 의문이 제기된다. 이 2글자로 판독한데는 '解' 字 부분 바로 밑이 깨진데서 기인한 것인데, '解' 字 밑에 '空' 이라는 또 하나의 글자가 들어갈 만한 공간이 전혀 없는 것은 아닌 것처럼 보인다. 이 명문 기와에는 글자와 글자 사이에 약 1cm 정도의 공간이 남아 있다. 만약 '解' 字 밑에 '空' 字가 붙어 있다고 본다면, 兩 글자 사이에는 전혀 공간이 용납되지 않는다. 게다가 이 기와의 '解' 字로 비롯되는 명문을 유심히 본다면 비록 한 겹이 마모

9) 단국대학교 사학과 · 포천군, 앞책, p.41.
10) 徐榮一, 앞논문, p.15.
11) 단국대학교 사학과 · 포천군, p.41.

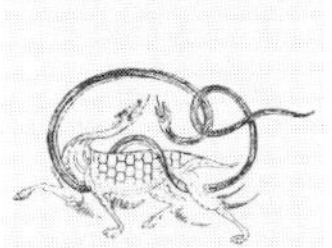



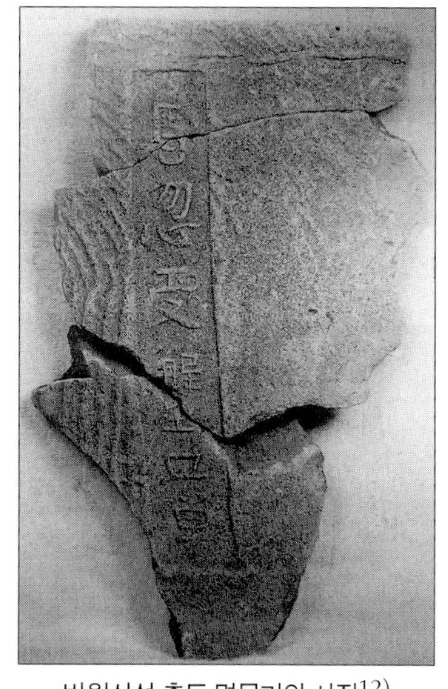
반월산성 출토 명문기와 사진[12)]

되기는 하였지만, 그 맨 하단의 '工' 字처럼 보이는 글자의 가운데 기둥이 윗 부분의 '一' 字 劃을 뚫고 위로 뻗어 있음을 알게 된다. 그러므로 보고서에서 처럼 '空' 字로 판독하기는 어렵지 않을까 한다.

이상과 같은 검토를 통하여 이 글자는 '解' 字와 그 밑의 어떤 劃이 합쳐진 한 글자라는 것을 발견하게 된다. 그렇다면 이 글자는 어떠한 글자일까? '解' 字 밑에 획이 있는 글자를 字典에서 찾아 본다면 '蟹' 字 밖에는 없다. 게다가 '虫' 劃의 '丶' 라는 마지막 劃이 분명하게 확인되기 때문이다. 물론 다소 예외라는 느낌을 주는 '蟹' 字가 본 명문에서 지니고 있는 의미를 갑자기 알기는 어렵다. 그렇지만 이와 관련하여 중요한 실마리를 제공해 주는 자료가 있다. 1925년의 이른바 乙丑年 大洪水 때 광나루 東편의 지금의 암사동과 店村 부근[13)] 혹은 경기도 하남시 船洞에서[14)] 출토되었다는[15)] 기와편에 다음과 같은 陽刻 문자에 '蟹' 字가 보이기 때문이다.

北漢受國蟹口船[16)]

12) 단국대학교 사학과 · 포천군, p.45.
13) 李丙燾, 『韓國古代史硏究』 1976, p.496.
14) 徐五善, 「韓國平瓦文樣의 時代的 變遷에 對한 硏究」 충남대학교 석사학위논문 1985, p.58.
仁川府, 『仁川府史』, 1933, pp.15~16.
15) 이 기와의 출토지에 관해서는 異見이 제시되고 있는데, 徐榮一의 견해처럼 후자의 설이 타당하다고 본다.

'北漢受國' 銘 기와편 사진[17]

그와 더불어 이 명문의 '蟹' 字 뒤의 글자인 '口' 字는 반월산성에서 출토된 기와의 명문에서도 보인다. 그뿐 아니라 위에서 인용한 '北漢受國' 銘 기와가 출토된 船洞에서 '松岳蟹' 라는 명문 기와가 출토되었는데,[18] 역시 '蟹' 字가 나타나고 있다. 그러므로 반월산성에서 출토된 기와명문 가운데 한 글자는 '解' 라기 보다는 '蟹' 로 釋文하는 게 자연스럽다.[19] 요컨대 지금까지 살펴본 반월산성에서 출토된 기와의 명문은 '馬忽受蟹口' 로 판독하는 게 무난해진다.

이제는 끝으로 남은 한 글자의 판독을 남겨 두게 되었다. 보고서에서는 '单' 字를 '單' 字의 俗字로 간주하였다.[20] 이러한 판독은 근거를 지니고 있다기 보

16) 李丙燾, 『韓國古代史研究』 1976, p.496.
최근 아차산성에서 '國' 字 陽刻銘 기와가 출토되었는데, '國' 字가 좌우로 한字씩 陽刻되어 있는데, 그 윗 부분에도 글자가 존재했었겠지만 기와가 깨어진 관계로 확인되지 않는다. 그러나 이 기와의 명문은 '北漢受國' 銘 기와와 계통적으로 연결됨은 분명하다고 본다.

아차산성 출토 '國' 字銘 기와 사진

17) 李丙燾, 앞책, p.496.
18) 徐榮一, 앞논문, p.25.
19) 하남시 교산동토성에서 출토된 기와 명문 가운데 '由羊' 이라는 2 글자로 판독한 글자가 있다(世宗研究院, 『河南市 校山洞一帶 文化遺蹟』 1995, p.98). 그러나 이 글자는 일단 '解' 로 판독되지만, 그 밑의 '虫' 字 劃이 마모된 것으로 보여진다.
20) 물론 "「單」자(사진 1)는 「单」로 새겨져 있어 草字로도 볼 수 있다. 하지만 「艸」를 「丷」로 썼다기 보다는 「吅」을 「丷」으로 쓴 것으로 보아 「單」 속자로 보는 것이 타당할 듯하다(앞책, p.41)."
"7번은 〈草〉자인지 〈單〉자인지 아니면 다른 자인지 분명하지 않다. 〈丷〉을 〈艹〉으로 쓴 것이라면 〈草〉자가 분명하다. 하지만 필자의 생각으로는 〈丷〉는 〈吅〉의 속자로 보는 것이 타당할 듯하다. 따라서 〈單〉의 속자로 보는 것이 어떨까 한다. 물론 이와 같은 사용례가 없어 단정하기는 곤란하나, 필자는 이를 일단 〈單〉으로 판독하여 보겠다(徐榮一, 앞논문, p.20)."

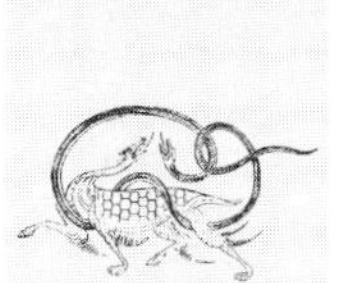



다는 다분히 字形에 입각한 느낌에 좌우된 것으로 생각된다. 왜냐하면 '单' 글자는 분명한 용례가 있기 때문이다. 1520년에 간행된 『영가집』과 1611년에 간행된 『圓覺經』 그리고 1764년에 간행된 『法華經』에서 쓰이고 있는데, 모두 '草' 字의 略體字인 것이다.[21]

지금까지의 검토를 통하여 작성한 반월산성에서 출토된 기와의 명문은 다음과 같다.

馬忽受蟹口草

## III. 명문의 내용 검토

### 1. 馬忽

반월산성에서 출토된 기와에 양각된 명문은 모두 6字로 확인되었다. 이 6글자는 어떠한 뜻을 담고 있을까? 이 문제를 검토해 보고자 한다. 먼저 '馬忽' 을 살펴 보도록 하겠다. 『新增東國輿地勝覽』 抱川縣 建置沿革 條에 의하면

> 본래 고구려 馬忽郡인데 [일명 命旨라고도 한다], 신라에서 堅城郡이라 고쳤고, 고려 초기에 抱州로 고쳤다. 成宗 14년에 團練使를 두었다가, 穆宗 8년에 罷하였다. 顯宗 9년에 楊州에 예속시켰고, 明宗이 監務를 설치하였다. 본조 太宗 13년에 고쳐서 縣監을 삼았다.[22]

라는 기사가 있다. 여기서 '馬忽' 기사의 底本은 『三國史記』 地里志의 다음과

21) 국립국어연구원, 『東洋 三國의 略體字 比較硏究』 1992, p.457.
22) 『新增東國輿地勝覽』 권11, 抱川縣, 建置沿革 條.

같은 기사가 되겠다.

> 堅城郡은 본래 고구려 馬忽郡인데, 景德王이 이름을 고쳤다. 지금 抱州인데, 領縣이 2개이다.[23)]

그러므로 기와명문의 '馬忽' 은 지금의 경기도 抱川郡 일대를 가리킴을 알겠다. 기와명문의 '馬忽' 이 고구려 때 행정 지명이라면, 이 기와와 기와를 이었던 건축물 또한 고구려의 것일까? 이것은 속단하기 어렵다. 공식적인 행정 지명이 바뀐 이후에도 예전의 행정 지명을 답습하는 경우가 왕왕 발견되기 때문이다. 가령 충청북도 沃川은 古尸山郡으로 일컬어졌으나 8세기 중엽인 경덕왕 때 管城郡으로 행정 지명이 고쳐졌다. 그럼에도 불구하고 貞元 20년(804)銘 신라 梵鍾의 銘文에는 여전히 古尸山郡으로 표기되고 있다. 그리고 924년에 건립된 강원도 영월군 興寧寺 澄曉大師碑의 陰記를 보면, 경덕왕 때 奈生郡에서 奈城郡으로 寧越의 행정지명이 바뀌었음에도 불구하고 여전히 고구려 이래의 지명인 奈生郡으로 銘記하고 있다.[24)]

그리고 馬忽이 고구려 때의 행정 지명인 것은 사실이지만, 그 이전에 장구한 기간 동안 포천 지역을 통치했던 백제의 행정 지명을 알지 못하는 실정이다. 그러므로 백제의 행정 지명을 고구려가 답습했을 가능성도 열어 두어야만 한다. 게다가 '忽' 계통의 고구려계 행정 지명이 백제의 지명에서도 나타난다는 점이다. 가령 仁川을 가리키는 彌鄒忽, 전라남도 寶城을 가리키는 伏忽[25)]이 여기에 해당된다. 그러므로 단순히 문헌에서 확인되는 '馬忽' 이라는 고구려 행정 지명이 명문 기와에 보인다고 해서 그 國籍을 고구려로 단정짓기는 어렵지 않을까 한다. 이와 곁들여 기와의 기법이나 성분 그리고 외형적 특징을 가지고 접근하

---

23) 『三國史記』 권35, 地理 2.
24) 李道學, 「熊津都督府의 支配組織과 對日本政策」 『白山學報』 34, 1987, p.96.
25) 『三國史記』 권36, 地理 3.

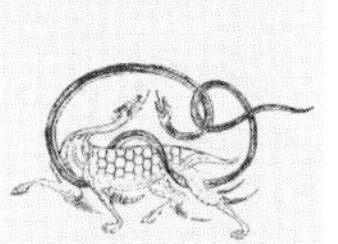



는 것도 필요하다고 보겠다. 그런데 본 명문기와의 경우 앞머리에 문양을 시문하였는데, 이는 고구려계 기와의 특징이라고 한다.[26] 그럼에도 불구하고 명문기와의 國籍을 선뜻 고구려로 단정하기에는 주저되는 일말의 의구심이 남아 있다. 왜냐하면 하남위례성으로 비정되고 있는 몽촌토성 부근의 한강변 패총에서 출토된 백제 기와편에 '解' 字로 보이는 명문이 판독되었는데[27] 이 글자는 의심없이 '蟹' 字로 짐작되기 때문이다.

명문기와가 백제의 것일 가능성도 탐색해 보아야만 하는데, 앞서 언급한 1925년에 하남시 船洞에서 출토된 기와에 보이는 '蟹口' 라는 글자 뿐 아니라 글자를 담은 장방형의 額까지도 동일하므로 계통적 연관성이 확인되는 것이다.[28] 그러므로 이러한 점을 유의하여 양 기와의 명문을 검토해 보는 작업이 차후에 필요하다고 보겠다.

## 2. 受

'受' 라는 글자의 용례는 금석문에서 확인되고 있다. 예컨대 722년에 축조된 關門城의 石刻이 되겠는데 다음과 같다.[29]

〈1〉
骨估南界
居七山北界
受地七步一尺

26) 徐榮一, 앞논문, pp.15~18.
27) 徐榮一은 자신의 논문 p.19의 註29에서 崔永禧, 「夢村 漢江邊 貝塚」『韓國上古史學報』31, 1994, p.173을 인용하여 설명하고 있다. 그러나 해당 學報는 아직 31集이 刊行되지도 않았고, 1994년에 간행된 해당 學報에 그러한 논문이 수록되어 있지 않다. 어떠한 錯誤에 기인한 것으로 여겨지지만, 그러나 氏의 인용 자체는 虛構로 생각되지 않기 때문에 인용하였다.
28) 徐榮一, 앞논문, p.20.
29) 韓國古代社會硏究所, 『譯註 韓國古代金石文』III, 1992, pp.430~435.

〈2〉

熊南界

骨估北界

受地四步一尺

八寸

〈3〉

△△北界

△△△△

△△△△

〈4〉

押啄南界

〈5〉

金京元千毛主作

北堺

受作五步五尺

〈6〉

金京道△

作北堺

五步五尺

〈7〉

切火郡北界

受地十步

二尺七寸

〈8〉

退火

南界

〈9〉

西良郡

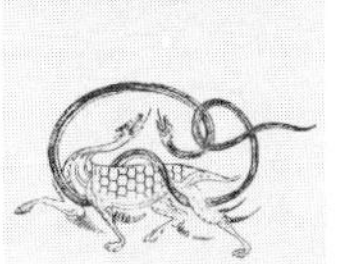



〈10〉
△△郡
受地五步△
尺北界

여기서 '受' 는 성벽 축조 구간을 뜻하는 용어로써 사용되었는데, "맡은" 으로 해석하고 있다.[30] 그러므로 명문 기와의 '馬忽受' 는 "마홀에서 맡은" 혹은 "마홀에서 관할하는" 등으로 해석하는 게 가능해진다. 문제는 다음의 글자이다.

## 3. 蟹口

명문 기와의 '蟹口' 와 동일한 글자가 앞서 언급했던 하남시 船洞에서 출토된 기와에서 나타나고 있다. 두 기와의 명문 陽刻 형식도 유사하다. 그러므로 연관지어 살펴 보는 게 필요하다. 이와 관련하여 우선 '北漢受國蟹口船' 이라는 명문에 대한 해석을 시도해 보자. 여기서 '北漢' 은 北漢城을 가리킨다고 보겠다. 왜냐하면 "9월에 內臣佐平 優福이 北漢城에 웅거하여 반란을 일으키자, 王이 병마를 징발하여 그들을 토벌하였다"[31]라고 하여 보이므로 백제의 城 이름으로 사용되었기 때문이다. 그런데 李丙燾는 '北漢受國' 은 "北漢城에서 受命 곧 建國한 나라" 로 풀이하였고, '蟹口船' 은 渡津船을 말하는 것으로 渡津客을 위한 건물에 이었던 기와로 추측하였다.[32]

그러나 이와는 다르게 해석할 수도 있다. 즉, '北漢受' 는 "北漢城이 관할하는(受)" 이라는 뜻으로, '國' 은 '서울' 의 뜻으로 판단해 보자.[33] 그렇다면 그 뒷

30) 韓國古代社會硏究所, 앞책, p.434.

31) 『三國史記』 권24, 比流王 24년 조. "九月 內臣佐平優福據北漢城叛 王發兵討之"

32) 李丙燾, 앞책, p.497.

33) '國' 이 '서울' 의 뜻으로 사용됨은 李道學, 「廣開土王의 南征과 國原城」 『孫寶基博士停年紀念韓國史學論叢』 1988, pp.103~104를 참조하기 바란다.

글자는 "북한성이 관할하는 서울의" 어떠한 시설을 가리키는 것으로 생각되어 진다.

이제 문제는 명문 기와에도 공히 등장하는 '蟹口' 라고 하겠다. 蟹口는 허심하게 문자대로 풀어 본다면 '게 입' 혹은 '게 어귀' 를 생각해 볼 수 있다. 여기서 후자의 경우 국어사전에 의하면 '개 어귀' 라는 단어가 있는데, "강물이나 냇물이 바다로 흘러 들어가는 어귀"[34]로 뜻 풀이가 되어 있다. 어쩌면 이 '개 어귀' 를 蟹口로 표기한 게 아닌가 하는 느낌이 든다. 이러한 추론이 타당하려면 '蟹口' 銘 기와들이 출토된 두 곳의 장소가 위의 뜻 풀이에 적합해야만 한다. 반월산성은 한탄강의 지류인 포천천 변에, 船洞 일원은 한강 하류에 소재하고 있지만, '어귀[口]' 라고 하기에는 다소 무리라는 느낌이 든다. 그러므로 '蟹口' 의 뜻을 다른 측면에서 탐색해 보아야만 할 것 같다.

그러면 '蟹口' 를 '게[蟹]' 라는 어떤 시설의 어귀로 상정해 보고 살펴 보도록 하자. 이와 관련해 게의 형상에 관한 보편적인 설명을 우선 유의하는 게 좋을 것 같다. 주지하듯이 게는 甲殼類 十脚目의 절지동물을 통틀어 일컫고 있는데, 몸은 납작하며 둥글거나 세모난 등딱지로 덮여 있다. 그 몸의 양 옆으로 각각 다섯개의 발이 있는데 첫째 발은 집게발로 되어 있고, 딱지 안으로 옴추릴 수 있는 겹눈이 있으며, 물 속에 살며 옆으로 기는 특징이 있다.[35]

여기서 몸체는 다른 동물의 공격으로부터 몸을 보호 할 수 있는 딱딱한 등딱지로 덮여 있으며, 둥글거나 네모난 형상적 특징은 城에 대한 인상이나 城에 대한 바램과 부합되는 측면이 없지 않다. 그리고 게는 몸통 좌우편에 많은 다리를 가지고 있다. 이는 "沙道城 곁에 2柵을 설치하였는데 東西간 서로 10里 떨어져 있다."[36]라고 하였듯이, 主城 좌우편에 副城을 배치하거나 木柵을 설치하는 백제 城制의 한 특징을 연상시켜주기에 족하다. 그밖에 게의 특징은 물 속에 산다

34) 동아출판사, 『동아 새국어사전』 1995, p.81.
35) 동아출판사, 앞책, p.119.
36) 『三國史記』 권24, 仇首王 4년 조. "設二柵於沙道城側 東西相去十里"

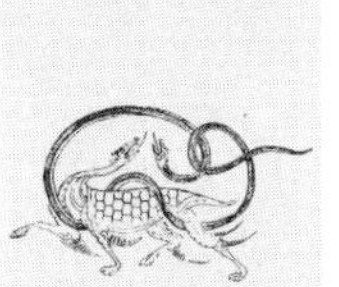



는 것이다. '蟹' 字가 보이는 명문기와가 출토된 장소가 하천변이라는 공통점을 지니고 있다. 그러므로 방어시설에서 출토된 기와에 보이는 '蟹口' 는 하천변에 소재한 방어망에서의 거점을 뜻하는 말이 아닐까 생각해 본다.

그러나 '蟹口' 字의 뜻 풀이에 관해서는 여러 가지 가능성을 열어 두어야만 할 것 같다. 왜냐하면 앞서 필자가 제기한 견해는, 만약 명문기와의 國籍이 백제가 아니라면 아무런 의미가 없기 때문이다. 필자가 이러한 생각을 하는 이유로는 하남시 船洞에서 '松岳蟹' 로 시작되는 명문이 있는 기와가 출토되었는데, 松岳은 경기도 開城의 옛 이름으로서 경덕왕대(742~765)부터 고려초까지 사용된 지명이기 때문이다. 그 뿐 아니라 船洞에서 '北漢受國蟹口船' 을 비롯하여 '買召忽受國 …' , '馬城' · '栗木' 등과 같은 명문기와들이 다수 출토되었다는 점이다. 여기서 매소홀은 仁川이고, 馬城은 馬忽을 가리키는 것이고, 栗木은 경기도 果川의 고구려 때 지명이다.[37]

이처럼 船洞의 한강변에서 여러 곳의 地名이 나타난 명문기와가 출토된 이유는 무엇일까? 瓦窯地가 있어서 이곳에서 제작한 기와들을 각 지역으로 보내었을 것으로 추정하기도 한다. 암사동의 점촌에는 옹기를 굽는 집들이 밀집되어 있었던 점을 방증 자료로 제시하고 있다. 일견 타당해 보이지만, 강변에 가마가 있었을 가능성보다는 차제에 다른 가능성을 모색해 보는 게 좋을 듯 하다.

마지막으로 반월산성에서 출토된 명문기와의 끝 글자인 '草' 字는 '시작한다' 는 의미가 있으므로[38] 이것을 취한다. 이와 연관지어 생각할 수 있는 명문기와의 용례는 경기도 파주 鰲頭山城에서 출토된 기와 명문의 '草上' 과 '草下' 라는 글자이다.[39] 이 글자는 기와가 언칠 위치를 나타낸다고 할 때[40] 여기서 '草' 는 '시작' 의 뜻으로 보아야만 한다.

37) 徐榮一, 앞논문, p.21.
38) 文章이나 詩 따위의 맨 처음 쓴 原稿를 '草稿' 라고 하듯이, '草' 에는 '처음' 의 뜻이 들어 있다.
39) 경희대학교 고고미술사연구소 · 경기도, 『오두산성 I』 1992, pp.42~44.
이 보고서에서 橫으로 左右로 각각 陽刻된 '上草' 를, 필자는 당시의 筆順에 따라 '草上' 으로 판독하였다.

지금까지 검토해 본 결과 반월성에서 출토된 명문기와는 "마홀 관내의 시작하는 해구" 즉, 마홀이 관할하는 起點인 해구라는 뜻으로 풀이된다. 혹은 "마홀이 관장하는 해구의 起點" 의 뜻으로 해석하는 것도 가능하다.

이와 연관 깊은 명문기와인 하남시 船洞에서 출토된 그것의 명문은 다음과 같이 해석된다. 즉, "北漢이 관할하는 국가 해구의 渡船" 으로 풀이 되므로, '蟹口船' 은 渡船鎭을 가리킨다고 하겠다.

## Ⅳ. 맺음말

지금까지 검토해 본 포천 반월산성에서 출토된 명문기와를, 다른 지역에서 출토된 비슷한 유형의 그것들과 비교하여 몇 가지 사실을 추리해 보았다.

먼저 본 명문은 보고서에서나 기왕의 관련 論考에서 釋文한 '馬忽受解空口單' 이 아님을 밝혔다. 본 명문의 '解' 字 밑의 劃數가 떨어져 나간 기와편에 일부 남아 있는데, 다행히 동일한 양식의 '蟹口' 銘 기와편들이 과거에 경기도 하남시 船洞 일대에서 출토된 바 있어, '蟹' 字로의 문자 복원이 가능하였다.

그리고 이 명문의 마지막 글자로서 보고서나 관련 論考에서 '單' 字로 釋文하고 있는 '草' 라는 글자는, 『영가집』과 『圓覺經』, 『法華經』에서 쓰이고 있는데, 모두 '草' 字의 略體字로 밝혀졌다. 16세기 초반에서 18세기 후반경에 刊行된 책자들에 그 字形이 분명하게 나타나고 있다.

이상과 같은 검토를 통해 본 기와의 명문은 '馬忽受蟹口草' 로 밝혀지게 되었다. 나아가 그 해석은 "마홀이 관할하는 해구의 시작" 이 되겠는데, 馬忽은 지금의 포천을 가리키는 고구려 때의 행정 지명이다. 그리고 그 통치 거점은 본 명문기와가 출토된 반월산성이라고 하겠다.

40) 墓塼에도 벽돌의 위치를 표시하는 문자가 나타나는 경우가 있다. 송산리 6호분이나 무녕왕릉 玄室 壁面 墓塼에 陽刻된 '中方' 이라는 글자가 그것을 나타낸다.

그리고 해구의 정확한 의미는 알 수 없지만, 船洞에서 출토된 기와명문의 '國蟹口'[41]라는 글자 앞에서 '國'이 보이므로, 국가에서 관장하던 국가의 시설이나 조직으로 짐작된다. 반월산성에서는 "해구의 시작"이라는 뜻이, 한강변의 船洞에서는 "해구의 渡船"이라는 뜻이 담겨 있다. 이것을 볼 때 '蟹口'는, 지금의 서울과 함경남도 함흥을 연결하는 關北路가 통과하는 교통의 요충지인 경기도 抱川에서부터 시작하여 남쪽으로 이어지는 거대한 防禦·運輸 라인을 뜻하는 말이 아닐까 생각해 본다. 그 防禦·運輸 라인의 중간 거점격인 관할지를 기와에서 명시하고 있는 '馬忽'이니 '北漢' 등과 같은 지명으로 보면 가능할 것 같다.

그러면 이같은 명문기와에서 확인되는 防禦·運輸 라인이 확립된 시점은 언제일까? 얼핏 고구려 때의 행정 지명이 보이므로 고구려와 연결짓기 십상이다. 그러나 8세기 중반 이후에 생겨난 행정 지명이 보이는 '松岳蟹 …'라는 명문기와가—船洞의 가마 소재 여부와는 상관없이— "北漢受國蟹口船" 기와와 함께 동일한 船洞에서 출토되었을 뿐 아니라, 행정 지명의 改稱이 있더라도 종전의 그것이 당장 바뀌지 않고 상당 기간 동안 사용되는 예가 적지 않다. 이러한 점과 이들 명문기와의 양식상의 특징과 그 출토지를 놓고 본다면[42] '蟹口'라는 防禦·運輸體制는 신라 下代의 시대적 상황 속에서, 그것도 渤海와 接境하고 있으며, 통일신라 최대의 內亂을 일으켰던 김헌창의 아들인 김범문이 叛亂을 일으킨 漢山州 구역에서 나타나고 있다. 이러한 점을 놓고 볼 때 명문기와는 제한적인 형태의 특수한 그것이 아니었을까 생각해 보고 싶다.

41) 船洞에서 출토된 '買召忽受國…' 銘 기와의 나머지 부분의 글자에는 의심할 나위없이 '蟹口'가 있었다고 본다.

42) 이 명문기와를 살펴 본 관련 전문가들의 견해를 취합해 볼 때, 본 기와가 고구려가 아닌 통일신라 때 것이라는 견해가 적지 않았다. 그러므로 명문을 떠나 명문 '기와' 자체에 대한 면밀한 분석이 이루어져야 할 것으로 믿어진다.

# 崔致遠의 高句麗 認識

## Ⅰ. 머리말

신라말의 대학자 崔致遠에 관해서는 그 자신이 남긴 尨大하고도 精緻한 기록에[1] 힘 입어 연구 성과가 착실하게 축적되었다.[2] 이 가운데 최치원의 역사 인식에 관한 연구[3] 또한 예외가 되지는 않았다. 그럼에도 최치원의 高句麗 認識에 대한 체계적인 연구는 진행되지 않았다. 이와 관련된 최치원의 고구려 인식은 당시 신라와 接境하고 있을 뿐 아니라 군사 정치 문화적으로도 대립하고 있던 渤海에 대한 인식과 맞물려 있는 사안이다. 또 그것을 구명할 수 있는 일종의 關鍵이 될 수도 있다고 판단되었다.[4] 따라서 종래 연구의 손길이 미치지 못한 이 작업을 통해 최치원의 발해 인식은 물론이고, 발해의 淵源이 되는 고구려 더 거슬러 올라 가서 三韓에 대한 계통적 인식을 고찰할 수 있다. 나아가 이해가 맞물려 있던 당시 신라인들의 渤海觀 내지는 역사 계통 인식을 살필 수 있는 계기로 삼고자 했다.

1) 최치원의 저술은 成均館大學校 大東文化硏究院, 『崔文昌侯全集』 1972에 影印 集大成되어 있다.
2) 대표적인 연구 성과로는 崔英成, 『崔致遠의 哲學思想』 2001을 꼽을 수 있다.
3) 이 방면의 대표적인 연구 성과로는 다음을 꼽을 수 있다.
趙仁成, 「崔致遠의 歷史 敍述」 『歷史學報』 94 · 95합집, 1982.
李賢惠, 「崔致遠의 歷史 認識」 『明知史論』 창간호, 1983.
崔英成, 「孤雲 崔致遠의 歷史 意識」 『韓國思想史學』 11, 1998.
李在云, 「고운의 역사 인식」 『崔致遠硏究』 1999.
申瀅植, 「최치원의 역사관」 『신라 최고의 사상가 최치원 탐구』 2001.
4) 본고의 작성과 관련한 금석문을 제외한 최치원 관련 문헌 자료는 별도 표시가 없더라도 崔英成, 『譯註崔致遠全集』 2, 1999에 근거하였고, 그 校勘과 飜譯을 참조했음을 밝혀 둔다.

## II. 금석문과 외교 문서상의 고구려

최치원이 남긴 기록은 四山碑銘으로 대표되는 금석문과 對唐外交文書를 꼽을 수 있다. 이 것에 보이는 고구려에 관한 언급을 뽑아 보면 다음과 같다.

a-1. 祖의 이름은 仁問인데 당나라가 獩貊을 정벌할 때 功이 있어서 臨海君公에 封해졌다(聖住寺朗慧和尙塔碑).[5)]

a-2. 옛날 武烈大王께서 乙粲으로 있을 때 獩貊을 屠戮하기 위한 乞師計를…(聖住寺朗慧和尙塔碑)[6)]

b. 禪師의 法諱는 慧昭요 俗姓은 崔氏였다. 그 先祖는 漢族으로 山東의 高官이었는데, 隋나라 군대가 遼東을 정벌하다가 驪貊에서 많이 죽었다(雙溪寺眞鑑禪師塔碑).[7)]

c-1. 그 후 서쪽으로부터 晋의 曇始가 처음으로 貊에 온 것은 攝騰이 동쪽에 들어 온 것과 같다(鳳巖寺智證大師塔碑).[8)]

c-2. 句驪의 阿度가 우리 나라에 오게 된 것은 康會가 남쪽으로 간 것과 같다(鳳巖寺智證大師塔碑).[9)]

d. 그 때에 獩戎貊寇가 烽火를 들고 딱다기를 쳐서 警戒하니 求道의 길을 가리켜서 말하자면 움직일 때마다 덤불과 가시였습니다(海東華嚴初祖忌晨願文).[10)]

e. 신이 삼가 발해의 源流를 살피건대 句驪가 멸망하기 전에는 본래 사마귀만한 부락

5) 韓國古代社會硏究所, 「聖住寺朗慧和尙塔碑」『譯註韓國古代金石文』 1992, p.107.
"祖諱仁問唐西壽伐獩貊功 封爲臨海君公"

6) 韓國古代社會硏究所, 「聖住寺朗慧和尙塔碑」 p.120.
"昔武烈大王爲乙粲時 爲屠獩貊乞師計"

7) 韓國古代社會硏究所, 「雙溪寺眞鑑禪師塔碑」 p.74.
"禪師法諱慧昭 俗姓崔氏 其先漢族 冠蓋山東 隋師征遼 多沒驪貊"

8) 韓國古代社會硏究所, 「鳳巖寺智證大師塔碑」 p.178.
"厥後西晉曇始始之貊 如攝騰東入"

9) 韓國古代社會硏究所, 「鳳巖寺智證大師塔碑」 p.178.
"句驪阿度度于我 如康會南行"

10) 「海東華嚴初祖忌晨願文」 "時獩戎貊寇 烽擧柝 言指道途 動多榛梗"

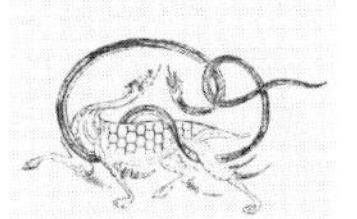



이었습니다. 말갈의 족속이 그 무리가 번성해지자 이들을 粟末靺鞨이라고 하였는데, 일찍이 句驪를 좇아 內地로 옮겨 가더니 그 수령 乞四羽 및 大祚榮 등이 則天武后가 天朝에 臨御할 즈음에 이르러, 營州로부터 죄를 짓고 도 망하여 문득 험준한 산에 웅거하면서 비로소 振國이라고 일컬었습니다. 그 때 句驪의 遺燼과 勿吉의 雜流가 있었는데 梟音으로 휘파람 불며 長白山에 모여 들고 鴟義는 黑水에 까지 떠들썩하게 퍼져 갔습니다(謝不許北國居上表).[11]

f. 옛날 貞觀 중에 太宗 文皇帝께서 몸소 지으신 조서를 내려 천하에 보이기를 "지금 幽와 薊를 순행하여 遼碣에서 죄를 묻고자 하노라"고 하였는데, 대개 句麗의 포악한 습속이 기강을 범하고 常道를 어지럽히기 때문이었습니다.…생각하건대 저 句麗가 지금은 발해가 되었습니다.(新羅王與唐江書高大夫湘狀)[12]

g. 옛날에 句麗가 나라를 유지할 때 험한 것을 믿고 교만을 부렸으며, 임금을 죽이고 백성에게 暴虐하여 하늘의 명을 거역하였기에, 太宗 文皇帝께서 불꽃같이 성한 노기를 떨치시고, 미련한 群凶들을 제거하기 위하여 몸소 六軍을 거느리고 멀리 만리를 순행하여, 공손히 天罰을 봉행함으로써 조용하게 海隅를 掃蕩하였던 것이옵니다. 句麗의 날뛰던 기세가 이미 사라진 뒤, 비열하게도 餘燼을 거두어 모아, 별도로 읍락들과 同謀하여 문득 나라 이름을 도적질하였으니, 옛날의 句麗가 바로 지금의 발해임을 알 수 있습니다(與禮部裵尙書瓚狀).[13]

h. 엎드려 듣자하니 東海 밖에 세 나라가 있는데, 그 이름은 馬韓 卞韓 辰韓이었다. 馬韓은 곧 高麗요, 卞韓은 곧 백제요, 辰韓은 신라입니다. 高麗와 百濟가 全盛할 때는 强兵이 百萬이나 되었는데, 남으로는 吳越을 침략하고, 북으로는 幽·燕·齊·魯를 흔들어서 중국의 큰 좀이 되었습니다. 隋 황제가 세력을 잃은 것도 요동 정벌에서 연유한 것입니다. 貞觀 중에 우리 唐 太宗皇帝께서 몸소 六軍을 통솔하고 바다를

11) 「謝不許北國居上表」"臣謹按渤海之源流也 句驪未滅之時 本爲疣贅部落之屬 寔繁有徒 是名粟末小蕃 嘗逐句驪內徙 其首領乞四羽及大祚榮等 至武后臨朝之際 自營州作孽而逃 輒據荒丘 始稱振國 時有句驪遺燼 勿吉雜流 梟音則嘯聚白山 鴟義則喧張黑水"

12) 「新羅王與唐江書高大夫湘狀」"昔貞觀中 太宗文皇帝 手詔示天下曰 今欲巡幸幽薊 問罪遼碣 盖爲句麗獷俗干紀亂常…惟彼句麗 今爲渤海"

13) 「與禮部裵尙書瓚狀」"昔者 句麗衛國 負險驕盈 殺主虐民 違天逆命 太宗文皇帝 震赫斯之盛怒 除蠢尒之群兇 親率六軍 遠巡萬里 龔行天罰 靜掃海隅 句麗旣息狂飇 劣收餘燼 別謀邑聚 遽竊國名 則知昔之句麗則是今之渤海"

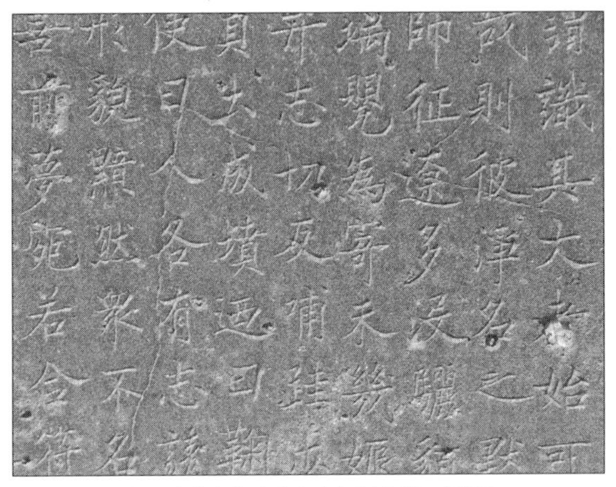

하동 쌍계사의 진감선사비에 보이는 '驪貊'

건너와서 공손히 天罰을 행했더니, 高麗가 위엄을 두려워하여 講和를 청한지라 文皇帝께서 항복을 받고 행차를 돌이켰던 것입니다.… 總章 원년에는 英公 李勣에게 高麗를 격파하도록 명하고 安東都護府를 설 치하였으며, 儀鳳 3년에 이르러 그 인민을 河南과 隴右로 옮겼습니다. 高句麗의 殘孽들이 떼지어 모여 북으로 太白山 아래에 웅거하여 나라 이름을 渤海라고 하였습니다. 開元 20년에 이르러 天朝를 원망하여 군사를 이끌고 登州를 엄습하여 刺史 韋俊을 죽였습니다. 이에 明皇帝께서 크게 노하시어 內史의 高品인 何行成과 太僕寺 卿 金思蘭에게 바다를 건너 공격하도록 하고, 이에 우리 王 金某에게 正太衛 持節充寧海軍事 鷄林州大都督을 加職했습니다. 그런데 이 때는 겨울이 깊었기에 눈이 많이 쌓여 신라와 중국의 군사가 추위에 괴로워했으므로, 勅命으로 군대를 돌리도록 했습니다. 그 뒤 지금에 이르기까지 3백여년 동안 一方이 無事하고, 滄海가 평온하게 되었으니, 이는 곧 우리 武烈大王의 功勞입니다(上太師侍中狀).[14)]

14)「上太師侍中狀」"伏聞東海之外 有三國 其名馬韓卞韓辰韓 馬韓則高麗 卞韓則百濟 辰韓則新羅也 高麗百濟全盛之時 强兵百萬 南侵吳越 北撓幽燕齊魯 爲中國巨蠹 隋皇失馭 由於征遼 貞觀中 我唐太宗皇帝 親統六軍渡海 恭行天罰 高麗畏威講和 文皇帝受降廻蹕…摠章元年 命英公徐勣 破高句麗 置安東都護府 至儀鳳三年徙 其人於河南隴右 高句麗殘孼類聚 北依太白山下國號爲渤海 開元二十年 怨恨天朝 將兵掩襲登州 殺刺史韋俊 於是明皇帝大怒 命內史高品何行成 太僕卿金思蘭 發兵過海攻討 仍就加我王金某爲正太衛持節充寧海軍事鷄林州大都督 以冬深雪厚 蕃漢苦寒 勅命廻軍 至今三百餘年 一方無事 滄海晏然 此乃我武烈大王之功勞也"

최치원이 고구려에 관해 언급한 문장들을 上記한 바와 같이 모아 보았다. 여기서 최치원의 고구려에 대한 인식 검토와 관련해 기본적으로 그 국호에 대한 표기를 짚고 넘어 가지 않을 수 없다. 최치원의 글에는 고구려를 '驪貊'·'獩貊'·'句驪'·'貊'·'句麗'·'高麗'로 각각 달리 표기하고 있다. 이 가운데 '高麗'만 고구려 국호에 대한 온전한 표기에 속할 뿐[15] '獩貊'·'驪貊'·'句驪'·'貊'·'句麗'는 蔑稱임은 두 말할 나위 없다. 특히 국내 금석문 자료에서는 '獩貊'·'驪貊'·'貊'라고 표기하여 가장 극렬한 蔑稱을 사용하고 있다. 이러한 基調는 a-1과 a-2의 문구가 唐이 백제와 고구려를 침공하는 데 개입하였음과, 태종 무열왕 김춘추가 백제를 공격하기 위한 군사를 빌기 위해 唐에 입국한 구절에서도 포착된다. 즉, 삼국통일전쟁을 가리키는 이 구절의 '獩貊'에는 고구려 뿐 아니라 백제도 당연히 포함되지만 유독 고구려만 강조하고 있다. 최치원은 김춘추가 唐에 들어가 군사를 빌리려고 했던 목적과 唐이 정벌한 대상을 고구려로만 국한시켜서 서술하였다. 그럼으로써 최치원은 당시 신라와 唐의 共敵이었던 고구려를 刻印시키고 있는 것이다. 그러한 각인의 방법으로서 그는 '獩貊'이라는 멸칭을 사용하였다. 주지하듯이 '獩'는 '동녘 오랑캐'의 뜻을 지니고 있다. b에서는 고구려를 '驪貊'이라고 하였다. 이 역시 고구려를 가리키는 '高麗'라는 좋은 뜻을 담고 있는 국호를 애써 사용하지 않고 멸칭을 사용하려 했음을 읽을 수 있다.

최치원의 고구려에 대한 적개감이 국내측, 그것도 당대의 기록인 금석문과 더불어 d와 같은 義湘의 求道 行蹟을 통해서도 여과 없이 명료하게 드러나고 있는 것이다. 반면 e~h까지의 최치원이 唐에 보내는 외교문서에는 고구려의 국호와 연관된 보다 순화된 '句驪'·'句麗'라는 표기를 사용하고 있다. 唐에 보낸

15) 고구려는 5세기 중엽 이후 국호를 高句麗에서 '高麗' 2字로 改號하였다. 이는 주지하듯이 중국이나 일본측 사서 뿐 아니라, 539년에 제작된 「延嘉7年銘 金銅佛像光背銘」에서의 '高麗國'과 5세기 중엽에 건립된 「중원고구려비」의 '高麗'를 통해서도 확인된다(李道學, 「三國의 相互關係를 통해 본 高句麗 正體性」『高句麗硏究』18, 2004, pp.538~539).

충남 보령의 성주사터 낭혜화상비

문서에는 唐人들이 이해할 수 있는 객관적인 멸칭을 사용한 것이다. 그러한 객관성이라는 것은 중국의 역대 사서에서 이미 그러한 표기를 사용한 전례가 있기 때문이다. 가령 '句驪'는 『후한서』 고구려 조에서, '句麗'는 『삼국지』 고구려 조 등에서 각각 확인되고 있다.16)

이렇듯 최치원은 고구려에 대한 국호를 唐에 보낸 글월에서는 국내측 표기와는 달리 순화된 蔑稱을 사용했다. 그러나 여전히 고구려에 대한 악감정이 도사리고 있음을 감지할 수 있다. 가령 "句麗의 포악한 습속(f)"이니 '醜虜(「新羅王

16) 唐代에 작성된 「扶餘隆墓誌銘」에 보면 '兩貊'이 보인다. 兩貊은 단순히 백제와 고구려의 異稱으로 사용 되었을 뿐이다. 그러나 「泉男産墓誌銘」에 보이는 '貊'은 고구려에 제압된 대상으로 사용되었으며, 국호는 '句驪'로 표기했다. 고구려 및 백제와 전투를 벌인 唐將 劉仁願의 「紀功碑文」에도 '高麗'라고 표기하였다. 「高慈墓誌銘」에서도 '高麗'로 표기했다. 「泉獻誠墓誌銘」에서는 '高句驪國'이라고 했다. 이 점이 "屠獩貊" 내지는 "獩戎貊寇"라는 거친 표현을 구사한 최치원의 고구려 인식과는 근본적인 차이라고 하겠다.

與唐江書高大夫湘狀」)' 등이 그것을 말한다. 그러면 최치원의 이 같은 고구려에 대한 적개감은 어디에서 연유한 것이었을까? 그것을 살필 수 있는 단서가 f와 g 등에 보이는 고구려와 연계시킨 발해에 대한 인식이라고 할 수 있다. 발해 건국과 관련해서 최치원은 "저 句麗가 지금은 발해가 되었습니다(f)", "옛날의 句麗가 바로 지금의 발해임을 알 수 있습니다(g)", "高句麗의 殘孽들이 떼지어 모여 북으로 太白山 아래에 웅거하여 나라 이름을 渤海라고 하였습니다(h)"라고 언급하였다. 최치원은 발해의 뿌리로서 고구려를 지목하고 있는 것이다. 이러한 최치원의 인식 배경은 당시 발해와 신라 그리고 이들 兩國을 唐과 연계시켜 구명해야할 성질의 것이 아닐까 한다.

먼저 h에 의하면 발해는 唐을 침공한 바 있다. 또 그러한 사실은 『삼국사기』에 다음과 같이 보인다.

i. 7월에 당현종은 발해 말갈이 군사를 일으켜 이끌고 바다를 건너 登州로 침구해 오자 大僕員外卿 金思蘭을 귀국시켜 왕에게 開府儀同三司寧海軍使의 벼슬을 더해 주고 군사를 내어 말갈의 南邊을 공격하여 달라고 청하였다. 이 때 마침 큰 눈이 내려 한 길 이상이나 쌓이고 산길은 험하여 사졸들이 과반이나 죽으므로 헛되이 돌아오고 말았다. 김사란은 본시 왕족으로서 먼저 入朝하였을 때 그의 예의가 공손하므로 인하여 宿衛로 머물러 있게 되었는데 이 때에 사신의 책임을 맡게 되었던 것이다.[17]

즉 732년에 발해의 대무예왕이 장문휴를 시켜 登州刺史 韋俊을 공격하였다. 그러자 唐은 신라로 하여금 발해의 南境을 공격하도록 요청하였지만 酷寒과 大雪로 인해 효과없이 신라군은 퇴각하고 말았다.[18] 발해는 신라와 唐의 共敵이

17) 『三國史記』권8, 聖德王 32년 조. "秋七月 唐玄宗以渤海靺鞨 越海入寇登州 遣太僕員外卿思蘭歸國 仍加授王爲開府儀同三司寧海軍使 發兵擊靺鞨南鄙 會大雪丈餘 山路阻隘 士卒死者過半 無功而還 金思蘭本王族先因入朝 恭而有禮 因留宿衛 及是 委以出疆之任"

18) 『舊唐書』권199, 北狄傳, 渤海靺鞨 條.

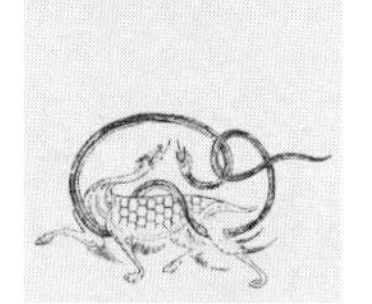



되었던 것이다. 이와 관련해 「讓位表」의 기사를 다음과 같이 인용해 본다.

j. 처음에는 黑水가 경계를 침범하여 毒液을 내뿜었사옵고, 다음에는 도적들이 무리를 이루고 다투어 狂簸을 부채질하여 관할하는 九州에서 고을을 표방하는 百郡이 모두 도적의 재난을 만나서 마치 劫灰를 보는 것 같았습니다(讓位表).[19]

위의 기사에서 "처음에는 黑水가 경계를 침범하여 毒液을 내뿜었사옵고"라고 하였듯이 신라는 黑水로 표기되는 발해의 군사적 압박을 받았음을 내세우고 있다. 黑水의 존재는 다음과 같이 보인다.

k. 봄에 北鎭에서 알리기를 '狄國人이 邊鎭으로 침입하여 片木을 나무에 걸어 놓고 갔다' 며 이것을 가져다 바쳤다. 그 편목에는 15자의 글이 씌어졌는데 이르기를 '寶露國人이 黑水國人과 더불어 함께 신라국에 대하여 화친하려 한다' 고 하였다.[20]

l. 朔方 골암성의 城帥 尹瑄이 來附하였다. 윤선은 침착하고 용맹이 있으며 병법을 잘 알았다. 궁예 말년에 화를 피하여 북쪽 변방으로 달아나 무리 2천 여명을 거느리고 골암성에 있으면서 黑水蕃을 불러들여 邊郡을 침범하더니 이 때에 이르러 왕이 사신을 보내어 招諭하는 말을 듣고 드디어 항복하였으므로 북쪽 변방이 편안하여졌다.[21]

m. 黑水 酋長 高子羅가 170인을 이끌고 來投하였다.[22]

n. 黑水 阿於閒이 2백인을 이끌고 來投하였다.[23]

---

19) 「讓位表」 "始則黑水侵疆 曾噴毒液 次乃綠林成黨 競簸狂簸 所管九州 仍標百郡 皆遭寇火 若見劫灰"

20) 『三國史記』 권11, 憲康王 12년 조. "春 北鎭奏 狄國人入鎭 以片木掛樹而歸 遂取以獻 其木書十五字云 寶露國與黑水國人 共向新羅國和通"

21) 『高麗史節要』 권1, 太祖 원년 8월 조. "朔方鶻巖城帥尹瑄來附 瑄沉勇善韜鈐 弓裔末 避禍 走入北邊 有衆二千餘人 居鶻巖城 召黑水蕃 侵害邊郡 至是 王遣使招諭 遂來降 北邊以寧"

22) 『高麗史』 권1, 太祖 4년 2월 조. "黑水酋長高子羅 率百七十人來投"

23) 『高麗史』 권1, 太祖 4년 4월 조. "黑水阿於閒 率二百人來投"

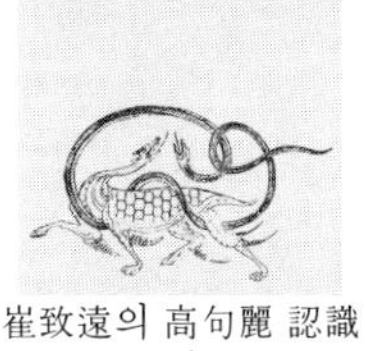



위에 인용된 黑水의 위치는 j에서 "黑水가 경계를 침범하여"라는 문구와 더불어 더불어 앞서 인용한 구절을 놓고 볼 때 지금의 함경북도 일원에 소재했던 것으로 생각된다. 이러한 흑수는 발해의 지배나 통제를 받고 있던 세력임은[24] 분명하다고 본다. 물론 이 黑水는 黑水靺鞨과는 지역적으로 놓고 볼 때 연관성은 없다. 그러나 唐 조정에서 비상하게 관심을 갖고 읽을 문서가 진성여왕에서 효공왕으로 왕위가 계승되는 「讓位表」라는 점을 고려해 본다면 신라 북부의 '黑水'는 마치 黑水靺鞨과 같은 강력한 세력이라는 인상을 안겨 줄 수 있다. 요컨대 신라가 위기감을 고조시키려는 차원에서 구사한 위협 세력으로서 흑수의 존재를 唐에 浮刻시킨 것으로 생각된다. 말할 나위없이 이는 신라가 자국은 물론이고 唐의 敵對 세력이기도 한 발해의 위협을 강조하려는 의도였던 것이다.

## III. 고구려 인식에 대한 시대적 배경

신라와 발해는 군사적인 충돌을 비롯하여 문화적으로까지 경쟁하는 상황이었다. 따라서 양국은 시종 대립 국면에서 크게 벗어 났다고 보기는 어렵다. 두루 알려져 있듯이 발해가 최초로 일본에 보낸 대무예왕의 글월에 "高麗의 옛 땅을 회복했습니다"[25]라고 하였고, '高麗'라는 국호로 통용되기도 하였다. 이 사실은 발해가 고구려의 계승자임을 자처했음을 뜻한다. 그런 관계로 발해는 고구려를 멸망시킨 신라를 敵國으로 간주하여 건국 후 일정 기간이 지난 후부터는 대립했던 것이다. 발해는 일본에 자주 사절을 파견하면서도 신라에는 단 한 번도 사절을 파견하지 않았다. 오히려 신라에서는 2차례나 발해에 사신을 파견한 적은 있다.[26] 게다가 신라는 발해의 위협이 증가되는 상황에서 唐의 요청으로 733년에는 발해의 남쪽 경계인 함경남도 지방을 공격하였다. 그러나 신라군

24) 宋基豪, 『渤海政治史研究』 1995, p.227.
25) 『續日本紀』 권10, 神龜 5년 조. "復高麗之舊居"

은 大雪로 인해 退却하였다.[27] 발해와 신라의 대립이 군사적 충돌로까지 번지어 간 셈이다. 이때 金忠信이 당현종에게 올린 글에 의하면 발해를 '靺鞨'·'凶殘'·'蠢動하는 저 오랑캐' 등으로 맹렬하게 비난하였다.[28] 신라는 이처럼 자국인들이 적개감을 가진 발해의 위협을 의식해서 북쪽 변방에 長城을 쌓았다. 721년에는 하슬라도(강릉)의 장정을 징발해서 北境에 長城을,[29] 762년에는 황해도 지역에 6城을 축조하였다.[30] 이는 발해와 일본이 신라를 挾攻할 계획을 세운[31] 사실을 감지한 신라가 벌인 築城 사업으로 파악되고 있다. 826년에 신라는 300리에 걸친 浿江長城을 축조했다.[32]

널리 알려져 있듯이 신라는 발해와 더불어 唐의 문화를 흡수하기 위해 노력

---

26) 『三國史記』 권10, 元聖王 6년 조. "三月 以一吉湌伯魚使北國"
『三國史記』 권10, 憲德王 4년 조. "秋九月 遣級湌崇正使北國"

27) 『三國史記』 권8, 聖德王 32년 조. "秋七月 唐玄宗以渤海靺鞨越海入寇登州 遣太僕員外卿金思蘭歸國 仍加授王爲開府儀同三司寧海軍使 發兵擊靺鞨南鄙 會大雪丈餘 山路阻隘 士卒死者過半 無功而還 金思蘭本王族先因入朝 恭而有禮 因留宿衛 及是 委以出疆之任 冬十二月 遣王姪志廉 朝唐謝恩 初帝賜王 白鸚鵡雄雌各一隻及紫羅繡袍 金銀細器物 瑞紋錦 五色羅綵 共三百餘段 王上表謝曰 伏惟陛下執象開元 聖文神武 應千齡之昌運 致萬物之嘉祥 風雲所通 咸承至德 日月所炤 共被深仁 臣地隔蓬壺 天慈洽遠 鄉睽華夏 睿渥覃幽 伏視瓊文 跪披玉匣 含九跪之雨露 帶五彩之鵷鸞 辯惠靈禽 素蒼兩妙 或稱長安之樂 或傳聖主之恩 羅錦彩章 金銀寶鈿 見之者爛目 聞之者驚心 原其獻款之功 實由先祖 錫此非常之寵 延及末孫 微効似塵 重恩如嶽 循涯分何以上酬 詔饗志廉內殿 賜以束帛"

28) 『三國史記』 권8, 聖德王 33년 조. "春正月 敎百官 親入北門奏對 入唐宿衛左領軍衛員外將軍金忠信上表曰臣所奉進止 令臣執節 本國發兵馬 討除靺鞨 有事續奏者 臣自奉聖旨 誓將致命 當此之時 爲替人 金孝方身亡便留臣宿衛 臣本國王 以臣久侍天庭 遣使從姪志廉代臣 今已到訖 臣卽合還 每思前所奉進正 無忘夙夜 陛下先有制 加本國王興光寧海軍大使 錫之旌節 以討凶殘 皇威載臨 雖遠猶近 君則有命 臣敢不祗 蠢爾夷俘 計已悔禍 然除惡務本 布憲惟新 故出師 義貴乎三捷縱敵 患貽於數代 伏望陛下因臣還國 以副使假臣 盡將天旨再宣殊裔 豈惟斯怒益振 固亦武夫作氣 必傾其巢穴 靜此荒隅 遂夷臣之小誠 爲國家之大利 臣等復乘悖滄海獻捷丹闈効毛髮之功 答雨露之施 臣所望也 伏惟陛下圖之 帝許焉"

29) 『三國史記』 권8, 聖德王 20년 조. "秋七月 徵何瑟羅道丁夫二千 築長城於北境 冬 無雪"

30) 『三國史記』 권9, 景德王 21년 조. "夏五月 築五谷·鵂巖·漢城·獐塞·池城·德谷六城 各置太守 秋九月 遣使入唐朝貢"

31) 韓圭哲, 『渤海의 對外關係史』 1994, p.210.

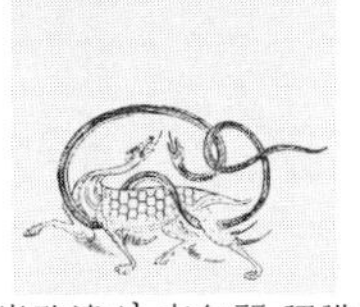



하였다. 兩國은 모두 唐으로부터 문화적 선진국으로서의 국제적 지위를 승인받기를 원했던 것이다. 그 결과 使臣 爭長 사건과, 賓貢科 首席 합격자 서열 다툼 사건이 일어 났다. 897년에 발해 왕자 大封裔가 발해 사신을 신라 사신보다 웃자리에 앉게 해 달라고 요청하였다. 이때 발해는 强國으로 자처하고 신라를 弱國이라하여 그러한 요구를 한 것이다. 그러나 唐은 발해 사신의 요구를 거절하고 종전처럼 신라 사신을 上席에 앉혔다. 또 하나는 唐의 賓貢科 首席 합격자 서열에서 신라의 崔彦撝 바로 뒤에 발해 출신 학생이 합격하였다. 이 발해 출신 학생의 아버지가 唐에 사신으로 갔을 때 항의했으나 거절되었다. 즉, 첫째 시험에서 발해의 烏炤度가 신라의 李同보다 높은 점수이자 賓貢科의 首席이 되었고, 두 번째 시험에서는 신라의 崔彦撝가 발해의 烏光贊보다 높은 점수로 합격하였다. 최치원은 첫 번째 사건을 부끄럽게 여겨 "一國의 羞恥로 영원히 남을 사건"으로 인식하였다. 두 번째 시험에서는 오광찬의 성적에 대하여 그의 아버지인 오소도가 항의까지 했다. 요컨대 일련의 이러한 사건들은 발해와 신라의 대립 양상이 이제는 唐을 매개로 한 문화적 優劣의 경쟁으로까지 치달았음을 나타낸다.[33]

이러한 대결 국면 속에서 최치원은 海東盛國을 자랑하였을 뿐 아니라 唐에서도 인정받고 있는 발해에 대한 위기감을 가졌음이 분명하다.[34] 더욱이 당시 신라는 e에서도 표출되어 있듯이 호족과 도적들이 跋扈하는 內戰 상황에 돌입해 있었던 것이다. 이러한 대내외적인 위기감 속에서 최치원은 일단 발해로부터 엄습해 오는 외적인 위기감을 解消하는 게 급선무라고 판단했음직 하다. 신라가 느꼈던 발해로부터의 위기감은 "만일 황제 폐하께서 英襟으로 홀로 결단하시고 神筆로 죽 그어 批答하시지 않았던들 槿花鄉이 廉讓으로 스스로 침몰하

32) 『三國史記』 권10, 憲德王 18년 조. "秋七月 命牛岑太守白永 徵漢山北諸州郡人一萬 築浿江長城三百里"

33) 李基白 · 李基東, 『韓國史講座』 古代篇, 1982, pp.365~366 참조.

34) 이에 대해서는 趙仁成, 앞논문, p.67에서 이미 지적하였다.

고, 楛矢國의 毒氣가 더욱 성할 뻔 하였습니다(謝不許北國居上表)"[35]라는 구절에서 잘 표출되고 있다. 이러한 선상에서 신라는 발해를 견제할 목적으로 唐의 손을 빌리고자 했던 것 같다. 그러기 위해서는 과거에 唐을 공격하기도 했던 발해의 존재를 환기시키는 게 필요했을 법하다. 그러한 차원에서 신라는 발해가 다름 아닌 唐의 宿敵이었던 기실 고구려에 淵源을 두었음을 폭로하고 있는 것이다. 또 그러기 위해 최치원은 발해를 고구려와 계통적으로 연계시켰다. 동시에 그는 당태종이 고구려를 마치 征討한 것처럼 서술하여 唐의 힘을 빌어 발해를 견제하려는 의도를 표출하였다.

## Ⅳ. 馬韓 인식

최치원은 발해를 고구려와 결부시켜서 이해하였다. 그러한 고구려의 존재가 중국에서 크나 큰 두통거리였음은 "북으로는 幽·燕·齊·魯를 흔들어서 중국의 큰 좀이 되었습니다. 隋 황제가 세력을 잃은 것도 요동 정벌에서 연유한 것입니다(h)"라는 구절에 집약되어 있다. 최치원은 고구려의 기원을 이제는 i에서 보듯이 삼한 가운데 마한과 관련 지었다. 최치원이 마한의 후신으로 고구려를 결부 지었음은 다음에서도 다시금 확인된다.

o. …신라 최치원은 말하기를 "馬韓은 곧 高麗이고, 卞韓은 곧 百濟이고, 辰韓은 곧 新羅이다." 이러한 여러 說은 그럴듯하다고 말할 수 있다.[36]

---

35) 「謝不許北國居上表」 "向非皇帝陛下 英襟獨斷 神筆橫批 則必槿花鄕 廉讓自沈 楛矢國毒痛愈盛"

36) 『三國史記』 권34, 地理 1. "新羅崔致遠曰 馬韓則高麗 卞韓則百濟 辰韓則新羅也 此諸說 可謂近似焉"

물론 마한과 관련 지을 수 있는 세력이 백제임은 너무나 명백한 것이다. 그럼에도 이러한 최치원의 삼한 인식이라는 것은 그가 지닌 학문적 위상으로 인해 후대에 깊은 영향을 미쳤다. 아울러 이같은 최치원의 인식에 대해서는 많은 추측이 제기된 바 있다. 이와 관련해 최치원 당시의 삼한 인식과 견주어서 그가 지닌 마한 인식을 조명하는 게 온당하리라고 본다. 우선 최치원과 가장 근접한 시기의 인식을 꼽는다면 단연 900년 전주에 입성한 후백제 진훤이 吐해 낸 다음과 같은 말을 상기하지 않을 수 없다.

> p. 내가 삼국의 시작을 상고해 보니 마한이 먼저 일어난 후에, 대대로 발흥한 고로 진한과 변한이 이것을 따라 흥했다.[37] 이 때에 백제는 나라를 金馬山에서 개국하여 600여 년이 되었는데, 摠章 연간(668~669)에 당나라 고종이 신라의 요청에 따라 장군 소정방을 보내어 수군 13만을 거느리고 바다를 건너 왔고, 신라의 김유신이 卷土하여 황산을 지나 泗沘에 이르러 당나라 군사와 함께 백제를 공격하여 멸망시켰다. 지금 내가 감히 완산에 도읍하여 의자왕의 宿憤을 설욕하지 않겠는가![38]

진훤은 삼한 가운데 마한이 가장 먼저 흥기했음과 더불어, 마한을 이은 백제

37) 이 구절은 "吾原三國之始 馬韓先起後 赫世勃興 故辰卞從之"라고 적혀 있다. 이에 대한 해석을 "내가 삼국 시초의 일을 상고하여 보건대 마한이 먼저 일어났고 뒤에 혁거세가 일어났으므로 진한과 변한이 따라서 일어났다"(고전연구실, 『삼국사기』 하, 1959, p.487)라고 하였다. 그리고 "내가 삼국의 기원을 상고해 보면, 마한이 먼저 일어나고 후에 赫世(赫居世)가 발흥하였으므로 辰(韓) 卞(韓)이 따라 일어났다(李丙燾, 『國譯三國史記』 1977, p.722)"로 번역하였다. 『新增東國輿地勝覽』에서는 이 구절을 "昔馬韓先起 赫世勃興辰卞從之"로 적어 놓았는데, 『三國史記』와는 약간의 異同이 있다. 이에 대한 번역을 "옛날에 마한이 먼저 일어나 대대로 발흥하였고, 진한과 변한이 뒤이어 일어났다"(민족문화추진회, 『국역 신증동국여지승람』 IV, 1969, p.424)라고 하였다. 여기서 '赫世'를 赫居世로 번역하지는 않았다. 이와 관련해 "내가 삼국의 기원을 생각할 때 마한이 먼저 일어나서 빛나는 시대를 열었다. 그러므로 진한과 변한이 따라서 일어나게 되었다"(文暻鉉, 『高麗史研究』 2000, p.51)라는 해석이 주목된다. 赫世라는 용어는 대대로 高貴한 高官을 가리키는 '赫世公卿'에서 확인된다. 그러므로 文暻鉉의 해석이 온당하다고 본다.

가 600여년 만에 망했음을 상기시켰다. "백제는 그 선조가 대개 마한의 屬國이었다"[39]고 하였듯이 백제가 마한 계통이었음을 알려준다. 진훤은 삼한 가운데 가장 먼저 흥기한 마한을 거론하면서 백제 역사의 유구함을 闡明하였다. 이 구절을 통해 진훤은 백제가 마한을 계승한 것으로 인식했음을 알 수 있다. 마한뿐 아니라 진한과 변한까지 거론한 진훤의 이러한 삼한 인식은 개인적인 소견만으로는 생각되지 않는다. 당시 광범위하게 퍼졌던 삼한에 대한 보편적인 인식을 표출했다고 보아야 한다. 그래야만 주민 규합에 필요한 호소력을 얻을 수 있기 때문이다.

이와 관련해 최치원의 "옛날 우리 나라가 솥발과 같이 대치하고 있을 때 百濟에는 蘇塗의 儀式이 있었다"[40]라고 한 인식을 주목하지 않을 수 없다. 이러한 蘇塗에 관한 최치원의 언급은 『삼국지』 동이전 한 조에서 "또 여러 나라에는 각각 別邑이 있는데, 그것을 蘇塗라고 한다. 큰 나무를 세우고 방울과 북을 매달아 놓고 귀신을 섬긴다. 그 지역으로 도망 온 사람은 누구든 돌려 보내지 않으므로 도적질하는 것을 좋아하게 되었다. 그들이 蘇塗를 세운 뜻은 浮屠와 같지만 행하는 바의 좋고 나쁜 점은 다르다"[41]라고 한 구절에 근거한 것이었다. 따라서 그가 분명히 『삼국지』 동이전 한 조의 馬韓 項을 읽었던 것으로 판단할 수 있다.[42] 蘇塗는 적어도 문헌상으로는 다른 지역에서는 확인되지 않은 마한의 祭儀處인 것이다. 그런 만큼 최치원의 백제 = 蘇塗 = 마한과 같은 인식을 통해 그가 분명히 마한 백제로의 계승 관계를 認知하였음이 확인된다.

38) 『三國史記』 권50, 甄萱傳. "吾原三國之始 馬韓先起 後赫世勃興 故辰 卞從之而興 於是百濟開國金馬山 六百餘年 摠章中 唐高宗以新羅之請 遣將軍蘇定方 以船兵十三萬越海 新羅金庾信卷土歷黃山至泗沘予 與唐兵合攻百濟滅之 今敢不立都於完山 以雪義慈王宿憤乎"

39) 『周書』 권49, 異域上, 百濟 條. "百濟者 其先蓋馬韓之屬國"

40) 韓國古代社會研究所, 「鳳巖寺智證大師塔碑」 "昔當東表鼎峙之秋 有百濟蘇塗之儀"

41) 『三國志』 권30, 東夷傳, 韓 條. "又諸國各有別邑 名之爲蘇塗 立大木 縣鈴鼓 事鬼神 諸亡逃 至其中 皆不還之 好作賊 其立蘇塗之義 有似浮屠 而所行善惡有異"
趙仁成도 최치원의 탑비문의 '蘇塗' 구절이 『三國志』 韓 條에 근거한 것으로 추측했음을 알았다(趙仁成, 앞논문, p.49).

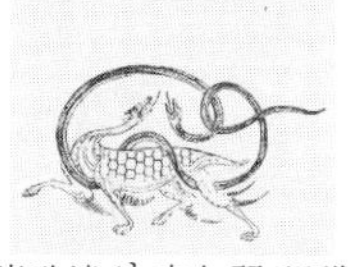



그럼에도 불구하고 최치원이 고구려의 마한 계승설을 내세운 것은 어떤 의도에서였을까? 이와 결부지어 대외적으로 포착되는 마한의 성격을 살펴 보지 않을 수 없다. 마한은 중국과의 관계 속 에서 다음과 같이 그 존재가 포착되고 있다.

q. 部從事 吳林은 樂浪이 본래 韓國을 通御했다면서 辰韓 8國을 分割하여 樂浪에게 주었다. 그 때 관리가 말을 옮기는 과정에서 異同이 있었기에 臣智가 激하고 韓이 忿하여 帶方郡 崎離營을 공격하였다. 그 때 太守인 弓遵과 樂浪太守 劉茂가 군사를 일으켜 이들을 정벌하였는데 遵은 戰死하였으나 2郡이 드디어 韓을 滅하였다.[43]

r. 建光 원년(121)…가을에 宮이 드디어 馬韓과 濊貊의 군사 수천 騎를 이끌고 玄菟를 포위하였다.[44]

s. 延光 원년(122) 봄 2월 부여왕이 아들을 보내어 군대를 거느리고 현도를 구하였다. 고구려 · 馬韓 · 穢貊을 쳐서 이들을 깨뜨리자 드디어 사신을 보내어 공물을 바쳤다.[45]

위의 기사 가운데 r과 s에 보이는 '마한' 은 당시 고구려와의 지리적인 관계를 놓고 볼 때 한반도 중부 이남 지역에 소재한 삼한의 한 정치세력으로 간주하기는 어려운 점이 있다. 그런 관계로 前後三韓說 즉 北三韓과 南三韓 내지는 三韓移動說이 제기되기도 하였다.[46] 여기서는 마한의 소재지가 문제가 아니다. 마

42) 최치원이 『三國志』東夷傳 韓 條를 읽었음은 "辰韓은 秦韓의 이름을 잘못 쓴 것이다(「謝賜詔書兩函表」)"와 "저희 나라는 땅은 秦韓이라 부르옵고(「奏請宿衛學生還蕃狀」)"라는 구절이 『三國志』 同 條 辰韓項의 "지금도 그곳(辰韓)을 이름하여 秦韓이라고 하는자가 있다(今有名之爲秦韓者)"라는 문구에 근거한 것이기 때문이다.

43) 『三國志』권30, 東夷傳, 韓 條."部從事吳林以樂浪本統韓國 分割辰韓八國以與樂浪 吏譯轉有異同 臣智 激韓忿 攻帶方郡崎離營 時太守弓遵 樂浪太守劉茂興兵伐之 遵戰死 二郡遂滅韓"

44) 『後漢書』권85, 東夷傳, 高句驪 條. "建光元年…秋 宮遂率馬韓濊貊數千騎圍玄菟"

45) 『後漢書』권5, 延光 元年 條."延光元年春二月 夫餘王遣子 將兵救玄菟 擊高句驪 · 馬韓 · 穢貊 破之遂遣使貢獻"

46) 이에 대해서는 千寬宇, 『古朝鮮史 · 三韓史研究』 1989, pp.138~208을 참고하기 바란다.

한의 존재가 고구려와 더불어 중국 군현과 대결하였던 존재로서 언급되어 있다는 것이다. q와 같은 한반도 남부 지역의 마한의 경우도 삼한 가운데는 유일하게 중국 군현과 군사적 대결을 벌였다. 요컨대 삼한 가운데 마한의 존재는 중국과 대결했던 세력으로서 인식될 수 있었다. 최치원은 그러한 마한의 후신으로 중국과 무력 대결을 벌였던 고구려를 결부 지었다. 그리고 그는 고구려의 후신으로 역시 唐을 침공했던 발해를 연관지었다. 이는 단순한 역사 인식을 대별한다기 보다는 정치적인 배경이 깔렸음을 감지하게 한다. 당시 발해와의 군사적 긴장감이 조성되었던 신라로서는 唐과도 군사적 충돌이 있었던 발해의 기원을 唐의 怏宿이었던 고구려와 결부 지었다. 이어서 그는 고구려를 다시금 중국 군현과 충돌했던 마한과 연결 지었다. 그럼으로써 마한 → 고구려 → 발해로 이어지는 反中國 내지는 反唐的인 세력을 제거해야하는 명분의 역사적 연원을 설명하고 있다고 보아야 할 것 같다.

이러한 최치원의 인식은 실증적 사실에 근거했다고 보기는 어렵다. 여기에는 정치적 의도가 다분히 깔린 것으로 간주해야만 할 것 같다. 무엇보다도 i의 당태종이 고구려의 항복을 받고 돌아왔다는 사실과는 거리가 먼 서술을 통해서도 짐작할 수 있게 된다. 그리고 앞에서 언급한 r과 s에 보이는 마한은 고구려의 부용 세력에 불과했다. 최치원은 이러한 마한이 q와 같은 한반도의 마한과는 다른 세력임을 간파했을 것이다. 그러나 최치원이 중시했던 것은 마한이 중국 군현과 대립했다는 그 자체였다. 그랬기에 최치원은 이러한 면에서는 마한과 동일한 성격을 지닌 고구려를 서로 결부지음으로써 발해 견제라는 궁극적인 목표에 다시금 照準한 것으로 보인다.

그러면 마한 → 고구려 계승 의식과 관련해 『三國史記』弓裔傳에 보이는 다음 기사를 주목하여 분석한 견해를 이와 관련해 검토해 본다.

t. 이보다 앞서 상인 王昌瑾이 당나라로부터 와서 철원의 시전에 임시 거처하고 있었다. 정명 4년 무인, 창근이 거울을 벽 위에 걸어두니 햇빛이 거울에 비치자 가늘게 쓴 글자가 있었다. 이를 읽어보니 옛 詩 같은데 그 대강은 다음과 같았다. 삼수중과

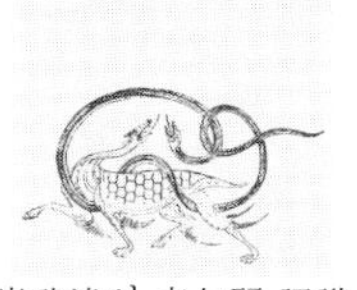



사유 아래(三水中四維下) / 상제가 진마에 아들을 내려 보내(上帝降子於辰馬) / 먼저 닭을 잡고 뒤에 오리를 칠 것인 바(先操鷄後搏鴨) / 이것은 운이 차 3갑을 하나로 함을 이른 것이다(此謂運滿一三甲) / 가만히 하늘에 올라가 밝게 땅을 다스릴 것이니(暗登天明理地) / 子年을 만나 대사를 일으킬 것이다(遇子年中興大事) / 종적을 흐리고 성명을 드러내지 아니하니(混　跡沌名姓) / 혼돈하여 누가 진과 성을 알 수 있으랴(混沌誰知愼與聖) / 법뇌를 떨치고 신전을 휘두를 것이다 振法雷揮神電 / 巳年 중에 두 용이 나타나(於巳年中二龍見) / 한 용은 몸을 청목 중에 감추고(一則藏身青木中) / 한 용은 흑금 동쪽에 나타낼 것이다(一則現形黑金東) / 지혜 있는 자는 볼 것이고 어리 석은 자는 보지 못할 것이다(智者見愚者盲) / 구름을 일으키고 비를 내리게 하며 사람들을 데리고 정벌을 한다(興雲注雨與人征) / 때로는 성하고 때로는 쇠함을 보이는데(或見盛或視衰) / 성쇠는 악하고 혼탁한 세상을 멸하는 것이다(盛衰爲滅惡塵滓) / 이 한 용의 아들은 서넛이(此一龍子三四) / 대를 바꾸어 가며 6갑자를 이어 가리라(遞代相承六甲子) / 이 四維는 정녕코 축년에 멸할 것이니(此四維定滅丑) / 바다를 건너 와서 항복함은 모름지기 유년을 기다려야 할 것이다(越海來降須待酉) / 이 글이 명왕에게 발견된다면(此文若見於明王) / 국태인안하고 제업이 영원히 번창할 것이다(國泰人安帝永昌) / 나의 기록은 무릇 147자이다(吾之記凡一百四十七字 : 실제 기록된 숫자는 145字이다. 필자) 昌瑾이 처음에는 글자가 있는 것을 알지 못하였다가 이를 발견하고는 보통 것이 아니라 하여 왕에게 이를 아뢰었다. 왕은 담당 관청에 명하여 昌瑾과 더불어 그 원래 거울 주인을 찾도록 하였는데 찾지 못하고 오직 勃颯寺 불당에 서 있는 鎭星의 塑像이 그 사람과 같았다. 왕이 한참 동안 이상하다고 여기다가 문인 宋含弘 白卓 許原 등에게 명하여 이를 해석하도록 하였다. 含弘 등이 서로 말하였다. "상제가 아들을 진마에 내렸다는 구절에서 辰馬는 진한 마한을 말하고, 두 용이 나타나 한 마리는 青木에 감추었고 한 마리는 黑金에 나타났다는 구절에서 푸른 나무는 松이니 송악군 출신으로 龍字를 이름으로 하고 있는 사람의 자손이니, 지금 파진찬 시중을 가리킴일 것이며, 黑金은 鐵이니 지금 국도인 철원을 말함이다. 지금 임금이 처음 이곳에서 일어났으나 마침내 이곳에서 멸망할 징험이다. 먼저 鷄를 잡고 후에 鴨을 칠 것이다는 것은 파진찬 시중이 먼저 계림을 얻고 후에 압록을 수복한다는 뜻이다."[47]

47) 『三國史記』 권50, 弓裔傳.

위의 기사를 토대로 다음과 같은 견해가 제기되었다. 즉, "辰韓과 馬韓이 하늘로부터 건국된 존재임을 강조하고 그것을 계승한 鷄(鷄林)와 鴨(鴨綠 = 高句麗)을 장악한 것이라는 계시로 이를 해석하고 있는 내용이다. 이를 해석한 자들은 宋含弘·白卓·許原 등으로써 당시에 이 같은 거울에 문장이 새겨진 사실과 이를 해석하는 문인들 모두 辰韓 = 鷄 = 鷄林(新羅)와 馬韓 = 鴨 = 鴨綠(高句麗)라는 대응 인식에 전혀 의문을 제기하지 않고 있다는 점에서 당시의 일반적인 인식 내용임을 확인할 수 있다. 여기서 주목되는 것은 이 내용이 최치원이 제시한 삼한 삼국 대응 내용과 동일한 것으로서 이 같은 인식이 단순히 최치원 개인의 생각이 아니라 후삼국시대 일반 식자층에 보편화된 인식이었음을 알 수 있다"[48] 고 하였다.

확실히 주목할만한 견해라고 생각된다. 그런데 위의 t에서 인용한 "上帝降子於辰馬"의 '辰馬'는 역시 이와 성격이 동일한 讖記이고 시기마저 동일한 道詵의 「踏山歌」중에서 "松嶽山爲辰馬主"[49]라고 하여 다시금 보인다. 즉 "松嶽山은 辰韓과 馬韓의 主가 된다"는 것이다. 여기서 '辰馬'는 우리나라를 가리키는 三韓의 뜻으로 사용되었다. 그렇다고 할 때 上帝의 아들이 내려오는 '辰馬'가 辰韓과 馬韓을 개별적으로 가리키는 것은 아니라고 하겠다. '辰馬'는 三韓의 범칭으로 사용되었음을 알 수 있다. 「踏山歌」의 '辰馬'는 그것을 뜻한다. 따라서 鏡文의 '辰馬'를 辰韓과 馬韓으로 구분해서 해석한 후 전개된 馬韓 → 高句麗 繼承說은 성립하기 어렵다. 그리고 馬韓 → 高句麗 계승설은 최치원 이후 인물들로서 그의 文名에 壓氣된 一然과 李承休 등에 의해서 제기되었을 뿐이다. 최치원 이전에 이 같은 인식이 생겨 났다는 근거는 어디에서도 찾아 볼 수 없다. 물론 『新增東國輿地勝覽』에 의하면 "臣이 살펴 보건대 馬韓이 고구려가 되고, 辰韓이 신라가 되고, 卞韓이 백제가 된 것은 최치원이 이미 定論하였습니다. 이것은 致遠이 처음으로 한 說이 아니라 삼국 초기부터 서로 전해 온 說입

48) 趙法鍾, 「高句麗의 馬韓繼承 認識에 대한 檢討」 『韓國史研究』102, 1998, pp.58~59.
49) 『高麗史』권122, 金謂磾傳. "又曰 松嶽山爲辰馬主 嗚呼誰代知始終"

니다"[50]라는 기사가 있다. 그러나 『新增東國輿地勝覽』 同 條에서 "그 뒤 고구려 동명왕이 낙랑에서 일어나 마한 동북의 땅을 모두 차지하였으니 뒷 사람이 고구려를 마한이라고 稱함은 아마 이 때문인가 하옵니다"라고 기재 하였다. 이러한 주장은 아무런 근거도 제시하지 않았기에 신뢰하기 어렵다. 게다가 同 條 뒷 구절의 "뒷 사람이 고구려를 마한이라고 稱함은"라는 기사의 '뒷 사람'은 최치원을 가리키는 것이다. 그리고 "아마 이 때문인가 하옵니다"라는 구절은 추측이 된다. 요컨대 이 구절은 삼국 초기부터 마한이 고구려로 이어졌다는 주장이 순전히 臆測에 불과했음을 폭로하고 있다. 따라서 馬韓 = 高句麗說은 최치원의 創說이 분명하다고 보겠다.

한편 최치원의 역사 인식과 관련해 누락시킬 수 없는 著作이 『帝王年代曆』인 것 같다. 최치원의 고구려 인식과 관련해 『帝王年代曆』에 관해 잠깐 언급하고자 한다. 최치원은 새로운 저작을 통해 왕권의 위상을 높이려고 했던 것 같다. 그것은 『帝王年代曆』의 편찬으로 이어졌다고 간주들 한다. 『帝王年代曆』의 편찬은 대내외적으로 위기에 직면한 신라 왕실의 권위를 잡아 주고 왕권의 정당성을 짚어주기 위한 차원에서 마련되었다고 보는 것이다.[51] 또 이러한 맥락에서 본다면 『帝王年代曆』은 정치 사회적 효용성이 없는 최치원의 정계 은퇴 이후 은둔시절에 저술했다[52]기 보다는 현직에 있었을 때로 간주하는 게 사세에 부합된다고 본다. 現傳하는 최치원의 저작물들은 대부분이 唐에 체류하던 시기와 신라 조정에서 활약하던 때의 산물들이기 때문이다. 이와 관련해 『帝王年

50) 『新增東國輿地勝覽』 권6, 京畿 條. "臣按馬韓爲高句麗 辰韓爲新羅 卞韓爲百濟 崔致遠已有定論 此非致遠創爲之說 自三國初相傳之說也…高句麗東明王起於樂浪 而盡有馬韓東北之地 後人稱麗爲馬韓者蓋以此也"

51) 趙仁成은 『帝王年代曆』의 편찬 목적을 "진골 귀족 및 지방 호족들에 대해 왕실의 정통성과 권위를 내세우려고 했다는 점을 생각할 수 있다(趙仁成, 앞논문, p.66)" "삼국을 통일한 것이 신라임을 명백히 하기 위하여 『帝王年代曆』을 저술하였음을 알 수 있으리라 믿어진다(趙仁成, 앞논문, p.68)"고 하였다.

52) 趙仁成, 앞논문, p.68.

代曆』의 '帝王' 은 신라왕을 가리킨다고 보는 게 온당하다.[53] 신라왕을 가리키는 '帝王' 은 「진흥왕순수비문」에서도 확인될 뿐 아니라, 당시 신라는 내부적으로는 황제체제를 갖추고 있었기 때문에[54]이러한 '帝王' 용어를 사용하는 게 하등 이상할 게 없다. 舊韓末에 편찬된 『新訂東國歷史』에 보면 단군조선부터 대한제국에 이르는 王朝圖를 '歷代帝王圖' 라고 하여 역시 '帝王' 으로 표기하고 있는 사실도[55] 참고된다.

나아가서 『帝王年代曆』의 서술 대상 국가에 대해서는 삼국과 가야까지 포괄했을 것으로 추측하는 견해가 많았다. 이러한 추측은 李承休의 『帝王韻紀』 체재를 염두에 두었기 때문일 것으로 보인다. 또 그렇기 때문에 『帝王年代曆』의 '帝王' 은 『帝王韻紀』가 그러했듯이 중국 황제와 한국의 왕들을 가리키는 것으로 인식하는 경우가 많았다. 그러나 '帝王' 은 신라왕의 칭호로도 사용되었고, 적어도 통일신라는 황제체제를 갖추고 있었다. 그러므로 『帝王年代曆』의 서술 대상은 帝王에 해당하는 신라의 역사 가운데 신라왕들의 즉위 연대와 계보 중심으로 쓰여졌을 가능성을 배제하기 어렵다. 게다가 최치원의 서술과 삼국에 대한 인식을 비롯해서 그것이 집필되는 시대적 배경을 놓고 볼 때 신라 중심으로 쓰여졌을 가능성이 매우 높았다. 신라가 발해 건국기에 대조영에게 5관등인 대아찬을 제수했다는 것은 蕃國 의식의 산물이었고, 그러한 경우로서는 그에 앞서 고구려 유민들로 구성된 報德國을 꼽을 수 있다.[56] 이러한 맥락에서 볼 때 설령 『帝王年代曆』에 고구려와 백제·가야 역사가 수록되었다고 하더라도 이미 지적되고 있듯이 신라의 屬國 형식이었을 것이다. 이를테면 신라왕은 '帝' 로, 여타 삼국의 왕들은 '王' 으로 표기한 체재였을 가능성도 상정하지 않을 수 없다.

53) 이와 관련해 '帝王' 의 '帝' 를 굳이 중국 황제와 연결시킬 수만은 없다는 지적이 제기된 바 있다(李佑成, 『우리 역사를 어떻게 볼 것인가』 1976, pp.29~31).

54) 李道學, 「韓國史에서의 皇帝體制」 『傳統文化論叢』 창간호, 2003, pp.62~66.
金昌謙, 「新羅國王의 皇帝的 地位」 『新羅史學報』 2, 2004, pp.205~245.

55) 元泳義, 『新訂東國歷史』 徽文義塾印刷部, 1906, p.6.

56) 宋基豪, 앞책, p.195.

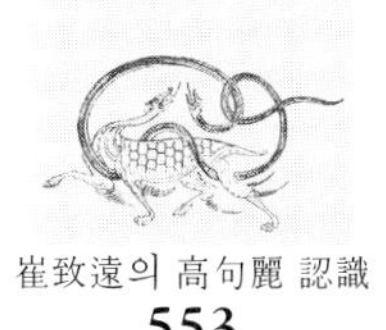



## Ⅴ. 맺음말 – 馬韓 → 高句麗 → 渤海 인식의 배경

지금까지 살펴 본 바에 따르면 최치원은 고구려에 대한 敵愾心이 강렬하였음을 읽을 수 있었다. 이는 그가 고구려를 갖은 蔑稱을 구사하여 일컬었던데서 端的으로 드러나고 있다. 그러한 적개심은 당시 신라와 발해와의 관계에서 찾을 수 있었다. 현실적으로 당시 신라는 발해와의 군사적 대결 뿐 아니라 唐에서의 입지 내지는 位相에 대해 민감하게 반응하였다. 그것은 신라 왕권이 처하여 있는 불안정한 상황과 맞물려서 더욱 예민해 질 수밖에 없었다. 당시 신라 지방에서는 호족들의 할거와 도적의 猖獗 그리고 累代에 걸친 骨肉相爭的인 진골 왕족간의 왕위 계승전으로 인해 왕권은 몹시 搖動치는 상황이었다. 이러한 상황에서 신라 왕권을 지탱해 줄 수 있는 든든한 정치적 기반이자 상징적 후원 세력은 唐이었다. 그런데 唐에서 신라와 발해 간의 賓貢科 首席 합격자 다툼과 使臣의 爭長 사건이 발생했다. 이 사건을 통해 적어도 발해에 대해 그간 일방적으로 優位를 점했던 신라의 위상이 흔들리는 위기를 맞게 되었다. 唐에서 신라의 位相 低下는 자연히 신라 왕실의 권위 약화로 이어지게 마련이었다.

이러한 상황에 직면하자 최치원은 唐에 호소하고 있는 것이다. 왜냐하면 신라의 강력한 경쟁자이자 唐에서의 입지가 강화된 발해를 좌시할 수는 없었기 때문이었다. 그 결과 최치원은 唐에 보낸 외교 문서에서 발해의 뿌리를 한결 같이 고구려와 연결지었다. 고구려는 隋 唐 뿐 아니라 역대 중국 왕조들과는 군사적 대결을 일삼았던 국가였다. 그러한 사실을 최치원은 唐人들에게 애써 喚起시켜 주고자 했다. 나아가 당시 三韓 → 三國으로 이어지는 계승 의식이 보편적으로 알려져 있었다. 가령 "合三韓以爲一家"[57]라고 하여 삼국 통일을 신라와 고구려 그리고 백제를 합쳐서 한 집안을 만들었다는 의식을 공유되고 있었다. 최치원도 "옛날의 작은 세 나라가 지금은 장하게도 한 집안이 되었다"[58]고 하였다. 따라서 삼한 가운데는 신라는 물론이고 고구려와 백제가 응당 포함되었던 것이다. 여기서 진한 = 신라임은 이견이 없었다. 900년 전주에 천도한 후백제왕 진훤의 말에 의하면 마한 = 백제라는 인식이 확인되고 있다. 중국 사서에

서도 마한=백제로 서술되어 있었다. 그렇다면 변한=고구려로 인식되었을 것임은 너무도 자명하다.[59)]

그럼에도 최치원은 당시의 보편적인 역사 계승 인식과는 달리 마한 = 고구려로 결부지어 唐人들에게 말하고 있다. 삼한 가운데 중국과 대립했던 세력은 진한도 아니고 변한도 아니었다. 마한만이 중국 군현과 군사적으로 衝突하였던 것이다. 그러한 마한은 "그 풍속은 紀綱이 없어서 國邑에 비록 主帥가 있어도 邑落이 雜居하기 때문에 능히 서로 잘 제어하지 못한다. 跪拜하는 예법도 없고, 거처는 草屋에 土室을 만드는데 형태가 무덤 같다. 그 門은 윗 부분에 있다. 온 집안 식구가 그 속에 함께 살며 長幼와 남녀의 분별이 없다.…그 북방에 郡에 가까운 諸國은 禮俗에 약간 밝지만 그곳에서 먼 곳은 곧 囚徒나 奴婢들이 서로 모여 있는 것과 같다"[60)]라고 하였듯이 낙후되고 어두운 면이 부각되어 있다. 반면 신라의 前身인 辰韓의 경우는 秦役을 피해 이주해 온 중국계 유이민이 건국한 국가이며 秦의 遺風이 남아 있다[61)]고 했다. 이것을 통해 중국계 유이민이 건국한 진한 = 신라를 통해 중국과의 전통적인 친연성 내지는 우호성을 부각시키고자 했던 것 같다.[62)]

이러한 최치원의 인식은 신라와 발해의 관계를 孔子의 출생국이자 문명국이었던 魯나라와 그 반대로 미개국인 杞나라에 각각 견준데서도 살필 수 있다. 게

---

57) 韓國古代社會研究所, 「皇龍寺刹柱本記」 『譯註 韓國古代金石文』III, 1992, p.368.

58) 韓國古代社會研究所, 「鳳巖寺智證大師塔碑」 p.178. "昔之蕞爾三國 今也壯哉一家"

59) 변한 = 고구려 인식이 존재했음은 비록 구체적인 근거는 제시하지 않았지만 盧泰敦, 「삼한의 인식에 대한 변천」, 『한국사를 통해 본 우리와 세계에 대한 인식』 1998, p.97에서 언급하고 있다. 한편 權近의 『東國通鑑』 外紀, 三韓 條에서 변한을 고구려에 비정하였다.

60) 『三國志』 권30, 東夷傳, 韓 條. "其俗少綱紀 國邑雖有主帥 邑落雜居 不能善相制御 無跪拜之禮 居處作草屋土室, 形如塚 其戶在上 擧家共在中 無長幼男女之別…其北方近郡諸國差曉禮俗 其遠處直如囚徒奴婢相聚"

61) 『三國志』 권30, 東夷傳, 韓 條, 辰韓 項. "其耆老傳世 自言古之亡人避秦役來適韓國 馬韓割其東界地與之 有城柵其言語不與馬韓同 名國爲邦 弓爲弧 賊爲寇 行酒爲行觴 相呼皆爲徒 有似秦人"

62) 최치원이 신라의 來源이 중국계임을 내세웠음은 盧泰敦, 앞책, p.92에서도 언급하였다.

다가 최치원이 自國인 신라를 槿花鄕으로, 발해를 野蠻의 表象인 楛矢國으로 일컬은 데서도 다시금 확인되어진다.[63] 요컨대 최치원은 마한 → 고구려 → 발해로 이어지는 역사 계승 관계를 唐人들에게 환기시킴으로써 발해에 대한 적대감을 唐人들에게 고취시키고자 했다. 그럼으로써 唐에서 신라의 위상을 예전처럼 여전히 확보하고자 했던 것으로 보인다. 요컨대 최치원의 마한과 고구려에 대한 인식은 당시 신라와 여러 방면에서 대립하고 있었고 위협적이었던 발해라는 심각한 懸案의 타개책에서 기인한 것이었다.

당대 최고의 知性이자 국제적 감각까지 갖추었던 이가 최치원이었다. 그러한 그도 신라 땅에서는 어디까지나 '신라인'에 불과했던 것이다. 그 드높은 정신세계도 현실의 울타리를 넘기는 어려웠다고 하겠다.

63) 李在云, 앞 책, p.226.

# 부록

Summary

# A Study on Gwanggaeto King's Tomb Inscription (廣開土王陵碑文) of Goguryeo (高句麗)

Lee, Do Hack
(Professor, Korean National University of Cultural Heritage)

It has still been progressed that numerous researches on the epitaph that Gwanggaeto (reigned 391-412 A.D.) King's Tomb Inscription (廣開土王陵碑) located at Jian City (高句麗), as the 2nd Capital of Goguryeo (集安市), in Jirin Province (吉林省) of China at the present. In this book I attempted to investigate perfectly the historical image of Goguryeo through new analysis of both Gwanggaeto King's Tomb Inscription and the relative archaeological evidences, based on the existing academic achievements. Such works were progressed on some divisions.

In the 1st Chapter, I attempted to analyze the system and the identity of Royal Families of Goguryeo. Firstly, as the result of re-examining

the relationship between Goguryeo and Byeo (夫餘), I confirmed all the substance of them, of which North Buyeo (北夫餘)was located in the northen part of the East Songhua River (松花江), Buyeo was located in the southern part of East Songhua River, and East Buyeo (東夫餘) was located in the valley of Tumen River and the part of Maritime of Siberia at present. Three Buyeos were proven to be together at the time of establishing Goguryeo. Further North Buyeo and Buyeo were identified as a separate kingdom each other. They shown in the Samgukji (三國志 Historical Records of the Three Kingdoms) and the Samguk sagi (三國史記 Historical Records of the Three Kingdoms) were clarified as a separate substance each other. They shown their substance in the epitaph of Gwanggaeto King's Tomb Inscription were fallen in the order of Buyeo, North Buyeo and East Buyeo, and were also submitted by Goguryeo.

Goguryeo and Baekje (百濟) commonly had an understanding of the same origin of Buyeo. Both kingdoms tried to connect a background competed through antagonisms and wars each other with the succeeding formality of the royal orthodoxy of Buyeo. Through antagonisms and conflicts between Goguryeo and Baekje, and further the wars on the prolongation line and the diplomatic relationship with the East Asia world included China Continent and Japan Islands, I investigated the procedures of jointing each other and those of transforming the political power relationship among them. Indeed the things and facts of Goguryeo had a great deal of effect on Baekje and Silla (新羅). Based on this matter, it clarified a fact that three Kingdoms were in a cultural community. And the problems of royalty system of

Early Goguryeo were found out and the incorrect her royalty systems of the Samguk sagi were newly revised for a basis of the definite index as the royalty system numbers of Gwanggaeto King's Tomb Inscription.

In the 2nd Chapter, I executed the intensive investigations on the epitaph of Gwanggaeto King's Tomb Inscription and on Gwanggaeto King's Tomb. I examined that the background of establishing King's Tomb Inscription for the 19th King Gwanggaeto in the first time of Goguryeo history through a assignment as it was, of Goguryeo Court connected with the transfer of the capital of Goguryeo. And I clarified that the ideological background run through the epitaph of Gwanggaeto King's Tomb Inscription was based on Mencious(孟子)'s Ideology of Royalty Policy (王道政治思想). Further I brought out a fact that the phrases of the epitaph of Gwanggaeto King's Tomb Inscription were strong in the aspect of characteristic of political publicities. As the result of the analysis of war reports shown in the epitaph of Gwanggaeto King's Tomb Inscription, I clarified a fact that the main enemy of Goguryeo was Baekje. Also, through the epitaph of Gwanggaeto King's Tomb Inscription, I suggested the locations where Goguryeo had wrested territories from Baekje. Besides, I examined the characteristics of Guk-yeon (國烟) and Gan-yeon (看烟) appeared as Gwanggaeto King's Tomb Guardians in connection with Goguryeo policy of submitting enemies. I suggested that the ruling classes immigrated to Guknae Castle (國內城) as the Capital of Goguryeo among submitted people in the wrested territories were called as Guk-yuean and those were inhabited continuously in aboriginal residence were called as Gan-yuean. They were references that Guk-yuean (國烟)

was a person who lived in the Capital and Gan-yuean (看烟) was a person who inhabited in the province. Furthermore, as the result of investigating on buried persons of the Taewang Tomb (太王陵) and the Janggun Tomb (將軍塚), I could suggested that the Taewang Tomb was the Gogukwon King's Tomb, and Janggun Tomb was Gwanggaeto King's Tomb.

In the 3rd Chapter, I analyzed the policy of expansion to the south (南進經營) of Goguryeo. Firstly, I analyzed the war report that Goguryeo had invaded Baekje as shown in the 6th Yeongrak (永樂 A.D. 396) of the epitaph of Gwanggaeto King's Tomb Inscription, and newly interpreted that Goguryeo had wrested territories from Baekje were laid in the up-valley of South Han River. And I clarified a fact that Goguryeo had established the Gukwon Castle (國原城) as a vice-capital at Chungju (忠州) region. Gukwon Castle was an administrative name that was the same as meaning of the Guknae Castle (國內城). The political and economic importance in connection with the management of Silla's and Gaya (加耶)'s territories executed by Goguryeo was examined. Also as Goguryeo invaded the basin of Nakdong River in 400 A.D. and she managed Gaya territories based on Silla was discovered. The territories and characteristics of the Federation of Gara (加羅聯盟) in connection with that Goguryeo had invaded Imnagara (任那加羅) shown in the 10th Yeongrak (A.D. 400) of the epitaph of Gwanggaeto King's Tomb were clarified. I suggested that the time of establishing Jungwon Goguryeo Inscription (中原高句麗碑) located in the region of Chungju was in the middle of 5th century, and also I discovered that the purpose of establishing the Inscription was derived

from the strategy that Goguryeo had attempted to isolate Baekje through reconstructing the subordinate relationship to Silla. After the Han Castle (漢城) as the Capital of Baekje was taken by Goguryeo in 475 A.D., a part of Baekje territory where located in the northern part of Asan Bay was ceded and it also was temporarily submitted to Goguryeo were examined. Furthermore, the fact that Goguryeo had ruled Tamna (躭羅) as Jeju Island at present) and the survival relics of Goguryeo were investigated.

In the 4th Chapter, as supplementary articles, I examined that the contents of the inscription of gilt gold plate excavated from Sinpo City (新浦市), Hamgyeong Nam Province. And I re-examined that the inscription of a roof tile excavated from Banwol Castle (半月城), Pocheon County (抱川郡). And the formation background of negative acknowledge about Goguryeo suggested by Mr. Choi, Chi Won (崔致遠) who was an intelligent in the latter of Silla Period was investigated in relation between confrontation and conflict with Balhae (渤海) at that time.

This book as the above mentioned was focused on reconstruction of the 4-5th centuries of Goguryeo history through analyzing the epitaph of Gwanggaeto King's Tomb Inscription.

<Translated by Prof. Choe, Jong Ho, Ph. D. in Museology, The Korean National University of Cultural Heritage, Rep. of Korea, January 11th 2006 >

# 참고문헌

## 文獻 史料

### | 한국 |

『三國史記』『三國遺事』『東國李相國集』『海東高僧傳』『帝王韻紀』『高麗史』『高麗史節要』『三峰集』『龍飛御天歌』『世宗實錄』『成宗實錄』『中宗實錄』『新增東國輿地勝覽』『東國通鑑』『東文選』『大東韻府群玉』『訓蒙字會』『同春堂先生別集』『東史續錄』『白江集』『東國輿地備考』『增補文獻備考』『輿地圖書』『大東地志』『崔文昌侯全集』

### | 중국 |

『孟子』『禮記』『史記』『漢書』『後漢書』『三國志』『晋書』『魏書』『宋書』『南齊書』『梁書』『重修政和經史證類本草』『周書』『隋書』『北史』『南史』『舊唐書』『新唐書』『通典』『翰苑』『册府元龜』『資治通鑑』『論衡』『搜神記』『太平御覽』『宣和奉使高麗圖經』『宋史』『渤海國志』

### | 일본 |

『古事記』『日本書紀』『續日本紀』『日本後紀』『新撰姓氏錄』

## 著書

### | 한국 |

경희대학교 고고미술사연구소 경기도, 『오두산성』I, 1992.

孔錫龜, 『高句麗 領域擴張史 研究』 1998.

慶尙大學校 博物館, 『陜川 玉田古墳群 1次發掘調査報告書』 1986.

구리시 구리문화원, 『아차산의 역사와 문화유산』 1994.

국립 국어연구원, 『東洋 三國의 略體字 比較硏究』 1992.

국립 김해박물관, 『특별전 한국 고대의 갑옷과 투구』 2002.

국립 부여박물관, 『백제』 1999.
국립 부여박물관, 『백제의 문자』 2002.
국사편찬위원회, 『中國正史 朝鮮傳 譯註』 1, 1990.
동아출판사, 『동아 새국어사전』 1995.
安鼎福, 『東史綱目』
尹廷琦, 『東寰錄』
李重煥, 『擇里志』
張俊植, 『新羅中原京硏究』 2001.
丁若鏞, 『與猶堂全書』
韓致奫, 『海東繹史』
洪萬宗, 『旬五志』
과학백과사전출판사, 『조선전사』 2, 1979.
과학백과사전종합출판사, 『조선전사』 3(고구려사), 1991.
國史編纂委員會, 『中國 正史 朝鮮傳』 1990.
金芳漢, 『韓國語의 系統』 1983.
金錫亨, 『초기 조일관계 연구』 1966.
金世基, 『고분 자료로 본 대가야 연구』 2003.
金聖昊, 『沸流百濟와 日本의 國家起源』 1982.
金元龍, 『한국의 고분』 1974.
金元龍, 『韓國考古學槪說』 제3판, 1986.
金鍾武, 『孟子新解』 1991.
金宗直, 『佔畢齋集』.
金載元, 『壺杅塚과 金鈴塚』 1948.
金廷鶴, 『任那と日本』 1977.
金哲埈, 『韓國古代社會硏究』 1975.
金哲埈, 『韓國文化史論』 1976.
金泰植, 『加耶聯盟史』 1993.
南都泳, 『濟州島牧場史』 개정판, 2003.
盧重國, 『百濟政治史硏究』 1988.
단국대학교 사학과 · 포천군, 『포천 반월산성 1차 발굴조사보고서』 1996.
丹齋 申采浩先生紀念事業會, 『改訂版 丹齋 申采浩全集』 1987.
文暻鉉, 『新羅史硏究』 1983.
文暻鉉, 『增補 新羅史硏究』 2000.
文暻鉉, 『高麗史硏究』 2000.
文一平, 『호암 문일평 전집』 2001.
박선희, 『한국 고대 복식-그 원형과 정체』 2002.
박시형, 『광개토왕릉비』 1966.
朴眞奭, 『高句麗好太王碑硏究』 1996.
박진욱, 『조선고고학전서』 고대편, 1988.
박진욱 손량구 최택선, 『조선고고학전서 중세편1(고구려)』 1991.
朴漢濟, 『박한제 교수의 중국역사 기행』 3, 2003.
釜山大學校 博物館, 『東萊 福泉洞古墳群』 I, 1983.
부산 복천박물관, 『古代 戰士』 1999.
백제문화개발연구원, 『百濟瓦塼圖錄』 1983.
사회과학원 고고학연구소, 『조선고고학개요』 1977.
사회과학원 역사연구소, 『조선전사』 3, 1991.
徐吉洙, 『高句麗城』 1995.
徐吉洙, 『고구려 역사 유적 답사』 1998.
徐吉洙, 『세계유산 고구려 특별전』 2004.
서울대학교 박물관, 『아차산 제4보루』 2000.
世宗硏究院, 『河南市 校山洞 一帶 文化遺蹟』 1995.
손수호, 『고구려고분연구』 2001.
손영종, 『고구려사』 1, 1990.

宋基豪, 『渤海政治史硏究』 1995.
申瀅植, 『三國史記硏究』 1981.
申瀅植, 『韓國古代史의 新硏究』 1984.
申瀅植, 『新羅史』 1985.
申瀅植, 『統一新羅史硏究』 1990.
蔚山文化院, 『蔚山地名史』 1986.
元泳義, 『新訂 東國歷史』 1906.
예산군 · 충남발전연구원, 『禮山 任存城』 2000.
藥城同好會, 『藥城文化』 6, 1984.
李基文, 『國語史槪說』 1986.
李基白(外), 『우리 歷史를 어떻게 볼 것인가』 1976.
李基白, 『韓國史新論』 1967 · 1990.
李基白 · 李基東, 『韓國史講座』 I, 古代篇, 1982.
李蘭英, 『韓國金石文追補』 1976.
李南奭, 『百濟墓制의 硏究』 2002.
李道學, 『中國 東北地方 踏査記－우리 熱情의 한 勝利가 具顯되는 순간』 1994.
李道學, 『백제 고대국가 연구』 1995.
李道學, 『꿈이 담긴 한국고대사 노트』 상 하, 1996.
李道學, 『새로 쓰는 백제사』 1997.
李道學, 『진훤이라 불러다오』 1998.
李道學, 『고대문화산책』 1999.
李道學, 『한국고대사, 그 의문과 진실』 2001.
李道學, 『살아 있는 백제사』 2003.
李道學, 『한성백제연구총서 / 서울의 백제 고분, 석촌동고분』 2004.
李丙燾, 『韓國史』 古代篇, 1959.
李丙燾, 『韓國古代史硏究』 1976.
李丙燾, 『國譯 三國史記』 1977.
李成市, 『만들어진 고대』 2001.
李龍範, 『古代의 滿洲關係』 1976.
李玉, 『高句麗 民族形成과 社會』 1984.
李鍾學, 『新羅花郞軍事史硏究－附 廣開土王碑文의 倭硏究』 1995.
李殿福 著 · 車勇杰 譯, 『中國內의 高句麗遺蹟』 1994.
李昌福, 『新稿 樹木學』 1999.
李漢祥, 『황금의 나라 신라』 2004.
李昊榮, 『新羅 三國統合과 麗濟敗亡原因 硏究』 1997.
李熙德, 『韓國古代自然觀과 王道政治』 1994.
李亨求, 『廣開土大王碑新硏究』 1986.
李弘稙, 『韓國古代史의 硏究』 1971.
任慶彬, 『나무 百科(2)』 1982.
濟州道, 『濟州道誌』 제1권, 1993.
전제헌, 『동명왕릉에 관한 연구』 1994.
조선유적유물도감편찬위원회, 『조선유적유물도감』 4, 1990.
千寬宇, 『古朝鮮史 三韓史硏究』 1989.
忠北大學校 博物館, 『충주댐수몰지역지표조사보고서』 1980.
忠北大學校 博物館, 『中原 薔薇山城』 1992.
忠北大學校 博物館, 『淸原南城谷 高句麗遺蹟』 2004.
忠北大學校 湖西文化硏究所, 『진천 대모산성』 1996.
충주박물관, 『충주 완오리 야철유적』 1998.
忠淸南道 公州大學校百濟文化硏究所, 『百濟武寧王陵』 1991.
忠淸文化財硏究院, 『大田 月坪洞山城』 2003.
忠淸北道, 『文化財誌』 1982.
崔茂藏 譯, 『增補版－高句麗 渤海文化』 1985.

崔英成,『譯註崔致遠全集』2, 1999.
崔英成,『崔致遠의 哲學思想』 2001.
崔永俊,『嶺南大路』 1990.
千寬宇,『加耶史硏究』 1993.
韓國古代社會硏究所,『譯註 韓國 古代金石文』I, 1992.
한국고문서학회,『조선시대 생활사』 1996.
한국정신문화연구원,『譯註 三國史記』3, 註釋篇(상), 1997.
韓圭哲,『渤海의 對外關係史』 1994.
黃壽永,『韓國金石遺文』 1976.

| 중국 |

耿鐵華,『好太王碑新考』 1994.
吉林省文物考古硏究所,『楡樹 老河心』 1987.
吉林省文物考古硏究所 · 集安市博物館 編著,『集安高句麗王陵－1990~2003年 集安高句麗王陵調査報告』 2004.
佟冬 主編,『中國東北史』 1987.
復旦大學歷史地理硏究所,『中國歷史地名辭典』 1988.
孫進己,『東北歷史地理』2, 1989.
孫進己,『東北民族源流』 1989.
연변인민출판사,『연변유물략편』 1989.
王健群,『好太王碑硏究』 1984.
王錦厚 李健才,『東北古代交通』 1990.
遼寧省文物考古硏究所,『三燕文物精髓』 2002.
魏存成,『高句麗遺蹟』 2002.
張碧波 董國堯 主編,『中國古代北方民族文化史』 1993.
中華學術院,『中文大辭典』1 · 5 · 6 · 8, 1985.
The State Administration of Cultural Heritage of the People's Republic of China, "Capital Cities, Imperial Tombs and Noble's Tombs of Koguryo", 2004.

| 일본 |

賈士金,『好太王碑と高句麗遺蹟』 1988.
江上波夫,『騎馬民族國家』 1967.
岡田英弘,『倭國』 1977.
今西龍,『新羅史硏究』 1933.
今西龍,『百濟史硏究』 1934.
今西龍,『朝鮮古史の硏究』 1937.
奈良國立博物館,『正倉院展』 1982.
大谷光男,『古代の暦日』 1978.
稻葉岩吉 外,『世界歷史大系』11, 1935.
藤間生大,『倭の五王』 1968.
東京國立博物館,『特別展 : 百濟觀音』 1988.
東潮 · 田中俊明,『高句麗の歷史と遺跡』 1985.
末松保和,『新羅史の諸問題』 1954.
末松保和,『任那興亡史』 1956.
末松保和,『高句麗と朝鮮古代史』 1996.
武田幸男,『廣開土王陵碑原石拓本集成』 1988.
武田幸男,『高句麗史と東アジ"ア』 1989.
梅原末治,『七支刀と廣開土王碑』 1977.
梅原末治 · 佐伯有淸,『新撰姓氏錄の硏究』 考證篇 1~3, 1981~1982.
白鳥庫吉,『白鳥庫吉全集』제3권, 1970.
山尾幸久,『古代の日朝關係』 1989.
山本武夫,『日本書紀の新年代解讀』 1979.
三品彰英,『日本書紀朝鮮關係記事考證』上, 1962.
上田正昭,『文字』 1975.
楊寬,『中國皇帝陵の起源と變遷』 1981.

王健群,『好太王碑の硏究』 1984.
王健群 外,『好太王碑と高句麗遺跡』 1988.
李成市,『古代東アジアの民族と國家』 1998.
李進熙,『廣開土王碑と七支刀』 1980.
齋藤忠,『古代朝鮮文化と日本』 1981.
井上秀雄,『古代朝鮮』 1978.
井上秀雄,『實證 古代朝鮮』 1992.
諸橋轍次,『大漢和辭典』1·3·5·6, 1956~1969.
佐伯有淸,『古代の東アシアと日本』 1977.
佐伯有淸,『七支刀と廣開土王碑』 1977.
佐野光一,『金石異體字典』 1980.
朝鮮總督府,『朝鮮金石總覽』上, 1922.
池內宏,『通溝』上, 1938.
池內宏,『日本古代史の硏究』 1947.
池內宏,『滿鮮史硏究』上世篇 第1册, 1951.
津田左右吉,『津田左右吉全集』제11권, 1964.
村山七郞,『原始日本語と民族文化』 1979.
太田亮,『日本古代史新硏究』 1928.
坂元義種,『古代東アシアの日本と朝鮮』 1978.
平野邦雄,『大化前代政治過程の硏究』 1985.

| 러시아 |

S.M.Shirokogoroff, "Social Organization of the Northern Tungus" 1933.

## 論文

| 한국 |

康昌和,「고대 탐라의 실체와 물자의 교류」『동아시아의 역사상과 우리 문화의 형성』 2005.
姜賢淑,「考古學에서 본 4 5世紀代 高句麗와 加耶의 成長」『加耶와 廣開土大王』 2003.
高靑,「高句麗古都國內城遊觀記」『朝光』 1938-9월호.
孔錫龜,「安岳 3號墳의 墨書銘에 대한 고찰」『歷史學報』121, 1989.
孔錫龜,「高句麗의 領域擴張에 대한 硏究」『韓國上古史學報』6, 1991.
孔錫龜,「廣開土王陵碑의 東夫餘에 대한 考察」『韓國史硏究』70, 1990.
金光洙,「高麗朝의 高句麗 繼承意識과 古朝鮮 認識」,『歷史敎育』43, 1988.
金得榥,「丸都의 回想」『白山學報』1, 1966.
金杜珍,「百濟始祖 溫祚神話의 生成과 그 傳承」『韓國學論叢』13, 1991.
金理那,「고대 한일 미술교섭사」『韓國古代史硏究』27, 2002.
金庠基,「金의 始祖에 對하여」『東方史論叢』改訂版, 1984.
金性泰,「高句麗 兵器에 대한 硏究」『高句麗硏究』12, 2001.
金元龍,「丹陽 赤城의 歷史.地理的 性格」『史學志』12, 1978.
金榮官,「羅唐聯合軍의 百濟 侵攻戰略과 百濟의 防禦戰略」『STRATEGY』21, 1999.
金英夏·韓相俊,「中原高句麗碑의 建立 年代에 對하여」『敎育硏究誌』25, 1983.
金貞培,「中原高句麗碑의 몇 가지 問題點」『史學志』13, 1979.
金貞培,「豆莫婁國硏究」『國史館論叢』29, 1991.

金貞淑, 「高句麗 銘文入 金銅板의 紹介」 『한국고대사연구회회보』 23, 1991.
金廷鶴, 「任那日本府에 대하여」 『韓國上古史研究』 1992.
金周成, 「6~7세기 고구려와 백제의 상호 관계」 『高句麗研究』 20, 2005.
金貞淑, 「高句麗銘文入金銅板의 紹介」 『한국고대사연구회 회보』 23, 1991.
金昌謙, 「新羅國王의 皇帝的 地位」 『新羅史學報』 2, 2004.
金昌鎬, 「中原高句麗碑의 再檢討」 『韓國學報』 47, 1987.
金哲埈, 「新羅上代社會의 Dual Organization(上)」 『歷史學報』 1, 1952.
金鉉球, 「4세기 가야와 백제 야마토 왜의 관계」 『韓國古代史論叢』 6, 1994.
金泰植, 「5세기 후반 大伽倻의 발전에 대한 研究」 『韓國史論』 12, 1985.
金泰植, 「加耶의 社會發展段階」 『한국 고대 국가의 형성』 1990.
金泰植, 「廣開土王陵碑文의 任那加羅와 '安羅人戍兵'」 『韓國古代史論叢』 6, 1994.
金泰植, 「가야연맹의 諸概念 研究」 『加耶諸國과 王權』 1997.
金賢淑, 「廣開土王碑를 통해 본 高句麗 守墓人의 社會的 性格」 『韓國史研究』 65, 1989.
金賢淑, 「廣開土王碑文의 守墓制와 守墓人」 『廣開土王碑文의 新研究』 1999.
盧重國, 「東扶餘에 關한 몇 가지 問題에 대하여」 『韓國學論集』 10, 1983.
盧重國, 「漢城時代 百濟의 地方統治體制」 『邊太燮博士華甲紀念論叢』 1986.
盧重國, 「가야사 연구의 어제와 오늘」 『한국고대사 속의 가야』 2001.
盧泰敦, 「高句麗의 漢水流域 喪失 原因에 대하여」 『韓國史研究』 13, 1976.
盧泰敦, 「5세기 金石文에 보이는 高句麗人의 天下觀」 『韓國史論』 23, 1988.
盧泰敦, 「5세기 高句麗人의 天下觀」 『韓國史市民講座』 3, 1988.
盧泰敦, 「扶餘國의 境域과 그 變遷」 『國史館論叢』 4, 1989.
盧泰敦, 「삼한의 인식에 대한 변천」 『한국사를 통해 본 우리와 세계에 대한 인식』 1998.
리광희, 「고구려의 금속제 관모와 관모 장식에 대한 간단한 고찰」 『조선고고연구』 127, 2003.
文暻鉉, 「新羅 國號의 研究」 『增補 新羅史研究』 2000.
閔德植, 「鎭川 大母山城의 分析的 研究」 『韓國史研究』 29, 1980.
朴性鳳, 「廣開土好太王期 高句麗南進의 性格」 『韓國史研究』 27, 1979 ; 『高句麗南進經營史研究』 1995.
朴性鳳, 「廣開土好太王期의 內政整備에 대하여」 『千寬宇先生 還曆紀念 韓國史學論叢』 1985.
朴淳發, 「百濟都城의 變遷과 特徵」 『重山鄭德基博士華甲紀念韓國史學論叢』 1996.
朴眞奭, 「高句麗 柵城 遺址를 다시 논함」 『中國 境內 高句麗遺蹟研究』 1995.
朴眞奭, 「好太王陵에 대한 考證」 『中國 境內 高句麗遺蹟研究』 1995.
朴眞奭, 「好太王碑文의 일부 疑難文字들에 대한 考證」 『中國 境內 高句麗遺蹟研究』

1995.

朴眞奭, 「高句麗 柵城 遺址를 다시 논함」 『中國 境內 高句麗遺蹟』 1995.

朴漢卨, 「弓裔 姓名考」 『韓國學論叢(霞城 李瑄根博士古稀紀念論文集)』 1974.

白承玉, 「中國 集安地域 高句麗王陵의 피장자 문제－太王陵 將軍塚을 중심으로」 2005년 한국고대사학회하계세미나.

邊太燮, 「丹陽 眞興王 拓境碑의 建立年代와 性格」 『史學志』 12, 1978.

邊太燮, 「中原高句麗碑의 內容과 年代에 대한 檢討」 『史學志』 13, 1979.

邊太燮, 「中原文化의 歷史的 背景」 『考古美術』 160, 1983.

宋基豪, 「扶餘史 연구의 쟁점과 자료 해석」 『韓國古代史硏究』 37, 2005.

徐吉洙, 「鴨綠江 以北의 高句麗遺蹟과 遺物」 『高句麗硏究』 12, 2001.

徐永大, 「高句麗 平壤遷都의 動機」 『韓國文化』 2, 1981.

徐永大, 「夫餘族의 向方과 夫餘 繼承意識」 2004, 한국고대사학회 하계 세미나.

徐榮洙, 「三國과 南北朝 交涉의 性格」 『東洋學』 11, 1981.

徐榮洙, 「廣開土王陵碑文의 征服 記事 再檢討(上)」 『歷史學報』 96, 1982.

徐榮洙, 「廣開土王陵碑文의 征服 記事 再檢討(中)」 『歷史學報』 119, 1988.

徐榮洙, 「廣開土太王碑 新釋文과 '好太王' 銘 銅鈴」 『桓仁 集安 지역 고구려유적 발굴 성과의 검토』 고구려연구회 2004년 추계학술대회.

徐榮一, 「抱川 半月山城 出土〈馬忽受解空口單〉銘 기와의 考察」 『史學志』 29, 1996.

徐五善, 「韓國 平瓦 文樣의 時代的 變遷에 對한 硏究」 충남대학교 석사학위청구논문, 1985.

成正鏞, 「大伽倻와 百濟」 『大加耶와 周邊諸國』 2002.

손영종, 「중원고구려비에 대하여」 『력사과학』 1985-2.

손영종, 「광개토왕릉비에 보이는 수묘인 연호의 계급적 성격과 립역 방식에 대하여」 『력사과학』 1986-3.

손영종, 「광개토왕릉비를 통해서 본 고구려의 령역」 『력사과학』 1986-2.

宋桂鉉, 「韓國 古代의 甲胄」 『특별전 한국 고대의 갑옷과 투구』 2002.

宋鎬晸, 「부여의 성장과 대외 관계」 『한국사』 4, 1997.

申敬澈, 「釜山市 福泉洞 古墳群遺蹟 一次發掘調査概要와 意義」 『釜山直轄市立博物館年報』 3, 1981.

申敬澈, 「古式鐙子考」 『釜大史學』 9, 1985.

申瀅植, 「中原高句麗碑에 대한 一考察」 『史學志』 13, 1979.

申瀅植, 「최치원의 역사관」 『신라 최고의 사상가 최치원 탐구』 2001.

沈正輔, 「古代 扶餘의 歷史考古學的 檢討」 『부여의 어제와 오늘 그리고 내일』 한국전통문화학 문화재관리학과, 2001.

尹龍九, 「고대 중국의 東夷觀과 고구려」 『역사와 현실』 55, 2005.

梁起錫, 「4~5c. 高句麗 王者의 天下觀」 『湖西史學』 11, 1983.

李基白, 「高句麗 王妃族考」 『震檀學報』 20,

1959.

李基白, 「溫達傳의 檢討－고구려 귀족사회의 신분질서에 대한 瞥見」『白山學報』3, 1967.

李基白, 「中原高句麗碑의 몇가지 問題」『史學志』13, 1979.

李基白, 「高句麗의 國家形成 問題」『韓國古代의 國家와 社會』20, 1985.

李基白, 「삼국시대의 사회 구조와 신분제도」『한국고대사론』1988.

李基東, 「廣開土王陵碑文에 보이는 百濟關係 記事의 檢討」『百濟硏究』17, 1986.

李道學, 「漢城末·熊津時代 百濟 王系의 檢討」『韓國史硏究』45, 1984.

李道學, 「漢城末·熊津時代 百濟王位繼承과 王權의 性格」『韓國史硏究』50·51合輯, 1985.

李道學, 「羅唐同盟의 性格과 蘇定方 被殺說」『新羅文化』2, 1985.

李道學, 「熊津都督府의 支配組織과 對日本政策」『白山學報』34, 1987.

李道學, 「新羅의 北進經略에 관한 新考察」『慶州史學』6, 1987.

李道學, 「永樂 6年 廣開土王의 南征과 國原城」『孫寶基博士停年紀念韓國史學論叢』1988.

李道學, 「高句麗 初期 王系의 再檢討」『伽倻通信』18, 1988.

李道學, 「高句麗의 洛東江流域 進出과 新羅伽倻經營」『國學硏究』2, 1988.

李道學, 「醴泉의 上乙谷城考－新羅의 小白山脈 以北 進出 據點과 관련하여」『慶州史學』8, 1989.

李道學, 「泗沘時代 百濟의 四方界山과 護國寺刹의 成立」『百濟硏究』20, 1989 ; 『百濟佛敎文化의 硏究』1994.

李道學, 「百濟 七支刀銘文의 再解釋」『韓國學報』60, 1990.

李道學, 「百濟의 起源과 國家形成에 관한 재검토」『한국고대국가의 형성』1990.

李道學, 「新羅 花郞徒의 起源과 展開過程」『정신문화연구』36, 1990.

李道學, 「平壤 九梯宮의 性格과 그 認識」『國學硏究』3, 1990.

李道學, 「漢城 後期의 百濟王權과 支配體制의 整備」『百濟論叢』2, 1990.

李道學, 「百濟의 交易網과 그 體系의 變遷」『韓國學報』63, 1991.

李道學, 「方位名 夫餘國의 成立에 관한 檢討」『白山學報』38, 1991.

李道學, 「百濟 黑齒常之墓誌銘의 檢討」『鄕土文化』6, 1991.

李道學, 「百濟의 交易網과 그 體系의 變遷」『韓國學報』63, 1991

李道學, 「百濟集權國家形成過程硏究」漢陽大學校 博士學位請求論文, 1991.

李道學, 「百濟의 起源과 國家發展過程에 관한 檢討」『韓國學論集』19, 1991.

李道學, 「高句麗 初期 王系의 복원을 위한 검토」『韓國學論集』20, 1992.

李道學, 「伯濟國의 成長과 소금 交易網의 확보」『百濟硏究』23, 1992.

李道學, 「고대 중세의 역사」『일산 새도시 개발지역 학술조사보고』2, 1992.

李道學, 「磨雲嶺 眞興王巡狩碑의 近侍隨駕人의 檢討」『新羅文化』9, 1992.

李道學,「百濟 漢城時期의 都城制에 관한 檢討」『韓國上古史學報』9, 1992.

李道學,「百濟 初期史에 관한 文獻資料의 檢討」『韓國學論集』23, 1993.

李道學,「4세기 정복국가론에 대한 검토」『韓國古代史論叢』6, 1994.

李道學,「唐橋 '蘇定方被殺說'의 歷史的 意義」『金甲周敎授華甲紀念史學論叢』1994.

李道學,「新浦市 寺址 出土 高句麗 金銅板 銘文의 檢討」『民族學硏究』1, 1995.

李道學,「廣開土王陵碑文에 보이는 戰爭記事의 分析」『高句麗硏究』2, 1996.

李道學,「古代國家의 成長과 交通路」『國史館論叢』74, 1997.

李道學,「抱川 半月山城 出土 '고구려' 기와 銘文의 再檢討」『高句麗硏究』3, 1997.

李道學,「廣開土王碑文에 보이는 地名 比定의 再檢討」『廣開土王碑文의 新硏究』1999.

李道學,「中原高句麗碑의 建立 目的」『高句麗硏究』10, 2000.

李道學,「後百濟의 加耶故地 進出에 대한 檢討」『白山學報』58, 2001

李道學,「廣開土王陵碑文의 思想的 背景」『韓國學報』106, 2002.

李道學,「廣開土王陵碑의 建立 背景」『白山學報』65, 2002.

李道學,「廣開土王陵碑文의 國烟과 看烟의 性格에 대한 再檢討－被征服民 施策과 관련하여」『韓國古代史硏究』28, 2002.

李道學,「加羅聯盟과 高句麗」『加耶와 廣開土大王』제9회 가야사 국제학술회의, 2003.

李道學,「한국사에서의 天下觀과 皇帝體制」『전통문화논총』창간호, 2003.

李道學,「高句麗史에서의 國原城」『白山學報』67, 2003.

李道學,「太王陵과 將軍塚의 被葬者 問題」『白山學報』69, 2004.

李道學,「三國의 相互 關係를 통해 본 高句麗 正體性」『高句麗硏究』18, 2004.

李道學,「太王陵과 將軍塚의 被葬者 問題 再論」『高句麗硏究』19, 2005.

李道學,「高句麗와 百濟의 出系 認識 檢討」『高句麗硏究』20, 2005.

李道學,「高句麗와 百濟의 對立과 東아시아 世界」『高句麗硏究』21, 2005.

李道學,「崔致遠의 高句麗 認識」『韓國思想史學』24, 2005.

李道學,「漢城 陷落 以後 高句麗와 百濟의 關係－耽羅와의 관계를 중심으로」『전통문화논총』3, 2005.

李道學,「高句麗와 夫餘 關係의 再檢討」『고구려의 역사와 대외관계』한국학중앙연구원, 2006.

李藤龍,「廣開土大王碑文에 쓰인 '烟'字의 語彙的 意味」『碧史李佑成敎授停年退職紀念論叢(上)』1990.

李德星,「高句麗 五部 五族考」『朝鮮古代社會硏究』1949.

李丙燾,「平壤 東黃城考」『韓國古代史硏究』1976.

李丙燾,「廣開土王의 雄略」『韓國古代史硏究』1976.

李丙燾,「眞興大王의 偉業」『韓國古代史硏究』1976.

李丙燾,「慶州 瑞鳳塚 出土 銀合銘文考－特히 延壽年號를 中心으로」『Charles

Haguenauer 기념 논문집』 1979.
李丙燾, 「中原高句麗碑에 대하여」 『史學志』 13, 1979.
李成市, 「『梁書』 高句麗傳と東明王傳說」 『古代東アジアの民族と國家』 1998.
李龍範, 「高句麗의 成長과 鐵」 『白山學報』 1, 1966.
李容賢, 「가야의 대외 관계」 『한국 고대사 속의 가야』 2001.
李殷昌, 「加倻古墳의 編年硏究」 『韓國考古學報』 12, 1982.
李仁哲, 「廣開土好太王碑 守墓人 烟戶條를 통해 본 高句麗의 南方經營」 『高句麗硏九』 2, 1996.
李在云, 「孤雲의 역사 인식」 『崔致遠硏究』 1999.
李鍾學, 「古代日本と朝鮮の歷史を語る, 廣開土王碑文の眞實」 『日本及日本人』 1630號, 1998.
李晶淑, 「中古期 新羅 儒敎의 性格」 『白山學報』 58, 2001.
李弘稙, 「日本書紀 所載 高句麗關係 記事考」 『韓國古代史의 硏究』 1971.
李弘稙, 「高句麗 遺民에 관한 一 二의 史料」 『韓國古代史의 硏究』 1971.
李賢惠, 「崔致遠의 歷史 認識」 『明知史論』 창간호, 1983.
林起煥, 「광개토왕비의 국연(國烟)과 간연(看烟)」 『역사와 현실』 13, 1994.
任昌淳, 「中原高句麗碑 小考」 『史學志』 13, 1979.
장국종, 「고구려에서의 도로 발전」 『력사과학』 1985-2.
張俊植, 「高句麗 國原城治址에 관한 硏究」 檀國大學校碩士學位請求論文, 1981.
張忠植, 「金泉 彌勒庵 柴將軍碑의 調査」 『韓國古代史硏究』 15, 1999.
張倣晶, 「고구려왕의 平壤 移居와 왕권 강화」 『實學思想硏究』 15 · 16合輯, 2000.
張倣晶, 「三國史記 高句麗本紀 東川王 21年條 記事 檢討」 『高句麗硏究』 13, 2002.
鄭求福, 「高句麗의 '高麗' 國號에 대한 一考」, 『湖西史學』 19 · 20합집, 1992.
鄭杜熙, 「廣開土王陵碑文 辛卯年 記事의 再檢討」 『歷史學報』 83, 1979.
鄭雲龍, 「고구려와 신라 백제의 관계」 『한국 고대의 고구려』 2005.
鄭永鎬, 「中原高句麗碑의 發見 調査와 硏究 展望」 『史學志』 13, 1979.
鄭永鎬, 「中原鳳凰里磨崖半跏像과 考古學的 考察」 『考古美術』 146 · 147합집, 1980.
정찬영, 「고구려 적석총에 대하여」 『문화유산』 1961-5.
정찬영, 「기원 4세기까지의 고구려 묘제에 관한 연구」 『고고민속논문집』 5, 1973.
趙法鍾, 「廣開土王陵碑文에 나타난 守墓制 硏究」 『韓國古代史硏究』 8, 1995.
趙法鍾, 「高句麗의 馬韓繼承 認識에 대한 檢討」 『韓國史硏究』 102, 1998.
趙法鍾, 「중국 집안 박물관 호태왕 명문 방울」 『韓國古代史硏究』 33, 2004.
주영헌, 「고구려의 적석 무덤에 관한 연구」 『문화유산』 1962-2.
趙仁成, 「崔致遠의 歷史 敍述」 『歷史學報』 94 95합집, 1982.
趙仁成, 「廣開土王陵碑를 통해 본 高句麗의

守墓制」『韓國史市民講座』3, 1988.
千寬宇, 「復原加耶史」(上·中·下)『文學과 知性』28·29, 1977~1978.
千寬宇, 「馬韓諸國의 位置 試論」『東洋學』9, 1979.
崔完奎, 「益山 雙陵의 再檢討」『益山의 先史와 古代文化』2003.
崔英成, 「孤雲 崔致遠의 歷史 意識」『韓國思想史學』11, 1998.
崔永俊, 「조선시대의 영남로연구—서울~상주의 경우—」『지리학』11, 1975.
崔鍾圭, 「中期古墳의 性格에 대한 약간의 考察」『釜大史學』7, 1983.
黃龍渾, 「中原地區 文化의 考古學的 考察」『考古美術』160, 1983.
黃壽永, 「百濟 帝釋寺址의 硏究」『百濟硏究』4, 1973.
許興植, 「韓國 佛敎의 宗敎 形式에 대한 試論」『金哲俊博士華甲紀念史學論叢』1983.

| 중국 |

干志耿 孫秀仁 著 李道學 譯, 「夫餘民族國家의 出現」『우리文化』1990, 12월호.
干志耿, 「古代橐離硏究」『民族硏究』1984-2 ; 김영수 譯, 『白山學報』44, 1994.
耿鐵華, 「好太王碑 '辛卯年' 句考釋」『考古與文物』1992, 第4期 ; 李道學 譯, 「廣開土王碑 '辛卯年' 句節의 考證과 解釋」『韓國上古史學報』14, 1993.
耿鐵華, 「好太王碑一千五百九十年祭」『中國邊疆史地硏究』15-3, 2005.
吉林省考古硏究室·集安縣博物館, 「集安高句儷考古的新收獲」『文物』1984, 第1期
吉林省博物館文物工作隊, 「吉林集安的兩座高句麗墓」『考古』2號, 1977.
武國勛, 「夫餘王城新考」『黑龍江文物叢刊』1983-4. ; 李道學 譯, 「부여 王城에 대한 신고찰」『우리문화』1989, 10·11월호 ; 『고대문화산책』1999.
朴眞奭, 「高句麗 柵城 遺址를 다시 논함」『中國 境內 高句麗遺蹟硏究』1995.
朴眞奭, 「好太王陵에 대한 考證」『中國 境內 高句麗遺蹟硏究』1995.
朴眞奭, 「好太王碑文의 일부 疑難文字들에 대한 考證」『中國 境內 高句麗遺蹟硏究』1995.
朴眞奭, 「高句麗 柵城 遺址를 다시 논함」『中國 境內 高句麗遺蹟』1995.
方起東·林至德, 「集安洞泃兩座樹立石碑的高句麗古墓」『考古與文物』1983-2期 1983 ; 崔武藏 譯, 『高句麗渤海文化(증보판)』1985.
楊保隆, 「各史 '高句驪傳' 的幾個問題辨析」『民族硏究』1987, 1期 ; 『중국 학계의 고구려사 인식』1991.
劉景文·龐志國, 「吉林楡樹老河深墓葬群族屬探討」『北方文物』第1期, 1986.
魏存成, 「集安高句麗王陵硏究」『高句麗硏究』2, 1996.
李健才, 「關于西團山文化族屬問題的檢討」『社會科學前線』85-2, 1985.
풍우란 著·박성규 譯, 『중국철학사』상, 1999.

| 일본 |

關野貞, 「滿洲輯安縣及び平壤附近に於け

る高句麗時代の遺蹟(二)」『考古學雜誌』第五卷 第四號, 1914.

高寬敏, 「永樂10年 高句麗廣開土王の新羅救援について」『朝鮮史硏究會論文集』27, 1990.

今西龍, 「廣開土境好太王陵碑に就て」『朝鮮古史の硏究』 1937.

今井堯, 「古墳の樣相とその變遷」『日本考古學』(1), 1978.

那珂通世, 「朝鮮古史考」『史學雜誌』5-9, 1894 ; 『外交繹史』 1958.

那珂通世, 「朝鮮古史考」『史學雜誌』6-4, 1895.

那珂通世, 「高句麗古碑考」『史學會雜誌』49, 1893 ; 『那珂通世遺書』 1915.

藤田亮策, 「新羅九州五京考」『朝鮮學論考』1963.

末松保和, 「舊三國史と三國史記」『朝鮮學報』39·40合輯, 1966.

梅原末治, 「晋率善穢伯長銅印」『考古美術』8-1, 1967.

武田幸男, 「高句麗官位制とその展開」『朝鮮學報』86, 1978.

武田幸男, 「廣開土王碑文辛卯年條の再吟味」『古代史論叢』上, 1978.

武田幸男, 「廣開土王碑からみた高句麗の領域支配」『東洋文化硏究所紀要』 1979.

北村秀人, 「高麗時代の漕倉制について」『朝鮮歷史論集』上卷, 1979.

浜田耕策, 「高句麗廣開土王陵碑文の硏究」『朝鮮史硏究會論文集』11, 1974 ; 『古代朝鮮と日本』 1974.

浜田耕策, 「好太王碑文の一·二の問題」『歷史公論』4, 1982.

浜田耕策, 「高句麗廣開土王陵墓比定論の再檢討」『朝鮮學報』119·120合集, 1986.

浜田耕策, 「廣開土好太王時代의 '聖王' 秩序에 對해서」『高句麗硏究』2, 1996.

浜田耕策, 「일본 고대 문헌에 나타난 고구려상」『白山學報』67, 2003.

森公章, 「白村江戰鬪와 高句麗」『東아시아 속에서의 高句麗와 倭』 한일관계사학회 국제학술대회, 2005, 10. 14.

三上次男, 「古代朝鮮の歷史的推移と墳墓の變遷」『日本の考古學』IV(古墳時代-上), 1966.

松原孝俊, 「神話學から見た '廣開土王碑文'」『朝鮮學報』145, 1992.

水谷悌二郎, 「好太王碑考」『書品』第100號, 1959.

石田一良, 「建邦の神」『社會科學の方法』82, 1976 ; 洪淳昶 譯, 『韓日關係硏究所紀要』8, 1978.

矢澤利彦, 「高句麗の五部について」『埼玉大學紀要』人文社會科學篇 3, 1954.

鈴木英夫, 「伽倻百濟と倭-任那日本府論」『朝鮮史硏究會論文集』24, 1987.

日野開三郎, 「夫餘國考」『史淵』34, 1946.

田村晃一, 「高句麗と積石塚」『東北アジアの考古學』 1990.

田村晃一, 「高句麗の積石塚」『樂浪と高句麗の考古學』 2001.

鄭早苗, 「高句麗王系小考」『朝鮮歷史論集』上卷, 1979.

酒井改藏, 「好太王碑面の地名について」『朝鮮學報』8, 1955.

池內宏, 「夫餘考」『滿鮮地理歷史硏究報告』 13, 1932 ; 『滿鮮史硏究』 上世篇 1, 1951.
池內宏, 「高句麗王家の上世の世孫について」『滿鮮史硏究』 上世篇 1, 1951.
津田左右吉, 「三國史記高句麗の批判」 『滿鮮地理歷史硏究報告』 9, 1922.
川崎晃, 「高句麗好太王碑と中國古典」 『古代國家の歷史と傳承』 1989.
阪本種夫·橋本郁夫, 『魏志倭人傳と古代帝年紀』 1963.
和田清, 「周代の蠻貊について」 『東洋學報』 29-34號, 1944.
黑板勝美, 「三國時代朝鮮における唯一の金銅佛」 『考古學雜誌』 15-6, 1925.

| 미국 |

Gari K.Ledyard, "Galloping Along with the Horseriders" *Journal of Japanese Studies* Vol.1, No.2, 1975.

## 기타

李道學, 「百濟 慰禮文化의 史的 性格」 『東大新聞』 1981. 5. 12.
李道學, 「동복문화(銅鍑文化)의 이동(移動)과 금관가야의 탄생」 『우리文化』 1995, 2월호.
李道學, 「이복규, 부여 건국신화와 고구려 건국신화의 관계에 대한 재검토」토론문, 고구려연구소 제2차 학술발표회 발표회, 1995. 7. 19.
李道學 發言, 「종합토론 제3부」 『高句麗硏究』 2, 1996.
李道學, 「부여 능산리 고분군 출토 사리감 銘文의 意義」 『서울新聞』 1995. 11. 6 ; 「최근 부여에서 출토된 사리감 명문은 무엇을 말하고 있나」 『꿈이 담긴 한국 고대사 노트』 하, 1996.
李道學, 「龍飛御天歌의 世界」 『문헌과 해석』 3, 1998.
李道學, 「아차산 堡壘 출토 유물의 새로운 해석」 『불교춘추』 11, 1998 ; 「아차산 堡壘와 그 출토 유물을 통한 몇 가지 새로운 해석」 『고대문화산책』 1999.
李道學, 「중·고등학교 국가 교과서 서술의 문제점과 백제사 인식」 『살아 있는 백제를 찾아서』 전국 역사교사 모임 2002 여름 자주연수.
李道學, 「새교육 칼럼-중국의 고구려사 왜곡이 주는 교훈」 『새교육』 2004, 3월호 ; 「중국의 고구려사 왜곡 대책, 무엇이 문제인가?」 『대한문화재신문』 제7호, 2004, 3. 1.
李道學, 「書評-盧重國 著, '백제부흥운동사'」 『韓國史硏究』 124, 2004.
李道學, 「조법종, 광개토왕릉 수묘인 구성과 능원체계」토론문, 제83회 한국고대사학회 월례발표회, 2004. 11. 13.

# 찾아보기

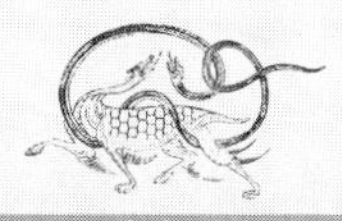

| ㄹ |



| ㅁ |

| ㅂ |

| ㅅ |

• 지은이

李道學

이도학은 후백제왕 진훤과 동향인 경북 문경시 가은읍에서 출생하였다.

동국대학교 사학과와 연세대학교 대학원 사학과를 졸업했으며, 한양대학교 대학원 사학과에서 문학박사학위를 취득했다. 연세대학교와 한양대학교 사학과 등에서 강의하였다.

현재는 문화재청에서 설립한 4년제 국립대학인 한국전통문화학교 문화유적학과 교수로 재직하고 있다. 그리고 부여군 지역혁신협의회 의장직과 부여군 문화재위원직 등을 맡아서 사회 활동도 왕성하게 하고 있다.

저서로는 〈백제고대국가연구〉〈한국 고대사, 그 의문과 진실〉〈고대문화산책〉〈살아 있는 백제사〉〈한성백제연구총서, 석촌동 고분〉 등 13권이다.

논문으로는 〈백제의 국가기원과 국가형성에 관한 재검토〉〈백제 칠지도 명문의 재해석〉〈4세기 정복국가론에 대한 검토〉〈고구려 초기 왕계의 복원을 위한 검토〉〈광개토왕릉비문의 국연과 간연의 성격에 대한 재검토－피정복민 시책과 관련하여〉〈고구려와 백제의 대립과 동아시아 세계〉 등 103편에 이른다.

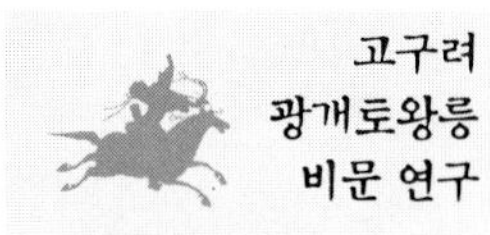


초판인쇄일 : 2006년 1월 20일
초판발행일 : 2006년 1월 25일

지 은 이 : 李道學
발 행 인 : 김선경
발 행 처 : 도서출판 서경문화사
인 쇄 : 한성인쇄
제 책 : 반도제책사
등 록 번 호 : 제 1 - 1664호
주 소 : 서울 종로구 동숭동 199 - 15(105호)
전 화 : 743 - 8203, 8205
팩 스 : 743 - 8210
메 일 : sk8203@chollian.net

ISBN 89-86931-95-8 93900

* 파본은 본사나 구입처에서 교환하여 드립니다.

정가 30,000원